埏埴灼烁

——中国古代陶瓷与文化

刘兰华 著

中国文史出版社

图书在版编目（CIP）数据

埏埴灼烁：中国古代陶瓷与文化 / 刘兰华著. —
北京：中国文史出版社，2022.7
ISBN 978-7-5205-3552-6

Ⅰ. ①埏… Ⅱ. ①刘… Ⅲ. ①古代陶瓷—文化研究—
中国 Ⅳ. ①K876.34

中国版本图书馆 CIP 数据核字（2022）第103020号

责任编辑：窦忠如
特约编辑：窦广利　张幼平

出版发行：中国文史出版社
社　　址：北京市海淀区西八里庄路69号院　　邮编：100142
电　　话：010-81136606　81136602　81136603（发行部）
传　　真：010-81136655
印　　装：廊坊市海涛印刷有限公司
经　　销：全国新华书店
开　　本：889*1194　1/16
印　　张：29
字　　数：678千字
版　　次：2023年5月北京第1版
印　　次：2023年5月第1次印刷
定　　价：128.00元

个人简历

刘兰华，女，中共党员，北京大学历史系考古专业毕业，中国文化遗产研究院二级研究员，国务院政府特殊津贴专家，国家文物鉴定委员会委员，中国文化遗产研究院文物保护基础理论研究中心原主任。

从业以来，先后对北京、河南、河北、陕西、山西、山东、广东、广西、安徽、四川、内蒙古、湖南、湖北、福建、江西、江苏、云南、浙江、宁夏、甘肃、辽宁等省、市、自治区的古代陶瓷窑址进行过调查；发掘过北京龙泉务辽代瓷窑与河南巩义窑遗址；应邀赴美国、泰国、马来西亚、日本、越南、中国台湾、柬埔寨等地进行学术交流；完成国家文物局交付的课题评审、国保单位评审，文物司法鉴定，文物调拨、拍卖标底审定等工作。

先后出版过《清代的陶瓷》《中国古代陶瓷纹饰》等专著与《巩义黄冶窑》《北京龙泉务窑发掘报告》《黄冶窑考古新发现》《黄冶唐三彩窯の考古新発見》等考古发掘报告、简报；分别在《文物》《文物天地》《故宫博物院院刊》《紫禁城》《文博》《中原文物》《华夏考古》《山西文物季刊》《北方文物》《景德镇陶瓷》《陶瓷研究》《龙语》《苑花撷英》《东南文化》《福建文博》《中国古代陶瓷研究》《瓷都研究》《陶瓷学报》《中国陶瓷》《河北陶瓷》《艺术》《黑龙江文物丛刊》《跋涉集》《跋涉续集》《旅游》《中国文物报》《中国文化报》等刊物发表过论文；参与《中国文物精华大词典》《中国文物大典·陶瓷卷》《中国古代美术全集》《故宫珍藏康雍乾瓷器图录》《大百科全书》《中国出土瓷器全集》《中国民间收藏陶瓷大系》《陶瓷器辨识与收藏》《中国民间收藏陶瓷大系》等书的编纂与评审。

内容提要

本书从考古学角度出发，利用大量出土文物与考古、文献资料，重点论述了中国古代陶瓷与舞乐文化、茶文化、宫廷文化、中外文化交流、建筑文化、丧葬文化等各类文化之间的关系及科学内涵，旨在说明中国古代陶瓷对中华文明及其对世界文明所做出的贡献。文物是承载在实物上的文化，散落在中华大地绵延于岁月长河中的历史文物，是中华文明与文化的载体，是我们文化自信的源泉，更是一个国家、一个民族的灵魂。对其进行研究，就是要挖掘文物和文化遗产的价值，让人类在社会活动中遗留下来的具有历史、艺术、科学价值的遗物和遗迹焕发新的生机，让文化更好地服务于人民。

前言

古代陶瓷与文化是不可分割的整体。古人制器用器即是从学会做陶开始，老子《道德经》云："埏埴以为器，当其无，有器之用。"考古发掘资料表明，两万年前的旧石器时代晚期，人类学会了制作陶器，开天辟地第一次使一种物质变成另一种物质，自此开创了人类历史文明与文化的新篇章。远古的先民从学会做陶开始即完成了人类发展史上旧石器时代向新石器时代的跨越与转变。从此，人类考古学的课本里出现了半坡文化、仰韶文化、河姆渡文化等不同名称的新石器时代文化。因此，陶器的有无，构成了考古学上划分新、旧石器时代的重要标志之一。

什么是文化？这个问题一直是社会学家与其他人文科学工作者研究的基本课题。广义的文化是指人类创造的一切物质产品和精神产品的总和。中国的古籍中不乏对"文""化"以及"文化"的记载与解释。《易经》贲卦彖传讲："刚柔交错，天文也；文明以止，人文也。关乎天文以察时变，关乎人文以化成天下。"西汉刘向《说苑・指武》中写道："圣人之治天下也，先文德而后武力。凡武之兴，为不服也。文化不改，然后加诛。"南齐王融《曲水诗序》云："设神理以景俗，敷文化以柔远。"《易・系辞下》载："物相杂，故曰文。"《礼记・乐记》称："五色成文而不乱。"《说文解字》称："文，错画也，象交叉。"《礼记・乐记》："礼减而进，以进为文"，郑玄注"文犹美也，善也"。《论语・雍也》称"质胜文则野，文胜质则史，文质彬彬，然后君子"等。英国人类学家B．K．马林诺夫斯基于20世纪30年代在其所著《文化论》中认为，"文化是指那一群传统的器物、货品、技术、思想、习惯及价值而言的，这概念包容着及调节着一切社会科学"。法国人类学家C.列维-斯特劳斯从行为规范和模式角度给文化下的定义指出，“文化是一组行为模式，在一定时期流行于一群人之中……并易于与其他人群行为模式相区别”。英国人类学家R.弗思认为，“文化就是社会，社会是什么，文化就是什么”。文化一词的中西多种不同来源，殊途同归。

“文化”还是考古学用语，考古学是根据古代人类活动所遗留下来的实物遗存研究解析人类文化与社会发展并探索其发展变化原因和规律的一门学科。考古学中所讲的文化有其特定的含义，专指同一历史时期分布在不同地区的、具有相同文化特征的遗迹与遗物。这样一群有着特定组合关系的遗存，即可以称为一种“文化”。以首次发现的典型遗址所在的地名作为考古学文化名称的命名依据，如龙山文化、大汶口文化、马厂文化等。

“文化”经过古今中外的不断演进与变化，逐渐成为一个内涵丰富、外延宽广的多维概念。不少哲学家、社会学家、人类学家、历史学家和语言学家一直试图从各自学科的角度去界定文化的定义，至今仍是众说纷纭。笼统地说，文化是一种社会现象，是人们长期创造形成的产物，是人类在社会历史发展过程中所创造的物质财富和精神财富的总和。文化是一种历史现象，是社会历史的积淀物。文化是一个国家或民族的历史地理、生活方式、文学艺术、价值观念等的载体。毛泽东在《新民主主义论》中指出：“一定的文化（当作观念形态的文化）是一定社会的政治和经济的反映，又给予伟大影响和作用于一定社会的政治和经济。”让我们暂且把这一论述作为“文化”定义的总结吧。

十九大报告指出：“文化是一个国家、一个民族的灵魂。文化兴国运兴，文化强民族强。没有高度的文化自信，没有文化的繁荣兴盛，就没有中华民族伟大复兴。”中国古代陶瓷历史悠久，源远流长，是中华文明的重要组成部分，我国古代陶瓷以其深厚的文化底蕴和独特的艺术特色傲然屹立于世界民族文化之林。

陶瓷是陶器和瓷器的总称。陶瓷的发明不仅仅是一种物质材料的转化，也不仅仅代表一种科学技术与生产力，其中蕴含更多的是超越自身的文化内涵。古代陶瓷是中国古代文化的重要组成部分，也是中国科技史的组成部分。中国古代陶瓷是古代人类的发明与创造，是人类利用自身的力量改造自然的智慧结晶，是社会政治经济的载体。中国古代陶瓷从陶器起源开始，古人制器用器，经历了两万年的漫长岁月，在这个历史长河中，人类社会经历了若干不同的发展阶段，科学技术、意识形态发生了天翻地覆的变化。陶瓷是技术与艺术的统一。“技术是历史的一个方面，特别是社会史的一个组成部分。”（辛格《技术史》第一卷前言）古代陶瓷生产与社会经济文化息息相关，从不同侧面反映着当时社会生活的某些内容。认识古代陶瓷，是了解中国历史的一个途径。

古代陶瓷手工业及其产品是中华民族历史文化的载体。器以载道，它的发展承载着社会政治制度、经济制度与文化制度等诸多方面的信息，体现着器和道的关系。它涉猎中国古代政治、经济、文化、赋役与手工业管理制度等诸多领域。陶瓷制作技术的发展与社会、政治、经济之发展同步，两万年的冶陶史、数千年的官窑史、六百多年的御窑史，都是当时社会生活和科学技术的体现。有的学者曾经说过，一部中国古代陶瓷史就是一部中国文明史，这一文明历史的每一页都与陶瓷的发展息息相关，也就是说，中华文明的每一个进步都能在陶瓷史中找到缩影。因此，对它进行研究就是要从不同文化的角度与高度去审视中国古代陶瓷发展的历史，探寻古代陶瓷与各种文化之间的关系，从而去寻觅陶瓷背后所承载的人文社会信息。这也是本书写作目的之所在。

目录

第一章

古代陶瓷与舞乐文化

陶瓷是社会生活的重要组成部分，无论是其自身的存在形式，还是它的使用功能，都和社会文化的宏观背景紧密相关。陶瓷作为一种文化，涉及的范围相当广泛。陶瓷作为一种载体，它除了具有实用与使用功能外，还承载与保留着大量历史、文化、政治、经济等信息。古代陶瓷记载着古代的历史，作为昔日的舞乐文化，随着岁月的流失，人们无法看到当年舞台上的轻歌曼舞，无法听到那古老乐器吹奏的悦耳的音乐。但是，作为古代音乐与舞蹈的历史沉淀，我们却可以从凝聚在陶瓷中的绘画与雕塑去领略昔日古代文化的风采。

乐器的产生是人类文明发展的重要标志。中国古代陶瓷器物中有相当数量舞乐题材的作品，这些制品真实地记录了我国音乐舞蹈发展的历史，为我们的研究提供了翔实而可靠的第一手资料。陶瓷乐器历史悠久，在我国陶瓷史和音乐史上占有重要的历史地位。由于社会生产力发展水平的不同，历代舞乐文化在陶瓷制品上的表现形式也不相同。对它们进行研究，一方面可以看出我国古代舞乐发生发展与演变的历史，另一方面也可以看到社会的发展变化对它所产生的影响。

史前考古资料表明，原始社会陶制乐器造型简单品类单一，仅见吹奏乐器的埙、角与打击乐器的鼓。出土的数量及其自身的造型特点反映出它的原始性。西周时期，一系列等级化的礼乐制度的实施，庞大的礼乐机构，完备的礼乐教育，使礼乐对哲学、美学思想，对社会各类艺术都产生了巨大而深远的影响。这时候乐器也成了显示统治者身份与等级的器物标志。其造型制作的精美和艺术性能的多样，都达到了惊人的程度。这个时期，贵族大墓受到《周礼》的束缚，等级森严，不能逾越。春秋战国之际，周王室衰微，礼崩乐坏，贵族奢侈无度，僭越之风盛行，如宋文公使用人殉，晋文公要求享受天子规格的葬礼，各国诸侯不断打破周礼制度中等级尊卑的规定。这一点，在考古发掘的大型墓葬中体现得一览无余。这些重要的考古学资料为我们研究古代社会的政治制度、经济发展以及礼乐制度乃至社会发展的历史，提供了不可或缺的第一手资料，与此同时也为我们研究音乐与乐器发展的历史提供了宝贵的资料。春秋战国时期打击乐器流行，钟、磬、鼓等的大量出土说明乐器品种及其造型在不断地丰富。汉代是我国封建社会经济繁荣、文化发展的时代，在原有打击、吹奏乐器的基础上，随着张骞通西域而来的一些具有西域风情的乐器开始传入我国。六朝至唐代，是中外文化交流与民族文化融合最活跃的时期，这个时期，大量西域音乐舞蹈相继传入我国，并很快流行与普及，带有西域文化特征的胡人舞乐形成了这个时期典型的时代风格，固有的民族音乐舞蹈不断创新与发展。宋金元时期，杂剧艺术异常活跃与发展，反映这一艺术的大量砖雕与陶俑在墓葬中应运而生，为舞乐文化的发展增添了新的内容与时代气息。陶瓷乐器是丝竹乐器、青铜乐器乃至所有乐器的前身。随着陶瓷手工业的发展进步，陶瓷与舞乐的关系也更加密切。毫不夸张地说，一部古代陶瓷的历史，即是一部古代音乐舞蹈的发展史。

第一节 陶瓷乐器的类型

从古至今，乐器都是人们表达与宣泄情感的一种工具与手段，在人们的社会生产生活中占有重要位置，无论古代还是现在，重大节日或喜庆的日子，人们都离不开乐舞，今人如此，古人亦如此。《礼记·乐记》载：“凡音之起，由人心生”，“夫乐者，人情之所不能免也”。人的七情六欲，自古有之，人们为了更好地表达自己的情感，除了借助于语言外，还创造与发明了各种各样的乐器，从原始社会最古老的陶埙到现代社会最先进的电子乐器，无一不是人们借助于外部因素表达喜怒哀乐的工具。进入阶级社会后，统治者制礼作乐，用以约束人们的行为规范，为其统治服务。正如《礼记·乐记》所载：“礼以道其志，乐以和其声，政以一其行，刑以防其奸。”“是故先王之制礼乐也，非以极口腹耳目之欲也，将以教民平好恶而反人道之正也。”乐器的生产是人类文明进步的重要标志。

陶瓷乐器的种类根据其使用方式的不同可分为吹奏乐器、打击乐器、弹奏乐器等几大类。

一、吹奏乐器

顾名思义，吹奏乐器是以嘴直接在器物上吹奏而使其发声的乐器。

1.埙

埙，一种最古老的吹奏乐器，用泥土烧制而成，中空，器身分别有吹孔与音孔。造型以球形、椭圆形、橄榄型、鱼形最为常见。现有考古资料表明，最早出现的陶瓷乐器就是新石器时代的陶埙，这是目前所知人类历史上出现的一种最古老的乐器。

《说文》云：“埙，乐器也，以土为之，六孔。”《尔雅》注：“埙，烧土为之，大如卵子”。《风俗通义》：“埙，烧土也，圆五寸半，长三寸半，有四孔，其二通……”《拾遗记》：“庖牺灼土为埙。”《通历》：“帝喾造埙。”《世本》：“埙，暴辛公所造。”考古材料表明，埙，已有七千多年的历史，浙江河姆渡文化、西安半坡仰韶文化、南京怀安湖熟文化遗址、甘肃玉门烧沟、山西万泉荆村、郑州大河等新石器时代文化遗址中都曾发现造型及音孔数目不等的陶埙。1992年7月，考古工作者在辽宁省东沟县后洼遗址的第三次发掘中发现了距今6500年左右的陶埙，陶埙为夹砂红褐陶，手制而成，平底，器身呈卵圆形，顶部有一0.5厘米的乳头状吹孔，旁边为一直径1.2厘米的音孔[1]。

埙的造型主要有管形、椭圆形、圆锥形、鱼形等。甘肃玉门火烧沟出土的20余件彩陶埙中的鱼形埙，鱼嘴处为吹孔，器身有三个音孔，山西荆村所出有管形、椭圆形、圆锥形三种。吹孔一个，音孔一至三个不等。质地全部为陶质。到了商周时期，陶埙的外观基本定型为椭圆形或平底卵形，音孔增至五到七个。汉代以后，基本遵循这一形制。考古材料表明，陶埙经历了一个由只有吹孔没有音孔到既有吹孔又有音孔并由单音孔向多音孔不断发展的过程，音调日趋完善，显示着原始乐器的发展与演变。

埙的质地随着瓷器的诞生，陶、瓷兼有。唐代以后，埙的造型流行人头形和兽面形，陕西黄堡窑址出土的19件黑釉埙，三件三彩埙，一件白釉埙，一件白釉绿彩埙，四件茶叶末釉埙及其素烧埙的造型都为人头形，采用前后合模的方法模制而成。头顶有一吹孔，面颊两侧各有一音孔，有的两眼处为两音孔。同窑址出土的黑釉、青釉兽面埙，头顶有一吹孔，两眼处有两音孔。扬州汶河西路

1　《中国文物报》1993年7月4日。

出土的三件唐代三彩人面埙[1]，径3.9厘米，高1.2厘米，两颊各有一音孔，头顶为一吹孔，高鼻深目。北京门头沟龙泉务辽代瓷窑发掘过程中也出土了一定数量的瓷埙，大部分为兽面形，有黑、白、茶叶末釉三个品种，高度在2.4—5厘米之间。吹孔位于头后部偏上处，两音孔分别位于两眼处。总之，埙是一种最古老的乐器，也是一种延续时间最长的乐器，直到今日，还在被人们所用。它那简捷而又便于携带的形体及其那悠扬的声音，可随时吹奏出优美动听的音乐，为人们驱除疲劳，增加乐趣。它不需要昂贵的原料，只需土与火去进行塑造，因此在民间很受欢迎。直至今日，许多窑口仍在继续烧制。

新石器时代陶埙

唐代邢窑瓷埙及模具

巩义窑唐代素烧、绿釉埙

2.角

陶角是新石器时代出现的又一种吹奏乐器，1979年于山东莒县陵阳河大汶口文化时期出土的角，形似牛角中空，长39厘米，号身刻有两组弦纹间斜线纹，质地为黄白色夹砂陶。从其出土数量及出土范围看，它的应用与流行在新石器时代远没有陶埙普遍。魏晋南北朝时期，角的出土颇多，1958年河南邓县出土的南北朝时期的舞乐画像砖，其中两块军乐砖的上面都刻有吹角乐人两个，角上彩带飘拂，角尾置于腰际。宁夏彭阳北魏墓出土的八件吹角俑，为我们形象地展示了它的使用方法，这些乐俑双手托一长角，正在吹奏，角上粗下细中空，两端涂朱红色。角是当时横吹乐队乐器的重要组成部分，普遍流行于军乐之中。《乐府诗集》云："有鼓角者为横吹，用于军乐。"《宋书·乐志》亦载："西戎有吹金者，铜角，长可二尺，形如牛角，书籍所不载。或云出羌胡，以惊中国马；或云出吴越。"《晋书·乐志》中也有"横吹有鼓角，又有胡角"的记载。西安草场坡北魏墓出土的骑马吹角俑，证实了这些记载的可靠性。从其出土数量之多及出土范围之广泛，可以看出它在当时的流行程度。这种在北朝时期流行的乐器，很适合北方游牧民族使用。

1 《文物》1977年第9期，第27页。

3.笙、竽、笛、箫

笙，古老的民族吹奏乐器之一，在我国远古的神话故事中有“女娲作箫”“伏羲作琴”“伶伦入昆仑山采竹为笛”的记载，且代代相传。汉代以后尤为盛行，《西京杂记》中提到的汉帝随葬物品中有“萧四、笙一……竽一……”的记载。笙由簧片、笙管和斗子三部分组成，笙管为长短不一的竹管，十三至十九根不等，斗子上连有吹口。随县曾侯墓出土的五件笙中分别有十二管、十四管、十八管三种。四川江油市河西东汉墓出土的执笙俑，双手执笙于左胸前。成都市郊出土的汉代吹笙砖，上面有一支三人小乐队，右面的乐人正在吹笙，说明笙不仅可以独奏，还用于合奏。南朝时期，笙继续应用，河南邓县出土的吹笙鸣凤画像砖，左侧一人吹笙，中有一凤振翼作鸣，凤上方云气缭绕，右一人持拂尘而立。河南邓县学庄南朝墓出土的四皓画像砖，一人吹笙，一人抚琴，描写的是秦末汉初，东园公、角里、绮里季和夏黄公四人隐居南山，放浪形骸的事。此后，笙大量使用并一直延用至今。

河南邓县南朝墓出土的画像砖、唐代吹笙俑

竽，古老的吹奏乐器，外形似笙，管数较多，《周礼·春官·笙师》：“掌教吹竽、笙。”滥竽充数是众人皆知的成语，讲的是战国时期齐国的国君齐宣王喜欢听竽，每次要三百人一齐吹奏，其中有一个根本不会吹竽的南郭先生混在中间。后来齐宣王死了，齐湣王继位，他喜欢听独奏，南郭先生再也混不下去而逃之夭夭的故事。在出土的陶瓷乐俑中，吹竽俑极为常见，战国两汉时期一直到唐代都很流行，辽金时期的砖雕杂剧人物中也很常见，这是一种历史悠久而又应用广泛的民族乐器。

筚篥，簧管乐器，源于汉代西域龟兹，又称悲篥、笳管，也称管子，唐宋教坊音乐的重要乐器。流行于我国各地两千多年，深为汉族、维吾尔族、朝鲜族等多民族所喜爱，明以后不见。史书上多有记载。《旧唐书·音乐志》：“筚篥，本名悲篥，出于胡中，其声悲。胡人吹之以惊中国马。”《说文义证》：“羌人所吹角，屠觱以惊马也者，屠当为筚，即筚篥。”筚篥为簧管乐器，上开八孔，管口插有芦制的哨子。其声音抑扬顿挫，美妙神奇，无论奔放欢快的场面，还是酸楚凄苦、悲切伤感的愁苦状态，均表现得恰到好处。这一点古人在其作品中多有描述。白居易《小童薛阳陶吹觱篥歌》：“……翕然声作疑管裂，诎然声尽疑刀截。有时婉软无筋骨，有时顿挫生棱节。急声圆转促不断，轹轹辚辚似珠贯。缓声展引长有条，有条直直如笔描。下声乍坠石沉重，高声忽举云飘萧……碎丝细竹徒纷纷，宫调一声雄出群，众音覼缕不落道，有如部伍随将军。”李颀《听安万善吹觱篥歌》：“南山截竹为觱篥，此乐本自龟慈出。流传汉地曲转奇，凉州胡人为我吹。傍邻闻者多叹息，远客思乡多泪垂。世人解听不解赏，长飙风中自来往。枯桑老柏塞飕飗，九雏鸣凤乱啾啾。龙吟虎啸一时发，万籁百泉相与秋。忽然更作渔阳掺，黄云萧条白日暗。变调如闻杨柳春，上林繁花照眼新。岁夜高堂到明烛。美酒一杯声一曲。”

笛、箫，古代有之，一直延用至今。1987年河南舞阳市贾湖遗址出土的骨笛，距今8700—6800年之久，长22.2厘米，属于新石器时代裴李岗文化，收藏于河南省文物考古研究所。伴随着陶瓷的诞生，以陶或瓷制作的此类器物在考古发掘中层出不穷。如汉、唐时期墓葬中大量出土陶瓷吹奏俑，明代德化窑生产的瓷萧，距今已有500多年的历史。德化白瓷箫，呈竹节式，长56厘米，上端有1吹口，箫身5个音孔朝上，1个音孔朝下，下端出边，镂空钱纹装饰，通体施白釉。瓷箫造型秀丽，胎质细腻，釉质洁白润泽，制作精工，至今收藏在故宫博物院，堪称瓷质乐器的佼佼者。据清代陆廷灿《南村随笔》记载，明代德化瓷箫“百枝中无一二合调者，合则其声凄朗，远出竹上”，由此可见明代德化瓷箫的名贵。

陶瓷吹奏俑

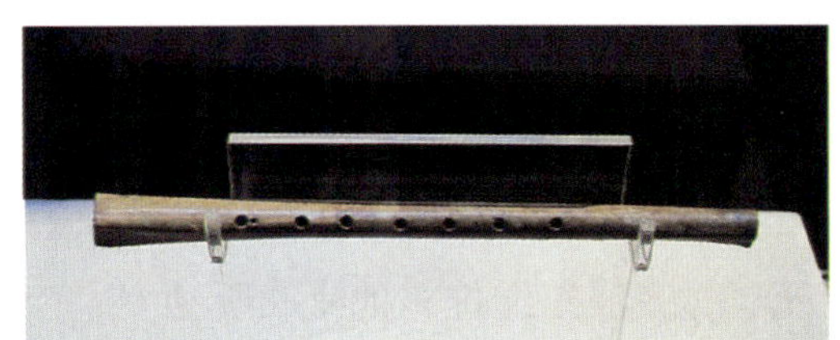
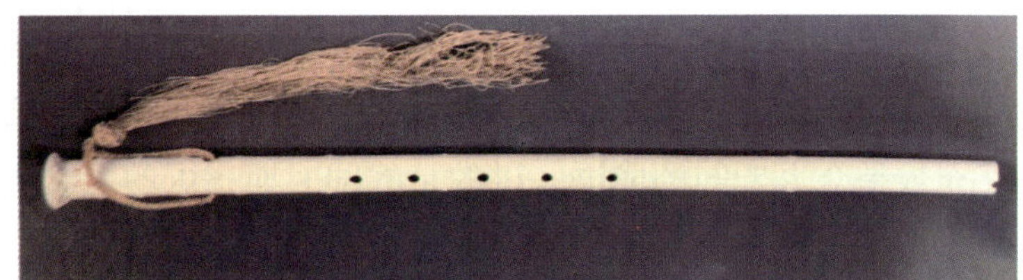
贾湖遗址出土的骨笛、明代德化窑白釉瓷箫

二、打击乐器

打击乐器是借助于外部力量的撞击与敲打而发出美妙声音的乐器，早在原始社会，我们的祖先便知道利用敲打的方法使器物发出优美的声音而进行娱乐。新石器时代发现的彩陶鼓是最早的打击乐器，到了商代，这种作为打击乐器的鼓使用得越发普遍，从卜辞中的“其鼓彡告于唐”以及《诗》中“窈窕淑女，钟鼓乐之”可以看出，鼓已普遍使用。编钟、编磬是商周时期打击乐器的重要组成部分，与此同时，仿铜的陶瓷乐器开始流行，从考古材料中可以看到，这些陶瓷打击乐器的种类有钟、磬、錞于、丁宁、悬铃、缶、句鑃等，从造型到装饰全部仿青铜制品烧制而成。提到打击乐器不得不提的是河北燕下都遗址、无锡鸿山越国贵族墓出土的大量成套仿铜陶乐器，集中体现了南北方乐器的地域文化水平与特色。这些造型规整、制作精工、技艺精湛的成套乐器，体现着陶瓷手工业的时代水平，也为我们研究古代礼乐制度与社会生活提供了充足的实物依据。

无锡鸿山越国贵族墓，是一处春秋战国时期的墓葬群，在7.5平方公里的范围内分布着108座不同等级的墓葬，在已经发掘的7座墓葬中出土青瓷、硬陶、玉器等文物2300多件，随葬的完整的成套的陶瓷乐器500余件，包括编钟、编磬、编镈钟、编悬铃、钮铎、句鑃、丁宁、錞于，还有3件罕见的青瓷三足缶，可谓应有尽有，集打击乐器之大全。这些精美绝伦的成组成套的原始青瓷仿铜乐器，其数量之庞大，造型之精美，种类之丰富，品种之多样，制作之精良，无一不达到惊人的程度，堪称一座庞大的地下乐器宝库。它们的出土，是吴地之音、古乐之库的完美展现，是三千多年前吴越文化光辉灿烂的彰显，是研究吴文化与中原文化地域差异的宝贵资料，也是研究春秋战国时期礼乐制度以及古代乐器不可或缺的珍贵资料，无论在陶瓷史还是在音乐、器乐史的研究中，均具有极其重要的学术价值。

1.钟

钟，出土文物中最常见的一种打击乐器，多流行于战国到西汉初期，由于外形的不同又可分为钮钟、镈钟、甬钟等，多成套使用，每套的个数视墓主人的身份与地位的高低而定，等级越高，件数越多。成套的编钟往往与编磬等乐器配伍出现。除了上面提到的鸿山墓葬之外，1995年安徽六安县城西窑厂二号楚墓出土的29件战国初期的陶乐器，其中陶钮钟12件，泥质深灰陶的表面上残存着朱色彩绘，形制大同小异，大小依次递减。长方形钮，拱形口，隧部四梯形方框内乳头状篆枚各十个，最大者通高4.8厘米，最小者通高2.2厘米。钟5件，亦为泥质灰陶，形制相同，大小递减。钮及舞部各有两穿孔，拱形口，隧部梯形方框内各有乳头状篆枚九个，最大通高8厘米，最小者通高4厘米。磬12件，泥质灰陶，形制相同，大小递减。以上三组乐器从出土情况看，分别悬挂于木质乐器架上，编钟、编磬附近并同时出土木槌一件，应为当时的敲打工具。此墓出土的乐器全部为仿铜陶明器，墓主属于大夫阶层，享用了这些不该享用的品级的乐器，明显为僭礼行为，是当时礼崩乐坏在丧葬文化方面的真实反映[1]。

无锡鸿山墓出土的钮钟、甬钟

河北易县燕下都十六号战国墓，出土了一整套完整的乐器，其中陶甬钟16件，陶歌钟9件，陶编

河北省燕下都出土陶钮钟、甬钟

1　《考古》1995年第2期。

磬10件[1]。这些打击乐器集中代表了中原地区战国时期乐器的组合与使用情况。

编钟的使用一直延续到汉代，1977年安徽省阜阳县双古堆西汉汝阴侯墓出土了成套的编钟、编磬、编镈。编钟一套九件，形制相同，大小相次，大的高达62厘米，小的高13.5厘米[2]。编钟是战国之际流行的一种乐器，多用青铜制造，居于“钟鼓管磬羽籥干戚”之首。墓主为第二代汝阴侯夏侯婴之子夏侯灶，出土的成套陶乐器证实了《史记·乐书》上“其功大者其乐备”的记载。西安北郊范南村92号墓出土的西汉陶甬钟，造型基本与上述相同。除此而外，各地博物馆也多有收藏。

2.磬

中国历史上最古老的打击乐器和礼器。磬的名称最早见于《世本·作篇》。甲古文中磬字左半像悬石，右半像手执槌敲击。多个磬组合成一套称之为编磬。磬在古代除了作为乐器外也作为礼器使用，在宗族盛宴及宗庙祭祀等大典时多与编钟等乐器一起使用。商代时磬已广泛流传，制作精美，为王室宫廷乐队所用。战国时期许多大墓中成套的编磬多与其他成套乐器同时出土，如河北燕下都遗址、无锡鸿山越国贵族墓等所出。大量考古资料表明，磬的质地除了有陶、瓷质地之外，还有石质、玉制、铜制等多种。长期以来，人们喜欢用“声如磬”来形容陶瓷那特殊而清脆的音色，可见陶瓷与音乐亲密的渊源关系。

河北易县燕下都遗址出土的编磬、编钟等乐器，规格之高、制作之精美十分罕见，为我们探讨战国时期燕国的乐悬编列制度及宫廷音乐，提供了形象而生动的实物依据，具有重要的历史意义与学术意义。

河北燕下都出土的编磬

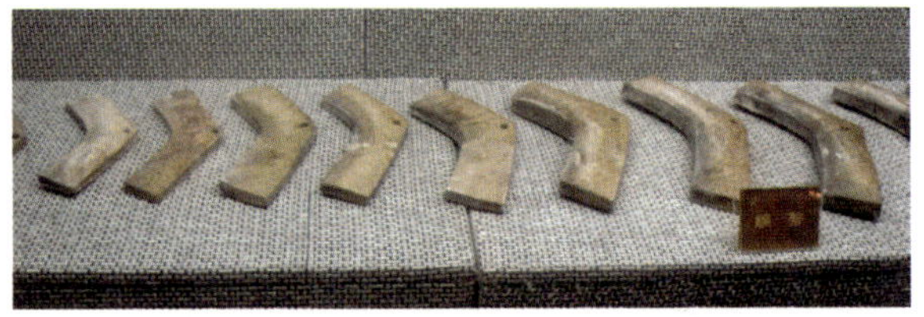
无锡鸿山越国贵族墓出土编磬

编磬多与编钟同时使用，是当时社会礼仪制度的再现。1935年河南辉县赵固出土的战国燕乐纹鉴，在器身纹饰中，殿宇的左边列有编钟一肆，之下有两人各执钟槌在敲击，殿宇的右边陈列编磬一肆，两女子执磬槌在演奏。击磬乐人右下方放置一笙。这是一幅反映当时贵族宴饮乐舞活动的图案，也是燕礼的再现。

随着考古工作的不断深入发展，墓葬中多有成套组合的随葬乐器出土，为我们研究古代音乐及其乐器的品种与使用提供了丰富的不可多得的科学资料。如浙江海盐战国墓出土的全套乐器共有六个系列，其中甬钟13件，加上两件不能复原的共15件。最大的高度43.2厘米，最小的32.1厘米。句鑃共14件，最大的44.7厘米，最小的17.3厘米，为一套编句鑃。錞于2件，一大一小，钮钟3件，磬残

1 《考古学报》1965年第2期。

2 《安徽省文物志稿》上，第53页。

存4件，此外还有11件可供悬挂的敲打乐器，发掘者称之为铃。此墓共出土乐器95件，质地分陶质与瓷质两种，数量多，种类全，全部仿制青铜乐器制作而成。钟、磬、句鑃、錞于、铃等乐器的组合系列与中原不同，具有江南地区的时代风格，与北方相比存在着一定的地区差异[1]。

3.句鑃

句鑃，一种手持的打击乐器，吴越地区独有的乐器造型，在吴越系统的乐器中，句鑃是最重要的演奏乐器，主要用于宴享和祭祀，盛行于春秋时期的吴越地区。无锡鸿山墓出土的多套完整编句鑃，形制相同，大小相次，其形成合瓦状，长方形柄，下端尖扁狭长，使用时口朝上，柄朝下，以槌敲击。放置方式与甬钟相反，不是吊起来而是口朝上插起来，从大到小依次排列，插于器座之上。存世句鑃铭文中有“择其吉金铸句鑃，以享以孝”（容庚《商周彝器通考》下册536图的句鑃铭文）的记载，为我们研究其使用提供了重要的依据。除此之外，浙江海盐战国墓出土的14件原始瓷句鑃，最大的通高44.7厘米，最小的高17.3厘米，形制相同，大小相次，高度差约1厘米，出土时，与编钟、编磬、錞于共存，与无锡鸿山战国墓葬出土的组合基本相同，具有江南地区乐器组合的区域性特征。

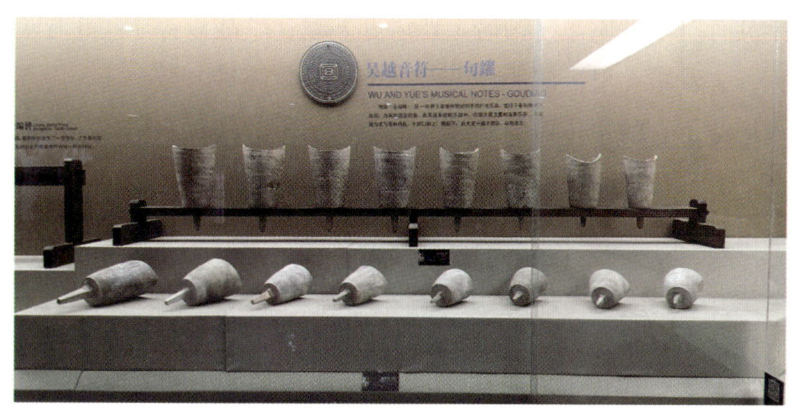

无锡鸿山墓出土的句鑃

4.錞于、丁宁

錞于，亦作錞釪、錞，古代打击乐器的一种，春秋战国时期广为流行。錞于形如圆筒，上部比下部稍大，顶上有钮。《周礼·鼓人》：“錞，錞注也。圆如碓头，大上小下，乐作鸣之，与鼓相和。”《广韵》：“錞，錞于，形如钟。”《淮南子·兵略训》注：“錞，錞于，大钟也。”《国语·晋语五》：“战以錞于，丁宁，儆其民也。”錞于常与鼓配合使用，用于战争中指挥进退。《淮南子·兵略训》：“两军相当，鼓錞相望。”多用于战阵。《国语·吴语》：“鼓丁宁、錞于、振铎。”《周礼·地官·鼓人》：“以金錞和鼓。”

南京博物院藏品中的錞于、无锡鸿山战国墓出土的錞于

1 《文物》1985年8月。

錞于除了能敲出动听的声音外，还是当时礼乐制度的重要组成部分，对它的使用有着严格的规定。曾侯乙墓出土镈钟上的铭文记载："佳王五十又六祀，返自酉阳，楚王酓章乍曾侯乙宗彝，寘之于酉阳，其时时用享。"是楚惠王五十六年得到曾侯乙去世消息后所专门制作的宗庙礼器。錞于具有军乐性质。《国语·晋语五》载："战以錞于、丁宁，儆其民也。"《国语·吴语》："既陈，去晋军一里。昧明，王乃秉枹，亲就鸣钟、鼓、丁宁、錞于、振泽，勇怯尽应。"这些都明确地记载了它的军乐器的属性。山彪镇出土的战国水陆攻战纹铜鉴、狩猎纹奁上，都有敲打錞于的图案。各地墓葬和博物馆均有此种乐器的收藏。陶瓷制品中的錞于仿制铜器制作而成。浙江海盐战国墓出土的原始瓷錞于、故宫博物院收藏的战国原始瓷錞于，釉色青翠，质地坚硬，造型与青铜制品无异。上海博物馆收藏的战国青釉錞于，亦为仿青铜乐器的明器。

丁宁，中国古代打击乐器，也称"钲"，形似钟而狭长，上有柄，用铜制成。使用时口朝上，以槌敲击，盛行于春秋时期南方诸国。文物考古资料表明，钲在汉、魏、晋时期的行军仪仗中仍很流行。《诗经·小雅·采芑》曰："钲以静之，鼓以动之。"中国古代曾使用"击鼓进军""鸣金收兵"来指挥战斗，"鸣金"中的"金"就是指军队中作战时作信号用的乐器钲。成语"鸣金收兵"即为停止进攻，结束战斗。"钲"也可用于祭祀和宴乐。

5.瓯

瓯，就是碗，是古代先民一种日常生活使用的器皿，也是人类所发明的一种最原始与古老的乐器。《洪武正韵》云："今俗谓碗深者为瓯。"《正字通》说："俗谓茶杯为瓯。"击瓯是民间流行的一种音乐，就是用木棍或筷子等工具敲打碗使之发出声响，这种原始而古老的演奏，在我国具有悠久的历史。由于这种乐器随处可见，又由于它可以演奏出美妙的音乐，所以在民间非常盛行。著名诗人温庭筠在《郭处士击瓯歌》中写道："太平天子驻云车，龙鈩勃郁双蟠拏。宫中近臣抱扇立，侍女低鬟落翠花。乱珠触续正跳荡，倾头不觉金乌斜。"如实地记载了郭道源击瓯的绝技。郭处士即郭道源，唐大中年间的调音律官。唐代对音律颇有研究的段安节在《乐府杂录》中对郭道源击瓯这样描述："善击瓯，率以邢瓯、越瓯共十二只，旋加减水于其中，以箸击之，其音妙于方响。"其中邢瓯、越瓯说的是击瓯所使用的碗为邢窑与越窑烧造，碗里注入不同量的水进行敲打，使之发出美妙的声音。除了一些击瓯名家身怀绝技外，许多歌妓也善此艺。唐人方干的《李户曹小妓天得善击乐器以成曲章》中云："越器敲来曲调成，腕头匀滑自轻清。随风摇曳有余韵，测水浅深多泛声。昼漏丁当相续滴，寒蝉计会一时鸣。若教进士梨园去，众乐无由更擅名。"越窑与邢窑是唐代两个著名窑址，其产品质地上乘，造型规整，为击瓯首选。越窑与邢窑瓷器不仅以实用精品为文人墨客所推崇，更有作为打击乐器的妙用，被大师们所讴歌。用越窑青瓷敲击出来的古朴乐章，仿佛使我们看到了雅士举筷敲击那一只只注水瓷盏的击瓯画面，又仿佛使我们听到了萦绕于耳精妙绝伦的天籁之音，视觉与听觉的交错融汇，陶瓷与音乐的瓷靓曲雅，是多么的令人迷醉！

6.缶

缶亦作缻，是古代盛水或酒的器皿。原本是古代的一种陶器，大腹小口，类似瓦罐，春秋战国时候用它作乐器，并一度盛行。《说文解字》云："缶，瓦器，所以盛酒浆，秦人鼓之以节歌。"

器身铭文称为“缶”的，有春秋时期的“栾书缶”和安徽寿县、湖北宜城出土的“蔡侯缶”。中国古代文献中，不乏对缶的记载。《史记·廉颇蔺相如列传》中云：秦王饮酒，酣，曰：“寡人窃闻赵王好音，请奏瑟。”赵王鼓瑟。秦御史前书曰：“某年月日，秦王与赵王会饮，令赵王鼓瑟。”蔺相如前曰：“赵王窃闻秦王善为秦声，请奉盆缶秦王，以相娱乐。”秦王怒，不许。于是相如前进缶，因跪请秦王，秦王不肯击缶。相如曰：“五步之内，相如请得以颈血溅大王矣。”左右欲刃相如，相如张目叱之，左右皆靡。于是秦王不怿，为一击缶。相如顾召赵御史书曰：“某年月日，秦王为赵王击缶。”李斯《谏逐客书》中提道：“夫击瓮叩缶、弹筝搏髀而歌呼呜呜快耳目者，真秦之声也。郑、卫、桑间，韶虞、武象者，异国之乐也。今弃击瓮叩缶而就郑卫，退弹筝而取韶虞，若是者何也？快意当前，适观而已矣。”《通典》记载：“缶，说文曰：‘瓦器也，所以盛酒浆。秦人鼓之，以节歌也。’尔雅云：‘盎谓之缶。’注云：‘盆也。’诗云：“坎其击缶。”渑池会，秦王为赵王击缶是也。李斯云：‘击瓮扣缶，真秦声。’”并且明确地列缶在土音部。《墨子·三辩》中记载：“昔诸侯倦于听治，息于钟鼓之乐；士大夫倦于听治，息于竽瑟之乐；农夫春耕夏耘，秋敛冬藏，息于瓴缶之乐。”说明了当时存在着森严的礼乐制度。“击缶”“鼓盆”只是社会底层人们的娱乐。汉代桓宽《盐铁论·散不足》载：“往者民间酒会，各以党俗，弹筝鼓缶而已。”《淮南子·精神训》载：“今夫穷鄙之社也，叩盆拊瓴，相和而歌，自以为乐矣。”

由于缶是由土烧制而成的陶制乐器，我国古人把缶划归为土类乐器。又由于陶制乐器“缶”易碎，所以完整的传承至今者比较少见。2004年无锡鸿山越国贵族墓三件青瓷缶的惊世出土，是我国首次考古发现的乐器缶。青瓷缶口径40厘米，通高24.2厘米，内外施青黄色釉，口沿和上腹部饰细蟠虺纹，兽首状宽耳，另两侧有一对称的蜥蜴匍匐在口沿，蜥蜴的两前肢攀在沿上，口衔缶沿。“长期以来，人们对缶只闻其名，未见其形。无锡鸿山越国贵族墓考古解决了这一问题。”这是2005年4月9日新华网南京记者王力、姚玉洁进行采访时的报道。的确，它的发现与出土，不仅证实了文献记载，也有幸让我们目睹了历史上最古老的乐器缶的真实模样。

无锡鸿山越国贵族墓出土的三足缶

这种可以一边敲打一边大声吟唱的乐器，一直沿用流传，一直到2008年的北京奥运会。2008年8月8日晚，北京鸟巢国家体育场中央，“缶阵”中2008尊中国古代打击乐器缶，发出雷鸣般动人心弦的声响，在一首气势恢宏的“击缶而歌”的缶乐声中，带着华夏礼乐的传承，带着炎黄子孙的梦想与期盼，迎来了第二十九届奥运会开幕式！这缶声震撼了世界，这缶声表达了中国人民对世界各地奥运健儿和嘉宾的热烈欢迎。这缶声彰显着中华民族“有朋自远方来，不亦乐乎”的博大胸怀与包容，这缶声让古老的中华文化在新时代焕发了青春。这缶声也敲响了中华民族体育盛事永远难忘的一刻。

北京第二十九届奥运会使用的中国古代打击乐器缶

7.振铎

古代打击乐器之一。上大下小，上有执柄，平底，商代青铜制品与其基本一样。盛行于春秋至汉代。

无锡鸿山越国贵族墓出土的振铎

8.铃

铃，古老而传统的民族乐器。现有的考古资料表明，陶铃出现于新石器时代，1985年山东胶南市西寺村出土的陶铃呈两面隆起的椭圆形，上大下小，形如蚌壳，腹两侧有对称的弧形缺口，如同蚌口微开，下口一侧有不规则的圆口，腹中有泥丸，摇动时会发出声响。郑州大河村、庙底沟、汤阴白营等新石器遗址中均有发现。甘肃省马家窑文化出土的陶铃更是造型多样，装饰繁复而美丽。湖北省博物馆藏品中的石家河文化彩绘陶响球，出土于湖北省京山县惠亭水库遗址，距今4000多年，采用褐色泥质陶捏制而成，中空，内装石子，球部留有小孔。通体绘黑彩。圆柱形的长把及器身有多组压印纹，高7厘米，直径3.2厘米，既可以手持也可以穿绳悬挂或佩戴。

甘肃省博物馆藏新石器时代陶铃

无锡鸿山越国贵族墓出土的战国时期的原始青瓷与硬陶悬铃为半球形中空，顶部有钮可以悬挂。此类器物在浙江绍兴、萧山等地也曾出土。

无锡鸿山越国贵族墓出土的悬铃

唐代黄堡窑址发掘出土的三彩、茶叶末釉及素烧铃，模制成型，呈圆球状，上部有钮，下部有开缝，中空，内有泥丸。辽代龙泉务窑继续烧造铃且为数不少，铃的器身扁圆状，中空，状似木鱼。铃的顶端有一三角形钮，正中有一孔，可供穿绳为系。铃的下部有一弧形豁口，器内有泥丸，晃动时会发出好听的声音。其中素烧铃有84件，可见生产数量之大。

9.鼓

鼓，《礼记·明堂位》：“土鼓，……伊耆氏之乐也。”《世本》：“夷作鼓，盖起于伊耆氏之土鼓。”在我国出土陶瓷乐器中，鼓占有一定的比重，它具有出现时间早、延续时间长的特点。从考古材料看，新石器时代即已开始生产，造型大致有两种，一种近似喇叭状，另一种为喇叭形。多为彩陶，高度在30厘米左右，器身都有用于固定鼓面皮革所用的乳丁状突起。甘肃、青海、山东、河南等地的新石器遗址中均有出土。1988年河南内乡文管会征集、1975年马山镇茨园村出土的屈家岭文化彩陶鼓[1]，泥质红陶，由鼓筒和喇叭状的鼓首组成，通长26.5厘米，鼓首与鼓筒间有0.25厘米的隔离层，中间有一小孔，喇叭口与筒身结合处有突起的齿形一周，应为当时结扎鼓面皮革所用。1980年青海民和县阳山出土的半山类型彩陶鼓，高35厘米，上口部呈罐形，下呈喇叭状，喇叭口的外侧有7个乳丁状的小钩，器内中空，通体饰连弧锯齿纹。甘肃永登乐山坪出土的马厂时期彩陶鼓7件，高度在25—44厘米之间，分大、中、小三种[2]。以上两处遗址所出陶鼓均为喇叭形，与喇叭口相对的一头呈微敛的罐形或钵形，器身为圆柱形，柱形筒身与上部罐相交处有一环形系，喇叭口的外沿处有一周倒钩，数目5、6、7、9、12个不等，倒钩的稍上方与柱上部系相对处亦有一个环形系。山东邹县野店出土的9件大汶口文化时期的彩陶鼓，造型多为上大下小的桶形，下腹微收，小平底。折腹处有三个环形系，口沿外有一周乳丁状突起20个，腹壁与器底共有圆形小镂孔5个，高36厘米。还有一种长圆形小平底的造型，口沿下有乳突14个，高36厘米。第三种为敞口筒状，环底带把手，口沿外有乳状突起16个，腹壁和器底有圆形镂孔，高19厘米。仰韶文化时期的彩陶鼓在各地均有不同程度的出土，如郑州后庄王仰韶文化遗址出土了17件，大河村出土2件等。

龙山文化时期，陶鼓的形体有了部分改变，甘肃宁县阳坬遗址出土的陶鼓与唐代拍鼓大同小异，敛口束腰，中空有底，口沿下有一周泥铆状突钮10个，下腹部有一个直径约2厘米的圆孔。鼓高39.4厘米、口径15厘米、底径23厘米，质地为橙黄色泥质陶[3]。陕西商县紫荆所出陶鼓造型与甘肃宁县所出基本一样，两头大，中间束腰，底径略大于口径，口沿下有一周圆饼状突钮12个，下腹部有一个直径5厘米的圆孔，鼓高51厘米、口径28厘米，质地为灰褐色夹砂陶。时代为黄河流域龙山文化时期[4]。

新石器时代陶鼓的造型主要有喇叭形、广首纤腰形、敞口筒状三种。腹壁和器底有起散音与共鸣作用的圆孔，一到数个不等。大汶口文化时期孔数较多，甘肃宁县阳坬、陕西商县紫荆等龙山文化所出以一个最为常见。这些陶鼓多出土于大、中型墓葬之中，说明此种乐器在当时仅为少数人所使用。陶鼓率先在黄河流域仰韶文化时期诞生，随着时代的不断发展，到马厂文化时期，陶鼓的形制已基本成熟。至龙山文化时期，造型进一步演变为广首细腰式，对后来唐宋时期的瓷质拍鼓产生了深远的影响，形体上也有着一脉相承的渊源关系。隋唐以后，拍鼓又从中原传到岭南，并一直延用至今。“每岁迎春……女操瑶音唱丰收歌，男击土鼓和之”指的即是如此。

总之，陶鼓在原始先民的生活中发挥着极其重要的作用，陶鼓与陶铃、陶埙等一起构成了史前乐器丰富的文化内涵。原始的先民在收获之季，陶鼓为他们的载歌载舞进行伴奏，为他们的农耕狩猎活动带来了无穷的快乐。

战国时期，鼓成了乐器中的重要组成部分，其造型增多，出现了底座与支架。1990年山东章丘女朗山战国墓出土的舞乐陶俑中分别有击大鼓与击小鼓俑各一件，大鼓直径4厘米，小鼓直径1.6厘

1　《文物天地》1991年第4期。

2　《史前研究》辑刊1998年。

3　《考古》1983年第10期。

4　《考古与文物》1981年第3期。

米。击鼓者身体直立，双手持鼓槌欲击。汉代，又出现了系于腰间的小鼓，四川三台新德乡东汉崖墓所出的两件击鼓俑，一件腰前系一小鼓，站立作敲击状，俑高16厘米，红褐陶质地。另一件束高冠，着宽袖右衽长袍，踞坐，左手扶鼓，右手执棒高举欲击。俑高36厘米，鼓的形状与站立击鼓者同。四川江油市东汉墓出土的击鼓俑，头微仰，眼视前方，着帻，穿右衽短袍，双袖挽于肘部，腰前横置一鼓，双手各执一鼓槌作敲击状。通高16厘米[1]。洛阳涧西东汉墓出土的两鼓，均圆形，平面，器身微鼓，腹空。两鼓的器身中都有一小圆孔，其中的一件除有一小圆孔外，还有一个长1.3厘米、宽0.5厘米、深0.8厘米的长方孔，显然是装在鼓架上使用的。汉代，建鼓流行，《隋书·音乐志》载："建鼓，商人柱贯之，谓之楹鼓。近代相承，植而贯之，谓之建鼓，盖商所作也。"汉代考古材料中所见建鼓的题材很多，其中建鼓舞中使用的建鼓形体较大，多置于支架上使用，是当时流行的一种舞乐形式。汉代画像砖、画像石及壁画中甚为常见。这种建鼓舞多为男性表演，具有一种阳刚之美。建鼓还用于出行乐队之中，四川新都发现的骆驼建鼓画像砖，图中骆驼背上的两驼峰间有一建鼓，鼓上饰羽葆，两侧各有一击鼓人挥槌擂鼓，为官吏出行时仪仗队的成员[2]。

无锡鸿山越国贵族墓出土的大量成套组合的乐器向我们展示了舞乐在春秋战国时期的贵族生活中占有着重要的不可替代的地位。其中，"青瓷簴座是首次发现的越国青瓷乐器部件，即悬挂钟、鎛、铎类乐器的立柱基座，因同时出土4件，并与钟、镈、铎、錞于、丁宁、句鑃共出，故将其定为簴座。其座底径41厘米，通高18厘米，座身为覆钵形，中有管状插孔，施青色釉，座以数道凸弦纹分隔，饰蟠虺纹，下部有4个衔环的铺首，上部有6条堆塑的蛇，蛇身饰鳞纹，弯曲作游动状，头向上昂，两尾相交，栩栩如生。"这是2005年4月9日新华网南记者王力、姚玉洁的报道。簴，古代挂钟磬的架子上的立柱。《释名》所以悬鼓者，横曰簨，纵曰虡。虡，举也。《广韵》本作虡。天上神兽，鹿头龙身。悬钟之木刻饰为之，因名曰虡。即簨虡。《孔子家语·公西赤问》："琴瑟张而不平，笙竽备而不和，有钟磬而无簨簴。"王肃注："簨簴可以悬钟磬也"。"鸿山越墓共出土乐器500余件，其数量和品类堪与曾侯乙墓相媲美。出土的青瓷乐器中既有成套的仿中原青铜乐器的编钟、甬钟和石磬，亦有越式的铃形器、簴座等，还有以往从未确认的缶，是越国音乐考古的空前发现，堪称种类齐全的庞大地下乐器库。"（2005年4月5日扬子晚报）

汉魏时期的墓葬中继续出土击鼓乐俑，宁夏彭阳新集北魏墓出土的一件击鼓俑和一件持鼓俑，鼓的造型与东汉时期大同小异，均为扁圆形，左手持，右手击。同墓出土的另两件鼓，一件鼓面成圆形，腹中空，敲之有声。高10厘米，直径14.6厘米。另一件鼓面圆形，腹部圆凸，腹中部有一系，旁有一凹槽至鼓内，中空。高7.2厘米、径10厘米。从出土时侧放的情况看，此鼓应以绳系鼓中起脊处或系孔之中悬挂使用，演奏时敲打鼓的两面使之发声。一些器物还采用舞乐题材进行装饰，一些扁壶上面的花纹形象地记载了从魏晋到唐代西域舞乐的盛行。这个时期，随着中外文化交流的不断开展，许多异域的舞乐开始传入我国，对丰富本民族的娱乐生活起到了很好的促进作用。

---

1 《四川文物》1991年第5期。

2 《文物》1980年第2期。

10.腰鼓

腰鼓的历史悠久，河南邓县南朝画像砖中多次出现腰鼓的画面。唐宋时期腰鼓盛行，杜佑《通典》记载："近代有腰鼓，大者瓦，小者木，皆广首纤腰。""腰鼓之制，非特用土也，亦有用木为之者矣。土鼓瓦音，木鼓木音也，其制同，其音异。"据考古材料可知，河南鲁山、郏县西黄、陕西黄堡、湖南长沙等窑都曾烧造过腰鼓，历年来考古发掘中亦有出土。1984年陕西西安韩森寨出土的唐黑釉灰斑腰鼓，两头粗，中腰细，黑色的釉面上有灰蓝色的花斑，鼓身凸起弦纹七道，鼓长67厘米。故宫亦收藏有与此完全一样的腰鼓一件，鼓长58.9厘米。从窑址调查标本看，这种黑釉蓝斑腰鼓烧造于河南鲁山。唐代南卓《羯鼓录》中有"不是青州石末，即是鲁山花瓷……"的记载。鲁山段店窑及禹县下白峪窑址中都出土了与藏品相同的腰鼓残片。陕西黄堡窑发掘过程中也出土了腰鼓的残片，品种与河南有别，为青釉白花斑。说明在当时烧造腰鼓的窑址并非一地一处，也不是一个品种。

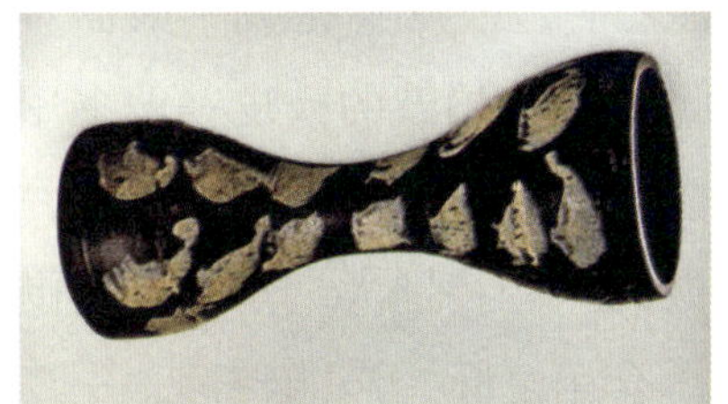
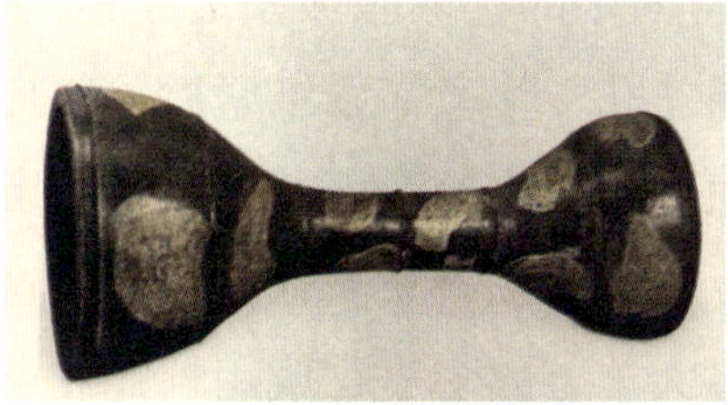

河南鲁山窑唐代拍鼓、耀州窑出土唐代拍鼓、沁阳唐墓出土拍鼓

在演奏中，拍鼓或置于漆上，或挂于腰前，边舞边击。这一点，出土的文物及石窟、壁画为我们留下了大量形象而生动的资料。使用前先将鼓皮绷在鼓腔的两端，用皮条拉紧，演奏时挂在胸前用双手拍击。1992年5月，陕西彬县底店乡五代后周五年（958）冯晖墓出土的击腰鼓人物画像砖描绘的正是这一场面[1]，把古代腰鼓的使用及其演奏形象而生动地展示于我们的面前。

河南邓县南朝画像砖、唐代拍鼓俑

除此之外，墓葬中出土的一些击鼓陶俑也为我们留下了形象的资料。现藏于陕西省昭陵博物馆，1976年礼泉县唐永徽二年（651）牛近达墓出土的拍鼓女乐俑高16厘米，跪坐于方形底座之上，

1　《陕西文物精华》第206页。

拍鼓置放于双膝上进行演奏[1]。扬州博物馆、上海博物馆均收藏有这种唐墓出土的身挂腰鼓双手进行拍击的陶乐俑。湖北武昌何家垅唐墓出土了一组伎乐俑，其中拍鼓俑的拍鼓置于腹前[2]。白沙宋墓一号墓前室东壁的奏乐图中，共有伎乐人物11个，其中的一位腰鼓挂于腰际，左手上曲，右手正在拍击。河北宣化下八里辽墓散乐图壁画中也有这种使用方法，与唐宋完全一样。集安五盔坟四号墓壁画中击腰鼓的伎乐人的腰鼓系于腰际，右手上扬，左手拍击。此墓的年代相当于北朝，说明这种使用方法从北朝就已开始，并一直延续到唐宋。"固是腰鼓，掌下朋肯声，是以手拍，非羯鼓明矣。"宋代，腰鼓的烧造范围进一步扩大，由中原传到了地处祖国南端的广西。容县窑、永福窑址出土的大量腰鼓残片说明，这种乐器在宋代的南方甚为流行。造型与中原不同，一端呈喇叭形，一端呈球状，具有明显的地区特色和时代风格。坐伎俑所使用的拍鼓多置于双膝之上，1971年陕西礼泉郑仁泰墓出土的陶拍鼓女俑，拍鼓即置于双膝之上演奏。从贯穿于鼓腔两端的绳条可以看出，鼓皮是用皮条进行拴系与固定的。两张鼓皮绷于两端鼓面之上，鼓皮直径大于鼓面直径，鼓皮上有等距离的孔，将皮条从孔中交叉穿系结紧后，鼓皮即可固定。拍鼓的鼓皮一般多用羊皮，在南方除用羊皮外，也有使用蚺蛇皮的。范成大《桂海虞衡志》云："蚺蛇，大者如柱，长称之，其胆入药。南人腊其皮，刮去鳞以鞔鼓。"据记载，这种鼓的声音特别大，传播的范围特别远。"其皮以大羊之革，南多大羊，故多皮，或用蚺蛇皮鼍之。合乐之际，声响特远，一二面鼓，已若十面矣。"

从传世品和窑址调查发掘中可以看出，宋代腰鼓的烧造范围进一步扩大，河北定窑、磁州窑、广西藤县中和窑、容县城关窑、桂林东窑村、永福窑田岭等窑址都有烧造。其中以靖江腰鼓最为有名。周去非《岭外代答》一书云："靖江腰鼓最有声腔，出于临桂职田乡，其土特宜，乡人作窑烧腔。鼓面铁圈，出于古县，其地产佳铁，铁工善锻，故圈劲不偏。"范成大《桂海虞衡志》也说："花腔腰鼓出临桂职田乡，其土特宜鼓腔，村人专作窑烧之，油画红花纹以为饰。"古县在今永福县境内，与窑田岭窑址相距不远，它所生产的优质鼓面铁圈与窑田岭窑烧造的腰鼓相匹配，适应了这个地区乐器生产发展的需要。广西是少数民族聚集之地，瑶、壮等族以腰鼓为乐器已有久远的历史，吴振芳《岭南杂记》载："粤有瑶、壮……捕兽饮酒，击长鼓为乐。"长鼓即腰鼓，至今，这一带的少数民族仍在使用，他们多用质地较硬的木料做成鼓腔，在喜庆之日组成腰鼓队载歌载舞以示庆祝。2014年科学出版社出版的南窑学术研讨会论文集《景德镇南窑》284页所发表的拍鼓图，使我们领略了宋代江南拍鼓的造型与特点。

总之，经过长期的发展与演变，鼓的造型日趋丰富，大致可分为喇叭形、上下对称的墩状、广首纤腰的腰鼓、扁平状的手鼓、带系的鼓、带座的建鼓以及六朝时期一些源于西域的带有异域风格的鼓。它的使用方法分为置于腰前，置于身体的一侧，置于鼓架之上，握于手中等几种，质地也由陶发展为陶与瓷。

1 《陕西文物精华》第94页。

2 《文物考古工作三十年》第304页，图五。

11.响球

原始的乐器之一。多采用细泥制作而成，腹部中空，内装有砂粒，摇之作响。湖北枣阳雕龙碑遗址出土的彩陶球，面在白色的陶衣上饰有红、黑色彩的花纹，球体的上下钻有对称的圆孔[1]。

三、弹奏乐器

弹奏乐器是古代乐器的重要组成部分，主要包括琴、瑟、琵琶、铮、箜篌等制品。从现有考古材料看，最早出现于东周时期，信阳楚墓出土的三件瑟，随县曾侯乙墓出土的12件二十五弦瑟、1件十弦琴、1件五弦筑，说明这个时期弦乐器的种类不断增多。《礼记·檀弓》："之死而致死之，不仁而不可为也；之死而致生之，不知而不可为也。是故竹不成用，瓦不成味，木不成斫，琴瑟张而不平，竽笙备而不和，有钟磬而无簨虡，其器曰明器，神明之也。"《世本》："神农作琴。神农氏琴长三尺六寸六分，上有五弦，曰宫、商、角、徵、羽。文王增二弦，曰少宫、少商。""昔者神农造琴以定神，禁淫僻，却邪欲，反其天真。"汉代桓宽《新论》云："昔神农氏继宓羲而王天下，上观法于天，下取法于地，于是始削桐为琴，练丝为弦，以通神明之德，合天地之和焉。"曾侯乙墓出土的五弦琴与《世本》所记长度相同。陶制明器中的弦乐器流行于东汉及其以后。《盐铁论·散不足篇》记载："……往者民间酒会，各以党俗弹筝鼓缶而已，无要妙之音，变羽之转。今富者钟鼓舞乐，歌儿数曹，中者鸣竽调瑟，郑舞赵讴。"

此类乐俑在各地考古发掘出土的随葬明器中非常普遍。浙江海宁东汉墓出土的抚琴女俑，动作准确，神态逼真，形象极为生动[2]。河南、山东、云南、四川、贵州等地墓葬中出土的大量抚琴、弹筝、鼓瑟的陶乐俑，具有相同的时代风格。河南济源发现的宋代听琴图瓷枕，枕面正中四个人物，右一人弹琴，左一人坐听，前面两长者对坐，后两者抄手而立静听[3]。抚琴俑在墓葬中出土为数众多，尤其是汉唐时期，更是多见。质地有陶有瓷，造型逼真，神态专注，多以坐姿为主，数量、材质、水平等都达到了新的高度。其中有些乐器一直延用至今，为我们研究乐器发展演变提供了资料。

宜宾市博物院收藏的东汉抚琴俑

琵琶是古代乐器中常见的一种，在出土文物中也比较流行，陶、瓷质地均有，品种有素烧、彩绘、三彩、单色釉不等。琵琶俑的姿势有坐有站，弹奏者有男有女，造型神态各异，面部表情丰富。1959年河南安阳张盛墓出土的隋代乐舞俑中乐俑8件，姿态各异，形象生动。伎乐俑分别手持琵琶、箜篌、钹等进行演奏，造型惟妙惟肖，为我们再现了一场隋代别开生面的演出场景。这些出土文物是研究古代音乐以及器乐史不可或缺的第一手资料。

1　《中国文物报》1994年11月20日。

2　《文物考古工作三十年》第225页，图五。

3　《文物》1981年第1期。

张盛墓出土的隋代乐俑，隋代、唐代弹琵琶俑

史前考古中出土的乐器以及乐俑，让中国音乐的起源有了实物见证。大量陶埙、陶缶、陶响器、陶鼓、陶角的出土，使古书所载的“伏羲氏灼土为埙”“神农氏削桐为琴”等神话传说，变得有据可依。这些出土于原始社会的乐器，奏响了人类远古的回响，让久远的神话传说变为真实的音响世界。什么是文物？文物就是承载在实物上的文化。陶瓷乐俑看似是一件没有生命的器物，背后承载的却是固化了的文化，这种文化有血有肉，可以使人感知到最真实鲜活的历史。它或是古代的某个人物，或是古人的某场演出，更或是某个恢宏的历史朝代。它是我们的祖先实实在在生活的证明，它是千百年前的乐者舞者为我们演奏的辉煌的历史篇章。文物可以穿越时空，让历史重现在我们面前，让数千载的历史不再只是一个抽象的时空概念。

第二节　陶瓷舞乐题材

中华民族有着辉煌灿烂的历史，博大精深的文化不仅体现在历史文字文献中，还体现在音乐舞蹈等诸多领域，更体现在出土文物里。众多的出土文物佐证了历史，印证了文献记载，为还原生活本来面貌提供了铁证，它们是实实在在的文化的载体。

舞乐俑在我国陶瓷手工业生产与发展史上占有重要的位置。我国陶俑的制作经历了一个从发生发展到不断成熟的过程。新石期时代陶俑以完整的人体形象出现者不多。俑多以人头的形式出现在器物的某个部位，如把瓶罐的口部塑造成人头状。陕西洛南出土的仰韶文化时期的红陶人头壶，高33厘米，五官匀称，比例准确，神态生动，栩栩如生[1]。河南密县莪沟出土的裴李岗文化的陶塑人头、西安半坡出土的陶塑人头、北首岭下层文化出土的陶塑人像、湖北荆州出土的陶塑人像、甘肃秦安大地湾出土的器口为人头形彩陶壶、陕西黄陵出土的陶塑人像、红山文化的女神像、河姆渡文化的陶塑人像、马厂彩陶壶浮雕

甘肃省博物馆的人头形彩陶瓶

1　《文物》1989年第3期。

的裸体人像、牛河梁文化的人像、山东龙山文化的陶塑人头等，都显示着明显的时代特征。

一 、从舞蹈纹彩陶盆看史前的原始舞乐

舞乐，是一种抽象的艺术，是一种跃动在空间和时间里的流动艺术，或激越强烈，或深沉柔美，似闪电雷火，稍纵即逝。当我们循着考古遗迹溯源而去，无论是新石器时代的舞蹈纹饰彩陶，还是汉唐时期规模庞大的歌舞场景；不管它们是被绘画在陶瓷器物之上，还是被印刻在砖瓦制品之中；不管它们是被塑造成伎乐演奏人物，还是被制作成形式多样的乐器，都能让后人窥探到那曾经存在于中华大地无所不在的轻歌曼舞，感同身受了解到古老中国背后的文明。

“一瓷一片皆是岁月的印记，一钵一碗皆是历史的回音。”古代陶瓷，见证了古老的文明，亦记载了良工巧匠的奇思妙想，铭刻了陶瓷匠人的聪明才智，讲述着舞乐文化从何而生，为何而来，又该去向何方。文物是中华民族的文化记忆，它们是最真实鲜活的历史，应该活在人们心中。

1.青海大通县上孙家寨

1973年，青海大通县上孙家寨马家窑文化遗址的墓葬中出土的舞蹈纹彩陶盆，是首次发现的直接描绘原始先民生活场景的图画，也是截至目前所见舞蹈人物题材中最早的一件[1]。盆距今5000年之久，为泥质红陶，卷唇平底，高14厘米、口径29厘米、底径10厘米，盆的内壁上部所绘舞蹈人物三组，每组五人手拉手在跳舞。人物的头部梳有发辫状饰物，分别向左右两边飘起。身下有似是裙摆状飘动的饰物，从他们的面向一致及发辫、双腿的动作可以看出，这种舞蹈动作整齐，节奏分明，画面简洁，线条明快，笔法酣畅。此盆活灵活现地再现了古代先民轻歌曼舞的娱乐场面，现收藏于中国国家博物馆。

青海省大通县上孙家寨出土马家窑文化舞蹈纹彩陶盆

2.甘肃武威市磨咀子

1991年，甘肃武威市磨咀子进行文物普查过程中，采集到一批同属一件舞蹈纹彩陶盆[2]的残破彩陶片，盆高14厘米、口径29厘米、底径11厘米。盆的内壁上部绘有两组舞蹈纹图案，每组 9 人，圆点为头，手拉手在跳舞。舞者头、腹部为圆球状，肢体、躯干为简单的直线，两侧各画一条斜线互相交叉，表示手拉手之意。下肢为三条竖线，构图简单，排列紧凑，舞蹈者脑后没有下垂的“发辫”。两组舞蹈人物画面间和盆外壁绘弧线、弧边三角、叶纹，真实再现了五千年前原始先民们载歌载舞的场景，是目前我国陶器上最早描绘的舞蹈纹饰，现藏甘肃省博物馆。

2020年10月，笔者前往敦煌参加会议期间再次参观鸣沙山，当我看到登山的人们手拉手欢呼雀跃之际，我仿佛穿越了时空，跨越了历史，又回到了史前马家窑文化的时代。时光的隧道再次浮现出新石器时代舞蹈纹彩陶盆的画面，这是多么熟悉而又相似的场景啊！时隔数千年，人们用以表达喜悦情感的方式与动作居然如此的神似，原始的人类用简洁的线条，精美的图案，生动形象地记录

1　《文物》1978年第3期。

2　《中国文物报》1993年第21期，第3版。

了这一永恒的画面。寥寥数笔，把翩翩起舞的人们栩栩如生地展现在我们面前。栩栩如生的画面，奔放的舞姿，不能不让我们为原始人类的绘画艺术与聪明才智而感到自豪与骄傲！这是一场五千年没有谢幕的舞台，如果文物会说话，它一定会告诉我们，艺术来源于生活，而高于生活，生活是艺术创作的源泉。

武威市磨咀子舞蹈纹彩陶盆、2020年敦煌鸣沙山的舞者

3.青海宗日遗址出土马家窑类型舞蹈纹彩陶盆

1995年，青海省文物考古研究所在同德县发掘了宗日遗址。在一座马家窑类型文化的墓内发现一件彩绘舞蹈纹盆，高12.5厘米，口径22.8厘米，底径9.9厘米。卷唇，鼓腹，平底，盆为细泥红陶，质地细腻，表面光亮，橙红色泥胎上用黑彩描绘出精美的图案。内壁上部绘有两组舞蹈人像，分别为11人和13人，头饰较宽大，下着裙装，手拉手翩翩起舞，下肢分别绘画稍粗的单线或双线，似乎表现着腿部的不同动作，两组人像之间的图案间以折线、斜线、圆点纹相隔，下面绘四道弦纹。外腹绘有稍粗的三道弦纹，简明流畅。口沿上画有成组的弧线三角纹和短斜线纹，舞蹈人的形象与甘肃武威磨嘴子所出大致相同。彩绘运笔娴熟，图案疏密得当，人物形象生动传神，一幅活生生的集体舞蹈画面。高超而简洁的彩绘艺术，彰显着5800多年前马家窑文化的神韵，是不可多得的远古文化瑰宝。

青海宗日遗址出土马家窑类型
舞蹈纹彩陶盆

除了以上列举的三件文物外，湖北天门石家河邓家湾遗址出土的石家河文化晚期的红陶遗址还出土有不少的陶塑人物，有的抬腿伸臂，翩翩起舞；有的弓背曲肢，左手下垂至腰，右手上抬至颈，作吹奏状。这些陶塑的舞乐人物是目前发现的最早的舞蹈人物题材。这些陶器的出土，再现了远古居民的文化生活，说明早在四五千年前的原始时代，我们的祖先不但能歌善舞，而且还会把它们通过艺术的手段表现出来，这些固化在文物上的图案纹饰，记录了舞蹈的历史与起源。总之，这些史前众多舞乐文物的出土，让中国的舞乐起源有了实物见证，是研究我国舞蹈的珍贵资料和实物依据。

二、出土文物与商周的礼乐制度

商周时期是我国社会制度发生大变革的时期，随着社会制度的变化，丧葬文化也发生了一系列的变化，随之而来的是随葬品的改变。商代，是我国的奴隶制时代，这个时期人殉现象普遍，《墨子·节葬篇》载："天子杀殉，众者数百，寡者数十，将军大夫杀殉，众者数十，寡者数人。"在奴隶社会中，用活人殉葬已成为一种时尚，大量考古材料表明，这个时期的一些大中型墓葬中均有数量不等的杀殉现象存在。河南郑州、安阳，河北藁城，湖北黄陂，北京琉璃河等地都发现了用人殉葬的商代前期墓葬。商代后期，人殉现象更趋发展，人殉数量增加，河南安阳侯家庄HPKM1001内外共有殉人164个，武官村墓WKGM1内殉葬79人，益都苏埠屯M1共殉葬48人。中型墓半数左右有殉人，小型墓中也少数有殉人。春秋战国之际，杀殉逐渐被俑殉所代替，一些大中型墓殉人明显减少，大部分为陶俑所替代，反映出丧葬习俗的改变与进步。陶俑的大量出现构成这个时期丧葬文化的显著特征。

陶俑，明器的一种，是古人视死如视生丧葬观念的具体体现。《仪礼·即夕》："陈明器于乘车之西。"郑玄注曰："明器，葬器也。"《礼记·檀弓》："夫明器，鬼器，祭器，人器也。"《孟子·梁惠王》："仲尼曰：'始作俑者，其无后乎'，为其象人而用之也。"朱熹《孟子集注》："俑，葬木偶人也，古之葬者束草为人，以为从卫，谓之刍灵，略似人形而已。中古易之以俑，则有面目机发而太似人矣，故孔子恶其不仁。"《礼记·檀弓》："孔子谓明器者知丧道矣，备物而不可用也，哀哉，死者而用生者之器也，不始于用殉乎哉？其曰明器，神明之也，涂车刍灵，自古有之，明器之道也。孔子谓之刍灵者善，谓之俑者不仁，不殆于用人乎哉！"至此，奴隶社会盛极一时的杀殉制度已被视为非礼的行为。《礼记·檀弓》曾这样记载："陈乾者寝疾，嘱其兄弟，而命其子尊已曰：'如我死，则必大为我棺，使吾二婢子夹我。'陈乾昔死，其子曰：'以殉葬，非礼也，况又同棺乎？'弗果杀。"又"陈子车死于卫，其妻与其家大夫谋以殉葬，定而后陈子亢至，以告曰：'夫子疾，莫养于下，请以殉葬'。子亢曰：'以殉葬非礼也，虽然则彼疾当养者，孰若妻与宰。得已则吾欲已，不得已，则吾以二子者之为之也。'于是弗果用。"考古材料表明，陶俑作为明器随葬最早是在商代，河南安阳殷墟、郑州二里岗等商代遗址出土的带有镣铐的男女陶俑，显然是作为奴隶的替身和代用品而使用的。春秋战国之际，随着社会生产力水平的发展，奴隶的价值被得以重新认识，他们不再被大量的杀戮，而是更多被作为劳动力为社会创造价值，墓葬中由人殉转为俑殉，陶俑明显增多，已形成时代风格。陕西铜川枣庙村、山东淄博朗家庄、章丘女郎山、山西长治分水岭等春秋战国墓中都出土了大量的陶俑，其中有相当一部分是舞乐俑。至此，舞乐俑已成为丧葬文化的重要组成部分。山东临淄郎家庄一号东周殉人墓出土的陶俑，女俑直立或跪地作舞蹈姿态，脸部削成斜面，以黑彩勾出眼眉，胸部丰满，衣裙拖地，上施黄黑褐色条纹，造型简洁生动。有的陶俑细腰，高髻倾向左边，面部削成斜面，张口瞪目作说唱状。这批陶俑是截至目前所发现的陶俑中年代最早者，并且和人殉并存。它不但对于研究我国的人物雕塑史，而且对于研究古代俑殉制的发生与发展提供了重要的实物资料[1]。

摩尔根在《古代社会》一书中说：凡"生前重视为最贵的物品，都随着死者而殉葬，以供他在

1　《考古学报》1971年第1期。

冥中继续使用”。商代丧葬文化所反映的礼乐制度严格，一些大中型墓中多随葬典型的具有等级身分象征的礼器与乐器。殷墟侯家庄武官村墓地、后岗墓地、小屯墓地、温县小南张商代墓地等都曾出土过乐器。除了成套的乐器外，还有铙、鼓、磬、埙等。西周穆王时期，乐器中的编钟大多3个一套，东西周交替之际，增至为7—9个一套。春秋战国之际，奴隶制瓦解，俑葬代替了人殉，并由束草的刍灵演变为木俑再演变为陶俑，礼器、乐器也开始用陶器加以替代，体现着丧葬文化的进步性。陶质明器制作日盛，陶质舞乐俑明显增多。山西长治分水岭、山东临淄郎家庄、陕西铜川枣庙村等都出土了数量不等的陶俑，河南辉县琉璃阁、新郑、湖南长沙浏城桥、山西侯马上马村、广西恭城、江苏程桥等地墓葬中均出土有成套的乐器。1990年山东章丘女郎山战国墓出土了陶舞乐俑38件，其中舞俑10件，歌俑1件，演奏俑5件，观赏俑10件，另有祥鸟8件。演奏者演奏的乐器有鼓、琴、钟、磬，乐俑分长袖舞与短袖舞二大类，所有乐俑全部为泥质黑陶，采用捏塑法捏制而成，表面施陶衣并彩绘。据《战国策·齐策》载：“临淄甚富而实，其民无不吹竽鼓瑟，击筑弹琴……”反映出当时舞乐的发达与普及。从现有材料分析，战国时期的陶俑个体较小，一般在5厘米左右，最大者亦不足15厘米。制作工艺粗糙，周身留有明显的刮削痕迹，火候偏低，具有明显的原始性。山西分水岭出土的战国舞乐俑，高度仅5厘米，随手捏制而成，制作朴拙，纯真可爱，体现着早期舞俑的原始风格。

三、秦汉时期的舞乐百戏

秦汉时期，政府设有“乐府”之官，掌管音乐一事，秦始皇陵出土的刻有“乐府”铭文的错金银钟及广州南越王墓出土的刻有“文帝九年乐府工造”的一套铜铙证实了这一点，秦汉时期陶俑的制作进一步成熟，咸阳秦始皇陵陪葬坑出土的陶俑可视为代表。

汉代是我国封建社会的繁荣时期，在汉武帝内兴功利，外事四夷方针的指导下，著名的理论家、文学家、农学家、天文学家、音乐作曲家均在自己的领域大展宏图，造就了气魄宏伟的汉文化的发展高潮。张骞四次出使西域，沟通了中外文化的交流，一些具有异域风情的舞乐开始传入我国。汉代陶俑的制作也在秦代的基础上取得了更为广泛的发展。随着厚葬风气的盛行，作为明器而随葬的陶俑开始以崭新的姿态出现。汉代实行厚葬，这种奢靡之风，就连皇帝多次下达的诏书也无法制止。王符《潜夫论·浮侈篇》云：“今京师贵戚，郡县豪家，生不极养，死乃崇葬。或至刻金镂玉，梓楟楠楩柟，良田造茔，黄壤至藏，多埋珍宝、偶人、车马；造起大冢，广种松柏、庐舍、祠堂，崇侈上僭。”一些豪强地主及强权势力生前极尽荣华富贵，死后竭尽全力修造墓穴，力图再现昔日的辉煌，故而大量的画像砖、陶制明器应运而生。《华阳国志·蜀志》中描写了四川汉代的风气：“家有盐铁之利，户专山川之材，居给人足，以富相尚。故工商致结驷连骑，豪族服王侯之美衣，娶嫁设太牢之厨膳，归女有百两之从车……箫鼓歌吹，击钟肆悬，富侔公室，豪过田文，汉家食货，以为称首。盖亦地沃土丰，奢侈不期而至也。”大量的墓葬材料表明，汉代的富贵人家宴饮出行都要以歌舞为伴，各阶层统治者一方面极尽奴役百姓之能事，另一方面声色犬马，目极百戏之乐。他们养活着大量的歌舞艺人为其寻欢作乐，《汉书·贡禹传》说：“……诸侯妻妾或至数百人，豪富吏民畜歌者至数十人，是以内多怨女，外多旷夫。”一些大中型墓葬出土的资料证实了这一点。河南济源泗沟、洛阳七里河、郑州二里岗、淮阳、灵宝以及山西、四川、贵州等地的汉墓都出土有各式各样的舞乐俑，出土范围之广，出土数量之多，说明作为社会文化一部分的舞乐文化已成了汉代生活的重要组成部分，并在某种程度上成了统治者统治人民的工具。从墓葬出土舞乐俑及其画像砖等可以看出，建鼓舞、长袖舞、持巾起舞、广袖舞、七盘舞、踏鼓舞等都是汉代普遍流行的舞蹈。

（一）持巾起舞——汉代舞蹈的时代风尚

《旧唐书·音乐志》载："公莫舞，晋宋谓之巾舞，其说云：汉高祖与项籍会于鸿门，项庄舞剑，将杀高祖，项伯亦舞，以袖隔之，且云，公莫害沛公也。汉人德之，故舞用巾，以象项伯衣袖之遗式也。"这种持巾起舞的题材在汉代陶俑和画像砖中发现许多。四川成都天回山东汉崖墓所出陶舞俑，左手持长巾，举与额齐，折腰而舞[1]。四川忠县涂井汉墓出土的陶女舞俑，右手持巾上举，左手叉腰，身着长裙，头梳发结[2]。同地五号墓出土的女舞俑，广袖长裙，右手持巾平举，头束高结，结上簪花四枝，额头大花一朵。俑高51厘米，身绘红、绿、蓝色彩。其他各地也有数量不等的出土，是汉代普遍流行的舞蹈形式。

1.广袖舞

广袖舞最早见于战国，山东女郎山战国墓出土的10件女舞俑中有2件在表演广袖舞。《乐府诗集·汉长安谣》载："城中好高髻，四方高一尺；城中好大眉，四方且半额；城中好广袖，四方全匹帛。"汉代广为流行。故宫博物院历代艺术馆陈列的东汉时期的广袖舞女俑及成都天回山、四川忠县、广州等地出土的女舞俑，广袖长裙，头梳高髻，体现着那个时代女性的审美观及服饰之风。四川江油河西东汉墓出土的舞俑，长裙拖地，长袖袖口呈喇叭状，左手提裙执于腰间，右手拂袖上举，身体前倾，腿略弯曲，左足露出足尖，右足置于裙内而舞[3]。

2.长袖舞

长舞袖是我国古代劳动人民的一大创造，也是一种在当时非常流行的舞种。舞袖的起源很早，周代文献中便有以手袖为威仪的记载，战国时期长袖舞广泛流行。《韩非子·五蠹》中有"长袖善舞，多钱善贾"的描述。大量考古材料表明，汉代是长袖舞的黄金时代，也是中国古代袖舞的集大成者。长袖舞，一袖上撩，一袖曳地，体态舒展。它凭借长袖的交横飞舞飘逸变化，表现出翘袖折腰复杂多样的优美舞姿。袅袅长袖、细腰欲折的表演，使得这一时期袖舞的艺术水平达到了前所未有的辉煌顶峰，并形成了当时所特有的舞蹈。考古工作者在考古发掘中发现的大量舞俑，证实了文献的记载。如山东济南无影山西汉墓出土的长袖拂地舞乐人物的舞蹈，正如张衡《观舞赋》所说"抗长袖明翼面，展清声而长歌"，"裙似飞鸾，袖如回雪"。出土的汉代的陶舞俑，舞人大多身着袖口宽大的拖地舞衣，或亭亭玉立，或箭步而舞。正如傅毅《舞赋》记载："罗衣从风，长袖交横，裙似飞鸾，袖如回雪。体如游龙，袖如素霓。"除此之外，汉墓画像砖中袖舞的题材很多，以

1　《考古学报》1958年第1期。

2　《文物》1985年第7期。

3　《四川文物》1991年第5期。

河南出土画像砖为例，画面人物广舒长袖，翘袖折腰，婆娑起舞。舞者的左右分别有乐手伴奏[1]。左思在《三都赋》中云“纡长袖而屡舞，翩跹跹衣裔裔”，指的正是这一场景。汉代文人描写长袖舞的文献很多，张衡《西京赋》云：“促中堂之陋坐，羽觞行而无算。秘舞更奏，妙材骋技。妖蛊艳夫夏姬，美声畅于虞氏……振朱履于盘樽，奋长袖之飒纚。”

长袖舞在唐代依然盛行。汉唐以后，有关长袖舞的文字，史不绝书，唐代宫廷设置有庞大的乐舞机构，汇集着天下的歌舞精英。考古发掘出土文物中长袖舞的形象更是层出不穷，从未间断。白居易极富盛名的《霓裳羽衣曲》、李群玉的《长沙九日登东楼观舞》等大量文献中对长袖舞的描写，除了反映出唐代统治者沉迷酒色的奢靡生活外，也体现了传统舞蹈的传承与特色。

（二）盘舞——汉代独有的舞蹈形式

盘舞是汉代广为流行的一种娱乐形式。七盘舞俑各地汉墓中普遍出土，尤其是东汉墓葬中出土最多。1970年河南洛阳涧西七里河所出七盘舞女陶俑，通高14厘米，人物踏盘而舞，头梳双髻，身着长袖圆领舞衣，下穿宽腿裤，左脚上固定一盘，右脚着地，左手上举，右手下垂，正在表演精彩的盘舞，舞者前有一鼓，鼓旁有三盘呈直线排列，另一鼓侧还有三盘呈三角形排列，这正是张衡《舞赋》中所云“历七盘而蹑”的场面。有关七盘舞的描写在当时的文人作品中不乏其例，如鲍明远《数诗》曰：“七盘起长袖，庭下列歌钟”，陆士衡《日出东南隅行》云：“丹唇含九秋，妍迹陵七盘。赴曲迅惊鸿，蹈节如集鸾”，卞兰《许昌宫赋》说：“兴七盘之递奏，轻捷之翩，或迟或速，乍止乍驰，似飞凫之迅疾，若翔龙之游天”，从这些诗句中可以想见这是当时极为流行的一种娱乐形式。

（三）踏鼓舞

汉代流行的又一舞种，洛阳烧沟汉墓第14号墓所出女俑，头梳三髻，上穿长袖襦衣，下着宽大长裤，腰系短裙，身向前倾斜，两手前后弯曲，衣袖飘绕，前垂后翘，双腿做弓步，左腿前曲脚踏一鼓，右腿直伸向后，正在作踏鼓舞的表演，旁边有一男俑在为踏鼓舞者伴唱，从墓葬出土器物可以看到，踏鼓舞多为女子独舞，同时有伴唱和伴奏者。《三国志·魏志》记载：“杨阜为武都太守，会马超来寇，曹洪置酒大会，女倡着罗縠衣蹋鼓……”《周礼·春官大师》云：“……形如鼓，以韦为之，著之以糠。”卞兰《许昌宫赋》在描写踏鼓舞时写到：“振华足以却踏，若将绝而复连；鼓振动而不乱，足相续而不并；婉转鼓侧，委蛇丹庭。”形象而优美的舞姿跃然面前。

（四）建鼓舞

汉代流行建鼓舞多为双人表演，表演者多为男性，《郑州汉代画像砖》一书第132页中的建鼓舞图，整个画面以一面竖起来的大鼓——建鼓为中心，两名鼓手一左一右，手执鼓槌边鼓边舞，矫健雄浑的动作体现出建鼓舞的阳刚之美。建鼓的上面装饰有流苏，下面有跗。建鼓舞还见于骑吹之中，1978年四川新都征集的鼓舞画像砖，图中的建鼓置于骆驼的双峰之间，鼓上饰有羽葆，鼓的前后各有一人在进行表演。成都市郊出土的骑吹画像砖，上有六骑，右上一骑置放一鼓，鼓上饰

1 《郑州汉代画像砖》第134—135页。

羽葆[1]。《盐铁论·刺权篇》中所说“贵人之家，云行与涂，毂击于道——子孙连车列骑，田猎出入”，指的正是如此。

汉代的舞乐多与杂技百戏同台，熔武术舞蹈与杂技于一炉，置多种场面于一景，在同一画面中，有人翘首折腰，有人跳丸走索，也有人捉打对斗，还有人轻歌曼舞，丰富的画面令人眼花缭乱。四川广汉出土的画像砖，舞乐杂技同演，砖的左面一杂技女子在一摞起的七重案上表演倒立，中间一人表演跳丸，右侧一女，头梳双髻，手执长巾，足下有鼓二，正在踏鼓起舞[2]。成都市郊出土的另一画像砖上面共有人物8个，左上角一男一女席地而坐，似为墓主，右上角二人中一赤膊男子左手跳瓶，右手执剑跳丸，另一赤膊男子双手跳丸，丸有5颗，似流星一般在头的上方滚动，左下角二乐人跪于席上手捧排箫在伴奏，右下角两人一人持槌击鼓伴奏，一女子双手持长巾婆娑而舞。四川彭县太平乡出土的盘舞与杂技舞画像砖，砖的左面的十二叠案上一杂技女子在倒立，中间一舞妓手持长巾踏鼓起舞，鼓的左右放有七盘，右面一人表演跳丸，丸有三颗，在表演者的头上闪动。此类题材的画像砖还有许多许多，其中杂技倒立中案的重叠个数六、七、十二个不等，德阳出土的六案相叠，广汉出土的七案相叠，视演员技术水平的高低而定。舞乐杂技是汉代非常受人们欢迎的一种娱乐形式，河南济源北郊无影山西汉墓出土过一组彩绘舞乐杂技陶俑，作者在一个长67厘米、宽47.5厘米的陶板上，塑造了21个不同的舞乐人物，其中演奏者七人，分别在进行鼓、笙、筝、磬、竽的演奏，中心三个舞蹈人物，长发拖背，长袖拂地，载歌载舞，四个杂要者分别表演倒立和前后滚翻的动作，左右两侧有两排人物在观赏。无论是表演者还是演奏者、观赏者多而不乱，且主次分明，井然有序[3]。济源涧沟出土的另一组舞乐杂技陶俑，除了杂技一人、舞乐各两人外，在舞乐俑的前面还摆放着食具、照明用具和动物模型，说明在一些富贵人家宴舞娱乐通宵达旦地在进行。这些优美的舞蹈、悦耳的音乐、华美的照明用具，伴随着美味佳肴，再现出墓主生前骄奢淫逸的生活。

汉代的舞乐演出除在室内进行外，还有专门供表演的戏楼，1975年安徽涡阳大王店东汉砖室墓出土的绿釉戏楼，楼的第二层为舞台，台前设有卧棂栏杆，舞台中间有隔墙把舞台分作前后两部分，左面的墙上有一扇可以开关的上场门，右面的下场门与后台相通。后台靠右设楼梯三层，前台有伎乐俑两排，其中一俑双手着地，举足倒立，后排的四个演奏俑或跪或坐，分别执箫或执瑟在演奏，第四层望楼中有建鼓一面[4]。河南淅川、项城、淮阳，山西运城等地也都发现有汉代的戏楼模型。汉代的舞乐十分发达，政府设有“乐府”之官，掌管音乐之事。《史记·乐书》记载：汉文、景帝时“……于乐府司常肆旧而已”。《汉书·礼乐志》云：“孝惠二年，使乐府令夏侯宽备其箫管，更名为安世乐……”，汉武帝时“乃立乐府，条诗乐咏，有赵、代、秦、楚之讴”。乐府官吏属少府管理，《汉书·公卿百官表》曰：“少府，秦官……属官有尚书、符节、太医、太官、汤官、导官、乐府……”西汉上林苑中经常为皇帝和后宫举办文娱演出，《上林赋》一书对此有详

1　《四川汉代画像砖》。

2　《四川汉代画像砖》图46。

3　《文物》1972年第5期。

4　《安徽省文物志稿》下，第250页。

细记载："奏陶唐氏之舞，听葛天氏之歌，千人唱，万人和，金鼓迭起——洞山骇耳，荆吴郑卫之声，韶武象之乐"，好不热闹。当时一些民间流行的杂技及娱乐内容也传入宫中，《西京赋》平乐观："呈角抵之妙戏，乌获扛鼎，都卢寻橦，冲狭燕濯，胸突铦锋，跳丸剑之挥霍，走索上而相逢……"角抵是汉代流行的一种蚩尤戏，原始社会末期便已出现，表演者在表演时头戴牛角相互抵撞，故而称为角抵，据说是从黄帝与蚩尤的战斗中产生的。汉代画像砖上经常可以看到这一画面。在民族舞乐流行的同时，随着张骞通西域而传入的箜篌、胡笳、胡笛、胡角等也逐渐成为当时流行的乐器。一些具有西域风情的文化也传入到内地，并很快流行。源于西域的幻术在当时颇受欢迎。《史记·大宛列传》载："初，汉使至安息，安息王令将二万骑迎于东界。东界去王都数千里，此行至过数十城，人民相属甚多。汉使还，而后发使，随汉使来，观汉广人。以大鸟卵及黎轩善眩人献于汉。"黎轩即古代的大秦，善眩即精通幻术。魏鱼豢《魏略》云："大秦国一号黎轩，在安息条支西，俗多奇幻，口中出火，自缚自解，跳十二丸，巧妙异常。"汉代国力强盛，中外文化交流活跃，西域文化及乐器的传入，使汉代的舞乐文化更加丰富多彩。

汉代墓葬出土的乐俑种类主要有吹奏、打击、弦乐三种，乐器有鼓、琴、瑟、竽、箫、笛、笙、筝、磬、钟等。抚琴者有男、有女，琴的置放方式有置于双膝之上、置于地上及一头一头置于膝上、一头放于地上三种。这些西汉时期的舞乐俑，大多着意于人物动态的捕捉与刻画，不注重面部表情的描绘，显得稚拙又天真可爱。东汉开始，人物面部表情的刻画与动态的捕捉同时并重，四川东汉墓出土的陶说唱俑最富于代表性，雕塑者用极简练的表现手法生动地再现了民间艺人娴熟精湛的表演技巧，无论是说书人那手舞足蹈的形态还是那幽默滑稽的面部表情，均令人拍手叫绝。

说唱俑

1957年四川成都天回山东汉墓所出说唱俑，上身赤裸，大腹前凸，左臂环抱一鼓，右手紧握鼓槌，飞扬的眉眼，伸张的口舌，似正说到得意之处，那上翘的右脚，持槌欲击的右手和那诙谐的神态，把说书人说到高潮时的手舞足蹈、得意忘形的最精彩瞬间刻画得惟妙惟肖、淋漓尽致，具有很强的戏剧性与感染性。这种出神入化的塑造，体现了汉代陶俑制造的时代水平。

四、六朝及唐代的西域舞乐

魏晋南北朝时期继续使用陶明器随葬。《三国志·魏志》文帝条载："为棺椁足以朽骨，衣衾足以朽肉而已，故吾营此丘墟不食之地，欲使易代之后不知其处，无施苇炭，无藏金银铜铁，一以瓦器，合古涂车刍灵之义。"《陈书·本纪》亦载："凡厥终制事从省俭，金银之事不须入圹。明器之具皆令用瓦，唯使简而合礼。"这个时期，战乱四起，汉族及少数民族的统治者先后在北方建立了20多个政权，阶级矛盾与民族矛盾错综复杂。随着战争而来的人口的迁徙与移动为多民族文化的大融合创造了条件，客观上促进了彼此文化的发展，造成了这个时期民族文化大融合与大发展。随着北方少数民族的内迁，西域所流行的舞乐及其所使用的乐器大量传入内地，一些带有异域风情的舞乐开始流行，音乐舞蹈也一改传统汉文化的风格，不断孕育新的内容，这一变化也体现在陶瓷制品之中。舞乐胡人形象的增多、具有游牧民族文化特征的骑马俑增多、胡旋舞的出现与流行等构成了这个时期舞乐文化的新内容。

中亚与西亚音乐的交流溯其渊源早已开始。《竹书纪年》记载："少康即位，方夷来宾，现其乐舞。"早在公元前的夏朝就曾有中亚舞乐的传入，据记载，夏"后发即位元年，诸夷宾于王门，冉得庸会于上池，诸夷入舞"。商代这种交流仍在继续，"诸侯八铎而来者八百国"[1]。周代，据记载周穆王曾带领乐队及12种乐器到达中亚，秦成公将女乐26人送给西戎，汉代张骞两次出使西域，打开了中国与西亚文化交流的大门。交流的不断发展及舞乐文化的不断传入，对我国舞乐内容的丰富和乐器的更新起到了积极的推动作用。汉代马融在《长笛赋》中云："近世双笛从羌起"，《隋书·音乐》也说："曲颈琵琶，竖箜篌之徒，并出自西域，非华夏旧器。"魏晋时期，随着战争的不断升级，多民族的文化交流日趋活跃，反映这一交流的墓葬材料也更为普遍，一些身着圆领窄袖衫、头戴风帽、高鼻深目的舞乐俑及骑马俑大量出现，形成了这个时期固有的时代风格。

1.人物形象的改变

《梦溪笔谈》载："中国衣冠，自北齐以来，乃全用胡服，窄袖绯绿……"六朝至唐代，舞乐人物的形象及着装发生了很大的变化，墓葬材料中身着胡服高鼻深目的舞乐胡人的大量出现，构成了这个时期鲜明的时代风格。西晋时期，胡人形象开始在青瓷谷仓罐上崭露头角，1987年，安徽青阳县庙前乡西晋墓出土的青瓷人物谷仓罐，肩部堆塑四组人物塑像，其中一组有舞乐人物六个，全部为高鼻深目的胡人，他们分别操琴、击鼓、吹箫及表演歌舞[2]。北朝时期，胡人舞乐普遍流行，河北漳湾北朝墓出土的83件乐俑，身着圆领窄袖衫，全部为胡人装束。河北磁县东魏茹茹公主墓、内蒙古呼和浩特市北魏墓、宁夏彭阳新集北魏墓等出土的舞乐俑都具有这个特征。山西省厍狄回洛墓出土的舞蹈胡人俑为一老人形象，身着赭红色左衽紧身胡袖长衫，下着白绔，足蹬船头形鞋，高鼻深目，络腮长须，正在做舞蹈表演。

骑马俑流行。咸阳胡家沟西魏侯义墓出土了骑马俑21件，太原北齐娄睿墓出土骑马俑22件，这

1　《竹书纪年》卷上。

2　《安徽省文物志稿》下，第225页。

些俑头戴三棱风帽，身着紧身黄襦，足穿乌靴，双手持乐器吹奏[1]。1983年，宁夏固原北周李贤墓出土的9件骑马吹奏俑，头戴风帽，分别吹奏笛、箫等乐器[2]，长沙西晋墓也出土有骑马吹奏俑[3]。

2.胡旋舞的盛行

北朝时期一种新的非本民族的舞蹈——胡旋舞开始在瓷器上出现，这种舞源于西域的康国，北周武帝时传入。《隋书·音乐志》载："武帝聘皇后于狄，得其所获康国、龟兹等乐……"《新唐书》《旧唐书》中也分别有"周武帝聘虏女为皇后，西域诸国来媵，于是龟慈、疏勒、安国之乐，大聚长安"的。康国在今中亚乌兹别克斯坦的撒马尔罕，位于古代交通要道之上。反映这种舞乐题材的器物多见于北朝时期扁壶之上，根据已经发表的材料，目前仅见到6件，河南安阳北齐武平六年（575）范粹墓所出4件黄釉扁壶，腹部两面各模印舞乐人物5个，舞蹈者头戴虚顶尖的蕃帽，身着双袖窄小的胡衫，前衫上卷掖于腰间，高鼻深目，反首回顾舞于莲花座之上，右臂上抬前举，手心朝下，左臂下垂，勾手如月，左脚尖触地为旋转轴心，右脚抬起右膝上曲，正在表演旋转的舞蹈动作。左右两边各有两个伴奏者，左边一人手执琵琶横抱于怀中正在弹奏，另一人双手击钹。右边二人手持横笛，一人目视舞蹈者在拍手伴唱。图中5人全部头戴胡帽，身着窄袖广衫，足蹬高靴[4]，无论面部特征还是服装及其舞蹈内容，都具有典型的异域风情。舞蹈者所舞正是胡腾舞，与《全唐诗》中"反手叉腰如却月"的舞姿及"桐布轻衫前后卷，拾巾挽袖为君舞"的记载完全相符。宁夏固原

印花舞乐纹双系扁瓶

北魏墓出土的绿釉扁壶[5]，腹部模印舞乐人物7个，中间一人头戴蕃帽，身着翻领窄袖胡服，足蹬皮靴，头微仰，右臂弯曲舞过头顶，左臂向后甩动，左腿微曲，右脚抬起后勾，身躯摆动腾踏于莲花座上，两旁共有4个乐伎分别反弹琵琶、吹笛、击钹、弹箜篌，左右上角两个舞妓在伴舞。故宫博物

1 《文物》1987年第12期。
2 《文物》1985年第11期。
3 《考古学报》1959年第3期。
4 《考古》1972年第1期。
5 《文物》1988年第6期。

院藏品中的北朝绿釉扁壶，上面模印的图案与上述两件基本相同。这几件作品的出土说明，胡腾舞在北朝时期的上层贵族中已经开始流行。

唐王朝是当时世界上威振四方的强大帝国，高度发展的经济文化之光普照中外，唐王朝的开放政策强烈地吸引着世界各民族和国家，周边各国的外域人不远万里、千里迢迢不辞辛苦地来到大唐，在大唐的对外政策下或经商逐利，或取经学道，有的还娶妻生子，落籍长安，留寓不返。根据《唐六典》记载，唐朝曾与300多个国家和地区保持着相互交往，随着丝绸之路的再度辉煌，唐代长安是外商云集的地方，也是商品荟萃的中心。长安城内有专门管理接待外国宾客和少数民族使节的机构如鸿胪寺、典客署、礼宾院等，章怀太子李贤墓出土的礼宾图壁画就是这一友好往来与交流的见证。

胡人能歌善舞，对唐代的舞乐产生了极大的影响，《全唐诗》云："城头山鸡鸣角角，洛阳家家学胡乐"，唐代的10部乐曲中有6部来自西域，并以当地的国名而命名，这一现象说明，唐代在吸收外来文化促进民族舞乐的更新方面作出了极大的贡献。唐代西安是众望所归的地方，大唐乃是少数民族向往的东方乐土，据《旧唐书》记载唐德宗时长期客居长安达40年之久的胡客有4000多人，这些不同习俗不同族属的外域人伴着叮咚的驼铃、踏着美妙的舞步，从遥远的异域来到了大唐，带来了各民族不同的文化，极大地丰富了大唐文化的内涵。在这种异域文化与大唐文化的有机交融中，胡曲胡舞风靡朝野，胡服胡风盛极一时，胡乐胡食甚为时髦。《旧唐书·五行志》云："天宝初，贵族及市民好胡服胡帽"，姚汝能所著《安禄山事迹》一书也有"天宝初……衣服之制度，襟袖窄小"的记载，元稹《法曲》云："女为胡妇学胡装，伎进胡音务胡乐""胡音胡骑与胡妆，五十年来竞纷泊"，《新唐书·舆服志》"开元初……从驾宫人骑马者，皆着胡帽……或有着丈夫衣服靴衫者"，"开元末……女子皆竞衣胡服"。1952年，陕西省咸阳杨谏臣墓出土的彩绘胡服女俑可视为代表[1]。西安地区唐墓壁画及出土的陶俑中多能看到汉女着胡服的画面，她们穿着西域的翻领窄袖上衣条纹裤，头戴卷沿胡帽，别有新意，折射着大唐文化博大精深、异彩纷呈的壮丽景观。

胡旋舞，唐代西北少数民族的舞蹈，出自康国，以各种旋转动作为主，故名。胡旋舞风靡唐代，无论宫廷还是民间，均风行一时。据《南部新书》记载："天宝末年康居国献胡旋舞，玄宗深好此舞，太真、安禄山皆能为之。"《旧唐书·安禄山传》也有安禄山"……至玄宗前作胡旋舞，疾如风焉"的记载。白居易《胡旋女》："天宝季年时欲变，臣妾人人学圜转。中有太真外禄山，二人最道能胡旋。""贵妃胡旋惑君心，死弃马嵬念更深。从兹地轴天维转，五十年来制不禁。"《册府元龟·外臣部·朝贡四》记载，唐玄宗十五年"七月，史国王阿忽必多遣使献胡旋女子及豹"。十七年"正月，米使献胡旋女子三人及……"。十五年"五月，康国献胡女子及豹"。它的表演形式与传统的民族舞蹈不同，腾踏动作多，幅度大，节奏快，旋转如风。白居易在《新乐府·胡旋女》中有着具体的描写："胡旋女，出康居……弦鼓一声双袖举，回雪飘飖转蓬舞。左旋右旋不知疲，千匝万周无已时。"由于它的旋转腾踏动作大，所以在表演的时候需要

1　《陕西文物精华》第89页。

垫有小毯以增加弹性，同时亦保护舞蹈者的双足。唐人段安节《乐府杂录》俳优条云："胡旋舞俱于一小圆毯子上舞，纵横腾踏，两足不离于毯子上，其妙如此也。"《新唐书·礼乐志》也说道："胡旋舞，舞者立毯上，旋转如风。"唐代墓葬壁画中有不少描写胡旋舞的场面，都铺有长方形的小毯，一些骆驼载乐俑的驼背上面也都垫着很漂亮的毛毯。与北朝时期胡腾舞多在莲花座上表演不同，胡旋舞多由女子表演，与其同时流行的胡腾舞则由男子表演。胡腾舞，出自石国，男子独舞，以跳跃腾踏动作为主。胡旋舞、胡腾舞在表演时需要乐队伴奏，所使用的乐器以笛、鼓、钹、箜篌等为主。《旧唐书·音乐志》："康国乐，二人皂丝布头巾，绯丝布袍，锦领。舞二人，绯袄，锦领袖，绿绫浑裆胯，赤皮靴，白袴帑。舞急，转如风，俗云'胡旋'"，"乐用笛二、正鼓一、和鼓一、铜钹一"。有关胡旋舞的优美舞姿文献中不乏记述，考古材料也为我们留下了大量直观与形象的资料。元稹在《胡旋女》中写道："……蓬断霜根羊角急，竿戴朱盘火轮炫。骊珠迸珥逐飞星，虹晕轻巾掣流电。潜鲸暗吸笪海波，回风乱舞当空霰。万过只谁辨始终，四座安能分背面。"另一位诗人刘言史有《王中丞宅夜观舞胡腾》诗："石国胡儿人见少，蹲舞尊前急如鸟。织成蕃帽虚顶尖，细毡胡衫双袖小。手中抛下葡萄盏，西顾忽思乡路远。跳身转毂宝带鸣，弄腾缤纷锦靴软。四座无言皆瞠目，横笛琵琶偏频促。乱腾新毯雪朱毛，仿佛轻花下红烛。"李端《胡腾儿》："胡腾身是凉州儿，肌肤如玉鼻如锥。桐布轻衫前后卷，葡萄长带一边垂。帐前跪作本音语，拾襟搅袖为君舞。……扬眉动目踏花毡，红汗交流珠帽偏。醉却东倾又西倒，双靴柔弱满灯前。环行急蹴皆应节，反手叉腰如却月。丝桐忽奏一曲终，呜呜画角城头发。"大量的文献至今形象地为我们描述了胡旋舞的舞姿、服装等细节，众多的出土文物在证实文献记载的真实性外，还使我们目睹了文献记载中所描述的场面。1952年，西安东郊苏思勖墓出土的舞乐人物壁画，共有人物13个，正中一人浓眉大眼、高鼻深目，满面络腮胡须，头戴番帽，身着圆领长衫，足蹬皮靴，腰系黑带，正在绿色的氍毹上舞蹈，舞者右手叉腰，左手高举甩袖，右腿上提，侧身回顾旋转起舞。右边乐伎共六人，前排三人或坐或跪，手执琵琶、笙、钹，后排三人站立，一人指挥，一人吹笛，一人击拍板。左面乐队五人，前排三人有跪有坐，手执箜篌、筝、筚篥，后排二人一人指挥，一人吹箫。指挥者与伴乐者分别面向舞蹈者，舞蹈者紧扣着弦律腾跳旋转，气氛极为欢快热烈，生动地再现出唐代胡旋舞动作的急速激烈及旋转的飘逸轻巧。舞蹈者脚下铺有地毯，边带流苏，甚为漂亮[1]。陕西西安唐鲜于庭诲墓出土的三彩骆驼载乐俑，骆驼昂首站立于长方形的底板上，驼背上铺着长方形带流苏的毛毯，毯子上塑有五人，四个乐伎分别坐于前后左右，一人弹琵琶，一人手中乐器似已失，吹横笛另两乐人双手作拍击状，似在伴唱。舞蹈者站立于四乐者中间，头戴番帽，身穿窄袖胡服，右手向前曲举，左臂微曲甩袖，左手藏于长袖之中，应着音乐起舞[2]。陕西中堡村唐墓出土的骆驼载乐俑，驼身为白色，颈部的上下、前腿的皮毛及尾巴涂以赭黄色，驼背上垫有一椭圆形毯子，毯上有菱形方格纹图案，四周饰有绿蓝色

1 《考古》1960年第1期。
2 《文物》1958年第1期。

的流苏花边。驼背上架成平台，并铺有长毯，上面坐有乐俑7个，前面两个一人手捧笙、一人手执箫作吹奏状。右面两人一人手执琵琶，一个手抱竖琴在弹奏。左侧两人一个手持笛，一个手拿拍板。最后面者手托排箫在吹奏。一个舞蹈的女子立于7个乐俑的中心，头梳唐代流行的环发垂髻，面部浑圆，体态丰满，具有典型唐俑的体态特征。身着黄地蓝花窄袖衫，下穿长裙，昂首前视，左手抬至胸前，右手拂袖，正翩翩起舞。人物的着装、发形及面部特征均为汉人形象，乐器则既有胡乐又有传统的民族乐器[1]。中原之外，地处长江流域的湖南长沙窑的产品中也流行以胡旋舞的题材为装饰。1973年，湖南衡阳出土的长沙窑贴花人物壶，壶流的下面贴有一个舞蹈人物，头戴尖顶帽，身穿紧袖衣衫，肩披飘带，右手上曲，左手后甩，右足着地，左足上曲，立于圆毯上起舞。壶系的下面有一侧立乐人，身穿紧袖衣，双手持乐器吹奏，显然是在为舞蹈者伴奏。河北石家庄市振头村唐墓出土的长沙窑贴花人物壶，流的下方贴有一个立于一小圆毯上跳舞的人物，舞蹈者的两侧分别各贴有人物一个，一人手持拍板，一人吹筚篥，在为舞蹈者伴奏[2]。1965年，安徽宿县临涣集也出土过相同的青釉贴花人物壶[3]。湖南湘乡博物馆收藏的唐代舞乐人物罐，顶部雕有众多的乐俑，无论人物的面部形象还是舞蹈的风格都具有西域的特征[4]。

总之，胡旋舞从北朝时期在瓷器上出现开始发展到唐代已经风靡整个社会，考古材料表明，唐代的胡旋舞与北朝相比存在着一定的差异，所使用的乐器以胡乐为主，同时也加入了汉乐中的笙、拍板等乐器，伴唱及伴奏者的服装也带有一定的汉化成分，其中有一些汉人也着胡服。这种胡汉不同民族的艺人同台而舞的情况是大唐文化的珠联璧合及胡乐胡舞传入中国后的不断汉化。至五代，这种汉化的程度越发明显。陕西省彬县文化馆藏品中的五代舞蹈人物画像砖，1992年出土于彬县底店乡后周显德五年（958）冯晖墓中，在这块高74厘米、宽37厘米的画像砖中，舞蹈者正于一椭圆形的圆毯上起舞，舞者宽衣博带，头戴高冠，服饰具有典型的汉文化特征[5]。

3.民族传统舞乐的兴盛

唐代崇尚舞乐，尤其是官僚士大夫阶层中更为流行。以陕西为例，李寿墓、执失奉节墓、郑仁泰墓、李爽墓、永寿公主墓、鲜于庭诲墓、万泉县主薛氏墓、苏思勖墓、高元圭墓等一些大型墓葬中普遍出现舞乐题材的壁画、陶俑。吉林延边和龙县渤海贞孝公主墓也出土有舞乐壁画，敦煌壁画中的张议潮夫妇出行图、宋国夫人出行图等都说明舞乐已成为上层统治者日常生活中不可缺少的组成部分。一些文人墨客对舞乐异常精通，《太平广记》引《国史补》载：“（王）维赏至绍国坊庾敬休宅，见屋壁有画奏乐图，维熟视而笑。或问其故，维曰：‘此霓羽衣曲第三叠第一拍’。好事者集乐工验之，无一差者。”除此而外，一些小型唐墓中也多有舞乐俑出土，湖北武昌何家垅、西安西郊小土门村、湖南长沙近郊、江苏扬州、河南等地的唐墓中普遍出土。

1　《考古》1960年第3期。

2　《考古》1984年第3期。

3　《安徽省文物志稿》中，第41页。

4　《文物天地》1991年第4期，封2。

5　《陕西文物精华》第205页。

4.戏弄——新型的戏剧演出形式

唐代，随着商业的发展和市场经济的活跃，晚唐时期，一种通过音乐舞蹈演唱和科白的形式表达人物情感的戏剧性演出形式——戏弄开始出现在城市的公共戏场中。戏弄俑，唐代又有“参军戏”，由“参军”和“苍鹘”两个角色表演，一人扮演曾任“参军”的官员，一人从旁戏弄，多具滑稽调谑因素。戏弄的情节大多较为简单，由参军戏及歌舞两部分组成，段安节在《乐府杂录》俳优条曾记述当时的歌舞戏节目：“开元中，黄幡绰、张野狐弄参军……”戏弄中歌舞也占有一定的比重，参军戏中亦有歌舞。乐伎大多用弦管和鼍鼓进行演奏。《全唐诗》薛能的《吴姬》诗中“楼台重叠满天云，殷殷鸣鼍世上闻。此日杨花初似雪，女儿弦管弄参军”描写的正是这一场面。范摅《云溪友议》艳阳词条：“乃有俳优周季南，季崇及妻刘采春，自淮甸而来，善弄陆参军，歌声彻云。”这些身怀艺技的艺人在唐代的长安城中随处可见。钱易《南部新书》：“长安戏场多集于慈恩，小者在青龙，其次荐福、永寿。”

唐、五代墓葬考古中多发现戏弄俑，如西安西枣园唐墓出土的戏弄俑拱手仰面，西安插秧村出土的握拳作态，西安十里堡出土的则两手交叉于胸前缩颈歪首，面带嬉笑[1]。西安地区唐墓出土的一些戏弄俑从一个侧面反映出这种作为戏剧萌芽的艺术形式已开始被社会所接受，并得以流传。这种以科白为主的表演形式在当时颇受欢迎，著名诗人白居易在《西凉伎》中有着具体而形象的描述。墓葬出土的文物使我们有幸再次目睹了这一表演情景。1950年南京南唐墓出土的十件戏弄俑分为两种类型，一种扬袖而舞，一种顿足而舞。1957年西安鲜于庭诲墓出土的两件戏弄俑，“两俑服饰均同，头戴软巾，身穿圆领窄袖绿色长衣，腰系带，足穿长筒靴”[2]。出土于陕西西安鲜于庭诲墓的绿釉戏弄俑最具代表性，造型简朴，形象地记录了当时流行的戏剧性表演。

西安唐代鲜于庭诲墓出土戏弄俑

戏弄俑除了在中原地区广为流传外，远在新疆的考古发掘中也有发现，说明此种新的戏剧演出形式在当时得以广泛传播。唐代的戏弄为北宋杂剧的流行与普及奠定了基础，宋代的杂剧主要由唐代的歌舞戏与参军戏两大部分组成，前者以表现为主，后者以诙谐嘲弄为主，是直接由参军戏发展演变而来。因此，唐代戏弄的出现与流行可视为宋以后戏剧的萌芽。

五、宋元时期的杂剧

宋元时期舞乐文化的一个最显著的特点即杂剧的兴盛，在这一大的时代潮流影响下，宋元时期墓葬大量用杂剧砖雕作为装饰，宋元杂剧砖雕的兴盛是当时社生活的一个缩影，为我们再现出历史上杂剧艺术的繁荣，它同时也是唐代刚刚兴起的戏剧艺术的继续。

1　《陕西省出土唐俑选集》。

2　《考古通讯》1958年第1期。

宋代戏剧艺术的繁荣首先体现在戏剧场所的遍布及其戏剧内容的繁多，对此，文献中不乏记载。孟元老《东京梦华录》云："瓦舍者，谓其'来时瓦合，去时瓦解'之意，易聚易散也……是以城内外创立瓦舍，招集妓乐，以为军卒暇日娱戏之地。今贵家子弟郎君，因此荡游，破坏尤甚于汴都也。其杭之瓦舍，城内外合计有17处，如清泠桥西熙春楼下，谓之南瓦子；市南坊北三元楼前谓之中瓦子；市西坊内三桥巷名大瓦子，旧时呼上瓦子；众安桥南羊棚楼前名下瓦子，旧呼北瓦子；盐桥下蒲桥东谓之蒲桥瓦子，又名东瓦子，今废为民居；东青门外菜市桥侧名菜市瓦子；崇新门外桥南名荐桥门瓦子；新开门外南名新门瓦子，旧呼四通馆；保安门外名小堰门瓦子；候潮门外北首名候潮门瓦子；便门外北谓之便门瓦子；钱湖门外南首省马院前名钱湖门瓦子，亦废为民居；后军寨前谓之赤山瓦子；灵隐天竺路行春桥侧曰行春瓦子；北郭税务曰北郭瓦子，又名大通店；米市桥下曰米市桥瓦子；石碑头北巷内则曰旧瓦子。"瓦舍是城内娱乐演出的场所。从以上的记载中不难看到，宋代的文艺生活是相当热闹的。《武林旧事》："……如北瓦、羊棚楼等，谓之'游棚'，外又有勾栏甚多，北瓦内勾栏13座最盛。或有路岐，不入勾栏，只在要闹宽阔之处作场者，谓之'打野呵'，此又艺之次者。"这些娱乐场所"……不以风雨寒署，诸棚看人，日日如此"。演出的内容也相当丰富，《西湖老人繁胜录》瓦市条记载："南瓦、中瓦、大瓦、北瓦、蒲桥瓦。惟北瓦大，有勾栏一十三座，常是两座勾栏专说史书，……背做莲花棚，常是御前杂剧……弟子散乐，作场相扑……说经，……小说……女流，史惠英、小张四部，一世只在北瓦，占一座勾栏说话，不曾去别瓦作场，人叫做小张四郎。勾栏合生，双秀才，覆射，女郎中。踢瓶弄碗，张宝歌……分数甚多，13座勾栏不闲，终日团圆……城外有20座瓦子……余外尚有勾栏瓦市……"

为适应社会对戏剧文化的需求，宋代设立散乐传学教坊专门从事乐器演奏的教学。教坊内设有十三部，部有部头，部上有教坊使，对于不同角色的服装有着严格的规定。《梦粱录》卷20妓乐条明文记载："散乐传学教坊十三部，唯以杂剧为正色。旧教坊有筚篥部、大鼓部、拍板部。色有歌板色、琵琶色、筝色、方响色、笙色、龙笛色、头管色、舞旋色、杂剧色、参军等色。但色有色长，部有部头。上有教坊使、副钤辖、都管、掌仪、掌范，皆是杂流命官。其诸部诸色，分服紫、绯、绿三色宽衫，两下各垂黄義襤。杂剧部均浑裹，余皆濮头帽子。更有小儿队、女童采莲队。其外别有钧容班人，四孟乘马后动乐者是也。御马院使臣，凡有宣唤或御教，入内承应奏乐……"

宋金时期流行用戏剧俑随葬，墓室则用砖雕为饰，墓砖上面大多雕刻着杂剧人物。以河南为例，安阳王用墓、禹县白沙宋墓、新安李村靖康元年墓、偃师酒流沟宋墓、温县南王村宋墓、洛宁介村宋墓、宜阳冯庄宋墓等都出土有杂剧或舞乐砖雕。河北井陉、江西波阳、四川广元等地的宋墓中也普遍出土。金代继续流行，尤以山西、河南出土数量最多。这些杂剧砖雕的内容分为杂剧与散乐两大类。两种砖雕有时同时嵌入，有时单独嵌入。散乐砖雕中的人物4、5、6、7、8、11个不等。河南白沙宋墓所出为7人，山西襄汾金墓前室北壁所出为8人，前室西壁则为4人，后室西壁为6人。河南焦作金墓所出为4人……这些墓葬材料的出土进一步反映出宋代杂剧艺术的兴盛。

宋元时期的演出场所因环境及地区的不同，存在着等级与品位的区别。瓦子是城市中的演出场所，舞亭和露台是乡村中的演出场所。《水浒传》104回说道："话说当下王兴庆闯到定山堡，那里有五六百人家。那戏台却在堡东麦地上，那时粉头还未上台，台下四面，有三四十只桌子，都有人围挤着在那里掷股赌钱……”露台是露天的表演场所，可视观众的多少而设定场地，上述记载可以看出戏台设在广阔的田间，可容纳大量的观众。墓葬材料中杂剧人物多与舞台同时出现，山西稷山马村金墓1、2、3、4、5、8号与苗圃1号墓九座墓葬中杂剧砖雕与舞台共存，马村1、4、5三墓还有乐队伴奏[1]。马村M1—5、M8及苗圃M1中间砌舞台，并雕杂剧人物。舞台的外形大致有三种，马村M1与M5的舞台各与其北壁的门楼相对称，平面向外凸出，或单檐或重檐，高耸挺拔，形制与门楼完全相同，用发掘者的话说，“与亭相似，可谓‘舞亭’”。马村M8的舞台前后相通，上下二层，形似楼阁，可谓之“舞楼”。苗圃M1的舞台形似厅堂，台面宽阔，可谓“舞厅”。这些舞亭、舞楼、舞厅的内部雕着杂剧砖雕，或四人或五人一场在为对面而坐的墓主演出。所使用的乐器以大鼓、拍板、笛、筚篥、腰鼓最为常见。

墓葬中所出杂剧演出人物与文献记载相符，主要角色有末泥、引戏、发乔、打诨、装孤五个，时人耐得翁的《都城纪胜》中有着明确的记载：“杂剧中，‘末泥’为长，每四人或五人为一场……‘末泥色’主张，‘引戏色’分付，‘副净色’发乔，‘副末色’打诨，又或添一人‘装孤’”。《梦粱录》妓乐条也说：“……杂剧中末泥为长，每一场四人或五人。先作寻常熟事一段，名曰‘艳段’。次做正杂剧，通名二段。末泥色主张，引戏色分付，副净色发乔，副末色打诨。或添一人，名曰‘装孤’。先吹曲，破断送，谓之‘把色’。大抵全以故事，务在滑稽唱念，应对通编。此本是鉴戒，又隐于谏诤，故从便跣露，谓之无过虫耳……又有杂扮，或曰‘杂班’，又名‘经元子’，又谓之‘拔和’，即杂剧之后散段也。顷在汴京时，村落野夫，罕得入城，随选此端。多是借装为山东、河北村叟，以资笑端。今士庶多以从省，筵会或社会，皆用融和坊、新街及下瓦子等处散乐家，女童装末，加以弦索赚曲，祗应而已。”墓葬中这方面的出土材料不少，使我们对这个时期的杂剧有了更为深刻的感性认识。1952年，河南禹县白沙宋墓出土的一组舞乐砖雕有人物四个[2]，其中两人为正杂剧，两人为杂扮。左起第一人头戴花角幞头，身着圆领长袍，左手叉腰，右手下垂甩袖，歪首嬉戏。第二人两手执笏。第三人，头裹软巾，上穿短衫，下着绔，右手下垂，左手置于右肩。第四人，软巾浑裹，着圆领长袍，腰束带，左手执笏，右手拿杆。一、二人为正杂剧，三、四为杂扮。宋金杂剧的全部段数是艳段、正杂剧和杂扮。偃师宋墓所出即为此种。但在当时演出中，只演正杂剧和杂扮。《东京梦华录》卷9：“杂剧入场，一场两段。”《梦粱录》卷20：“……先做寻常熟事一段，名曰艳段。次作正杂剧，通名两段……又有杂扮……即杂剧之后散段也。”此墓同时出土有一组7人的散乐砖雕。演奏者所持的乐器为大鼓、拍鼓、筚篥、腰鼓、笛。击大、小呼者为女子，其他全部为男子。河南温县南王村宋墓出土过5人一组的杂剧砖雕和6人一组的散乐砖雕，山西马村金墓M1出土5人一组的杂剧与6人一组的散乐砖雕，M4出土一组4人的杂剧与一组5人的散乐砖雕，M5出土一组分别为4人的杂剧与散乐砖雕。散乐所奏乐器以鼓笛为主，《旧

1 《文物》1983年第1期。

2 《考古》1960年第9期。

唐书》音乐志载："散乐用横笛一，拍板一，腰鼓三……正鼓和鼓者，一以正，一以和，皆腰鼓也。"宋代基本延续唐代的习俗。从墓葬材料可以看出，杂剧与散乐关系密切，往往一墓之中同时嵌入两种内容的砖雕。

金元时期，杂剧的范围更为普及，内容延续宋代并有所发展。徐梦莘《三朝北盟会编·靖康中帙》：金代两次攻陷汴京对宋代的人口大肆掠夺，其中有"教坊乐人45人，露台祇候妓女千人……杂剧、说话、弄影戏、小说、嘌唱、弄傀儡、打筋头、弹筝琵琶、吹笙等艺人一百五十余家"，"又取……诸班百戏一百人，教坊四百人……弟子帘前小唱二十人，杂戏一百五十人，舞旋弟子五十人……"截止到20世纪80年代在晋南、豫北地区发现的建于大定、泰和年间的杂剧砖雕墓已有10余座[1]，多分布在山西的侯马、稷山、新绛、闻喜及河南的焦作、沁阳、修武、安阳等地。元陶宗仪《辍耕录》载："唐有传奇，宋有戏曲……金有'院本''杂剧''诸宫调'。'院本''杂剧'，其他一也，国朝（元朝）'院本''杂剧'始离而二之。'院本'则五人：一曰'副净'，古谓之'参军'。一曰'副末'，古谓之'苍鹘'。鹘能击禽鸟，'末'可打'副净'，故云。一曰'引戏'，一曰'末泥'，一曰'装孤'，又谓之'五花爨弄'。或曰：'宋徽宗见爨国人来朝，衣装鞋履，巾裹傅粉墨，举动如此，使优人效之以为戏'。"山西新绛南范庄金代晚期墓墓室的南壁共砌人物砖雕33块，分上下两层。下层为伎乐图，自左至右前二人为女子装束，挽发髻，戴花饰，身穿开襟大袖衫，内系长裙，一个双手举一花瓶，另一个捧一盘果品。其后为乐队与舞伎，乐伎皆为男子，所持的乐器有腰鼓、拍板、筚篥、大鼓、笛。上层为二十四孝图。东西两壁相互对称，分别雕有三组舞乐砖，每组由三幅画面构成，东壁第一组第一幅有一人敲小锣，第二、三幅各有一人敲大锣。第二组第一幅有一人打腰鼓，第二幅为一人舞蹈，第三幅一人执扇，一人扭腰拂袖，身后有一人为其撑伞。第三组的第一幅有一人肩扛大瓜，第二幅一人双手持物，第三幅一人吹笛。以上三组9幅舞乐画面中，人物大部分为儿童装扮，他们或戴幞头或梳发辫，边演奏边舞蹈，前后呼应，组成一个舞乐队，可能为当时民间社火的娱乐形式[2]。新绛吴岭庄元代早期墓[3]南壁壁中间墓门上方砌一幅杂剧砖雕，周围有框，框内上部饰有红色的布幔，类似元代杂剧的"幛额"。幛额的下面有7块砖雕，中间五块各雕一杂剧人物，左起第一人头戴黑色曲脚幞头，身着红色衬衫，圆领窄袖外衣，下穿蓝裤，皂靴，两腿并立，足尖外撇，双手撩衣外张，内露宽带，浓眉怒目类似武生。左起第二人为"装孤"，第三人双手持笏贴于胸前，当为"末泥"，第四人似为"副末"，第五人左手持团扇贴肩，身材修长，面部丰润，似旦角。杂剧砖雕的两侧各有伎乐砖雕一块，每块雕乐伎二人，一个手持拍板，另一个打腰鼓，是杂剧的伴奏者。此外，前后两室的四壁共有砖雕30余块，有小孩骑驴、狮子舞、双人舞、单人舞等，人物全部为儿童形象。孟元老《东京梦华录》序云："垂髫之童，但习鼓舞。"《武林旧事》卷二元夕条云："灯已阑珊月色寒，舞儿往往夜深还。"可见，这些砖雕中的儿童都是舞乐杂剧中的重要人物题材。金墓中舞乐儿童的砖雕非常流行，河南

1　《文物》1986年第12期。
2　《文物》1983年第1期。
3　《文物》1983年第1期。

焦作金墓出土的舞乐砖雕中有9件为儿童，他们或舞蹈或吹笛或击鼓或持拍板，天真烂漫，楚楚动人。山西侯马金墓中出土的戏台模型，上面带有“大金国大安二年……”铭文，戏台全部为仿木构建筑磨砖雕刻而成。墓室的后壁上方砌着一座舞台，面宽60厘米、高80厘米、进深20厘米，舞台内雕有5个杂剧人物，为我们了解当时的戏剧表演场地提供了实物资料[1]。

山东蒙阴县出土的元代窖藏瓷罐，器身刻有“山坡羊”三字[2]。山坡羊是当时的曲牌之一，在辽、金时期的北方民间就广泛流行，元代继续，又叫“令”“叶儿”，多以表现男女的爱情题材为主。这件瓷罐的出土，使我们有幸目睹元代北方所流行的民曲民谣。

宋金元时期墓葬材料所见的器乐组合大致有以下几种：大鼓、拍板笛、筚篥、腰鼓；筚篥、拍板；拍板、笙、琵琶、筚篥；方响、琵琶、鼓、筚篥；手鼓、排箫、筝、笙、磬；筚篥、笛、筝、笙、琵琶、腰鼓、磬；笙、鼓、筝、腰鼓；拍板、笛、筚篥；其中鼓、拍板、筚篥、笛、大鼓是必不可少的。山西襄汾金墓四壁出土的舞乐砖雕分别为三个类型，前室的北壁8块，东西壁各4块，后室南壁8块，东西壁各6块。北壁有吹笛人二、仗鼓人二、拍板人、舞伎、吹筚篥人。前室的西壁有拍板人、吹笙人、奏琵琶人、吹筚篥人。东壁除一面大鼓不同外，其余三个人所演奏乐器与西壁相同。后室南壁散乐砖雕8块同前室北壁。西壁自南向北为击方响人、奏琵琶人、舞蹈者、舞蹈者、仗鼓人、吹筚篥人[3]。此墓出土的杂剧俑说明人们死后用杂剧艺术对墓室进行装饰和用戏剧俑随葬在当时中小地主阶层是相当盛行的。金元时期这种墓较为常见，山西襄汾境内已发现的十座中九座有舞乐戏剧砖雕。山西闻喜金墓、侯马元代墓葬中均出土有为数众多的砖雕[4]，其他地区的同时期墓中也普遍出土。

宋元时期以戏剧人物为题材的瓷枕流行，它与墓葬文化中的杂剧砖雕一起构成宋元舞乐文化的两个明显的时代特征。器身刻有元代戏剧人物瓷枕多见于青白瓷器之中，大多制作精美，刻画精工。枕面形式多样，有花瓣式、如意头式、长方式……枕墙的四面构成一彩棚式戏台，透雕着各种精美的图案。江西丰城出土的元代影青雕塑戏台瓷枕[5]，枕墙三面横档隔，台口一面对着观众，台面有彩花窗，下立双勾栏，台口处立两柱，柱上各有一铺首，缨络式的串珠如意结带垂挂于边柱之上。戏台的枋檐饰有勾连如意头纹，枋檐下彩带斜披两侧，串珠式如意结带长垂拖地。戏台分为前后左右四个台面作为演出场地，前后台的两旁有彩窗，透雕六瓣栀花连弧图案，窗下立有双勾栏，栏柱的顶头盛开着仰莲。舞台的中央设一屏风把舞台一分为二。四个演出场面以前后左右为序分别为《白蛇传》中的借伞、还伞、水漫金山、拜塔救母四个片段。布景道具逼真，人物神态生动。1984年在北京故宫举办的庆祝中华人民共和国成立35周年全国出土文物展中展出的安徽省岳西店前乡出土的元代影青镂空戏剧人物瓷枕，如意头式的枕面上刻画有菱形方格纹，方格纹内印有万字

1 《文物》1959年第3期。

2 《中国文物报》1994年5月29日。

3 《文物》1979年第8期。

4 《文物》1986年第12期、1959年第12期。

5 《文物》1984年第8期。

纹。枕墙有钱纹镂雕，舞台内雕塑18个戏剧人物，台前有勾栏把演出与观众席隔开。《中国美术全集》陶瓷卷下册图17中的元青白釉镂雕广寒宫瓷枕高15.3厘米、长32厘米，藏大同市博物馆，花瓣形的枕面上刻有万字纹，枕墙四面的殿檐下有流苏连接，四角下垂缨络，底座的四角有勾栏，栏杆顶有莲花为饰，舞台分为四个演出区域，分别上演玉兔捣药、老君炼丹、童子拜观音等片段。此枕故事情节复杂，人物众多，通体雕塑精工，制作精美，体现着瓷枕制作的时代水平。

戏剧瓷枕的勾栏大多在地平用栏杆围成一个方形，作为戏剧表演的场地，也作为与观众席的区分界线。从出土的文物及一些壁画可以看出，当时的舞台已略高出地面，山西大同出土的广寒宫瓷枕的台面置于五层台阶之上，江西丰城出土的白蛇传人物瓷枕的台面置于四层台阶之上，舞台的左右方各有一个作为上下场的去路，上场门是角色上场表演时的通路，下场门则是演员下场的退路。总之，大量戏剧瓷枕的出土向我们真实地展示了这个时期舞台的真实结构，并为研究当时流行的戏剧文化提供了丰富的资料。

宋、元时代青白瓷戏剧人物瓷枕

舞乐是人们表达与宣泄自己情感的一种工具与手段，在社会生活中占有重要的位置，无论古代还是现在，重大节日或喜庆的日子，都离不开乐舞，今人如此，古人亦如此。《礼记·乐记》载：“凡音之起，由人心生”，“夫乐者，人情之所不能免也”。人的七情六欲，自古有之，人们为了更好地表达自己的情感，除了借助于语言外，还创造与发明了各种各样的乐器，从原始社会最古老的陶埙到现代社会最先进的电子乐器，无一不是人们借助于外部因素表达喜怒哀乐的工具。进入阶级社会后，统治者制礼作乐，用以约束人们的行为规范，为其统治服务。正如《礼记·乐记》所载：“礼以道其志，乐以和其声，政以一其行，刑以防其奸。”“是故先王之制礼乐也，非以极口腹耳目之欲也，将以教民平好恶而反人道之正也。”

古代陶瓷是人类在漫长的历史发展过程中遗留下来的宝贵的物质文化，也是人类审美情趣、生活习惯、科技水平和价值观念等多方面的载体。古代陶瓷作为载体，承载着人类社会政治经济文化等全方位的信息，古代陶瓷发生与发展的历史是在社会的发生与发展过程中进行的，是在多种文化的发生与发展中不断完善的。因此，它的发生与发展的历史脱离不了人类社会及其赖以生存的自然环境与社会环境，它与同时代的文化及其所处的社会有着千丝万缕的联系。在某种程度上可以这样说，一部中国古代陶瓷史不仅代表着中国文明发展的历史，而且代表着我国古代政治、经济、文化及其科学技术发展的历史，体现着人类文明的演进与变化。对这些实物及其残存的资料进行研究，可以使我们对历史的认识更接近真实。

文化需要总结，需要发展，这是历史赋予我们研究者的责任。总结文化兴衰的历史，并从中提取精华，使民族文化不断得以更新发展与完善，让辉煌灿烂的中华文明继承下来，传承下去。

第二章

古代陶瓷与茶文化

我国茶文化历史悠久，大量浩瀚的古典文献中保留有诸多的有关记载。东汉华佗《食经》云：“苦茶久食，益意思”，这是最早从医学角度记录了对茶的认识。三国魏代《广雅》中记载了饼茶的制法和饮用。唐朝陆羽《茶经》中讲道：“茶之为饮，发乎神农氏。”这是关于茶最早起源于神农氏的文献记载。宋吴自牧《梦粱录·鲞铺》云：“盖人家每日不可阙者，柴米油盐酱醋茶。”元武汉臣《玉壶春》第一折：“早晨起来七件事，柴米油盐酱醋茶。”指的就是日常生活所必须的七样东西，俗称开门七件事。七事入诗，所见颇多。明代唐伯虎《除夕口占》：“柴米油盐酱醋茶，般般都在别人家；岁暮清淡无一事，竹堂寺里看梅花。”佚名《百叹》诗云：“柴米油盐酱醋茶，而今件件费绸缪。吞声不敢长嗟叹，恐动高堂替我愁。”读来勾人心魂。“开门七件愁煞她，柴米油盐酱醋茶。好在三味不需买，肚中尽是苦酸辣”，记载了民国年间下层知识分子的心酸和无奈，酸楚之言令人无尽叹息。

自古开门七件事，生活就是柴米油盐酱醋茶，这就是真实的生活。文人如果离开柴米油盐酱醋茶，何来琴棋书画诗酒花？正如康熙时举人查为仁著《莲坡诗话》中记载的张灿的一首七绝：“琴棋书画诗酒花，当年件件不离它。而今事事都变更，柴米油盐酱醋茶。”茶在唐朝以至北宋，乃是奢侈品，俗话讲“皇帝一盏茶，百姓三年粮”，可见茶的普及距离劳苦大众甚远，所以七件事中茶排在了最后。时至今日，茶作为饮品，早已变成社会生活中不可缺少的物品，饮茶之风深入社会各个阶层，其作用已经远远超越了茶本身。在大众眼里，茶是解渴的饮品，口干舌燥时用以解渴，疲劳困倦时用以提神，空闲烦闷时用以消遣，礼尚往来时用以待客。在文学艺术家心里，品茗是一种文人墨客沟通交流的手段，是一种寄托感情激发创作灵感的文化艺术，是一种追求高雅情趣的美妙呈现，是一种精神上的愉悦与生理上的享受。“文人七件宝，琴棋书画诗酒茶”。从古至今的文人墨客们大多酷爱饮茶而且还经常以诗达意，为我们留下了浩如烟海的茶诗、茶画作品，将普通茶事升华为一种内涵丰富的文化盛宴。古往今来，无论士农工商，无论文人墨客，真可谓“宁可三日无食，不可一日无茶”。

柴米油盐酱醋茶，记录了劳苦大众为衣食住行而奔波劳碌的苦难生活，记录了统治阶级骄奢淫逸的养尊处优，记录了中华文明发展的源远流长，记录了中华文化辉煌灿烂的博大精深，也记录了陶瓷生产与茶文化发展的关联互动。埏埴灼烁的古代陶瓷，在“自古开门七件事”中占有重要的历史地位，茶文化的发展离不开茶器，陶瓷作为茶器与饮茶的优选，是千百年来人们日常生活不可缺少的用品，早已名标青史。陶瓷与茶文化的发展演变在某种程度上反映着我国社会经济文化发展变化的历史。

第一节　出土文物中的唐代陶瓷茶器

我国盛产瓷器，也是世界上开始饮茶最早的国家。考古资料表明，早在战国时期，先民们对茶已经有了认识。

考古专家曾经在2000多年前西汉景帝阳陵的外藏坑随葬品中发现过最古老的茶叶。2018年5月18日是国际博物馆日，“千年一叶——汉阳陵出土世界最早的茶叶展”在汉景帝阳陵博物院考古陈列馆临展厅开展。“此次展出的茶叶实物是1998年至2005年间陕西省考古研究院在汉阳陵帝陵15号外藏坑中发现的，最初这些‘茶叶’与已经出现碳化和腐朽迹象的粟、水稻等其他粮食遗迹混杂在一起，难以辨识。后经中科院地理科学与资源研究所、地质与地球物理研究所、植物研究所等科研机构，利用植物微体化石和生物标志物方法对送检的标本进行科学的分析、研究后才确定该遗物为目前世界上发现最早的茶叶实物。它的发现不仅将中国人饮茶的历史明确到了汉景帝入葬阳陵的公元前141年，也让我们对茶的起源和发展有了新的认识。”鉴于这项发现的重要意义，吉尼斯世界纪录方面主动与汉阳陵博物馆联系，并于2016年5月6日由吉尼斯世界纪录大中华区总裁罗文（Rowan Simons）在北京亲自为汉阳陵博物馆颁发了认证证书。

山东郝国故城的考古新发现刷新了西汉景帝阳陵考古发现茶叶的历史。《考古与文物》2021年第5期发表了一篇题为《山东邹城郝国故城西岗墓地一号战国墓茶叶遗存分析》的文章，其中山东大学考古团队正式公布了山东济宁邹城市郝国故城遗址西岗墓地一号战国墓出土的茶叶样品，为煮泡过的茶叶残渣。这是目前已知世界上最早的茶叶遗存。它将中国茶文化的起源上溯至了战国早期的偏早阶段，即公元前453年至前410年。2021年11月25日，新华社、光明日报、齐鲁晚报、大众日报等多家媒体对此消息进行了报道，并引发了业界广泛关注。

西汉至两晋南北朝，饮茶进一步发展，并出现了专门用于饮茶的陶瓷茶具。唐代饮茶之风日盛，无论宫廷还是民间，茶已成为人们生活中必不可少的饮品。饮茶之风的盛行，促使各地瓷窑不断增加饮茶用具及茶叶加工工具的烧造，以适应饮茶风俗的需要。纵观唐代陶瓷茶具的考古发现，大致有以下几个类别。

“千年一叶——汉阳陵出土世界最早的茶叶展”

一、加工工具

茶叶的加工工具多是由茶叶的加工方法决定的。陆羽在《茶经》中记载，茶叶采摘回来以后要经“蒸之、捣之、拍之、焙之、穿之、封之”等多道制作工序。首先将蒸过的茶叶用茶臼捣碎，然后将捣碎的茶用模具拍成茶饼烘干，再将烘干的茶饼穿好密封以备随时饮用。唐代茶饼的形状有方、圆两种，饮用前先将茶饼碾成茶末，然后加水烹煮。唐代的茶叶加工工具主要有两种：一种是茶碾，由碾槽和碾轮两部分构成；一种是茶臼与杵。

1.茶碾

碾压茶饼的工具。使用时将茶饼放在茶碾中，用碾轮将茶饼碾压成适合烹煮的碎末。茶碾的质地既有金属制品，也有陶瓷制品。从陕西唐代法门寺地宫出土的皇家鎏金茶碾子以及各地遗址、墓葬、窑址的出土物可以看到，唐代茶碾的质地以金、瓷、石为主，由于前者贵重，一般平民百姓无力购买，只在皇家及一些上层贵族中使用。而后者又过于笨重，用起来不方便，所以使用瓷制的茶碾便成为社会中下层人们普遍首选的对象。

关于茶碾，史书上多有记载。宋庞元英的《文昌杂录》卷四云：“叔父魏国公……不甚喜茶，无精粗共置一笼，每尽即取碾。”茶碾的质地有金属、木质、陶瓷等多种。《茶经·四之器》中也有“碾以橘木为之，次以梨、桑、桐、柘为之。内圆而外方，内圆备于运行也，外方制其倾危也。内容堕而外无余木，堕形如车轮，不幅而轴焉。长九寸，阔一寸七分。堕径三寸八分，中厚一寸，边厚半寸，轴中方而执圆，其拂末以鸟羽制之”的记载。《大观茶论》亦云：“碾以银为之，熟铁次之。生铁者非掏拣捶磨所成，间有黑屑藏于隙穴，害茶之色尤甚。”

考古发掘与窑址调查中多有茶碾出土。河南三门峡市水厂唐墓出土的白釉茶碾及碾轮，碾长20.8厘米、碾轮直径8厘米[1]；洛阳唐城履道坊出土的茶碾及同时出土的茶碗、茶托等为一套茶的加工与饮用工具[2]。此遗址为白居易53岁罢杭州刺史回到洛阳后所买散骑常侍杨凭的宅院。浙江宁波唐代遗址出土的茶碾、茶臼[3]，湖南长沙烈士公园五代灰坑出土的唐代晚期的茶碾、茶臼[4]，长沙窑址出土的茶碾、碾轮[5]，陕西耀州窑址唐代层出土的大量碾槽、碾轮、茶臼、茶杵、漏斗等完整配套的饮茶及茶叶加工工具等，都反映出唐代饮茶风尚的盛行及这个时期流行的茶叶加工方法。这些茶碾有着相同的造型和结构，都由碾轮、碾槽两部分组成，碾槽为长方形，碾槽的底部成弧形，剖面呈“V”形，内部划满比较深的沟痕，便于碾轮反复的转动与研磨。碾轮为中间厚周边薄的圆饼状，碾轮的圆心处有一个用于穿柄的圆孔。将茶饼放在茶碾中，用碾轮将茶饼碾为碎末以备烹煮。

唐代茶碾以长条形为主，槽不太深。品种有白釉、黑釉、茶叶末釉等不同釉色。有的单独出土，有的配套出土，是当时广为使用与流行的茶叶加工工具。

---

1 《华夏考古》1993年第4期。

2 《中国文物报》1993年8月1日。

3 《文物》1982年第8期。

4 《考古》1965年第9期。

5 《考古学报》1980年第1期。

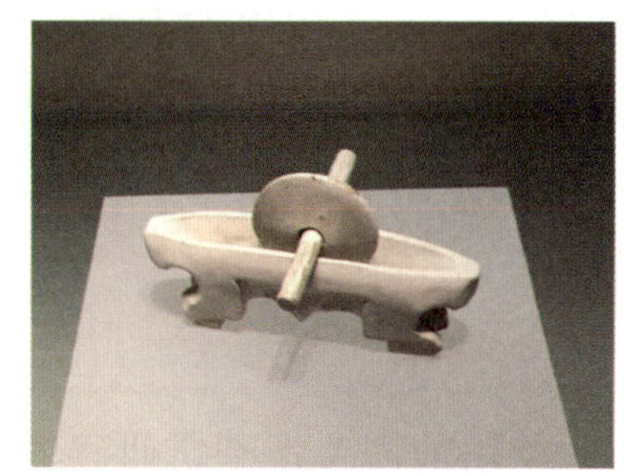

白釉绿彩茶碾、曲阳涧磁村出土茶碾、长沙窑五代“天成四年”茶碾

考古发掘资料表明，民间使用的茶碾多用石或陶瓷烧造而成，皇家所用则是用昂贵金银制成。如法门寺地宫出土的唐鎏金壶门座茶碾，里边有“咸通十年文思院造银金花茶碾子一枚”铭文。

2.茶臼

茶臼与茶杵也是一种配套使用的茶叶研磨工具，宋无名氏的《北苑别录》中有“研茶之具以柯为杵、以瓦为盆”的记载，指的就是茶臼。茶臼造型如碗，内部无釉，器里刻画各种几何图形的网格状花纹，花纹从里心向外辐射，分为不同的区域。茶臼与棒杵配合使用，把茶饼研磨成粉末状备用。与茶碾相比，茶臼具有使用灵活便利的特点，故而出土数量多，出土范围广，河南、河北、湖南、浙江、陕西等地的窑址、遗址及墓葬中多有出土。唐代黄堡窑址出土的大量黑釉、茶叶末釉及素烧的杵以及各式各样的装饰繁多、带流与不带流的茶臼，是截止到目前出土数量最多、品种最丰富、保存最为完好的一处窑址。有的茶臼上面刻有纪年，为我们准确地判断年代提供了有力的依据。位于湖南衡阳东郊15公里的蒋家窑出土有青黄釉八边形臼与杵，同时伴出托盘、壶等茶具。杵形器上刻有“太平三年”“大中年”等铭文，为我们断代提供了依据[1]。

下图左为河北曲阳涧磁定窑窑址晚唐层出土的茶臼，口唇内敛，浅腹圈足，口部及外腹部施白釉，器内涩胎无釉，内壁用十字划分法分割为四个区域，每部分划有相同的方格纹饰，胎体细白坚致[2]。下图中为唐代长沙窑茶臼。

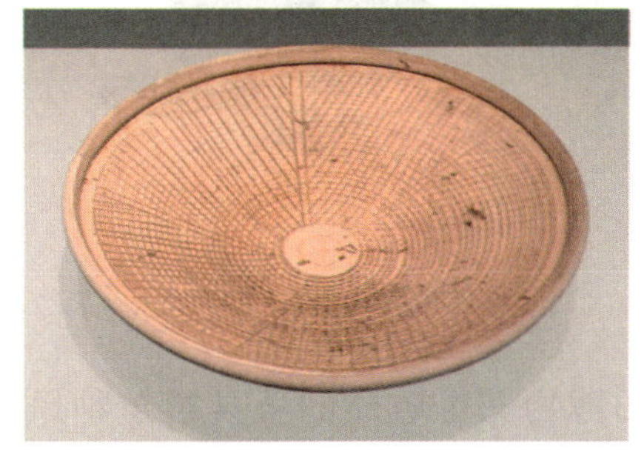

唐代茶臼

1 《景德镇陶瓷》1984年总第26期。

2 《考古》1965年第8期。

茶臼与茶碾是茶饮中必不可少的茶叶加工工具，唐代许多文人在作品中都提到了这些茶叶加工场景，李洞《赠曹郎中崇贤所居》云："药杵声中捣残梦，茶铛影里煮孤灯。"秦韬玉《采茶歌》："山童碾破团圆月"；司空图《暮春对柳》："小娥旋拂碾新茶"；李咸用《谢僧寄茶》："白纻眼细匀于研"；徐寅《谢尚书惠蜡面茶》："金槽和碾沉香末，冰碗轻涵翠缕烟……"

二、烹煮用具

唐代的饮茶与现在用的散茶不同，饮用前需要把茶饼研碎成末，然后放在釜中烹煮。皮日休在《茶中杂咏序》云："季疵以前称茗饮，必浑以烹之，与夫瀹蔬而啜者无异也。"陆羽在《茶经·四之器、五》之中也专门讲述了煮茶的过程、技艺与所用的器皿。当时的文人作品中也多有记载，苏廙《十六汤品》记述了煮茶的时间、器具等。张又新的《煎茶水记》从水的角度论述了煎茶与水的关系，温庭筠《采茶录》则以更形象的笔法描绘了煎茶时的火焰、声音及汤色，这些都从不同的侧面论述了唐代所流行的煎茶法。

贞观之治之后，唐代经济迅猛发展，人民生活富庶而安逸。陆羽《茶经》问世后，更是对茶文化起到了推波助澜的作用。以"煎茶"为主的饮茶风尚，作为一种文化在唐代正式形成，并达到了前所未有的繁荣。而风炉、茶釜、茶铛等就是最为常见与流行的烹煮用具。

1.风炉

风炉是煎茶器具之一，陆羽《茶经》有"风炉以铜铁铸之，如古鼎形，厚三分，缘阔九分，令六分虚中，致其圬墁，凡三足""其炉或锻铁为之，或运泥为之"的记载。出土于河北现藏于中国国家博物馆的邢窑唐代白瓷风炉，通体圆筒形，环底三蹄足，一侧有四条长方形的气孔，一侧有双圆套叠状风穴，其形式也与文献记载中"如古鼎形""三足之间设三窗"的描述相符。

唐代邢窑、巩义窑风炉

考古发掘中多有风炉出土，洛阳考古一队发掘出土以及洛阳博物馆等收藏的巩县窑黄釉风炉，陕西省博物馆的风炉，为我们提供了很好的资料。风炉形状呈筒状，由足、通风孔和圆形炉门构成，材质用陶、瓷或铜铁制作而成。由于出土的风炉大多是陪葬所用的冥器，故尺寸都不是很大。

2.茶釜

煮茶器皿之一，将碾碎的茶末放于釜中，置水加热待沸腾后茶汤即算煮好。茶釜在唐代茶具中占有相当重要的位置，《茶经》中有着详细记载："……洪州以瓷为之，莱州以石为之。瓷与石皆雅器也，性非坚实，难可持久，用银为之至洁。"考古发掘多有出土，邢窑、巩义窑、黄堡窑都曾经发现并出土。遗存至今的唐代茶釜，敛口，深腹，圆底，双耳或无耳，造型浑圆饱满，具有唐代瓷器造型的独特风格。这些器物的出土说明煎茶在唐代的广为流行。

巩义窑白地绿彩、三彩茶釜

3.茶铛

煮茶器皿，唐吴融《和睦州卢中丞题茅堂十韵》云："烟冷茶铛静，波香兰舸飞。"结合宋陆游《西斋雨后》诗："香碗灰深微炷火，茶铛声细缓煎汤"，可知茶铛也是用来煎熬茶汤的用具。清陈维崧《浣溪沙·春日同史云臣远公买舟山游小泊祝陵纪事》词："春水平如簟一般，茶铛棋局委潺湲。好风吹去不须还"，西湖老人张岱《西湖七月半》中有"茶铛旋煮，素瓷静递"，可见茶铛一直沿用到清代。

鸿山越国墓葬出土、上虞博物馆藏茶铛

考古资料表明，茶铛的出现早于唐代，无锡鸿山越国贵族墓就出土有这种类似鼎的同类型青瓷器物，上虞博物馆收藏的早期越窑青瓷器物中，也不乏此类造型，表明这种器物在江南一带的使用与流行。

南北朝时期，茶铛在南北方都有发现，并在口沿的一侧伸出一条横向的把手，以便于端拿与使用。国内外博物馆中多有收藏。有些时候有些地方把这种器物叫作"鐎斗"。如河北省博物馆的北朝青釉鐎斗、美国纳尔逊博物馆隋代早期青白釉鐎斗。

河北省博物馆藏北朝青釉鐎斗

长沙窑茶铛

隋唐时期继续沿用传统的造型，且出土数量不断增加，出土范围日趋扩大。1989年，西安国棉五厂出土的茶铛，敞口深腹，环底三足，口沿处有一兽首短柄，外施黑褐色釉，内施白釉，釉色光润，制作精美。右图下是长沙窑唐代茶铛，外部涩胎，里部满釉。板沿、双耳、下承修长的三足方便置于火上煎煮。如中国茶叶博物馆收藏唐巩县窑茶铛（《中国茶叶博物馆馆藏精粹》，第33页），外施茶叶末釉，内为白釉。弧腹，圆底、三足，口沿的一侧有如意状柄。这些出土器物虽是明器，却是唐代饮茶风尚的直接反映，客观上反映着饮茶在民众生活中的不断普及以流行。

与此同时，茶铛开始出现在一些文人画中，唐人阎立本《萧翼赚兰亭图》儒僧共品香茗的场面中，仆人手执茶铛置于风炉上精心调制；小童捧碗以待，形象地描绘了它的用法。

茶铛、茶釜均为唐代常用的煎茶用具。《唐才子传》中说白居易“茶铛酒杓不相离”。《旧唐书·韦坚传》卷100载：“……豫章郡船，即名瓷、酒器、茶铛、茶碗……”，说明洪州窑除生产茶釜外也同时制作茶铛。茶铛与茶釜虽然用途相同，但是造型却不一样。它们的区别在于茶铛底部带有三足，有的还有一把手；而茶釜则没有底足与把手。

4.茶铫

茶铫是一种容器，有把有流，既可以直接煮茶，也用来盛放煮好的茶汤，煮好茶可利出汤。有关茶铫的诗歌也很多，唐代诗人元稹有“铫煎黄蕊色，碗转曲尘花”句。唐代邢窑、长沙窑、邛崃窑等都烧制瓷茶铫。如北京艺术博物馆《诗意的彩瓷：长沙窑瓷器艺术展》中展览的唐代长沙窑蓝绿釉横柄壶、1976年合肥市北郊开成五年（840）砖墓中出土的唐代邢窑白瓷横柄壶、2016年第12期《收藏》杂志中发表的唐代长沙窑谭家坡遗址出土题铭“赵注子”的横柄壶等。

唐代长沙窑“赵注子”横柄壶、绿釉茶铫，邢窑白釉茶铫

唐李匡乂《资暇集·注子偏提》载："元和初，酌酒犹用樽杓……居无何，稍用注子，其形若罃，而盖、嘴、柄皆具。大和九年后中贵人恶其名同郑注，乃去柄安系，若茗瓶而小异，目之曰偏提。"茶铫即茶壶，民间俗称为茶铫子，用来煮茶便于倾倒煮好的茶汤。随着后来泡茶法的流行，饮茶的用具也不断简化，茶叶直接放在茶壶中冲泡。茶铫一直沿用至今，变煮茶为泡茶的工具。

5.执壶

执壶是一种盛水的容器，茶事中用它来装水，将壶中之水倒入煮茶的茶釜烹煮。点茶法没有盛行以前，执壶是茶事中不可缺少的用品，随着饮茶风尚的盛行，南北地区窑口普遍生产，各种各样的造型应运而生。

唐代长沙窑、巩义窑执壶

长沙窑青釉执壶中的铭文显示了它既为茶店所用也是酒肆使用的器物。2016年8月，北京艺术博物馆举办的《诗意的彩瓷：长沙窑瓷器艺术展》展出的壶流下方写有"陈家茶店"四字的青釉执壶，明确标明了自身的用处。另外也告诉我们，在唐代为了满足饮茶风尚日益发展的需求，以商业营利为目的的茶店已经开始出现。窑址出土文物为我们研究唐代的茶具与饮茶风尚提供了非常珍贵的实物资料，也是我们研究唐代的社会经济、商品贸易与物价不可多得的资料。这些茶壶以及演变后的形体一直流传到现在仍然在茶肆酒楼中广泛应用。长沙窑遗址蓝岸咀出土"此是饮壶不得别用"款摩羯纹壶，自身标明了器物的名称为"壶"，同时也标明了它是作为饮壶而使用的，为我们研究唐代执壶的名称与使用提供了非常有价值的资料。

长沙窑"陈家茶店"、"此是饮壶不得别用"、"张家茶坊"执壶

这些用于饮茶的器具现在人们多习惯上把它称为执壶或壶，可是在当时却把它叫作茶瓶。西安市大和三年王明哲墓出土的一件墨绿釉瓶的底部墨书"老得家茶社瓶"[1]，是截止到目前所见最早的一件自身标明自己名

1　《文物》1972年第3期。

称的器物。1993年安徽省考古所在对绩溪窑发掘过程中也发现有少数执壶的把手上印着“头色瓶”三字[1]。2018年4月，杭州南宋官窑博物馆“长安春”展览展出的长沙窑青釉褐彩双系“茶瓶”款青灰釉壶，底部刻画“茶瓶一口，计钱壹拾五押”。由此可知，这件双系壶在唐朝作为茶瓶使用，并售卖“十五”钱。从以上两个执壶的铭文一个自称为“壶”，一个自称为“瓶”，不难看出，在唐代此类造型的器物有“壶”“瓶”两种叫法。这些器物的自身铭文为我们考证器物名称的演变提供了依据。

从出土文物自名为“茶瓶”“酒瓶”的相同造型的器物可以看出，此时的执壶既可以当作茶具使用，也可以作为酒具使用，属于一种器物的不同叫法。2016年7月，北京艺术博物馆《诗意的彩瓷：长沙窑瓷器艺术展》中，长沙窑遗址灵官嘴出土的青釉褐彩“陈家美春酒”执壶，流下方以褐彩书写“陈家美春酒”五字，明确了此壶为酒家订烧的酒具。除此之外。长沙窑遗址蓝岸嘴出土的“佯醉卧池台”青釉褐彩执壶，流下褐彩隶书“去岁无田种，今春乏酒财。恐他花鸟笑，佯醉卧池台”五言诗一首。诗文内容告诉我们，此壶也是作为酒具使用的。收藏于湖南省博物馆的“春水春池满”青釉褐彩诗文执壶，流下楷书字体书褐彩“春水春池满，春时春草生。春人饮春酒，春鸟弄春声”五言诗一首。诗文内容明确表明也是作为酒具使用的。至于长沙窑摩羯纹“此是饮壶不得别用”题记执壶，是饮酒还是饮茶或是既可以饮酒又可以饮茶不得而知。可知的是，这个时期为了适应社会生活需要而生产数量巨大的执壶，表明茶肆酒吧在民间已经普遍存在并且广为流行。饮茶与饮酒已经成为芸芸众生日常生活不可缺少的组成部分。至于自身标明不同使用目的相同造型的执壶告诉我们，此种器物在当时既可以用作茶壶也可以作为酒壶使用。

长沙窑“陈家美春酒”执壶、摩羯纹“此是饮壶不得别用”题记壶

浩如烟海的古代文献中不乏对茶瓶的记载，陆羽《茶经》在引用苏廙《十六汤品》时说：“以金银为汤器，唯富贵者具焉，所以茶功建汤，业贫贱者不能遂也”；“贵欠金银，贱恶铜铁，则瓷瓶有足取焉”；“无釉之瓦，渗水，有土气……茶瓶用瓦如乘折脚驳马登高……”宋人蔡襄《茶录》亦云：“汤瓶，瓶要小者易候汤，又点茶注汤有准。黄金为上，人间以银、铁或瓷、石为之。”孙蕡《送翰林宋先生致仕归金华》诗中也有“瓦瓶青水自煎茶”之句，说明茶瓶在民间是颇受欢迎的茶具，也说明点茶法的流行与普及。唐代一些瓷窑大量生产茶瓶，以黄堡窑为例，白釉、青釉、茶叶末釉、黑釉刻花填白彩、白釉褐绿彩、素烧的茶瓶，数量之多，品种之丰富可谓首屈一指。

唐代晚期，在煎茶法盛行的同时新兴了一种点茶法。这种方法较之煎茶法简便易行：先于茶

1 《宣城历史文化研究》第916期，宋黎藜：《绩溪霞间窑初论（中）》。

瓶中将水煮沸，然后再将沸水注入放有茶末的碗中即可饮用。故此，唐代晚期的墓葬中多有茶瓶出土，有些墓带有纪年，如河北临城唐大中九年（856）刘府君墓出土的细白瓷注壶，短颈短流撇口鼓腹，双泥条式把手，平底内凹，通体施白釉，釉色白中闪黄，高10.5厘米、口颈5.3厘米[1]；长沙铜官窑遗址陈家坪出土的青釉执壶，流的下方书写“罗家美茶请尝知味”。西安唐太和三年（829）王明哲墓出土的茶瓶除具有相同的造型外，瓶底墨书“老得家茶社瓶”[2]；明确标记为茶肆订烧。河北唐县出土的具有晚唐特征的邢窑整套茶具中的白釉茶瓶[3]等，为我们研究点茶的起源提供了科学的依据。

6.罐

作为储存水的器物，是茶具中必不可少的工具，也是唐代考古发掘出土器物中最常见的造型，具有造型浑圆饱满的时代特征。

唐代邢窑白瓷“盈”字款、“翰林”字款罐、巩义窑白地蓝彩罐

7.其他

茶盘，茶器中的用具，中原地区唐代墓葬多有出土，造型有圆有方，体现了唐代灿烂辉煌的茶文化。茶勺 、茶匕 ， 分茶的器具，也是当时比较流行的物品。

茶盒，装茶叶的盒子。盒的材质《茶经》里记载有竹、木两种，然而实际考古出土的实物中也发现金银器、瓷器等材质的盒。华菱石渚博物馆藏的青釉磨盘形瓷盒，盖面青釉下褐彩书写“大茶合”三字，盖高3.5厘米，直径9.7厘米。晚唐五代开始，流行用小盖罐代替茶盒。

陆羽塑像，唐代的茶文化前所未有地繁荣。陆羽《茶经》问世后，更是对茶文化起到了推波助澜的作用。“茶圣”陆羽的塑像在陶瓷制品中也多有发现。唐代《宫乐图》，又叫品茗图，描写了唐代贵族妇女品茶娱乐的休闲生活。茶勺等用具在《宫乐图》中表现得很清楚，对我们了解唐代的饮茶习俗很有帮助。

8.茶具组合

2016年，在北京大学塞克勒博物馆举办的黄冶窑茶具展览中展出的三彩茶器有幸让我们目睹了唐代的饮茶趣事与配套的茶具组合。风炉、茶碾、茶台、茶瓶、水盂、茶盏一应俱全，再配以时尚点心，逼真地再现了唐代的茶事活动。

1　《文物》1990年第5期。

2　《考古》1975年第3期。

3　《文物》1990年第4期。

中国茶叶博物馆的白瓷茶具

河南洛阳出土，现藏于中国茶叶博物馆的成套白瓷茶具，由茶碾、风炉、茶釜、茶盏组合而成。

如此众多不同材质的成套茶具的出土，反映着唐代饮茶习俗的兴盛，它们的问世，为我们详尽展示了唐代茶文化以及煮茶所需要的配套用具乃至制作材质以及社会各阶层所使用的不同工具。而这一切对于宫廷，则更加精致与讲究。法门寺地宫出土的成套金银茶具、北京故宫博物院收藏的清乾隆茶具及茶器图，讲究的紫砂茶壶、茶罐、景德镇御窑厂烧造的盖碗以及由名贵木材制作的器具，彰显着皇家茶事的奢糜，真可谓“皇帝一盏茶，百姓三年粮”。唐代邢窑茶具到法门寺地宫出土的金银茶具再到清代宫廷使用的茶器，除了展示民间茶文化的普及风行与宫廷茶文化的精致奢靡外，也可以看出茶文化的源远流长。

国家博物馆藏邢窑茶具

洛阳龙门博物馆藏巩县窑茶具

不同的饮用方式决定了不同的造型，而不同的造型又反映了不同的饮用习俗。这些遗址与窑址出土的茶具，为研究茶文化的发展变化提供了翔实而科学的依据。

三、饮用工具

从出土文物及窑址调查与发掘可以看出，碗、杯、盏托是唐代最为流行的饮茶用具。

1.茶盏

茶盏在唐代茶具中占有很大的比重，又被称为碗、瓯，也是唐代最为流行的茶具。《茶经·六茶之饮》：“茶有九难：一曰造，二曰别，三曰器，四曰火，五曰水，六曰炙，七曰末，八曰煮，九曰饮。”器具被排在第三位，可见其重要性。

以越窑为代表的青瓷和以邢窑为代表的北方白瓷，是唐代茶盏的首选。陆羽在著名的《茶经》中从饮茶的角度出发，对六大青瓷窑口进行比较，认为“碗，越州上，鼎州次，婺州次，岳州次，寿州、洪州次。或者以邢州处越州上，殊为不然。若邢瓷类银，越瓷类玉，邢不如越一也；若邢瓷类雪，则越瓷类冰，邢不如越二也；邢瓷白而茶色丹，越瓷青而茶色绿，邢不如越三也。晋杜毓《荈赋》所谓器择陶拣，出自东瓯。瓯，越也。瓯，越州上口唇不卷，底卷而浅，受半升已下。越州瓷、岳瓷皆青，青则益茶，茶作白红之色。邢州瓷白，茶色红；寿州瓷黄，茶色紫；洪州瓷褐，茶色黑：悉不宜茶。”越窑盏是陆羽最为推崇的饮茶首选用具，他认为似冰类玉的越窑茶碗与茶汤相得益彰，具有“益茶”效果。其他一些文献及著名诗人的作品中也多有记载。段安节《乐府杂录》：“用越瓯，邢瓯十二，施加减水，以筋击之，其音妙于方响。”顾况《茶赋》：“舒铁如金之鼎，越泥似玉之瓯。”施肩吾《蜀茗词》：“越碗初盛蜀茗新，薄烟轻处搅来匀。”卢仝《走笔谢孟谏议寄新茶》诗：“一碗喉吻润，两碗破孤闷。”皮日休的《茶瓯诗》、韩偓的《横塘诗》等都曾提及。

法门寺地宫出土金银器茶具（法门寺博物馆）

秘色瓷是越窑产品中的精品。1987年，随着法门寺地宫的发掘，其中14件“衣物帐”碑文中记载为秘色瓷器的越窑青瓷，随着一批稀世之宝破土而出，从此震撼了学术界，也揭开了秘色瓷的神秘面纱。所谓秘色瓷就是唐代越窑进贡朝廷的一种特制瓷器精品。法门寺是唐代皇家寺院，大唐皇帝曾多次迎奉佛骨舍利到京城长安供养，正因如此，唐代宫廷才把越窑中最精湛的制品供奉于法门寺。地宫出土的精美文物，为唐懿宗所赐。唐人陆龟蒙《秘色越器》诗云：“九秋风露越窑开，夺得千峰翠色来。好向中宵盛沆瀣，共嵇中散斗遗杯。”

法门寺地宫出土的秘色瓷碗

除了越窑青瓷外，邢窑白瓷瓯，也是唐代首选的饮茶用具，唐人李肇《唐国史补》有云：“内邱白瓷瓯，端溪紫石砚，天下无贵贱通用之。”从此不难看出其重要性。

唐代茶碗的产地还有河北的定窑，河南的巩县窑、密县窑，山西的柏井村窑，陕西的黄堡窑，湖南的长沙窑，四川的广元窑、邛崃窑，广东的潮州窑及江西的洪州窑等，遍及黄河两岸大江南北，窑口众多，流行范围很广。唐代的茶碗以青、白釉两个品种为主，与唐代南青北白的瓷器制作风格相一致。同时兼有黑釉、茶叶末釉、青釉白彩、素胎黑花等品种，尤其是四川广元窑烧制的黑釉茶碗与陕西烧造的黑釉、茶叶末釉、青釉白彩及素胎黑花品种，在丰富茶具的花色品种方面作出了贡献，并为宋代黑釉茶具的流行与发展奠定了基础。除了越窑和邢窑茶盏，还有从南北朝至盛唐一直以烧制青瓷闻名的长沙窑。唐代长沙窑成功地烧造出了釉下红绿彩瓷器，由于出口的需要，图案具有浓郁的异域风情，用笔挥洒自如，色彩绚丽浪漫，开创了釉下彩瓷的新篇章，也为茶具增添了新的色彩与气息。

唐代饮茶用的茶碗称“茶盏”“茶埦”，现收藏于中国茶叶博物馆的长沙窑青釉褐彩“茶埦”，高5.1厘米，口径14.5厘米。敛口，玉璧底。碗心书写“茶埦”两字，明确地标明了器物的名称。

茶碗又叫“茶盏子”。1998年在印尼“黑石”号沉船中发现，现收藏于新加坡圣淘沙机构的青釉褐绿彩“茶盏子”碗，碗心用褐绿彩书写“茶盏子”三字，字旁绘有三朵祥云，为我们研究唐代茶碗的名称提供了依据。

长沙窑“茶埦”“茶盏子”“酒盏”

茶碗上的铭文说明在当时可以根据不同的需要进行定制，如长沙窑出土碗心书写“开禅院”“文殊院”青瓷碗、“岳麓寺茶埦”以及碗底书写“张惜永充供养”的器物，显然是寺庙以及供养人订烧的茶具。这些器物上的铭文，除了明确写明它的使用地点外，也说明饮茶在佛教寺院的广泛流行，为我们研究唐代佛教文化的盛行提供了资料。

长沙窑出土的“开禅院”“文殊院”碗

大量考古资料表明，唐代茶盏和我们今天使用的茶盏有着比较大的差别。茶碗的造型以圆口、葵口为主，足部有平底、玉璧底与圈足三种。早期底足以饼形底与玉璧底为主，到了晚唐，随着圈足的出现，茶盏也开始流行与使用，如法门寺地宫出土的秘色瓷茶盏。斜直的腹壁、厚重宽大的底足不但具有稳定感，还有比较大的容量，是一种非常实用的茶具。黑石号沉船出水的6万多件瓷器与金属器物中有5万多件长沙窑瓷器，碗在唐代具有极大的生产数量，不但满足国内人们生活的需要，还大量外销。

2.杯

唐代杯的造型有碗式、筒式、海棠式及高足等几种。许多杯的外形仿照同时期金银器的造型制作而成。碗式杯和筒式杯除腹部的造型有深浅之别外，其相同处是都带一小小的环形柄，柄小到刚好能容纳下一个拇指。前者以长沙子弹库M9出土的碗形杯及日本出光美术馆所收藏的白釉瓷杯为代表，后者则以西安东郊西北国棉五厂出土的盛唐时期的白釉筒式杯为标志。这件杯口部微侈，腹下渐内收，圈足，下限不晚于718年。此杯的外形与西安何家村出土的初唐时期的掐丝团花杯的外形极为相似，可见两者之间的承袭关系。浙江临安水丘氏墓出土的两件白釉瓷杯，与西安出土的环柄银杯及何家村出土的仕女狩猎纹八瓣银杯的造型相同，说明这种较为贵重的器物早在唐代初期即已在上层贵族中流行。相同造型瓷茶杯的出现时间较晚，多出土于晚唐时期的墓葬之中。

从唐代洪州窑、黄冶窑、长沙窑等地出土器物可以看出，杯与托盘大多组合在一起使用，下图中的图片向我们展示了杯盘的组合与使用情况。

唐代巩义窑、邛崃窑杯

（1）高足杯

高足杯隋代即已生产，河南相州窑出土的印花高足杯，纽约大都会艺术博物馆收藏的与相州窑完全相同的器物，南昌博物馆收藏的青釉高足杯等，都是当时具有代表性的作品。到了唐代，随着葡萄酒的引入，高足杯的生产范围与出土数量大量增加。许多墓葬壁画中也开始出现高足杯的画面，湖南长沙唐墓出土的青瓷高脚杯有光素与贴花两种，丝矛冲M38所出为素面，左家塘M36所出腹部有莲花和团花装饰[1]，两种杯均具有喇叭状的高足，与隋李静训墓所出高足金杯的造型近似，亦仿金属制品制作而成。日本出光美术馆收藏的白瓷高足杯，邢窑遗址出土的白釉高足杯残品等，造型与同时期金属制品近似。

（2）吸杯

2003年，中国文物研究所与河南省考古研究所在巩义窑址的发掘中，出土了绿釉与白地绿彩吸杯的残片。根据窑址地层可知，这是唐代晚期出现的一种创新造型。吸杯杯外的一侧有一根中空的吸管，吸管的末端与杯心中央的圆孔相通，圆孔上面有或龟型、或鸟型、或鱼型贴饰物，用以遮盖孔口，既美观又卫生。饮用时，将嘴唇吮住吸管的顶端，将杯中液体吸入口中。吸杯的形体构思

1 《考古学报》1982年第4期。

巧妙，聪明的工匠把实用功能与艺术功能完美地融于一器，是一种自带吸管、以情趣取胜的创新形体。

巩义窑出土的绿釉吸杯

巩义窑出土的白地绿彩吸杯（外、里）

至于吸杯的饮用方法，唐人赵璘在《因话录》中这样记载："靖安李少师……暑月临水，以荷为杯，满酌、密系，持近人口，以筋刺之。不尽，则重饮。"除此之外，唐人戴叔伦《南野》诗云"茶烹松火红，酒吸荷叶绿"，唐人曹邺《从天平节度使游平流园》也咏到"乘兴挈一壶，折荷以为盏"，不难看出，唐代士大夫阶层确实曾经流行折荷叶为杯且通过荷茎吸吮品味叶中之酒。为了满足唐代文人附庸风雅之需，吸杯应运而生，并且远销到海外。宋代范成大《桂海虞衡志》曾提到鼻饮杯的陶器，用者以鼻就管吸酒浆，据说"云水自鼻入咽，快不可言"。吸杯的出土数量不多，窑址发掘出土器物之外，仅见于黑石号沉船中出水瓷器。另外，陕西西安何家村唐代窖藏出土文物中，有一件银质的荷叶吸杯。总之，透过这些为数不多的实物，似乎可以看到千余年前光彩熠熠大唐文化的风雅。这些别出心裁的优美外形一直沿用到了清代，诸如著名的乾隆粉青釉莲蓬式吸杯、光绪粉彩秋操吸杯等，即是景德镇窑陶瓷艺人在传承中不断更新的杰出作品。

（3）海棠式花口杯

海棠式花口杯多见于南方青瓷，浙江临安晚唐钱宽墓出土的海棠式杯，平面近似椭圆形，花口六曲，腹部起棱，喇叭形的高足增加了稳定感[1]，湖南长沙唐墓与长沙窑址也出土有青釉海棠式杯，

1　《文物》1979年第12期。

造型与浙江唐墓所出大同小异，说明这是一种在南方甚为流行的茶具。以上四种之外，还有一种深腹矮圈足，足心内凹，足宽如玉环的曲口杯，以河北邢窑所出白釉细瓷杯为代表，湖南唐墓也有类似的青釉器物出土。

（4）来通杯

唐代，在西域甚为流行动物角状造型的器物。随着中外文化交流的不断扩展，瓷器生产中成功地塑造出了全新造型、令人耳目一新的来通杯，这是唐代善于吸取外来文化精华为己所用的如实写照，彰显了大唐文化的高度包容与自信。

3.盏托

宋程大昌《演繁露》云："托始于唐，前世无有也。崔宁女饮茶，病盏热熨指，取碟子，融蜡象盏足大小而环结其中，寘盏于蜡，无所倾倒，因命髹漆为之。宁喜其女，名之为托，随行于世。"唐人李匡义《资暇集》中也记载了成都府尹崔宁的女儿，如何为了使用方便不再烫手而发明茶托的故事。考古发掘与土文物表明，盏托的出现远早于唐，是从东晋时期开始的，南朝时即已流行。如福建德清窑出土的东晋兴宁二年（364）黑釉盏托。到了南北朝时期，盏和托的配套已是相当普遍。随着饮茶之风的日益兴盛，唐代盏托已成为一种流行的茶具，浙江越窑、河北定窑、邢窑、邛崃窑等多地的考古发掘中均有发现，品种以青、白、白釉褐彩等为主。造型以碗式、盘式、荷叶式最为常见。个别器物上刻有文字，如河北临成城唐大中十年刘府君墓出土的三件四曲口花瓣式白瓷碗托，平底上面刻"张"字，碗与托连为一体。五代时期延续了唐代的饮茶风尚，特别是在士大夫阶层，这种风尚更是表现得淋漓尽致。著名的《韩熙载夜宴图》真实而生动地记载了这一场面。此画卷据传系宫廷画家顾闳中奉后主李煜之命而画，为我们研究这个时期的文化提供了宝贵的资料。

《韩熙载夜宴图》

总之，大量出土文物告诉我们，茶之为饮，非始于唐而盛于唐，上到皇室宫廷，下至平民百姓，饮茶已经成了社会生活不可或缺的需要。《旧唐书·李钰传》所说："茶为食物，无异米盐，于人所资，远近同俗……"于是，瓷质茶具便成了大众首选的饮茶器皿，茶具的生产在当时已成为陶瓷生产的重要组成部分，其产地广泛地分布于南方的浙江、四川、广东、湖南、福建、江西、安徽及北方的河北、河南、山东、山西、陕西等地。

纵观唐代的陶瓷茶具造型，茶碾、茶臼、风炉、茶罐、茶铛、茶釜、茶盘、茶瓶、茶碗、茶盏等不胜枚举。烧造的窑口有邢窑、巩县窑、越窑、长沙窑、定窑、耀州窑，瓷器品种有青瓷、白瓷、黑瓷、三彩、绿釉、白地绿彩等。茶业与瓷业并行补益，互有推助。

有关茶事的风靡在当时文学作品中也有所记载，白居易在《琵琶行》中有过这样的描述："老大嫁作商人妇。商人重利轻别离，前月浮梁买茶去。去来江口守空船，绕船明月江水寒。夜深忽梦少年事，梦啼妆泪红阑干。”诗中除了告诉我们，琵琶女的丈夫是一个茶商，还告诉我们这个茶商到浮梁去买茶办货。从此不难看出，随着饮茶风尚的崛起，茶商在唐代已经成为一个专门的行业。唐代饮茶风尚的盛行，大量适应茶事活动需要的茶具应运而生，极大促进了陶瓷生产的发展，饮茶器具的大量出土，正是这种社会需求的再现。

第二节　宋代的斗茶及其茶具

一、饮茶之风的日盛

宋代，茶已成为人们日常生活中不可缺少的重要内容，“盖人家每日不可缺者，柴米油盐酱醋茶”[1]，指的正是如此，自唐代以后，“茶为食物，无异米盐，于人所资，远近皆同”[2]。特别是在上层统治者中间，茶已远远超出解渴的功能，而成为一种文化现象。宋代流行的斗茶即是明显的标志。对此，专门著书立说者有之，吟诗作画者有之，作为明器殉葬者有之。所谓“采择之精，制作之工，品第之胜，烹点之妙，莫不造其极”，是对宋代茶文化客观如实的概括。宋代茶文化的发展主要体现在以下几个方面。

1.茶文化专著明显增多

随着茶文化的不断发展，宋代专门论述茶的作品大量增多，宋子安的《东溪试茶录》、蔡襄的《茶录》、黄儒的《品茶要录》、宋徽宗赵佶的《大观茶论》、唐庚的《斗茶记》、熊蕃的《北苑贡茶录》《御苑采茶歌》、苏轼的《汲江煎茶》诗以及南宋时期成书的《茶具图赞》等都是专门论述茶的名著。它们从茶的采摘、加工、收藏、水质、煮茶的工具、火候、饮茶的用具等多种不同的侧面对茶进行了评述。

2.绘画作品中茶事画面增多

随着饮茶风俗的流行，反映饮茶内容的绘画作品大量问世，苏汉臣《罗汉图》中对研茶、烧茶、进茶三个场面进行了详尽的描绘。其中的研茶者坐于一长凳之上，手持茶磨在磨茶，茶磨的下方置放一带流平盘，可接放从茶磨上落下的磨好的茶末。左面的一端放着刷子、炊把、筒状盖盒，前两者显然为清扫工具，是为了打扫茶磨所用，后者则是用于贮茶的工具。右端有一童手持方托盘立于研茶者的后方，盘中有一个带托的茶盏，正在准备献茶。据文献记载，茶磨的使用开始于唐代后期，宋人朱翌《猗觉寮杂记》卷上云：“唐末有碾、磨，只用臼，多是煎茶。”唐代的茶磨，截止到目前尚未见到实物，此幅绘画作品无疑又为我们提供了新的茶叶加工工具的形象资料。宋徽宗的《文会图》中有描绘人物备茶的画面，茶桌上放置有三个带托的茶盏和四个一摞的盏托以及一个掀开盖的茶罐，一童左手持托盏，右手持长柄勺正在从茶罐里头向茶盏内酌茶末。张择端的《清明

1　吴自牧《梦粱录》卷16。

2　《旧唐书·李钰传》。

上河图》中也有两人对饮的画面，桌上摆设一壶两盏。宋人刘松年《茗园赌市图》描绘了市井斗茶的情景。宋徽宗的《文会图》则描绘了宫廷茶酒合宴的场面，全面反映了社会各界普遍兴盛的茶事活动。宋刘松年《卢仝烹茶图》，画中卢仝手执团扇坐于茶炉旁聚精会神地煮着茶汤，生动反映了烹茶的真实情况。日本京都大德寺收藏的南宋五百罗汉图等大量绘画作品，反复再现了当年茶文化的兴盛普及。

宋徽宗《文会图》、刘松年《卢仝烹茶图》、宋画《五百罗汉》图

3.茶馆林立，遍及城乡各地

随着饮茶风气的盛行，茶已走进千家万户，成为全社会的普遍习俗。为了适应这一需要，各种类型的茶馆遍及城乡各地。开封是北宋的都城，孟元老在《东京梦华录》卷2对开封城的茶馆有过详细的描写："潘楼东去十字街，谓之土市子，又谓之竹竿市。又东十字大街，曰从行裹角，茶坊每五更点灯，博易买卖衣物、图画、花环、领抹之类，至晓即散，谓之'鬼子市'。……又投东，则旧曹门街，北山子茶坊，内有仙洞、仙桥，仕女往往夜游，契茶于彼。""……出朱雀门东壁，亦人家……以南东西两教坊，余皆居民或茶坊。街心市井，至夜尤盛。"南宋的都城汴京亦如此。同书的茶肆条这样写道："……今杭城茶肆亦如是，……四时卖国奇茶异汤，冬月添卖七宝擂茶、馓子、葱茶……今之茶肆，列花架，安顿奇松异桧于其上，装饰店面，敲打响盏歌卖，止用瓷盏漆托供卖……夜市于大街有车担设浮铺，点茶汤以便游观之人……巷陌街坊，自有提茶瓶沿门点茶，或塑望日，如遇吉凶二事，点送邻里茶水……"《武林旧事》卷6歌馆条："平康诸坊……外此诸处茶肆，清乐茶坊、八仙茶坊、珠子茶坊、潘家茶坊、连三茶坊、连二茶坊……"由此不难看出，各档次的茶馆因人因地而设，供不同阶层的人们品尝饮用。夜市中有流动的茶摊，大街小巷有提瓶点茶之人走街串巷为寻常百姓各家沿门点茶，用现在的话说即服务上门。《都城纪胜》"茶坊"条这样记载："提茶瓶，即是趁赴充茶酒人，寻常月日望，每日与人传语往还，或讲集人情分子。又有一等，是街司人兵，以此为名，乞见财物，谓之龊茶。"《东京梦华录》："……更有提茶瓶之人，每日邻里互相支茶，相问动静……"一些达官贵人的家中往往还设有茶酒司，专门掌管来往宾客的茶点。《都城纪胜》四"司六局"条："官府贵家置四司六局，各有所掌，故筵席排当，凡事整齐，都下街市亦有之。当时人户，每遇礼席，以钱倩之，皆可办也……酒司，专掌宾客茶汤，荡筛酒，请坐谘席，开盏歇坐，揭席迎送，应干节次……凡四司六局人祗应惯熟，便省宾主一半力，故常言曰，烧香点茶，挂画插花，四般闲事，不许戾家。若其失忘支节，皆是祗应等人不学之过。只

如结席喝犒，亦合依次第，先厨子，次茶酒，三乐人。”

4.考古材料大量增多

随着茶文化的普及与深入，反映这一题材的墓葬材料大大增加，无论是壁画还是出土器皿，都为我们研究这一时期的饮茶工具及方式提供了极好的材料。壁画中的茶事图是以绘画的方式来表现饮茶活动的，河南白沙宋墓、山西文水元墓、赤峰元宝山元墓、大同冯道山元墓、河北宣化辽张世卿墓、内蒙古库伦旗7号辽墓的壁画中均出土有备茶图或献茶图的壁画，一些画像砖中刻画的“煎汤图”“洁盏图”，也为我们详尽地描绘了这一过程。1995年福建省博物馆对福建建欧北苑遗址的发掘，使我们对宋代贡茶的生产基地有了更全面的认识[1]。建安北苑是宋代宫廷用茶的主要产地，《福建通志》卷31“北苑茶焙”条说“在府城东吉苑里凤凰山麓。北苑者，其地宜茶，凡30里，唐邑人张延晖居之。延晖仕闽为门使，龙启中悉以其地输官，由是有北苑之名。北苑茶为天下第一，官私之焙凡千三百三十余所，苑中有宋（漕司行衙，后经兵燹）御泉亭，造茶时取水于此。亭之前有红云岛……”宋代王存《元丰九域志》记载：“土贡龙凤等茶410公斤，建安北苑一茶焙，……有茶山。”宋徽宗《大观茶论》：“本朝之兴，岁修建溪之贡，龙团凤饼，名冠天下。”至于墓葬出土的茶盏、茶托、茶瓶、茶臼、茶碾等饮用及加工工具，更是我们研究中不可多得的实物资料。

二、饮用方式的改变

1.点茶法的流行

宋代是末茶法流行的时期，饮茶仍是全国普遍盛行的一种习俗，饮茶方式由唐代的煎茶法发展为点茶法，由以釜烹茶再以勺酌入碗中发展为以茶瓶煮汤，下末于碗，再用茶瓶向碗中注汤的新方法，简化了备茶的程序，故此，很快便得以普及。反映这一变化的考古材料也大量增多，宋元时期墓葬壁画中普遍出现的茶事图，为我们研究当时的饮茶习俗及使用的工具提供了大量极为珍贵的图像资料。四川出土的宋代煎汤图与洁盏图画像砖，详细地绘制了用茶瓶煎水，用茶罐贮茶及用茶盏饮茶的实况[2]。河北宣化辽张世卿墓点茶图壁画，更为具体地描绘了点茶的全过程。图中一人左手持盏，右手持勺，另一人持瓶正要往盏中注水，桌面上放着茶托茶盏一对、茶盒一个、茶钵一个。桌下一个五足平沿炭炉上置有一个茶瓶在煮水。这就是苏廙在《十六汤品》中记述的先将茶末放入盏中，然后用装有开水的带流茶瓶向盏中注水，一面注水一面用茶匙在盏中击沸的点茶实况。与宋徽宗《文会图》中所描绘的，点茶童子手持长柄勺从茶罐向盏中酌茶末情形一致。

宋代对于饮茶十分讲究，饮用前需将事先制成的茶饼经过碾、罗磨成极碎的茶末，然后放置于事先烫热的茶盏里，再把茶末调成糊状，即宋徽宗《大观茶论》所说的：“盏惟热，则茶发而耐久。”备茶过程完成后，便可注入滚开的沸水，这时，水面便会浮起一层雪白的汤花，正如苏轼《试院煎茶》中所云“蒙茸出磨细珠落，眩转绕瓯飞雪轻”。在注水的过程中要不时地搅动茶膏，

1 《福建文博》1996年第1期。

2 《文物》1979年第3期。

注水及搅拌的动作也有严格的规定，《大观茶论》对这一点有详细的描述："量茶受汤，调如融胶，环注盏畔，勿使侵膏，势不欲猛，先需搅动茶膏，渐加击沸，手轻筅重，指绕腕旋，上下透沏，如酵蘖之起西，疏星皎月璨烂而生，则茶之根本立矣。"苏廙的《十六汤品》中也有："茶已就膏，宜以造化成其形。若手颤臂亸，惟恐其深，瓶嘴之端，若存若亡，汤不顺通，故茶不匀粹。"除了击水搅拌要分别按照一定的规范和技巧进行外，对于水与茶的比例也有着严格的要求。蔡襄在《茶录》中明确记载："茶少汤多则云脚散，汤少茶多则粥面聚，炒茶一钱七，先注汤调，令极匀，又添注入，环回击沸，汤上盏可四分，则止。"宋代的一些茶盏，口沿下往往有一凸起的圆唇，唇上的釉与器身的釉面不同，如福建建窑出土的黑釉盏，口边的釉色为赭色，器身为黑色。北方的河北、山东、河南等地生产的一种黑釉白边盏，盏的凸唇为一周白釉，这种黑白分明的界线应是水面位置的标记。宋代饮茶无须加入姜、盐，与唐代有较大的区别。南宋郑樵在《通志》卷76中云："茶而入姜、盐，则下品也。"苏轼在其《东波志林》卷10中亦云："近世有用此两物者，皆大笑之。"由此不难看出，唐代及其以前茶中放入姜、盐的做法至此已基本被淘汰。

2.斗茶的风靡与黑釉茶具的盛行

宋代斗茶之风极为兴盛，尤其是在上层统治阶级之中更是流行。宋徽宗《大观茶论》中说："天下之士励志清白，竟为闲暇修索之玩，莫不碎玉锵金，啜英咀华，较筐箧之精，争鉴裁之别。"唐庚《斗茶记》："政和三年三月壬戌，两三君子相与斗茶，于寄傲斋，予为取龙塘水烹之而第其品以某为上，某次之。"范仲淹《斗茶歌》："……北苑将期献天子，林下雄豪先斗美。鼎磨云外首先铜，瓶携江上中泠水。黄金碾畔绿云飞，紫玉瓯中雪涛起。斗茶味兮清醍醐，斗茶香兮薄兰芷。其间品第胡能欺，十目视而十手指。盛若登仙不可攀，输同降将无穷耻。众人之浊我可清，千日之醉我可醒。屈原试与招魂魄，刘伶确得闻雷霆。卢仝敢不歌，陆羽需作经。森然万象中，焉知无茶星……"北宋中期以后，斗茶风靡全社会，成为一种普遍的时代及社会风尚。从达官贵人、文人墨客到平民百姓、村野山夫，无不以斗茶为乐。宋代的斗茶，已成为品茶艺术的最高表现形式，特别是在上层社会，斗茶已成为一种特有的文化现象。在这种斗茶之风的促使下，高层统治者不惜重金购置与定制名窑的茶盏并在著名的产茶盛地制造龙团、凤团茶饼以供享用。据记载，一种叫作"北苑试新"的茶饼一枚竟值钱40万钱，豪奢之状由此可见一斑。

斗茶的标准有两个方面，首先是看茶汤的颜色与均匀的程度，即所谓的斗茶先斗色。当时的斗茶者对福建建安所产的一种半发酵的白茶评价很高，蔡襄在《茶录》中曾说："茶色贵白，黄白受水昏重，青白受水祥明，故建安人斗试，以青白胜黄白。"其次是看茶汤，看茶汤与茶盏的相接处有无水痕。由于斗茶所用的白茶中含有黄色的染精和胶质，茶汤在碗中放置久了便会留下一圈水痕，斗茶的最终胜负是以水迹退去的先后为标准。宋人祝穆在《方舆胜览》中说得很清楚："斗试之法，以水痕先退者负，耐久者胜，茶色白，入黑盏，其痕易验。"由于宋代茶色贵白，只有黑色的茶盏才能与白色的茶汤形成强烈的色调对比，收到对比分明的效果并成为最易检验的工具。因此，黑釉茶盏深受斗茶者的青睐，这也就是宋代黑釉茶具激增的社会背景及原因所在。

三、宋代茶具的品种

1.黑釉

宋代饮茶流行使用黑釉茶具，这是由当时盛极一时的斗茶习俗所决定的。宋代，黑釉茶具的生产在全部茶具中占有相当的比重。宋代斗茶风气的流行客观上增加了人们对黑釉茶具的需求，一些窑场为了赢利也大量生产适合于市场需要的黑釉瓷器，并力求推出新的花色品种以期在市场竞争中立于不败之地。从大量的考古材料和窑址发掘可以看出，宋代黑釉茶具出现了许多创新，其中也不乏珍贵作品。福建的建阳、江西的吉州等窑口都是以生产黑釉而著名的。

（1）油滴

宋代黑釉茶具的创新，是黑釉瓷器的特殊品种之一。这种器物在黑色釉面上散布有银灰色光泽的小圆点，形似油滴，故名。这些小圆点大小不一，有如漆黑的夜空上闪烁的满天星，具有独特的装饰效果。油滴是铁的氧化物在烧制过程中结晶所致，油滴的烧成温度不好控制，温度低了烧不出来，高了则会散开，因此它的烧制成功说明当时窑工对窑室温度的控制已达到相当成熟的阶段。油滴的产地以福建建窑最为著名，河北、河南、山西等北方窑口中也比较常见。四川达县瓷窑铺宋代窑址亦发现有油滴产品，这些标本的釉面上密密地分布着釉滴的颗粒，光彩照人。

黑釉油滴碗、“供御”款识

（2）兔毫

这是一种宋代创新的瓷器品种，在黑色的釉面上透出或黄棕或蓝绿或褐黄或铁锈色的条状细长纹，这些条纹闪烁着银白色的光芒，因其形状像兔毛，故名。化验结果表明，兔毫盏的胎体氧化铁含量高达 9 %以上。在高温烧制过程中，釉层产生的气泡将其中的铁质带到釉面，并随着釉层的流动而形成条纹，冷却时析出铁矿小晶体而成。景德镇湖田窑南宋时期也生产黑釉器物，有些“黑釉器物上布满了褐黄、天蓝与微青的细条纹，即所谓的兔毫盏”[1]。兔毫属于结晶釉的一种，烧成温度较油滴为高，兔毫的产地以福建最为有名，四川、山西等地也有烧造。兔毫盏以建窑产品最为上乘，首先是它的釉面效果非其他产地所能比。其次是它的胎骨厚重，隔热及保温性能好，正如蔡襄在《茶录》中所云：“建安所造者，绀黑，纹如兔毫，其坯微厚，协之，最为要用……出他处

1 《文物》1980年第11期。

者，或薄或色紫，皆不及也”。“凡欲点茶，先需熁盏令热，冷则茶不浮，兔毫坯厚，久热，用之适宜。”一句话，即它的釉色与厚重的胎体适应了当时斗茶风俗的需要。

建窑所生产的兔毫盏以其优良的质地及釉面不但备受斗茶者的青睐，还作为贡品供奉朝廷。《宣和遗事》载：“政和二年夏四月，燕台蔡京入内赐宴，辅臣、亲王皆得以席，……又以惠山泉、建溪异毫盏，烹新供太平嘉瑞茶，赐蔡京饮之。”窑址调查与发掘中出土的带有“供御”“进盏”铭文的黑釉茶盏，也证实了这一点。建窑遗址位于福建省建阳市水吉镇，是宋代烧造黑釉茶盏的著名窑场。窑址创烧于晚唐五代，在中国古代陶瓷史中占有重要地位。

兔毫盏是当时名贵的茶具品种，赵佶《大观茶论》论及茶器时云：“盏色贵青黑，玉毫条达者为上，取其焕发茶采色也。”对于它的称呼很多，据文献记载有“玉毫”“异毫”“兔毛斑”“兔褐金丝”等。蔡襄《茶录》：“兔毫紫瓯新，蟹眼清泉煮。”建窑的黑釉茶盏较早载于蔡襄《茶录》，其《论茶器》篇曰：“茶色白，宜黑盏。建安所造者绀黑，纹如兔毫，其坯微厚，熁之久热难冷，最为要用。出他处者，或薄或色紫，皆不及也。”苏东坡《送南屏谦师》：“道人晓出南屏山，来试点茶三昧手。勿惊午盏兔毛斑，打出春瓮鹅儿酒。”杨万里“鹰爪新茶蟹眼汤，松风鸣雪兔毫霜”，黄山谷“兔褐金丝宝碗，松风蟹眼新汤”等，都说明它在当时的称呼是很多的。窑址发掘证实了以上的文献记载。

（3）鹧鸪斑

结晶釉的一种，采用两种含铁量不同的元素，在生坯上两次挂釉烧制而成。在烧制过程中因较多的铁元素在釉里结晶，致使釉面呈现出鹧鸪羽毛一样的花纹效果。鹧鸪斑在当时的黑釉制品中也比较有名气，一些著作里也有记载，陶穀《清异录》：“闽中造盏，花纹鹧鸪斑点，试茶家珍之。”《清异录》刊于宋初，说明最晚在宋代初期鹧鸪斑已烧制成功。僧洪“点茶三昧须绕汝，鹧鸪斑中吸春露”；陈蹇叔“鹧鸪碗面云萦字，兔毫瓯心雪作泓”；黄山谷“研膏溅乳，金缕鹧鸪斑”。除建窑烧鹧鸪斑外，江西吉州窑烧造的鹧鸪斑也很有名气，四川达县瓷碗铺宋代窑址也发现有鹧鸪斑的烧造[1]，黑色的釉面上密布褐色的及灰色的釉斑，极似鹧鸪羽毛的颜色。

建阳窑址出土的鹧鸪斑

（4）曜变

曜变天目茶碗是南宋时期福建建安水吉窑出品的一种特殊品种的黑釉瓷器，以釉面闪烁迷人的七彩光晕而著称于世，这类瓷器凝厚的黑釉层中，出现油滴状结晶斑点，这些斑点大小不均，分布不匀，有的是小圆点，有的呈斑块状，有的呈油滴团聚状，在这些结晶斑块的周围布满以蓝色为主的五光十色的

1 《四川文物》1993年第1期。

晕光，日本陶瓷学者称之为“曜变天目”。曜变因为对窑温、烧造气氛等条件要求极高，所以极为难得。传世品极为稀少，窑址中曾出土少量瓷片标本，2009年在杭州上城区出土有南宋曜变天目茶碗残器（三联书店《从历史中醒来——孙机谈中国古文物》，为《中国茶文化与日本茶道》上半部分）。

曜变天目在日本有所收藏，如东京静嘉堂文库的南宋曜变天目茶碗。日本酷爱我国建窑的黑釉茶具，如德川美术馆、京都博物馆、京都龙光寺等多有收藏。

杭州上城出土、日本静嘉堂文库曜变天目

（5）玳瑁

玳瑁釉瓷器品种是江西吉安永和窑的代表作品，也是宋代黑釉茶具中的杰出品种。因其釉面效果似玳瑁而得名，黑、黄等色有机地交错混合在一起，千变万化，非常好看。此类标本广西地区也有发现。

吉州窑是极负盛誉的窑场，也是古代黑釉瓷生产中心之一，所产“木叶天目”和“剪纸贴花天目”饮誉中外，宋徽宗当年用吉州窑茶具品茶时说：“盏色以青黑为贵，兔毫为上。”吉州窑始建于晚唐，兴于五代、北宋，极盛于南宋。木叶与剪纸贴花是吉州窑独创的瓷器品种，它是利用真实的树叶与剪纸贴在器物的胎体之上，然后施釉烧制而成，具有独特的装饰效果。

吉州窑玳瑁釉碗、剪纸贴花纹碗

除了上述品种外，河北定窑烧造的黑釉瓷器也具有很高的时代水平。《格古要论》中这样写道：“有黑定色如漆，土具白，其价高于白定。”窑址发掘与调查中出土了不少黑如漆明如镜的器物，具有很高的时代水平。只是因为它的胎体较薄，不太适应斗茶的要求，故此没有以上的品种名气大而已。河南、江西、山西、广东等地都发现了不少烧造黑釉茶具的瓷窑，说明宋代饮茶习俗的改变是带有全国普遍性的。到了元代末期以后，随着饮茶习俗的再次改变，曾经于宋代盛行一时的黑釉茶具不再流行，甚至出现了“建安乌泥窑品最下”的记载[1]。

1 田艺蘅：《留留青》。

2.白釉

白釉茶具是一般饮用者所使用的传统品种，早在唐代白瓷便备受推崇，白居易在《睡后茶兴忆杨同州》诗中写道："白瓷瓯甚洁，红炉炭方炽"；皮日休《茶瓯》也说："邢人与越人，皆能造瓷器"；唐人皎然《饮茶歌》亦云："素瓷雪色缥沫香。"《唐国史补》："内丘白瓷瓯，端溪紫石砚，天下无贵溅通用之"。白瓷出现在这些文人的作品中，说明在当时是很受社会欢迎的。以邢窑为代表的唐代白瓷窑在当时的茶具生产中占有不可忽视的地位，河南偃师杏园唐墓（宣宗大中元年即847年）出土的白瓷茶托、茶盖碗，崔防墓（唐文宗开成五年即840年）出土的白瓷茶碾、白瓷花口茶碗等，证实了这一点[1]。到了宋代，随着定窑烧造技术的不断精进，产品的数量及花色款式更为丰富，占领了越来越多的国内外市场，其他一些窑口也不同程度地进行仿制。定窑的产品还曾打入宫廷，河南宋太后元德李后陵的发掘中，出土了37件定窑白瓷，其中带有"官"字款的16件，说明白釉茶具在当时仍然受到欢迎。《繁演录》："今御前赐茶皆不用建盏，用大汤氅，色正白，但其制样似铜叶汤氅耳。"张源《茶录》："茶瓯以白瓷为上，蓝者次之。"王晫、张潮《檀几丛书》："品茶用瓯，白瓷为良。"

3.青瓷

青瓷是我国陶瓷史中出现时间最早、延续时间最长的一个品种，唐代随着北方白瓷的兴起，逐渐改变了瓷器生产青瓷一统的局面，形成了南青北白的局面。宋代作为传统瓷器品种的青瓷，仍然是瓷器生产的主流，占有相当重要的位置。青釉茶具的烧造数量也很大，著名的官、哥、钧、龙泉、临汝、耀州、同安、永福、容县等窑都有青釉茶具的烧造，考古中青瓷茶具也屡见不鲜。耶律楚材《西域从王君玉乞茶》："黄金小碾飞琼屑，碧玉深瓯点雪芽"，一定程度上反映了这一情况。

4.青白瓷

青白瓷的烧造主要集中出现在南方，江西、广东、安徽、湖北等地的瓷窑都有烧造，以景德镇为其代表。青白瓷茶具作为一般饮用茶具使用，吴自牧《梦粱录》云："……酒盏、注子、偏提、盘、盂、杓，酒市急须马盂、屈卮、滓斗、著瓶……青白瓷器、瓯、碗、碟、茶盏、盆……"斗茶时不用青瓷茶具。蔡襄《茶录》中记载："其青白盏，斗试家不用"的记载得以证实。

青白瓷茶具

四、茶具的造型

1.茶壶

宋代实行点茶法，只煎水不煎茶，随着这一饮用方式的变化，用于煎水的茶瓶大量出现并

1　《遣唐使が见た中国文化——中国科学院考古研究所最新の精华》图43—45。

流行。由于地域的广阔和生产时间先后的不同，茶瓶的造型也多种多样。就腹部而言有瓜棱形、圆形、葫芦形、扁圆形等多种；就系而论有单、双、提梁多样；论底部又有圈足、兽足、平底无足……。壶流普遍较唐代变长，齐于壶口或较壶口略低。除了可以增加水的容量外，也更具实用性。瓜棱壶是宋代较为常见与流行的壶体，弯曲细长的壶流与扁形的曲柄增加了壶体的秀美，青白瓷中较为常见。

宋元之际，茶壶主要用于烧水点茶，这一点除见于文献记载外，也已被考古材料所证实。现藏于中国国家博物馆、出土于河南偃师的北宋的妇女煎汤画像砖，长流带盖六棱形的茶壶正置于方形的炭炉上烧水。河北宣化辽天庆六年张世卿墓出土的点茶图壁画，一人执壶向放有茶末的茶盏中注水，另有一壶置于一五足炭炉之上，壶体、壶流细长，带盖。张家口辽壁画墓出土的茶道图中的茶瓶亦用于煎水[1]。吴自牧《梦粱录》：“杭城大街，买卖昼夜不绝，又有夜市物件，中瓦前车子卖香茶异汤，冬月虽大雨雪，亦有夜时盘卖。至三更后，方有提瓶卖茶。冬闲，担架子卖茶，馓子慈茶始过。盖都人公私营干，深夜方归故也。”茶瓶由于原料的低廉，釉色的洁净，以其物美价廉赢得了不同阶层饮茶情趣的多种需求，在宋代广为流行。

宋代茶瓶的造型时代风格明显，一改唐代浑圆矮胖短流的特征而发展为颀长秀丽长流的时代风格。器底也由唐代的平底演变为圈足，整体造型颀长秀美。宋徽宗《大观茶论》论及茶瓶时曾说：“……注汤害利，独瓶之口嘴而已。嘴之口差大而宛直，则注汤力紧而不散。嘴之末欲圆小而峻削，则用汤有节而不滴沥。盖汤力紧则发速，有节不滴沥则茶面不破。”正因为如此，宋代的茶壶一般都具有与唐代完全不同的形体。这一变化再一次说明茶具是为了饮茶的需要而出现的，茶具的造型也是随着饮茶习俗的不断变化而变化的。

将乐窑、耀州窑执壶

2.盏托

宋元时期茶盏的品种有黑、白、青白、青釉四种。从景德镇湖田窑址出土的里心印“茶”字的

1 《中国文物报》1993年8月8日。

北宋前期的圈足盏[1]可以看出，这是当时生产数量最多、使用最为普遍的一种茶具。官、汝、定、耀、越等南北各地瓷窑几乎都大量烧造。

茶盏与茶托大多配套使用，宋代以后，盏托的托圈增高，有的似小碗，口部敛侈不一，一部分盏托的托圈中空，如江苏镇江北宋张岷墓、北京八宝山辽韩佚墓、河北宣化辽壁画墓、山西文水元壁画墓、大同元冯道真墓等所出均具有相同的时代特征。宋代的盏托花口流行四、五及多曲不等，有的在外壁压出四、五或更多的外凹内凸的直纹，再沿着压纹把口部作出类似花瓣状的缺口，有的曲口内卷。

宋元时期茶盏往往配合漆托使用，漆托的颜色有红、黑两种。白沙宋墓、宣化辽墓《清明上河图中》中均可见到。宋人吴自牧在《梦粱录》中也曾有“瓷盏、漆托供卖”的记载。白沙宋墓的2号墓东南壁壁画上侍女双手所捧盘中放有一个下衬朱色托子的白碗，茶几上放着朱色的托子一摞[2]。河北宣化辽张世卿墓壁画中的白色茶盏置放于黑色的茶托之上[3]。可见，这种使用方法在当时曾经非常流行，这是因为漆的隔热性及弹性较陶瓷制品为好的缘故，再加上漆器体轻、不易碎，故而很实用。

将乐窑青白釉、酱釉、耀州窑盏托

3.茶罐

茶罐是贮茶的工具，山西大同冯道真墓壁画的进茶图，桌上摆有一个带盖罐，罐的腹部斜贴着一个纸条，上面墨书“茶末”两字，明确地告诉我们它是装茶的用具。北宋《洁盏图》画像砖中也有一茶罐和一茶托同置于桌上，罐的造型与上述相同，亦有一荷叶形的盖[4]，宋徽宗《文会图》中也有茶童从茶罐取茶的画面，这一切都说明茶罐是当时茶具的重要组成部分。

4.斗笠碗

北宋晚期开始流行的一种斜壁小底的碗，因其外部造型极似斗笠故名。这种碗的显著特点是口径大、足径小，腹壁斜直，造型秀丽，但从实用角度讲则稳重感稍差。不少窑址如河南临汝、陕西耀州、景德镇湖田、江西吉州、广西永福、容县窑等都烧造过这种器物，是颇受时人欢迎的器皿。

1　《文物》1980年第11期。

2　《白沙宋墓》。

3　《文物》1975年第8期。

4　《文物》1979年第3期。

五、茶叶加工工具

茶碾与茶臼仍然是茶叶的加工工具。据文献记载唐代已有茶磨，宋人朱翌《猗觉寮杂记》云：“唐末有茶碾、磨，止用臼，多是煎茶。”苏汉臣所绘《罗汉图》中也有茶童用茶磨磨茶的画面。

北宋赵佶《大观茶论》这样记载：“点茶不一。而调膏继刻，以汤注之，手重筅轻，无粟文蟹眼者，调之静面点。盖击拂无力，茶不发立，水乳未浃，又复增汤，色泽不尽，英华沦散，茶无立作矣……五汤乃可少纵，筅欲轻匀而透达，如发立未尽，则击以作之；发立已过，则拂以敛之。结浚霭，结凝雪，茶色尽矣。”

将乐窑出土的茶铫、茶臼

《文会图》描绘了北宋时期文人雅士品茗的场景。庭园树下一案上摆设有果盘、酒樽、杯盏等。茶床上陈列茶盏、茶托、茶瓯等物，一童子手提汤瓶，意在点茶；另一童子手持茶杓，将茶汤从茶瓯中盛入茶盏。茶床旁设有茶炉，炉上置茶瓶煎水。左下方坐着的小茶童，左手端茶碗，右手扶膝，正在品饮，形象地再现出当时文人饮茶的精致与儒雅，是宋代点茶法的真实再现。而“茶筅以箸竹老者为之，身欲厚重，筅欲疏劲，本欲壮而末必眇，当如剑瘠之状”，“瓶宜金银，小大之制，惟所裁给”，“勺之大小，当以可受一盏茶为量”，这些茶事活动操作过程及其所使用的器具在《文会图》中均得以再现。

第三节　辽、金、元以后的饮茶习俗

一、辽代

辽金元时代，继续流行点茶法，饮茶方式与宋代没有什么两样，大量出土文物及墓葬材料也证明了这一点。

辽代是契丹族建立的政权，这是一个善于接受其他民族先进文化并为自己所用的民族，从出土的一些辽代墓葬和壁画材料可以看出，辽代中晚期不但饮茶风气尤为盛行，而且对茶道的每个过程均非常讲究，饮用工具与宋代基本相同。大量辽壁画墓中的茶道图使我们有幸目睹了当时的实况。

河北宣化辽天庆六年张世卿墓后室西壁所绘的点茶图壁画可谓是辽代饮茶习俗的一个缩影。在这幅点茶图中，茶具一应俱全，其中的右面一人右手持茶瓶，在向左面一人手持的茶盏中注水，左面一人左手持茶盏，右手拿茶匙正在搅拌。一张四腿长桌上摆着茶盏、茶托、茶盒、茶盆等物，桌下的五足平沿炭盆内烧着一个茶瓶[1]。备茶的全过程及其所用的工具详尽地展现于我们的面前。内蒙古库伦旗7号辽墓出土的茶事图壁画，西壁的两个男仆在做备茶的准备工作，东壁两个男仆双手托盘，因胸部以上部位的壁画脱落，故四人手中所持之物不详。不过从西壁的长方桌上所摆及桌左所放的三足炭盆及其中烧着的两个茶瓶看，应为一幅茶事图无疑。西壁画面上的两人在备茶，东壁画面上的两人则正准备前往为主人献茶。三足炭盆的外形与上面所述的基本一样，所不同的是炉内所置茶瓶为两个长颈瓶，具有典型的契丹文化风格[2]。河北宣化下八里二号辽壁画墓的东南壁与西南壁也出有茶事图壁画。西南壁的备茶图共计有人物三个，一人手持白色托盘，盘内有白色茶盏一对，在与旁边的女佣说话，两人面前的红色长方桌上摆着白色茶盏六个；白釉四曲花式碟两个；外黑里红的漆盘一摞；摞在一起的白色茶托三个，最上面的托内放有一盏；地上有一个三足平沿炭炉，炉内烧着一个茶瓶，炉中的黑炭正发出红色的火苗，一个儿童手持团扇在炭炉旁边扇火。东南壁一妇人双手端盘，盘内有两个小杯，正准备出门递送。张家口辽代壁画墓5、6、7、10号墓中都绘有茶道图[3]，详细地再现了选茶、碾茶、烹茶的全过程。M10备茶图中的左面一汉装儿童双手推动碾轮在碾茶，右边一契丹装的儿童在茶炉旁烹茶。茶炉上有一带盖长颈瓶。M7中茶碾、茶炉、汤瓶、碗、盏托、食盒、漆盘、茶砖、曲柄锯、毛刷等一应俱全。从壁画中汉装与契丹两种不同的服装可以看出民族与文化的融合。考古材料中，早期饮茶的壁画较少，不如中晚期发达，如内蒙古宝山辽初期墓出土了大批绘制精美的壁画，其色彩之艳丽、神情之生动在辽代均首屈一指，但却没有表现与茶有关的画面。到了中晚期，茶道图普遍增多，与出行图占有相等的位置。且每个过程表现得都非常详细，说明辽代建国后对汉文化的吸收与利用不断加快。

考古材料表明，辽代茶具一部分来自江南与中原一带，造型具有当地同时代的风格，如辽墓中出土的青白瓷、青瓷、白瓷执壶、盏托等。另一部分则来源于契丹本土，如一些黄、绿釉的低温器物和一些粗糙的白瓷制品，这些器物多具有粗犷淳朴的民族风格，胎粗体厚，实用性强。托盏的托圈大多很高，有敛口、侈口、唇口几大类，作为茶瓶而用的长颈瓶具有典型的民族及区域特征，为

辽韩佚墓出土越窑青瓷茶壶、茶盏，顺义辽墓出土茶盏

1　《文物》1975年第8期。

2　《文物》1987年第7期。

3　《中国文物报》1993年8月8日。

其他时期所不见。炭炉多为平沿，带有三或五个云头形的足。茶叶加工除用茶碾也用茶臼，从龙泉务瓷窑出土的研磨器可以看出，这是唐宋以来传统的茶叶加工方法和使用工具的继续，说明辽代入主中原后在多方面吸收了汉文化的传统习俗并为己所用。辽代墓葬出土的众多文物也说明了这一点。1981年6月，北京市文物考古研究所发掘了一座位于八宝山的辽统和十三年（995）韩佚墓。随葬器物中的青瓷执壶，通高48厘米、口径4.5厘米。瓜棱状圆腹，直流曲柄，器底刻“永”字铭文。通体划花，盖饰云纹，腹部两面饰四对人物对饮纹饰，器柄饰花草纹。胎体细腻，造型规整，纹饰线条清晰流畅，釉色润泽，可谓越窑瓷器中的精品。盏托胎坚体薄，造型规整。荷叶形的茶盏外沿刻画草叶与蜜蜂纹饰，釉色清翠莹润。

韩佚为韩延徽之孙，出身名门贵戚，家庭显赫。韩延徽曾任辽州刺史、御史大夫、上柱国及始平军节度使等职为辽太祖的重臣，辅佐了从辽太祖阿保机开始的四代皇帝，辽国的一切大政方针及规章制度无不出自其手。韩佚墓出土的瓷器，足以代表时代水平。

辽代绘画作品中描写品茗的题材大为增加。1993年，河北省张家口市宣化区下八里村辽代墓葬壁画中出土的茶事图，详尽描绘了古代茶叶加工泡制的细节，为我们研究古代茶事留下了宝贵的资料。这些壁画多分布在墓室的四壁及顶部。绘画题材以仙鹤、花卉、人物、瓶花、天象为主，并以二方连续的云纹、折枝花卉图案和大片的缠枝牡丹图案为装饰，色彩绚丽，富丽华美。其中备茶图、散乐图以及对弈等内容壁画是我国首次发现。这些壁画人物线描简劲纯熟，运笔自由，画风严谨，显示了当时民间画师的艺术水平。

河北宣化下八里辽代壁画墓

其中张匡正墓前室绘制在墓墙东壁上的《备茶图》壁画，采用墨线勾勒轮廓内敷重彩的表现技法画成，至今保存完好。壁画的五个人物中，左下角一名女童正在用茶碾碾茶，旁边地上摆着盘子和待碾的茶饼。女童身着汉服，裤子的右膝与臀部打着补丁，显然是墓主人的汉族奴仆。右下角的小童身着契丹服装跪坐，鼓腮给煮茶的风炉吹气。一名着契丹服的男侍站在他的后面，似乎正在随时准备取走已经煮好茶的茶壶去备茶。在他身后的桌子上摆着茶壶、茶盏、茶瓶、茶笼以及夹、刷、扎等一系列茶事所用工具与器皿。画面左侧，两名汉服女佣手捧精美托盏看似正准备给主人送去。画面的右下方两只活泼的小花狗正在男童身后嬉戏打闹。整幅壁画对碾茶、煮浆、点茶等工序以及各种茶事用具还有佣人间的明确分工与协作配合，都进行了细致刻画，形象完整地展示了当时备茶的全过程，实属罕见。张匡正墓中的这幅《备茶图》，让辽代的饮茶习俗得以完整保存，它的发现与出土，填补了古代茶文化研究资料的空白，成为中华茶文化历史宝库中的不朽之作。

宣化辽代壁画墓《备茶图》

张文藻墓《童嬉图》壁画，右边四人中间放茶碾一只，船形碾槽中有一锅轴。旁边有一黑皮朱里圆形漆盘，盘内置曲柄锯子、毛刷和绿色茶碾。盘的上方置茶炉，炉上坐一执壶。画中间桌上放有茶碗、贮茶瓶等物，画左侧有四童在柜后嬉乐探望。张世古墓出土《将进茶图》壁画中，女子手捧黑盏白托茶盏，桌上摆放有红色盏托和白色茶盏，旁边为置有一茶匙的白色茶铛，地上炉火正旺的火盆上有煮水的汤瓶。另一幅《瀹茶敬茶图》，桌子上放着的茶铛、茶碗让我们可以了解辽代通用与流行的饮茶方式与流程。此外张恭诱墓壁画《煮汤图》、1号墓壁画《点茶图》、6号墓壁画茶事图，还有内蒙古敖汉旗羊山1号辽墓、下湾子5号墓若干个不同场面的茶道图，均全面真实地描绘了当时流行的点茶技艺的各个方面，人物生动，富有极为浓厚的生活情趣。以张匡正为代表的汉人壁画墓《备茶图》的出现，向我们展现出当时饮茶文化的广泛流行。尽管辽地并不产茶，但茶事已经成为一种文化时尚。壁画中描绘的茶具与烹茶程序，体现了唐宋茶法在南北各地的影响。

河北宣化下八里张世古墓《将进茶图》、2号墓茶事图壁画

宣化下八里墓群的考古发掘中，共出土壁画98幅，总面积360多平方米。在11座墓葬中，有8座墓壁画绘有备茶图，反映了饮茶在上层社会生活中的重要位置。是唐宋时期饮茶风尚渐盛的有力证据。这些与茶文化有关的考古资料的发掘出土，从选茶、碾茶、煮茶、点茶等场景，为我们详尽地展现了备茶的操作程序与技艺。除此之外，宣化辽墓壁画的人物形象及服饰发型，既有汉人也有

契丹人，反映了契丹、汉族文化习俗并存交融的时代风格，堪称契丹人与汉人的物质精神世界。这些资料是研究古代社会的宝贵资料，也是研究封建社会陶瓷手工业生产及其陶瓷造型变化的重要依据，更是研究辽代契丹统治下北方地区饮茶历史和点茶技艺无可替代的实物资料，具有重要的学术价值和极高的文物价值。

二、金、元

金、元时期进入了北方游牧民族统治的时代，由于茶具有助消化、解油腻以及驱寒的功能，更为生活在严酷寒冷地区、以肉食为主的北方游牧民族人们的欢迎和酷爱。考古资料表明，北方游牧民族喜欢饮茶，建立辽王朝的契丹人如此，建立金王朝的女真族也是如此，元代的贵族更是如此。尽管金、元存在的时间较短，但是受中原生活习惯和文化习俗的影响，饮茶同样是当时社会生活重要的组成部分。

金代保持了传统的饮用方式，这一点在考古材料中体现得很清楚。山西长治金墓出土的茶事图壁画向我们展示了当时饮茶的实况。在墓葬的南壁东龛壁画上，左起有一罐，罐内插一尘尾，下面绘有一器物的下部及黄色的盏托，盏托后置一注子（注子的颈部及腹部饰卷草纹两周），一个黄色的炉（炉的腹部饰八卦纹），还有一个淡赭色的盒，盒后绘两个蓝色的碗。西龛左起有双耳杯一个，曲口盘一个，盘内有一个黄色的碗，盘后有一个梅瓶和一个大碗、两个长颈瓶。在晋中昔阳县金墓出土了一组7件黑釉茶具，其造型与器具延续了古代传统。

昔阳县金墓出土黑釉茶具、金代介休窑酱釉茶托盏

元代，北方游牧民族的茶文化，客观上受中原王朝的影响，饮茶方式及器具主要承袭宋代。元曲《玉壶春》中云："早晨起来七件事，柴米油盐酱醋茶"，这是对传统饮茶习俗的传承与对当时饮茶风尚的如实记载。元代描绘茶事图的绘画作品为数不少，赵孟頫的《斗茶图》、赵原的《陆羽品茶图》、无名氏的《同胞一气图》等作品从不同的角度向我们再现了当时的茶事活动。赵孟頫《斗茶图》记录了当时街头树荫下随意的斗茶场面。画中人或持杯，或提壶，轻便的茶担立于身旁，各自身边都备有一套茶具，画面生动形象地再现了元代民间茶文化的普及与传播。

这种茶文化的交流与融合，自然也反映在元代墓葬壁画中。赤峰元宝山1、2号元墓壁画中《备茶图》《进茶图》，山西大同市冯道真墓壁画中的《童子侍茶图》，山西文水县北峪口元墓壁画的《进茶图》，西安东郊元墓壁画中的《进茶图》等，都如实记录了元代茶饮的真实情况。

内蒙古赤峰元宝山1、2号元墓壁画《备茶图》《进茶图》[1]中，桌旁手持研杵、茶臼站立的男

1 《文物》1983年第4期。

仆，正在将茶叶在擂钵中碾末，桌上置放着白地黑花茶罐、茶瓶、白釉茶盏和茶筅。这幅出自元代画工手笔的真迹，生动展示着元人继承了中原流行的饮茶习俗。元宝山2号元壁画墓中的《备茶图》中，中央长桌上摆放有备茶所需要的茶碗、茶盏、双耳瓶、茶罐；桌前侧跪的女仆，左手持棍拨动炭火，右手执壶；桌后右侧女仆手托茶盏，左侧女仆左手端碗，右手持筷搅拌，中间男仆执壶正在向左侧女仆所端的碗内注水，生动再现了完整的点茶过程。山西大同元代冯道真墓壁画中的进茶图，茶童手端一带托茶盏，桌上放着倒扣的茶盏、果盘、刷子、成摞的盏托及贴有“茶末”字条的带盖茶罐。山西文水北峪口元壁画墓中的进茶图，桌子上摆着茶壶、茶盏，侍女手中端一带托茶盏，另一侍女手中持一茶臼正在研末茶叶[1]。从这些壁画我们可以看到，元代点茶法仍然盛行，壁画中的备茶、进茶、饮茶所使用的器具，反映了元代南北方不同民族文化的融合与交流。

元代元宝山1号墓《备茶图》

元代茶人耶律楚材的《西域从王君玉乞茶，因其韵七首》其三写道：“高人惠我岭南茶，烂赏飞花雪没车。玉屑三瓯烹嫩蕊，青旗一叶碾新芽。顿令衰叟诗魂爽，便觉红尘客梦赊。两腋清风生坐榻，幽欢远胜泛流霞。”简练的文字勾勒出碾茶、煎茶与饮茶的过程。作者饱含着深情所描写的饮茶带来久旱逢甘露般的神清气爽跃然纸上。众多壁画描写的正是这一场面。耶律楚材（1190—1244年），契丹族，金国尚书右丞耶律履之子。南宋宁宗嘉定八年，蒙古军攻占金中都，成吉思汗收耶律楚材为臣，任事近30年，官至中书令，是为蒙古帝国时期杰出的政治家、宰相。

元代晚期，散茶法兴起，茶叶直接放于壶中用沸水冲泡后即可饮用，与现在的饮茶方式基本相同。由于茶叶不再加工成茶饼，所以饮用前无须再进行研磨碾碎，饮茶方式更为简便。元代是末茶与叶茶并用的时期，韩国新安海底沉船中出土的茶具甚多，其中黑褐釉茶罐就有604件之多，从里面装的茶叶说明叶茶法在元代已经开始流行。新安海底沉船的下限应在元末至正二十七年以后[2]，因此我们说，最迟不晚于元代末期，叶茶即已开始饮用。由茶饼捣成细末再经冲泡饮用的末茶法，一变而成为将茶叶放于壶中直接冲泡即可饮用的叶茶法，是饮茶方式的重大变革。

1　《考古》1961年第3期。

2　《考古学报》1979年第2期。

第四节　明、清时期的茶事

一、茶具造型多样

明清两代，随着叶茶法的流行与饮用，末茶法渐被淘汰，茶具也较历代发生很大的变化。明清之际广泛流行茶壶泡茶法，茶壶成了茶具中不可缺少的重要组成部分，也构成饮用习俗改变的明显标志。茶壶泡茶即冲即饮，饮用方便，更具有不易冷及防尘卫生等特点。为了适应唐代以来煎茶、点茶到泡茶的不断演变的需要，明清之际，用于泡茶的茶壶大量生产，形体也较宋元之际广为增多，高桩、矮桩、筒式、竹节式、球式、花式、果式、端把、提梁，应有尽有。青花、彩花、单色釉，品种多种多样。质地有陶有瓷，前者以宜兴紫砂为代表，后者以景德镇最为有名。明代顾元庆《茶谱》云："人饮真茶能止渴，消食，除痰，少睡，利水道，明目，益思，除烦去腻，人固不可一日无茶。"由此可见，饮茶已然是明代社会生活中须臾不可缺少之物。

永乐白釉壶

宣德红釉、蓝釉、绿釉、绿地紫壶

明代中期以后，随着宜兴紫砂的兴起，用于饮用的紫砂茶具日盛，为茶文化及其茶具开辟了又一片新的天地。文震亨《长物志》："壶以砂者为上，盖即不夺香，又无热汤气……"冯可宾《岕茶笺》云："茶壶窑器为上，锡次之。茶壶以小为贵，每一客一把，任其自斟自饮方为得趣，何也？壶小则不涣散，味不耽搁。"《岕茶笺》约1000字，共分为序岕名、论采茶、论蒸茶、论焙茶、论藏茶、辨真赝、论烹点、品泉水、论茶具、茶宜、茶忌等十一则。《昭代丛书》本附录杨复吉乙亥（1695）跋，评其"虽篇幅无多，而言皆居要。"为了适应新的饮茶需求，明代紫砂壶的制作取得了长足的进展，品种多样，造型繁多，颇受饮茶者的青睐。不少文人墨客吟诗作赋，给予了极高的评价。

明代紫砂制作高手云集，以龚春、时大彬最为有名。许次纾《茶疏》云："……往时龚春茶壶，近日时大彬所制大为时人宝惜，盖以粗砂制之，正取砂无土气耳……""宜兴时大彬所制瓦一时傅尚，价虽涌贵……”[1] 近年来考古发掘中带有时大彬铭文的茶壶时有出土，为我们研究紫砂制品提供了依据。2012年11月中国国家博物馆举办了“瓷之韵——大英博物馆、英国国立维多利亚与艾尔伯特博物馆藏瓷器精品展”，展出了一件底部刻有“天启丁卯年友善堂孟臣制”铭文的紫砂壶。孟臣指的是惠孟臣，明天启、崇祯间制作紫砂壶名家，江苏宜兴人，壶艺出众，所制大壶浑朴，小壶精妙。壶式多样，有圆有扁，有高有矮。壶胎壁薄，工艺细腻，体态轻巧，造型古朴。其制作的小壶蜚声中外，清人袁枚《随园食单》云：“杯小如胡桃，壶小如香橼，每斟无一两……”

英国维多利亚与艾尔伯特博物馆藏天启七年（1627）紫砂壶

展品中“天启七年”紫砂壶，远涉重洋来到欧洲，被加装了鎏金银配件，可见欧洲人对紫砂器物的珍爱与青睐。荷兰代尔夫特陶工自1675年开始仿制宜兴陶器，与此同时，伦敦富勒姆的约翰·德怀特（1633—1703）开始试制红衣陶器。约在1690年，埃勒斯兄弟成功仿制出了宜兴陶器，德国德累斯顿梅森瓷器厂仿制的紫砂也闻名于世。中国陶瓷远渡重洋走向世界，在传播茶文化的同时也为中外文化交流作出了重要的贡献。

二、书画中的茶事

在我国浩如烟海的古代书画作品中，不乏描写茶事活动的画作，以文徵明的《惠山茶会图》、王问的《煮茶图》等为代表的绘画作品，如实地记载了有明一代文人的茶事。正德十三年，文徵明同好友游览无锡惠山，在“竹炉山房”饮茶赋诗，《惠山茶会图》描绘的即为这一场景。幽静的山林，茶桌上的茶具，竹炉上烹泉的器具，童子备茶的画面，记录了一场明代文人茶会的雅致闲适以及当时所流行的饮茶风尚，为我们研究明代茶文化的内涵提供了难能可贵的资料。

文徵明《惠山茶会图》（北京故宫）

明王问《煮茶图》（台北故宫）

南京1965年中华门外马家山油坊桥明代嘉靖十二年（1533）司礼太监吴经墓中出土的紫砂提梁壶，是一件有绝对年代可考的明嘉靖时期紫砂珍品，为明代的茶具留下了宝贵的实物资料。

吴经墓出土紫砂提梁壶

1　谢肇淛：《五杂俎》。

三、宫廷饮茶的盛行

中国是瓷器的发源地，也是茶的故乡，茶文化源远流长。历经数千年演变，到了清代，茶依然是社会生活的重要组成部分，上至皇亲国戚，下至黎民百姓，均不可一日无茶。饮茶更是清宫大内生活中的一项重要内容，为了满足清朝宫廷饮茶之风，清代内务府专门设置了“御茶膳房”。“御茶膳房”包括御膳房、御茶坊及其附属机构。“御茶房”“专司上用茗饮，果品及各处供献，随侍坐更等事。”御茶房直接设置在皇帝处理政务和生活住所处。至今在故宫博物院乾清宫东面的房子上，还保留有康熙当年御笔亲题的“御茶房”三个字。

御茶房的位置文献中也有详细记载，于敏中等在所著的《日下旧闻考》第二册卷七十一中记载了乾隆十三年后，御茶膳房改为箭亭东的状况：“门东向门内迤北，东西黄琉璃瓦房八楹，西南黄琉璃瓦房十有二楹，又南北瓦房九楹。”乾隆后期又移至西华门内。《清高宗实录》乾隆五十五年：“永琅等奏，本月十一日寅刻，西华门内清茶房、外果房失火延烧房屋，所贮乐器经卷多被焚毁。”记载了当时清茶房的位置以及火灾一事。

自古有“皇帝一盏茶，百姓三年粮”的传说，说的是古代封建帝王饮茶的讲究与奢靡。唐代法门寺地宫发掘的一整套茶叶加工烹煮饮用的器物，让后人有幸目睹了这种茶文化盛宴奢靡程度之一斑。到了清代，历朝帝王对于茶的痴迷与讲究更是有过之而无不及。清代宫廷烹茶所需的水极为讲究，必须用京西玉泉山之泉水。位于北京西北的西直门就是当时运水之门，玉泉山的泉水由西直门运送入京供宫廷饮用。《圣祖仁宗皇帝庭训格言》：“人之养身，饮食为要，故所用之水最切。朕所经历多矣。每将各地之水称其轻重，因知水最佳者，其分两甚重，若遇不得好水之处，即蒸水以取其露，烹茶饮之，泽布尊旦巴胡突克图多年以来所用皆系水蒸之露也。”记载了康熙对烹茶所用之水有着极高的要求。康熙就曾经写下多首汲泉泡茶的诗。除此之外，康熙三十八年南巡太湖，啜饮“吓煞人香”茶后极为欣赏，御笔亲赐“碧螺春”，从此“碧螺春”茶岁岁入贡，扬名内外，一直到现在，仍然是著名的茶叶品牌。

康熙墨彩竹雀纹壶、紫砂珐琅彩花卉纹壶、雍正冬青釉茶壶

乾隆粉彩开光诗文壶、嘉庆青花开花御制诗文茶壶

清朝历代皇帝嗜茶之风盛行。乾隆一生嗜茶如命，据《清史稿》记载，在他八十五岁将皇帝传位于嘉庆的仪式上，有位老臣讲了一句话："国不可一日无君"，乾隆听后说"君不可一日无茶"。可见乾隆皇帝爱茶不亚于爱江山。乾隆时期广为流行的诗、书、画三位一体的装饰风格，把茶文化推向了历史巅峰。乾隆粉彩开光人物茶壶，造型浑圆饱满，制作精工，色彩淡雅。壶身粉地团花，壶腹两面各有一开光。一面开光内以"雨中烹茶"为题材绘制茶事场面，描绘出庭院中烹茶的情景；另一面开光内墨书御制诗一首："溪烟山雨相空濛，生衣独坐杨柳风。竹炉茗椀泛清濑，米家书画将无同。松风泻处生鱼眼，中泠三峡何须辨。清香仙露沁诗脾，座间不觉芳隄转。"诗文取材于清乾隆七年（1742）御制《雨中烹茶泛卧游书室有作》诗。画面构图疏朗，描绘细腻，书法精妙。壶盖与壶底均有描金。壶底青花篆书"大清乾隆年制"三行六字款。这是一件集使用功能与装饰功能于一身，集诗、书、画于一器的不可多得的艺术珍品，体现了清代御窑厂的时代水平。品茗的同时既可赏诗，又可观画，器之良美、景之可人，皇帝饮茶讲究到了极致，客观上把茶具的制作推向了极具文化内涵的境地。乾隆一生赋诗众多，写茶的诗据统计即有230多首。嘉庆时期瓷器继续沿用这这种诗、书、画三位一体的装饰风格。

著名的乾隆御题《三清茶》诗盖碗，就是乾隆用来饮用"三清茶"所使用的器皿。"三清茶"是乾隆根据自己的喜好，用梅花、佛手、松仁与雪水烹煎配制而成的。《三清茶》诗青花盖碗之名即由此而来。盖碗侈口，弧腹，圈足，底心青花线绘团松、古梅、佛手，福寿长青，寓意吉祥。底部"大清乾隆年制"六字三行青花篆书款。胎质洁白细腻，造型规整，器盖与器身严丝合缝，青花发色纯正。诗云："梅花色不妖，佛手香且洁。松实味芳腴，三品殊清绝。烹以折脚铛，沃之承筐雪。火候辩鱼蟹，鼎烟迭生灭。越瓯泼仙乳，毡庐适禅悦。五蕴净大半，可悟不可说。馥馥兜罗递，活活云浆澈。偓佺遗可餐，林逋赏时别。懒举赵州案，颇笑玉川谲。寒宵听行漏，古月看悬玦。软饱趁几余，敲吟兴无竭。乾隆丙寅小春御题。"另有乾隆圆、方钤印各一枚。《三清茶》诗为乾隆皇帝于乾隆十一年，秋巡五台山回程途中于帐中饮三清茶时所赋，御制诗文见于《乾隆御制诗初集》卷三十六。

乾隆御题《三清茶》诗青花盖碗

乾隆御题《三清茶》诗青花盖碗，烧造于乾隆十一年是清代皇室在御窑厂专门定制烧造的茶具。，据《清宫造办处档案》皇帝命人依嘉靖旧物照样烧造三清茶碗条记载：乾隆十一年，“七月二十八日，太监胡世杰交，嘉窑青花白地人物撇口盅（随旧锦匣），传旨：照此盅样，将里面底上改画带枝松梅佛花纹，在线照里口一样添如意云，中间要白地；盅外口并足上亦添如意云，中间亦要写御笔字，先做样呈览，准时交江西唐英烧造。十一月初七日呈样览，奉旨：照样准烧造。其蓝花盅上花样、字、图书俱要一色蓝；红花盅上花样、字、图书俱要一色红。盅底俱烧‘大清乾隆年制’篆字方款，其款亦要随盅颜色”。《三清茶》诗瓷盖碗，以青花、红彩最为常见。除此之外，乾隆皇帝还制作了多种质地的三清茶具，品种包括陶瓷、漆器、玉器等。

清乾隆款御制矾红三清茶诗瓷碗、红漆描黑《三清茶》诗盖碗

清代宫廷的茶器，种类繁多，变化丰富，专为外出携带而设计制作的旅行茶具，展示了清代茶文化的别开生面。作为一种针对特殊需要应运而生的茶具，反映了皇帝对于茶事的讲究，也反映了设计的人性与制作的进步。由于是外出携带的茶器，因而不同于室内所用，往往小而精致且便于携带。从北京故宫博物院所藏四组清乾隆便携式茶具箱，不难看出宫廷对于茶文化是多么的讲究，难怪被称为茶器的“旅行套装”。

乾隆便携式茶具

这种便携式茶具的“旅行套装”在清代宫廷绘画中多有表现。《清人画胤禛行乐图》中，绘制了雍正皇帝外出的一个场景。画面右侧石台上放置了外出携带的茶碗、茶壶等便携式茶器与茶具

箱。如果说皇帝对于烹茶用水、用器的挑选体现着皇帝饮茶的讲究，那么外出所用的便携式茶箱及其精致小巧的茶具，则从另一个侧面表现出了皇帝对于饮茶方式与过程的重视。

清代文人雅士在继承前人茶文化精髓的同时，又开拓了独具特色的饮茶方式。随着制瓷工艺的不断提高与发展，茶具的品种更为多样，茶具的造型更为丰富，诗、书、画三位一体的装饰风格为茶饮平添了浓郁的文化内涵。一种新兴的茶具盖碗——集茶壶与茶碗的功能于一身，既具有茶壶可以泡茶的功能，又具有茶碗可以饮茶的便利，盖碗的盖子还可以防尘保温，是传统茶盏进一步演变发展的结果。直至今日，遍及祖国各地的茶馆更是普遍用它当作茶壶泡茶，盖碗取代茶壶，不能不说是又一新的时代创举。

清人画胤禛行乐图

四、外销瓷中的茶具——烙印在瓷器上的荣耀

17世纪以后，随着航海技术的不断发展与海上陶瓷之路的不断延伸，作为商品的中国陶瓷和茶叶大量外销到世界各地。据统计，1886年中国茶叶订单达到了13.41万吨之多，中国茶叶的输出量到达顶峰。在陶瓷与茶叶对外贸易的繁荣为国家带来丰厚利润的同时，中国瓷器生产技艺也传播到了世界各地，为世界陶瓷手工业的生产作出了杰出的贡献。中国外销瓷遍布于全世界各大博物馆、美术馆与艺术馆，无论我们走到地球的哪个地方，都可以看到陈列在那里的中国瓷器。

广彩属于釉上彩的一种，是清代的创新品种，在外销瓷中占有重要的位置。广彩的烧造是先将景德镇的白釉瓷器运到广州，然后进行彩绘的加工与烧制。正如民国时期刘子芬撰《竹园陶说》所说："海通之初，西商之来中国者，先至澳门，后则径趋广州。清代中叶，海舶云集，商务繁盛，欧土重华瓷，我国商人投其所好，乃于景德镇烧造白器，运至粤垣，另雇工匠仿照西洋画法加以彩绘，于珠江南岸之河南，开炉烘染，制成彩瓷，然后售之西商。盖其器购自景德镇，彩绘则粤之河南厂所加者也，故有'河南彩''广彩'等名称。此种瓷品始于乾隆，盛于嘉、道，今日粤中出售之饶瓷尚有于粤垣加彩者。"

从河南岛远看的广州城

上图是2010年3月首都博物馆"中国清代外销瓷展"中展出的一幅由美国马萨诸塞萨勒姆皮伯第·伊赛克斯博物馆供稿的油画照片，画的是从河南岛远看的广州城。河南即是广彩加工的地方。

美国人威廉·希基在乾隆三十四年参观了位于广州珠江南岸的瓷器加工厂后说："在一间长廊里，约200名工人正忙着往瓷器上描绘图案，并敷以各种色彩，有老年人，也有六七岁的童工。"充分说明当时广彩瓷器外销数量之大。

乾隆广彩茶壶、杯，广州"广发号"中国瓷器店（2010年3月首都博物馆"中国清代外销瓷展"）

受中国茶文化影响，形式优雅的茶文化风靡世界各地。以英国为例，在被称为"饮茶王后"的凯瑟琳公主的影响和推动下，饮茶之风很快便成了当时的社会潮流。到18世纪，英国已成为世界上人均茶叶消费量最大的国家。时至今日，英伦的茶文化一如既往，历史上从未产过茶叶的英国人，用舶来品创造了内涵丰富、风靡欧洲的英式下午茶，并成为英国文化的标配。

2010年首都博物馆举办的"中国清代外销瓷展"，除了展出大量外销瓷器外，还展出了部分描绘茶事的油画作品。这些油画揭示了外销瓷器在异国他乡上流社会的用处与用法。右面两幅画分别为简·约瑟夫·霍尔曼斯绘画的《喝茶的女士们》和比利时让·艾蒂安·利奥塔德的绘画作品《静物·茶具》，描绘了下午茶正在进行中和刚刚结束后的情景。一套精美的中国茶壶、茶杯、杯托、奶壶、茶叶罐、碗、盘等被摆放在马口铁盘里。奶壶反映出中国的饮茶方式登陆欧洲后，发生了微妙的变化，牛奶加入茶中，开始融入了西方的元素，为我们研究东西方不同的饮茶习俗提供了依据。

简·约瑟夫·霍尔曼斯《喝茶的女士们》

让·艾蒂安·利奥塔德的绘画作品《静物·茶具》

2012年6月22日至2013年1月6日，由中国国家博物馆、大英博物馆和维多利亚与艾尔伯特博物馆联合举办的《瓷之韵——大英博物馆、英国国立维多利亚与艾尔伯特博物馆藏瓷器精品展》在中国国家博物馆开展。展品从明代早期的外销瓷，到欧洲在中国的订制瓷器，再到清代中期欧洲仿制的瓷器，"充分展示那段鲜为人知的瓷器贸易带来的中欧文化交流与碰撞"。展览精选的148件套精美瓷器，从明代外销瓷器、东印度公司运输的瓷器、欧洲特别订制的瓷器、欧洲特别订制的纹章瓷、早期欧洲瓷器、仿中国风格的欧洲瓷器、仿欧洲风格的中国瓷器、中国风、欧洲再装饰的中国瓷器、英国收藏的中国瓷器10个单元进行展览。流光溢彩精美绝伦的中国外销瓷器，充分展示了那段鲜为人知的瓷器贸易带来的中西文化交流与碰撞，充分体现了中国瓷器热销欧洲被广泛使用与争相收藏的持久魅力。

大英博物馆又名不列颠博物馆，建立于1753年，是世界上首家国立公共博物馆。1759年1月15日起正式对公众开放，是世界上历史最悠久、规模最宏伟的综合性博物馆，也是世界上规模最大、最著名的博物馆之一，拥有800万件展品和每年600万观众，所有“好学求知的人”都可免费进入。博物馆藏品之丰富、种类之繁多，为全世界博物馆所罕见。大英博物馆对中国文物的介绍，第一句话这样写道：“中国人创造了世界上最博大和悠久的文明……”

大英博物馆收藏的中国陶瓷

大英博物馆里中国瓷器馆陈列了近1700件精美器物，历时从3世纪延续到20世纪。“普通的黏土巧妙地转变成精美的物体，吸引了自古至今全世界人们的想象力。”在中国瓷器馆的介绍中，大英博物馆这样写道：“目前为止，中国瓷器在世界上最为领先。”大英博物馆馆长内尔·麦克格雷说：“中国在十五世纪前半期所经历的政治、社会和文化变迁，使这段历史成为非凡的故事，到现在才获得较全面的理解。新的发现和研究成果提供新的角度去审视这段重要的历史时期，让我们不再只以欧洲为中心的观点来看待中国历史。”

维多利亚和艾尔伯特博物馆在英国，是规模仅次于大英博物馆的第二大国立博物馆。从1864年开始，设置了一条宏伟的陶瓷长廊。这条有着30000件展品的长廊，涵盖了整个瓷器的发展和生产历史。1899年，维多利亚女王为博物馆的侧厅举行奠基礼的时候，将博物馆正式更名为英国国立维多利亚与艾尔伯特博物馆。

《瓷之韵——大英博物馆、英国国立维多利亚与艾尔伯特博物馆藏瓷器精品展》的瓷器中有一部分属于欧洲特别定制的纹章瓷茶具。纹章瓷是古代外销瓷器的一种，是为欧洲有身份的特殊用户制作的，属于“来样加工”订烧的瓷器。由于瓷器上绘有欧洲贵族家族的徽章，故又被称为“徽章瓷”。其所有者包括王公贵族、富商巨贾、公司团体、牧师、政府官员、乡绅、商人等。中国工匠们按照外商订购所提供的造型、式样、纹饰等进行烧制。纹章是一种社会符号，是西方贵族家族的标志，是血脉的象征。中国陶瓷工匠根据欧洲商人的定制，为他们生产的大量纹章瓷风靡欧洲。16世纪至19世纪间欧洲对纹章瓷的需求达到顶峰，纹章瓷的生产数量惊人，1974年英国出版的《中国纹章瓷》收集纹章瓷二千件左右。另据瑞典统计，当时曾有三百多家贵族到中国订烧过纹章瓷。

康熙德化执壶

右图是2012年“瓷之韵——大英博物馆、英国国立维多利亚与艾尔伯特博物馆藏瓷器精品展”中展示的一件大英博物馆收藏的清代康熙时期德化窑带盖执壶，这件执壶上精美绝伦的粉彩纹饰是由一位德国裔的艺术家1724年在荷兰加彩绘制而成的。国家博物馆在器物展示牌的说明中写道：“在温特尼藏品中有一件与之相同形制的壶，流和柄上的花纹也相同，上面还有威廉·巴特勒和玛利亚·利泽的纹章，可能是为了纪念他们1724年的婚礼而制作的。威廉·巴特勒生于德国汉堡，但是在18世纪初服务于荷兰西印度公司，他曾在位于几内亚的非洲海岸分部任总督，1718—1722年在今加纳埃尔米纳要塞工作。”执壶所承载的文化记忆，让我们进一步了解了我国瓷器在欧洲的使用以及被珍视的情况。

下图是一件大英博物馆收藏的由查尔斯·沃克牧师捐赠的清代乾隆英国皇家纹章共济会茶壶。腹部绘画纹章一组，纹章的飘带上写有法语格言“DIEU ET MON DROIT（天赋我权）”“HONI SOIT QUI MAL Y PENSE（怀恶意者必自取其辱）”。两侧各有狮子与独角兽护卫。纹章下方旋涡形纹饰内有象征共济会的图案，为我们研究共济会提供了不可多得的资料。

英国皇家纹章共济会茶壶

右下图是一件大英博物馆收藏、奥古斯都·奥拉斯顿·佛兰克斯爵士捐赠的清代雍正法国纹章纹饰茶壶。器物说明牌上的文字告诉我们：“此壶上的纹章属于绍纳公爵路易斯·奥古斯特·阿尔伯特·艾利。1704年他与玛丽·安妮·罗曼·德·博马诺尔·德·拉瓦尔丹结婚。绍纳坐落于法国北部的庇卡底，但现在绍纳公爵的城堡和花园已经杳无踪迹。纹章上饰有1724年公爵被授予的圣人米歇尔和圣灵项饰，茶壶可能是此时或者稍后不久烧制。因为这种五彩纹饰在雍正初期已不流行。1729年，绍纳公爵任法国亚眠的地方长官。壶盖与壶嘴和柄

雍正法国纹章纹饰茶壶

用精美的银链连接，可能是在欧洲添加。”这些纹章瓷多采用加金的手法绘制而成，有的加饰金银饰品，更加显得精美别致、富丽堂皇。既可以看出中国传统制瓷工艺的特点，又能反映出当时西欧典雅的装饰风格，是中西文化交融的典型代表。

右图这件大英博物馆收藏的雍正英国纹章咖啡壶为查尔斯·沃克牧师遗赠。其流于柄成直角的造型源自英国的银壶，盛行于安妮女王执政期间，18世纪60年代不再流行。在英国17—18世纪的陶器中也有这种造型。烧制于斯塔福德郡和伦敦的富勒姆。经确认，咖啡壶上的纹章属于英国查德莱克利福德家族，其先祖住在英格兰德文郡的Ugbrooke。此咖啡壶或是克利福德家族第三代男爵休·克利福德或是他的儿子、第四代克利福德男爵休·克利福德订制。由于外销瓷是根据西方人提交的样本订单而生产的产品，所以这类外销瓷具有很明显的西式风格。

雍正英国纹章咖啡壶

有些中国瓷器被视为稀世珍品，与其他奇珍异宝一样，它们进入欧洲后经常被加装银质配件，来表现其价值，提高其地位，延长其寿命。下面一件大英博物馆收藏的康熙德化贴塑梅花纹饰八棱茶壶，外销到欧洲后为了防止破损，被加饰了金属的壶流与鎏金金属链。以“中国白”为代表的德化白瓷，大量出口到欧洲，这种洁白细腻如玉的釉质以及半透明的胎体，备受欧洲的青睐。天启七年（1627）紫砂壶，盖钮、壶流、壶柄多处被加饰了金属配件，明显看出他们对瓷器的无比珍惜。

康熙德化贴塑梅花纹饰八棱茶壶、天启七年紫砂壶

有的瓷器通过加装一个或更多的金属配件后获得新的使用功能，如军持或者花瓶可能被改造成执壶，碗可能被改造成杯子，罐可能被改造成啤酒杯等。右图是一件维多利亚与艾尔伯特博物馆收藏、由路易斯·C.G.克拉克博士捐赠的明代万历青花英式银托架执壶，这是一件约1600年至1610年在英国由军持安装配件后改变而成的执壶。军持是专门为了外销而烧造的形体，主要是为了供应中东与东南亚

万历青花英式银托架执壶、明代景德镇“青花博古图笔筒盖杯”

市场，只有为数不多的器物销往欧洲。这件腹部装饰着花卉和飞马纹饰的图案，具有克拉克瓷器的典型特征。而当这件普通的军持来到欧洲后，便被当地的银匠们加装了配件，将其改装成为执壶。盖面顶端簪刻着至今未被识别的制造者的标识“RP”。与此相似的加装欧洲配件的中国军持在17世纪的荷兰静物绘画图中可见，英国维多利亚和阿尔伯特博物馆藏的明代景德镇“青花博古图笔筒盖杯”也是经改造后而成的瓷器。诸如此类的器物司空见惯，为我们考证我国瓷器的外销以及在欧洲的使用习俗提供了实物依据。

文物，就是承载于实物之上的文化。已故郑振铎先生曾指出：“每一个民族文化的特征，最好的表现，便是在各个时代遗留下的古文物、古文书上。”文物的核心价值和意义不但是器物本身，更是文化。

2021年10月28日由上海博物馆与法国吉美国立亚洲艺术博物馆合作，联合来自7个国家的12家知名博物馆馆藏举办的“东西汇融——中欧陶瓷与文化交流特展”在上海博物馆正式开幕。展览以206件（组）重量级中外陶瓷与油画作品，讲述早期全球化中的中欧贸易与文化交流，让我们有幸目睹了这些漂洋过海来到欧洲的瓷器以及它们的使用情况。中新网上海10月28日电（王笈、康玉湛）：“16世纪开始，得益于新航路的开辟与成熟，中欧贸易与交流日渐频繁，瓷器作为最具中国特色的商品之一，源源不断地输入欧美地区。远渡重洋的中国瓷器不仅见证了明清时期中国与欧洲的贸易发展，也记录了当时图像、设计、技术与观念的交流，是东西文化间对话与互动的载体。”再一次证实文物是承载于实物上的文化。

右图是一件法国吉美国立亚洲艺术博物馆收藏的永乐青花缠枝纹牡丹壶，这件青花执壶是明朝赠予中东的外交礼物，曾在15世纪初随郑和船队远航。1547年，这件执壶又被法国派驻奥斯曼帝国的大使携回本国。通过这件器物我们可以看到，在当时的100多年中它曾两次作为外交礼物，连接起了中国、中东和欧洲，同时还可以看到中国瓷器在外交领域所扮演的重要角色和独特的地位，中国瓷器不仅是王室和权贵之间炫富的重要标志，还是国际交往中的贵重外交礼物。我相信，如果文物会说话，它一定会向人们讲述当年这段不平凡的故事。它再一次告诉我们，文化是一种社会现象，是由人类长期创造形成的产物，同时又是一种历史现象，是人类社会与历史的积淀物。所以，我们不仅要认识文物，更要铭记文物所承载着的文化，只有如此，才能最大限度地增强全民族的文化自信。

永乐青花缠枝牡丹纹壶

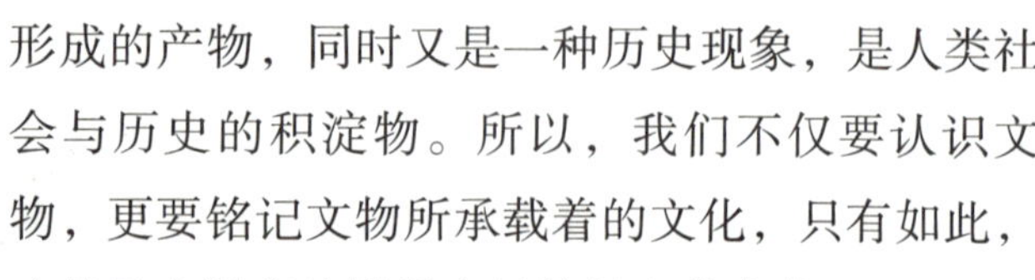

油画中的瓷器

左图是上海博物馆在“东西汇融——中欧陶瓷与文化交流特展”中选用油画与瓷器对比展的方式，直观展现中国的瓷器在欧洲的使用场景。“大约一个世纪以后，这款执壶出现在欧洲油画中。1660年，荷兰画家威廉·卡尔夫在《静物：青花执壶、瓷盘、水果、鹦鹉螺杯》中描绘了这件执壶。”威廉·卡尔夫，巴洛克时期的荷兰画家，出生于鹿特丹，是荷兰黄金时代最杰出的静物画家之一。

这些绘画作品可以让人们一目了然地看到这些瓷器到了欧洲以后是如何被使用的。来自东方的精美瓷器进入欧洲，成了艺术家们争相创作的题材，其画作揭示中国技艺对世界物质文明的贡献。

“东西汇融——中欧陶瓷与文化交流特展”“以全新视角讲述了早期全球化中的中欧贸易与文化交流……通过珍贵的欧洲订制瓷器串联起完整的早期中西贸易史；……通过极富创意的欧洲加彩、镶嵌及室内陈设瓷器，展示中西器用、审美和设计的碰撞与交融；……首次系统呈现明清时期中国陶瓷的传播与影响，精选越南、日本、中东、葡萄牙、荷兰、法国、德国、英国等地模仿中国的产品，揭示中国技艺对世界物质文明的贡献。”正如荷兰的倪汉克告诉中新网记者：“当时的欧洲人把中国瓷器作为奢侈品，就像是中国人现在把法拉利当作奢侈品一样。”

五、欧洲仿制的中国茶具

器以载道。作为人类社会活动的遗物，任何一件器物背后都有丰富的历史文化内涵，都承载着文明与智慧的光辉。在中国外销瓷的刺激下，15世纪以来的英国、法国、德国等国纷纷建立陶瓷工厂模仿中国陶瓷，烧造出了各具特色的产品。中国陶瓷制作技术把世界陶瓷百花园装饰得更加绚丽多姿。文化交流的双向性，决定了中国陶瓷在对海外产生影响的同时，也受到外来文化的影响，在模仿国外艺术品的造型或图案中，丰富了中国陶瓷的内涵。事实证明，“文明因多样而交流，因交流而互鉴，因互鉴而发展”。

1.德国梅森瓷厂

正如欧洲造型和纹饰的仿制品构成中国贸易瓷的一部分一样，中国风格的陶瓷产品传至欧洲后，其造型和纹饰广为欧洲人所仿制。其中，宜兴茶壶在17世纪的荷兰和英国被仿制，镂空瓷器在18世纪中期到19世纪晚期风靡欧洲。右图是一件收藏在维多利亚与艾尔伯特博物馆由亚瑟·赫斯特遗赠的中国人物“伯特格尔瓷”茶壶，德国德累斯顿梅森瓷器厂1722年烧制，1723—1725年装饰。展览的说明牌写道：“无论是壶上的中国人物的特殊造型还是表现人物的满绘设计，都是画家约翰·格里戈里厄斯·赫罗特的创新。在西方，这种装饰纹样被描述为‘具有中国艺术风格’，经常将中国描绘成一个富有异域情调的童话世界，锦衣华服的人们在那里过着悠闲的生活。1740年景德镇制作了与赫罗特设计接近的仿品。”

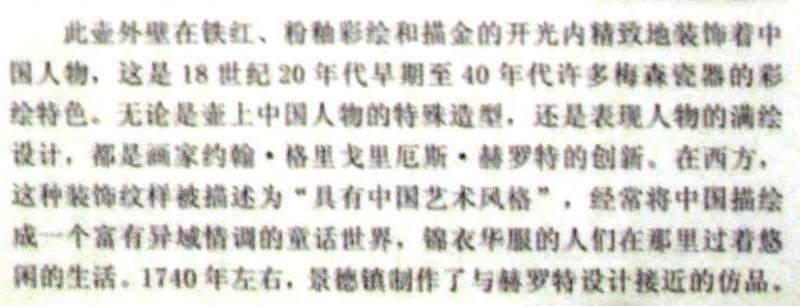

德国梅森瓷厂仿制的中国人物“伯特格尔瓷”茶壶

2.英国伍斯特瓷厂

在欧洲仿制中国瓷器的热潮中，英国伍斯特瓷厂受中国瓷器的影响，也开始大量仿造中国瓷器。右面这件瓷壶是大英博物馆收藏、弗兰克·劳埃德夫妇捐赠的中国人物图咖啡壶，即为英国伍斯特瓷器厂约1770—1775年生产。“此壶壶身施釉上彩，描绘了身处宅邸的中国人，壶边沿下施釉下青花纹样。它们均直接仿自中国景德镇瓷器。上面的描金纹饰表明这是一件昂贵的瓷器。很多18世纪烧制的伍斯特瓷器都有新月标志，通常施用釉下钴蓝彩，但这件瓷器却绘伍斯特的首字母‘W’。自17世纪中叶起，英国人普遍饮用咖啡，最初喝咖啡多用银壶或金属器皿，偶尔也使用锡釉陶器和炻器。自18世纪中叶起，瓷质咖啡壶连同糖罐、水壶、杯碟，成为所有瓷器厂普遍生产的产品。尽管伍斯特瓷是软质瓷，但其所含滑石成分提高了瓷器的耐热性，使其能承受高温液体，成为喝咖啡的理想器物。”

英国伍斯特瓷器厂中国人物图咖啡壶

英国伍斯特瓷厂是英国历史最为悠久的瓷厂，1751年创立，以其卓越的品质，在1788年终于获得英王乔治三世的喜爱，1789年获得英国王室御用瓷器，并授权使用皇家“Royal”标识，至今仍是英国瓷器的顶尖奢侈品牌。有着200余年的皇家伍斯特，也是英国瓷器历史的缩影。

伍斯特瓷厂仿中国粉彩人物杯、仿中国仕女人物图杯

英国伍斯特瓷厂生产的瓷器曾经被我国致远舰、靖远舰所订制与使用。由《深圳晚报》2019年1月21日题为《致远舰专用瓷器来自英国皇家伍斯特瓷厂》的报道可知，2014年，国家文物部门在辽宁丹东海域打捞上致远舰，一只被打捞上来的瓷盘碎片经过复原后，“可以清晰地看到舰徽中间篆书‘致远’两个字，上面是致远的威妥玛式拼音（以罗马字母为汉字注音）拼出的‘CHIH Y ü AN’，下面为英文‘the Imperial Chinese Navy’（大清皇家海军）。虽然中国是瓷器的故乡，但致远专用瓷盘则是当

致远舰、靖远舰水底遗物中标有舰徽的瓷盘

年订购致远舰时，按照惯例一并在英国瓷厂订制，配给船上军官使用。除了致远专用瓷盘，这次打捞的致远舰其他餐具上，如刀叉手柄上，也发现了这一舰徽。”据记载，“1886年中国在英国订购了两艘军舰：致远舰和靖远舰。在订购军舰的同时，两艘军舰还在英国皇家伍斯特瓷厂（Royal Worcester）订购了全套舰用瓷器。靖远舰的瓷盘舰徽设计与致远舰相同，只是舰名拼写不同。结合在中国军事博物馆里展出的靖远舰瓷盘上的舰徽，可以发现整个北洋海军有一整套的VI设计，从这些细节上可以看出，北洋海军是与国际接轨的，这也说明与南洋水师、广东水师不同，北洋是代表‘大清皇家海军’”。

在皇家伍斯特档案馆的档案里，至今仍然保留有致远舰和靖远舰的徽章，时间可追溯到1887年1月11日。关于瓷盘的信息，在两页档案上有着详细的记载。第一页档案上数条订购信息中就有致远和靖远两艘军舰的记载，时间是“Jan，11，1887”。档案的另一页，则是致远和靖远舰的两个舰徽黑白图样，与现在能见到的舰徽一致。一百多年过去了，在万里之外的英国，还能找到这些原始档案，实在是太珍贵了。瓷器的质地决定它既不怕火烧也不怕水淹，即使破成碎片仍然可以保存下来，致远舰、靖远舰水底遗物中标有舰徽的瓷盘讲述了当年东西方文化交流的故事。

下图左是一件乾隆时期中国景德镇烧制的青花描金山水纹茶叶罐，这是一件“仿自18世纪早期欧洲银质或锡质茶叶罐。1740年左右，瓷质茶叶罐在德国梅森开始烧制，中国在18世纪70年代开始烧制，英国则在18世纪70—80年代生产同类陶质和软瓷产品。此罐两面所绘风景在外销瓷上司空见惯。其图样并非原汁原味的中式，而是仿制了经欧洲人改造后的中国风景。这种风景在18世纪中期得到发展。随后被复制在中国瓷器上，足以证明其成功。此茶叶罐的描金和花边装饰是在英国完成的，很可能出自伦敦托马斯·巴克斯特作坊”。茶叶罐用于储存茶叶，保持其芳香。这件由阿里斯·汉斯利普小姐捐赠的茶叶罐，至今仍然收藏在维多利亚与艾尔伯特博物馆中，为我们研究中国制瓷工匠仿制和改造欧洲陶瓷器上的彩绘纹饰，提供了实物资料。

下图中是一件英国斯塔福德郡朗顿约翰·特纳陶瓷厂以乾隆青花描金茶叶罐为蓝本生产仿制的青花宝塔纹釉陶茶叶罐，底部有瓷器厂的字母标志，如今这件器物收藏在大英博物馆，由 D.A.马克拉斯特的遗嘱执行人捐赠。下图右则是杭州中国茶叶博物馆藏品中的一套乾隆青花加金彩茶具，其中就包括同类型的青花描金山水纹茶叶罐。这些仿制与被仿制的文物告诉人们，“几百年前，镌刻

乾隆青花描金山水纹茶叶罐（大英博物馆）

英国仿制的青花宝塔纹釉陶茶叶罐

乾隆青花加金彩茶具一套（中国茶叶博物馆）

着中华文明的古代陶瓷飘洋过海，驶向欧洲大陆。精美绝伦的中国外销瓷器及其制瓷技艺，对欧洲制陶瓷手工业产生了巨大影响。与此同时，欧洲设计理念也被传入中国，这种中外文化的交流，既是东西文明的碰撞交流也是陶瓷工艺的演进与发展。”

欧洲人对中国瓷器的模仿还体现在普遍的对中国瓷器的造型和纹饰进行改造，下图左是一件收藏于中国茶叶博物馆康熙年制青花矾红加金彩花卉纹壶，圆腹，圆盖宝珠钮，浅圈足，直流，耳形把。此壶用青花红彩描金装饰纹样，壶身腹部还绘有折枝牡丹纹以及花瓶纹。且此类器物，为景德镇仿日本“伊万里瓷器”风格的外销瓷。下图右是一件收藏于维多利亚与艾尔伯特博物馆的雍正到

康熙年制青花矾红加金彩花卉纹壶（中国茶叶博物馆）、把杯

乾隆时期的瓷器，造型以英国大啤酒杯为蓝本而烧制，色彩与纹饰模仿日本的伊万里风格。由于明代末期的战乱，我国瓷器外销受到了影响，日本陶瓷乘机占领欧洲市场，造成了在17世纪末到18世纪的欧洲，日本瓷器备受推崇。这类瓷器价格昂贵，供不应求。随着战乱的平息，我国瓷器生产得以恢复，为了争夺国际市场，有些中国瓷器装饰了日本风格的纹饰，这些瓷器以低于日本同类产品的价格大量出口外销。从这些器物不难看出外销瓷市场中日间商品的激烈竞争。除此之外，欧洲陶瓷器上的彩绘纹饰被中国制瓷工匠们仿制和改造，显示出文化交流的双向性。

康熙德化窑白釉镂空笔筒、英国仿康熙德化窑白釉镂空笔筒

右图左是清代康熙德化窑白釉笔筒，帕特里克·J.唐纳利遗赠、大英博物馆收藏。右图右是英国斯塔福德郡特伦特河畔托克明顿工厂仿制德化窑瓷笔筒生产的瓷器。现收藏于维多利亚与艾尔伯特博物馆。

法国巴黎塞夫勒瓷器厂镂空白釉壶

3.法国巴黎塞夫勒瓷器厂的仿制

左图是一件由法国公共教育及艺术部长阁下捐赠、维多利亚与艾尔伯特博物馆收藏、1831—1832年雷尼耶设计，1873年法国巴黎塞夫勒瓷器厂仿制我国德化窑而制作生产的外壁镂空咖啡壶。

17—18世纪，随着亚洲和欧洲之间商业贸易的繁盛，欧洲人对中国瓷器的需求达到顶峰。丹麦东印度公司1760年（乾隆二十五年）的一份资料显示，三艘丹麦货船运载的瓷器中，有咖啡杯

149337件、茶杯307318件、茶具522套、牛奶杯748件等。另据*Porcelain from the Vung Tau Wreck*记载，头顿沉船的货仓内，茶具和模型等占有压倒性的数量，丹麦货船中也有大量的茶具。中国茶具和中国茶一起伴随着瓷器源源不断地输入欧洲，并渗透到欧洲的餐饮文化之中，瓷器贸易对欧洲经济、文化和社会生活产生了巨大的影响。作为瓷器发源地的中国，引领了世界潮流，让西方世界为之疯狂。

中国外销瓷作为文化传播交流的载体，对中欧文化的交流与融合，尤其是对弘扬博大精深的中华文化发挥着重要作用。瓷器贸易对欧洲经济、文化和社会生活产生了巨大的影响。近年来，随着水下考古工作的不断发展，越来越多的沉船被打捞出水，沉船中的大量瓷器展示出昔日古代陶瓷之路的繁忙。这些瓷器远涉重洋，漂洋过海运往世界各地，为国家创造大量利润的同时，也为全世界不同区域不同民族的生活带去了更多的便利。

历史是文化的载体，文化是历史的血脉。文化是一种社会现象，是人类社会与历史的积淀物。考古发现展示了中华文明起源和发展的历史脉络，展示了中华文明的灿烂成就，展示了中华文明对世界文明的重大贡献。长期以来，中华文明同世界其他文明互通有无、交流借鉴，向世界贡献了独特的物质文明及其制作技艺、丰富的科技文化艺术成果，深刻影响了世界文明进程。

“在中国，有一种泥土烧成的器物与国家同名，这就是瓷器”，这就是一个千年窑火不熄的东方之国——中国。我国盛产茶叶，是一个具有悠久饮茶历史的国家，在其发展的千余年历史中，茶叶的加工及饮用方法随着朝代的变迁而发展变化，变得更为实用，更为简便，更加先进。随着饮用方式的改变，茶具发生了一系列的变化，变得与人们的生活更为贴近，更为密切，更为人性。这一发展的历史表明，茶具随着饮茶的需要而产生，又随着饮用方式的变化而变化，它的发生与发展的历史就是我国茶文化发生与发展的历史。

第三章

古代陶瓷与宫廷文化

何谓宫廷？宫廷是封建皇权的统治中心，也是封建帝王居住和办公的场所。说白了，宫廷就是皇上的家。但是，这个家比较大。以有着600年历史的北京故宫为例，明清两代，先后有24位皇帝在此居住过。偌大的紫禁城，占地面积78万平方米，建筑面积15.5万平方米，百万民工历时14年建造而成，房屋建筑9371间，殿堂层层，宫苑重重，彰显着皇宫的庄严和浩大。

《史记·秦始皇本纪》云："始皇以为咸阳人多，先王之宫廷小……乃营作朝宫渭南上林苑中。"故宫是明清两代的皇宫，是我国现存最大、最完整的古建筑群，也是中国古代建筑的精华。其前半部分是皇帝上朝处理政务办公的场所，后半部分为帝后嫔妃居住的地方。几千年来，中国历代帝王为了巩固统治，不惜人力、物力和财力，建造规模巨大的宫殿，而为了保持奢靡的生活，服务于宫廷的人员不计其数。仅以宦官为例，据明嘉靖时期大臣郑晓在其著作《今言》中记载："正德十六年，工部言：内侍（宦官）巾、帽、靴、鞋、合用纻丝纱罗皮张等料，成化年间二十余万，弘治年间三十余万，正德八九年至四十六万，今至七十二万……洪武二年，定置内使、监、奉、御凡六十人。今自太监至火者近万人矣。"其数量之多可见一斑。到了清代，乾隆时期有太监2866人，嘉庆时2638人，光绪时1989人，民国二年1517人。据说当时曾经流传一句话"够不够，三千六。"如此庞大的家族，如此高消费的群体，可想而知，日常生活所需要的瓷器是一个多么巨大的天文数字。

自从有了宫廷，就有了宫廷用瓷，宫廷用瓷是宫廷文化的重要组成部分。我国封建社会拥有两千多年的历史，在其不断发展的过程中形成了一整套完备的宫廷文化，构成了以帝王为中心的宫廷文化所固有特色与内涵。宫廷用瓷，是指按封建宫廷的需要而烧造的瓷器，宫廷用瓷服务于皇家之需要，大到国家的政治经济外交，小到日常生活中的饮食起居、婚丧嫁娶。到了清代，宫廷特设造办处负责办理皇家用瓷的制作，并设督陶官与御窑厂专门管理督造宫廷用瓷的生产。宫廷用瓷直接受到皇上的干预，一方面反映着皇帝的审美情趣，另一方面也是瓷器制作时代水平的集中代表。宫廷用瓷在宫廷文化中占有重要的位置，是陶瓷手工业生产时代水平的标志。对它进行研究，对于我们研究古代封建社会陶瓷手工业生产制度，研究中国古代陶瓷发展史以及研究宫廷用瓷的来源与烧造有着非常重要的历史意义与学术意义。

第一节　宫廷文化中的瓷器

什么是宫廷文化？毛泽东在《新民主主义论》中说："一定的文化是一定社会的政治和经济的反映，又给予伟大影响和作用于一定社会的政治和经济。"在人类社会的发展进程中，宫廷作为最高统治阶级的居所和国家政权的中心，它不仅左右着社会政治的兴衰和经济的发展，而且对艺术的发展也起着决定性的特殊作用。皇帝作为宫廷文化的倡导者与垄断者，其统治思想与审美情趣必然在宫廷文化中留下深刻的印记。宫廷文化所形成的独特文化空间，在中国古代社会占据着极其重要的地位。封建王朝的宫廷文化内涵丰富，诸如礼仪制度、婚庆嫁娶、殡葬祭祀、外交、赏赐等，包罗万象。这些都是宫廷文化的组成部分，是宫廷中的艺术宝库。宫廷文化的倡导者也是意识形态的垄断者。宫廷文化是我国古代社会的重要文化现象，在传统文化中具有独特的历史地位。宫廷用瓷是宫廷文化的重要组成部分之一，也是中国古代陶瓷史的重要组成部分，是中华民族在长期历史发展过程中民族智慧和创造力的结晶。

按照封建皇朝的礼仪制度，宫廷用瓷包括皇帝、后妃用瓷，太子、亲王用瓷，祭祀、赏赐用瓷，大婚用瓷等，不一而别。清代宫廷内设有专门的机构——养心殿造办处，负责督造宫廷用瓷的烧制事宜。瓷器生产之前需要在造办处进行设计，有的需要制成样品，待皇帝批复后下发到相应的机构进行生产。这一切，都被如实地记录与保存在《清宫内务府造办处档案》之中（造办处是清宫负责制造皇家御用品的专门机构，康熙年间建于养心殿，所以又名养心殿造办处。）。“造办处档案是清宫日常活动中自然形成的原始记录，现今完整系统地保存在中国第一历史档案馆……造办处档案是研究清代宫廷文化、民族关系、宗藩礼仪、中西交流等问题最具权威的第一手资料，其价值弥足珍贵。”（中国第一历史档案馆、香港中文大学文物馆编，《清宫内务府造办处档案总汇》，人民出版社，2005年）造办处从建立至溥仪皇帝1924年出宫前，为宫禁服务达200多年，内设的60多个专业作坊，与皇室的起居息息相关。“造办处档案如实地记录了各类宫廷制品的名称、来源、时间、规格、用料、开销、工序、去处以及皇帝的旨意，为清代工艺制作研究和文物鉴定提供了最直接可靠的依据”《清宫内务府造办处档案》，是研究宫廷用瓷不可或缺的第一手资料。笔者20世纪七八十年代在故宫博物院保管部陶瓷组工作期间，由于工作的需要，曾无数次前往位于西华门内的故宫博物院明清档案部去查阅《清宫内务府造办处档案》瓷器档的资料。还记得当时的档案资料被翻拍保存在135反转胶片中，供借阅者查阅。由于胶片上的字迹极小，查阅者需要用放大镜进行阅读，耗费工时，非常不便。2005年，由中国第一历史档案馆、香港中文大学文物馆编纂的《清宫内务府造办处档案总汇》由人民出版社发行出版，这不但是出版界的一件大事，更是文物保护事业的一件幸事。它的出版与发行，使保存在深宫里的文物又活了起来，古老的文化重放异彩，可喜可贺！

一、帝后用瓷

清代李渔《闲情偶寄 · 器玩部》：“人无贵贱，家无贫富，饮食器皿，皆所必需。”《史记 · 郦生列传》有言：“王者以民人为天，而民人以食为天。”“以食为天”，就是说没有比吃饭更大的事。墨子提出“百姓皆得暖衣饱食，便宁无忧”。考古学资料表明，万年前的远古人类在“以食为天”的漫漫长路上经历了“石上燔谷”“火匕燔肉”最为原始的食物加工方式。他们把采集到的谷物，或捕捉到的肉食，放在火上烤成熟食。直到南北朝时期，“火匕燔肉”仍是北方游牧民族的饮食方式。文献记载：“羌胡见客，炙肉未熟，人人长跪前割之，血流指间。”人类社会发展到新石器时代，学会了制作陶器，发明了鼎、鬲、釜、甑、甗等炊具，人类的饮食与器具产生了历史性的根本变革。陶器的出现为人类的熟食与健康提供了重要的物质条件与保障，对促进人类体质与文明的发展起到了积极的促进作用。

餐饮离不开器皿。我国餐饮文化源远流长，餐饮器具是饮食文化的精髓，古人对此留有许多著名诗篇。唐代边塞诗人王翰的《凉州词》云：“葡萄美酒夜光杯”，李白诗云：“金樽美酒斗十千，玉盘珍馐值万钱。”杜甫诗云：“紫驼之峰出翠釜，水精之盘行素鳞。”这些描写餐桌上奢华器具的诗句，足见美食与美器的关系。清代著名诗人袁枚写的《随园食单》“器具须知”一节道：“古语云：美食不如美器，斯语是也。然宣、成、嘉、万窑器太贵，颇愁损伤，不如竟用御窑已觉雅丽惟是。参错其间，方觉生色。若板板于十碗八碗之说，便嫌笨俗。大抵物贵者器宜大，贱者器宜小，煎炒宜盘，汤羹宜碗，煨煮者宜砂罐。”“煎炒宜盘，汤羹宜碗，参错其间，方觉生色。”历代文人对美食与美器的精彩论述，无疑告诉人们美食不如美器，所以餐具应当讲究。民间尚且如此，何况皇室。

宫廷用瓷按照使用性质与目的不同可以分为帝后用瓷、光禄寺用瓷、祭祀用瓷、赏赐用瓷等几类。帝后用瓷中又可分为皇帝、后妃、大婚、寿辰、宴请等用瓷。这是一个巨大的用瓷群体，也是一个使用瓷器最为精致与讲究的家族。它不仅成为用瓷时代水平的代表，还反映着古代陶瓷手工业的制作与科学技术的发展水平。

1.皇室御用的黄釉瓷器

黄釉瓷器是以铁作为呈色剂，在氧化焰中烧制而成的瓷器品种，有低温与高温两种。我国黄釉瓷器的生产历史悠久，早在唐代，寿州窑即已烧制出呈色纯正的黄釉瓷器。安徽省博物馆收藏的寿州窑黄釉执壶和瓷枕，釉色光润，釉面匀净，代表着这一时期黄釉瓷器生产的时代水平。

安徽省博物馆收藏的唐代寿州窑黄釉执壶与瓷枕

黄釉瓷器的使用在最初并没有严格的规定，随着封建社会的不断发展，黄色开始具有特殊的象征与含义，逐渐被打上了森严的等级烙印，并不断演变为皇权的象征而被封建统治者所垄断。尤其是明清两代，对黄色以及黄釉瓷器的生产与使用有着严格的限制与规定。《明史・舆服制》记载：洪武二十四年（1391）规定“官吏衣服、帐幔不许用玄、黄、紫三色”。《明英宗实录》卷一六一载：“禁江西饶州府私造黄、紫、红、绿、青、蓝、白地青花瓷……首犯凌迟处死，籍其家资，丁男充军边卫，知而不以告者，连坐。”《明英宗实录》正统三年（1438）十二月丙寅载：“命都察院出榜，禁江西瓷器窑场烧造官样青花白地瓷器于各处货卖，及馈送官员之家。违者正犯处死，全家谪戍口外。”（《明英宗实录》卷四九）明清时期黄釉瓷器民窑不得生产，如有违犯，重者杀头。即便在清代皇族内部，黄釉瓷器的使用也是有着严格的等级规定，里外都施黄釉的瓷器是皇家御用瓷器最高的等级，只有皇帝、皇后和皇太后才能使用，任何人不得僭越。

正德、嘉靖款黄釉大碗、壶

弘治、正德、嘉靖黄釉兽耳罐、爵杯、僧帽壶

清代对黄釉瓷器生产的管理更加严格，黄釉瓷器绝对不允许流落民间，即使是残次品也要运回京城处理。《清宫造办处档案·唐英奏折》记载："乾隆二十一年七月七日，唐英将次色黄器一万一千七十九件及次色祭器一百六十四件开选清册呈交广储司按册查收。"乾隆七年，为撙节开支，皇帝谕旨："嗣后，脚货不必来京，即在本处变价。"但唐英以为不妥，次年上奏《请定次色瓷器变价之别以杜民窑冒滥折》："唯是国家分别等威，服务采章，俱有定制……至于黄器及五爪龙等件，尤为无可假借之器，似未便以次色定价，致本处窑户伪造僭越，以紊定制……"乾隆朱批："黄器如所请行，五爪龙者，外边常有，仍照原议行。"（中华书局，1987年《清代档案史料

顺治黄釉筒瓶、康熙黄釉刻花梅瓶、雍正黄釉柳叶瓶、菊瓣盘

丛编》第12辑）由此可见，这种体现封建皇权专制下森严等级制度的黄釉瓷器，已远远超越其自身的含义。

2.后妃用瓷

《诗经·小雅·北山》云："普天之下，莫非王土；率土之滨，莫非王臣。"说的是普天之下，皆是王土，四海之内，皆是王臣，明显是封建帝王宣示他对土地和臣民的主权与霸权。这种统治观念无疑渗透到了瓷器的使用中。生活在封建皇权统治下被称为"六宫粉黛"的妃嫔，是中国封建社会一个特殊的群体，同样等级森严，尊卑有序。以清代为例，妃嫔的册封有着严格的制度规定，按照尊卑的不同，后妃的序列为皇后1人，皇贵妃1人，贵妃2人，妃4人，嫔6人；此下又设贵人、常在、答应。明清时期的宫廷用瓷，更多体现的是皇家威仪。在等级森严的清宫大内，使用者因等级不同，享受不同的待遇。在器物分配中上至皇太后、下至贵人，处处体现着封建皇权森严的等级制度。据《大清会典》记载，宫中用瓷因妃嫔的名位不同，日常生活所使用瓷器的颜色、纹饰和数量也按宫廷中人员身份、等级加以明文限制，并以典章制度的形式定为祖制，不得僭越。《国朝宫史》卷十七记载了后宫的用瓷标准：

皇太后："黄瓷盘二百五十，各色瓷盘百；黄瓷碟四十五，各色瓷碟五十；黄瓷碗百，各色瓷碗五十。"

皇后："黄瓷盘二百二十，各色瓷盘八十；黄瓷碟四十，各色瓷碟五十；黄瓷碗一百，各色瓷碗五十，黄瓷盅三百，各色瓷盅七十，各色瓷杯一百，瓷渣斗四。"

皇贵妃："白里黄瓷盘四，各色瓷盘四十，白里黄瓷碟四，各色瓷碟十五；白里黄瓷碗五十，各色瓷碗五十，白里黄瓷盅二，各色瓷盅二十，瓷缸二。"（据清《称谓录》记载："本朝，皇贵妃位在贵妃上……册封之礼，皇贵妃以册、宝，妃以册印。"）

贵妃："黄地绿龙瓷盘四，各色瓷盘三十；黄地绿龙瓷碟四，各色瓷碟三十；黄地绿龙瓷碗四，各色瓷碗四十；黄地绿龙瓷盅二，各色瓷盅十五；瓷缸一。"

妃："黄地绿龙瓷盘二，各色瓷盘二十；黄地绿龙瓷碟四，各色瓷碟八；黄地绿龙瓷碗四，各色瓷碗三十；黄地绿龙瓷盅二，各色瓷盅十二；瓷缸一。"

嫔："蓝地黄龙瓷盘二，各色瓷盘十八；蓝地黄龙瓷碟四，各色瓷碟六；蓝地黄龙瓷碗四，各色瓷碗二十；蓝地黄龙瓷盅二，各色瓷盅十；瓷缸一。"

贵人："绿地紫龙瓷盘二，各色瓷盘十；绿地紫龙瓷碟二，各色瓷碟四；绿地紫龙瓷碗四，各色瓷碗十八；绿地紫龙盅二，各色瓷盅十。"

常在："五彩红龙瓷盘二，各色瓷盘八；五彩红龙瓷碟二，各色瓷碟四；五彩红龙瓷碗四，各色瓷碗十；五彩红龙盅二，各色瓷盅六。"

答应："各色瓷盘八，各色瓷碟四，各色瓷碗十，各色瓷盅六。"

从皇太后到答应，数量从一千多件递减到三十余件，用瓷数量之悬殊以及清代皇家典章制度之严格，于此可见一斑。除此之外，还明文规定：贵妃以下均不得使用黄釉瓷器。

3.皇帝大婚用瓷

皇帝大婚用瓷是宫廷用瓷的重要组成部分。瓷器是宫廷历朝历代结婚嫁娶的必备之物，《大清会典》云："皇帝大婚……其礼至重，至亲王公主，以及品官士庶，婚娶之制，上下有等，内外有别。"以同治大婚为例，大婚用瓷共烧制10072件170桶，24种器形，23个品种。这批大婚用瓷的成套组合的瓷器以餐具和日用器物为主。24种器形中每份24套。盘、碗、碟、羹匙、酒盅、茶盅、茶缸、渣斗、粉盒、胭脂盒、水仙盆、花盆一应俱全。同一造型的器物中又分为大、中、小不同的尺寸以及不同的用处，以碗为例就有海碗、大碗、中碗，按不同的使用目的又有饭碗、汤碗、盖碗等。花盆的种类有方形、圆形、双圆形、腰圆形、方胜形、葵花形、长方八角形、梅花形、蝴蝶形、蝙蝠形、海棠形。据宫中旧档记载，同治大婚从国库拨款1100万两白银，用以筹办大婚用物。仅大婚瓷器即耗费白银高达13万两。这批大婚用瓷，品类繁多，数量巨大，烧造历时4年之久。这对于已处于穷途末路、风雨飘摇的晚清封建王朝来讲，不可谓不是极尽奢华。大婚瓷器的色彩热烈，纹饰艳丽，画工精细，"四时不谢之兰，百节长青之竹"、百蝠、百蝶、"福"、"禄"、"寿"、"喜"等寓意吉祥的图案，外加"燕喜同和""长春同庆"等吉祥款识，可谓纹必有意，意必吉祥。

同治"长春同庆"款黄地粉彩福禄寿喜盘、碗，黄地粉彩洪福齐天碗

同治"燕喜同和"款红地描金双喜字杯、碗

万字、寿字、双喜字、金喜字、福寿字和万寿无疆等用文字作装饰是同治大婚瓷的一大特色。

同治黄地粉彩蝴蝶四喜盘、“万寿无疆”盘、喜上眉梢碗

同治八年清廷传旨，认为完成的10072件皇帝大婚瓷器，因“烧造粗糙，不堪应用”，下令补烧。同治九年，清宫再次传旨：“各项瓷器要端正，毋得歪斜，其里外花釉及颜色均烧造一律精细鲜明，勿使稍有草率。”《大婚典礼红档》记载：“因奉此职关遵查历次传办瓷件，均奉发给细绘纸样图式，详注尺寸照办在案，此次传办瓷件，未奉绘发纸样图式尺寸，除五彩瓷百子茶缸八对，五彩瓷百子饭碗四对，五彩瓷百子碗八对，随茶盅等件俱仿照前次传办，大婚瓷件样式尺寸，督饬厂匠敬谨制造外……”

光绪十五年正月二十七日，清代宫廷为光绪举行盛大的婚庆活动。大婚用瓷与同治几乎完全一样。

4.寿辰宴飨用瓷

除了大婚外，帝后的寿辰庆典用瓷，也是一项巨大的耗费。以皇帝的万寿盛典为例，后妃王公、文武百官，无不进献寿礼，名食美馔更是不可胜数。慈禧五十大寿筵席所用的瓷器餐具多达7827件，耗费白银15000两。六十寿辰烧造瓷器42757件，折合白银89900两，后又补31200两，赏赐官吏和更换祭器而特制的瓷器第一批耗银39400两。七十寿辰烧造瓷器47766件，耗银38500两。如此盛宴，盛况空前。至于皇帝一家的家居、陈设、宴飨、赏赐、祭祀以及名目繁多的用瓷，数量巨大，耗费巨资的程度可见一斑。

除了帝后日常饮食外，名目繁多的筵宴是清宫日常生活的重要内容。宫廷的筵宴名目繁多，以清朝为例，皇帝招待与皇室联姻的蒙古亲族所设的御宴亲藩宴、皇帝招待蒙古外萨克等四部落使臣的九白宴、皇帝招待九卿中的功勋者的御宴廷臣宴，清宫内廷按固定时令而设的筵宴节令宴如元日宴、元会宴、春耕宴、端午宴、乞巧宴、中秋宴、重阳宴、冬至宴、除夕宴等，还有太和殿筵宴、乾清宫家宴、皇太后的圣寿宴、皇后千秋宴、皇子成婚宴、重华宫茶宴，康熙、乾隆、嘉庆时的千叟宴，等等，所需瓷器（作为餐具）之数量庞大可想而知。清代画家姚文瀚绘《紫光阁赐宴图卷》，用绘画的形式记录了乾隆皇帝设庆功宴的宏大场面。

清姚文瀚《紫光阁赐宴图卷》、乾隆万寿宴复原场景

5.赏赐用瓷

顾名思义，赏赐用瓷是皇帝用来进行赏赐的物件，赏赐的对象既有王公大臣、封疆大吏，也有皇子公主则身边的侍卫、蒙古王公和西藏喇嘛以及外交使臣等。每次赏赐的数量多寡不一，少则一两件，多则数千件。赏瓶，雍正时期新出现的创新造型，雍正帝专用于赏赐功臣之用，乾隆后每朝相袭，采用固定的模式制作而成，成为清代瓷器中的传统造型。晚清时期粉彩百蝠、百蝶、皮球花纹以及霁蓝描金赏瓶流行，造型大同小异。

乾隆、嘉庆、道光、同治青花赏瓶

清宫档案记载，皇帝赏赐瓷器的品种多种多样，如雍正时期的赏瓶、盘、碗与珐琅彩等瓷器。乾隆时期赏赐的瓷器，除了瓶、尊、盘、碗外，还有小件的如鼻烟壶、瓷扳指、瓷带钩、瓷翎管等。晚清时期绘有百蝶、百蝠、霁蓝描金皮球花等装

光绪霁蓝描金、粉彩百蝶、百蝠赏瓶

饰图案的赏瓶流行一时。

二、光禄寺用瓷

光禄寺是掌管宫廷膳食的机构，其官为光禄寺卿，专掌酒醴膳馐之事。《大明会典》载："凡河南及真定府烧造，宣德间题准，光禄寺每年缸坛瓶，共该五万一千八百五十只个。分派河南布政司钧磁二州，酒缸二百三十三只，十瓶坛八千五百二十六个，七瓶坛一万一千六百个，五瓶坛一万一千六百六十个，酒瓶二千六十六个。真定府曲阳县，酒缸一百一十七只，十瓶坛四千二百七十四个，七瓶坛六千一百个，五瓶坛六千二百四十个，酒瓶一千三十四个。每年烧造解寺应用。"嘉靖三十三年题准："曲阳县缸、瓶共一万七千七百六十五件，该银一百九十九两八钱八分，外增脚价银一百八十五两九钱九分三，总该银一千一百四十两六钱五分八，通行解部，各商代买，如遇缺乏，止行磁州真定烧造，免派钧州……"

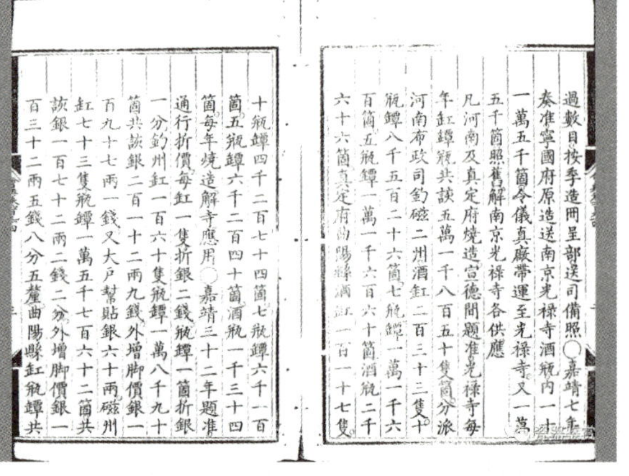

過數目按季造冊呈部送司備照○嘉靖七年
奏准寧國府原造送南京光祿寺酒瓶內一十
一萬五千箇令儀真廠帶運至光祿寺又一萬
五千箇照舊解南京光祿寺各供應
凡河南及真定府燒造宣德間題准光祿寺每
年缸罈瓶共該五萬一千八百五十隻箇分派
河南布政司鈞磁二州酒缸二百三十三隻十
瓶罈八千五百二十六箇七瓶罈一萬一千六
百箇五瓶罈一萬一千六百六十箇酒瓶二千
六十六箇真定府曲陽縣酒缸一百一十七隻

十瓶罈四千二百七十四箇七瓶罈六千一百
箇五瓶罈六千二百四十箇酒瓶一千三十四
箇每年燒造解寺應用○嘉靖三十二年題准
通行折價每缸一隻折銀二錢瓶罈一箇折銀
一分鈞州缸一百六十隻瓶罈一萬八千九十
箇共該銀二百一十二兩九錢外增脚價銀一
百九十七兩一錢又大戶幫貼銀六十兩磁州
缸七十三隻瓶罈一萬五千七百六十二箇共
該銀一百七十二兩二錢二分外增脚價銀一
百三十二兩五錢八分五釐曲陽縣缸瓶罈共

八年知州張夢輔建醫學惠民藥局舊廢張夢
輔建以上俱在州治側僧正司在大明寺彭城
廠在滏源里官窰四十餘所歲造磁罋納于光
祿寺申明亭在州治傍旌善亭在州前舊俱廢
成化十八年張夢輔建養濟院在州治西百步
漏澤園在州城北
行署大僕分司布政分司按察分司府署俱在
州治西百步正統間謝釗建

《大明会典》、嘉靖《彰德府志》

彭城是明代重要的酒器生产基地。明代张应登《游鼓山滏水记》碑中记载："彭城陶冶之利甲天下……岁输御用若干器，不期甲天下哉！"明政府在彭城设立官坛厂40余所，专门为宫廷生产盛酒用官坛。嘉靖《彰德府志》云："彭城厂，在滏源里，官窑四十余所，岁造磁坛纳入光禄寺。"《大明会典》载"在彭城镇设官窑四十余所，岁造瓷坛，堆积官坛厂，舟运入京，纳于光禄寺。明弘治十一年，进贡于皇家之瓶、坛达一万一千九百三十六筒"。《大明会典》是正史，里面提到的磁州窑酒缸、酒罐、酒瓶，都是皇家储酒用器。光禄寺是掌管皇家吃喝规制礼仪的机构，钧州、磁州、真定府每年都要给其烧造好几万件瓶瓶罐罐。这些数量巨大的酒器彰显着皇家用瓷量的需求之大。从故宫旧藏的磁州窑器物可知，明清时期部分宫廷用瓷诸如钧窑的花盆、龙泉的大盘、磁州窑的酒坛等，都是在民窑进行采购的。

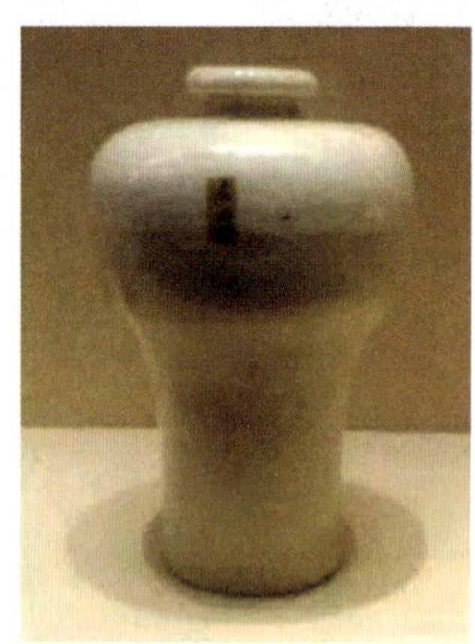

故宫旧藏磁州窑白釉云龙、云凤纹双耳扁瓶、带盖梅瓶

三、祭祀用瓷

故宫旧藏磁州窑白釉锥拱缠枝莲纹葫芦瓶、出戟尊

《左传·成公十三年》："国之大事，在祀与戎。"说的是祭祀和军事，是一个国家最重要的事情。在长达数千年的中国封建社会里，祭祀占有重要的地位。《旧唐书·马周传》："臣又闻：国之大事，在祀与戎。孔子亦云：'吾不预祭如不祭'，是圣人之重祭祀也如此。"唐李邕《又驳韦巨源谥议》："国之大事，在祀与戎。酌于礼经，陈于郊祭。将以对越天地，光扬祖宗。"从另一个角度看，祭祀是增强国家凝聚力的一种方式，更是统治者维护其统治的一种手段。在古代，祭祀活动有着重大的社会功能。这个功能就是对国家的管理，因此重要性还要排在相当于外交的军事前面。

红山文化祭坛、天坛圜丘

宋礼部太常寺纂修《中兴礼书》卷59《明堂祭器》云：绍兴元年"四月三日，太常寺言……匏爵陶器，乞令太常寺，具数下越州制造，仍乞依见今竹木祭器样制烧造"。绍兴"四年，工部言，具太常寺申，契勘今来明堂大礼，正配四位合用祭器，已降指挥下绍兴府余姚县烧造……"。同书卷九《郊庙祭器一》载：绍兴十三年"四月二十九日，礼部太常言……今看详欲乞先次圆坛上正配四位，合用陶器，并今来所添从祀坫，并依新成礼器仿《博古图》，内陶器下平江府烧造……"绍兴"十九年五月二十五日……添修太常寺景钟等，数内铜器祭器等共27593件，缘上件礼器之系礼器局制造，今来除铜器、竹木器，本所差人编检相验可以添修外，有陶器共2238件，内有不堪460件，难以添修，窃见太庙陶器，见委临安府添修，伏乞朝廷指挥，一就令临安府添修制造……"对于研究南宋的祭奠礼制用瓷等诸多方面，具有极其重要的参考价值。《元史》记载，祭器、礼器由瓷器代替金、银、铜等金属器皿。《元史·祭祀一·郊礼上》载："元兴朔漠，代有拜天礼。衣冠尚质，祭器尚纯，帝后亲之，宗戚助祭……世祖中统二年（1261），亲征北方。夏四月己亥，躬祀

天于旧桓州之西北。”同书同条云：“至元十二年十二月，以受尊号，遣使预告天地，下太常检讨唐、宋、金旧仪，于国阳丽正门东南七里建祭台，设昊天上帝、皇地祇位二，行一献礼。自后国有大典礼，皆即南郊告谢焉。”由此可知，元朝统治者十分重视祭祀之礼，并亲自参与祭祀活动。

明清两代祭器全部改为瓷器，对使用瓷器的颜色也作了明确的规定。《钦定皇朝礼器图示》记载，天坛祭祀用青色瓷器，地坛祭祀皆用黄色瓷器，朝日坛用瓷均为红色，夕月坛用白色瓷器。《大明会典》“器用”一章记载：“洪武元年，……二年祭器皆用瓷……嘉靖九年，朝廷规定四郊各陵瓷，圜丘青色，方丘黄色，日坛赤色，月坛白色。”以青、黄、红、白四种釉色的瓷器，分别祭祀天、地、日、月。明代宫廷一年有四次大的祭祀，即天坛、地坛、日坛、月坛之祭。各坛的祭祀时间内容与隆重程度不一。清代沿用旧制，清世祖顺治十年谕：“国家典祀，首重祭祀，每斋戒日期必检束身心，竭诚至敬，不稍放逸。”清朝对祭器的质地有明确规定。《清史稿》记载：“初沿明旧，坛庙祭品遵古制，惟器用瓷……凡陶必辨色。”《唐英督陶文档》第34页“内务府为唐英送变价脚货瓷器折”：“……又看得瓷器内有黄瓷器三万八百五十六件，瓷爵六百四十九件，蓝瓷鼠头瓶四百二十九件，系供内廷及祭祀陈设应用之供，未便估卖请仍贮库外……”

古代皇室祭祀与民间不同，隆重的仪式下彰显着皇帝的威服四方。祭天是明清两朝最为尊崇的一项重大祭祀仪式，源于上古，盛于唐宋。据清乾隆二十四年修撰的《钦定皇朝礼器图式》可知：“凡分六类，一曰《祭器》”，“所祭者有11坛9庙2殿，即天坛、祈谷坛、地坛、社稷坛、朝日坛、夕月坛、先农坛、先蚕坛、天神坛、地祇坛、太岁坛，奉先殿、传心殿，太庙、文庙、帝王庙、先医庙、都城隍庙、内城隍庙、永佑庙、天下第一龙王庙、昭灵沛泽龙王庙；所用祭器分璧、琮、圭、爵、登、簠、簋、笾、豆、篚、俎、尊、琖、铏等14类”，因祭祀时每类所用祭器多寡不一，图中仅以一类绘一器作标识。《皇朝礼器图式》把祭器放在全书之首，可见祭祀在古代的重要地位，也足见清朝政府对其的重视程度。书中对所有祭器的材质、尺寸、纹饰、颜色都作出了明文规定：“天坛正位登、黑、豆、尊、爵、盏和祈谷坛配位簋、豆，用青色瓷；地坛正位登、簋、豆、尊、爵、盏，社稷坛正位尊，用黄色瓷；朝日坛爵、盏、登、簋、豆、尊，用红色瓷；夕月坛正位爵、盏、登、簋、豆、尊，用月白色瓷；先农坛盏，天神坛爵、豆、尊；太岁坛正位盏、登、簋，用白色瓷；太庙正殿登用黄色瓷……”《四库全书总目》评述该书：“所述则皆昭典章，事事得诸目验，故毫厘毕肖，分寸无讹，圣世鸿规粲然明备。”

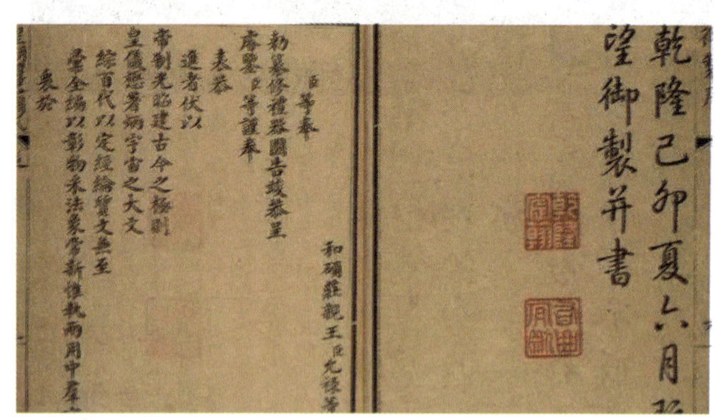

武英殿刻本《皇朝礼器图式》的封面、目录、册页

《皇朝礼器图式》图文并茂，是一部清朝礼制及礼器形制的经典图谱，也是一部记载清代典章制度类器物的政书。书中不仅规范着宫廷各个层面的生活，也规范了清代社会成员的理念和行为模

式。此书共计 1300 幅图，左为图，右为说，通俗易懂。《皇朝礼器图式》的绘制均为宫廷内府画家，绘工精妙，书法工谨，等级规格与装帧形式彰显御制特色，处处体现着庄严肃穆之皇家风范。此书对研究清代礼仪制度和社会生活规范、对了解和研究清朝的典章制度以及瓷器在宫廷的使用情况等，均具有重要的历史价值和学术价值。

四、宫廷绘画中的瓷器

绘画是展示生活的窗口，宫廷书画作品是记录皇室生活的片段，从宫廷画师记录下的画面中不难看出宫廷用瓷器的精致与考究。这些画作中频频出现的瓷器，为我们研究宫廷用瓷提供了可视的资料。以雍正十二美人图为例，画面中仕女家具上摆放着的精美汝窑花盆、釉里红花瓶以及人物手中端着的红釉茶盏等精美名贵的瓷器，都是宫廷用瓷不可或缺的组成部分。

雍正美人图中的瓷器

《乾隆岁朝行乐图》中呈现了皇家岁朝的热烈气氛，乾隆身后架上陈设的瓷器甚是亮眼，可以想见，帝王在享受其乐融融的天伦之乐的同时，精美优雅的瓷器更为帝王的家庭起居平添了一抹生活色彩。大量绘画作品中的瓷器，为我们研究瓷器的使用对象与使用目的提供了翔实的形象资料，如实地记载了瓷器从景德镇来到宫廷后又到哪里使用的真实情况。

《乾隆岁朝行乐图》《弘历观画图》中的各色瓷器

总之，明清时期宫廷用瓷种类繁多，数量巨大，等级有别、尊卑有序、不可僭越。无论是陈设还是在实用中或是在宴请中，不论是生产使用还是运输以及残次品的处理都有着极其严格的管理制度。御窑厂这个皇家的瓷窑，其制作生产的瓷器有如鬼斧神工般至精至美，尽管是一种超经济的文化现象，无疑也是封建社会陶瓷手工业生产最高水平的代表。

第二节　宫廷用瓷的来源与烧造

考古与文献资料表明，宫廷用瓷的来源主要有贡奉、定烧以及设立御窑专门烧造三个渠道。宫廷用瓷因时代的不同，其来源与采用的形式也不一样。它大致经过了两个不同的发展阶段：唐宋时期宫廷用瓷源于民窑，采用自下而上的贡奉与自上而下的派造两种形式进行；明清时期宫廷用瓷绝大部分源于景德镇御窑厂，少量的需要在地方进行订烧。

一、民窑——元代以前御用瓷器的来源

元代以前，国家尚无专门烧造御器的窑厂，在御窑产生之前，宫廷用瓷主要依赖于民窑，朝廷有专门负责的官员进行挑选与采购。挑选出的器物，验收合格后运送到朝廷，留在宫中使用。落选的产品作为商品拿出去卖钱，即文献中所说："唯供御捡退，方许出卖。"这一点和明清时代的御窑有着本质上的不同。

考古发掘材料表明，唐宋时期的宫廷用瓷主要来源于民窑。这些以商品性生产为目的而又被宫廷看中的民窑，它所生产的产品绝大部分作为商品用于销售，少而精的产品被选中供朝廷使用。这两部分产品的生产过程是同时在一起进行与完成的，正如南宋周辉在《清波杂志》论述汝窑时所言："汝窑宫中禁烧，内有玛瑙为釉，唯供御捡退，方许出卖……"

1.贡奉

"任土作贡"，自古有之。纳贡是皇家获取各地物产的方式之一。《书·禹贡序》记载："禹别九州，随山濬川，任土作贡。"孔传："任其土地所有定其贡赋之差。"说的是夏王朝建立后，将其领土划分为九州，在九州范围内，根据土地的具体情况缴纳贡赋。《周礼·地官·载师》曰："载师掌任土之灋。"郑玄注："任土者，任其力势所能生育，且以制贡赋也。"《汉书·地理志上》说："水土既平，更制九州，列五服，任土作贡。"晋左思《三都赋序》云："且夫任土作贡，《虞书》所著；辨物居方，《周易》所慎。"清黄宗羲《明夷待访录·田制三》："古者任土作贡，虽诸侯而不忍强之以其地之所无，况于小民乎！"

贡瓷首先是为了满足皇家用瓷的需要，通常是由宫廷在当时比较著名窑口中选择，质量上有严格的要求，并有专门负责的官员对产品进行挑选，选出的精品供奉宫中使用。如越窑、邢窑、磁州窑、耀州窑、钧窑等南北窑口都曾进行过烧造。其次，贡瓷也包括地方官员以下级进贡上级的形式送给朝廷的精品。这些瓷器虽然是皇帝纳贡的器物，但也是宫廷用瓷的组成部分。总之，贡瓷无论是以皇家纳贡、订烧还是以地方进贡的形式出现，都是民窑制作的精品瓷器，也是唐宋时期宫廷用瓷的主要来源，具有引领时代的质量与工艺水准。

唐宋时期是中国瓷器手工业大发展和繁荣时期，瓷器的种类增多，质量提高，已成为人们日常生活比较普遍使用的用品之一。宫廷更是大量采用瓷器作为日常生活用器，并设有专门机构负责管理。从北齐开始，朝中设置太官署，以皇室膳食为专职。《通典·职官七》："秦有太官令、丞，属少府。两汉沿置。掌皇帝膳食及燕享之事。北魏时太官掌百官之馔，属光禄卿。北齐、隋、唐沿置。"宋代以后，皇帝膳食归尚食局，太官只掌祭物。元孔齐《静斋至正直记》卷二："岁差官监造器皿以贡，谓之‘御土窑’。烧罢即封，土不敢私也。”

清承旧制，土贡的内涵更是名目繁多，包罗万象，每当重要节令，地方官员都要向皇帝进贡土特产，如清代盛行的元旦贡、端阳贡、万寿贡、年节贡、接驾贡、皇太后万寿贡、南巡路贡等，清宫档案《贡档进单》保存有官员进贡贡物的清单。如乾隆二十九年，怡亲王所贡多为古董珍玩，而九江关监督海福所贡则多为新烧的赏玩类瓷器。（铁源、李国荣《清宫瓷器档案全集》，中国画报出版社，2008年）

文献资料表明，唐代越窑、邢窑、定窑、巩义窑等地的陶瓷制品都曾经贡入宫廷。《新唐书·地理志》载：“河南府河南郡……土贡；文绫……埏埴缶，苟杞。”“虢州弘农郡……土贡……瓦砚……邢州巨鹿郡……土贡；丝布、瓷器……”浙江慈溪上林湖吴家溪唐代凌倜墓考古发掘出土的墓志罐记载：“光启三年（887年）岁在丁未二月五日，殡于当保贡窑之北山。”说明在土贡制度下唐代越窑已经有专门从事贡瓷生产的贡窑存在。

浙江省博物馆藏“唐光启三年”墓志罐

（1）越窑

唐、五代时期中央政府实行土贡制度，各州将本地物产进贡给皇帝。据《新唐书·地理志》记载，唐代进贡瓷器的州府有邢州、越州和河南府等三处。唐代诗人徐夤《贡余秘色茶盏》诗云“捩翠融青瑞色新，陶成先得贡吾君”，所指就是贡越窑青瓷之事。

上林湖越窑遗址

众所周知，越窑是我国著名的青瓷窑口，烧造历史悠久。钱氏统治吴越国期间，向唐代皇室进贡了大量精美的秘色瓷器。《十国春秋》记载：“宝大元年秋九月，王遣使钱询贡唐方物……秘色瓷器”1。“清泰三年……九月，王贡唐……金棱秘色瓷器二百事”2。“天福七年……十一月，王遣使贡唐……又贡……秘色瓷器”3。宋人赵令畤《侯鲭录》云：“今之秘色瓷器，世言钱氏有国，为供奉之物，臣庶不得用之，故云秘色。”二十四史中有关“贡瓷器”的记录只有二次：一是《新唐书·地理志》：“江南道，越州土贡瓷器。”二是《宋史·地理志》：“耀州紧华原郡……崇宁，户一十万二千六百六十七，口三十四万七千五百三十五，贡瓷器。”列入正史的贡瓷，应该就是当时窑口最高级别的代表。唐代越窑青瓷为当时全国青瓷之首，而秘色瓷又是其中的上乘之作。宋代以后，由于各地陶瓷手工业如雨后春笋般迅猛发展，秘色瓷逐渐淡出了人们的视野，竟无人知道秘色瓷究竟指的是什么样的瓷器。

1987年4月，西安法门寺塔唐代地宫出土14件越窑青瓷，揭开了秘色瓷的神秘面纱。法门寺是唐代皇家寺院，地宫出土的越窑瓷器应是当时作为贡瓷供奉给唐代宫廷，又被唐懿宗作为供养品转送到法门寺供奉佛骨真身舍利随葬所用，并密封于法门寺佛塔地宫。供奉皇帝的御贡瓷器，件件都是精品。这批秘色瓷器出土于地宫中室的一个金银包边的圆形檀香木盒子之中，盒子里面有一个丝绸包裹。秘色瓷被绘有仕女图案的薄纸包裹着，应是当时宫人为保护瓷器免于磕碰而裹上的画纸，历经千年，画纸纸片化为灰烬，仕女图却留存在秘色瓷碗外壁上了。根据《监送真身时随真身供养道具及金银宝器衣物帐》碑记载：

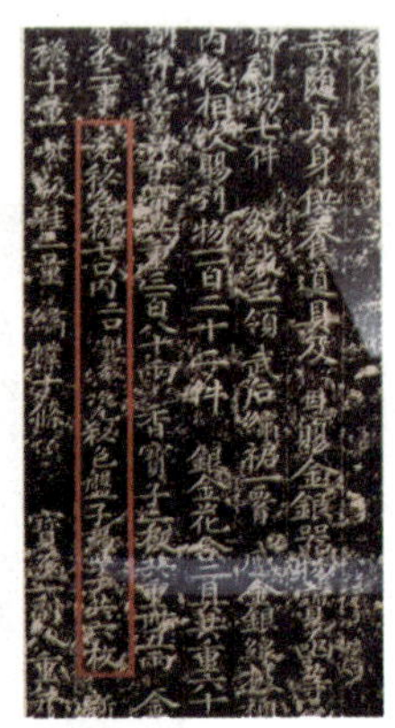

地宫出土《衣物帐》上面镌刻的“秘色瓷”及秘色瓷出土情景

“瓷秘色椀（碗）七口，内二口银棱；瓷秘色盘子、叠（碟）子共六枚。”这批秘色瓷中有两件样式、纹饰相同的鎏金银棱平脱雀鸟团花纹秘色瓷碗，也就是地宫物帐碑中提到的“内二口银棱”的器物。碗外壁饰髹黑漆，腹部金银平脱鎏金鸾鸟及银雀鸟团花纹五朵，碗口、底足包银棱，这让本来就已经非常精美的秘色瓷更加熠熠生辉、富丽堂皇。鎏金银棱平脱瓷器的工艺技法非常复杂，需先按照设计要求镂刻出雀鸟团花纹银箔纹样并鎏金，再把此纹样粘贴在黄釉秘色瓷碗的外壁上，髹漆盖住纹样；然后研磨推光直到雀鸟团花纹样显露出来并与碗壁黑漆厚度平齐而融为一体，此即为金银平脱。这两件鎏金银棱平脱雀鸟团花纹瓷碗，完美地将金银平脱技艺装饰在如冰似玉的秘色瓷之上，集制瓷、髹漆、金银平脱、银扣多种工艺于一器，首开金银装饰瓷器的先河，是古代陶瓷发展史上的重大工艺创新。法门寺地宫出土的秘色瓷与陆龟蒙的《秘色越器》诗可相互印证，证明了秘色瓷为晚唐时越州窑烧造的贡瓷。

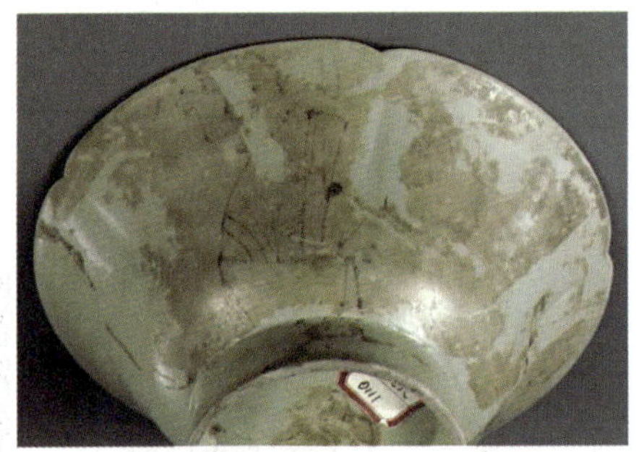

留存在秘色瓷碗上的侍女图

鎏金银棱平脱雀鸟团花纹秘色瓷碗

秘色瓷花口碗、盘、八棱净水瓶

宋临安是吴越国缔建者钱镠的故里，吴越国自钱镠受封吴越王始，至北宋太平兴国三年钱俶纳土归宋止，建都钱塘（今杭州市），有国72年，历三世五王，依次为钱镠、钱元瓘、钱弘佐、钱弘倧、钱弘俶，是五代十国中延续时间最长的政权。苏轼《表忠观碑》记载："故吴越国钱氏坟庙及其父、祖、妃、夫人、子孙之坟，在临安者十有一。"20世纪50年代以来，考古工作者在临安市、杭州市发现钱氏家族墓地，相继发掘了钱宽（钱镠父亲）墓、水邱氏墓（钱镠母）、钱镠元妃戴氏夫人墓、钱元玩（钱镠第十九子、普光大师）墓、钱元瓘夫人马氏康陵（吴越国二世王钱元瓘夫人恭穆王后马氏）墓、太庙山钱氏家族墓等七座王族墓。加上未经发掘的钱镠墓、钱镠祖父钱宙墓，临安共发现吴越国钱氏王族墓九座。发掘出土了大量弥足珍贵的随葬文物，其中包括一批典雅奢华代表晚唐至五代最高工艺水平的瓷器，其精美程度足以代表越窑定窑等瓷器制作的最高水平。这表明，在五代十国时期，吴越钱氏朝廷曾垄断越窑的部分生产。

A.水邱氏墓

临安吴越国钱宽、水邱氏夫妇墓，系吴越国第一代国王钱镠父母之墓。该墓位于临安城西约五华里的西墅村明堂山，同茔异穴，相隔五米。钱宽墓早年被盗，钱宽妻水邱氏墓尚完好，出土大量的金、银、铜、瓷、玉等器物。瓷器中有一批镶银边的白瓷和大型越窑瓷器。这些出土的器物，可以让人领略到吴越国千年前炉火纯青的制瓷技艺和精进的制作水平。

浙江临安晚唐水邱氏墓出土了越窑青瓷25件，有熏炉、罂、灯、碗、罐、坛、粉盒、油盒等造型。随葬的越窑青瓷褐彩云纹熏炉、青瓷褐彩云纹盖罂、青瓷褐彩云纹油灯，器型硕大规整，制作精工，釉质如冰似玉，千峰翠色，随葬的白瓷瓜棱执壶、云龙把杯、海棠杯等瓷器，扣金或扣银，胎釉俱佳，代表越窑青瓷与定窑白瓷制作的最高水平。

吴越统治者墓葬多出土一些形体高大、装饰瑰丽、用途特殊的极品"秘色瓷"。水邱氏墓出土的青瓷褐彩云纹熏炉，通高66厘米，由盖、炉、座三部分组合而成，口径40.3厘米，底径41厘米。器型之硕大，造型之规整，纹饰之精细，令人叹为观止。盔形的炉盖，含苞欲放花心中空的荷花状盖钮，三十六个蝙蝠状的镂空形出烟孔呈三层排列在盖身上部。六组形态各异、褐彩彩绘的云纹在盖身中部和下部飘舞。宽平折沿盆腹平底的炉身下置五兽足，须弥形底座镂空有八个壶门。炉内尚存香灰。纹饰精美，造型规整，风格凝重，做工精湛，意匠生辉，体现了越窑工匠高超的制瓷技艺，堪称唐代越窑青瓷工艺的巅峰之作，也是一件集宏大和精致于一体的青瓷珍品。

青瓷褐彩云纹盖罂高66.5厘米，由器盖和器身两部分组成，通体施釉，釉色青黄，釉面润泽，胎质细密。器型高大秀美，制作规整、纹饰生动，体现了越窑工匠炉火纯青的技艺。“罂”一般为生活用器，多用来存放水、酒、粮食等，流行于唐、宋。

水邱氏墓出土越窑青瓷褐彩熏炉、盖罂

青瓷褐彩云纹油灯为钵形，高圈足外撇。通体施釉，釉色青中泛黄，釉面滋润。云纹，腹部釉下褐彩六组双勾如意云纹和六朵绽放的莲花，腹底和圈足各饰八朵和十一朵云气纹。油灯出土时，放置在水邱氏墓墓穴正中莲花形石灯台之上。器内遗留未燃尽的油脂。在古代，人们多将油灯置于墓穴之中，希望死者后世长明，体现着古人“事死如事生”的传统丧葬理念。这三件形体硕大、装饰瑰异的青瓷，堪称唐代“秘色瓷”之最。其制作工本远远超过法门寺出土的唐代“秘色瓷”。

除了青瓷之外，水邱氏墓中还随葬了17件白瓷，与水邱氏合葬的钱镠之父钱宽的墓中出土了19件白瓷，大多铭“官”“新官”款，青瓷只有3件。水邱氏墓出土的瓷器，工艺精湛、造型优美、釉色滋润，堪称稀世珍宝，是已发现的吴越钱氏王室墓中保存最完好、做工最考究的，具有极高的历史、艺术、科学价值。水邱氏墓陪葬的这些器物并非明器，而是吴越国宫廷王族的生活用具，是生前现实生活的真实写照，这为研究宫廷用瓷的来源提供了很好的依据，对研究唐宋以来宫廷用瓷的来源与烧造具有重要意义。

水邱氏墓出土青瓷褐彩云纹油灯、“金装定器”白瓷云龙把杯、白瓷壶、“金装定器”白瓷盘

B.康陵（天福七年）

钱元瓘（887—941），武肃王钱镠第七子，吴越国第二任君主。932年钱镠去世，钱元瓘继承父位，在位十年，先后被封为吴王、吴越王、吴越国王。941年，钱元瓘去世，时年五十五岁，庙号世宗，谥号文穆王，葬于今浙江省杭州市南山陵园玉皇山南麓。

钱元瓘妻子马氏的墓随葬“秘色瓷”多达44件，器型有罐、盆、注子、碗、唾壶、套盘、粉盒、盘、杯、茶托等，这批“秘色瓷”大多制作精致，釉色青莹滋润，基本没有二次氧化现象，可与法门寺出土的唐代“秘色瓷”媲美。这一现象也表明，吴越国在钱元瓘统治的时候，“秘色瓷”在人们心中占据了重要的地位。

康陵外景

钱元瓘墓出土越窑盘龙纹罂、套盒

康陵出土五代越窑青瓷

钱元瓘墓随葬了罂、注子、套盘、洗、碟、器盖等越窑青瓷，残高29.5厘米的青瓷罂，器身二条浅浮雕的龙，动态强烈，威猛无比，据说此罂刚出土时，龙身还遗留有镏金的痕迹，其华丽精美的程度，在其家族墓葬中未有能与之可比者。除此之外，钱元瓘王妃吴汉月墓以及吴随墓等家族墓，其随葬的瓷器品类也很丰富，盏、碗、壶、盒、釜、则、筋一应齐全。这些瓷器，胎质细密，釉色淡雅，厚釉处呈绿色，器形简洁规整，造型别致，具有极高的艺术水平。

吴越国地理条件优越，物阜民富，在纷争的五代十国中成为富庶安定的首善之区。安定的社会，繁荣的经济，刺激了手工业的繁荣和商品经济的发展，为越窑精美青瓷器生产高峰的形成创造了有利条件，烧造年代从东汉至两宋长达1000余年的著名窑口越窑，也在这个时期达到烧造工艺的巅峰，陆羽笔下“千峰翠色”的“秘色瓷”也在此一期内为世人皆知，誉满天下。五代吴越国钱氏，用烧造上乘的精美越窑瓷器去讨好唐末及宋初的皇室。据文献记载，吴越国王钱元瓘在位时曾向后唐朝廷进贡了“金棱秘色瓷器二百事”，而吴越国最后一位皇帝钱弘俶，也曾经向北宋朝廷进贡了“金银饰陶器一十四万余事”。14万多件贡瓷，即使在现在也不是一个小数，可见这些代表青瓷最高水平的越窑精美瓷器，是吴越国与中原政权和其他地方政权交往的贡物和珍贵礼品，吴越国希望借此达到继续生存的目的。《宋会要》记载，开宝“六年二月十二日……两浙节度使钱惟睿……又进……金棱秘色瓷器五百事”；太平兴国“二年……叔进……金扣越器二百事……”；太平兴国“三年……叔进瓷器五万事……金扣瓷器百五十事……”。《宋会要·食货志》41载：“神宗熙宁元年十二月，尚书户部上诸道府土产贡物……越州……秘色瓷器五十事”。开宝“元年二月十二日……两浙节度使钱维睿……又进……金棱秘色瓷器五百事”。“开宝二年秋八月……是时王贡秘色瓷器于宋”（卷82《十国春秋·吴越六·忠懿王世家》）。《吴越备史》卷4载：“王自国初供奉之数，无复文案，今不得而书，维太祖，太宗两朝入贡记之颇备，谓之贡奉录。今取其大者，如……金银饰陶器一十四万余事”，可见贡奉数目之大。

1985年，河南巩县宋太宗元德李后陵出土的越窑青瓷划花龙纹大瓷盘、划花云鹤纹瓷套盒、刻花瓷碗，纹饰细腻，线条流畅，技艺娴熟，制作相当精致[1]，是越窑继唐、五代之后向宋室进贡瓷器的佐证，使世人得以窥见钱弘俶进贡的“秘色瓷”的庐山真面目。这类青瓷制作精巧，釉层晶莹，饰有龙、云鹤、水波等线条流畅的刻画纹，其所显露的正是吴越“秘色瓷”的典型风貌。

A.宋太宗元德李后陵（北宋咸平三年）

宋太宗元德李后陵位于河南省巩义市。元德李后是宋太宗之妃嫔，薨后被尊为皇太后。李后陵位于河南省巩义市西村镇滹沱村北，墓内遗物早年被盗殆尽，残存文物多已破碎。出土有80多件青釉、白釉或黑釉的瓷器残片，其中带“官”字的定窑瓷器和越窑龙纹大盘，颇为难得。

宋太宗元德李后陵出土越窑瓷器

青瓷划花云鹤纹盒，1985年河南省巩义市宋太宗元德李后陵出土，通高20.5厘米，现藏于河南文物考古研究院。此件套盒，造型规整，严丝合缝，釉面光洁润泽，纹饰线条娴熟流畅，刻画精工，云鹤栩栩如生，彰显着宫廷用瓷的精美绝伦，也体现了越窑瓷器无与伦比的烧造工艺。在井里汶沉船中出水了几件刻画龙纹的大盘，与元德李后陵出土的越窑龙纹大盘几乎完全相同。另外，沉船中出土的瓷盘与李后陵中出土的也十分相似。御用的瓷器与外销的瓷器造型、纹样相同说明，同样的器物在贡御以外，可用作商品外销，去赢得不菲的利润。这一现象再次证实了文献记载“除供御拣退，方可出售”记载的可靠性。

B.周王赵佑墓（北宋景德三年）

除了李后陵外，宋陵墓葬群中的周王赵祐墓也出土了精美的越窑青瓷刻花碗、刻花瓷盏托。赵祐，宋太宗赵光义之孙，咸平六年九岁时夭折，追封周王。后于景德三年（1006）十月二十八日随宋太宗明德李皇后陪葬于永熙陵。赵祐是宋真宗最宠爱的儿子，并欲立他为太子，陵墓以太子的规格建造，随葬的越窑瓷器应为生前所用。

1 《华夏考古》1988年第3期。

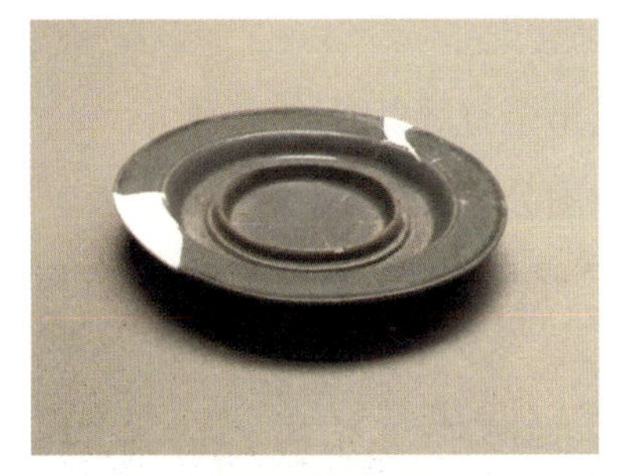

北宋景德三年（1006）周王赵祐墓出土的越窑瓷器

辽代考古资料表明，耶律羽之墓、辽圣宗贵妃萧氏墓、陈国公主墓、韩佚墓等皇室及其贵族墓葬中普遍出土精美的越窑青瓷，这些具有准确纪年的墓葬如辽会同四年（941）耶律羽之墓，辽统和十一年（993）年圣宗贵妃萧氏墓，辽统和十五年韩佚墓（997），陈国公主墓辽开泰七年（1018）的发掘，为我们了解辽与中原、吴越与辽的文化交流以及瓷器的使用情况提供了宝贵的资料。

A.耶律羽之墓（辽会同四年）

耶律羽之墓，位于赤峰市阿鲁科尔沁旗罕苏木苏木古日板呼舒。耶律羽之及其家族在辽王朝具有极其显赫的地位。生前曾任东丹国左相，权倾一时，死后葬于朝格图山南侧耶律曷鲁家族墓地。1992年7月，考古人员进行发掘，其墓室地面采用琉璃砖铺砌，四壁溢彩，建造豪华，结构精细考究，犹如地下宫殿。这在以往发现的辽墓中尚无先例，堪称一绝。部分器物为首次发现，填补了多项辽代考古的空白。

耶律羽之墓随葬有大量精美遗物，金、银、铜、铁、陶、瓷、丝织、木、玉、玛瑙、玻璃、水晶、琥珀饰件等，一应俱全。其中，大量制作精良、造型优美的青、白瓷器为随葬品大宗，器类丰富，窑口众多，涉及邢窑、定窑、越窑、耀州窑等，器形有鸡冠壶、盘口瓶、盖罐、罐、钵、碗、粉盒等，另有瓜棱壶、绿釉陶瓶两件。可谓囊括南北各著名窑口，汇集食谷、食肉民族各不同风格造型，代表了高超的工艺制作水平。这些遗物制作精美，工艺考究，堪称精品，被称为中华人民共和国成立以来辽代考古的重大发现。墓中出土的两件皮囊壶瓷器，一白一黑，形体巨大，具有典型游牧民族瓷器的地域风格与特点，如玉的温润釉面，中规中矩的造型，堪称辽代瓷器的杰出之作。而越窑青瓷四系盖罐，是南方青瓷特有的形体，它的出土，显然是南北文化相互交流的体现。不同地域、不同风格、不同釉色的瓷器出现于同一个墓葬，体现了南北文化的交融与互补，反映出宫廷用瓷来源的多样性。

耶律羽之墓出土越窑双耳四系盖罐、耶律羽之家族墓地

B.辽圣宗贵妃萧氏墓（辽统和十一年）

辽圣宗贵妃萧氏墓位于内蒙古多伦县小王力沟。萧氏为辽朝第六位皇帝辽圣宗耶律隆绪第一位皇后，萧太后的外孙女。其父为辽代名将萧宁，母亲为萧太后的女儿魏国公主。《辽史·公主表》载："圣宗十四女，贵妃生一女，燕哥第一，封隋国公主，进封秦国。"墓志"大契丹故妃兰陵萧氏玄堂志铭并序"，详细记载了墓主人的生平、身世等情况。统和十九年三月，"皇后萧氏以罪降为贵妃"。墓主人于统和四年（986）嫁给圣宗，并被立为皇后，育有两女一男，后由于宫廷斗争，被贬为贵妃。统和十一年（993），20多岁的她溘然去逝。

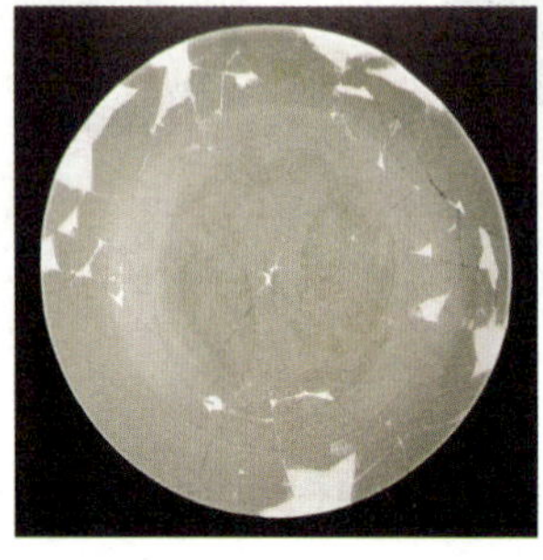

萧贵妃墓外景与出土越窑划花双凤碗

萧贵妃墓瓷器出土情况

萧贵妃墓出土了大量精美文物，其中越窑青瓷鹦鹉纹长流执壶、越窑盏托、青瓷茶釜的茶器组合，反映当时契丹族兴盛的茶文化。

萧贵妃墓出土的越窑银扣青瓷人物纹执壶、器盖

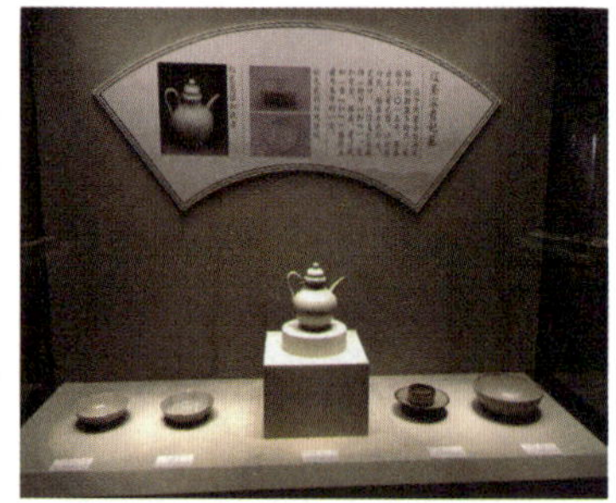

萧贵妃墓出土的越窑青瓷银扣托、碗以及在故宫的展览

萧贵妃墓随葬的瓷器多为精品，分属定窑、越窑等不同窑口。器形有定窑白釉提梁壶、白釉盘口长颈瓶、白釉仰覆莲罐、越窑青釉鹦鹉纹长流执壶、青釉葵口小碗、深腹盘等，瓷器器身纹饰精美。特别之处是，这些瓷器的器口、足多包金饰，且加有金、银盖（辽代金银扣瓷器出土最为集中），反映了辽代宫廷用瓷奢华精致、富丽堂皇的气派。

其中越窑青瓷鹦鹉纹银口执壶，高18.8厘米（2015年萧贵妃墓出土，内蒙古自治区文物考古研究所藏），造型端庄大气，釉色纯正温润，胎体细腻，纹饰生动，线条流畅，制作精工，反映出了当时制瓷工艺的最高水平。定窑白瓷银盖葫芦瓶、银鎏金卷荷叶纹仰覆莲瓣罐，为辽宫廷使用的定窑白瓷精品，除了具有白玉般的质地外，更显奢华。

资料显示，萧姓贵族为辽代王朝最显赫的皇权贵戚，多伦辽代萧贵妃墓的考古挖掘，是辽代宫廷用瓷出土最为集中的一次，出土瓷器规格之高令人惊叹。

萧贵妃墓出土定窑白瓷盖罐、银盖白瓷葫芦瓶

C.陈国公主墓（辽开泰七年）

陈国公主墓位于内蒙古通辽市奈曼旗青龙山镇。根据出土的《故陈国公主墓志铭》可知，陈国公主为辽圣宗耶律隆绪二弟秦晋国王耶律隆庆的女儿，萧太后的孙女，其驸马为辽圣宗齐天皇后之兄萧绍矩，驸马的姑妈是萧太后。陈国公主，初封太平公主，进封为越国公主，追封陈国公主，去世时年仅18岁。1986年，考古人员对这处辽代贵族墓葬进行了考古发掘。陈国公主墓是迄今为止发现的保存最完整、出土文物最丰富的契丹贵族大墓，出土了越窑青釉刻画对蝶纹盘、越窑花口青瓷碗、“官”字款越窑青釉菊花纹盘等文物，胎薄质细，青釉莹润，为越窑青瓷的精品。

开泰七年陈国公主墓出土的越窑瓷器

D.韩佚墓（辽统和十五年）

韩佚出身名门贵戚，家庭显赫，其祖父韩延徽是辅佐辽太祖耶律阿保机的重臣，辽太宗进封为鲁国公，死后葬幽州之鲁郭。韩佚墓志载“葬幽都县房仙乡鲁郭里为西原，从先茔”。鲁郭即鲁国之意，明朝仍称鲁郭，清代又称韩家山。韩佚墓内出土器物60余件，其中以越窑青瓷最多。其中一套完整的青瓷注碗，堪称越窑艺术瑰宝。执壶，通高48厘米，官帽式壶盖，瓜棱状圆腹，直流曲柄，造型端庄。盖饰云纹、羽纹，腹部划花宴乐人物纹饰，刻画精工。器底刻“永”字款识。胎质精致，釉色淡雅，青釉刻鹦鹉纹温碗，器心刻画一对首尾相逐的团形鹦鹉，花纹工细。壶与碗薄胎致密，釉色纯正，温润似玉。出土时越窑青釉划花宴乐人物图注壶放置在碗内，盏荷花形，托盘荷叶形，盘内刻画花卉和小蜜蜂。盏托釉质纯净，色调青翠，胎质坚硬，是五代越窑秘色瓷的代表作品。

韩佚墓内出土划花人物纹“永”字款执壶、鹦鹉纹碗、刻花盏托

E.辽祖陵一号陪葬墓

辽祖陵是辽代第一个皇帝耶律阿保机及其皇后的陵寝，位于内蒙古巴林左旗查干哈达苏木石房子嘎查西北的山谷中。2007年发掘的祖陵一号陪葬墓主人为辽太祖第三子耶律李胡，死于应历十年（960）。墓的形制为大型砖筑类屋式墓葬。此墓虽然经过了严重的盗掘，但仍清理出一些精美的随葬品，主要有金器、银器、铜器、玻璃器、玉器、琥珀、铁器、瓷器、陶器、石器等，瓷器有青釉龙盘、青釉双凤盘、青釉执壶、盏托、碗、白釉罐、白釉大盆等。其中越窑青瓷与临安吴越国康陵秘色瓷胎土、釉色、器形等相近，应是五代时期吴越国出口辽国的瓷器精品。该墓的发掘对研究辽代早期宫廷用瓷以及陵寝制度具有重要学术价值。

秘色瓷曾是唐、辽、宋时期皇家所使用的瓷器，从上述列举的法门寺地宫、吴越国水邱氏墓葬、康陵、宋太宗元德李后陵到辽圣宗贵妃墓等皇家陵寝出土的秘色瓷珍品，我们不难看到，朝廷使用的“秘色瓷”以日常生活器皿为主。在从唐代晚期到北宋初年的近两百年间里，越窑烧造的秘色瓷一直都是皇家使用的至宝。当然也包括使用过这些瓷器的五代十国的后梁、后唐、后晋、后汉、后周国的帝王以及大辽国的皇室。众多的考古资料不仅证实了唐代陆龟蒙《贡余秘色茶盏》诗所说秘色瓷是为皇帝烧造的贡品，而且也证实了《吴越备史》《十国春秋》《宋史》等书中所说吴越国钱氏向中原王朝进贡秘色瓷器的记载。1987年法门寺地宫的发现以及近几年考古工作者对上林湖后司岙窑址的考古发掘，不仅揭开了长期以来有关秘色瓷的神秘面纱，而且明确了秘色瓷的产地以及烧造工艺，为研究唐宋以来宫廷用瓷的来源与烧造提供了更为翔实而科学的资料。

越窑在向宫廷供奉瓷器的同时，大量生产的仍然是商品用瓷，这些瓷器除了满足国内需求外，还大量外销到世界各地，以获取丰盈的利润。唐宋以来，陶瓷是中国大宗出口的产品，大批青瓷和白瓷通过海路销往东南亚和东非地区。近年来，越南、菲律宾、印度尼西亚、泰国、巴基斯坦等东南亚以及伊朗、埃及等西亚以及东非肯尼亚等地以及在朝鲜半岛和日本，多发现或出土了越窑瓷器，中国商人因为海上贸易有利可图，不断频繁出入于海路进行贸易。1998年，在印尼勿里洞海发现的“黑石”号沉船上出水了数百件越窑青瓷，包括瓷碗、水注、酒壶、熏炉等器物，这一批越窑青瓷，有很多是类似陕西法门寺出土的秘色瓷。这些瓷器都是釉色温润，制作规整，烧造精良，“夺得千峰翠色来”的优质越窑青瓷。

越窑青瓷被源源不断地运往海外，为商家创造了巨额的利润。2003—2005年印尼爪哇井里汶沉船，出水30多万件瓷器，其中10多万件是越窑青瓷，碗、碟，执壶、水盂、盏托、套盒一应俱全，是有史以来在水中发现的数量最多的越窑青瓷。运载这批文物的沉船当时应该是从苏门答腊出发，在前往东爪哇的航行中沉没在爪哇北部港口井里汶附近的。沉船装载的大量越窑青瓷是为供应给室利佛逝及中爪哇的民众使用。这些瓷器数量巨大，在所有发掘物中，陶瓷占90%左右。无论是数量还是质量，这艘船上的宝藏都是迄今为止东南亚出水最大的。正如巴黎吉美博物馆（Guimet Museum）专家保罗·德斯卢克所说："公元10世纪的沉船极其罕见，我们对五代十国的认识非常苍白，博物馆里的文物极少，这艘船填补了这一空白，非常有历史意义。"

井里汶沉船打捞的越窑瓷碗、瓷壶、"戊辰徐记造"莲瓣大碗

井里汶沉船中出水的执壶，与临安五代天福四年康陵、河南省巩义市宋代李后陵、辽代萧贵妃墓、韩佚墓中出土的越窑精美瓷器，造型装饰基本相同，具有较高的等级，质量多属上乘。沉船出水的数个四曲花瓣形套盒，是越窑秘色瓷的经典之作。造型、装饰相同的套盒在五代康陵、宋代李后陵都曾经出土过。同样造型、纹样和质量的瓷器同时出土于皇后陵寝和外销的货船中，只能说从五代到宋代再到辽代，越窑生产的最上乘的精美的瓷器，除了被选用于贡御，也被用来作为商品外销。

井里汶沉船、辽贵妃萧氏墓、韩佚墓出土的越窑执壶

（2）邢窑

邢窑以烧制白瓷而闻名，在中国的陶瓷史中占有重要地位。窑址位于今邢台市所辖的内丘县和临城县祁村一带，遗址总面积约300万平方米，分布在南北长30公里、东西宽10公里的范围内。邢窑始烧于北朝，衰于五代，终于元代，烧造时间为900多年。

邢窑遗址发掘出土的精细白瓷达到了相当高的水平，特别是隋代所烧的透影白瓷，胎质细腻，釉色光润，皎洁如玉，风格典雅朴素。造型多样，盘、碗、杯、瓶、罐、三足釜、枕、皮囊壶、砵、玩具、砚台、雕塑等应有尽有。李肇《唐国史补》："内丘白瓷瓯，端溪紫石砚，天下无贵贱通用之。”文献表明，邢窑白瓷在唐代已经得以普遍使用，成了人们生活中不可缺少的用品。

唐代邢窑白瓷皮囊壶、凤头壶、罐

唐代邢窑白瓷鹦鹉杯、兔、象

唐代邢窑白瓷风炉、杯、茶器

作为北方著名的瓷器窑口，邢窑曾向唐代朝廷供奉瓷器。《新唐书》第四册志二十九地理三记载：“邢州巨鹿郡……土贡：丝布、磁器、刀、文石。户……”《大唐六典》卷三：河北道贡“邢州瓷器”。唐代大明宫遗址发掘出土的邢窑白瓷证实了文献记载的准确性。

邢窑贡瓷见于文献记载共四处：唐代两处，北宋两处。《唐六典》卷三记载：河北道古幽……今怀卫、相、洺、邢、赵……恒山贡春罗、……邢州瓷器。宋代欧阳修、宋祁撰《新唐书》第九载：“邢州钜鹿郡，本襄国，天宝元年（742年）更名。土贡丝布、磁器……”《元丰九域志·河北路》：“邢州土贡：绢一十匹、瓷器一十事。”《宋史·地理志》：“信德府…本邢州。贡绢、白瓷……”

唐代邢窑烧制的白釉瓷器上，有一些底部刻画“盈”字款，其制作较为精细，属于唐代邢窑白瓷中的精品，应是皇家御苑所烧制的贡瓷。“盈”字款极有可能是唐代大盈库的简称。唐玄宗开元时期，将皇室财政库内库组织分为大盈、琼林两库。《新唐书》卷五一《食货志·一》记载：玄宗时“王珙为户口色役使，岁进钱百亿万缗，非租庸正额者，积百宝大盈库，以供天子燕私”。又载：“故事，天下财赋归左藏，而太府以时上其数，尚书比部覆其出入。”大盈库实质上是皇帝的私库，由宦官掌管。肃宗时“京师豪将假取不能禁，第五琦为度支盐铁使，请皆归大盈库，供天子给赐，主以中官。自是天下之财为人君私藏，有司不得程其多少”。大盈库一直延至唐代末年。从考古资料看，“盈”字款白釉器出现于盛唐时期，晚唐时期仍有发现，与大盈库设置的时间吻合。

邢窑“盈”字款白瓷罐、玉璧底碗

唐代邢窑“盈”字款碗、花口盘、盖罐“大盈”款识白瓷残片

邢窑产品中还有带“翰林”款识的瓷器，属于专门为翰林院订烧而制作，应是宫廷赐赏翰林院学士所用。唐玄宗开元初年，设翰林院，分掌内命，天下用兵，军国多务，深谋密诏，皆从中出。“翰林学士”权任加重，礼遇益亲，直至被称为“内相”，并“独承密令”。西安大明宫曾经出土的带有“盈·翰林”双款识的瓷罐，无疑也是入贡大盈库的贡瓷。

唐代邢窑“盈”“翰林”款白瓷出土表

时间	名称	出土地点	款识	件数
1957 年	白瓷碗残片	西安唐大明宫遗址	“盈”字	1
1975 年	白瓷执壶	河北易县北韩村唐墓	“盈”字	1
1984—1985 年	白瓷残片	河北内丘城关窑址	“盈”字	大量
1980 年	白瓷碗	西安唐大明宫麟德殿遗址	“盈”字	1
1984 年	白瓷碗	西安唐大明宫遗址	“盈”字	1

续表

时间	名称	出土地点	款识	件数
1985 年	白瓷碗	西安唐西明寺遗址	“盈”字	1
1992 年	白瓷碗 白执壶	西安唐青龙寺遗址	“盈”字	1 1
1994 年	白瓷大碗	内蒙古赤峰市早期辽墓	“盈”字	1
1997 年	白瓷罐	西安唐大明宫遗址	“翰林”“盈”双款	1
1990 年	白瓷罐 白瓷碗	河北宁晋县北河庄唐墓	“盈”字	1 1
1991 年	白瓷罐	河北隆尧旧城镇唐墓	“盈”字	1
2000 年	白瓷罐	河北内丘北大丰唐墓	“盈”字	1
2002 年	白瓷执壶 白瓷盘	西安唐新昌坊遗址	“盈”字	5 4
2003 年	白瓷碗 白瓷盏托	邢台市邢钢东生活区唐墓	“盈”字 “盈”字	1 1

考古资料表明，邢窑贡瓷多出土于大明宫遗址、皇亲国戚墓葬以及皇家寺院、地方官府遗址等处所，说明“盈”字款瓷器是专供帝王与宫廷享用的。当然，皇帝也可以用它进行赏赐。能够得到皇帝的赐赏，将是莫大的荣誉，所以，“盈”字款白瓷才会在皇家寺院、官僚住所等遗址中发现。邢台和大明宫，一个是白瓷产地，一个是白瓷使用目的地。

20世纪末，菲律宾打捞出水的唐代“黑石”号沉船中发现的“盈”字款绿釉碗，其款识和器型与大明宫出土的残碗十分相似，有可能是唐朝皇帝赏赐给海外使节的礼物，也有可能是官员利用工作之便私自带出的器物，不管怎样，皇宫用品出现在沉船之中，表明大唐的贡瓷不仅可以供奉朝廷，还可以作为礼品供皇帝进行赏赐，也可以作为商品漂洋过海远销世界。不管哪一种可能，都说明贡窑与明清时期景德镇御窑厂生产的御用瓷器有着本质的区别，再次证明周辉《清波杂志》中所说“……惟供御捡退，方许出卖……”的准确无误。

（3）定窑

北方重要的白瓷产地之一，窑址位于今河北省曲阳县涧磁村及东西燕山村一带。曲阳宋代属定州故名。宋、金时代是定窑生产的黄金时期，窑址规模大，烧造时间长，产品数量多，造型丰富。定窑以生产白釉为主，兼烧黑釉、绿釉、酱釉、褐釉瓷器，也称“黑定”“绿定”和“紫定”，是北方民间的著名窑口。

定窑遗址与窑炉

宋代定窑白釉瓷器

宋代定窑酱釉、黑釉、绿釉瓷器

定窑是以商品性生产为目的的民窑，同时也为宫廷烧造贡瓷。窑址发掘出土的带有“尚食局”“食官局”“尚药局”等铭文的瓷器，就是当时为供奉朝廷御膳、御药而专门生产的产品。《吴越备史》中有“太平兴国五年，王进朝谢于崇德殿，复上金装定器两千事”的记载。宋邵伯温《闻见录·定州红瓷》条云：“仁宗一日幸张贵妃阁，见定州红瓷，帝检问安得此物，妃以王拱宸

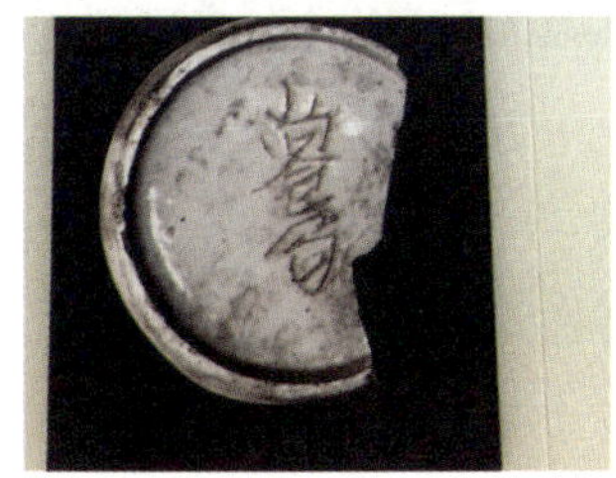

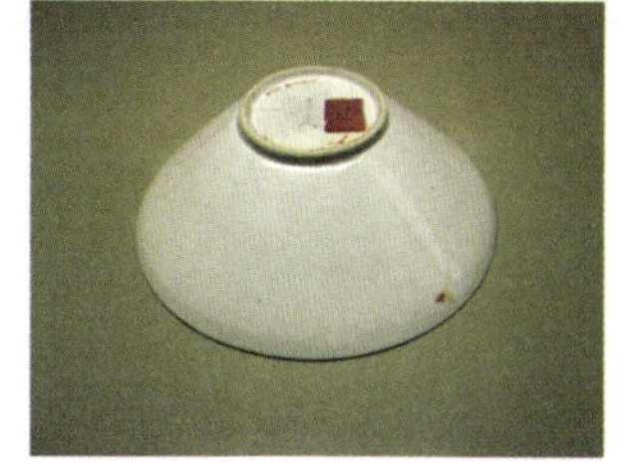
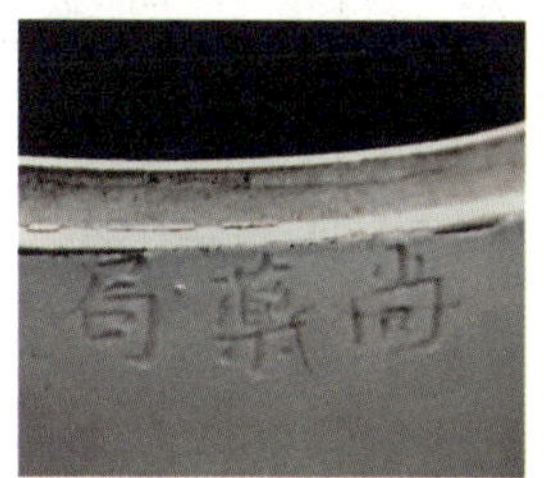

定窑白釉“尚食局”“尚药局”残片

所献为对。帝怒曰，尝戒汝勿通臣僚馈送，不听，何也？因以所持柱斧碎之。妃愧谢久之乃已。”亦为宫廷使用定窑瓷器之记载。

《宋会要辑稿·食货52·瓷器条》云：“瓷器库，在建隆坊，掌受明、越、绕州、定州、青州白瓷器及漆器以给用。”宋太宗淳化元年七月，“瓷器库纳诸州瓷器，拣出缺璺数目第科罪”，明确记载北宋都城汴京皇宫内建有专门收藏贡瓷的瓷器库。1984年，河南宋太宗元德李后陵发掘出土定窑白瓷能复原的瓷盘26件、瓷碗11件，总共37件，其中带有“官”字款的16件，胎薄质坚，釉色莹润，造型精巧，使我们有幸目睹了定窑贡瓷的真实面貌。元德李后，宋太宗赵光义之妃，宋真宗赵恒之母。死于太平兴国二年，初葬于普安院，咸平三年，宋真宗继位后，迁葬于宋太宗永熙陵的西北。陵墓中出土的定窑白瓷表明，最迟在太平兴国年间定窑已经为宫廷进贡瓷器。李后陵出土的定窑瓷器，胎质细腻，器身内外施釉，除少部分满釉外，绝大部分为芒口。釉色牙白，釉质莹润，光洁细腻。器形制作规整，造型有瓷盘和瓷碗两种，有的器物中刻画凤纹。26件瓷碗有8件底部带有“官”字款。口径12.8—14.8厘米的小碗数量最多，釉面晶莹，胎薄体轻，小巧玲珑，另有少量花口碗及划花白瓷碗片。元德李后是在死后23年被追封为皇太后进行迁葬的，随葬的这些瓷器都是死者生前所使用过的生活用器。这在一定程度上反映了定窑贡瓷不仅要满足皇宫日常生活所需，而且还被用作帝、后陵墓的随葬品。

定窑瓷器在宋代宫廷使用的情况，还可以从当时的书画作品中得到佐证。现藏台北故宫博物院的《文会图》，是宋徽宗赵佶所创作的一幅设色中国画，充分表现了徽宗院画的精致风格。图像中童仆所使用及准备中的茶具，应当是作为画家的皇帝根据当时北宋茶器中相应的实物所绘制，古朴素雅的定窑白瓷，迎合了最懂美的皇帝的审美需求。他通过自己的作品告诉世人，“末俗尚靡，不贵金玉而贵铜磁（瓷）”的审美价值取向。图中所绘确有其据的茶器、餐具等瓷器，展示了品茗抚琴的宫廷生活的安逸优雅。

《文会图》中的瓷器

清代著名作家曹雪芹在《红楼梦》第四十回蘅芜苑中写道：“雪洞一般，一色玩器全无，案上只有一个土定瓶中供着数枝菊花，并两部书，茶奁茶杯而已。”说明直至清代，一些官宦人家中还保留有使用定窑瓷器的传统。清赵汝珍《古玩指南全编》中谈到，定窑瓷器“其釉为白玻璃质器之佳者，其白似粉故又名‘粉定’，亦曰‘白定’。质粗而色稍黄者为低，俗呼‘土定’”。可见，一直到了清代，一些权贵望族对于宋代五大名窑之一的定窑瓷器，仍然情有独钟。

（4）汝窑

汝窑是北方著名的民间青瓷窑口，也是宋代五大名窑之一。宝丰清凉寺汝窑遗址，位于河南省宝丰县城西20公里的大营镇清凉寺村及韩庄村，占地面积100多万平方米。从宋初到明代烧造历史长达500多年，对我国古代陶瓷手工业生产具有较大的影响。《坦斋笔衡》记载："本朝以定州白瓷有芒，不堪用，遂命汝州造青瓷器。"定窑产品因为芒口的问题，被朝中弃之不用，代之而起的是"遂命汝州造青瓷器"。汝窑贡瓷的时间当在定窑之后。陆游《老学庵笔记》为证："故都时，定器不入禁中，惟用汝器，以定器有芒也。"《武林旧事》卷九记载绍兴二十一年，高宗幸清河郡王第，臣张俊进奉珍异之品中有"汝窑瓶一对、洗一、香炉一、香合一、香球一、盏四只、盂二、出香一对、大奁一、小奁一"，说明汝窑贡瓷的造型与数量当不在少数。

台北故宫博物院收藏的宋代汝窑瓷器

考古发掘资料表明，汝窑也是一处既为宫廷烧造贡瓷，同时又大量生产日用瓷器的民间窑口。以宝丰清凉寺烧造的产品为例，其中一部分属于宫廷用瓷，另一大部分则是民用瓷器。这是两类生产目的与使用对象完全不同的器物，不同的使用目的与不同的使用群体，其产品在质量上有着明显的差异。宫廷用瓷的胎体细腻，造型古朴，以陈设瓷器为主，许多造型仿制古代铜器制作而成。烧制工艺采用裹足支烧，中规中矩，天青天蓝和粉青瓷器的釉色温润肥厚，产品不注重花纹装饰而注重有如碧玉之感的釉面效果，部分印花器物的装饰多仿照古代青铜器，工艺精湛，独具特色。

清凉寺官窑遗址Ⅳ区出土的素烧仿青铜器出戟瓶、莲瓣纹残片

宫廷用瓷的生产过程复杂，成品率极低，大部分产品需要经过素烧。2011年至2014年，河南省文物考古研究院先后对汝窑遗址进行了3次发掘，发掘面积近2200平方米，出土了大批素烧器物，这些素烧器占90%以上，而成品器却不足10%，说明废弃率极高。2012年考古发掘中发现的数十个素烧器堆积坑，出土素烧器约有百万件（片），器形有仿商周青铜装饰出戟瓶、长方委角托盘和有别于汝窑成品器中的圈

足盒、花口水仙盆、碗、盘类器等。素烧出戟瓶、长方委角托盘出土数量较多，大部分是用来制作宫廷用瓷的。这批素烧器多数是分段模制而成，规整划一，工艺复杂，为我们研究宫廷用瓷的来源与烧造工艺提供了第一手考古学资料。据统计，在这些素烧器中80%以上的器形在御用汝瓷成品中未见，这进一步丰富了清凉寺汝窑的研究内涵，同时也为今后的学术研究提供了新的课题。

2009年9月，河南省文物考古研究所与保利艺术博物馆在新保利艺术大厦举办了“河南省新出土宋金名窑瓷器特展”，大量全新的考古资料让我们对窑址的生产内涵及使用对象的认识提供了丰富的实物资料。其中，汝窑天青釉坐龙香薰、鸳鸯香薰，其造型与《营造法式·雕作》中的同类纹样基本相同。《营造法式》是北宋官方关于建筑设计和施工规范的图书，与汝窑的稍早年代同时，由此推测，汝窑天青釉香薰与建筑的雕木图样都曾经是当时流行的官样。

宋代汝窑坐龙、鸳鸯香薰与《营造法式》中的图样对比

号称古代艺术宝库的北京故宫博物院收藏有数十万件陶瓷文物，丰富的藏品中不乏著名的汝窑产品。其中清宫传世旧藏的十七件带有“故字号”的汝窑瓷器，器物上所贴的标签包括“芥字号”2件、“籠字号”4件、“劍字号”2件、“成字号”2件、“夜字号”2件、“鳞字号”、“號字号”3件，这些瓷器分别存放于造办处、重华宫厨房、南库、乐寿堂、遂初堂、斋宫、诚肃殿、颐和轩、慈宁宫东跨院、古物馆库房、宁寿宫、体和殿、蹈和门内西北屋处（详见下表），为我们进一步研究这些瓷器在宫里的使用情况提供了依据。

号签	件数	存放地点
“芥字号”	2	造办处、重华宫厨房各一
“籠字号”	4	南库
“劍字号”	2	乐寿堂、遂初堂各一
“成字号”	2	斋宫、诚肃殿各一
“夜字号”	2	颐和轩、重华宫厨房各一
“鳞字号”	2	慈宁宫东跨院、古物馆库房各一
“號字号”	3	宁寿宫、体和殿、蹈和门内西北屋各一

部分传世汝窑瓷器上刻有铭文，铭文的内容除了乾隆御制诗外还有“奉华”“丙”“丙蔡”“甲”“寿成殿皇后阁”等。存放于造办处、重华宫厨房的底刻“丙”字款与铭乾隆御制诗文的汝窑洗，其诗文内容为：“淡青冰裂细纹披，秘器犹存修内遗。古丙科为今甲第，人材叹亦或如斯。乾隆甲午春御题。”

台湾故宫博物院“奉华”款汝窑盘

台湾故宫博物院“奉华”款汝窑纸槌瓶

台湾故宫博物院“奉华”款汝窑纸槌瓶，除了左侧刻有“奉华”铭文外，还有乾隆戊戌年的御题诗：“定州白恶有芒形，特命汝州陶嫩青；口欲其坚铜以锁，底完且旧铁余钉。合因点笔意为静，便不簪花鼻亦馨；当日奉化陪德寿，可曾五国忆留停。”瓷器上的刻款是瓷器运到宫廷后，根据需要后刻上去的。至于“奉华”，应为南宋高宗宠妃刘贵妃的居所奉华殿。总之，这些瓷器铭文及其上面的文字为我们研究汝窑瓷器在历代宫廷的使用提供了不可或缺的实物资料。

汝窑瓷器在满足宫廷需要的同时，大量生产的仍然是民用瓷器。从河南省文物考古研究院2014年考古发掘出土的遗迹和瓷器可以看到，窑址中大量出土的青瓷、白瓷、白地黑花、白地绿彩、三彩、黑瓷、窑变、珍珠地划花等民用瓷器，除少量器物满釉比较精致外，绝大部分都比较粗糙。器物造型主要以碗、盘、罐等日用瓷器为主，釉色主要有黑、酱、黄等。器物多注重表面的花纹装饰，刻、印、绘花器物大量出现，这些都是当时普遍流行的民用瓷器品种与装饰。南宋人周辉《清波杂志》云：“汝窑宫中禁烧，内有玛瑙为釉，惟贡御捡退，方许出卖……”明确表明这种供奉瓷器的拣选方式与方法，说白了就是好的瓷器被宫中选走，挑剩下的继续卖掉赚钱。这再一次证实，唐宋时期宫廷用瓷的来源与烧造与明清两代的御窑厂有着本质的不同。

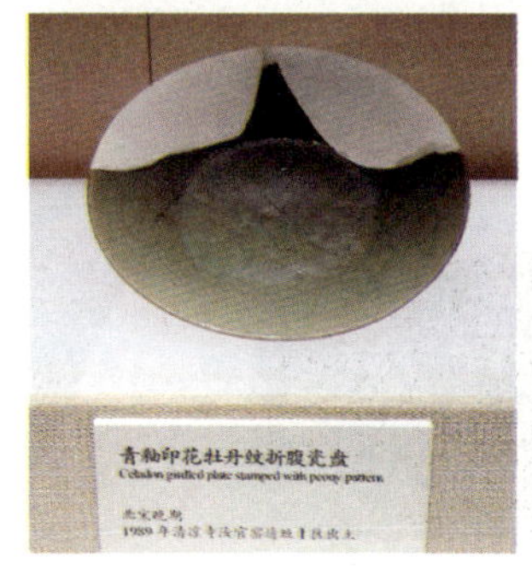

宋代汝窑生产的青釉、白釉、黑釉、三彩等民用瓷器

（5）耀州窑

耀州窑创烧于唐，终于元末明初。北方著名的青瓷窑口，窑址在陕西省铜川市黄堡镇漆水河岸。《同官县志》记载：“南北沿河十里，皆其陶冶之地，所谓十里窑场是也。”耀州窑遗址以黄

堡镇为中心，沿漆水河两岸密集分布有立地坡、陈炉镇、上店村、玉华宫等窑场，绵延百里，史称“十里窑场”。

耀州窑遗址、博物馆

耀州窑也是为宫廷生产贡瓷的产地，《宋史·地理志》载：“崇宁户11万2千6百67，口34万7千5百35，贡瓷器。”宋人王存《元丰九域志》卷3亦云：“耀州华原郡，土贡瓷器50事。”二十四史中，关于“贡瓷器”的记录只有二次，也只有二家。一家是越窑，《新唐书·地理志》记载：“江南道，越州土贡瓷器。”另一家则是耀州窑。《宋史·地理志》云：“耀州紧华原郡……崇宁，户一十万二千六百六十七，口三十四万七千五百三十五，贡瓷器。”以上两处文献虽然时代不同，却表达了同一个意思，即是耀州窑瓷器曾纳贡于朝廷。

1953年，北京广安门外出土的300余件带有龙凤纹饰的耀州窑青瓷，无论制作之规矩，釉面之润泽，釉色之纯正，花纹之精美，均与窑址发掘出来的器底刻有“龙”字的贡瓷完全一样，可视为耀瓷的代表。除此之外，流散于国内外的龙柄壶、凤纹枕、凤头壶等大量精品也可窥其一斑。正像德应侯碑记所描述的“巧如范金，精比琢玉，始合土为坯，转轮就制，方圆大小，皆中规矩，然后纳诸窑，灼以火，烈焰中发，青烟外飞，锻炼累日，赫然乃成。击其声，锵锵如也，视其色，温温如也……”《同官县志》亦称：“同官黄堡镇瓷器……精巧绝伦，式样雅朴，刻画工巧，釉色精美，上裂冰纹，虽欧瓷之艳丽，景瓷之细致，亦不能相匹”，实不为过。2015年3月，北京艺术博物馆举办了“瓷映秦川——耀州窑陶瓷艺术展”，展览中展出了历代耀州窑瓷器的精品，我们虽然无法目睹当年耀州窑贡瓷的真容，但是，从这些展品中可想象其精美程度。

2015年，北京艺术博物馆《瓷映秦川——耀州窑陶瓷艺术展》的瓷器

2015年，北京艺术博物馆《瓷映秦川——耀州窑陶瓷艺术展》的瓷器

陕西耀州窑，创烧于唐，盛于北宋，是北方青瓷的代表。瓷器以刻花见长，北宋时期的刻花装饰犀利洒脱，刀功技艺超绝，缠枝牡丹、把莲、折枝菊、仰莲瓣、波浪、鱼鸟、婴戏等花纹的制作技法娴熟，名震朝野。较之同时代各窑更加精炼老到，圆活犀利。其刻花中的偏刀切入技法，刻入或剔出花纹的轮廓线，使图案表面形成浅浮雕般的立体装饰效果，再用划花手法在花瓣和叶片上用细而浅的线条划出花脉和叶筋。流畅准确的刀法干净利落，非其他窑口能比。耀州窑除了刻花、剔花、划花外，还有印花技艺都取得了极大的成功。

时空的限制让我们无法看到当时宫廷使用耀州窑瓷器的盛况，然而，北宋吕氏家族墓的发现与发掘使我们有机会看到北宋士大夫对瓷器的使用情况，由此可以想见当时用瓷的奢华。陕西蓝田五里头北宋吕氏家族墓地的主人为北宋文坛名士及金石学家吕大临与其兄弟吕大忠、吕大防、吕大钧等家族成员。该墓地由27座墓葬、“门”字形围沟、家庙遗址三大部分组成，墓地中共埋葬五代人，时间在北宋中、晚期40余年之中。吕氏家族墓地从2005年底发现，2008年开始考古发掘，至2009年共清理吕氏家族墓葬23座。

吕氏家族墓出土的瓷器

吕氏家族墓尽管墓园早年被盗，但仍清理出各类随葬品655件套，包括陶、瓷、石、铜、铁、锡、银、金、漆、骨、珠贝等诸多品类的实用器皿。瓷器多为餐饮用品，以耀州窑青釉瓷为主，造型丰富，釉色莹润，器型规整，制作精工。餐饮用具中的五曲刻花盘、盖碗、碗、缠枝牡丹纹梅瓶、牡丹纹渣斗、酒壶与温酒樽、套盒等，不但做工精细，而且设计缜密、构思奇巧。湖田窑青白釉瓷器形色俱佳，瓜棱执壶淳朴浑厚，香薰玲珑剔透，精致的做工附以巧妙的构思，再加上自然天成如冰似玉般的青白釉色，更显出影青瓷器的冰清玉洁与玲珑晶莹。墓葬出土的兔毫、油滴茶盏更是建窑上乘之作，在黑如漆般的釉面上金色如兔毫般的放射细线，黑色釉面上点缀的浅灰色斑点，形若油滴若隐若现地漂浮聚集，美轮美奂的釉面变化，致使这些黑釉茶具在宋代上流社会中流行。

墓葬中还出土有著名的五大名窑之一的定窑产品，这些瓷器以餐具中的碗、碟、瓷盒居多，其中出于M2的印泥盒中尚保留半盒红色印泥。吕氏家族墓出土的大量随葬器物都是墓主生前的用具或珍爱物品，餐具、茶具、酒具、文具、香具、妆具等一应俱全。大量耀州青瓷、湖田窑青白瓷、建窑黑釉茶具、定窑白瓷，制作精美、形制完整，不失为难得一见的优秀艺术作品，多方位多角度反映了北宋贵族阶层精致富足的日常生活。

吕氏家族墓出土耀州窑青釉银扣花口砵、执壶、金扣碗

吕氏家族墓地出土的耀州窑瓷器

司马光《温国文正公文集》卷二三《论财利疏》说："宗戚贵臣之家，第宅园圃，服食器用，往往穷天下之珍怪，极一时之鲜明。"卷六九《训俭示康》又曰："近日士大夫家，酒非内法，果、肴非远方珍异，食非多品，器皿非满案，不敢会宾友。"由此可见，尽管宋代崇尚简朴，然而官僚士大夫也多以奢靡为尚。吕氏家族墓出土的瓷器，再次证实了古代文献记载的可靠性与准确性。

釉色如橄榄般青绿的耀州窑瓷器，釉质莹润，刻花工艺刀工犀利，线条流畅，图案简捷明快。偏刀斜入的刻法由浅入深，浅浮雕般的装饰效果独领风骚。装饰题材丰富多样，植物、动物、人物题材应有尽有，具有独特地方风格。美如青玉般的宋代耀州青瓷，种类繁多、造型精美，苍古幽深的橄榄绿，跨过千年长青永恒，成就了宋瓷经世之美。"巧如范金，精比琢玉"的耀州窑青瓷，被北宋宫廷选中作为"贡瓷"供奉朝廷，实属正常。在当时的宫廷官府之家，都能见到耀州窑瓷器。但是，这些丝毫改变不了耀州窑的生产性质：耀州窑是北方著名的民间窑口，承接最多的业务，是烧造商品性的产品。国内外的考古资料证明，耀州窑瓷器，不但供奉宫廷，而且畅销国内远销海外，生产性质属于商品性生产。

（6）巩义窑

巩义窑白瓷是唐代北方白瓷的杰出代表之一。2002年至2008年，中国文物研究所、河南省文物考古研究所在黄冶、白河范围内对巩义窑遗址进行了3期考古发掘，发掘成果表明，巩义窑始于汉，发展于北魏，成熟于隋，鼎盛于唐，烧造历史悠久，销售范围广泛。其产品类型多样，内容丰富，技艺精湛，既有文化交融中的创新，又有成熟中的蜕变。其中早期青瓷和早期白瓷以及唐代青花瓷器的发现，填补了中国陶瓷史研究的诸多空白，具有极其重要的学术地位与历史地位。

唐代《国史补》《元和郡县志》和《新唐书·地理志》中，都有关于河南作为皇家用瓷向长安贡奉的记载。《元和郡县志》卷 5 载："河南道贡赋，开元中河南贡白瓷，领登封、新安、巩县……三十县。"巩义市唐墓出土唐代白瓷杯，胎体薄得近乎脱胎，洁白细腻，釉面光洁白润，造型规整，如此玲珑剔透的白瓷不要说在古代，就是用现代的标准来衡量，也是瓷中的上成之作，说明唐代巩义窑白瓷的制作确已达到相当高的水准。正是因为巩义窑有如此高超的制瓷技艺和优良的瓷器，所以才被朝廷选中作为贡瓷。西安西市遗址及唐大明宫遗址考古发掘出土的巩义窑白瓷，证明了记载的真实与可靠。

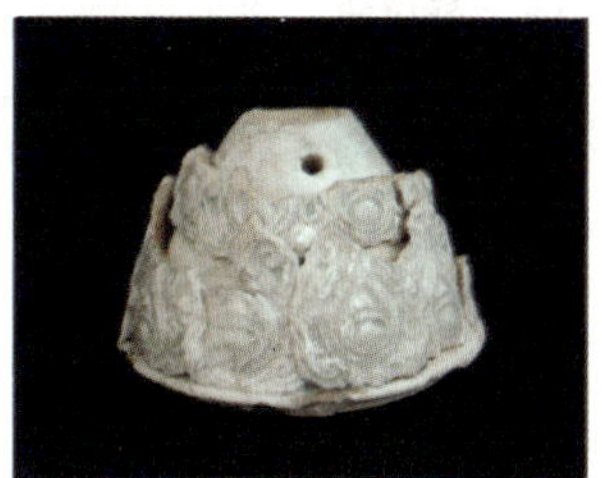

巩义窑出土的唐代白瓷

巩义窑址与大明宫遗址出土的巩义窑白瓷罐、唐代白瓷残片

考古资料表明，巩义窑早在北魏就是宫廷用瓷的提供者。2005年4月至2008年3月，中国文化遗产研究院与河南省文物考古研究所对巩义白河窑的考古发掘，获得了重大考古新发现。在发掘的2400平方米面积中，共发现窑炉6座、灰坑以及沟、灶等遗迹百余个，首次发现了烧制白瓷和青瓷的北魏窑炉及其产品，为探讨早期白瓷的起源及其演变提供了极为珍贵的实物资料。

考古发掘表明，白河窑至迟从汉代就已经开始了陶瓷烧造。从汉代一直到唐代，陶瓷手工业的发展一脉相承。北魏白瓷和青瓷能够在这里兴起与发展，唐青花瓷和唐三彩器的兴盛等，与其长期的陶瓷工艺积淀和传承是密不可分的。4世纪末，鲜卑和拓跋部统一了黄河流域地区，建立了北魏政权。公元474年，北魏孝文帝迁都洛阳，实行汉化政策，从而形成了中国历史上规模最大、影响最深远的民族大融合，客观上促进了这一地区经济和文化的发展，也给陶瓷手工业的发展注入了新的活力。巩义窑出土的一批北朝精美青瓷、白瓷，既反映了当时历史背景的一个侧面，又印证了5、6世纪瓷器手工业生产的高度发展水平。

巩义白河窑汉代窑炉及其北魏青瓷

巩义窑出土北魏、隋代白瓷及残片

巩义白河窑址出土大量早期白瓷和青瓷，通过与中国科学院考古研究所洛阳工作站汉魏故城遗址出土的北魏白瓷和青瓷同类器物相比对，其造型、制作工艺、成型以及底足的切削方法等完全一致。

洛阳汉魏故城（左）、巩义窑址出土北魏白瓷杯比较

洛阳汉魏故城（左）、巩义窑址出土北魏青瓷杯比较

巩义窑产品除部分瓷器作为贡品外，绝大多数产品是供民间所用的瓷器，在满足国内民众需求的同时，还大量行销于世界各地，国外许多地区遗址出土、出水的巩义窑制品足以表明这一点。当然，这也是由巩义窑商品性的生产性质所决定。

（7）建窑

建窑位于福建建阳，宋代也曾烧造贡瓷。《宣和遗事》记载：“政和二年……又以惠山泉建溪异毫盏烹新贡太嘉瑞平茶赐蔡京饮之。”1977年、1990年在此进行的两次考古发掘均出土了带有“供御”“进盏”铭文的盏底残片及垫饼。这些带有铭文的器物多放置于窑室最佳部位，说明在斗茶风靡的宋代，建窑曾经为宫廷大量烧造贡瓷。

建窑出土的鹧鸪斑、“供御”“进盏”瓷器残片

建窑茶盏与匣钵

（8）景德镇窑

《景德镇陶录》载：“陶窑，唐初器也，土为白壤，体稍薄，色素润。镇中秀里人陶氏所烧造。”《邑志云》载：“唐武德四年，诏新平（宋以前景德镇为新平）民霍仲初等，制器进御。”《江西通志》载：“宋景德中，置镇。始遣官之制瓷贡京师，应官府之需，命陶工书建年景德于器。”

文学家柳宗元《代人进瓷器状》，写的就是他替友人饶州刺史元崔向皇帝进贡瓷器一事。元和八年（813），柳宗元的朋友元崔在饶州任刺史，督造瓷器向朝廷进贡。那时，柳宗元已才名大著，元崔便请他写了这篇上呈皇帝的公文：“瓷器若干事。右件瓷器等，并艺精埏埴，制合规模。禀至德之陶蒸，自无苦窳；合太和以融结，克保坚贞。且无瓦釜之鸣，是称土铏之德。器惭瑚琏，贡异砮丹。既尚质而为先，亦当无而有用。谨遣某官某乙随状封进。谨奏。”柳宗元在《代人进瓷器状》中向陛下说明关于所贡瓷器的若干事宜，翻译成今天的白话文即：这批饶州上贡的瓷器，全都是在取土选料上细心挑拣，形制堪当典范的精品，不但继承了上古圣贤所用陶蒸的样式，没有缺憾之处，而且在烧制过程中所经历的各道工序近乎完美，确保其坚实细密。尤其是触碰它们时毫无普通食器所发出的那种声响，这种才德可以称得上是相当于尧舜所用的土铏了。它们在气质方面胜过了瑚琏等祭祀用具而使之相形见绌，在贡物的珍贵方面也不亚于砮丹等军需物品而自有特点，既因崇尚简洁素雅而在本质上优于其他，又因追求虚实结合而发挥了功用。臣下谨派遣名叫乙的某位官差将这批贡瓷随本状封装进献。谨奏。柳宗元在文中盛赞了当时饶州浮梁县昌南镇所产的瓷器，说明当时昌南镇所产饶窑瓷器已达到了一定的技术水平。公文为我们解读了从原料选取到烧制过程中各道工序的近乎完美直至堪当典范的精品贡瓷制作的详细流程。

除此之外，龙泉窑也曾经向宫廷供奉过瓷器。宋庄季裕在《鸡肋篇》记载："处州龙泉县……又出青瓷器，谓之秘色，钱氏所贡，盖取于此。宣和中，禁庭制样需索，益加工巧。"表明龙泉窑出秘色瓷，五代钱氏王朝统治期间，曾向龙泉窑订烧贡瓷，并作为贡品供奉给中原的朝廷。到了宋徽宗年间，瓷器烧造得更是精益求精，并成为朝廷青睐的宫廷用瓷生产的窑口。宋庄季裕在这里非常清楚地告诉了我们，龙泉窑从官府订烧贡瓷到宫廷用瓷的操作过程。

总之，诸多的考古与文献材料向我们证实了两个无可辩驳的现实。首先是明清御窑厂建立之前宫廷用瓷来源于民窑，产品采用供奉的方式进行。其次是这些民窑具有一个共同的显著特点，即在生产贡瓷的同时大量生产商品瓷器。浙江慈溪上林湖吴家溪唐代凌倜墓出土的墓志罐"光启三年（887年）岁在丁未二月五日，殡于当保贡窑之北山"的记载，证实了唐代贡窑的存在。贡窑产品的一部分须用于进贡，大部分产品作为商品参与市场竞争，贡窑的生产性质属于商品性生产。1974年，浙江宁波唐代沉船附近发现的几百件越窑瓷器，显然是准备作为商品销售到国内外市场的。从国内墓葬遗址中出土的大量越窑青瓷及日本的福冈、平城京，巴基斯坦卡拉奇的班布尔、阿里卡美，印度的布拉明纳巴德以及印度尼西亚、伊拉克、埃及等国所出，说明随着社会经济的繁荣，越窑瓷器已成为重要的商品在国内外市场占有越来越重要的位置。定窑的产品更是遍及国内外，宋代有专门从事瓷器贸易的"瓷器商人"及"贩瓷客"往来，对定窑产品的行销起到了积极的促进作用。《曲阳县志》关于重修五子山院碑中"……时宋宣和二年庚子八月十五日中山府贩瓷器客赵仙重修记"，结合河北、北京、山东、江苏、内蒙古、安徽、江西、湖北、黑龙江等地的遗址与墓葬出土的定窑产品不难看出定窑产品的销售范围之广及销售数量之大。耀州窑大量生产的也是用于销售的商品瓷，这些瓷器品种丰富，造型多样，生产数量大，销售范围广，这也是南宋人陆游在《老学庵笔记》中所云"唯食肆以其耐久，多用之"的原因所在。从国内外遗址、墓葬出土的大量器物可以看出，耀州窑在当时已牢牢地占领了国内外市场。"居人以陶器为利，赖以谋生……人犹是赖之为利……"指的正是如此。元代浮梁瓷局所辖窑厂生产的瓷器也同样具有两重性，从当时枢密院所订烧的带有"枢府"款的瓷器在景德镇湖田窑址、南朝鲜新安海底沉船、河北磁县南开河元代沉船及上海郊区元代墓葬的出土可以看到，它也作为商品大量地行销于市场。

民窑必须具备两个条件才能从事贡瓷的烧造，首先要具有较强的实力和较高的生产水平，其次还要被宫廷选中，二者缺一不可。只有同时具备两个条件，才能担负起贡瓷的生产任务，否则将被取缔。就像北宋时期一度为皇室烧造贡瓷的定窑后终因产品的芒口问题而被淘汰出局。这就是宋人叶寘《坦斋笔衡》所说"本朝以定州白瓷有芒不堪用，随命汝州造青瓷器"的原由所在。民窑中烧造贡瓷的窑被称为贡窑，贡窑属于民窑。

2.派造

宫廷用瓷的另一种形式即实行派造。派造是指宫廷或官府向窑厂指定或订制的瓷器，并由官方出资购买，以作为宫廷使用的瓷器。这是一种自上而下的采购方式。据文献记载，宋代许多地方的瓷窑都曾被宫廷指派烧造过瓷器。如《修武县志》卷十《金石·百家岩题名》记载，北宋“政和乙未秋七月二十五日，典御太原王道醇奉使怀孟，因往赭土口点检陶器……”南宋朝廷所需瓷器多命临安、平江府等烧造。《中兴礼书》卷59《明堂祭器》云：绍兴元年“四月三日，太常寺言……匏爵陶器，乞令太常寺，具数下越州制造，仍乞依见今竹木祭器样制烧造”。绍兴“四年，工部言，具太常寺申，契勘今来明堂大礼，正配四位合用祭器，已降指挥下绍兴府余姚县烧造……”同书卷9《郊庙祭器一》载：绍兴十三年“四月二十九日，礼部太常言……今看详欲乞先次圆坛上正配四位，合用陶器，并今来所添从祀坫，并依新成礼器仿《博古图》，内陶器下平江府烧造……”绍兴“十九年五月二十五日，工部状，据辖军器所申：契勘见承指挥，添修太常寺景钟等，数内铜器祭器等共27593件，缘上件礼器之系礼器局制造，今来除铜器、竹木器，本所差人编检相验可以添修外，有陶器共2238件，内有不堪460件，难以添修，窃见太庙陶器，见委临安府添修，伏乞朝廷指挥，一就令临安府添修制造……”一直到明清，这种派造仍在延续。《大明会典》里有这样的记载：“凡河南及真定府烧造，宣德间题准，光禄寺每年缸坛瓶，共该五万一千八百五十只个。分派河南布政司钧磁二州，酒缸二百三十三只，十瓶坛八千五百二十六个，七瓶坛一万一千六百个，五瓶坛一万一千六百六十个，酒瓶二千六十六个。真定府曲阳县，酒缸一百一十七只，十瓶坛四千二百七十四个，七瓶坛六千一百个，五瓶坛六千二百四十个，酒瓶一千三十四个。每年烧造解寺应用。”嘉靖三十三年题准“曲阳县缸、瓶共17765件，该银199两8钱8分，外增脚价银185两9钱9分3，总该银1140两6钱5分8，通行解部，各商代买，如遇缺乏，止行磁州真定烧造，免派钧州……”

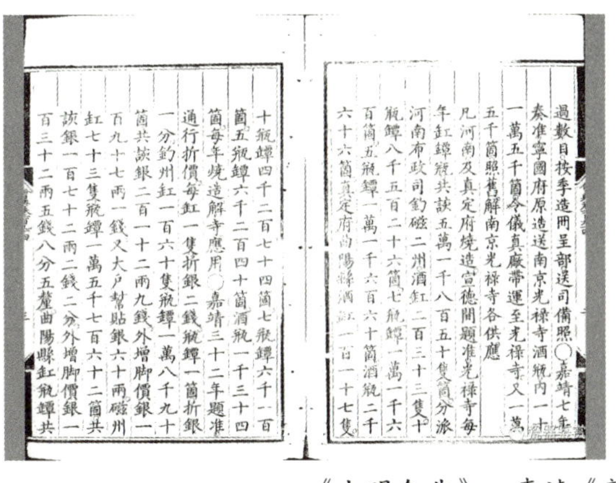
過數目按季造冊呈部送司備照○嘉靖七年
奏准寧國府原造送南京光禄寺酒瓶内一十
一萬五千箇令儀真廠帶運至光禄寺又一萬
五千箇照舊解南京光禄寺各供應
凡河南及真定府燒造宣德間題准光禄寺每
年缸罈瓶共該五萬一千八百五十隻箇分派
河南布政司鈞磁二州酒缸二百三十三隻十
瓶罈八千五百二十六箇七瓶罈一萬一千六
百箇五瓶罈一萬一千六百六十箇酒瓶二千
六十六箇真定府曲陽縣酒缸一百一十七隻
十瓶罈四千二百七十四箇七瓶罈六千一百
箇五瓶罈六千二百四十箇酒瓶一千三十四
箇每年燒造解寺應用○嘉靖三十二年題准
通行折價每缸一隻折銀二錢瓶罈一箇折銀
一分鈞州缸一百六十隻瓶罈一萬八千九十
箇共該銀二百一十二兩九錢外增脚價銀一
百九十七兩一錢又大戶幫貼銀六十兩磁州
缸七十三隻瓶罈一萬五千七百六十二箇共
該銀一百七十二兩二錢二分外增脚價銀一
百三十二兩五錢八分五釐曲陽縣缸瓶罈共

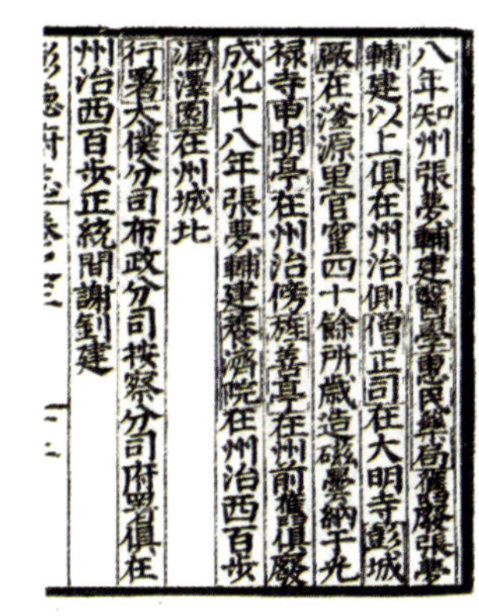
八年知州張夢輔建醫學惠民藥局舊廢張夢
輔建以上俱在州治側僧正司在大明寺彭城
廠在滏源里官窰四十餘所歲造磁罈納于光
禄寺申明亭在州治傍旌善亭在州前舊俱廢
成化十八年張夢輔建養濟院在州治西百步
漏澤園在州城北
行署大僕分司布政分司按察分司府署俱在
州治西百步正統間謝釗建

《大明会典》、嘉靖《彰德府志》

光禄寺是掌管宫廷膳食的机构，负责掌管皇家的吃喝，其官为光禄寺卿，南朝时置，唐代曾一度改称司宰司卿，后复旧称并一直延用到清末，专掌酒醴膳馐之事。《大明会典》里面提到的磁州窑酒缸、酒罐、酒瓶，都是皇家储酒用器。钧州、磁州、真定府每年要给光禄寺烧好几万件瓶瓶罐罐，数量着实不小。嘉靖年间的《彰德府志》记载：“彭城厂，在滏源里，官窑四十余所，岁造磁坛纳于光禄寺。”

磁州窑生产地彭城是当时重要的酒器生产基地。明代张应登《游滏水鼓山记》碑中记载：“彭城陶冶之利甲天下……岁输御用若干器，不期甲天下哉！”明政府在彭城设立官坛厂40余所，专门为宫廷生产盛酒用官坛。《嘉靖彰德府志》云：“彭城厂，在滏源里，官窑四十余所，岁造磁坛纳入光录寺。”《大明会典》中也有：“在彭城镇设官窑四十余所，岁造瓷坛，堆积官坛厂，舟运入京，纳于光禄寺。明弘治十一年，进贡于皇家之瓶、坛达一万一千九百三十六筒。”可见这些盛酒器物的瓷坛生产量之大。

时至今日，当年磁州窑为宫廷烧造的瓷器已经不得而知，然而从现有故宫旧藏的一只瓶口锥拱“宣德内府”四字的白釉缠枝莲纹葫芦瓶，可以窥见明代磁州窑曾经给朝廷烧造瓷器的一斑。明清时期宫廷用瓷当时不仅限于御窑厂，诸如钧窑的花盆、龙泉的大盘、磁州窑的酒坛、酒缸以及酱油、醋瓶等具有包装性的用瓷，一般还是在民窑烧造。明代张应登的《游滏水鼓山记》碑曾记载：“岁输御用若干器，不期甲天下哉？”由此可知，宫廷用瓷中的包装性瓷器，因其用量大，质量要求不是太高，还是延续传统的订烧或派造的方式获取，当然，这些瓷器的质量自然难以与御窑厂的产品相比。由此可以看出，宫廷用瓷也因使用目的与性质的不同，来源与烧造的方式也不完全一样。

唐宋时期，宫廷用瓷主要采取自下而上的贡奉与自上而下的派造两种方式进行。大凡烧造瓷器优良、被宫廷选中的窑口，都可以为宫廷烧造瓷器，这些窑以及瓷器在我国古代陶瓷发展史上占有重要的历史地位，也是御窑厂建立之前宫廷用瓷的主要来源。需要强调的是，无论是供奉还是派造的宫廷用瓷，均不是白给，朝廷都是需要付费的。

二、御窑厂——明清两代宫廷用瓷的主要来源

元代以前，没有专门烧造御器的窑场，朝廷只是将选中的民窑中最精、最美、最具特色的上乘产品作为贡品贡于朝廷，大量落选的产品则进入流通市场。明清时期，宫廷用瓷直接源于御窑厂，落选的产品就地销毁，不能流于民间，更不能随便使用，其产品与唐宋时期的贡瓷存在着本质的不同。

明清时期的御窑厂是由宫廷建设而成，是属于皇家的私窑。生产瓷器全部为宫廷所用，所有产品即使残次品不作为商品出售，必须就地销毁掩埋，不能流于民间。明清景德镇御窑厂属于非商品性生产，产品可以不计成本，单纯追求艺术的至精至美，纯属一种封建社会所特有的超经济的文化现象。由于明清时期宫廷用瓷数量巨增，以前的烧造形式再也无法满足宫廷对瓷器的庞大需求。《大明会典》卷194记载，宣德八年“……往饶州烧造各样瓷器四十四万三千五百件”。天顺三年“光禄寺奏请于江西饶州府烧造瓷器共十三万三千有余……”[1]万历三十五年“工部右侍郎刘元震……言……查江西烧造自万历十九年，内承运库止派瓷器十五万九千余件，已经运完，所有续派八万余件，分为八运，除完七运外，只一万余件，所当不多，宜行停止，或令有司如数造完……”[2]。如此巨大的用瓷数量，单靠传统的贡奉形式是无法满足的，只有另辟蹊径，这就是御窑厂产生的重要原因。

设立御窑烧造宫廷用瓷是明代洪武年间的事。詹珊《重建敕封万硕侯师主佑陶碑记》：“洪武之末，始建御器厂，督以中官。”王宗沐《江西大志·陶书》云：“洪武三十五年始开窑烧造……有御厂一所。”景德镇盛产优质的瓷土，得天独厚的自然条件和一大批工艺娴熟的陶瓷艺人以及悠

1 《明英宗实录》。
2 《明神宗实录》。

久的烧造历史，构成了建立御窑厂的必备条件。御窑厂的故址在今景德镇珠山，即蓝浦《景德镇陶录》所说：“就镇之珠山设御窑厂，置官监督烧造解京”，这一点已经被考古发掘所证实[1]。

景德镇明清御窑厂窑炉遗址

通过以上的论述可知，贡窑既不是官窑也不是御窑而是民窑。大量考古及文献材料表明，生产宫廷用瓷的窑不一定就是官窑。宋代的定窑、越窑、汝窑、耀州窑、磁州窑、钧窑等都曾为皇室大量烧造过宫廷用瓷，但它们均不是官窑。因此，唐宋时期宫廷用瓷的生产与否并不是判断官窑的标准与依据。

唐宋直至明代御窑厂建立之前，宫廷用瓷的来源与烧造有着很大的区别和本质的不同，这一不同反映出宫廷用瓷的生产与窑址性质的诸多关系。尽管唐宋时期的贡瓷和明清时期御窑厂烧造的御器同是宫廷用瓷的组成部分，也有着共同的使用对象——皇室，但贡瓷与御器贡窑与御窑之间在来源、烧造及其产生的时间方面都存在着本质的区别。这一区别与差异为我们进一步了解认识与判断官窑、区分官窑与民窑及官窑与御窑的性质提供了最有说服力的科学依据。故此，对其进行研究有着极为重要的现实意义与学术意义。

1　《文物》1995年第12期。

第四章

古代陶瓷与中外文化交流

第一节　陶瓷造型和装饰的变化与中外文化交流

每个民族和国家的文化，都有着自己的传统和特长。瓷器是中国古代劳动人民的发明，我国陶瓷手工业生产在长期的发展过程中，自成体系，形成了独具特色的地域风格。但是，文化交流的双向性也决定了在它的成长与发展过程中，在它对外产生影响的同时，也在不断吸收着外来先进文化之长。文化交流中的包容与文化包容中的兼收并蓄，对我国古代陶瓷手工业的发展与创新起到了积极的促成作用。取人之长补己之短，是中国古代陶瓷造型与装饰不断发展的动力。

纵观中国陶瓷史不难看出，那些具有强烈异域风情的形体与花纹，正是不同文化碰撞交融的产物，也是中外文化交流所结出的硕果。大量考古资料证明，历史上所有灿烂文化的产生，都毫无例外地吸收过外来先进文化的营养。

一、陶瓷造型中的外来因素

汉代张骞通西域之后，我国与西亚地区的文化交流开始了新的纪元，随着张骞通西域而来的胡人形象也出现在汉代陶瓷制品中。东汉时期出土的胡人俑坐陶灯，反映了这一文化交流给陶瓷生产所带来的变化。收藏于合浦县博物馆，出土于合浦寮尾M13b的东汉胡人佣坐陶灯，即为佐证（下图左）。长期以来，“陶瓷之路”沟通了中国与世界的友好贸易往来。下图左2的胡人俑灯出土在广西贵县高中工地14号墓，现收藏在广西壮族自治区博物馆。下图左3是2019年国家博物馆亚洲文明展览中的胡人俑灯，现收藏在广东省博物馆。下图右为安徽芜湖市博物馆藏品。

东汉胡人俑陶灯

随着文化交流的不断发展，丝绸之路沿线地区成了我国对外贸易的重要市场。进入中世纪后，我国瓷器大量行销海外，在东北亚的朝鲜与日本，东南亚的新加坡、泰国、马来西亚、印度尼西亚，西亚的沙特阿拉伯、阿曼，北非的埃及，东非的肯尼亚和坦桑尼亚等地区均有中国陶瓷的发现与出土。至此，陶瓷已成为东西文化交流的重要组成部分。伴随着中国陶瓷的外销，中国开始以“瓷国”享誉于世。

瓷器自唐代输出后，不仅作为一种商品在世界各地流通，同时也作为一种文化交流，在人类文明史上发挥着巨大作用。日本当代著名学者三上次男在《陶瓷之路》一书中说：“陶瓷是跨越中世纪东西方世界的一条友谊纽带，同时也是一座东西方文化交流的桥梁。”

我国疆域辽阔、历史悠久，长期以来陶瓷手工业在自行发展的过程中，善于包容与学习外来文化之长，不断丰富与提高自己，他山之石，可以攻玉，其中不乏大量成功的经典作品流芳百世。以唐朝为例。唐代国力强盛，是中国封建社会最繁荣的时期，唐都长安是当时世界上最繁华的都市。唐代又是一个文化开放与包容的朝代，唐文明沿着丝路向外传播的同时，强盛的唐帝国也吸引了世界各地的人们，他们带来了各自的文明与文化，其中很多为我国文化所吸收，这一点在陶瓷产品的造型中表现得尤为突出。

1.胡瓶

顾名思义，胡瓶指的是胡地产制的瓶。在唐代，“胡”主要是用于称呼波斯人、天竺人、大食人以及罗马人等。因此，这一时期从以上地区传入的壶瓶泛称胡瓶。其叫法还有“注瓶”“执壶”“凤首壶”“带把长颈瓶”“带把壶”“单柄壶”等。随着东西方文化的交流，这种胡人喜欢使用的生活用品也传入中原。

公元266年建立的萨珊王朝，5世纪时已发展成为西亚的一个强大的帝国，手工业生产发达，一些贵重的金属制品尤为精致。对中国的陶瓷手工业生产产生过重要影响。魏晋南北朝时期，中国和波斯间的友好往来较频繁，《魏书》记载，波斯使臣来中国交聘达数十次之多，曾给北魏皇帝带来各种珍物与礼品。1970年，甘肃张掖大佛寺就曾经出土了六枚波斯萨珊王朝银币。

南北朝时期，瓷器装饰中已出现这种影响的苗头，右图左、中为山东博物馆收藏的南北朝时期胡人俑，其右手所提即为胡瓶（国家文物局编《海上丝绸之路》，文物出版社出版2014年6月，P088）。基本同样的造型在古代环地中海地区的其他材质器物中亦能见到，右图右是平山郁夫丝绸之路美术馆收藏的公元3—5世纪东地中海地区的玻璃水壶（敦煌博物院编《平山郁夫的丝路世界》，朝华出版社2018年9月出版）。

南北朝时期胡人俑、胡瓶

右图左为宁夏固原北周李贤夫妇墓出土的银质胡瓶，右图中为内蒙古敖汉旗出土胡瓶，右图右为1985年陕西西安临潼区庆山寺遗址出土的唐代人面纹铜壶（现收藏于陕西省博物馆）。

北周李贤夫妇墓、内蒙古敖汉旗、临潼区庆山寺遗址出土

唐代文献中多有胡瓶的记载：

唐王昌龄《从军行》之六："胡瓶落膊紫薄汗，碎叶城西秋月团。"唐卢纶《送张郎中还蜀歌》："垂杨不动雨纷纷，锦帐胡瓶争送君。须臾醉起箫笳发，空见红旌入白云。"《新唐书·李大亮传》："太宗报书曰：'有臣如此，朕何忧！古人以一言之重订千金，今赐胡瓶一，虽亡千镒，乃朕所自御。'"说明胡瓶在当时比较流行。胡瓶由于形状奇特、质地名贵，曾作为外民族对大唐皇帝的进献之物，与此同时开始对我国陶瓷的造型产生影响。隋唐时期尤其是唐代，这种影响更为明显，凤头壶的出现及大量流行即这一影响的结果——它把波斯金银器与中国鸟首壶的优点融于一身，完美地结合到我国瓷器的造型艺术之中，对促进我国陶瓷工艺的创新起到了积极的推动作用。将凤头壶与李贤及其妻子合葬墓出土的波斯萨珊朝鎏金铜壶相比，可以明显地看出形体变化的渊源关系。

2.汉化了的唐代凤头瓶

胡瓶传入中国经过了传入、模仿与国土化三个阶段。下图左面两幅即唐代段伯阳墓与太原石庄头村出土（法国集美博物馆收藏）的凤头瓶。这些造型不同的凤头瓶真实反映了胡瓶传入中国后所发生的汉化过程。

唐代凤头瓶

下图左侧四幅自左至右分别为日本大阪东洋陶瓷美术馆、白鹤美术馆收藏的唐三彩凤头壶、法国集美博物馆藏品中的绿釉凤头壶，"黑石"号沉船出水的绿釉长柄高足凤头壶，其秀美的造型、精致的花纹、美丽的色彩，体现我国瓷器在吸取外来文化中的成功创新的同时又通过瓷路把我国优良的制瓷技艺传播到了世界各地。下图右则是笔者20世纪90年代在越南顺化地区田野考古调查时所采集的西村窑凤头瓶残片，现收藏在越南顺化博物馆。

大阪东洋陶瓷美术馆、白鹤美术馆、集美博物馆、“黑石”号沉船、越南顺化采集的凤头瓶

唐代是中国历史上最为开放的王朝，曾与300多个国家建立外交关系，是古代中外文化交流最鼎盛的时期。伴随文化交流而来的这些造型多样且个体品种各不相同瓶体的大量出现，真实生动地反映了唐代制瓷工匠对于新生事物从引进模仿到完全本土化的发展过程。

唐朝胡瓶盛极一时，除了陶瓷制品外，“胡瓶”的质地有金、银、漆器等多样，反映唐代贵族生活的唐墓壁画中，也频繁出现“胡瓶”的画面。如房陵公主墓壁画、新城公主墓《群侍图》，侍女手中分别持团扇、食盒、胡瓶。胡瓶为侈口、鸭嘴状槽形流、颈细而长、圆鼓腹、溜肩，腹的最大弧度位于腹下部，喇叭形高足，瓶颈与腹之间有柄，柄曲而长，瓶腹部饰团花纹饰。燕德妃墓《提壶男装女侍图》中女侍，头戴黑色幞头帽，身着圆领窄袖白袍，黑白条纹波斯裤、尖口鞋，左手提一胡瓶，胡瓶形制、纹饰均与新城公主墓胡瓶基本一致。安元寿墓《提壶男装女侍图》中绘一侏儒女侍，其头佩戴红色抹额，身穿圆领窄袖白袍，足蹬黑长靴，左手提一胡瓶。胡瓶为鸭嘴状流、瓶口较大，细颈，椭圆形腹，圈足，素面，曲形手柄位于口沿与肩之间。唐永泰公主墓前室壁画北侧的《宫女图》上，出现了手持胡瓶的侍女。除此之外，在新城公主墓、燕德妃墓、李震墓的壁画中都有侍女手提凤首瓶的画面。

安元寿墓壁画中的胡瓶

“胡瓶”其他叫法还有“注瓶”“银瓶”“注子”“执壶”“凤首壶”“带把长颈瓶”“带把壶”“单柄壶”“环柄长颈鸡头壶”等。除出土者外，唐代“胡瓶”图像还多见于三彩骆驼驮载或饮酒场合，其功能主要是盛容液体。

众多考古资料证明，独具特色的胡瓶在唐朝盛极一时。唐代陶工广泛吸收外来文化之长，并把它们与中国传统陶瓷工艺相结合，凤头壶就是这一创新与发展的代表作品。不断汉化的“胡瓶”，中唐以后渐渐融入我国传统文化之中，其样式渐多。这正像英国学者威尔斯在《世界简史论》中所说："正当西方人的心灵为神学所缠迷，而处于蒙昧的黑暗之中，中国人的思想是开放的，兼收并蓄而好探求。"

3.扁瓶

扁瓶是北朝陶瓷新出现的器形。从北朝到唐代，扁瓶的器形和纹饰内容不断变化。北朝时期，瓶的最大腹径在下腹部，足墙矮、直，饼足，仅在颈部有联珠纹装饰。瓶腹一般模印明显带有异域文化色彩的纹样，如胡人乐舞、对凤、驯狮等。下图所示为北朝双系扁瓶，肩附双系，壶腹两面在联珠纹围成的开光中模印人物、动物、植物等纹样。

北朝双系扁瓶

隋代，扁瓶最大腹径移至肩部，圈足外撇，小盘口。腹部用联珠纹围成苹果形的开光，内印主题纹饰除胡人外，还有凤纹、葡萄纹等，仍然带有浓郁西方文化色彩。

隋代青釉印花人物、黄釉葡萄凤纹扁瓶

进入唐代，扁瓶最大径从肩部逐渐移至中腹部，圈足更高、外撇，颈部变细、高，盘口，联珠纹开光少见乃至逐渐消失。扁瓶的模印纹样也发生了大的变化，除带有异域色彩的胡人、乐舞外，具有中土文化元素的宝相花开始出现。下图为巩义窑出土的三彩扁瓶及其半成品。

巩义窑的扁瓶及半成品

国外博物馆以及我国墓葬中也经常有扁瓶的收藏与出土，右图左为法国集美博物馆藏品，右图右为辽宁省朝阳孙则墓出土的骆驼俑，扁瓶即在驼背物品中的显著位置。

法国集美博物馆的扁瓶、朝阳孙则墓出土的骆驼俑

4.榼

榼，盛酒或贮水的器具，唐代的创新造型。唐代的榼大多做成鱼的形状，所以又叫作“鱼榼”。白居易《家园》诗中有“何如家醞双鱼榼，雪夜花时长在前”的诗句。唐代李郢《南池》对其有具体描写：“小男供饵妇搓丝，溢榼香醪倒接罹。日出两竿鱼正食，一家欢笑在南池。”小男孩备鱼饵，妻子搓丝做鱼线，丈夫倒裹头巾，装着一榼浓香的浊酒，太阳升起两竿高了，正是鱼儿觅食的时候，咬钩的鱼一条接着一条，一家人欢欢喜喜地在南池垂钓。诗人寥寥数语，生动地描绘了一家人其乐融融的生活场景以及垂钓时的兴致勃勃，至今读来令人还感到温馨欢乐。鱼榼在唐代文学作品中频繁出现，可见它曾经是当时社会生中活非常流行的实用器皿。考古发掘出土的实物也证实了这一点。唐代长沙窑、邢窑、黄冶窑、水车窑等都曾经生产鱼榼，国内外博物馆等收藏机构也多有收藏。

下图自左至右分别为扬州唐城遗址出土鱼榼、“黑石”号沉船出水鱼榼、长沙窑出土的榼以及广东省博物馆藏北宋青白釉榼。

鱼榼

下图自左至右分别为河北省博物馆藏邢窑白釉双鱼扁瓶、陕西西安长安区南里王村唐墓出土唐三彩双鱼壶、陕西耀州窑五代青釉刻双鱼壶以及唐长沙窑酱釉双鱼扁壶。

白釉、酱釉、三彩鱼榼

下图自左至右分别为唐代广州梅州水车窑青釉双鱼形壶、北宋潮州笔架山窑鱼形壶、山东青州出土唐三彩双鱼壶以及菲律宾出土香港中文大学文物馆藏的北宋青白釉鱼形壶。扁瓶在国土化过程中产生了一系列的变化，不断演变出具有自己民族特色的形体，榼可视为代表。这些不同釉色装饰相同形体的器物，彰显着大唐文化他山之石为我所用的博大精深。

鱼榼

至今，传统造型鱼榼还在生产。2018年6月24日，半岛客户端记者王诗妍在《半岛都市报》中发了一篇题为《制作榼子40年，葛村榼子老手艺人传承之余不忘创新》的文章，讲述了14岁开始当学徒，做了40多年榼子的老手艺人王丕文“就是放不下这个榼子，虽然当时不如上班的挣钱多，但是就觉得做什么都不如做榼子”的报道，让人倍感中华文化的源远流长。

老手艺人王丕文与他制作的榼子

5.高足杯

随着西域葡萄与葡萄酒的传入，高足杯的造型开始在陶瓷中出现，但由于葡萄与葡萄酒的稀缺，当时只限在宫廷中使用。曾经有一个故事，说的是唐高祖李渊请大家吃葡萄，侍中陈书达不由得悲从中来，对皇帝说：我的母亲有口干的毛病，听说葡萄能生津止渴，可惜我却买不起。与尚书仆射、中书令同居宰相之职的高官居然买不起葡萄，可见这个时候，葡萄的种植还不普及，只限于宫廷少数人食用。下图为唐代壁画墓中的高足杯与葡萄酒。

唐代墓葬壁画中的高足杯

高足杯与同时期的金、银制品

不同造型不同釉色的高足杯

6.圈鋬杯

唐代，大量唐朝本土以外的物品，随着丝绸之路源源不断地流入本土。唐代陶工们广泛地吸收了西域工艺品的造型特点，并把它们与中国传统工艺术结合，创造出了富有时代气息的双耳扁壶、把杯、角杯、高足杯及胡瓶等。

装饰华美造型新颖的金银器广受贵族青睐，“金银璀璨”的陕西西安何家村窖藏中的鎏金伎乐纹八棱银杯，形制上仍保留有粟特带把杯的风格，但其上的人物形象又已完全中国化，呈现出浓重的多种文化因素，可谓中西交融的艺术品。陶瓷成型中大胆借鉴了金银器的造型而出现的环柄杯、圈鋬杯等，别开生面，构成了全新的时代风格，在中国陶瓷史中独树一帜。

黄冶窑绿釉、白地蓝彩杯

唐代白釉环柄杯与同时期的金杯

7.腰鼓

腰鼓圆形，两头略粗，中间稍细。唐朝腰鼓主要用于西凉、龟兹、疏勒、高丽、高昌诸乐中，为当时常见的乐器之一，演奏时挂在腰间。因演奏方式不同分正鼓与和鼓两种，以杖击打的为正鼓，声音高亢洪亮；以两手拍击的称和鼓，声音婉转低回。

唐代是我国封建社会的鼎盛时期，经济繁荣，国力强盛，对外贸易发达，随着陆路“丝绸之路”及海路“陶瓷之路”的开辟，我国与西亚、中亚等地区开展了更大规模的经济文化交流，陶瓷已成为东西文化交流的桥梁。我国陶瓷在这一交流过程中，在吸收和融汇外来文化的同时，自身更是得以不断繁荣与提高。唐代花瓷腰鼓是西域文化影响我国陶瓷成型的又一明显的标志。腰鼓原是西域乐器之一，南北朝时传入我国，唐代始见于瓷器之中。《唐书·音乐志》云：“腰鼓，大者瓦，小者木，皆广首纤腰，本胡鼓也。”

唐代河南郏县窑、陕西黄堡窑、乐平南窑、景德镇市浮梁县蓝田窑遗址中晚唐地层、江西余干黄金埔遗址、上海青龙镇等窑址与遗址中出土了大量的腰鼓瓷片，说明这种乐器在当时曾大量生产。唐代以后，腰鼓继续生产与使用，1982年江西九江市郊出土的五代末期至宋代的舞乐堆塑纹瓶，瓶上堆塑的伎乐俑中有拍鼓俑2件，拍鼓置于俑的腹前，双手作拍击状。宋代，瓷质的腰鼓继续烧制，生产范围进一步扩大。广西容县窑与永福窑田岭窑址出土过众多的腰鼓碎片，形体与唐代相比略有改变。一端为喇叭形，另一端则演变为钵状。（《考古学报》1984年第1期）

唐代南卓《羯鼓录》中描述羯鼓，有“不是青州石末，即是鲁山花瓷”，可见鲁山花瓷做成的拍鼓，在唐代负有盛名。20世纪70年代，考古工作者在河南鲁山段店窑址发现了花釉腰鼓碎片，从而证实了“鲁山花瓷”之说，说明唐代鲁山窑是花瓷的主要产地。田野考古还发现，河南郏县等地也生产同类花瓷。

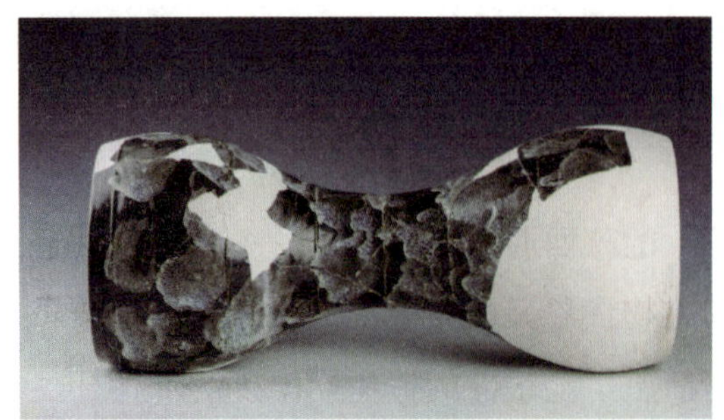

鲁山窑、南窑遗址出土的唐代拍鼓

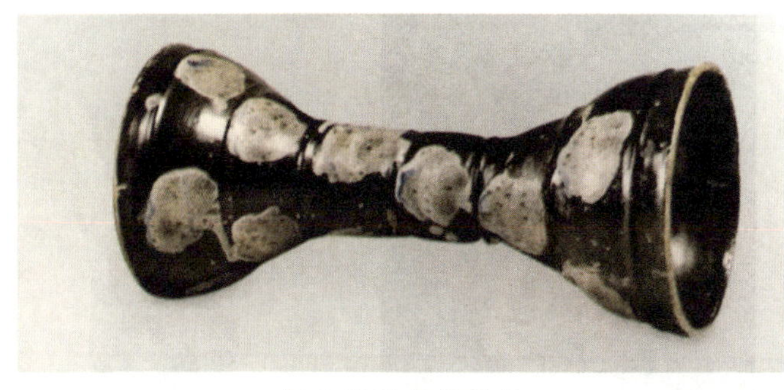

郏县窑的唐代拍鼓

江西余干黄金埔遗址出土的唐代拍鼓

上海青龙镇发掘出土的2件唐代长沙窑褐釉腰鼓，鼓身两端粗圆，中间腰细，外壁凸起七道弦纹。其中一件得以修复，下图左、右分别为修复前后的照片。

上海青龙镇出土长沙窑褐釉腰鼓

沁阳张庄唐墓

景德镇市浮梁县蓝田窑遗址出土的腰鼓

《唐书·音乐志》云：“腰鼓，大者瓦，小者木，皆广首纤腰，本胡鼓也。”这种两头大中间小的腰鼓，留下了大量的唐代陶瓷实物。

下图左1为武昌何家珑188号墓出土陶彩绘持腰鼓女俑，鼓悬于胸前，女俑坐姿双腿跪地。下图左2为长沙窑拍鼓儿童像，1985年出土于扬州市月明轩工地唐大和四年吴氏墓中，属湖南长沙窑捏塑瓷器玩具。下图左3为故宫陶彩绘持腰鼓女俑。腰鼓圆形，两头略粗，中间稍细。下图左4为2018年国家博物馆“大唐风华”展览中展出的昭陵博物馆收藏的拍鼓女俑，击鼓者有跪有坐。

武昌何家珑188号墓、长沙窑、故宫、国家博物馆唐代拍鼓俑

除此之外，骑马击鼓者也很常见，右图左为出土于陕西西安东郊唐墓的陪葬品。这件骑马拍腰鼓女俑为彩绘，女俑戴雀形高冠，尾翼覆于脑后。腰鼓及孔雀高冠、窄袖袍无疑是效法胡装及胡乐的结果。彩绘骑马女俑的真品为一组，分别抱有不同的乐器，多是由西域传入的胡乐乐器。右图右为西安南郊唐墓出土的胡人骑马拍鼓俑，戴幞头的大胡子胡人侧坐于骆驼之上，腰鼓悬于胸前，反映出唐代社会生活中胡人文化的渗入，彰显着原汁原味的异域风情。随着“丝绸之路”的畅通，西域文化对我国中原文化的影响与日俱增。长安的“胡化”也盛极一时，“胡音胡骑与胡装，五十年来竞纷泊。”贵族平民都竞相效法。这两件骑马拍腰鼓俑，无疑是异域文化的传入与效法胡装及胡乐的如实写照。

西安东郊唐墓出土

西安南郊唐墓出土胡人骑马拍鼓俑

除了窑址中发现拍鼓外，在同时期壁画作品中也普遍出现。下图分别为敦煌壁画初唐第220窟北壁《东方药师经变》与中唐第154窟北壁《报恩经变》伎乐图中的拍鼓。可见，拍鼓已经成为当时器乐的重要组成部分。

敦煌莫高窟中唐第154窟北壁《报恩经变》伎乐图中的拍鼓

石窟艺术及唐代墓葬、壁画为我们留下了大量生动的形象资料。吉林集然五盔坟4号墓出土的伎乐壁画中拍击腰鼓的伎乐天人，薄衣贴体，腰鼓垂挂于腰际，右手上举，左手击鼓，下肢曲盘腾空于飘浮的祥云之上，姿态优美，动作真切，形象地再现了腰鼓的使用与演奏[1]。唐代敦煌壁画中也多有此类画面出现，其演奏形式在继承北朝的传统之上又常置于腿上用手拍击，其形状与瓷质拍鼓一模一样。

榆林窟25窟南壁《西方净土变》舞乐图

纵观我国陶瓷发展史不难看出，社会上大规模的文化交流，必然会带来瓷器造型与装饰的变革与更新，中外文化交流最活跃的时候也就是我国瓷器变革最快的时期。一些外来因素被吸收与移植到瓷器制作中来，并不断地加以融化与发展，构成了鲜明的时代风格。受西亚文化影响而出现的胡人舞乐等装饰首次出现在南北朝瓷器装饰中，别开生面，为我国陶瓷纹饰输入了新的题材。唐代是我国对外文化交流空前发展的时期，国家强盛，经济繁荣，陶瓷生产与制作艺术空前发展，新的形体不断涌现，在他山之石为我所用方面作出了重大的贡献。

8.来通——融通中西文化的创新

来通是一种角状杯，曾流行于古代西亚与欧洲。来通在希腊语中有流出、联通之意，以其命名的酒器多呈动物犄角状，装饰为兽首，当时的人们认为用其饮酒即表示对酒神之尊敬。古希腊和古波斯文物中都有这样的杯子出土。我国南越王墓中也出土过玉质来通杯。右图左为南越王墓出土的玉制品。右图右为河南安阳出土的北齐围屏石榻饮酒图画像，其中饮者手持即为来通杯——这种只有极少数人才能够拥有的物品，当时也成了权贵阶层炫富的利器。

南越王墓出土来通、北齐围屏石榻饮酒图中的来通

下图分别是加拿大皇家安大略博物馆与卡佩罗收藏的青瓷兽首来通杯以及美国大都会艺术博物馆藏的公元前1世纪波斯兽首银质来通杯。

1 《考古学报》1984年第1期。

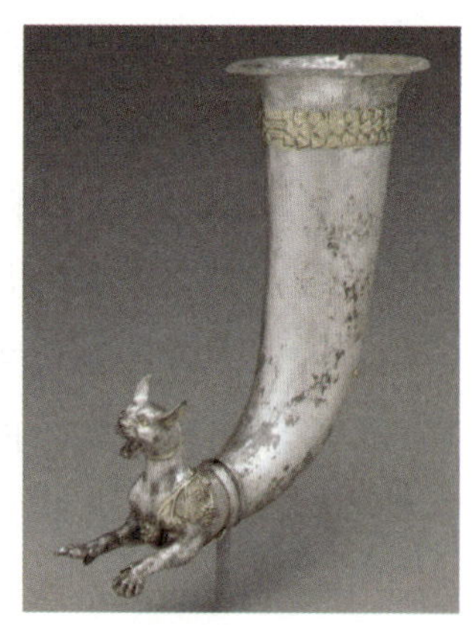

下图为平山郁夫丝绸之路美术馆收藏的马形来通。左为银质天马形来通（公元前4世纪左右，伊朗），中为彩釉陶马形来通（公元前3世纪至公元2世纪，伊朗西北部）。

平山郁夫的著作与他收藏的马形来通、亚洲文明展览中的陶来通

与此同时，陶制的动物形来通也多有生产。下图左为平山郁夫丝绸之路美术馆收藏的公元前1世纪至公元2世纪的红陶动物形来通，属于帕提亚时代的作品，流行于伊朗西北部。下图左2中为美索不达米亚公元2世纪至3世纪的绿釉人面双柄来通。下图左3为公元前1000年下半叶水牛形陶来通。下图右为平山郁夫丝绸之路美术馆收藏公元前10世纪至前8世纪伊朗西北部的牛形陶器（来通）。

各种造型的陶动物形来通

上图为平山郁夫丝绸之路美术馆收藏的陶器，从左至右分别为：人物像注口陶器，公元前900—前500年左右，伊朗西北部发现；牛头形陶酒壶，南意大利发现，公元前4世纪，其装饰为希腊著名神话中变身为天鹅的宙斯正在引诱绝世美女丽达的场景，与意大利北部发现的银角状杯造型基本相同；右图为公元前10世纪至前9世纪，平山郁夫丝绸之路美术馆收藏，伊朗西北部发现。这些藏家的藏品表明，来通广泛盛行于西亚地区。

随着东西方商贸的飞速发展，来通杯由丝绸之路传入中国。到了唐代，来通杯开始在陶瓷生产中大量流行，各种各样的制品和丰富多彩的造型，显示了我国陶瓷艺人对外来文化的吸收与融会贯通，彰显着大唐文化的辉煌灿烂，也是唐代陶瓷形体创新的时代典范。下图为唐三彩中各式各样的凤首、象首、鸭首来通。

唐三彩象首来通

唐三彩鸭首来通

唐三彩凤首来通

在三彩制品大量烧制的同时，著名的邢窑白瓷中也可见到类似的形体。下图就是邢窑产品中的来通，它具有制作精工、造型生动、刻画精细、栩栩如生的特点。

唐代邢窑白釉、绿釉来通

唐三彩来通、大英博物馆藏唐代白釉狮首来通杯

9.胡人、马、驼俑

胡人的形象早已经出现在东汉时期的陶瓷制品中，到了唐代，随着中外文化交流的不断发展，胡人及驼俑、马俑更是广为流行，形成了唐代瓷器造型创新的又一时代标志。1981年，洛阳龙门安菩夫妇墓出土的三彩骑马男胡俑长38厘米、通高43厘米，马施黄釉，白尾，绿色的鞍上坐有一个胡人，身着绿色窄袖翻领长衫，腰系包袱，双臂弯曲前举。同墓还出土2件三彩牵马牵驼胡俑，俑的面部具有典型的西域人物的特点。1954年，山西长治出土的骑驼胡俑，头戴尖顶帽，身着翻领长衫，左蹬靴，高鼻深目。1955年，西安东郊十里铺出土2件彩釉牵驼胡俑及2件牵马胡俑；1984年，西安西郊唐墓出土3件三彩牵马胡俑………出土的同类作品中的这些俑多以西域人物为题材进行创作，再现了当年古丝绸之路的繁荣盛况（《洛阳出土文物集粹》第91页，《简明中国历史图册　6》第35页，《文物》1956年第8期，《文物》1990年第7期）。陕西长安嘉里村唐大中四年裴氏小娘子墓出土的2件黑人陶俑，1971年陕西礼泉郑仁泰墓出土的彩绘卷发昆仑奴俑[1]，陕西西安出土的大食人陶

甘肃省庆城县唐开元十八年穆泰墓出土胡人俑

1　《陕西省博物馆》第75页。

俑[1]，陕西西安南郊31号唐墓、独孤思敬墓、重庆万县市唐墓出土的官吏形象的胡人俑，大量的出土文物反映了西域胡人在沟通中西文化中所起的重要作用，也为我国陶瓷造型装饰的不断创新与发展提供了大量的素材和丰富的营养。

变化多样的异域人物造型

唐代胡人骑驼俑

下图右为首都博物馆“山宗水源路之冲”展览中的南北朝时期胡人牵骆驼方砖，方砖出土于青海西宁市湟中县徐家寨，现收藏于湟中县博物馆，形象地刻画出作为沙漠之舟的骆驼在古代丝绸之路中的重要作用。

胡人牵驼俑、砖

唐代陶瓷大量出现品种多样、造型各异的马，构成了唐代陶瓷的又一明显特征。

1 《简明中国历史图册》第6、35页。

唐代的马

1971年发掘的章怀太子墓，出土胡人骑马携带猞猁俑，胡人身着翻领胡服，梳长粗辫盘发脑后，马鞍后带裹卷毡毯，上立一只似猞猁的动物，表现的是正准备出行的瞬间，另一个腰系干粮袋，以备狩猎中使用。懿德太子李重润为唐中宗李显的长子。1971年7月至1972年5月，对其墓进行了发掘，出土各类文物1000余件，现已在墓区建成博物馆。其中的骑马俑造型生动，人物栩栩如生。永泰公主墓出土彩绘胡人骑马带犬俑、彩绘陶胡人骑马狩猎俑、三彩胡人骑马狩猎俑等，具有极高的工艺水平。郑仁泰墓出土的胡人狩猎者似乎是一个驯鹰师，他在吹口哨呼叫猎禽回归，胡人的胳膊绷有护臂，说明所驯之物应是可以捕捉鸟雀等的鹞子之类。这些不胜枚举的出土文物，除了彰显唐人爱马的风尚外，也把马的烧造历史提高到了一个全新的时代水平。

从汉代张骞通西域以来，我们的祖先就是用马与骆驼踏出了一条绵延万里的丝绸之路，随着大唐时代的开放包容，大批西域胡人不远万里越过广袤无垠的沙漠来到唐朝。民族文化在这里最大限度地交融，民族大家庭在这里融合，民族色彩在这里交相辉映，他们的形象通过陶俑、壁画等形式保留下来，而他们所派生的文化，也在这片土地上生根发芽，源远流长。“当他们开放包容的时候，那个国家、那个时代就是最强盛的时代。当他们自负、封闭的时候，那个国家、那个民族一定是走向衰亡的时候。所以通过艺术作品、通过艺术呈现，我们看到不同民族、不同地域的艺术是相通的。”

10.塔式罐

塔式罐是因器物造型类似宝塔状而得名。始烧于三国两晋时期，南北朝至宋代较为流行。制作塔式罐的材料分别有金、银、铜以及陶瓷等，其主要功能是用来盛放高僧大德坐化后的骨灰和贮藏佛祖舍利，在佛教文化中享有崇高的地位。

塔式罐与佛教文化关系密切。随着唐代佛教的兴盛，塔式罐这一佛教文化与中国传统文化融合的典型器物应运而生，并成为流行于唐代具有典型时代特征的罐式。塔式罐由高耸的器盖，罐形的器身、高大的底座三部分组成。耀州窑博物馆藏品中的黑釉塔式罐，系1972年黄堡耀州窑遗址出土。此罐造型由盖、罐、底座三部分构成。罐盖象征佛教建筑的“七级浮屠”，罐盖顶端的坐猴极目远眺，罐腹下端贴塑大小相间的十二瓣莲瓣；方形基座上分别贴塑有莲瓣、坐佛及鸟类等与佛教相关的纹样。底座的贴塑分成4组上下两层，方亭上方四面各贴塑一尊坐佛，四角分别为一瑞鸟，方亭四面腰圆形的壁龛内贴饰兽首，方亭下方四角分别堆贴托塔力士，通体黑釉，釉质肥厚，具有浓郁的佛教文化色彩（下图左）。

唐代黑釉、三彩、青花塔式罐

塔式罐属于明器，随着唐代厚葬之风的盛行，各地瓷窑普遍进行生产。耀州窑、邢窑、巩义黄冶窑的考古发掘中，均可见其生产的黑釉、白釉、三彩、青花以及彩绘陶器制品。塔式罐产生之初就模仿佛塔之形，到了唐代更是具有明显佛教文化的特征，是中国传统丧葬习俗与外来佛教文化交融的产物，一定程度上反映了唐代社会的风土人情和丧葬观念。

11.元、明、清

为适应西亚一带的饮食习惯，瓷器个体的普遍增大是元瓷造型中最明显的变化。但由于形体过大，增加了烧制的难度，如不是有娴熟的成型技艺和高超的烧制技术，很难烧出如此成功的作品。它的烧制成功，是我国陶瓷工艺史上的一大创举，标志着元代瓷器在造型更新与烧制技术提高方面所作出的重大贡献。

元青花瓷器

元代釉里红瓷器

元代霁蓝釉白龙盘、梅瓶、霁蓝描金匜

我国陶瓷生产中出现的这些具有异域风格的器物，有的模仿器型，有的饰以外来装饰，体现着东西文化的交流与碰撞。

除此之外，元代瓷器装饰中的透雕与半透雕技法的应用与伊斯兰广为流行的装饰手法不无关系。保定元代窖藏出土的青花釉里红花卉纹罐，腹部开光内使用半透雕技法雕刻出花卉、山石纹样；收藏于英国的青花玉壶春瓶，腹部开光内透雕莲花，雕工精细，具有独特的立体装饰效果及较高的时代水平。

元代青花釉里红花卉纹罐、青花盖盒、伊斯坦布尔皇宫建筑的蓝色花纹

进入明代以后，蜚声中外的明代永乐、宣德时期的青花瓷器所取得的杰出成就早已载入史册，这一成就的突出一点就体现在形体的创新之中。是明青花瓷对伊斯兰器物风格进行了模仿，绝大部分青花瓷在造型上可溯源到西亚或中东地区古老的金属器、玻璃器或陶瓷器，这一现象一直延续到

明代中期以后。

青花大扁壶是宣德时期所生产的一种具有奇特形体的器物，硕大扁圆的躯体一面扁平，一面的中心隆起一圆形的突起，肩部有双系，小口短颈，与13世纪的伊斯兰铜扁壶的造型一模一样，就连正中央也是画的伊斯兰教的八角星。

永乐、宣德青花大扁壶与伊斯兰铜器

青花花卉文具盒、釉里红松竹梅文具盒是宣德时期又一独创的瓷质文房用具，长方倭角的形体与伊斯兰铜笔盒的造型完全一样。

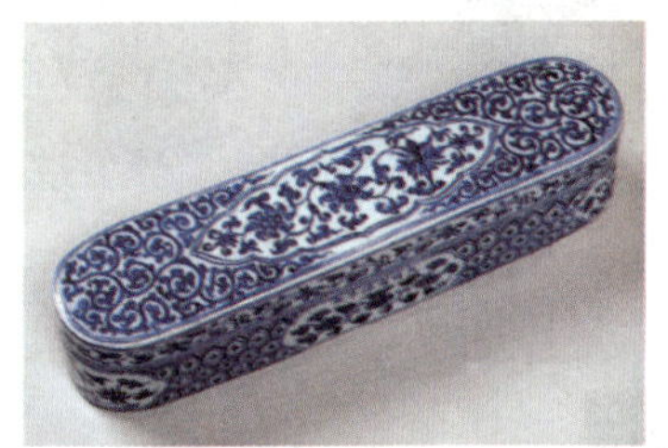

宣德青花、釉里红文具盒、伊斯兰铜器

宣德青花折沿盆，又叫敞口洗，清宫造办处档案中称之为洋帽洗，是我国传统造型中从未见过的形体，宽大的口沿外撇，器身上窄下宽近于垂直，平底，源于中东穆斯林的金属净手盆。

宣德青花龙柄把缸，柄端塑有龙首，是宣德时期流行的造型之一，缸圆唇直颈，腹部近似球形，口肩处连以曲柄，与13世纪伊斯兰嵌银纹黄铜龙柄缸及兀鲁伯玉龙把缸的造型一模一样。

宣德青花折沿盆与伊斯兰铜器

宣德青花龙柄把缸与伊斯兰铜器

宣德青花八角烛台，宣德时期具有新意的形体，宽大的底座呈八角形，中部束腰，底座中心的圆柱上托一形似底座的小八角形烛台供插蜡烛所用，与巴黎卢浮宫美术馆收藏的铜烛台的造型相同。

宣德青花八角烛台与伊斯兰铜烛台

宣德执壶有青花与白釉不同品种，其形体也是源自12世纪西亚开始流行的金属执壶造型。

宣德青花、白釉执壶与伊斯兰铜执壶

永乐青花器座，上下对称，体内中空，模仿14世纪叙利亚的黄铜器座制作而成。这种造型的器物在埃及、英国、美国、德国等多有收藏；质地有铜、瓷两种。我国故宫博物院、天津博物馆亦有收藏。右图中是德国科隆私人藏家收藏的永乐青花器座。这些器物不仅造型与马穆鲁克王朝的黄铜器座（右图右）大同小异，装饰中还非常明显地使用伊斯兰金属雕刻中的阿拉伯文图案。

故宫博物院、德国科隆私人收藏的永乐青花器座与伊斯兰铜器

双耳扁瓶，永乐、宣德时期景德镇的创新造型。其实这是一种在西域流行极为久远的造型，早在公元前2世纪到公元2世纪的沙特阿拉伯的卡耶特法奥遗址中便出土有同类造型的器物。2017年在国家博物馆的阿拉伯之路展览中展出的收藏于沙特国王大学考古系的几件双耳扁瓶有幸使我们目睹了它的发生与发展以及在中外文化交流中所产生的影响（下图左1、左2）。下图左3和右图为平山郁夫丝绸之路美术馆收藏出土于伊朗西南部的公元1—2世纪帕提亚时代至萨珊王朝时期的彩釉陶扁壶与公元1—3世纪青绿釉双耳壶（敦煌博物院编《平山郁夫的丝路世界》，朝华出版社2018年9月，第128—129页图）。

左1、左2，沙特阿拉伯卡耶特法奥遗址出土，左3及右图，伊朗彩釉陶扁壶与青绿釉双耳壶

故宫博物院、景德镇市考古研究所的青花、白釉双耳扁瓶

青花折角方瓶与伊斯兰铜折角方瓶，青花直筒罐与伊斯兰的同造型陶罐，青花天球瓶与叙利亚同式瓶，青花鱼尊与13世纪中期伊斯兰铜钵及14世纪伊斯兰的黄铜嵌银罐如出一辙。

2015年6月，故宫博物院与景德镇陶瓷考古研究所联合举办的永宣瓷器对比展览中，有一件造型奇特、在国内极为罕见的“永乐白釉三壶连通器”，此件器物“口作盅状，盅底有花形筛孔，通过颈部的内管及其下的三扁管与三个带圈足的球状皿相连通。颈之外层以镂空花纹为饰，器身有七道凸起的弦纹，其间锥刻阿拉伯鋬金纹饰”。关于这种器型的用途，有的学者从土耳其托普卡普·赛拉伊博物馆收藏的一件酒瓶中找到了答案。这件“酒瓶有很窄的瓶颈，瓶上端塑造成杯形，并有滤孔装置，这种窄的瓶颈造型源自波斯地区的同类金属器物。研究人员认为，顶端杯形口的设计，是为了方便液体倒入，并具有漏斗功能，瓶颈窄，液体流出就比较慢，而且从瓶口唇边斟出液体时就不会沿瓶边流下。这是由于波斯地区气候干燥，易倒入不易倒出可以节省水，有滤孔设计更可防昆虫落入。这件永乐白釉三壶连通器，除了底部分叉成三个独立的球状器皿外，杯形口、窄瓶颈以及镂空装置的设置几乎和上面酒瓶如出一辙，二者在使用功能上也应该具有更为相近的地方”。可见，此件器物应该是当时的外销商品。

大英博物馆的永乐青花双耳扁瓶与伊斯兰铜器

永乐白釉三壶连通器

此外还有收藏于美国弗利尔美术馆的伊斯兰镶金铜碗与宣德青花海水纹浅碗相同，青花山茶花纹双耳扁壶与俄亥俄多丽都美术馆收藏的约1330年的彩釉玻璃扁壶造型相同……这一切说明我国瓷器在接受外来因素的影响中不断进行着自我的完善与创新。

永乐、宣德青花瓷器以其丰富多彩的造型、优美生动的纹饰在我国陶瓷史乃至在中外文化交流史上留下了永不磨灭的光辉。永乐、宣德的瓷器手工业取得了巨大的成就，很重要的一点即善于吸收外来先进文化的营养。在明帝国最为昌盛的年代，永宣两朝青花瓷器在与伊斯兰艺术相互碰撞、相互融合中，跨越了种族与地域的界限，产生了动人的艺术魅力。永乐朝开始，瓷器造型大量模仿伊斯兰风格的器物（主要来自波斯王朝和马姆鲁克王朝的金属制品或玻璃器皿），这些器物包括天球瓶、器座、青花折角方瓶、双耳扁瓶、烛台、文具盒、折沿盆、大扁壶等。故宫博物院收藏一定数量的此类文物，景德镇陶瓷考古研究所在珠山御窑遗址历年的多次考古发掘中，也出土了大量具有伊斯兰风格造型的器物。首都博物馆和景德镇考古研究所联合举办的“景德镇珠山出土永乐官窑瓷器展”中，专门辟有“伊斯兰风格瓷器”展柜。穆斯林器物对中国的制瓷业产生的深远影响，正像吴仁敬在《中国陶瓷史》中云：“明人对于瓷业，无论在意匠上、形式上，其技术均渐臻至完成之顶点。而永乐以降，因波斯、阿拉伯艺术之东渐，与我国原有之艺术相融合，对瓷业上更发生一种异样之精彩。”永、宣青花之所以具有动人心魄的魅力，也恰恰证明了它吸收融汇外来先进文化的能力与包容。

二、瓷器装饰中的异域风格

为符合外销地区民族审美需要，中国瓷业生产采取了针对性的销售方针。如唐代长沙窑为适应伊斯兰地区的特殊需要而设计出具有西亚地区特色的装饰图案和造型风格的陶瓷。那些磁器上的彩画、狮子、棕树、对鸟葡萄、胡人乐舞的图案等颇具有为伊朗和美索不达米亚居民所接受的性质。造型方面，长沙窑瓷器模仿中、西亚金银器的特点，并迎合胡人喜爱喝酒的习惯，设计出多种酒壶和酒盏，有些壶上出现赞美酒家的诗句，有些磁器上还用阿拉伯文写上“真主最伟大”等字样。长沙窑在伊斯兰世界有广阔的市场，这也给陶瓷业生产带来丰厚利润。

1.联珠纹

瓷器装饰中大量使用了西亚金银器中的题材，西亚广为流行的联珠纹也应用于瓷器装饰之中。宁夏固原出土的北齐碗、罐与相当于我国南北朝时期的波斯萨珊王朝鎏金铜壶上的装饰具有一脉相承的继承与发展关系，对后来中国陶瓷的装饰艺术产生过深远的影响（这一装饰直到元代景德镇瓷器中仍盛行不衰）。

国家博物馆北齐绿釉联珠纹碗、北齐绿釉联珠纹贴花盖罐

北齐黄釉瓷扁壶上出现的联珠纹到唐代进一步发展，装饰手法有堆、印、贴、画多种。青釉凤头壶的口沿、颈、腹、足部位多次使用了堆贴

的联珠纹饰，1956年西安市郊韩森寨唐乾封二年段伯阳墓出土的白釉贴花高足钵的纹饰中也多次重复使用联珠纹作为装饰的边线。唐代长沙窑进一步创新了装饰手法，改堆、印为绘画，以褐、绿两种色彩点绘，用绘画的形式变幻出丰富的图案，把联珠纹的运用发展到一个新的水平。

唐代长沙窑瓷器的点绘花纹

唐代巩义窑瓷器的联珠纹

2.椰枣纹

铜官窑是我国大规模烧制釉下彩的最早窑口，也是一种以全新技法和题材对瓷器加以装饰的窑口。其产品在大量销往中亚及西亚地区的过程中，为了适应这一带居民的需要，铜官窑唐代生产的彩绘瓷器大量以西亚所流行的图案为题材进行装饰，促进了陶瓷彩绘艺术的发展与提高，为瓷器花纹的更新开辟了一条全新的道路。

从这些独步一时，既具有西亚因素又有唐代创新的椰枣树、对鸟及点彩的几何图案的广为流行不难看出，铜官窑在吸取外来文化过程中所进行的大胆革新，促进了产品质量的提高和花色品种的更新，丰富了我国陶瓷装饰艺术的宝库，为后来彩绘瓷器的发展开拓了广阔的前景。

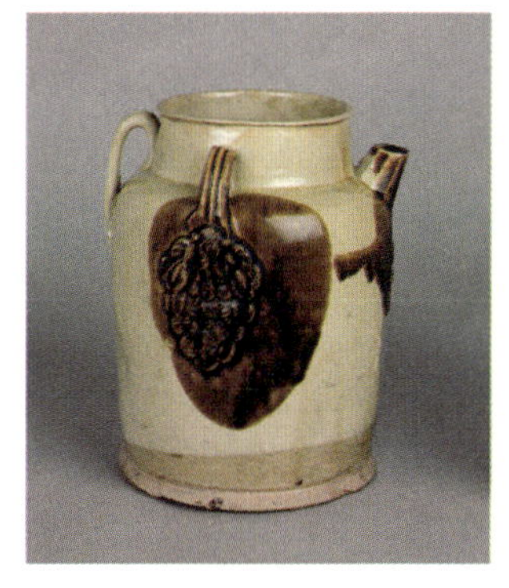

长沙窑椰枣树、对鸟纹贴花

3.胡人舞乐

在我国瓷器不断外销的过程中，西亚地区特产的胡马、狮子、石榴、葡萄及特有的胡舞胡乐等民族文化也随之传入我国。史书记载，公元前384年，天竺送给前凉音乐一部，乐工12人及箜篌、铜鼓、毛圆鼓、都昙鼓等乐器。后凉吕光通西域获得更多的乐器与歌曲。胡人舞乐题材在瓷器装饰中的出现就是在这一文化交流背景下产生的。1971年河南安阳范粹墓出土的胡人舞乐纹扁壶，腹部的两侧分别印有舞乐的胡人5个，这些人物身着窄袖短衫，足蹬长靴，具有典型的西亚风格，他们的舞姿也是我国传统舞乐中所没有的，其标新立异的图案一改我国传统的装饰风格与题材，在推动纹饰题材的创新中作出了成功的尝试。

北齐、隋代黄釉扁壶

胡人演奏的乐器主要有琵琶、觱篥、箜篌、笛子、钹等，这些乐器来自西域龟兹乐系统，表演者或坐或立，甚至还有骑在骆驼上演奏的。北朝开始，一些外域舞乐题材的装饰出现在我国瓷器之中。

唐三彩舞乐骆驼

到了唐代，以长沙铜官窑为代表的产品在装饰中受到西亚工艺品装饰的影响而使舞乐人物广为流行。那些应乐起舞的异族人物，正如唐人刘言史诗中所形容的一样：“跳身转毂宝带鸣，弄脚缤纷锦靴软。四坐无言皆瞪目，横笛琵琶遍头促。”如昭陵陪葬墓中越王李贞墓出土的三彩骑马击鼓俑。西安段伯阳墓出土的白瓷人形尊，通体塑造成一个西域少年的形象，人物高鼻深目，身着圆领短袖衫。同墓出土的胡人头像，浓眉大眼，胡须满腮，无论人物形象和面部表情均塑造得栩栩如生。鲜于庭诲墓出土的载舞乐人物驼俑，4个乐俑分别坐于驼背平台的两侧，1个舞俑位于中间应着音乐的节奏在表演优美的舞蹈。这5个人物全部具有典型的西域胡人的特征。朝鲜龙媒岛出土的贴花舞乐人物纹壶，壶流及系的下面共贴有舞乐女人3个，一个吹笛，一个舞蹈，一个手持物直立，与波斯萨珊王朝金银器及无釉陶器上广泛使用的一种称为阿娜西达女神的形象有许多相似之处，显然是模仿这一装饰的结果。类似的题材非常普遍。

长沙铜官窑的产品中的舞乐装饰与印花模具

4.几何纹、花草纹

9世纪广泛流行于米索不达米亚的白釉蓝绿彩陶器之中的椰树、对鸟及点彩的几何图案，在我国铜官窑与巩义窑瓷器中也很常见。

巩义窑出土的青花碗残片

左、中为扬州唐城遗址出土的青花残片，右为扬州万家福工地出土

从这些瓷器上所饰菱形四角出四朵花的具有西亚、中东风情的图案不难看出，我国瓷器手工业在吸取外来文化过程中所进行的大胆革新，在不断促进产品质量的提高和花色品种的更新上作出的巨大的贡献，为后来彩绘瓷器的发展开拓了广阔的前景。

5.阿拉伯文字

扬州出土的铜官窑阿拉伯文背水扁壶上书写的阿文，经有关专家鉴定为“真主最伟大”。文献记载：伊斯兰教真主穆罕默德，曾于唐代武德年间，派遣他的四大弟子，分别传教于中国广州、扬州、泉州，而今在广州和泉州两地，还有遗迹保存。唐代铜官窑生产的阿拉伯文背水瓷扁壶，显然是为了适应伊斯兰文化的需要而销售到阿拉伯地区的。扬州是当时重要的通商港口。铜官窑与巩义窑生产的陶瓷，从扬州港向西远销至遥远的西亚与世界各地。

扬州出土的阿拉伯文壶、伊朗国家博物馆元青花梅瓶上的波斯文

明代瓷器上依然有用阿拉伯文作为装饰的器物，下图所示即是宣德、正德瓷器上的阿拉伯文字装饰。

宣德、正德瓷器上的阿拉伯文字

首都博物馆藏的正德年制青花笔架，上边波斯文的意思就是“笔架”。故宫博物院藏有的白釉红彩波斯文盘，盘底三行波斯文意为“大明皇帝即苏莱曼国王御制”。据说明武宗至少给自己取过两个伊斯兰名字，一个叫“沙吉·敖兰”，是阿拉伯语音译，意为“真主的荣耀”；另一个叫“苏莱曼国王”。

正德瓷器上的异域文字

6.纹章瓷

明清时期特别是清代，部分外销瓷由国外来样订烧，其造型和装饰按照要求进行制作，这些瓷器具有明显的西方色彩。还有些瓷器在纹饰中绘有家族、公司、团体、城市等图案标志（即纹章瓷），构成这个时期瓷器花纹的特点。

清代陶瓷装饰中独具风格的纹章瓷，主要是为了适应欧洲市场之需而生产的。这些纹章中有美国的雄鹰纹，有俄国彼得大帝时期的双鹰纹，有荷兰东印度公司的纹章——一个由狮子和皇冠组成的图案，有印度乌鲁军徽——以虎、象支撑并书写乌鲁文字为标志的图案等。

清代各种各样的纹章瓷

下图左为中国航海博物馆藏清代青花纹章盘，盘心绘以英国某地的贵族徽章，盘边沿饰以对称的两组青花折枝花卉纹，徽章上方绘有一狮身像。

清代青花纹章瓷盘

下图是收藏在大英博物馆的一件康熙盾徽纹青花大盘，是威廉·塔尔伯特牧师在担任牛津主教期间订制的绘有自己纹章的大盘。2012年在国家博物馆举办的大英博物馆、英国维多利亚与艾尔伯特博物馆藏精品展的说明牌上这样写道："……他在1899年成为牛津主教，1715年成为索尔兹伯主教，1721年达谟主教。此餐盘上的纹章、顶饰和飘带都仿自他的藏书签。塔尔伯特是著名的上议院议员，以铺张浪费闻名。"大量盛行的纹章瓷中，每件背后都有着自己独特的内涵和故事。

万历青花克拉克瓷器
（葡萄牙桑托斯皇宫）

康熙盾徽纹青花大盘

大英博物馆

康熙苏格兰纹章瓷餐盘

普鲁士国王腓特烈二世纹章瓷盘、荷兰坎普斯家族纹章甜点盘、康熙德化白釉茶壶

法国雍正纹章茶壶、英国纹章咖啡壶、英国皇家纹章共济会茶壶

纹章瓷中的一部分为接受外来订制，按照客户的需要进行烧造，大部分则为了满足客户的需要，投其所好，选择当地喜闻乐见的题材进行制作，以占领更大的国际市场。如出口荷兰的瓷器中，根据荷兰画家的作品而绘制的描写荷兰北部渔民捕鱼捉鲸的画面，这些以渔民生活为题材的瓷器，深受当地人们的欢迎。乾隆三十五年前后景德镇生产的销往瑞典的花瓶上的折枝花卉纹饰，明显具有欧洲的装饰风格。乾隆三十九年按照当时丹麦宫廷画家、建筑家卡兰米尔设计的丹麦国王图像绘制而成的销往丹麦的瓷制餐具等，也是根据外商的需要而进行生产的。

这些瓷器无论从内容还是从形式方面都与我国固有的民族文化存在着较大的区别。这正如清代《竹园陶说》的作者刘子芬所说："清代中叶，海舶云集，商务繁盛，欧土重华瓷，我国商人投其所好，乃于景德镇烧造白器，运至粤垣，另雇工匠，仿照西洋画法，加以彩绘，于珠江南岸之河南，开炉烘染，制成彩瓷，然后售之西商。"《景德镇陶录》中亦云："洋器，专售外洋者，商多粤东人，贩去与洋鬼子载市，式多奇巧，岁无定样。"

我国瓷器在适应国外市场需要进行生产的同时，还部分接受国外的来样订货，这些订货的样品多由外国的画家进行设计，我国工人按样进行烧制，因此一些西方的艺术风格也就随着传入我国，欧洲绘画的表现手法也同时出现在我国瓷器制作之中。透视技法及明暗对比法的应用是清代乾隆时期瓷器中出现的一种新的装饰手法，它明显地吸收了西方油画技法的传统风格，成功地运用在瓷绘艺术之中，在打破固有的绘画手法上作出了积极的努力。如根据英国画家帕尔根斯于1800年所作的宾夕法尼亚医院的素描复制绘画而成的彩绘瓷碗，碗壁的纹饰无论在透视、质感及空间等关系的处理方面都表现出了良好的西洋画技巧。约在1820年广州画师根据美国画家绘画的“塞勒姆的友谊”及“中国皇后”号商舶的水彩画绘制的瓷盘、瓷碗，从画面的装饰效果看显然也利用了西洋绘画的透视技法。东京收藏家细川护立珍藏的乾隆粉彩西洋人物双连瓶，图案中较多地注意了光线的明暗和投影，吸收西洋画法之长，生动地刻画出人物的面部特征，五官的高低凸凹变化明显，栩栩如生，取得了中国传统画法所没有的立体效果。画有美国总统肖像的把杯、画有葡萄牙王后玛利亚肖像的餐具及英国牛津波塔尼卡尔公园的彩绘瓷盘等，均体现了欧洲文化对我国陶瓷装饰所产生的影响，也说明我国瓷绘匠师已熟练地掌握了西洋画的技巧并取得了一定的成就。清代瓷器中一些具有异国情趣的形体如康熙时期的砗磲、茄式壶，雍正时期的瓜棱壁瓶、剃须用盘、三足长圆盆等都明显地体现着外来文化的影响。

纵观我国陶瓷发展史不难看出，中外文化交流最活跃的时候也就是我国瓷器变革最快的时期。一些外来因素被吸收与移植到瓷器制作中来，并不断地加以融化与发展，构成了鲜明的时代风格。受西亚文化影响而出现的胡人舞乐等装饰首次出现在南北朝瓷器装饰中，为我国陶瓷纹饰输入了新的题材。唐代是我国对外文化交流空前发展的时期，国家强盛，经济繁荣，陶瓷艺术取得了高度的发展，新的形体不断涌现，在洋为中用方面作出了重大的贡献。明代永乐宣德时期，郑和七次下西洋，中外文化再次大规模地交流，与此同时，我国瓷器的造型与装饰也再次得以翻新，在丰富民族文化方面取得了应有的成就。清代，随着海外交通的进一步发达，西洋文化大量传入我国，陶瓷艺术广开视野，我国陶瓷工艺广采博收，先进的西洋绘画技法及优美的外来形体艺术为我所用，再次取得卓越的成就。这一次又一次的交流带来了陶瓷造型与装饰艺术一次又一次的刷新，每刷新一次，便向着更高的巅峰前进一步。我国陶瓷正是在立足民族传统基础之上，吸收外来文化之长，并不断加以融会贯通，取人之长，补己之短，成为本民族的杰出传统艺术。

三、中国瓷器的外销

瓷器对于中世纪世界生活所产生的影响，已经远远超出了这片大陆上历代朝廷的疆域。在许多国家还没有学会制作瓷器之际，西方人毫不吝啬地将这种“物以稀为贵”的稀罕之物纳入他们的生活，这些瓷器，跋山涉水漂洋过海到了欧洲，成为贵族生活中身份和财富的炫耀品。

（一）瓷贯东西——世界各国王室收藏的中国陶瓷

在对我国瓷器几近疯狂的崇拜中，世界各国的王室与上流社会，无不以珍藏中国瓷器为荣，中国瓷器被看作比黄金还贵重的宝物。它们作为艺术品陈列在宫殿、花园之中，由此显示身份的高贵富有。我国瓷器在满足人类物质生活需求的同时，也满足了这些贵族对陶瓷的狂热喜爱。至今在欧洲各国的宫殿里还可以看到他们所陈设的用以显示其高贵富有身份的中国瓷器。英国“玛丽皇后的习惯是在宫廷里陈列许多中国瓷器，甚至达到惊人的程度。我们可以看到，在橱柜以及家具的最高顶上，也放着架子，架子上陈列着珍贵的中国瓷器”[1]。

近千年来这些由中国制造的瓷器源源不断地销往欧洲、西亚、东亚等世界各地，成为全世界公认的奢侈品，是欧洲王室间馈赠的最尊贵的国礼，公主出嫁时最高规格的嫁妆，更是皇室贵族间拿来攀比炫富的对象，以至于在很长时间里，中国都是无数西方人魂牵梦绕的地方。

1.法国

文艺复兴时期，精美绝伦的中国瓷器倾倒了欧洲的王公贵族，富甲四方的法王路易十四自诩“太阳王”，以有钱著称。但自从迷上了中国陶瓷，国库频频告急，不得不把宫廷中的金银器熔成金锭银锭来支付瓷器的费用。路易十四在凡尔赛宫中专门设有“瓷宫”。

除了皇室之外，在17—18世纪的法国，中国瓷器是当时贵族阶层争相抢购的顶级奢侈品。《悲惨世界》《巴黎圣母院》的作者、法国大文豪雨果，曾48次购买中国瓷器，将搜集到的中国古瓷器、家具甚至漆器，全部布置在客厅中，是法国宫廷、贵族阶级与文化名人中喜爱中国艺术的超级粉丝。浪漫的法国人对中国瓷器，情有独钟，充满了挚爱。

雨果客厅中的瓷器

即便在民间，中国瓷器对法国所产生的影响到处可见。法国波尔多是著名的红酒产地，同时也是一座蓝色之城，除了著名的红酒之外，青花瓷器之风扑面而来。这里的建筑物随处可见青花瓷砖作为装饰的墙面。即使是一座普通的火车站，里面的墙壁上也装饰着漂亮的青花瓷贴面，宛如一座瓷器博物馆。

1 《明清陶瓷和世界文化的交流》。

法国波尔多建筑物的青花瓷装饰

2.葡萄牙

据记载，1517年葡萄牙商船第一次抵达澳门，欧洲与中国的贸易拉开序幕，从此中国瓷器遍及欧洲各国。2016年6月，笔者在葡萄牙参观辛特拉皇宫时看到了宫殿陈列中的中国瓷器。辛特拉王宫是当年葡萄牙王室的避暑山庄，修建于14世纪末，之后几经扩建和装修，是葡萄牙目前保存最完好的中世纪皇家宫殿。宫中的每一个房间，都陈列着当时王室所用的家具和设备，如阿拉伯的墙砖、意大利的雕刻、法国的吊灯和中国的瓷器。

辛特拉王宫及其青花墙壁

辛特拉皇宫到处可见的中国明清彩瓷

著名的“徽章厅”被装饰得金碧辉煌，巨大的拱形穹顶上面镌刻着72枚葡萄牙王室以及葡国其他主要贵族的族徽，“徽章厅”下半部分则全部由青花瓷砖壁画进行装饰，瓷质洁白细腻，釉色光润的青花瓷器壁画蔚为壮观，令人叹为观止。

葡萄牙里斯本桑托斯皇宫，是葡萄牙国王曼努埃尔一世的宫殿，今天是法国驻葡萄牙大使馆所在地。桑托斯宫“瓷厅”的金字塔形天花板，由261块克拉克青花瓷盘镶嵌而成，古老的中国青花瓷器至今完好如新且在宫殿中熠熠生辉。这些由葡萄牙商船所带来的青花瓷器，当时被作为极其珍贵的奢侈品，作为葡萄牙宫廷的“宠儿”，装点在皇宫的宫殿之中。

葡萄牙里斯本桑托斯宫及其“瓷厅”的屋顶

如今，随着水下考古事业的不断发展，考古学家在众多的葡萄牙商船沉船的货舱里，发现了大量的中国瓷器。15世纪末由葡萄牙人达伽马开创的欧亚航线，在之后的一个多世纪中，经葡萄牙商船将大量中国瓷器运到了里斯本，并将其推介至法国、英国等欧洲国家以及美洲和非洲一些国家，源源不断地满足着王宫贵族的需求。不仅如此，葡萄牙人还借鉴中国瓷器的制作工艺从事自己的陶瓷生产。因此，从某种角度上讲，一部中葡交往的历史也是一部陶瓷的历史。

3.德国

走火入魔的不止路易十四，18世纪的德国有个萨克森王国，他们的国王奥古斯都二世想要结婚。为了娶到爱瓷器的王后，国王拿400个贴身卫兵，和好邻居普鲁士国王换了12个青花瓷瓶。也就是说30多个御前侍卫才抵得上一个瓶子，在人口不多的小领地一口气放弃400个贴身保镖，这就是历史上著名的典故“禁卫军瓷”。

柏林夏洛特堡宫，是1705年普鲁士国王腓特烈一世为纪念自己的妻子索菲亚·夏洛特而命名。夏洛特堡宫“瓷器屋”用了3000件中国瓷器进行装饰，将18世纪欧洲宫廷流行的中国风发挥到了极致。腓特烈一世用昂贵的中国瓷器对宫殿进行装饰，是何等奢靡！何等荣耀！如今夏洛特堡宫殿已经作为博物馆对游人开放。

德国夏洛特堡宫的中国瓷器

除此之外，德国奥古斯都大帝的德累斯顿瓷宫、柏林蒙毕郁宫等，同样陈列着众多精美的中国瓷器。

德累斯顿“茨温格宫”及其收藏的中国陶瓷

4.英国

英国皇室收藏。英国古老的宫殿里到处可以看到他们所陈设的用以显示其高贵富有身份的中国瓷器。

英国皇室收藏是世界上规模最大、最重要的艺术品收藏之一，也是欧洲为数不多保留完整的皇室精品收藏之一，拥有超过100万件藏品。这些藏品大多收藏于皇室宫殿，平时轻易见不到。

2017年12月16日，欧洲时报记者杨赛在《欧洲时报》英国版“走进英国博物馆”系列报道中曾经提到过英国皇室收藏的中国瓷器。

《英国皇室收藏中的中国和日本艺术品》由约翰·艾尔斯历经20年写成，下图为书中展示的中国陶瓷。

英国皇室收藏　清乾隆　图录编号420–421

英国皇室收藏编号：RCIN45222.1.a–b，2.b

元粉蓝乳光釉钧窑碗，
皇室收藏编号：RCIN 58991

明龙泉青瓷镶铜鎏金盘图录编号1，
皇室收藏编号：RCIN 35288

5.土耳其

伊斯坦布尔老皇宫的厨房，据说里面保存着9000多件中国明、清时期的磁器餐具。除了大量元青花之外，还有龙泉青瓷1300多件以及不同时期不同窑口的中国瓷器。

伊斯坦布尔老皇宫

伊斯坦布尔托普卡帕宫保存的元青花瓷器

6.其他各国

埃及的萨拉丁曾以40件龙泉青瓷作为礼品，送给大马士革苏丹诺尔丁。

波兰约翰三世维拉努哈宫中国厅、那不勒斯波递西宫瓷器陈列厅同样有着众多精美的中国瓷器。

除此之外，俄罗斯、西班牙、瑞典等国的宫中都收藏着大量的中国陶瓷。

以上案例只是当时全世界疯狂迷恋中国瓷的小小缩影，千百年来，我国瓷器被源源不断地输送到世界各地，为人类作出了特殊的贡献。至今，无论我们走到哪里，无论是在乡村还是在城市，无论在贫穷的国家还是在富有的社会，无论是在博物馆还是在民间，都可以看到不同时代、不同品种、不同花纹与不同窑口的中国瓷器，作为国人我们为之自豪，为之骄傲。

叶卡捷琳娜宫的瓷器

（二）海外遗珍——各国博物馆的中国陶瓷

1.德国

柏林东亚艺术博物馆创建于1906年，是德意志帝国时期建立的第二座非欧洲文化博物馆。笔者因为工作需要于2005年到访了这里。柏林东亚艺术博物馆内藏有中国文物2000多件，涵盖中华文化的各个时期与各个门类。馆内的中国展品荟萃了中国文物的精华，正如柏林东亚艺术博物馆馆长所说，这些文物既像中国的文化使者，也像中国文化嫁出去的女儿，成为整个人类文明的一部分。

柏林东亚艺术博物馆的中国陶瓷

柏林东亚艺术博物馆的中国瓷器

德国纳高拍卖公司及其所收藏的中国瓷器

2.法国

著名的法国吉美博物馆收藏中国文物两万余件，居海外博物馆中国瓷器收藏之首。收藏的中国历代陶瓷器1.2万余件，不仅数量多，而且品质上乘。吉美博物馆中国展厅分“远古中国”“古典中国”和“佛教中国”三大部分。馆藏瓷器从中国最早的原始瓷器一直到明清的青花、五彩瓷，在这里人们可以看到晋朝、南朝的鸡首壶，唐朝的南青北白的越窑、邢窑，宋朝的五大名窑的瓷器，元青花、釉里红等，明朝、清朝的青花、斗彩、琉璃以及康熙、雍正时期的珐琅彩、粉彩瓷器。各个朝代各大名窑的产品应有尽有，俨然一部中国古代陶瓷史的微缩版。

法国集美博物馆的史前、唐代陶瓷

法国集美博物馆的中国陶瓷

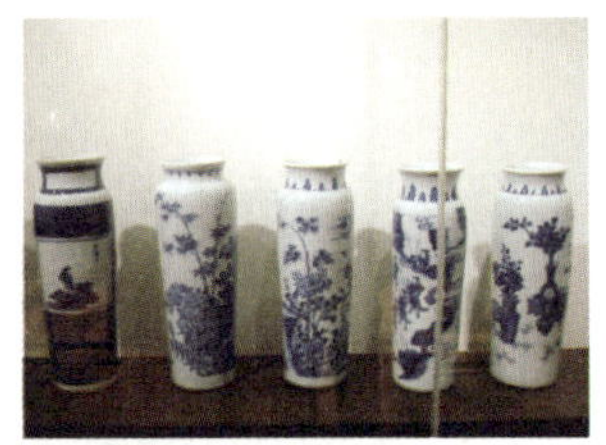

法国集美博物馆的元、明、清代陶瓷

法国集美博物馆的清代陶瓷

3.美国

美国各地博物馆收藏的中国陶瓷相当丰富，大都会博物馆、波士顿博物馆、弗利尔美术馆、波士顿、费城、纽约、芝加哥等地博物馆，都收藏有大量的中国古代陶瓷。

美国波士顿博物馆藏的中国陶瓷

美国大都会博物馆藏的中国陶瓷

美国大都会博物馆藏的中国陶瓷

美国华盛顿弗利尔美术馆收藏了一件举世闻名的商代白陶，其陶质细腻，纹饰精致。商代完整的白陶器物在国内所见不多，这件流散在海外的器皿弥足珍贵。

4.日本

东京国立博物馆内设有“东洋馆”，整个二楼的五个展室都陈列有中国陶瓷，从原始彩陶到唐宋以后的陶瓷应有尽有。1975年6—7月举办了“日本出土的中国陶瓷”特别展，把日本出土的中国越窑、龙泉窑、建窑、景德镇窑的器物，也包括陶片汇集到展览厅进行展览，引起了极大的轰动。

大阪市立东洋陶瓷美术馆的中国陶瓷

日本大和文华馆的中国陶瓷

除此之外，日本各地的博物馆、美术馆均普遍收藏有大量的中国瓷器，如正仓院、白鹤美术馆、静嘉堂文库美术馆藏品中的唐代白地绿彩砵、唐三彩贴花凤首壶与唐三彩贴花盖罐等，都是具有代表性的作品。

日本正仓院的中国陶瓷

日本白鹤美术馆的中国陶瓷

日本静嘉堂文库的中国陶瓷

5.英国

（1）大英博物馆

英国国家博物馆，又名不列颠博物馆，简称大英博物馆，成立于1753年，是世界上历史最悠久、规模最宏伟的综合性博物馆，也是世界上规模最大、最著名的博物馆之一。大英博物馆拥有藏品800多万件，藏品之丰富、种类之繁多，为全世界博物馆所罕见。

大英博物馆一向被认作是在中国之外藏有最多最好的中国文物的博物馆，大约有两万三千件中国文物，公开陈列的中国文物展品约两千件，集中展示于三个展厅：三十三号展厅、中国玉器厅（三十三号乙馆）以及大维德瓷器展厅（九十五号展厅）2009年，大维德爵士去世后，大英博物馆接手了斐西瓦乐-大维德爵士的旷世珍藏，并为其专门新建了展厅作永久性展出。

大维德瓷器展厅专题展出斐西瓦乐-大维德爵士1700余件中国官窑陶瓷藏品，其中大量文物均是国家级的瑰宝。

大英博物馆、中国与南亚展厅

大英博物馆第九十五号展厅轮流展出大维德收藏的1700余件中国陶瓷器

北宋熊纹枕、元青花孔雀罐、清广州“十三行”外景图碗

大英博物馆宋、元代陶瓷

拥有丰富中国文物收藏的大英博物馆在其文物收藏展示的过程中，已经不断改变着欧洲人对中国的认知，正像其馆长内尔–麦克格雷所说：“中国在十五世纪前半期所经历的政治、社会和文化变迁，使这段历史成为非凡的故事，到现在才获得较全面的理解。新的发现和研究成果提供新的角度去审视这段重要的历史时期，让我们不再只以欧洲为中心的观点来看待中国历史。”

（2）英国维多利亚与艾尔伯特博物馆

英国维多利亚与艾尔伯特博物馆

英国维多利亚与艾尔伯特博物馆（规模仅次于大英博物馆），是全球最大的艺术与设计博物馆（简称V&A博物馆），博物馆以维多利亚女王和艾尔伯特公爵命名，创立于1852年。该博物馆收藏陶瓷器皿达15万件之多，其中中国陶瓷就有9000多件。

维多利亚与艾尔伯特博物馆的中国瓷器

2012年6月22日至2013年1月6日，中国国家博物馆曾与大英博物馆、英国国立维多利亚与艾尔伯特博物馆合作推出《瓷之韵——大英博物馆、英国国立维多利亚与艾尔伯特博物馆藏瓷器精品展》。展览共分明代外销瓷器、东印度公司、欧洲特别订制的瓷器、欧洲特别订制的纹章瓷、早期欧洲瓷器、仿中国风格的欧洲瓷器、仿欧洲风格的中国瓷器、中国风、欧洲再装饰的中国瓷器、收藏十个单元，展出了148件（套）精美瓷器。

《瓷之韵——大英博物馆、英国国立维多利亚与艾尔伯特博物馆藏瓷器精品展》展品

《瓷之韵——大英博物馆、英国国立维多利亚与艾尔伯特博物馆藏瓷器精品展》的展品来自大英博物馆和英国国立维多利亚与艾尔伯特博物馆，在展示部分英国收藏家曾经收藏的中国官窑精品瓷器的同时，也展示瓷器贸易带来的中西文化交流与碰撞。这正像展览《前言》中所说："中国瓷器一出现在欧洲，就震惊了欧洲人，因为它具有其他材料难以匹敌的精致耐用和洁白晶莹。17—18世纪，随着亚欧之间商业贸易的繁盛，欧洲人对中国瓷器的需求达到顶峰。与香料、茶叶和丝绸相

比，中国瓷器的贸易量要少得多，却对欧洲文化、社会生活和经济产生了巨大影响。”

6.伊朗

（1）伊朗国家博物馆

伊朗国家博物馆收藏的中国青花瓷器来自阿迪比尔陵清真寺。这些瓷器是中、伊两国千百年来丝绸之路和平友好与文化交流的见证。典雅精致的中国青花瓷器不仅风靡当时的伊朗宫廷，更是被伊朗国家博物馆视为珍宝。

伊朗国家博物馆及中国瓷器展室

伊朗国家博物馆的元青花瓷器

伊朗国家博物馆伊斯兰馆内中国瓷器展室中大部分藏品来自阿尔达比勒清真寺，这批瓷器除了有元青花瓷器外，还有百余件明清两代青花瓷，涵盖了中国元、明、清三代近六百年的陶瓷史，是迄今为止伊朗收藏中国瓷器最多的博物馆。

伊朗国家博物馆的元代青花瓷器

（2）阿尔达比勒皇家陵园

阿尔达比勒皇家陵园，2010年被列入联合国教科文组织的世界文化遗产名录。世界遗产委员会给出了这样的评价：“谢赫萨菲·丁（Sheikh Safi al-Din）长老陵园和圣殿建筑群是伊斯兰教苏菲派的精神休憩之所。……在这一保存完好的遗址中，人们可以看到丰繁精美的建筑外观与内部装饰，以及一批出色的古董收藏。”其中所说的“一批出色的古董收藏”，就包括一大批中国瓷器。

阿尔达比勒皇家陵园神庙“瓷器配屋”大堂的地面由瓷砖铺设而成。方形穹顶的大堂墙上有四个透雕的木壁龛，壁龛内放置着珍贵的瓷器，包括萨菲王朝历代君主从中国购买并献给祖宗圣地的瓷器。

阿尔达比勒清真寺的“瓷屋”

据伊朗文献记载，公元1611年伊朗国王阿巴斯·萨菲将宫廷珍藏的1162件中国瓷器包括目前收藏在伊朗国家博物馆的32件元青花奉献给阿尔达比勒皇家陵园清真寺（阿里·玛扎海里.丝绸之路——中国和波斯文化交流史[M].乌鲁木齐：新疆人民出版社，2006）。

约翰·亚历山大·波普在其著作《伊朗阿德比尔清真寺收藏的中国瓷器》（张建伟译）中这样记载：1845年由W.R.霍尔姆记载的有关该清真寺的内容，再次提及这里的瓷器收藏：“在那个大穹顶式的大堂里，保存着中国瓷器，……它们由一些大盘、大罐、水杯和酒壶组成，地板上到处都摆放着瓷器，它们大多都被堆放在角落里，当初可能是用于招待客人，现在闲置在那里，大堂的墙面和墙面上的龛洞子由金箔打造。”

阿尔达比勒清真寺的瓷器

伊朗阿迪比尔陵清真寺收藏的中国瓷器

2012年上海博物馆建馆60周年之际，专门举办了《幽蓝神采——元代青花瓷器特展》，展出了来自伊朗、俄罗斯、土耳其、英国、美国、日本以及国内各大博物馆收藏的元青花瓷器90余件，来自伊朗国家博物馆的10件元青花瓷器就在其中。

7.泰国

中国古代陶瓷对周边国家陶瓷工艺产生了深远影响。中泰两国瓷器贸易很久以前便有记载，至今在泰国的藏家和博物馆中都可以见到中国瓷器的收藏。最值得一提的就是东南亚陶瓷博物馆。

笔者2015年应泰国东盟加六国贸易促进会主席、泰国华文教师公会主席罗宗正博士之邀访问泰国，在曼谷期间参观了东南亚陶瓷博物馆。博物馆位于风景优美的曼谷大学朗西校区之中，为曼谷大学创始人Surat Osathanugrah先生所创办。东南亚陶瓷博物馆收藏的陶瓷数量巨大、种类繁多。其馆藏的中国元代青花瓷器，更是令人叹为观止！在博物馆馆长巴力瓦博士的热情接待下，我们有幸目睹了这批珍贵而精美的元青花器物。当这些瓷器一件件完好无损地呈现在我们面前的时候，每个在场的人都激动不已。面对如此珍贵而精美的中国古代瓷器，我们仿佛跨入了时空隧道，仿佛回到了那金戈铁马的大元时代。巨大的视觉与艺术震撼冲击着每一位到访者，不得不由衷地为我们伟大的民族而骄傲。

泰国东南亚陶瓷博物馆收藏的元青花瓷器

8.马来西亚、韩国

马来西亚自古以来是中国通往印度的海上要冲。这条商路在公元1世纪前后就已开通。刘前度在《马来西亚的中国古瓷器》一文中说："甚至今天，在柔佛河岸还可见到荒芜的村庄跟营幕的遗地，在黑色的泥土上四散着中国碗碟碎片……"韩国作为我们的近邻，我们陶瓷及其制作技术同样对其产生过重要的影响。

马六甲、吉隆坡博物馆、韩国百济王陵博物馆的中国陶瓷

除此之外，莫斯科国家东方民族艺术博物馆专门建立有中国陶瓷陈列室，展出中国各个时期的陶瓷珍品近300件。印度尼西亚的雅加达博物馆收藏的5000多件陶瓷藏品中，绝大部分都是中国汉代到明代的产品，在东南亚各国博物馆中首屈一指。

（三）笔墨留痕——外国绘画作品中的中国瓷器

大量外国绘画作品中的中国瓷器，从另一个侧面如实地再现了西方国家对中国陶瓷的青睐与崇拜。

上图左一为土耳其托普卡普图书馆藏画，描写的是1720年阿赫麦德三世为四个儿子举行割礼庆典的局部画面。画面的中心绘有一个与龙泉青釉折沿大盘极为相似的瓷器。上图左二为15世纪一幅土耳其绘画作品所描述的青花瓷器贸易与运输场面。上图左三、四为《中国国家地理网》刊登的《奥斯曼宫廷餐桌上的青花大碗与大盘》《莫卧儿细密画中的大盘》图片。

下图为意大利画家乔凡尼·贝利尼的作品《诸神之宴》，这幅画曾经在2018年国家博物馆《无问西东——从丝绸之路到文艺复兴》展览中展出。图中的三件神的餐具——青花瓷盘，分明带有圣洁的含义。据说瓷器可以强身健体，可以试毒，可以治疗牙病，可以止住鼻血……这些如今看来颇为荒诞的功效在17世纪以前却被很多欧洲人深信不疑以至于成为人人向往的圣物。瓷器这一神的餐具就这样被当时的人们所崇拜。

意大利画家乔凡尼·贝利尼的作品《诸神之宴》

大量国外绘画作品中的中国陶瓷

2010年3月，首都博物馆“中国清代外销瓷展”中展览了部分国外绘画作品。图中所绘画的中国瓷器为我们研究瓷器的外销及其在国外的使用情况，提供了翔实而生动的资料，也折射出中国瓷器在西方人的生活中所占有的重要位置。

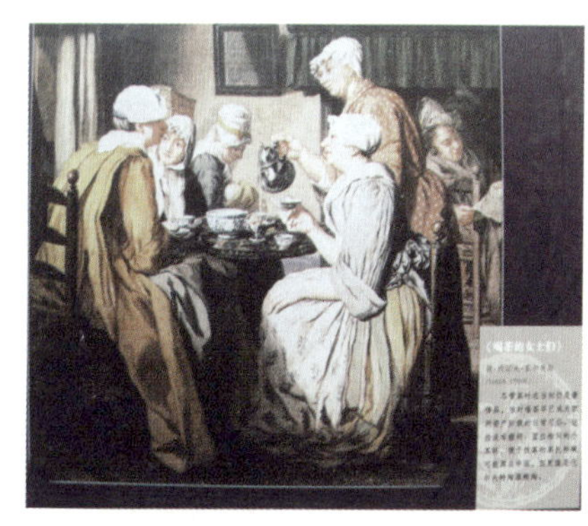

首都博物馆“中国清代外销瓷展”中的图画

上图中为雅克·安德烈·乔瑟夫·阿维德（1702—1767）绘制的《布里昂夫人饮茶坐像》，反映了中国茶具在西方权贵阶层日常生活中所占有的重要地位。这正像当时的一位英国作家所描写的那样，中国的瓷质茶具是“每一位时髦女士的必须之收藏”。上图右是一幅《喝茶的女士们》，作者是简·约瑟夫·霍尔曼斯（1682—1759），可以看出，当时极为奢侈的茶及其瓷质茶具已经成了西方上流社会生活不可或缺的组成部分，也成了这个阶层炫富的工具。

首都博物馆“中国清代外销瓷展”中的《静物·茶具》

《静物·茶具》是比利时画家让·艾蒂安·利奥塔德的绘画作品。画中描述了下午茶刚刚结束的情况，金属茶盘里摆满了一整套精致的中国茶具：一把茶壶、一个茶罐、一把奶壶、六套茶杯与茶托、两只大碗、一个大盘。茶具上面绘有精美的人物图案，形象而生动地展示了西方贵族饮茶风俗的内涵。

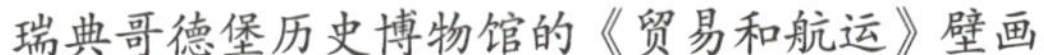
瑞典哥德堡历史博物馆的《贸易和航运》壁画

丹麦哥本哈根古玩市场上的瓷器

瑞典哥德堡历史博物馆的《贸易和航运》壁画，描绘了这些精美的瓷器是如何漂洋过海运输到遥远西方的。画中摆放于地等待包装的瓷器与已经包装好正在往船上搬运的一桶桶器物，形象地描绘了瓷器贸易与运输的场景。

（四）永久的铭刻——外国建筑物上的陶瓷镶嵌

在东南亚，珍贵的瓷器即使坏掉了也不舍得扔掉，而是将其碎片镶嵌在建筑物之中。这种习俗一直延续至今。

越南顺化皇帝的陵寝

启成殿安放启定皇帝的陵寝。启定皇帝阮福昶1885年生于顺化紫禁城，1916年被法国殖民者立为越南皇帝，年号启定。1925年因结核病去世，年仅四十岁。启成殿的内殿中，是一座启定皇帝等身铜坐像，宝座下面也是镶瓷组成的高台，上面由瓷片拼接“永”“固”等文字，象征着越南的江山稳固。启定帝等身铜坐像的上方，是嵌满珠宝的宝伞。陶瓷镶嵌的贡桌，甚是华丽。用陶瓷镶嵌艺术装饰的启成殿，富丽堂皇。大殿的正中央安放着启定皇帝的塑像，宫殿内用陶瓷镶嵌装饰的宫殿，启定帝等身铜坐像的上方，碎片陶瓷镶嵌的华丽藻井，比顺化皇宫里的太和殿还要华贵。

越南顺化皇陵启成殿

这种把完整的陶瓷敲碎，拼成艺术图案的传统一直延续到现在。这是越南人民的智慧创造。

越南民用建筑上镶嵌的瓷片

除此之外，欧洲许多地方还把瓷器改造成各种各样的实用器物，如台灯的底座、壁瓶等。

瓷器改造的台灯底座、壁瓶

（五）瓷通万国——世界各地出土的中国陶瓷

从8世纪末开始，中国陶瓷开始向外输出，经晚唐五代到宋初达到一个高潮。这一阶段输出的陶瓷品种有巩义窑唐三彩，邢窑、定窑白瓷，越窑青瓷以及长沙窑彩绘瓷等。

宋元时期是中国瓷器输出的高峰阶段，不但窑口众多，而且瓷器品种多样，数量巨大。浙江龙泉、金华铁店，江西景德镇、吉州、赣州，福建德化、建阳以及广东、广西一些窑口，河北磁州窑、定窑，陕西耀州窑等，都大量向国外输出产品。朝鲜新安海底沉船出土的2万余件瓷器，有幸让我们目睹了外销瓷的真实面目。这个时期外销瓷的范围也更加广泛，东北亚、东南亚的全部国家，南亚、西亚的大部分国家以及非洲等国，都是我国瓷器的行销输出对象。

1）印度发现的元青花

1961年，在印度德里苏丹国时期的皇宫花园里，印度考古局发现了60余件元代青花瓷器残片，造型以大盘为主，盘的口沿多为板沿与菱花口板沿。图案是当时广为流行的花卉、鱼藻、轮花、洞石芭蕉、缠枝菊花等，两方连续的海水、几何图形作为边饰，饱满的花朵，肥厚的巴掌状叶片以及浓郁的呈色，彰显了元青花瓷器的无限魅力。印度出土的这批精美的元青花残器，造型规整，制作精工，装饰精美，它的大量发现出土，再一次表明中国瓷器的外销在当地社会生活中所占有的重要作用。

德里苏丹国时期旧皇宫遗址

德里苏丹国时期旧皇宫遗址出土的元青花瓷器残片

2017年，德里红堡旧皇宫遗址出土元青花瓷器展览

2）东非

非州的肯尼亚、埃塞俄比亚、索马里、坦桑尼亚，出土中国瓷器的遗址数量多达上百处。据英国福里曼·格林威尔（Freeman Crenville）的报告，20世纪50年代中期的三年时间，仅在坦桑尼亚西海岸发现的出土中国陶瓷片的遗址就有46处。来此进行考古工作的惠勒曾说：“从十世纪以来的坦桑尼亚，地下埋葬的历史是用中国瓷器写成的。”《光明日报》（2016年8月18日08版）刊登了一篇王庆环《中非交往中的中国瓷器》的文章，提到：“北大考古队共整理、研究了37个古代遗址和遗迹单位（沉船）中出土的中国瓷器，同时还对蒙巴萨耶稣堡博物馆、拉穆博物馆和格迪古城遗址博物馆3

北京大学肯尼亚考古队拍摄的曼布鲁伊遗址出土的永乐青花瓷片

个博物馆中收藏的中国瓷器进行了调研。共收集、调查了中国瓷器9552件，拍摄照片近20000张，绘制器物图1200余张。同时，还对本次陆上考古发掘出土的1060件中国瓷器进行了整理，整理中国瓷器的总数达到10612件（片）。本项调研工作是中国学者首次大规模前往海外调查中国的贸易陶瓷，也是环印度洋地区古代遗址中对出土中国瓷器开展的第二大工作，仅次于旧开罗福斯塔特遗址。”

“调研使中国瓷器在古代印度洋贸易中的地位得以清晰：中国瓷器与古代东非海岸高等级阶层的生活紧密相连。那时，中国瓷器不是一般的日用品，而是陈设品，甚至被镶嵌在宫殿建筑和墓柱上，因此富裕人群一直对中国商品有较大需求。中国输往肯尼亚的瓷器自9世纪开始，基本上相延不断。除了北宋中后期到南宋中期（11世纪到12世纪）为中国瓷器贸易的低潮时期，从9世纪到17世纪中国瓷器对东非地区的输出先后出现4次高峰，这些峰期均对应了当时中国国内经济发展和海上贸易的繁荣。”

3）埃及

中国与非洲的文化交流始于中国的秦汉时期。埃及从9世纪前后就源源不断地进口中国陶瓷。

福斯塔特是开罗的古城，是9—14世纪伊斯兰世界最大的工商业贸易城市，1912—1920年的考古发掘发现多达百万片的陶瓷碎片。福斯塔特遗址出土的陶瓷中，中国陶瓷占3%，都是质量极高的产品。尤其是约2800片13—14世纪的青花瓷和龙泉青瓷，是蒙古帝国与伊斯兰世界陶瓷贸易的重要证据。该遗址20世纪以来受到欧美及日本的中国陶瓷研究者的密切关注。以小山富士夫、三上次男、长谷部乐尔为首的出光美术馆调查团曾于1964年调查了福斯塔特遗址出土的中国陶瓷，其成果见之于三上次男著作《陶瓷之路》。

- 埃及福斯塔特（Fustat）遗址：10片
- 肯尼亚上加（Shanga）遗址：19片
- 肯尼亚曼达（Manda）遗址：20片
- 也门席赫尔（Al-Shihr）遗址：1片
- 阿曼苏哈尔（Sohar）遗址：28片
- 伊朗尼沙布尔（Nishapur）遗址：3-4片
- 伊拉克西拉夫（Siraf）遗址：约232片
- 巴基斯坦班波尔（Banbhore）遗址（即《皇华四达记》记说的“提聚国”）：16+3片
- 巴基斯坦曼苏拉（Mansoura）遗址（16次发掘）：2片
- 伊拉克萨马拉（Samarra）遗址：少于10片
- 坦桑尼亚温古贾-库（Unguja ukuu）遗址：数片褐彩碗瓷片

左、中：福斯塔特遗址及出土瓷片　右：北大考古文博学院统计表

左：社科院考古研究所中国考古网刊登的基什岛出土元代磁州窑和德化窑瓷片与元代磁州窑凤纹大罐图片
右：社科院考古研究所中国考古网刊登的爪哇、特鲁兰出土的龙泉窑、磁州窑与元青花瓷片

马六甲海峡

马六甲的郑和塑像

荷兰东印度公司

荷兰东印度公司是一家具有国家职能、向东方进行殖民掠夺和垄断东方贸易的商业公司，在其成立的197年间，总共向海外派出1772艘船，约有100万人次的欧洲人搭乘4789航次的船班前往亚洲地区。平均每个海外据点有25000名员工，12000名船员。其拥有15000个分支机构，贸易额占到全世界总贸易额的一半。

刻有荷兰东印度公司标志的钱币及办公大楼

荷兰油画中东印度公司标志、港口高大的轮船

从1624年起，瓷器采购起运中心移到巴达维亚和中国台湾赤嵌，1638年中国台湾库存瓷器竟达89万件。在取代葡萄牙人在西太平洋的霸主地位后，荷兰人成为景德镇瓷器的最大买主——从1602年起至1657年，运往荷兰及转往欧洲的瓷器总数在300万件以上。在随后年月里，他们从中国进口制瓷原料，让日本生产与景德镇瓷器风格接近的伊万里瓷器，在本地出售和销往欧洲。1610年前后，荷兰成功抄袭了中国青花瓷，生产出他们的代尔夫特瓷器。

荷兰东印度公司的贸易商品仓库

荷兰东印度公司

荷兰东印度公司在巴达维的原始日记簿记录：1602—1644年，荷兰东印度公司运到印度尼西亚各岛的中国瓷器在420万件以上。1636年，从巴达维运往爪哇、苏门答腊、婆罗洲等地的中国瓷器数量达379670件。1605—1661年，荷兰东印度公司运销了500万件以上的中国瓷器前往越南、印度、斯里兰卡、伊朗以及西亚阿拉伯地区。

四、中国制瓷技术的对外传播

一部中国陶瓷发展史，就是一部中国文明与文化的发展史，也是一部中国陶瓷外销的历史。中国陶瓷对世界文化的发展起到过积极的促进作用，特别是在14世纪以后，当中国瓷器远销到世界各地之时，反映中国文化的陶瓷艺术风格，也就直接影响了世界各国的瓷器。这一点在1989年5月4日至1989年6月11日由中国故宫博物院和日本出光美术馆联合举办的“陶瓷之路”展览中体现得非常明显。展览中展示的一大批17、18世纪中东及欧洲各国各地区各窑口模仿中国瓷器而生产的瓷器深刻地展示出中西文化间丰富多彩的交流及中国瓷器对世界陶瓷生产所起到的推动与促进作用。这正如日本出光美术馆馆长出光介在“陶瓷之路”展的开幕词中所讲：“中国瓷器自古以来一直是世界最高水平的杰作，全世界的人都祈求它，各国的窑都竞相进行仿制。”这些国外生产的瓷器，有些模仿中国的造型，有些模仿中国瓷器的花纹，有些则形纹同时模仿。长谷布乐尔在《陶瓷之路：中国、日本、中东、欧洲之间的瓷器交流》一书中也说道：“……当时中国瓷器给予日本工匠很大刺激，引起了他们的制作热情。……在伊斯兰地区，由于受到这些中国陶瓷的影响，也开始制作与中国相似的陶器，特别是白釉陶器模仿了唐白瓷，多彩釉陶模仿了唐三彩。……在18世纪的欧洲，荷兰代尔夫特窑和英国布里斯托尔窑烧制锡釉陶器，德国迈森窑和奥地利维也纳窑等烧制硬质瓷器，法国尚蒂伊窑和英国的彻尔西窑、‘弓’窑、伍斯特窑等烧制欧洲特有的软质瓷器。这些窑产量多，在模仿中国和日本瓷的同时，制出了各有特色的产品，创造出了华丽的陶瓷器世界。”“在15、16世纪埃及、叙利亚、土耳其的陶器中，有些产品非常逼真地模仿了中国陶瓷器，由此可见中国的影响之大。”三上次男在其著作《从工艺观点看中国古陶瓷与穆斯林陶瓷间的关系》一文中也说道：“埃及、美索不达米亚和波斯把进口的中国陶瓷作为模型，按照中国产品的特征形状与花纹仿制相似的陶器。从中可以看到中国陶瓷对整个穆斯林陶器在形状和花纹上的影响。”[1]展览中展出的12世纪伊朗生产的白釉凤头壶，明显是模仿我国唐代凤头壶的造型而生产出来的。唐代在吸收西亚文化基础上首创的凤头壶形体反过来又影响到西亚地区，并被那里的陶瓷所仿制，这一切表明了中西文化之间的相互影响。

我国先进的制瓷工艺对世界产生了巨大的影响，这种影响主要表现在两个方面，首先是对中国陶瓷的崇拜，其次是仿造。

（一）欧洲仿制的中国陶瓷

欧洲制瓷的历史很晚，直到18世纪初叶，中国陶瓷的制造技术对于欧洲还是个谜。直到法国传教士殷宏绪，将自己多年在景德镇的观察先后写成两封瓷器制作的秘密信寄回法国后，中国制

1　《中国古陶瓷研究》第84页。

瓷的工艺才不再是秘密：1716年法国《专家》科学杂志刊登了他的信，24年后德国麦森瓷厂成功烧出第一只瓷瓶。欧洲终于开始了自己制瓷的时代，以300年的时间迅速走完了中国瓷器几千年的探索之路。

1.荷兰代尔夫特

代尔夫特是荷兰的陶瓷名城，有700多年历史，被欧洲人称为瓷城。早在明代万历年间（1584），皇宫就曾向景德镇大量订购青花瓷和白瓷（达9.6万件之多），后来又通过荷兰东印度公司从中国景德镇等地采购制瓷原料与颜料，并筹建皇家代尔夫特陶瓷厂。为满足市场需要，代尔夫特皇家陶瓷厂成功抄袭了中国青花瓷，大量仿制中国青花瓷，生产出代尔夫特瓷器，除了供皇宫使用，还大量供应欧洲市场，在欧洲享有盛名，并成为著名的“代尔夫特蓝”。

17世纪代尔夫特仿制的景德镇明末生产的青花开光花果纹瓶，其形体、色泽及纹饰均可与真品媲美。而同时期仿制的青花麒麟纹罐更是真假难分。清代这种仿制水平又有了长足的发展，所仿器物几可乱真，其中仿制的康熙五彩花卉纹盘、鹌鹑纹盘，乾隆青花八吉祥纹双耳扁瓶等均具有很高的水平。

17世纪荷兰仿制的中国青花瓷器

2.德国迈森

与此同时，德国也成功仿造出了我国瓷器。1470年，意大利威尼斯的炼金士安东尼奥最先仿制出模仿中国瓷器的软质瓷；1709年，德国在萨克森发现了瓷土；1710年经国王批准，帕特格在迈森建立了皇家瓷厂，所生产的瓷器从造型到花纹一如中国。哈瑙于17世纪仿制的我国明末青花开光水禽纹盘、安斯巴赫于18世纪仿制的康熙五彩楼阁山水纹八方盘、迈森于18世纪仿制的清代五彩瓶花纹盘、司马光击缸救儿童五彩八方盘等，都是仿制的杰出代表。

17世纪德国仿造的中国瓷器

3.英国切尔西

英国的切尔西在仿制中国瓷器方面也取得了可观的成就，于18世纪仿制的康熙蓝地开光花鸟纹三曲葫芦瓶，除了纹饰略微不同外，各方面仿制得惟妙惟肖。伍斯特窑仿制的中国康熙五彩菊花纹花口盘，在色、形、纹等各方面难分真假。

18世纪英国仿造的中国瓷器

4.法国

同一时期，法国的塞佛雷斯窑成功地烧制出了源于乾隆时期的黄地青花八吉祥纹扁瓶，色彩、纹饰、器型诸方面与真品不差分毫。意大利多西多于18世纪仿制的中国青花仙人盘，就连盘上的酱口也仿制得十分逼真。

5.俄国、匈牙利

俄国、匈牙利的陶瓷业受我国的瓷影响甚大，右图为匈牙利仿制中国风格的咖啡茶具。

匈牙利仿制中国风格的咖啡茶具

6.土耳其

土耳其考古博物馆陈列的瓷器中有相当一部分可以明显看出为仿制我国瓷器制作而成，如下图中的青花葡萄纹大盘，即是仿制宣德同类器物制作而成。

土耳其考古博物馆

宣德青花葡萄纹大盘及其仿制品

土耳其考古博物馆陈列的瓷器

（二）亚洲仿制的中国陶瓷

1.日本

日本与中国一衣带水，优越的地理位置使其深享中国陶瓷之利，自古以来，陶瓷作为文化交流的重要组成部分行销日本各地。奈良、京都、福冈等地均发现了大量中国瓷器的碎片，应运而生的奈良三彩是直接仿制唐三彩的结果。17世纪初，日本的有田成功仿制出了中国明末的青花瓷器，并开始使用从中国进口的原材料烧制五彩瓷器，18世纪仿制的康熙五彩鹌鹑纹盘、彩绘菊花口盘、彩绘仕女持伞纹盘等，以其独特的风格赢得了盛誉，并与民族文化相结合，逐渐形成了自己民族的特色。

日本伊万里瓷器

2.高丽仿造的青瓷

朝鲜、韩国与中国唇齿相依，早在汉代，我国的陶瓷便大量行销于此。1913年平壤大同江南岸的丘陵一带发现了王莽时期的陶器与瓦当碎片以及陶质的明器，仿唐三彩而成的新罗三彩，仿制宋代越窑青瓷而生产的高丽青瓷及李氏王朝时期生产的青花瓷器、白瓷及仿宣德红釉而生产的紫砂瓷器，都明显带有中国陶瓷的印痕。高丽青瓷制瓷技术从11世纪开始逐渐走向成熟，所烧青瓷形制规整，釉层莹润，并开始流行阴刻、印花、铁画、堆花等装饰技法。

仿造中国瓷器生产的高丽青瓷

17、18世纪伊朗仿制景德镇青花的军持，仿制技术更加前进一步，无论造型还是装饰均有了很大程度的提高。

五、帆海留踪——沉船中的古代陶瓷

瓷器从唐代开始就远销海外，元明清时期更是达到了高峰。从此瓷器不仅作为商品在世界流通，也作为文化交流的主要内涵，在人类文化与文明史上发挥着巨大作用。丝绸之路实际上也是陶瓷之路，其影响遍及亚、非、欧、美各州。18世纪百年间，中国瓷器有60000万件以上运往欧洲。

随着水下考古事业的不断发展和打捞设备的日趋先进，众多当年航线上的沉船不断被打捞，让我们对海上陶瓷之路有了更多的了解与认识。

1.新安海底沉船

1975年，韩国渔民在新安外方海域发现一艘沉船，这是600多年前从庆元港（宁波）出发前往日本博多港（福冈）的一艘远洋商船，考古队员从沉船里发掘出了两万多件青瓷和白瓷，2000多件金属制品、石制品和紫檀木，以及800万件重达28吨的中国铜钱和刻着“庆元路”字样的铜制秤砣。

新安海底沉船瓷器

新安沉船“使司帅府公用”龙泉青瓷盘，赣州七里镇窑罐、印盒

龙泉窑瓷器在元代中国外销瓷中数量最多、分布区域最广。密布于瓯江两岸的龙泉窑窑址，借温州、庆元市舶司之利，运往亚洲、非洲、欧洲等许多国家。根据新安海沉船出水的遗物发掘报告，沉船中打捞出水的中国陶瓷共达17324件，其中龙泉青瓷达到9842件，占一半以上，龙泉青瓷在元代对外贸易中的重要地位和惊人数量，由此可见一斑。

2.“黑石”号沉船

1998年，德国打捞公司在印度尼西亚勿里洞岛海域的黑色礁岩附近发现了一艘唐代沉船，名为“Batu Hitam”（“黑石”号），此船船体保存基本完整，船中装载着的中国货物中仅瓷器就有67000多件，除了大量长沙窑器物外，还有越窑、邢窑、巩义窑等诸多窑口。其中3件完整的唐代青花磁盘为研究青花瓷器的起源、产地以及发展提供了最有价值的资料。

“黑石”号沉船的唐代青花瓷器

“黑石”号沉船的唐代白地绿彩瓷器

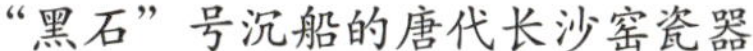
“黑石”号沉船的唐代长沙窑瓷器

3.越南金瓯沉船

金瓯沉船位于越南金瓯角外海90海里处。沉船最早由越南渔民发现，船长23.3米，宽8米，船上装有13万件出口瓷器和一些杂物。出水瓷器以青花瓷为主，还有酱色釉青花瓷、釉下三彩瓷、酱色釉加彩瓷、五彩瓷等，也有一部分雕塑件。其中发现28件瓷器带有“雍正年制”底款，6件带有“大清雍正年制”底款，还有部分带有“若深珍藏”或“裴溪若深珍藏”款、双鱼款等。专家们将这条沉船以及船上所运载的瓷器定为雍正时期，推算这艘船沉于1725年至1732年间。

2007年1月29日至31日，苏富比在荷兰首都阿姆斯特丹拍卖了其中越南政府打捞上来的约7.6万件瓷器。

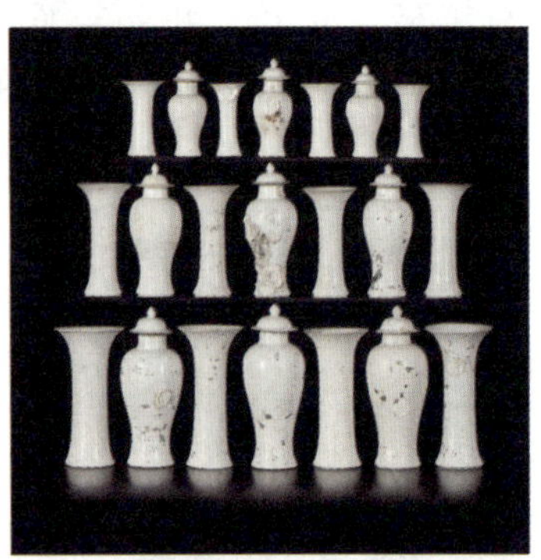

越南金瓯沉船瓷器

4.“南海一号”

“南海一号”是一艘在海底沉睡了800多年的宋代沉船，在海上陶瓷之路向外运送瓷器时失事，沉没于广东省阳江市川岛海域。1987年发现，2007年实施整体打捞后入驻位于广东省阳江市海陵岛的广东海上丝绸之路博物馆，2014年开始大规模发掘与保护工作。“南海一号”长30.4米（残长22.1

米）、宽9.85米，船内舱室最深2.7米，是目前世界上发现的海上沉船中年代最早、船体最大、保存最完整的远洋贸易商船，对考古及海上陶瓷之路的研究有着重要的学术意义。

广东海上丝绸之路博物馆、“南海一号”沉船的发掘与出土的瓷器

“南海一号”出水的187000余件瓷器以福建德化窑和磁灶窑为主，是宋朝海上陶瓷之路通商贸易繁荣的再现，也是当年我国东南沿海陶瓷手工业生产与外销的缩影，为研究陶瓷之路和海交史提供了弥足珍贵的资料。

2007年4月，笔者因工作的需要，应邀参加了“阳江南海一号沉船打捞与文物保护工作研讨会”，会上就沉船的打捞与发掘中的文物保护问题，发表了自己的看法与意见。那时，南海一号沉船还沉睡于海底，政府主管方纷纷组织不同门类的专家对沉船的打捞与文物保护进行论证，而为沉船量身定制的“水晶宫”也处于始建阶段。时隔12年之后的2019年11月6日，笔者有幸参观了广东海上丝绸之路博物馆，其时“南海一号”沉船的发掘工作已经基本完成，部分文物陈列于展厅供专业工作者与游客参观，大部分文物的保护工作仍在紧张进行之中。

“南海一号”沉船的瓷器

“南海一号”印证了宋代中国远洋贸易的繁盛，“南海一号”考古见证了中国水下考古的全过程，堪称世界水下考古史上的经典之作。

5.“碗礁一号”

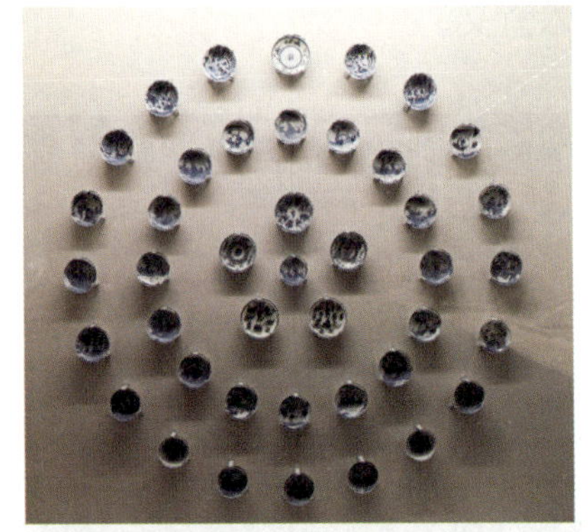

“碗礁一号”的瓷器

东海平潭“碗礁一号”沉船遗址是2005年一项重要的考古发现。“碗礁一号”沉船累计出水清代康熙时期景德镇生产的外销瓷器17000余件。主要器型有将军罐、大盘、花觚、尊、香炉、罐、碗、深腹杯、中盘、器盖、浅腹碗、小盘、小碗、小杯、粉盒、笔筒、小瓶、小盏、洗等，另外还发现有石质砚台、铜钱和铜锁等。

6.南澳一号

继“南海一号”后，“南澳一号”的打捞发掘成为中国考古事业的又一大里程碑。“南澳一号”，原名“南海二号”，2009年9月25日改称南澳一号。它是一艘明朝万历年间，外运瓷器而失事沉没于广东省汕头市南澳附近海域的商船。最初发现于2007年5月25日。初步判定该沉船的年代为明

“南澳一号”的瓷器

万历年间，船载文物主要为明代粤东或者闽南及江西一带民间瓷窑生产的青花瓷器。

“南澳一号”出水可复原文物近2000件，其时间横跨宋元明三代，造型大多是青花大盘、碗、钵、杯、罐、瓶、盖盅等，还有釉陶罐、铁锅、铜钱及铜板等。“南澳一号”的出水说明，当时的海外贸易已深入到民间的日常生活，成为沿海经济的重要组成部分。

“南澳一号”出水的漳州窑瓷器

南澳是古代海上丝绸之路的一个重要节点，历史上就有“郑和七下西洋，五经南澳”的记载。“南澳一号”船体出水，有助于研究明代晚期海船的发展以及郑和下西洋所乘船只的大小与结构，为研究明代早期郑和下西洋提供了不可多得的实物资料。

7.其他

随着我国水下考古事业的不断发展，新的沉船不断被发现，大量出水瓷器为我们研究海上陶瓷之路提供了丰富的资料。

下图自左至右分别为平潭大练岛沉船出水的元龙泉盘、辽宁绥中三道岗沉船出水元磁州窑白釉褐彩龙凤纹罐以及小白礁一号沉船出水清道光青花瓷器。

泰兴号沉船、绥中元代沉船出水瓷器、平潭沉船出水瓷器

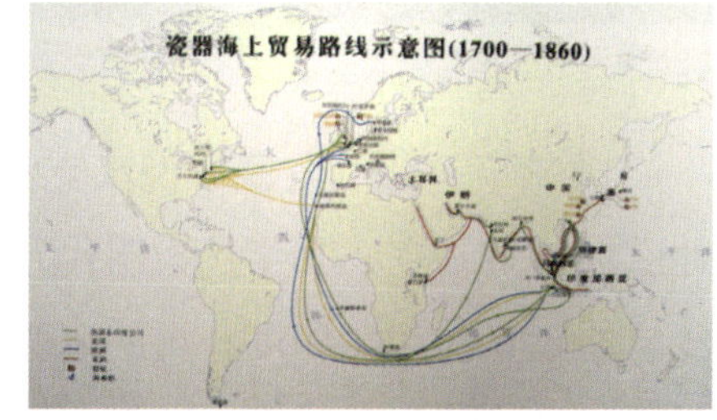

六、碧海云帆，瓷路新篇

中国通过陶瓷与世界开展的文化交流源远流长，千百年来从未中断。陶瓷之路昔日的辉煌并未随岁月远去，当今，海洋已成为国际交往的重要渠道。陶瓷，无论是作为商品进行贸易还是作为文

化进行交流，都成了社会生活重要的组成部分。陶瓷之路作为一种海外贸易或文化交流的标志，实则是国家综合实力的体现。这种贸易交流的延续是社会发展的需要，是人民生活的需要，是历史发展的必然，也是中华民族和平崛起的标志。

景德镇御窑厂举办的展览

海南省博物馆举办的海上丝绸之路七省文物精品展

上海博物馆展览中的外销瓷盘

2008年，荷兰收藏家倪汉克将珍藏的97件瓷器捐赠上海博物馆。这些瓷器都是17世纪中国销往欧洲的贸易瓷，其年代为明代万历至清代康熙年间。其中一对绘有帆船图案的瓷盘，盘心所描绘的帆船正是荷兰东印度公司的海船样式，当时的东印度公司就是用这样的帆船前来中国进行商业贸易的。2009年10月19日，“海帆留踪——荷兰倪汉克捐赠明清贸易瓷展”在上海博物馆展出。2009年10月20日的媒体用《93件明清外销瓷归国》为题进行了报道。这些独具艺术特色的精美瓷器时隔二三百年后，经由倪汉克之手再次漂洋过海重新回到祖国，不但展现了中国瓷器优良的制作工艺，更反映出陶瓷之路贸易往来的繁荣。

米兰Prada基金会于2020年1月30日至9月28日在米兰举办的名为“瓷艺空间——来自中国的瓷器”的中国外销瓷展览，“将展出自16世纪至19世纪中国针对不同市场、不同宗教和不同社会群体制作的瓷器。该展览充分展示中国人在瓷器制造领域的智慧，为迎合纷繁多样的市场品味和需求而因地制宜生产瓷器。”“瓷艺空间——来自中国的瓷器”展出的1700余件中国出口瓷器藏品，令人叹为观止。不仅对专业领域，更面向大众展示了来自中国的瓷器的精湛工艺。

此展览分为三部分：一个房中房，一个棕色丝绒覆盖的陈列窗结构，以及一个金色私密空间。本次展览的核心是第一部分，主要展出了从16世纪初到17世纪中叶，饰以欧洲肖像的明朝瓷器。“首批订单”通常指葡萄牙人抵达中国后委托制造的第一批中国瓷器。16世纪初，葡萄牙人在中国和欧洲的瓷器贸易中占据主导地位，首次向中国订购西方肖像装饰的瓷器。早期西方的订单极为罕见，仅有150件存留至今。本次展览从世界各地的公共和私人收藏中精心挑选了54件无论从种类、肖像还是制造时期来说都符合“首批订单”的珍贵藏品。展览第一部分还展出了少量为中东市场订制的刻有波斯和阿拉伯铭文的稀有藏品。

青花瓷器中的徽章与阿拉伯文字

展览第二部分展出大量日常使用的瓷器，其栩栩如生的动物、水果、蔬菜等形态和造型生动，诠释了中国出口欧洲餐具瓷器的精湛工艺和深远影响。这是18世纪60年代为了取悦在餐厅用餐的富有客人而特别设计制作的瓷器。这些瓷器的形状大多来源于欧洲工厂生产的欧式瓷器，如德国的赫斯特和麦森工厂、里斯本的Real Fábrica do Rato等。

展览第三部分展示了17世纪和18世纪欧洲宫殿和贵族住宅中的“瓷器屋”，结合中国瓷器中镜子、漆板和镀金木雕等元素，美轮美奂。在欧洲各地，包括葡萄牙、荷兰、英国、法国、德国和丹麦都建有“瓷器屋”，而其中建于1667年至1687年间的里斯本桑托斯宫宫顶和1695年至1705年建造的柏林夏洛特堡宫的“瓷器屋”，仍留存至今。所有恢宏绚丽的瓷器屋都有一个共通点，那就是中国瓷器在其最原始的用途之外，展现了另外一种独特的艺术。在这里，每一件瓷器都被创造成为一件独一无二、绚丽多姿、中西合璧的艺术品，使观者宛如置身异国他乡。

柏林夏洛特堡宫的"瓷器屋"、里斯本桑托斯宫瓷器天花板

该展览是Prada基金会研究计划的一部分，旨在建立起古代与当代艺术的对话机制。该展览面向广泛的观众，展示中国外销瓷精湛细腻的工艺，展现中国外销瓷器的创造性。

中世纪以来，精美绝伦的中国瓷器倾倒了世界，在满足人们物质生活需要与文化需求的同时，为国家创造了大量财富，至今遍布世界的拍卖公司还在不断刷新着中国瓷器的拍卖纪录。2005年元青花鬼谷子下山罐，在伦敦以2.3亿人民币的竞拍价创造中国艺术品最高拍卖纪录；2013年保利秋拍，明嘉靖青花群仙祝寿大葫芦瓶，以2127.5万人民币拍卖成交；2014年，香港苏富比春拍，明成化斗彩鸡缸杯以2.8亿港元的天价刷新了瓷器拍卖史上的最贵纪录。无数的案例表明中国瓷器不但在过去就是在今天仍日益生辉，续写着瓷路新篇。

长期以来，满载我国优质瓷器的船只穿梭往返于陆路与海上陶瓷之路，把中国瓷器大量行销到世界各地，对改善世界人们生活、对中外文化交流、对国家财政创收作出了重大的贡献。与此同时，我国先进的制瓷技术与原料漂洋过海传播到世界各地，对推动世界陶瓷手工业生产的发展起到了积极的促进作用，在中外文化的交流中作出了不可磨灭的贡献。正如日本学者长谷布乐尔先生在《通过陶瓷了解东西文化的交流》中所说："像这样通过陶瓷考察文化交流情况，最好的线索是中国的陶瓷器。没有任何国家的陶瓷像中国陶瓷那样历史悠久，风格多样，而且珍品众多，给予世界各地的陶瓷那么大的影响。"

日本著名的陶瓷专家三上次男在《陶瓷之路》中说："陶瓷是跨越中世纪东西方世界的一条友谊纽带，同时也是一座东西方文化交流的桥梁。""在中世纪时代，东西方两个世界之间，联结着一根坚强有力的纽带，它同时又是东西方文化交流的桥梁。对于这条联结东西方的海上航路，我就姑且称它为陶瓷之路。"在漫长的岁月里，瓷器已经成为一个文化符号，它代表着中国文化，它的重要价值，甚至超过了丝绸和茶叶。陶瓷之路与丝绸之路一样，在传播中华文明，实现中外文化交流方面，建立了不朽的功勋。

第二节　越南中部出土的中国古代陶瓷

1997年3月16—30日，笔者应日本昭和女子大学的邀请前往越南中部会安等地进行为期半个月的陶瓷考古调查。参加此次工作的有中国、日本、越南三国的专家共9人。全部人员分为整理与调查两个小组，整理组的工作地点在会安博物馆（又称80番博物馆），对会安地区出土出水的陶瓷器物进行研究与整理，调查组则在会安周边进行考古调查，以便搞清此地与国外进行文化交流与贸易往来的路线。笔者在参与整理组研究整理工作的同时也穿插着参加调查组的田野考古调查。

会安位于秋盆江（又称秋盘江、会安河）北岸，隶属越南中部的广南省。顺化、会安两阜纵列，地理相邻，同属越南中部。会安古镇，距今已有1500多年的历史，曾是历史上著名的东方贸易港。在一千多年的历史中，中国、日本、东南亚、南亚等各国的商船都在会安港进行贸易交流。

秋盆江畔的会安古城

会安古城的街道

会安离海5公里，船只入河可直达市内，早在17世纪就成了占婆国的对外贸易港口，古称“大占海口”。15世纪到19世纪，荷兰、葡萄牙、英国、法国等西方国家在此地设立商站，会安成了世界上最早的国际贸易港之一（15世纪到19世纪东南亚保存完好的传统贸易港）。会安古镇历史上贸易发达，华商云集，早在17世纪，它便与马六甲成为东南亚最重要的商埠，被当时入侵的法国人称为“华阜”。会安是当时中国人登陆越南的第一站，随着商品贸易的不断发展和扩大，当年的很多中国商人在此购地建房，逐渐形成了一个华人聚集的街道。

会安东西向有平行的三条街，第一条是河边街，第二条是旧中国人街即广东街，第三条是日本桥街。几百年来华人在此繁衍生息，并将丰富多彩的中国传统文化根植于此；中国式的古建筑，华人庙宇，华人会馆，华人店铺比比皆是。

在会安古镇，有一座“来远桥”，当地人称“日本桥”。相传，古时候曾有一个凶猛的妖怪，它的头在印度，尾巴在日本，而身体就在越南。这只妖怪动一动，就会在这三个国家引发洪水、地震等灾害。因此，会安的人们就建造了这座廊桥，意在镇住妖怪，保护当地的百姓，维护小城的和平。日本桥主要是供人遮风挡雨用，桥体非常结实，几百年来经过翻修，桥体基本保持原样。在越南会安中华会馆编写的《会安今昔》中这样记载：“街的极西是日本桥，溪上筑桥，桥上建庙，庙中通车。庙中桥面是木板横列而成的，车子通过时隆隆作响，别有风趣。庙中桥面的两侧，南可以凭栏远眺江河，北就是庙的小殿，朱门常关，上面匾额是御赐的‘来远桥’字样。”

关于“来远桥”有两种不同的解释：一种说法是中国人修建，有石碑为证，而且大字标明，这桥叫“来远桥”。另一种说法是因为这个地方当时是日本人聚集地，慢慢地就管它叫“日本桥”了。

来远桥远眺

笔者身后的来远桥

日本桥街是古代会安重要的街道，1817年重修日本桥碑记上写道："……岸上列肆，其中为通衢，四方百货，无处不至，此桥之所以名来远也欤。桥上架屋，屋下列板，坦然若履平地，行者安，老者息，游者来乘凉，宜凭眺，宜临流而赋诗，皆桥间之胜迹也……"日本桥街是华人聚居的街道，不同的文化在这里完美交融，留下了许多历史悠久、特色鲜明的古建筑。由于历代华人的不断努力，相继建有观音庙、天后宫、会馆等中国式的庙宇与建筑，到处可见的中国元素，彰显着曾经的商贸云集与文化交流的盛况。最具代表性的是中华会馆、广肇会馆、福建会馆、琼府会馆、潮州会馆五家华人会馆，建筑雄伟壮观、雕梁画栋、金碧辉煌，古色古香。这些会馆曾经各办学校，教授乡音国语，传授中华礼仪公学。会馆中大多陈设有中国瓷器，如潮州会馆内摆放的"大清光绪年制"铭文的青花炉，至今仍供人们焚香所用。古城的街从远古走来，古城的建筑承载着岁月的沧桑，铭刻着华人艰辛奋斗的篇章。如今，会安城内遍布的中式建筑作为传统文化被保护起来，古老的秋盆江带着幸福的记忆继续流向远方。现在，日本桥街仍是这里的一条主要街道，我们进行整理与研究工作的所在地——80番博物馆即会安博物馆就位于这条街上。

会安古城的中华会馆、广肇会馆、琼府会馆

80番博物馆是一处由日本政府资助修复的越南古代建筑，现已成为博物馆，博物馆里陈列着日本昭和女子大学、千叶大学古建筑成果展和会安地区出土、出水的古代陶瓷器展览，展览中的陶瓷器多来源于古代中国、日本、波斯等国家。中国瓷器中有唐代越窑、长沙窑，宋代龙泉窑、定窑、西村窑以及明清时期的景德镇窑、德化窑、漳州窑等。越南瓷器主要以会安地区的海兴、朱豆两地沉船所出15—16世纪的越南瓷器为主，日本瓷器则以肥前期青花瓷器最为常见。

左：与日本昭和女子大学的樱井先生等学者在80番博物馆，中、右：当年整理过的瓷片标本

如今随着越南旅游业的不断发展，这个当年被称为80番博物馆的两层楼建筑，现在已成为贸易瓷器博物馆，成了著名的旅游胜地。而作为曾经的贸易港口会安，各国的古老文物在这里得以较为完好地保存，尤其是以陶瓷为主的古代文物，在这里得以充分展示，为世界文化交流，为促进越南旅游经济的发展发挥着重要的作用。

一、会安地区发现的中国古代陶瓷

1.出土地点

（1）强巴遗址。日本学者在1996年9月曾在这里进行过考古发掘与调查，在附近发现了与城址同时期的居住遗址，出土了我国唐代越窑、长沙窑和宋代定窑、耀州窑、龙泉窑的瓷器。1997年3月25日，我们参观强巴遗址的过程中也发现了大量中国瓷器残片。

强巴遗址是一处9世纪的文化遗址，越美战争期间，遗址遭到了毁灭性的破坏，地面上的建筑几乎全部毁于战火，目前所能看到的只有一块刻有文字的碑和一个矗立于地面上的残缺建筑物的门洞。有关强巴文化的研究，法国学者曾取得一定的成果，但截止到目前的考古研究还有待今后工作的进一步开展。强巴文化开始于2世纪，英文名字叫“champa”，我们则叫作“茶轿”或“典冲”，1976年由刘统文、子钺翻译、商务印书馆出版发行的越南陶维英撰写的《越南古代史》一书中也如此称谓。强巴曾是古代林邑国的首都，《晋书·陶璜传》记载了有关林邑国的成立情况：“又南郡去州，海行千有余里，外距林邑才7百里。夷帅范熊，世为捕寇，自称为王，数攻百姓，且连接扶南，种类猥多。”《水经注》亦载：“（林邑）建国起自汉末，初平之乱（190—193），人怀异心，象林功曹姓区，有子名连，攻其县杀令，自号为王，值世乱离，林邑虽立。”《南齐书》卷58、《隋书》卷82也有记载，说的是林邑国是由象林县功曹之子，土民区连领导农民起义而建立的。阮代越南人方亭《大越地舆全书》、阮通《越史纲鉴略考》也记载了林邑国成立于丁丑年即永和二年，即区连起义后3年。《水经注》卷14：“元嘉二十三年，交州刺史檀和之破区粟，已飞于盖海，将指典冲，入林邑浦，（檀和之）令军大进，持重故也。浦西，即林邑都也。治典冲，去海岸四十里。”“宋元嘉23年（446），交州刺史檀和之率军伐林邑，夺得区粟城，并斩林邑区粟大帅范扶龙首级。檀和之此次征讨林邑占据林邑京都（茶轿），其王范阳不得不统率国人夜奔。从此以后，中国人即长期占领整个旧日南郡北部地区。据《隋书》卷31载，自刘方击败林邑之后（605），隋朝分林邑为三州：一为荡州，后改为比景郡；二为农州，后改为海阴郡；三为冲州，后改为林邑郡。十年以后，唐朝兴起，将隋之三郡改置为林州，但仍据有林邑

（不可与林邑国相混淆），并以林邑为林州之治所[1]。公元989年，占人定都于佛誓，1069年，占城把隘云以北旧日南之地的一部分土地割给越南李朝，从此占城开始走向衰亡。《明史·外国五》卷212："秦为林邑，汉为象林县。后汉末，区连据其地，始称林邑王。资晋至隋仍之。唐时或称占不劳，或称占婆，其王所居曰占城。迄周、宋遂以占城为号，朝贡不替。""洪武二年，太祖遣官以即位诏谕其国。其王阿答阿者先已遣使奉表来朝，贡象虎方物。帝喜，即遣官赉书、大统历、文绮、纱罗，偕其使者往赐，其王复遣使来贡。自后或比岁贡，或间岁，或一岁再贡……十六年，贡象牙二百枝及方物。遣官赐以勘合、文册及织金文绮三十二、瓷器万九千"。从这些文献记载中可以看到，隋唐时期的林邑地区仍然为中国所统治。正是由于占城如此悠久的历史，所以，会安地区才出土了大量的唐宋时期的中国陶瓷器。这些瓷器是历史的如实记载，也是我国瓷器外销到这一地区的实物见证。

由于秋盆江沿岸一带具有得天独厚的海上贸易优越条件，故而出土了大量中国古代陶瓷。3月23日，在沿秋盆江一带khBHhg墓地所进行的野外考古调查中，我们采集到的陶瓷标本有唐代的越窑、宋代的龙泉窑、明代的漳州窑白釉开片瓷器、福建、景德镇的清代青花瓷器等。将近中午时，会安考古所的一位专家采集到了一个宋代广东西村窑青釉凤头壶的头部，这件标本是此次会安考古调查中的首次发现，也是会安地区出土的中国古代瓷器中不多见的标本之一。

与越南国家考古所的学者在秋盆江沿岸进行考古调查

采集的西村窑凤头壶标本

越美战争时期留下的弹坑

（2）顺化天后宫。3月19日，全部工作人员在顺化清河一带进行考古调查，在天后宫附近的一处农家院落里发现了大量清代景德镇窑和福建漳州窑的青花瓷片，并在前不久农民动土挖的土坑中采集到了一片景德镇窑康熙青花"寿"字盘的残片，盘心写有寿字，盘底青花双圈内画一方胜图案，青花色彩纯正，发色明快，制作精细，具有典型的时代特征。此次调查之外，在前几年越南、日本两国考古工作者合作进行的考古发掘中也曾出土过大量景德镇窑和福建漳州窑的瓷片，这些器物的造型以盘碗为主，品种以青花和五彩最为常见，其中有一部分器物的底部带有"雍正年制""慎友鼎玉珍玩"等铭文，这些发掘出土的瓷器现在全部陈列在顺化博物馆中。同时在这个博物馆还陈列有清代景德镇窑彩绘无双谱纹饰大瓶、五彩外销瓷大罐等。另外在越南其他地点的考古发掘中也经常发现中国瓷器，如"（20世纪）60年代在越南红河流域以及北部清化各地的古墓中常发现龙泉青瓷"[2]。

1　越南陶维英：《越南古代史》下册，第515页。
2　叶文程：《中国古外销瓷研究论文集》第54页。

顺化地区的考古调查

2.时代与窑口

唐代越窑、长沙窑，宋代西村窑、定窑、湖田窑、同安窑、龙泉窑，元代枢府窑，明清景德镇窑、德化窑、彰州窑等瓷器在会安地区普遍出土，其中以唐代越窑青瓷、景德镇窑明清时期的青花、福建彰州窑清代青花瓷器的出土数量最多。这些瓷器造型以盘、碗最为常见，青花瓷器的呈色灰蓝，胎釉青灰，图案草率，构图简洁，有些器物的底部带有“衍怀堂制”“丛菊斋”“万全”“大明嘉靖年制”“成化年制”等铭文，清代仿“大明成化年制”款的青花盘碗、青花加红彩杯的残片亦有出土。

在会安出土的中国古代陶瓷中福建瓷器占有较大比重，其中彰州窑青花、德化窑白瓷及其青花瓷器最为常见。彰州青花大多胎体厚重，器物的底部无釉，有鸡心状的突起，足部黏砂，切削草率，露胎处有的泛火石红，釉面有开片与不开片两种，釉色发灰，青花呈色黑蓝、灰蓝不等，图案纹饰草率。花鸟、鹭鸶、荷塘水鸟、折枝花卉等是常见的装饰。青花凤纹盘是出土最多的器物之一，胎体发红，青花呈色灰蓝，釉面发青，足部黏砂，盘的里心绘画凤纹花草，口沿处鱼鳞锦地四开光，开光内绘叶纹。与此同时一些器心书写“福”“魁”字的青花碗、彩绘碗等也普遍出土，这些瓷器与彰州平和县五寨巷口山窑、垅仔山窑发掘出土的产品完全相同[1]。

3.民间收藏

会安地区遗留的大量中国古代瓷器沿街随处可见，街两侧诸多的瓷器店里摆满了大量中国清代的青花和其他瓷器，瓷器店及其收藏的瓷器之多可见出当时文化交流之频繁。

顺化博物馆里陈列有大量中国瓷器及其残片，其中有中国景德镇窑生产的清代无双谱彩绘大瓶、五彩外销瓷大罐等，发掘出土的瓷器残片主要以明清时期的景德镇、福建地区生产的青花及其五彩瓷器为主，有些青花瓷器的底部书写有款识，如“雍正年制”款青花杯、康熙“慎友鼎玉珍玩”款青花碗等瓷器。3月19日，我们前往顺化地区清河一带进行遗址调查，首先参观了天后宫，据天后宫院内陈列的带有“乾隆四十五年制”“嘉庆二十五年制”铭文的铁香炉可知，这是一处相当于中国清代时期的建筑，天后宫的殿堂内陈设有“雍正元年”铭文的青花云龙纹香炉和“嘉靖十九

1 《福建文博》1993年1、2合刊《平和县明末清初青花瓷窑调查》164页，图二、3。

年”铭文的五彩云龙纹香炉，均为景德镇窑所生产。根据匾牌上的“己亥年仲夏天后宫重建落成纪念”文字可知，这些瓷片是前不久维修时所为。随后我们来到了离天后宫不远处的一户农家院落，这里前不久因动土发现了一些瓷器残片，有中国16、17世纪景德镇、福建德化所生产的青花瓷器和17、18世纪日本所生产的肥前青花瓷器以及越南当地所生产的陶瓷。在一位名叫武公乡的老人家里收藏有景德镇清代青花直口折腹盘，有的底部写有“若深珍藏”“碧匣”等铭文。

建筑物上镶嵌瓷片进行装饰在越南非常流行，房屋建筑的门楣、门柱、屋脊上采用碎瓷片进行镶嵌普遍流行，瓷片的品种有青花、彩花不等，可以说随处可见，具有鲜明与独特的民族风格。

民间建筑的瓷片镶嵌

天后宫及其建筑上面的瓷片镶嵌

11997年3月19日下午，我们乘船前往顺化皇城与皇陵参观。顺化皇城坐落于顺化古城中央，曾是越南阮氏王朝的著名皇宫，也是越南现存最完美、最庞大的古代建筑群。其建筑的样式，模仿北京的故宫（正门为午门，总面积6平方公里，建有宫城还有护城河），但其规模和辉煌程度和北京故宫相比，则逊色不少。皇宫紫禁城分为两部分，前有太和殿和皇帝平时处理政务的勤政殿，后面有皇帝居住的乾成殿，皇后住的坤泰宫，皇太子居住的光明殿，其他后妃居住的顺辉院等。皇城南门之外，设有国子监、吏部、户部、礼部、刑部、兵部，以及统率中、前、后、左、右五军的都统府。皇城内还设有旗台、太和殿和祭祀历代皇帝的宫殿和庙宇。整个建筑颇为壮观，是越南现存最大、最为完整的古建筑群，1993年，顺化京城和顺化皇城入选联合国教科文组织世界文化遗产。

顺化皇宫、太和殿

1968年越战期间，皇城内的许多宫殿被美机扔下的炸弹摧毁，皇城内残垣断壁，但是能依稀看到曾经的辉煌。顺化作为曾经的首都，辉煌一时，最终毁于战火。据统计，美军通过海上战舰向顺化发射了8000枚炮弹，彻底摧毁了整个城市。根据南越政府的记录，战斗中共有844名市民死亡及1900名市民受伤，12万顺化平民无家可归。尚未修复的断壁残垣揭示着古都曾经遭遇过的血腥历史，沧桑的历史记载了战争对人类历史文化遗产所带来的灾难与罪恶。

顺化皇宫建筑上的瓷片镶嵌

顺化皇城处处可见中国风，皇宫建筑上的装饰很是精美，几乎每一处建筑的屋顶上都能找到瓷片镶嵌而成的图案纹饰。

随后我们参观了顺化皇陵。这是一处19世纪初期的陵墓建筑，由嘉隆陵、明命陵、绍治陵、嗣德陵、同庆陵、启定陵六位皇帝的陵墓组成。顺化皇陵和顺化皇城一样，也是仿照中国建筑式样建造而成。

启定皇陵，被称为顺化最美丽的陵墓，是越南末代皇帝弘宗的陵墓，建筑风格融合了法国和中国的特点，雕栏玉砌，金碧辉煌。陵园中，华表耸峙，殿宇巍峨，拜祭殿前两侧排列着文臣、武将、石雕和石兽，殿后是宝城，这是墓穴所在地。陵园内还有碑亭，石阶两旁有大量精致的石龙浮雕和几处清澈照人的湖池，陵园布局严谨，环境清幽。墓的正门前有庭院，庭院的两旁摆放着石人、石马、石象等雕塑，两进深的院落后为墓穴，墓的一周有围墙环绕，墓地前面有牌坊，牌坊上面的正中写有“正大光明”，房子及建筑物的墙壁上镶嵌有青花和彩花瓷片。尽管启定皇帝在任只有九年，但是，皇陵的修建却耗时11年才完成。其建筑风格东西合璧，其建筑风格和雕刻之精美，让人对于越南的仿中国建筑刮目相看。启定皇陵内部用了大量的陶瓷进行装饰，地板铺着彩色的琉璃，墙上有巨幅祥龙壁画，内廊的左右两侧有花瓷砖与碎玻璃拼成的彩色壁画，叙述各种不同的故事。供桌上、墙壁上、殿内的龙柱上、宝盖上到处都是由花瓷砖与碎玻璃拼成的拼贴镶嵌工艺，有各种祥龙、动物、花果与寿字等纹饰，华丽精美。启成殿后方的寝殿，内装金碧辉煌、雕栏玉砌、熠熠生辉。

顺化皇陵启成殿内镶嵌的瓷片装饰

二、外销路线

平和，古属彰州府，明正德十四年（1519）建县，具有优久的烧瓷历史，康熙五十四年《漳州府志》记载：瓷器“出南胜窑者殊胜它邑，然亦不甚工巧”。平和地处九龙江上游，九龙江口是著名的古代贸易港——彰州月港的所在地，月港位于彰州城南50里，随着明代海外贸易的兴起，到了嘉靖年间，月港已成为“居民数万家，方物之珍，家贮户积，而东连日本，西接暹罗，南通佛朗机、彭亨诸国，其民无不曳绣蹑珠者，盖闽南一大都会也”[1]。郑怀魁《海赋》亦云：“富商巨贾，捐亿万，驾艨艟，植参天之告桅，悬迷日大蓬，约千寻之修缆，航行于东西洋。”月港于明代隆庆、万历时代达到了全盛时期，大批彰州窑的瓷器从月港销往海外，日本学者在对越南锦铺亭第一地点出土的178件陶瓷器残片进行分析得出的结果表明，景德镇青花占20%，福建、广东窑占21%，德化白瓷占1%，越南陶瓷占44%，日本肥前期瓷器占11%，其他占3%。中国瓷器占全部总数的42%。在锦铺亭第二地点出土的209件瓷器残片中，福建、广东瓷器占33%，德化白瓷占1%，景德镇瓷器占21%，越南瓷器占39%，日本肥前期瓷器占2%，其他占4%。在占出土陶瓷总数55%的中国陶瓷中，福建陶瓷占了33%，不难想见福建陶瓷在当时出口的规模与数量。会安出土的大量福建彰州青花瓷器正是这一历史文化交流的如实写照。

越南是中国陶瓷销售最多的地区之一。《宋史·食货志》记载：“开宝四年（971年）置市舶司于广州，后又于杭州、明州置司，凡大食（阿拉伯半岛南部）、古逻阇婆（马来西亚的西南部）——占城（越南）、渤泥（婆罗州）、麻逸（菲律宾群岛的描东岸至民都洛一带地区）、三佛齐（巨港）诸番，并通贸易，以金、银、缗钱、铅、锡、杂色帛、瓷器市香、药、犀、象、珊瑚、琥珀、珠琲、镔铁、鳖皮、瑇瑁、玛瑙、车渠、水晶、蕃布、乌樠、苏木等物。”“宋嘉定十二年（1219年），臣僚言，以金钱博易买，泄之远夷为可惜。乃命有司止以绢易，布、锦绮、瓷器之属博易，听其来之多少，若不至，则任之，不必以为重也。”赵汝适成书于南宋理宗宝庆元年（1225年）的《诸蕃志》是一部记载我国瓷器外销的重要文献，其中的越南占城条记载：“蕃商兴贩用瓷器等博易”；越南灵山条亦记载：“贸易之货用……粗碗”。《萍洲可谈》中也有“富者

1　朱纨：《嘉靖二十七年六月增设县治以安地方疏》。

承时畜缯帛，陶货，加其直，与求债者计息，何啻倍蓰”“船舶深阔各数十丈，商人分占贮货，人得数尺许，下以贮物，夜卧其上，货多陶器，大小相套，无少隙地”等记载。元汪大渊于至正年间（1341）撰成的《岛夷志略》占城条也有“货用青瓷、花碗烧珠之属”的记载。烧珠，指瓷珠，自宋代以来我国的瓷窑即烧造瓷珠，也是我国宋代以后外销瓷中的一部分。

明代中国瓷器仍然继续外销到这一带，《明史》第329卷记载，洪武十六年（1383）就曾赠予占城、暹罗和真腊瓷器各一万九千件《明史・外国传》占城条记载：“洪武十六年（1383年）……遣官赐以勘合文册及织金三十二，瓷器万九千。”，当时的占城、锡兰、祖法儿都要中国以青瓷盘碗、瓷器进行贸易，这些在马欢所著的《瀛涯胜览》中有着详细的记载。明成祖时，也曾屡派使臣前往安南、占城、流球、真腊、爪哇和苏们答腊等国进行贸易交往。郑和下西洋后，这种贸易往来更加频繁和密切，使中国的瓷器广泛地流传到东南亚和西亚、非洲等地。《瀛涯胜览》占城国条记载：“……其买卖交易使用七成淡金，或银，中国青瓷盘碗等品，竺丝绫绢烧珠等物，甚爱之。则将淡金换易，常将犀角象牙伽兰香等物进贡中国。”《明史》记载的华人商舶至苏门答腊者“以地远价高，获利倍他国”，从一个侧面反映出瓷器贸易的发展情况。

日本古陶瓷学者三杉隆敏在其《探索海上丝绸之路的中国瓷器》中写道：“西贡博物馆收藏的以龙泉青瓷和景德镇青花瓷为多。尤其在青瓷方面，有14世纪的瓶、盘器物。从整体看，以商品瓷类型为多。这些地区可以说，确实是位于这条陶瓷贸易路上的。”这种贸易随着郑和七下西洋达到了高潮。郑和下西洋始于1405年（永乐三年）6月，终于1433年（宣德八年）7月，前后共7次历时29年，先后到过南洋、西洋的占城（今越南）、真腊（今柬埔寨）、古里（今印度）、满剌加（今马来亚）、苏门搭拉、锡兰山（今斯里兰卡）以及天方（今沙特阿拉伯）等30多个大小不同的国家。郑和下西洋的路线是从江苏太仓刘家港出发，经占城、暹罗湾，循马来半岛南下，至新加坡，绕苏门答腊及爪哇一周进孟加湾而往西洋。郑和下西洋对打通中国与国外的贸易、对瓷器的外销起到了积极而重大的推动作用。一些随同郑和前往的使臣不辱使命，回国后写出了大量有学术价值的著作，著名的《星槎胜览》《瀛涯胜览》《西洋蕃国志》的作者都是郑和的随行人员。《瀛涯胜览》的作者马欢，浙江会稽（绍兴）人，在郑和出使西洋的使臣中，担任翻译，精通阿拉伯语，于永乐十四年（1416）将其所见所闻写成《瀛涯胜览》。《星槎胜览》的作者费信，江苏太仓人，曾“4次随从正使太监郑和等至诸海外，历览诸番人物风土所产”，于正统元年（1436）“图写成帙，名曰《星槎胜览》”。南京的巩珍在随同郑和“往返3年”后于宣德九年（1434）写成《西洋番国志》，“涉历遐方，睹斯胜概，诚为千载之奇遇”，这些著作对研究中国瓷器的外销及其途径具有重要的参考价值。

历史资料表明，满载外销瓷的商船“无论从东海还是从南海启航，都是经广州、占城绕马来半岛，经印度洋，到达波斯湾以至地中海各国……这条路线无疑是我国元明时期重要的海上陶瓷之路”[1]。郑和出使西洋的船队“大多从江苏太仓的刘家港出发，一个月后到达福建长亭停泊，并于福

1　胡亮：《从额多立克东游录看我国元明时期的陶瓷外销路线》，《中国古代陶瓷的外销》1987年福建晋江年会论文集。

建五虎门驶入南海，张12帆，如果顺风，10昼夜就可到占城………”正是由于会安得天独厚的地理位置及其便利的海运条件，所以自古至今都处于文化交流的前沿。

越南的会安自古便是强巴国的贸易港口，会安地区出土9世纪的中国越窑青瓷、伊斯兰陶器及伊斯兰玻璃制品充分证实了这一点。15世纪，会安划入越南领土，16世纪以后发展为国际贸易港口，与中国、日本及其欧洲等地的贸易交流十分活跃。17世纪中叶，被清王朝驱除出境的中国人在会安成立了明香社，18世纪越南黎贵著《抚边杂记》记载："自广州府由海道往顺化所，得顺风，只六日夜，入海门，至富春河清铺，大中海门，至广南会安亦然。"各种药材、纸、颜料、衣服、扇子、笔墨、各种铜器、瓷器、茶叶等源源不断地从中国运来。18世纪以后，此地与中国的贸易交流仍十分繁盛，会安出土的中国陶瓷证实的就是当时的情况。

三、中国古代陶瓷制瓷技术对越南陶瓷的影响

伴随着中国陶瓷及其制瓷技术的传播，东南亚一带的国家除了大量购买中国的瓷器外，还积极学习中国先进的制瓷技术，在中国的影响下，越南、泰国、菲律宾等国学会了自己制作陶瓷，占城、暹罗等邻近的国家纷纷仿烧中国瓷器，越南在此期间（1506—1521）也曾经聘请我国的陶工去传授技艺。"我国瓷器输出到阿拉伯，在伊宾库达特拔省道记所记：由桑甫（即占城），至这个第一港口（指由南海来这个第一停泊处）阿尔瓦京，或航海，或行陆路，皆一百法尔桑（波斯、土耳其两国里程单位）。阿尔京有锻炼之精铁、瓷器及米"[1]。在1947年伦敦举行的中国、越南、泰国、柬埔寨古代外销瓷展览会上展出的越南陶瓷器，明显地反映出中国瓷器的影响。越南北宁的陶瓷产品强烈地反映出景德镇制瓷技术和风格的影响，"据说北宁的主要陶瓷窑由老街来北宁的中国陶工于公元1465年首先建立起来。越南的藩朗，则是16世纪前半期采用中国瓷业中心景德镇的制瓷技术而振兴起来的，被誉为'越南的景德镇'"[2]。

会安博物馆（80号博物馆）展出的一批出水于会安附近海兴和朱豆地区沉船之中的瓷器，多为当地渔民捞出后交给越南政府的。沉船中所出的瓷器品种以青花为主，此外还有青瓷、红绿彩、褐釉、蓝釉及其灰陶等，青花中以深腹直口盘和一种腹壁较深、足较高的青花碗最为常见，深腹盘的腹壁较深较直，有大、中两种，与我们明代宣德时期的青花盘造型极为相似。还有少量的菱花口青花板沿大盘，里心的图案与我们的不同，这种青花盘的颜色蓝，与同船所出的其他青花瓷器的呈色区别很大。大部分青花瓷器的呈色发灰黑，胎体粗糙厚重。沉船中出土的红绿彩器物，上面所绘的红绿彩大部分已经脱落，只能看到一些痕迹，有一件青花直口碗的碗心绘有红绿彩朵花纹饰，花心用绿彩点绘，花瓣用红彩绘制而成。蓝釉高足杯的造型与我们元代同类器物大同小异。总之，这些器物大多比较粗糙，造型以生活用瓷为主，花纹以山水、花鸟、莲瓣、缠枝花卉、鱼草等最为常见。据越南考古院的郑高祥先生讲，越南青花瓷器的用料来自中国。从多种不同方面分析，越南青花瓷器与我国青花瓷器确实存在着紧密的渊源关系。

1　叶文程：《中国古外销瓷研究论文集》第14页。

2　《世界历史》1979年第2期，朱杰勤：《中国陶瓷和制瓷技术对东南亚的传播》。

从越南回国后，为了搞清越南瓷器与中国瓷器之间的关系问题，笔者于1997年4月22日前往云南的玉溪、建水等地进行窑址考察，结果表明，越南出土的瓷器与上述两地的青花及其青釉瓷器之间存在着明显的渊源关系。

越南青花花卉瓶，土耳其托普卡比宫馆藏

越南青花四鸟纹盘，大阪市立东洋陶瓷美术馆藏

玉溪窑位于玉溪市区东南部红塔山下玉江路的瓦窑村附近，时代为元末明初，窑址总面积18700平方米。1986年1月，由云南省文化厅、玉溪地区文管所对3号窑进行了发掘，发掘表明，此窑主要生产青花与青釉两大类产品，其次还有一些酱釉器物，青花以碗、瓶为主，盘较为少见。花纹有折枝花、鱼藻、双鱼、佛杵纹等，青釉器物以碗、杯、盘最为常见，盘的里心大部分印有花纹，其中石榴纹最为常见，碗的外壁有刻线与光素两种，碗杯的里部有划花，这些器物的胎体发灰，采用支烧的方法烧制而成，支钉的痕迹大而明显，产品粗糙。建水窑，是一处未经发掘的窑址，分布面积遍布附近的山头，文化层堆积丰富，青花、青釉、酱釉瓷器均有，瓷器的花纹、造型、色彩等风格与玉溪窑相同。越南沉船中所出15—16世纪的青花瓷器与玉溪、建水青花瓷器的呈色、胎体、造型及其制作工艺与有许多相同之处，而玉溪窑址的时代要比越南所出瓷器的年代为早，从此不难看出它们之间的渊源关系。可以这样说，越南海兴、朱豆地区所出的瓷器特别是青花瓷器在很大程度上受我国传统制瓷工艺的影响，尤其是受到云南青花瓷器的影响较大，其中的某些瓷器可以说就是中国瓷器的翻版。云南盛产青花原料，在建水发现的矿石被称为天青、大青，元末明初云南玉溪、建水等地普遍烧造青花瓷器。中国与越南互为邻邦，云南与越南山水相连，很有可能越南有中国的制瓷工匠在从事瓷器的制作与烧造。越南青花瓷器的原料来源于中国，技术也来源于中国，工艺也与中国传统的瓷器工艺相同。但是越南瓷器胎体的透光性较差，这是区别于中国瓷器的一个明显特征。

四、从会安出土的古代陶瓷看中日两国外销瓷在国际市场的竞争

会安地区出土的日本瓷器主要以青花瓷器为主，这些青花瓷器多为肥前时期，即相当于我们明代正德时期，此期间，日本五良太夫吴祥瑞来到中国景德镇学习制瓷技术，学成回国后于日本有田地区的肥前开窑烧造瓷器，这就是人们所说的肥前瓷器。据叶麟趾《古今中外陶瓷汇编》（1934年版）第21章“东洋陶瓷沿革”记载：“伊势人五良太夫（亦称五良大夫，名吴祥瑞，原名山田则之，或谓伊藤则之）曾随僧人桂梧至景德镇学习制瓷（时在明代），传其法于肥前之唐津（今佐贺县之唐冲田丁）。”会安博物馆展出的日本名古屋市情妙寺所收藏的“茶屋新六交趾国贸易渡海图”（此图一共四幅“ベトナムの日本田丁”，“ベトナムの税关长に谒见する茶屋新六郎”、“ベトナムの日本田丁”、“朱印船”），反映了1602年前后日本和越南的贸易实况。

日本的青花瓷器有早晚期的区别。早期的器物大多制作得不太精细，胎体灰白，釉面青灰，底足露胎处泛火石红，青花呈色灰蓝；晚期的器物胎体与釉面的白度增高，青花呈色也变得明快，露胎处大部分不再泛火石红。日本瓷器的底足没有我们切削得规整。日本青花瓷器的技术原本来源于中国，总体风格与景德镇的青花瓷器相一致，会安出土的日本青花瓷器的图案有一部分明显模仿中国。如在一些出土数量最多的里心写有“日”字、里腹绘画凤纹的盘和一些鱼纹盘、碗中，可以明显看出这是模仿我国景德镇的青花装饰图案。与此同时在会安还出土有我国彰州窑烧制的模仿日本青花瓷器图案的瓷器，两国瓷器在烧造过程中的互相模仿，显然是为了同时争夺越南市场而进行的。明清交替之际中国的战乱引起中国瓷器出口数量的大量减少，作为补充，日本肥前瓷器便趁机销往越南。

中、日、越三方考古工作者对越南中部所进行的陶瓷考古调查与研究，取得了可喜的成果，通过此次工作，笔者对中国瓷器销往越南的历史、途径及其产地有了更深刻的了解与认识，对日本、越南的陶瓷，对中国、日本两国瓷器在外销越南中的竞争也认识得更为深入。在此，对日本昭和女子大学及其越南的同行表示深深的感谢，感谢他们所提供的优良的学习条件与环境。中国、日本、越南三国山水相连，一衣带水，从会安地区出土的陶瓷器不难看出，千百年来三国人民的友好往来与文化交流从未间断，这些瓷器是三国人民友好的象征，是友谊的见证，是古代文化交流的标志，愿这种友谊像秋盆江之水源远流长，让我们三国人民世世代代永远友好下去，愿我们三国的学者更加紧密地合作，在古代瓷器外销与文化交流的研究方面作出更大的贡献。

中、日、越三国考古学者的工作照

当年会安城街道两旁的瓷器商店除了继续进行古代瓷器的交易外，大量的现代瓷器及其店铺为这座古城增添了新的色彩和时代气息。

整整24年过去了，当笔者再次整理这篇文章的时候，当年我们曾经工作过的地方——80番博物馆，如今早已对外开放，各国游客络绎不绝地来到这里进行参观游览，古老的会安古镇真正成为文化交流的窗口并再次走向了世界。

现代瓷器店里出售的陶瓷

第三节　唐代陶瓷与中日文化交流

唐代是我国封建社会的鼎盛时期，繁荣昌盛的大唐帝国高度发达的科学文化吸引着世界上诸多的国家和民族争先恐后地与它进行交往和贸易，盛唐的国土成了全世界人们向往与瞩目的所在。随着陆路“丝绸之路”及海路“陶瓷之路”的开辟与发展，唐代陶瓷被源源不断地输送到世界各地，这正如日本古陶瓷研究专家三上次男先生所说，“陶瓷是跨越中世纪东西世界的一条纽带，同时也是东西文化交流的桥梁”[1]，这一切自然也吸引着当时日本的倭王政权。

中国与日本一衣带水，互为邻邦，历史上两国文化交流和贸易往来不断，自古以来，中国陶瓷被大量地输送到日本，中国先进的制瓷技术对日本的陶瓷手工业产生了深远的影响。1989年5月，中国故宫博物院与日本出光美术馆联合在北京故宫博物院举办了“陶瓷之路”展览，日本出光美术馆的馆长出光介在开幕词中讲道：“中国陶瓷自古以来一直是世界最高水平的杰作，全世界的人都企求它，各国的窑都曾竞相进行仿制。”日本著名的陶瓷专家长谷布乐尔先生也说过：“当时，中国陶瓷给予日本工匠很大的刺激，引起了他们的制作热情……”[2]唐代以来，中国的瓷器不仅在日本、朝鲜、东南亚等临近的各国，而且被运送到遥远的西亚和非洲，中国古代陶瓷已经成为连接与沟通世界文化的桥梁。日本出土的大量中国古代陶瓷就是两国文化交流与往来的见证。

一、日本出土的唐代陶瓷

国外的考古资料表明，8—9世纪中国陶瓷器作为贸易商品登场，在日本，唐宋时期的白瓷、长沙窑系、越州窑系青瓷被称为初期贸易陶瓷，日本出土的唐代陶瓷主要以越州窑、长沙窑、唐三彩及邢窑白瓷为主，而这其中又以越州窑瓷器的出土数量最多，在初期贸易陶瓷中占有重要的比重。

在日本，截止到1992年4月除了鸿胪馆之外从全国的216个遗迹中出土了三彩和初期贸易陶瓷器的碎片数约2800片，九州约1300片，本州约700片，从九州出土了占全国约2/3的陶瓷器碎片[3]。抛开九州和九州以外的地区，集中出土白瓷、越州窑系的青瓷、长沙窑、三彩和褐釉四类陶瓷器。初期贸易陶瓷出土的遗迹九州98个，本州118个。白瓷、越州窑系的青瓷、长沙窑遗迹数的类别九州和本州有着相同的默契，越州窑系的青瓷出土的遗迹勉强可以说是九州和本州基本上相同，白瓷和其他陶瓷器的出土遗迹本州稍多，长沙窑出土的遗迹在九州稍多，越州窑系青瓷的出土遗迹九州和本州数量相同，九州相当于九州全部遗迹的94%，本州相当于全部遗迹的79%。福冈县的遗迹数54个，不仅在九州而且在全国的分配数也是比较多的。以类别研究，出土的白瓷遗迹19处，占九州白瓷出土遗迹的56%，越州窑系青瓷的出土遗迹49处，占九州越州窑系青瓷出土遗迹的53%……

1　三上次男：《陶瓷之路》第155页。

2　《陶瓷之路展览：中国、日本、中东、欧洲之间的陶瓷交流》第4页。

3　橿原考古学研究所附属博物馆编：《贸易陶瓷》第225、227页。

1.越州窑

越州窑是唐代著名的青瓷窑口，窑址分布范围遍及浙江省的上虞、余姚、慈溪、鄞县（现宁波鄞州区）等地，余姚上林湖、上虞窑前寺、帐子山等窑址较具代表性。越州窑的产品釉面致密润泽，造型端庄秀美，颇受时人喜欢，特别是在上流社会及其品茶者中间更是备受青睐。唐人陆羽把越州窑排为当时六大名窑的榜首。他在《茶经》一书中这样写道："碗，越州上，鼎州次，婺州次，岳州次，寿州、洪州次。或者以邢州处越州上，殊不为然。若邢瓷类银，越州类玉，邢不如越一也；若邢瓷类雪，则越瓷类冰，邢不如越二也；邢窑白而茶色丹，越瓷青而茶色绿，邢不如越三也。"这虽然是从品茶的角度对瓷器作出的评价，但也从一个侧面反映出越州窑瓷器备受社会欢迎的客观现实。越州窑瓷器多注重釉色的美，追求如冰似玉的釉面装饰效果。唐代文人对越州窑情有独衷，至今仍有大量赞美它的诗句被保留下来，如陆龟蒙在《秘色越器》诗中云："九秋风露越窑开，夺得千峰翠色来。好向中霄盛沆瀣，共嵇中散斗遗杯。"顾况在《茶赋》中亦云："舒铁如金之鼎，越泥似玉之瓯。"施肩吾《蜀茗词》中说："越碗初盛蜀茗新，薄烟轻处搅来匀。山僧问我将何比，欲道琼浆却畏嗔。"韩偓《横塘》诗云："蜀纸麝煤沾笔兴，越瓯犀液发茶香。"皮日修《茶瓯》诗称："邢客与越人，皆能造瓷器。圆似月魂坠，轻如云魄起。枣花势旋眼，苹沫香沾齿。松下时一看，支公亦如此。"唐末五代时诗人徐夤也在《贡余秘色花盏》诗中说："捩翠融青瑞色新，陶成先得贡吾君。巧剜明月染春水，轻旋薄冰盛绿云。古镜破苔当席上，嫩荷涵露别江濆。中山竹叶醅初发，多病那堪中十分。"[1]有如千峰翠色、薄冰绿云般美丽的越州窑瓷器使唐代的许多著名诗人赞不绝口，如醉如痴。越州窑瓷器在日本同样受到欢迎，早在《宇津保物语》《源氏物语》等文学作品中就有许多关于越州窑的记载。

越州窑瓷器在日本无论是出土数量还是出土地点均居于领先地位[2]，日本9—10世纪的贸易陶瓷中越州窑青瓷占83%以上[3]。根据日本专家对九州、本州及全国的研究统计，出土范围从日本南部鹿儿岛县的种子岛到北部的秋田县，出土地点在100个以上。在关东、东北地区，越州窑青瓷出土较少，以秋田城、胆沢城、多贺城为首，仅限于官衙和国分寺等与政府机关有关联的遗址，近畿地区以平城京、平安京为中心，出土报告不断增加，出土了许多精品。日本出土的越州窑系青瓷造型有碗、壶、水注、盒子、唾壶、香炉、盏托等，这些产品的质量有精、粗两类，精品胎土细腻，釉色肥厚、纯净润泽，粗品胎体施有白色化妆土，由于施釉不到底，碗的下半部露胎，釉层薄、发色不好。不过，出土的样品不能一概而论，这一点是初期贸易陶瓷的显著特征。越州窑青瓷出土数量最多、最集中的是大宰府、博多等北部九州地区，在这里越州窑瓷器在比较广泛的阶层中得以普及与应用，在其他的地区没有这么多的越州窑的粗制品出土，这是北部九州地区独有的现象。

1 《全唐诗》卷23、528、14、18、25、26。

2 橿原考古学研究所附属博物馆编：《贸易陶瓷》第226页表5、表6，图21、图22。

3 荒川正明：《日本出土的古代——中世前期的贸易陶瓷》《考古学通讯》1991年第340期，第11页。

表1 日本出土的越州窑瓷器[1]

器物名称	时代	出土地点	窑口	尺寸	收藏地点	资料来源
青瓷唾壶	唐	奈良市平城京跡	越州窑	高 8.8cm	奈良国立文化财研究所	平凡社版《日本出土的中国陶瓷》
青瓷花口碗	唐—五代	京都市下京区麓町	越州窑	径 15cm	京都市埋藏文化财研究所	同上
青瓷花口盘	唐—五代	京都市南区唐桥大宫尻町	越州窑	径 14.6cm	京都市埋藏文化财研究所	同上
青瓷碗	唐—五代	京都市下京区西七条北衣田町	越州窑	径 15.5cm	京都市埋藏文化财研究所	同上
青瓷盒子	唐	京都市右京区仁和寺丹堂跡	越州窑	径 17.4cm	仁和寺重文	同上
黄釉碗	唐	京都市中京区西ノ京中御门西町		径 13.5cm	京都市埋藏文化财研究所	同上
青瓷碗	唐—五代	京都市下京区中堂寺壬生川町	越州窑	径 23.8cm	京都市埋藏文化财研究所	同上
青瓷壶	唐			高 16.5cm	出光美术馆	同上
青瓷破片	唐	福冈市大宰府鸿胪馆跡采集			出光美术馆	同上
青瓷碗	唐	奈良市平城京出土		径 14.3cm	奈良国立文化财研究所	同上
陶瓷片	唐—五代	大宰府鸿胪馆跡			九州历史资料馆	同上
青釉陶器片	唐	福冈市大宰府鸿胪馆跡			福冈市教育委员会	同上
陶片	唐	多贺城跡			宫城县教育委员会	同上
青瓷片	五代	越州窑址出	越州窑		出光美术馆	同上
青瓷鍑	唐	福冈县太宰府市通古贺字立明寺	越州窑	高 22.0cm	观世音寺重文	同上

2.邢窑

我国白瓷的烧造具有悠久的历史，根据考古发掘资料可知最早的白瓷出土于北齐武平六年（575）安阳范粹墓，1971年春河南省博物馆在发掘过程中一共出土了13件陶瓷器，除了白釉绿彩3件和黄釉扁壶4件外，其他的都是白釉瓷器，造型有四耳壶、壶、碗等，根据此墓的发掘，中国白瓷的出现便被定在了北齐武平年间（570—575）。隋代白瓷的出土数量开始增多，隋开皇十五年（595）张盛墓出土的白瓷武士俑、四足盘、棋盘等白釉瓷器，西安李静训墓出土的白瓷天鸡壶、双龙耳瓶双耳小扁瓶、盒子、瓶等以及隋大业六年（610）姬威墓出土的白瓷奁等，无论釉色的白度和釉面的润泽程度均较北朝时期略胜一筹，唐代白瓷的制作技术已完全成熟，许多精品就是用现代的标准来衡量也具有很高的水平。邢窑是唐代著名的白瓷窑口，唐代的许多文献中均有关于邢州窑瓷

1 平凡社：《日本出土の中国陶磁》。

器的记载。李肇在记述从开元元年到贞元元年（713—804）见闻的《国史补》中曾有“内丘白瓷瓯、端溪紫石砚，天下无贵贱，通用之”的记载。陆羽在《茶经》中把邢瓷喻为“类银”“类雪”，说明邢州窑在当时已在社会上闻名。1980年夏，在位于河北省临城县（内丘县北）西北的岗头、祁村发现了唐代的邢窑遗址，出土的白瓷有精粗两种，精品少，粗品多。祁村窑址出土的精品白瓷有碗、盘、杯、托、盒子、皮囊壶、水注、壶等，碗的出土数量最多造型也最为丰富，玉璧形的圈足和唇口具有典型的时代特征。水注的注口很短，腹部则较为宽大。这些精致白瓷的胎釉纯白如雪，证实了陆羽《茶经》一书如银似雪的形容一点也不夸张。1984年，在内丘县进行的调查中28处窑址发现了从隋到五代的白瓷，这些白瓷大致分为五期，第一期北朝，第二期隋，第三期唐代前期，第四期唐代中期，第五期唐代后期到五代。大量瓷片的出土证实了邢州窑生产规模的庞大。进入五代以后，邢窑白瓷的生产开始衰退并从邢州窑向河北曲阳定窑转移。定窑是中国北方著名的白瓷生产地，也是宋代的五大名窑之一。从窑址调查和发掘资料判断定窑白瓷的烧造始于唐代后期，从唐代后期地层出土的器型有盘、碗、钵、水注、盒子、烛台、壶、盆、瓶等，玉璧形的圈足、唇口及其较厚的胎体为其特点，这个时期的定窑白瓷与邢州窑有许多的相似之处，明显地看出定窑受邢窑的影响。

日本大和文华馆的白釉熏炉

唐代的后期即中唐至晚唐的150余年间，中国陶瓷大量向海外输出，作为中国近邻的日本是首当其冲的受益国之一。根据日方的考古材料可以看出，在日本仅次于越州窑瓷器出土数量的就是唐代的白瓷，这些白瓷的产地主要是以华北邢窑地区为中心的窑场所生产。日本出土的白瓷器型有碗、杯、盘、壶、托等，碗盘的玉璧底和唇口为其特征。

表2　日本出土的唐代白瓷

器物名称	尺寸 /cm	出土地点	收藏单位	资料来源
白釉花口碗	径 14.3	京都市中京区西ノ京北小路町	京都市埋藏文化财研究所	平凡社版《日本出土的中国陶瓷》
白釉碗	径 14.9	奈良市药师寺西僧坊跡	药师寺	《贸易陶瓷》
白釉碗		京都府西寺迹		同上
白釉花口碗		兵库县祢布ケ森西酏剂		同上
白釉碗		奈良县中宫寺		同上
白釉碗		多多良込田		同上
白釉碗		大宰府鸿胪馆遗迹		同上
白瓷蟠龙博山炉	通高 38		大和文华馆	平凡社版《中国的陶瓷》5
白瓷蟠龙烛台	高 24		大阪市立美术馆	平凡社版《中国的陶瓷》5
白瓷凤首水注	通高 28.1		东京国立博物馆	平凡社版《中国的陶瓷》5

器物名称	尺寸 /cm	出土地点	收藏单位	资料来源
白瓷兽耳瓶	高 60.8		出光美术馆	平凡社版《中国的陶瓷》5
白瓷碗、杯	口径 8.8、5.6、7.5		出光美术馆	平凡社版《中国的陶瓷》5
白瓷熏炉	高 19.6		出光美术馆	平凡社版《中国的陶瓷》5
白瓷四耳壶	高 27.6		户栗美术馆	平凡社版《中国的陶瓷》5
白瓷壶	高 24		出光美术馆	平凡社版《中国的陶瓷》5
白瓷贴花兽面纹水注	高 29.5		出光美术馆	平凡社版《中国的陶瓷》5
白瓷水注	通高 22.3			平凡社版《中国的陶瓷》5
白瓷净瓶	高 18.8			平凡社版《中国的陶瓷》5
白瓷水注	高 41.2		出光美术馆	平凡社版《中国的陶瓷》5
白瓷水注	高 22.4		东京国立博物馆	平凡社版《中国的陶瓷》5
白瓷盒子	口径 18.8		出光美术馆	平凡社版《中国的陶瓷》5
白瓷碗	口径 14.5			平凡社版《中国的陶瓷》5
白瓷碗、盘片		鸿胪馆遗址出土		广岛县立历史博物馆《濑户内的中国陶瓷》1991 年
白瓷圆砚	高 5.4、面径 8.6、底径 14.3			讲谈社《东洋陶瓷大观》1 东京国立博物馆
唐白瓷凤首瓶	通高 281、底径 11	横河民辅氏寄赠	重要文物	讲谈社《东洋陶瓷大观》1 东京国立博物馆

3.长沙窑

长沙窑，生产釉下彩瓷器的唐代窑口，窑址位于湖南省长沙市望城县铜官镇瓦渣坪，分布范围遍及石渚湖的南北两岸，长沙窑的器物造型，盘、碗、壶、水注、盒子、枕、唾壶、瓮、玩具、灯火器、瓶最为常见，烧成温度1200℃左右。釉色有黄釉、褐釉、青釉、黑釉等，陶瓷器的质地比较粗糙，精品较少，器物以一般日常生活用品为主，彩画、贴花、文字为其装饰的主流，各种各样的花卉、树丛、鸟、兽、云纹、几何纹、点线纹为常见的装饰题材。釉下彩绘、釉下彩饰和模印贴花是长沙窑独具特色的产品。釉下彩瓷器是利用颜料在胎体上作画，罩釉后经1300℃的高温一次烧制而成的，具有彩在釉下，看得见，摸不着，不易磨损，不易褪色的特点。唐代长沙窑釉下彩的发展经过了两个阶段，即初期的单彩和晚期的多彩，从发掘品中不难看到，初期产品的色彩单一，主要以褐彩为主，纹饰题材也比较简单，盘碗的器心有花纹的部位因为叠烧的原因往往没有釉。后来随着烧制水平的不断提高，釉下彩的颜色增多，褐、蓝、绿色流行，花纹题材进一步广泛，人物、动物、景物、文字等内容较为常见，大量反映现实生活的题材是长沙窑这个时期装饰的明显特征，流畅的线条、栩栩如生的画面，体现出长沙窑釉下彩绘艺术的高超技艺，唐代大中元年鸭纹壶、大中九年鸳鸯纹壶集中体现了这个时期的彩绘水平。利用两种不同颜色点的组合如褐、绿、蓝、褐等进行点绘作画的方法流行，扬州汶河西路唐城遗址出土的褐蓝两彩双系罐，腹部花纹用褐蓝两色的彩点绘成荷花流云图案，彩点排列整齐，构图新颖，别出心裁。与此同时还流行用两种颜色的彩点点绘的菱形、方形、鸡心形、鳞形等几何图形，点绘法的发明与使用是唐代长沙窑所特有的装饰，时代特征明显，地方色彩浓郁。长沙窑的釉色青中泛黄，釉层较薄，比较容易脱落，这是它的特点，也是它的不足。

长沙窑瓷器远销海外的同时大量输往日本。长沙窑的产品集中出土于我国古代的贸易港口，在扬州和明州（宁波）大量出土的长沙窑瓷器表明这是当时长沙窑瓷器外销的两个主要港口，也是长沙窑对外贸易的窗口。1973年，浙江省宁波市渔浦门遗迹出土的700多件唐代陶瓷中长沙窑的产品位居第二，长沙窑产品在宁波主要发现于和义路（现在的遵义路）唐代城门（渔浦门）的下面，这个地点在唐代是作为商品的销售场所。1975年，扬州唐城遗迹出土598件长沙窑的瓷器（占全部出土陶瓷器的70%），扬州城内地区的石塔寺路和三元路出土数以千记的长沙窑瓷器的碎片[1]，这些器物应是为了出口而在这里进行集中的。长沙窑瓷器的造型和其所描绘的具有异域特色的纹饰及其在国内使用较少以及在亚洲以及国外发现的事实，反映出长沙窑所具有的贸易商品的性质。

长沙窑产品的价格与同时期越州窑产品相比要便宜得多，一个高19厘米的水注只须5文钱即可买得（上面有“富从升合起、贫从不计来，五文”[2]的记载），而一个高47.9厘米的越州窑系的青瓷盘口壶值一千文 [“元和14年（819年）4月1日……价一千文”]，后者价值是前者的200倍，如果按照当时的米价进行折算的话，天宝五年米价是一斗13文，5文钱可以买4升米，而一千文则可以买800升米，由此可见其价值之悬殊。长沙窑瓷器正是因其物美价廉而广销海外，成为唐代贸易陶瓷的重要组成部分。

长沙窑瓷器日本出土的遗址多集中于作为政治中心地的京畿地区和作为贸易港的大宰府所在地的福冈县北部，出土长沙窑瓷器数量最多的是京都市和福冈县，不难看出长沙窑瓷器的使用对象应当为宫廷贵族及其所支配的阶层和寺社等。

表3　日本出土的长沙窑瓷器

出土地点	出土器物	数量
京都市下京区东盐小路遗迹	贴花纹水注	1
京都市中京区西ノ京中御门西町遗迹	碗、褐釉蝶纹壶	1、1
京都市中京区四条御前通遗迹	褐釉贴花水注	1
京都市南区唐桥门肋町遗迹	碗	1
京都府大山崎町入山崎遗迹	壶体	1

1　朱江：《扬州出土的铜官窑瓷及其工艺》，中国古陶瓷研究会1984年学术讨论会论文。

2　土桥埋子：《中国における发掘调查史》，橿原考古学研究所附属博物馆编：《贸易陶瓷》第209页。

续表

出土地点	出土器物	数量
奈良县药师寺西僧房遗迹	黄褐釉葡萄纹水注	1
福冈县海的中道遗迹	壶	1
福冈市多多良込田遗迹	黄绿釉褐彩水注、釉下彩鸟纹盘	1、1
福冈市十郎川遗迹	贴花纹水注片	3
福冈市柏原 M 遗迹	水注、双耳壶、盒子？托？	8 个以上、8、2 个以上、2
福冈市金武遗迹	器种不明	
福冈市三宅废寺遗迹	壶	1
福冈市五十川高木遗迹	水注	2
大宰府市学业院东南部遗迹	盘	2
大宰府市观音寺僧房遗迹	贴花褐彩水注片	1
大宰府市观音寺大楠遗迹	杯	2
福冈县筑紫野市大门遗迹	水注	1
福冈县久留米市西谷火葬墓	黄釉褐彩壶	1
佐贺县三国川町下中杖遗迹	壶、花口盘、花口盘口部、杯	2、1、1
佐贺县三日月町绿岛西分 C 遗迹	壶、平底盘	1、1
鹿儿岛县西之表市西俊保遗迹	水注片	7
石川县小松市净水寺遗迹	贴花纹八角注口水注	1
福冈县泠泉 155 番地遗迹	水注的注口部	1
大宰府 SX2600 遗迹	水注的八角注口部	1
福冈县甘木市池的上遗迹	八角注口水注	1
福冈市高野コレクション	碗	2
冲绳县西表岛的内离岛	黄绿釉、褐彩盘	2

表4 日本出土的长沙窑瓷器[1]

遗迹名称	出土地点	器物名称	保管单位	调查时间
长野 A 遗迹	福冈县北九州市小仓南区大字长野	水注底部（1）	（财）北九州市教育文化事业团埋藏文化财调查室	昭和五十六、五十七年
海の中道遗迹	福冈市东区西户崎	壶平底（1）	福冈市教育委员会	昭和五十六年
多多良込田遗迹	福冈市东区多の浸	黄釉绿褐彩盘（1）、碗（3）	福冈市教育委员会	昭和五十八年

1 橿原考古学研究所附属博物馆编：《贸易陶瓷》，第309—387页，出土一览表，临川书店刊。

续表

遗迹名称	出土地点	器物名称	保管单位	调查时间
大宰府鸿胪馆迹		褐釉水注の注口		昭和六十二年
有田、小田部遗迹		器种不明		昭和六十年
十郎川遗迹	福冈市西区十郎川团地	黄褐釉贴花水注（3个个体以上）青瓷褐釉水注（1）	福冈市教育委员会	
德永遗迹Ⅱ区	福冈市西区大字德永字莲花寺	褐釉水注（1）水注把手（1）	福冈市教育委员会	昭和六十三年
柏原M遗迹	福冈市南区柏原	水注（2个体以上）	福冈市教育委员会	昭和五十八年
政厅后背地	太宰府市大字坂本字辻15、19、22	贴花人物纹水注	九州历史资料馆	昭和六十一年
左郭五条一、二坊	太宰府市大字观世音寺字日吉256、257	褐釉水注（1）	九州历史资料馆	昭和五十七年
左郭五条五坊	太宰府市大字观世音寺字土居ノ内160、162	碗（1）	太宰府市教育委员会	昭和五十六年
右郭五条一、二坊	太宰府市大字观世音寺字不丁292、294	黄釉褐彩贴花水注（1）	九州历史资料馆	昭和五十八年
右郭六条二坊	太宰府市大字观世音寺字大楠325	水注（1）	九州历史资料馆	昭和五十六年
右郭六条三坊		黄釉褐彩水注注口（1）		昭和五十九年
右郭七条六、七坊	太宰府市大字通古贺字半田266—263	碗（1）	太宰府市教育委员会	昭和五十六年
府内出土	福冈县太宰府市	黄釉褐彩水注把手（1）	九州历史资料馆	
观世音寺僧房		贴花纹水注（1）		
神道遗迹	福冈县久留米市御井町1229—1	碗（1）		昭和六十年
田手二本杉遗迹	佐贺县神崎郡三田町大字田手二本杉	水注体部（4个同一体）	三田川町教育委员会	昭和六十三年
左京八条三坊七町	京都市下京区盐小路通新町东入ル东盐小路町579—10	黄釉褐彩贴花水注（2、1个个体）	京都市埋藏文化财研究所	昭和五十三年
右京二条三坊十五町	京都市右京区花园春日町4	黄釉褐彩水注、黄釉绿褐彩水注	京都市埋藏文化财研究所	昭和六十年
右京二条三坊一町	京都市中京区西ノ京中御门町13	黄釉褐彩水注和碗（10）	京都市埋藏文化财研究所	昭和六十年
右京二条三坊二町	中京区西ノ京中御门西町	碗（1）、褐釉贴花蝶纹壶（1）、黄釉褐彩壶（1）	京都市埋藏文化财研究所	昭和五十四年

续表

遗迹名称	出土地点	器物名称	保管单位	调查时间
右京二条三坊十五町	京都市右京区花园春日町 4	黄釉褐彩水注片（7）	京都市埋藏文化财研究所	昭和六十一年
右京三条三坊	中京区西ノ京月轮町，德大寺町、西十合町	碗（1）	京都市埋藏文化财研究所	昭和五十四年
右京四条二坊四町	中京区 4 条御前上壬生仙念町	黄釉褐彩水注注口（1）、体部（1）	京都市埋藏文化财研究所	昭和五十年
右京八条二坊二町	下京区西 7 条石井町 61（7 条小学校）	白釉绿彩水注（4、1 个个体）、黄釉褐彩贴花水注（1）	京都市埋藏文化财研究所	昭和六十年
西寺跡	南区唐桥门肋町 2	碗口缘（1）	京都市埋藏文化财研究所	昭和五十五年
大原野南春日町遗迹	京都市西京区大原野北春日野、南春日野	黄釉褐彩贴花葡萄纹水注（1）	京都市埋藏文化财研究所	昭和五十六—五十九年
山城国府跡	京都府大山崎町字大山崎	水注体部（1）	大山崎町教育委员会	
长岗京西二坊大路	京都府长岗京市今里 3 丁目、4 丁目	黄釉褐彩水注片（3、同一个体）	大山崎町教育委员会	昭和五十六年
中野遗迹	京都府宫津市中野	纵耳短颈壶口缘部（1）	宫津市教育委员会	
药师寺西僧房跡	奈良市西ノ京	黄釉褐彩贴花葡萄纹水注（1）	奈良国立文化财研究所	
寺家遗迹	石川县羽砟市寺家	褐釉片（1）	石川县埋藏文化财センタ—	
净水寺跡	石川县小松市八幡地内	黄釉褐彩水注（1）	石川县埋藏文化财センタ—	昭和五十九年
佐佐木アサバタケ遗迹	石川县小松市佐佐木町地内	黄釉褐彩贴花水注（1）	石川县埋藏文化财センタ—	昭和五十九、六十年
	高 4.9、口径 13.8、底径 4.2	长沙窑黄釉褐彩碗	东京国立博物馆收藏	“开成三年九月”（838）铭

4.唐三彩

唐三彩，一种多彩的低温釉陶器，以白色黏土作胎，用含有铜、铁、钴、锰的原料为呈色剂，经800—900℃的低温烧制而成。烧制过程中因釉的流动与扩散形成各种颜色的互相浸润，呈现出淋漓奔放、变幻无穷的斑斓色彩，既灿烂夺目又富丽堂皇。唐三彩艺术风格独特，以釉色作为美化器物的手段，较多地运用了点描、斑涂等手法，使各种色彩参差错杂，斑纹淋漓融合，产生了多种色彩的对比与衬托，取得了变幻莫测的装饰意境。唐三彩这一利用多种不同的釉料使之适应于同一烧成温度而又充分呈色的大胆尝试，是我国陶瓷釉面装饰中的一项重大革新与突破，它的烧制成功打破了历来单色釉的束缚，把多种色釉集于一身，赤橙黄绿青蓝紫千变万化，丰富多彩。它的出现标志着我国低温铅釉的发展已达到了历史的较高水平。

日本发现的唐三彩的遗迹很多，仅是盛唐时期的就有近20处[1]，其分布范围主要集中于奈良和福冈，“日本是中国境外出土唐三彩最多的国家，据笔者不完全统计，40多年来，仅在日本就有10个府县近80个地方先后出土数量可观的唐三彩碎片和完器”[2]，日本出土唐三彩的地点多数为寺院和与祭祀相关联的遗迹，出土的器型以碗、枕、瓶、罐、壶、盘等最为常见，其中枕的出土数量最多，1966年在奈良市奈良县大安寺讲堂遗迹的发掘中出土了高达200片的唐三彩枕的破片，其中复原的个数超过30个，这些三彩陶片现收藏于奈良市国立文化财研究所，这些华丽的陶制腕枕的枕片应是当时大安寺的僧侣们所使用[3]。日本出土唐三彩中枕的陶片较多，装饰也比较丰富，花鸟纹、对鸟纹、朵花纹、团花纹、宝相花、卷草纹等较为常见，枕的造型以长方形银锭式为主。

福冈县宗像沖ノ岛是玄界滩漂浮着的一个孤岛，因地理位置独特，被称为“海のシルクロド”（海的丝绸之路），岛上出土了为数众多的文化遗产，因其遗物的豪华、数量多及其国际色彩浓郁，近年来在日本被称作“海的正仓院”，又有“金银の岛、国宝の岛、民族复兴の宝岛”。对沖ノ岛正式的学术调查是昭和二十九年（1954）开始的，至1971年的18年间，调查一共进行了10次，从调查的情况可以看出，从4世纪到10世纪约700年之久，从祭祀用品的豪华推测，这个祭祀的主体不是一般的地方豪族，而是大和的朝廷在象宗象神进行祈祷对外交通和航路的安全。1954年后开始的调查，共从这个“神话的岛”上发现了210余件后来定为国宝和这之外的18000余件遗物，对这些丰富的成果，日本史学家给予了极高的评价，他们认为“沖ノ岛的发掘调查，对古代史学界来说，在战后是最高最大的学术收获之一”[4]。在这个岛的调查中共发现了22片唐三彩的碎片，其中5号遗址出土的一片唐三彩瓶口缘的残片和东京国立博物馆收藏的唐三彩长颈瓶基本一样，而这片残片及东京国立博物馆收藏的唐三彩长颈瓶又和我国山西省太原市金胜村唐墓出土的唐三彩长颈瓶基本相同，只是前者较后者高出1厘米。

日本出土唐三彩时代最早的一例是奈良县御坊山3号坟出土的三彩十足带盖砚，从石室构造看古坟的年代应在7世纪中叶前后。奈良县藤原京遗迹包含层出土的三彩俑衣服的裾部[5]，像这样的器物应是遣唐使和他的随行人员带回日本来的。日本不像中国那样把三彩用来作为明器，而是把它作为一种高贵与华美的艺术品进行欣赏与生产。

奈良三彩因其出现于日本的奈良时代故被称为奈良三彩，是直接模仿唐三彩而成的一种彩釉低温陶器，关于它的制作方法在正仓院文书《造佛所作物帐》中有记载。奈良三彩从奈良时代的初期到平安时代的初期是在畿内的官营工房中进行制造、在特定的场合进行生产的，原料也全部由官方支给。奈良三彩的产量极少，因而很贵重，在一般的生活中不能使用，主要是在佛事和祭祀的时候使用，也用来作为随葬品。目前没有发现奈良三彩的窑址。奈良三彩的种类有壶、瓶、盘、钵，此

1 平凡社版：《日本出土の中国陶瓷》第96页。

2 郎惠云、三利一：《日本出土的唐三彩及其科学研究》，《考古与文物》1997年第6期，第56页。

3 《图说日本的历史》4，平安的都，第26—27页，图30。

4 武藤正行著，世界日报社：《沖ノ岛海的正仓院》第19页。

5 橿原考古学研究所附属博物馆编：《贸易陶瓷》第229页。土桥理子：《日本出土の中国古代陶瓷》。

外还有碗、杯、鼓和塔的模型等，奈良的西大寺、大安寺也有建筑构件的三彩瓦出土。和唐三彩的华丽贴花文饰相比，奈良三彩的构成较为单纯，绿色为主要的色彩，没有唐三彩中鲜艳的蓝色，这是奈良三彩的特征之一。能确定年代的奈良三彩当中最古老的器物是神龟六年（729）奈良县山道郡都祁村小治田安万侣墓出土的三彩壶，此墓同时出土了一方神龟六年（729）的墓志，为判断时代提供了准确的依据。三彩小壶的出土地还有1985年福冈县3、岗山县2、兵库县1、奈良县5、三重县1、长野县1、群马县2。出土遗迹的性质多为祭祀遗迹和宫殿、官衙、寺院、神社等，也有作为火葬罐、随葬品和佛教用品的。总之，三彩陶器仅限于在以贵族为中心的阶层中使用[1]。奈良三彩的生产时间很短，一进入平安时代以后三彩就消失了，绿釉陶器的生产变得盛行。

奈良三彩的釉料制作方法，日本专家根据《造佛所作物帐》和天平五年（733）有关奈良兴福寺西金堂营造记事的研究得知，把铅199斤加热后得到铅丹小234斤，再把白石60斤、绿青小17斤8两混入成为釉药。现代科技手段测试的数字表明，奈良三彩和唐三彩在成分方面存在着不同。

表5 东京国立博物馆收藏的唐三彩[2]

名称	尺寸 /cm	来源	备注
唐三彩牛车	高 33.7	横河民辅氏寄赠	
唐三彩文人立像	高 92	横河民辅氏寄赠	
唐三彩神王像	高 98	横河民辅氏寄赠	
蓝釉兔	高 10.6	横河民辅氏寄赠	
唐三彩狮子	高 28.9	横河民辅氏寄赠	
唐三彩马	高 71.2	横河民辅氏寄赠	
唐三彩罐	高 24.8、口径 10.8、底径 11.3		
唐三彩罐	高 25.2、口径 14、底径 12.3		
唐三彩梅花纹罐	通高 24.2、口径 12.3、底径 10.7	广田松繁氏寄赠	
唐三彩贴花纹复鍑	通高 19、口径 10.1		
唐三彩贴花瓶	高 25、口径 7.6、底径 8.8	横河民辅氏寄赠	
唐三彩三足盘	高 6.4、径 29.3	横河民辅氏寄赠	
唐三彩贴花六叶盘	高 9.5、径 40.6	横河民辅氏寄赠	
唐三彩高足盘	高 6.7、径 13.9	广田松繁氏寄赠	
唐三彩鸳鸯纹枕	高 6、长 12、幅 10	广田松繁氏寄赠	

1 佐佐木达夫：《陶磁》，日本史小百科，近藤出版社，第106页。
2 讲谈社：《东洋陶磁大观》1，东京国立博物馆。

续表

名称	尺寸 /cm	来源	备注
唐三彩花草纹枕	高 6.7、长 14.7、幅 9.5	广田松繁氏寄赠	
唐三彩女子立像	高 49.4、	广田松繁氏寄赠	
唐三彩马	高 72.1、长 73	横河民辅氏寄赠	
唐三彩贴花龙耳瓶	高 47.4、口径 11.4、底径 10	横河民辅氏寄赠	重要文物
唐三彩贴花凤首瓶	高 32.5 口径 5.9、底径 10.1		
唐三彩梅花纹盖罐	通高 23.8	广田松繁氏寄赠	

表6 日本收藏的唐三彩[1]

名称	尺寸 /cm	来源	文物级别	备注
三彩贴花水注	高 25.5、底径 9.0	富士美术馆		
黑釉水注	高 39.9	箱根美术馆		
加彩美女	高 49.2			
黑釉水注	高 16.2 底径 16.6			
加彩舞女	高 38.9	永青文库		
三彩贴花壶	高 29.1			
三彩贴花凤首瓶	高 33.5	白鹤美术馆		
三彩贴花瓶	高 35			
三彩凤首扁壶	高 22.1、口径 4.5\7			
三彩贴花长颈瓶	高 235、口径 78、底径 85			
三彩贴花万年壶	过 45、口径 113、底径 101	静嘉堂	重文	
三彩宝相花纹三足盘	径 37.5	永青文库	重文	
三彩莲花纹盘	高 11.8、底径 19.5	永青文库	重文	
三彩钿花女俑	高 40.5	永青文库		
三彩钿花女俑	高 41	大和文华馆		
三彩神王	高 98	东京国立博物馆		
三彩狮子（一对）	高 24.2	静嘉堂		
三彩狮子	高 27.7	永青文库		
三彩马	高 68.6	京都国立博物馆		

1 小学馆版：《世界陶瓷全集》11隋唐。

续表

名称	尺寸 /cm	来源	文物级别	备注
三彩马	高 73.9	永青文库		
三彩碗	径 11	三重县三重郡朝日町绳生废寺	文化厅国宝	平凡社版《日本出土の中国陶瓷》
三彩（长颈瓶）破片		福冈县宗像郡大岛村冲ノ岛出土	宗像大社国宝	同上
三彩枕破片、绞胎枕个体 30 个以上		奈良市大安寺町大安寺奈良国立文化财研究所		同上
三彩贴花长颈瓶	高 25	东京国立博物馆		同上
三彩印花鸳鸯纹枕	长 12			同上
二彩陶砚		奈良县斑鸠町御坊山古坟出土		新潮社《奈良佛教》图说日本的佛教（一），第 326 页
三彩陶枕（3）		城山遗迹，静冈县滨名郡可美村字阿原、川比	滨松市立博物馆	

日本奈良文化研究所藏品

三重县绳生废寺出土唐三彩、藤原京出土唐三彩俑残片

8世纪中叶，越州窑青瓷、唐三彩陶器首先输入到日本，8世纪后半叶以后，赴唐的朝贡船减少。日本出土的11世纪中叶以前的中国陶瓷是以越州窑系的青瓷、邢窑样式的白瓷、湖南长沙铜官窑系青瓷三种基本类型组合为特征的“初期贸易瓷器”，这一时期在日本约有200个遗迹出土，表明这样一种器物组合，是类型化的现象，与11世纪后半叶以后的各个遗迹出土的丰富的中国陶瓷器组合形成鲜明对比。大量考古材料表明，从8世纪末期开始，日本出土的中国陶瓷主要以越州窑系的青瓷和唐代的白瓷为代表，长沙窑的黄釉瓷器较少。这种状况不仅在日本一国，在同时代的东南亚和西亚的遗迹中也是如此。中国正式的瓷器输出即从这个时期开始。越州窑系的青瓷、唐式样的白瓷、长沙窑的黄釉陶器，作为判断贸易陶瓷最初阶段的标志，也是初期贸易陶瓷的名称。

二、唐代陶瓷销往日本的途径和路线

1.遣唐使贸易——官商贸易

中国和日本一衣带水，历史上贸易往来频繁不断。一方面，随着日本商人与僧人往来的不断增加，中国的瓷器、茶道、绘画、印刷、医药、建筑等文化随之传入日本。另一方面，唐代商人和僧人的赴日也给日本文化以极大的影响。商人和僧侣的互通，牢牢地连接了两国文化与经济的关系。据日本史学家木宫泰彦的统计，从841—893年的51年间，唐商船来往日本的次数共有30余次[1]。在池田温编的《唐と日本》一书中，从630年（舒明二年）到894年（宽平六年）日本共派遣遣唐使团20次，其中间隔最短的为一年，最长的55年[2]。人数最多的一共有3次，一次是716年（灵龟二年），557人，船4只，阿倍安麻吕为大使。733年（天平五年）594人，船4只，多治比广成为大使。838年（承和五年）共651人，船4只，大使藤原常嗣，这一次准备的时间最长，从834年任命到838年出发其间一共用了5年。从奈良到平安时代，中日间的贸易基本为遣唐使贸易。遣唐使贸易是日本对唐朝的主要贸易形式之一，带有官商贸易的性质，这种不定期的贸易形式在日本被称为“波打际贸易”。

博多，是当时日本对外贸易的国际化港口，昭和五十四年（1979）所进行的发掘调查在仅仅100平方米的发掘面积内，出土了35000件中国陶瓷器的碎片，以一平方米350片的平均数字出土，这个数字还不是在大的消费地平安京内的遗址，由此看来中国陶瓷输入日本的数量是相当庞大的[3]。现在福冈市中心的东半部即是当年的“博多”，从平安时代的后半期到末期，需要庞大数量的中国陶贸易陶瓷器，它的数量之多可以和同时期日本各地遗迹出土的中国陶瓷器的总数相比。博多、大宰府贸易陶瓷器出土数量的庞大，在日本是很特殊的，在亚洲地区也是很特殊的。这一切证实了博多这个国际化的大都市在当时的重要历史地位和在对外文化交流中所起的作用。古代的博多就像人们所说是日本的脸面，是担负着外来文物直接容纳接受与摄取的所在，它在日本的文化史上具有相当大的意义。

博多是当时大宰府的所在地，是唐船至日本进行贸易的主要港口。唐船驶进博多湾后，首先由大宰府的官员将唐船安置于鸿胪馆供应食宿，然后由大宰府派出官员对唐商所带货物进行检查验收等作价后再等待“交易唐物使”前来主持贸易。贸易首先在大宰府与唐商之间进行，大宰府代表朝廷首先购买所需物品，然后才准许其他人员进行交易。在大宰府附近和鸿胪馆所在地的博多湾，从仁和年间到延喜（885—922）期间发展成为一个由京畿豪门、大宰府官员和商人主宰的商业市区及贸易市场。所以，从博多出土大量中国陶瓷的碎片也是理所当然的。

当时的博多为了适应对外贸易的发展，专门建立了作为接待外国使节的迎宾馆——鸿胪馆（筑紫馆），同时也作为遣唐使、入唐僧的宿馆。大宰府鸿胪馆的所在地根据文献的记载和就地形的复员还有调查采集的遗物判断，在现在的和平台球场的附近[4]，1987年伴随着和平台球场的改修工程所进行的紧急调查证实了这个判断。鸿胪馆的出土品当中，唐三彩的数量不多，到了9世纪的后半期，越州窑系青瓷的出土量激增，随着838年遣唐使的绝途、894年遣唐使的废止，代之而来的是唐代商

1 木宫泰彦：《日中文化交流史》胡译本，第109—116页。

2 池田温编：《唐と日本》第74—76页，第6表，遣唐使一览表。

3 亀井明德：《唐·新罗商人の来航と大宰府》，《日本的历史》5，平安文化の开花，第62页。

4 平凡社版：《日本出土の中国陶瓷》——中国的陶瓷12，第103页。

人的频繁来航，到后来，在9世纪的前半期，鸿胪馆从作为接待外国使节的机关变成了接待外国商人的设施。至9世纪中叶以后，鸿胪馆成了商人进行市场贸易及其商业活动的场所。从鸿胪馆的调查中出土的中国陶瓷器遗物正是像它的遗迹一样经使用后被废弃的。鸿胪馆作为中国陶瓷器一大消费遗迹的同时，长期以来还是固定的交易与贸易的场所、商品的流通地。

大宰府作为古代官衙，经历了飞鸟、藤原、平城、长岗、平安的五京时代，历时520余年，在古代的官衙中，5世纪在同一场所中存在下来的只有大宰府一处。为了和官司名的大宰府相区别，现在作为地名的大宰府被写作“太宰府”，其资料最初是在中国浙江省的宁波刻有乾道三年纪年文字的刻石上发现的[1]。这个资料是中国宁波市文物考古研究所的林士民先生首先发现的，曾经在《文物》上发表。碑长36—89厘米，宽30—38厘米，上面刻有“日本国太宰府博多津居住……丁□”“日本国太宰府居住……张宁”“建州普城县寄日本国……张公恴”等文字[2]。

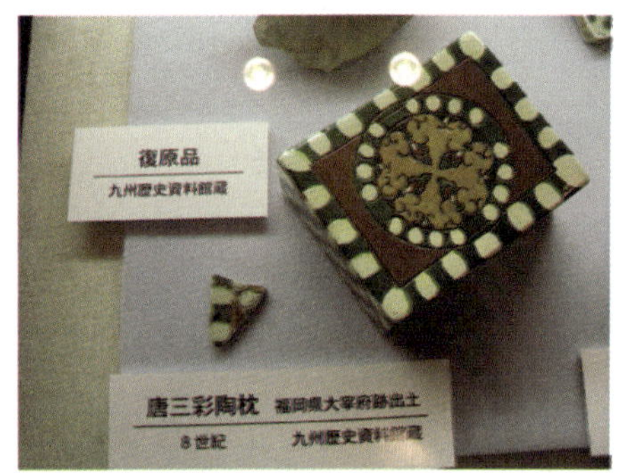

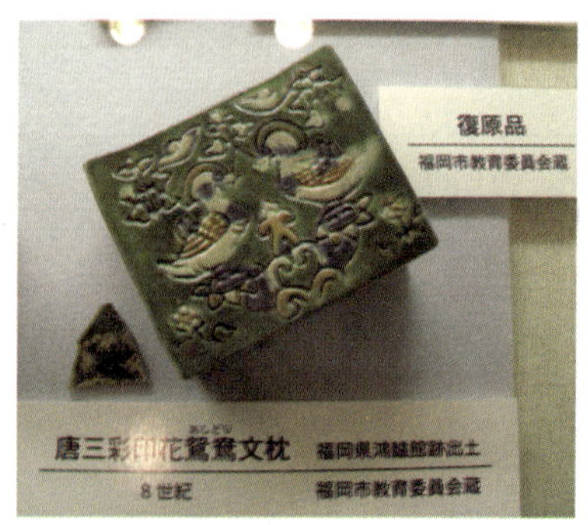

日本出土的三彩

总之，在初期贸易陶瓷的研究方面日本同行做了大量而深入的工作，和我们相比，他们的研究要详细得多，大量的数字统计和一系列的图表为我们了解与掌握唐代中国陶瓷销往日本的情况提供了准确而科学的依据。

表7 入唐僧渡航一览表[3]

僧	渡航年次	使船	归国年次	使船
永忠	777年（宝龟八年）	遣唐使船	805年（延历二十四年）	遣唐使船
最澄	804年（延历二十三年）	遣唐使船（副使石川道益）	805年（延历二十四年）	遣唐使船（大使藤原葛野麻吕）
空海	804年（延历二十三年）	遣唐使船（大使葛野麻吕）	806年（大同一年）	遣唐使船（判官高阶远成）
常晓	838年（承和五年）	遣唐使船（判官管原善主）	839年（承和六年）	遣唐使船

1 森本朝子：《博多居留宋人に关する新资料》，《ミュジアム九州》一九号。

2 朝日新闻福岗本部编：《福岗の古代を掘る》大宰府から海の中道へ，第61页。

3 泷浪贞子：《平安建都》日本的历史5，第154、158、159页。

续表

僧	渡航年次	使船	归国年次	使船
円行	838年（承和五年）	遣唐使船	839年（承和六年）	遣唐使船
円仁	838年（承和五年）	遣唐使船（大使藤原常嗣）	847年（承和十四年）	新罗人金巧等的商船
惠运	842年（承和九年）	唐人李处人的商船	847年（承和十四年）	唐人张友信的商船
円珍	853年（仁寿三年）	唐人钦良晖的商船	858年（天安二年）	唐人李延孝的商船
真如	862年（贞观四年）	唐人张友信的商船	865年（贞观七年） 在罗越国客死	
宗睿	862年（贞观四年）	唐人张友信的商船	865年（贞观七年）	唐人李延孝的商船

表8　遣唐使一览表

西历	和历	使节名	备考
804年	延历二十三年7月	大使藤原葛野麻吕、副使石川道益	4艘、最澄、空海同船
838年	承和五年7月	大使藤原常嗣 副使小野篁	4艘、600余人
894年	宽平六年8月	大使管原道真 副使纪长谷雄	中止

表9　遣渤海使一览表

西历	和历	使节名
796年	延历十五年5月	御长广岳
798年	延历十七年5月	内藏贺茂磨
799年	延历十八年4月	滋野船白
811年	弘仁二年1月	林东人

根据亀井明德先生的研究[1]，中国的贸易陶瓷分为五期：第一期，盛唐（8世纪）；第二期，晚唐—北宋前半（9世纪—11世纪前半）；第三期，北宋后半—南宋前半（11世纪后半—12世纪）；第四期，南宋后半—元（13世纪—14世纪前半）；第五期，明（14世纪后半—16世纪）。第一期还没有商业，是遣唐使请来的时期；第二期平安时代，唐代商人的来航变得频繁，唐代商船全部在博多荒津岸的鸿胪馆着陆，输入的中国陶瓷越州窑最多，出土范围遍及到东北地区，多在寺院及其官衙遗址中出土，推测这个时期的越州窑产品主要为官员和富豪阶层中使用。第三期，大宰府对贸易市场进行了管理和限制，11世纪以后庄园贸易兴起，越州窑陶瓷减少，经冢出土的有经筒和盒子。第

1　亀井明德：《日本贸易陶瓷史の研究》，1986年11月，同朋舍出版刊，そのぅち特に第五章，《九州出土の中国陶瓷器の概要》。

四期的输入量呈暴发般的增长，在九州以外的庄园有宋船来航，在博多有前期以来的宋人居住，日本人也积极从事贸易，中国陶瓷的输入量扩大，在九州，从上层农民和一部分的下层农民需要面很广。第五期，大宰府周边的出土量急剧减少，熊本的阿苏大宫司馆等遗迹被大量发现，只是因为作为商业地、贸易港的博多衰退，土界和其他的港数量增多，像山口那样的西国中心地在各地出现，商业活动极其繁盛。

遣唐使，是对日本出使唐朝的外交使节团的统称。遣唐使成员主要由外交官、留学生、学问僧组成。根据《唐会要》等文献记载，遣唐使留学生在唐朝可以和本朝的贵族学生一起接受教育。而且，一踏上唐朝领土，一切生活所需，包括衣服食宿和交通费用，全部都由唐朝政府受理。所以，遣唐使留学生不仅可以拥有最好的教育资源，还不用担心资金问题。他们来到中国以后，潜心学习与研究中国先进的文化，全方位地汲取大唐文化的典章制度、诗歌美术，工艺技术、宗教思想等，并且把它们带回日本，对日本社会经济与文化的发展产生了巨大的影响。至于遣唐使眼中的大唐是什么样，我们不难从《吉备大臣入唐绘卷》中找到答案。

遣唐使船《东征传画册》第四卷、中国航海博物馆遣唐使船模型

美国波士顿美术馆收藏的《吉备大臣入唐绘卷》，绘制于12世纪平安时代末期，描绘了日本人吉备真备入唐的情景，是日本传世文献中最早描绘唐都的图像史料。绘卷中对长安景观、海岸风景、宫殿建筑和人物车马等都进行了描绘。

吉备真备，日本奈良时代的学者，政治家，两次出任遣唐使，官至正二位右大臣。明治时期被追赠为勋二等，著有《私教类聚》五十卷。695年，吉备真备出生于备中国下道郡也多乡土师谷天原的一个下级武官之家。716年，21岁的吉备真备被选作留学生，次年，日本派出了550余人组成的第九次遣唐使团，22岁的吉备真备作为使团中的一员，随遣唐使来到长安。在长安鸿胪寺，吉备真备就学于四门助教赵玄默。吉备真备在唐朝留学的时间长达18年，研究唐代的天文、历法、音乐、法律、兵法、建筑等知识，均有较深造诣。735年携带大量书籍回到日本。吉备真备带回的《唐礼》对日本朝廷礼仪的完善和改进有很大影响，《太衍历经》《太衍历立成》促进了日本的历法改革，使唐代历法得以在日本推广和使用。吉备真备带回的乐器和乐书对于唐乐在日本的传播起到了积极作用。中国早已失传的《乐书要录》现仍在日本保存，成为研究唐代音乐的重要资料。

752年吉备真备被作为遣唐使副使，再次到访唐朝，不仅受到唐玄宗的接见，还被授予银青光禄大夫，后来做到正二位的右大臣。在其去世上千年之后，还被明治天皇追赠勋二等。吉备真备对传播中国文化起到了重要的作用。大到历法，小到围棋，甚至日本文字片假名的创制，都跟吉备真备有关。日本NHK据遣唐使井真成真实历史事迹改编的纪录片《不朽之都，长安》（堺雅人饰演大唐开元年间日本遣唐留学生井真成），翔实地记载了当年日本留学生“客死长安也不后悔”的故事。当井真成的幽灵漫步在西安城内各处旧址时，我们恍然能看见千百年前长安的生活，并清楚地意识到如今的生活、文化、思想，受到了它多么深远的影响，我们不妨从井真成的信中，来寻找答案：

《吉备大臣入唐绘卷》遣唐使吉备真备与唐人对弈图

“我是井真成，很抱歉只能以这封信的形式向您问好了。希望多治比广成大使能够将这封信带回国内，我的身体可能已经无法支撑我回到故乡了，请父亲母亲原谅我这个离家不能归的不孝子。

还记得在家的时候，我每日认真钻研功课，只为了能够获得书院优等生的席位，去竞争那个能够前往长安的资格。我还记得当年第一次入宫朝觐天皇，在皇宫里看到天皇用的器物，和宫廷乐舞弹奏的乐器，奢侈得前所未见，各种珍珠海贝直接镶嵌在漆器上，珍贵得我都不敢用力碰。然而老师告诉我，这不过是唐朝上层常用的器物罢了。从那之后，去长安变成了我心中追求的梦想。

在经过无数次挑选考试之后，我终于拿到了第十次前往长安的遣唐使资格，而且十分荣幸地成了准判官。我还清晰地记得，在我即将奔赴大津浦登船的时候，父亲脸上欣慰的表情和母亲担忧的话语。但是为了亲眼见证长安的模样，我还是毅然决然地上了遣唐使船队。

我们这次前往大唐走的是南路，从大津浦出发，途经南方五岛列岛，过东海，从长江口沿河而上，直到长安。即使提前做了再多的训练，也没料到真正到了海上，风暴居然如此难熬，十分不幸，我在海中间得了感冒。

一开始我以为只是一个小小的风寒，但是万万没想到它居然来势如此迅猛。在海上航行了一个月，八月份终于到达了大唐的苏州港。我们五百多人在苏州停下，多治比广成大使提交了国书，我们终于可以在大唐的城市中活动了。

八月份的苏州，风和日丽，苏州太守还给我请了医生，我的病情有所好转。所以在苏州的日子里，我也有力气出去游荡了。苏州虽然只是一个远离京城的南方港口城市，但是也比日本许多大城市要更加繁华。原来这就是大唐的模样！

但直到两个月后，到了长安的我才知道自己是有多么的没有见识。从进城的那一刻开始，我就觉得为了来长安付出的一切努力都是值得的。这三重阙楼的气势，京都之中就找不到能够模仿出来的。

长安的气度，果然只有大唐这种天朝上国才能培养出来。在长安，皇帝安排我们住在驿馆，随行的工匠们也被获准去学习技术。而正当我们想要觐见皇帝时，皇帝却因为长安今年的收成问题，搬到了洛阳。不过还好，我们被获准在长安随意活动，所以我经常趁着闲暇，在长安城内四处游逛。

但是在郊外，我看到出来郊游的贵族们携带的器具，用的都是金银平脱的工艺。在京都只有皇宫里才能享受得到的东西，在大唐居然在皇宫外就能看到，这是我在大唐遇到的第一个诧异的事情。

长安城街上目之所及皆是时尚男女，各种胡人装束、男装女子都是十分常见的打扮。还有来自西域各国的胡人，带来各种胡人乐舞，整个街市热闹非凡。

住在驿馆期间，我们所有用到的器物，据说只是按照等级提供的标准给我们配置的器物，但是光这样的器物，在日本都并非普通富人家能够用得起的。

除此之外，在长安，我们还曾被贵族青年们邀请，在宴会上，我算是真正认识到了什么是富丽堂皇。贵族家就连日常用的器皿，用的都是珍贵的金银器、三彩器物等。

在长安住的这段日子，我感到了日本与大唐的切实差距，此次长安一行，真是令我死而无憾了。在长安等待的这段时间里，因为气候较日本闷热，我再度卧病在床，医生诊断说是水土不服，只需好好调养。但我自知我已经时日无多，所以写下这封信，并拜托了多治比广成大使将这封信带回去交给父亲，并且给父亲您准备了一把上好的唐刀，还给母亲准备了一点来自大唐的小礼物，希望宽慰母亲，让她不至于过于哀伤。

再长的信终有写完的时候，请父亲母亲原谅我这个不再能回家孝顺您的游子。长安真是一个好地方啊，我真希望您也能亲眼见到这个让我魂牵梦萦的地方。”

井真成是公元717年第8次遣唐使中作为一名留学生来到中国的，并英年早逝、客死异乡。唐玄宗在他死后，追封他为尚衣奉御的荣誉头衔。他是目前发现的唯一一个在中国留下墓志的日本遣唐使。2005年，东京国立博物馆和奈良国立博物馆举办的遣唐使及唐代艺术品大展，展览了井真成墓志以及日本遣唐使亲眼所见的唐代精华文物。2009年5月，陕西省文物部门向井真成的故乡日本大阪府藤井寺市赠送了井真成墓志的复制品，被日本奉为国宝级文物。

日本遣唐使“井真成”墓志铭，现藏于西北大学博物馆

2004年西安发现日本遣唐使“井真成”的墓志一合，西北大学历史博物馆收藏，墓志171字，全

文如下：

“赠尚衣奉御井公墓志文并序

公姓井，字真成。国号日本，才称天纵。故能衔命远邦，驰骋上国。蹈礼乐，袭衣冠；束带立朝，难与俦墓志拓片矣。岂图强学不倦，问道未终；壑遇移舟，隙逢奔驷。以开元廿二年正月□日，乃终于官弟，春秋卅六。皇上哀伤，追崇有典；诏赠尚衣奉御，葬令官给。即以其年二月四日，窆於万年县浐水东原，礼也。呜呼！素车晓引，丹旐行哀；嗟远人兮颓暮日，指穷郊兮悲夜台。其辞曰：‘寿乃天常，哀兹远方；形既埋于异土，魂庶归于故乡。’”

井真成墓志的发现对于研究日本遣唐使和日本国名的来源起到了重要作用。它是迄今发现的唯一一方日本遣唐使墓志。井真成墓志铭上面仅有的171字，被视为中日文化交流史上的一级历史资料，是目前见到的遣唐使制度的唯一证物。2005年，井真成的墓志被送到日本展出，日本天皇和皇后亲临现场参观。

当年日本大阪府藤井寺市举行仪式欢迎井真成的墓志归来

日本NHK纪录片《不朽之都，长安》（又叫《永远的长安》）剧照

2.商人贸易——民间贸易

遣唐使终止后，民间商船的贸易往来仍然不断，日中贸易大多以商贸的形式存在。日本的一些文献中关于唐代商人的记载不少，如《日本三代实录》《续日本后记》等著作中多次记载了唐商至日本的经商活动。张友信是最早见于日本正史记述的唐代商人，承和十四年（847年）张有信等47人驾船一只驶至大宰府[1]，清和天皇贞观四年（862）、五年（863）张有信又连续2次来日经商。公元862年唐代商人李延孝等43人来至大宰府，“安置供应”，865年唐商李延孝再次来至大宰府并被安置在鸿胪馆“随例供应”，公元877年唐商崔铎等63人、885年“唐商贾着大宰府”。有的唐商为了贸易的方便还连人带船加入日本籍，874年唐商崔岌等36人驾船到肥前国松浦郡上岸，要求入籍，

1 《续日本后记》卷17仁明承和十四年7月条。

875年唐商杨清等31人到荒津上岸，并以归化例安置供应，日本圆仁《入唐求法巡礼记行》详细地记载了仁明天皇承和八年（841）赴日唐商船自日返回唐楚州的情况。根据日本史学家木宫泰彦的统计，日本正史和各种野史所载从841年到893年的51年间唐商船的来日次数前后达30余次[1]，从此不难看出贸易的频繁。

至今在日本语言、文学及其历史书籍中还大量使用唐人、唐草、唐物、唐船等称谓，唐代的一些重要节日及其风俗如端阳节的挂菖蒲、七夕节为牛郎织女祝福、重阳节饮酒赏菊等也传入日本并保留至今，给日本文化以深远的影响。

《东京奥运火炬在长崎用“遣唐使船”传递》新华社日本长崎5月7日电（记者杨光、王子江）：东京奥运会火炬7日开始在长崎传递，其中一段路线由“遣唐使船”载着火炬在长崎港举行，再现了中日两国在中国唐代时期开展文化交流的盛况。

当天晚上8点，火炬手小林充佳在手中的火炬点燃后说：“点燃火炬的这一瞬间，我非常感动、兴奋。看着眼前的遣唐使船，我不禁想起，以前的遣唐使怀揣梦想与希望，从这里出发奔向广阔的世界。我也想如他们一样，带着梦想与希望不断前行。”

5月7日，火炬手小林充佳登上“遣唐使船”传递圣火

中国驻日本大使孔铉佑为当晚的火炬传递仪式发送书面致辞，由中国驻长崎总领馆领事崔龙代读。孔铉佑在致辞中指出，1300多年前，遣唐使船经长崎出发到中国，开启了中日交流的第一次高潮，成为中日友好的重要象征。跨越千年，“遣唐使船”回归故里，传递奥运圣火，续写中日友好的新篇章。

据了解，“遣唐使船”全长约30米，宽约9米，重约110吨。该船由一家日本公司于2010年在我国张家港市长明造船有限公司建成下水，经调试后运回日本。2010年5月，该船在日本大阪举行离港仪式，随后从历史上的“难波津”——现今的大阪港出发，在海上航行月余，途经日本仓桥、福冈、五岛列岛等地，于6月12日抵达上海，出席了上海世博会，并陈列于上海世博会日本馆中，以重现当年中日交流的传奇。

1　张声振：《中日关系史》卷一，第114—115页。

三、中日文化交流与日本陶瓷生产

佐佐木达夫在其著作《陶瓷》中曾说日本的陶瓷生产受中国和朝鲜的影响最大，中国和日本陶瓷技术的交流各个时代均很密切，主要体现在三个方面：第一，对奈良、平安时代开始生产的施釉陶器的影响。第二，对日本的中世以濑户窑为代表的陶瓷器生产地的影响。第三，对江户时代初期肥前瓷器生产的影响。进入奈良时代以后，受中国绿釉陶器和三彩陶器的影响，日本开始进行绿釉陶器和三彩陶器的生产。中国陶瓷生产技术对日本的陶瓷生产起到了极大的推动作用。奈良朝以后，日本朝野嗜爱唐货成风，天皇在表彰臣下时，要特赐“唐国彩帛”，祭祀已故天皇时，也要以“唐物献于陵前”。福岛县郡山市小原田町七川池出土（郡山市丹寿寺收藏）的8世纪二彩净瓶，造型与我国唐代净瓶的造型一模一样，通体绿白二彩，花纹的色调和搭配与正仓院所出有共同之处。千叶县市原市荒久遗址出土的10世纪猿投窑生产的青瓷净瓶，其造型亦源于我国唐代。净瓶是佛教用具，随着日本佛教的不断兴盛和对佛教用具的需求，从奈良末期到平安时期猿投窑生产了为数众多的净瓶供各地的寺院使用。8世纪以后日本陶瓷生产中出现了大量仿造中国陶瓷器的产品，首先是8世纪受唐三彩影响而产生的日本奈良三彩，在中国唐三彩的影响之下，奈良三彩以其独特的色彩在日本传统的陶瓷生产中产生了极大的影响。

发掘出土的奈良三彩

奈良市正仓院收藏的三彩鼓，完全仿照我国唐代的拍鼓制造而成，此鼓高38.3厘米、口径21.8厘米、底径22.8厘米，鼓面通体绿釉为地，上面布满不规则的十字型黄色斑纹，鼓的上下各有四条凸起的弦纹。得以传世且保存完好的奈良三彩鼓，是中日文化交流的载体，也是中日文化交流在日本陶瓷生产中所结出的硕果，其重要的历史意义与现实意义更是不言而喻。

正仓院收藏的三彩塔、鼓

在日本各地博物馆以及民间收藏爱好者中均有大量中国陶瓷的藏品。著名的东京国立博物馆内设有“东洋馆”，整个二楼的五个展室陈列大量从原始彩陶到唐宋以后的中国陶瓷，可谓应有尽有，俨然一部中国古代陶瓷史的微缩版。早在1975年6月举办的“日本出土的中国陶瓷”特别展中，就把日本出土的越窑、龙泉窑、景德镇窑、建窑等生产的青瓷、白瓷、青白瓷等完整的器物及残片，汇集一起进行了展览，在国内外学术界引起了极大的轰动。

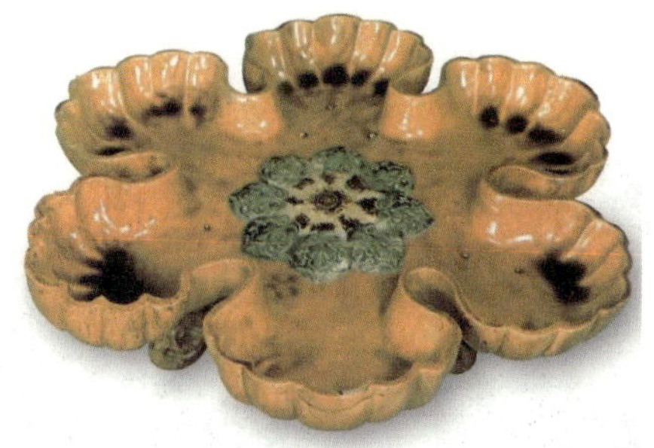

东京国立博物馆的中国唐代陶瓷

东京国立博物馆的中国唐代陶瓷

大阪市立东洋陶瓷美术馆，是一个专门从事收集、展览和研究东洋陶瓷的美术馆。为了纪念住友集团21家公司捐赠的“安宅收藏”而设立的大阪市立东洋陶瓷美术馆，于1982年11月正式开馆。它的藏品主要来自安宅收藏的中国、韩国陶瓷，以及另一位韩国人李秉昌收藏的韩国陶瓷。安宅收藏出自安宅产业集团会长安宅英一。由于安宅产业经营困难，于是这批重要的藏品，包括144件中国陶瓷和793件韩国陶瓷，由主力银行住友银行为首的21家住友集团作为代表，捐赠给大阪市。市府为了保管这批重要的藏品，专门建立了这座博物馆，作为藏品展示、保管和研究的机构。

大阪市立东洋陶瓷美术馆位于大阪市的中之岛公园，环境优美，绿意融融，流水汤汤。馆内收藏有大量精美的中国陶瓷，可谓世界一流。其中2件被指定为国宝，11件被指定为重要文化财产，此外还有一件被指定为重要美术品。这些中国陶瓷品种多样，量大质精，藏品时代跨度大，从汉代的釉陶到明清的彩瓷，几乎涵盖了中国陶瓷史上各个窑口与品种。大阪市立东洋陶瓷美术馆目前已成为世界最著名的东洋陶瓷宝库之一。

大阪市立东洋陶瓷美术馆的中国唐代陶瓷

除此之外，白鹤美术馆、静嘉堂文库美术馆、东京五岛美术馆、美秀博物馆等均收藏有大量精美的中国唐代陶瓷。

白鹤美术馆、静嘉堂文库美术馆、五岛美术馆、美秀博物馆的唐三彩

在大量收藏中国古代陶瓷的同时，一些日本学者开始对中国陶瓷进行广泛而深入的研究。1914年东京大学陶瓷研究会率先开始，1943年小山富士夫《中国青瓷史稿》的刊行出版，是最有代表性的作品，其著作以考古调查为根据，对日本出土的青瓷进行了详细的记述，还首次对埃及的福斯坦特及中近东、欧罗巴的研究进行了介绍。第二次世界大战结束以后，日本对国内荒废了的国土进行了大规模的再建设，考古学的发掘调查在全国各地盛行并得以实施，对奈良的平城京、京都的平安京、北九州的大宰府、各地的国分寺等古代遗迹以及中世纪的镰仓、广岛的草户千轩等重要遗址进行了发掘。在这个过程中，大量精美的中国陶瓷及其残片发现出土。此时由于中国的考古学还不是很发达，所以，许多瓷器的窑口和产地还搞不清楚。1949年随着中华人民共和国的成立，许多大学设立了考古学科，为考古事业的发展培养了大量的人才，全国范围内的考古发掘调查工作取得了很大的成果。20世纪50年代，中国古代陶瓷窑址的调查和研究工作也开始进行并取得了一定的成果。70年代以后，陶瓷考古在窑址调查的基础之上进一步开展，大量科学而详细的新资料不断被揭示，中国学者在古代陶瓷研究领域不断向纵深迈进。与此同时，海外的陶瓷研究者也开始对中国陶瓷的外销开始了广泛的研究与讨论，三上次男的《陶瓷之路》是这个时期研究水平的代表。1975年6月在日本考古学者的努力下，在日本的东京国立博物馆举办了“日本出土的中国陶瓷”特别展览，这个展览汇集了从日本各地遗址出土的中国陶瓷及其残片，北到北海道，南到冲绳，一千几百件的出土陶片和二百几十件的出土器物，按照出土地点和年代顺序进行了展出。1979年10月，在三上次男先生的倡议下，成立了日本贸易陶瓷研究会，1981年以来，创办了研究会的刊物《贸易陶瓷研究》，随时刊载最新的研究成果。与此同时，水下考古这个新生的考古门类，开始纳入到考古学领域，1976—1984年进行调查与打捞的韩国新安海底沉船发现了大量贸易陶瓷，在世界范围引起了极大的反响，除了超过两万件的陶瓷器之外，还出水了铜器、漆器、木器、石制品及28吨多的铜钱以及胡椒、紫檀木等物品。其中还有大量墨书的竹简，通过这些文字记载可知这艘船是在元代至治三年（1323）从中国的宁波港驶向日本博多的途中不幸沉没的。作为船载的货物，青瓷最多，超过1万件以上，其次是5000余件白瓷，同时还有黑褐釉和无釉的陶器及7件高丽青瓷，也包含有日本古濑户的瓶子。

20世纪以来，日本各地出土了大量的中国古代陶瓷及其残片，特别是在京都、镰仓、大阪、博多、东京等中世纪都市的遗址中，出土数量惊人，有关研究也取得了瞩目成果。相信随着今后中日两国学者交流的不断开展与加强，对中国古代陶瓷外销途径与路线的研究将会取得更大的成果。

第四节 中国古代陶瓷与宋日贸易

一、宋日贸易

1.商贸

宋日贸易与唐代中日间的官商贸易不同，民商贸易占据主导地位。唐代灭亡以后，代之而起的五代十国是极不安定的时期，北方黄河流域的梁、唐、晋、汉、周五十年间战乱此起彼伏，王朝递起递灭，无力发展与日关系，南方长江流域的吴、南唐、楚等十国也各自为政，战乱频繁，无暇顾及对日关系。唯独吴越国占据扬、明两州，拥有发展与日关系的得天独厚的条件，扬、明两州，商业资本雄厚，商人集中，自唐代以来就是中国对外贸易的重要港口，而且又是当时的造船基地，具有世界上先进的造船技术和船舶驾驶技术，加之熟识与掌握了中国海季节风规律的，因此，在航行中很少遭风毁船，这正像日本学者梅原郁先生在《中国史中的长江》一文中所讲：中国的商船从浙东的海岸出发，仅数日航海便可到肥前的值嘉岛，归路要等到秋天开始，一周的时间便可在江南着岸。中国先进的航海技术——罗针盘、水深测定等的使用居世界领先地位，中国船的安全性高，在9世纪后半期，主要是中国的船在南海活跃。自吴越国钱镠923年称王后，50年间船舶往返于中日之间，贸易次数频繁。据日本史料记载，从承平五年（935）到宋朝建国的960年期间仅仅二十几年的时间，从江南来航的船舶有十回，其中作为吴越国使者和船只的就有6回[1]。

宋王朝建立以后（979—1279），和日本的关系进入了新的历史阶段。宋代经济和手工业高度发展，煤的使用，金属精炼法的出现，火药、指南针、印刷、造纸技术的四大发明是对外贸易高度发展的基础。特别是宋都南迁以后，江南的文明则以压倒的优势从经济、艺术等多方面给日本以深远的影响。宋代的江南，较之北方相比水路交通与运输发达，有着发展对日贸易的便利条件，在唐与五代时期发展起来的对日贸易的基础之上，宋日贸易活跃，南北两宋三百年间，宋船的来航记录有160余次[2]。拒木宫泰彦《日中文化交流史》记载，从宋建国到平安时代末期的200年间，宋商船赴日的次数约为70次[3]。随着日本贵族对宋代商品的需求的与日巨增，赴日商船的贸易次数也不断地增多。据记载自公元988年（日本的永延二年）起赴日宋商船的船次由一年一船次增至为一年二船次，到了公元1088年（宽弘五年）增至一年三船次，至公元1026年（万寿三年）则为一年四船次[4]。宋代朝廷为了加强对贸易的管理，在广州、杭州、明州、泉州等主要的贸易港口建立了市舶司，南

1 梅原郁：《中国史のなかの长江》，樺山紘一：《长江文明と日本》第39页。

2 转引于樺山紘一：《长江文明と日本》第31页。

3 朧谷寿：《日本的历史》，6《王朝和贵族》第203页，集英社。

4 木宫泰彦：《日中文化交流史》第238—243页，胡译本。

宋时期增加到十所，广州和泉州主要面对东南亚，而明州则是和日本进行贸易的港口。赴日商船选择海上气象条件好的时期由60人或70人组成乘员组的小型帆船在明州（浙江省宁波）起航，至肥前国的值嘉岛（长崎县的五岛列岛北部的小值贺岛），在筑前国的博多进港。这期间所需要的天数视气象条件的好坏长短不一，大体需要一周左右。朱仁聪是日本史料记载中出现次数最多的宋代商人之一，在987年、988年、994年、995年、996年、997年、999年、1000年宋代商人和商船出入日本的记载中一共出现8次[1]。在贸易商人中像朱仁聪那样从明州（宁波）到博多来往的泉州船还有很多。宋代与唐代相比，随着航海技术的发展和造船技术的发达，贸易船的装载量增大，乘员人数增多，9世纪船的乘员最少36人，最多63人，平均为45人。10世纪以后无论是装载量还是随船乘员的数量都大大增加，945年来航的吴越商船载重300石，乘员100人，995年的宋船乘员70人，1005年的泉州船67人。12世纪的徐兢在《宣和奉使高丽图经》记载当时的客船长十余丈，宽两丈五尺，深三丈，载重2000斛（132.8万升），乘员67人[2]。1974年福建省泉州湾的东部法石乡后渚港发掘的宋代大型外航船，沉船中装有大量的香药、胡椒、宋钱、陶瓷器等。船的残存部分长24.8米，最宽处9.15米，复原后的船长34.55米，宽9.9米，排水量约374吨，载重量200吨。船是用杉木为主要材料作为龙骨的"V"形尖底构造的外洋船，修复后的船体保存在泉州海外交通史博物馆[3]。无数的事实说明宋日双方虽未建立正式外交关系，但是两国之间的贸易往来从未中断。特别值得指出的是，宋代瓷器的制造进入了历史的高峰，烧造瓷器的窑口遍及黄河两岸和大江南北，多样的品种异彩纷呈，著名的官、汝、哥、定、钧五大名窑产品名扬四海、蜚声中外，远销世界各地。因此，宋代瓷器在对外贸易中占有重要的位置。

中日双方对外贸易的共同需要造成了宋日贸易的不断发展。首先，对外贸易有利可图是宋日贸易不断发展的原因之一。《宋会要·食货》《三十八市舶》条绍兴七年闰十月三日记载："……上曰，市舶之利最厚，若措置合宜，所得动以百万计，岂不胜取之于民，朕所以留意于此，庶几可以少宽力尔。"绍兴十六年九月二十五日载："……三佛齐国王寓书市舶官言，近年商贩乳香颇亏，直市舶遂以缴进。壬辰，上谓宰执曰：市舶之利，颇助国用，宜循旧法以招徕远人。…于是降右超散大夫提举福建路常平茶事袁复之一官，以前任广州市舶司亏损蕃商物价，故有是命。"绍兴二十九年九月二日载："朕尝闻阐论市舶司，岁入几何，阐奏，抽解与和买，以岁计之，约得二百万缗。"正是由于对外贸易有利可图，因此，不管朝廷还是民间均很热衷。其次，日本贵族对中国商品需求的日甚一日是造成日宋贸易发展的另一个重要原因。宋熙宁五年（1013）日僧成寻乘宋商船至台州并被宋帝诏至京城，成寻在回答京官的一份有关询问日本地理、历史和贸易的提纲中有这样的记述，问：日本索取汉物以何为要？答：香药、茶碗、锦绮、苏枋等[4]。延喜十四年（914）三善清行上天皇的意见书中曾这样记载："臣伏观贞观（公元859—876年）、元庆（877—884）之

1　森克己：《新订日宋贸易的研究》第540—542页。

2　徐兢著、朴尚得译：《宣和奉使高丽图经》第229页，1995年9月20日印刷，国书刊行会。

3　平凡社：《复活的中世》1东亚的国际都市博多（《よみがえる中世》1东アジアの国际都市博多）第120页。

4　成寻：《参天台、五台山记》转引自张声振《中日关系史》卷一，第142页。

世，亲王公卿皆以生筑紫绢为夏衫，曝絁为裤面，东絁为袜，染絁为鞋面。而今诸司史生皆以白缣为汗衫，白绢为裤面，白绫为袜，菟褐为鞋里。其妇女以至下裨，裤非齐纨不穿，衣非越绫不裁。染红袖者，其费万金，捣练衣者，杵落洞穿。故见其僭差，则竞相效仿；看其俭约，则递以嘲嗤。富有者夸耀其志，贫贱者耻其不及[1]。”这些记载反映出当时日本上层社会生活的日趋奢侈与糜烂。尽管北宋时期日本的纺织业已经相当发达，但是，富有的贵族和官僚却不愿意使用本国的产品，竞相以高价争购进口货。为了效法中国唐代贵族糜烂的生活方式，在本来冬季不太冷的日本京都、奈良，一些有钱人也效法唐人穿上黑貂裘。纸张、笔墨也要从中国进口，就连中国贵族阶层所流行的斗鸡等风俗也被日本贵族所接受。还有的贵族就连所饲养的猫、狗、鹦鹉、孔雀等都要从中国进口。在这种对中国货物需求极度高涨化的背景下，尽管日本政府多次下令禁止对宋贸易，但是，由于日本贵族对宋商品的需求，由于执行禁令的日本官吏本身就是宋货的需求者，再加上日本的朝廷和大宰府的官吏能从贸易中获得极大的利益，以对宋贸易为业的观音寺“以交易为业，每次致富千金”[2]，所以，对宋贸易的禁令很难得以实施。

贸易形式不断升级，由唐代的“波打际贸易”发展为宋代的“住蕃贸易”（11世纪后半至13世纪中叶）。11世纪后半到12世纪前半，在日本作为贸易主体的鸿胪馆和律令体制一起崩坏，贸易的舞台由鸿胪馆向博多移动，贸易的形式也由“波打际贸易”转向“住蕃贸易”，长期居留的宋商（住蕃）在博多经营贸易交流的很多，博多所谓的“宋人百堂”指的就是这些宋商的居留地[3]。输入陶瓷器的交易也像这些住蕃的商人所进行的交易活动一样活跃。出土的白瓷像洪水一样爆发般的增多，这种状况从大量中国白瓷开始输入的11世纪后半，一直继续到12世纪的前半，从日本全国范围看，作为贸易陶瓷的白瓷传播与出土仅限于这个时期。12世纪中期以后，龙泉青瓷和同安窑系青瓷的出土量开始凌驾于白瓷之上。1987年末到1988年1月在鸿胪馆进行的发掘表明，邢州窑白瓷消失后，以景德镇为中心的华南地区生产的瓷器便开始登场，越州窑系的青瓷继续出现，而从11世纪的后半期涌入的中国白瓷的窑口有些还没有发现，据日本专家推测很大程度上是在以福建为中心的浙江、广东及中国东南沿海地区烧制的。总的看来，中国外销陶瓷的产地，从越州窑时代的浙江逐渐向南移动，与唐代相比，多彩的种类和多样的产地是宋日陶瓷贸易一个明显的时代特征。

2.文化往来

除了民间的商贸活动外，两国间的僧侣和留学生的往来频繁不断，特别是到南宋时期，作为文化政治中心的首都由开封迁往杭州，由于交通的便利及作为佛教圣地之一的天台山和位于宁波的阿育王寺等著名的佛教圣地和寺院，无时无刻不在吸引着入宋的日僧，与此同时，这些来中国的僧人又把江南的文化带回日本。南宋时期的入宋日僧比北宋时增多，北宋时期日本入宋僧人在160年间不过二十几人，到了南宋时期则有百余人，其中如1191年入宋的荣西，1223年入宋的道元、明

1　秋山谦藏：《中日交涉史研究》日文本，第246页，转引自张声振《中日关系史》卷一，第148页。

2　《中日交涉史研究》，日文本，第248页。

3　平凡社：《复活的中世》1，东亚的国际都市博多，第139页。

全，1233年再度入宋的法忍净业，1235年入宋的圆尔、荣尊，1249年入宋的无本觉心（法灯国师，1207—1298），1251年入宋的无关普门，1252年入宋的无象静照（1234—1306），1259年入宋的南浦绍明（大国师，1235—1308）等，都是当时著名的僧人。而宋朝僧人入日者也有10余人，随着两国商人和僧人往来的不断增多，中国的瓷器、茶道等也随之传入日本。有些人还把在中国的见闻写了下来，成为珍贵的历史资料，成寻的《参五台、五台山记》、戒觉的《渡宋记》等，都是研究中日关系史的重要文献。

荣西与日本第一茶

茶在唐代虽已传入日本，但大多作为药物使用，把茶作为饮料而饮用的人并不多，平安时代饮茶习俗虽然在一部分贵族和僧侣中已经存在，但也只是在宴席和佛门的行事中进行，喝茶不过是天皇、贵族、高级僧侣等模仿唐代先进文化的一种风雅之事，茶仍然被作为养生延寿的仙丹妙药，还没有广泛饮用，因此，平安时代还处于“贵族茶”阶段。到了宋代，饮茶已逐渐形成了一种社会风气，并普及民间。这些都要归功于当时的僧人荣西。荣西（1141—1215），日本明庵的僧人，曾两次入宋，著有《吃茶养生记》。仁安三年（1168）一月荣西27岁第一次入宋，不久便回国。文治三年（1187）荣西第二次入宋，这时已是46岁，在中国停留4年4个月后于1191年回国，回国时从中国带了茶种，立志回国后把这些茶种在日本流传下来。荣西把他从中国带回的茶种首先播种在登陆的第一站——九州平户岛的富春院，后又播种在附近的筑前和肥前国境的背振山地的南麓、肥前国灵仙寺的西ヶ谷、石上坊小院的前庭，在博多的圣福寺他还亲手建立了茶园。茶种很快便在他播种过的地方发芽生长为茶树，并长出了美味的茶。荣西回到京都以后，将茶种送给了拇尾高山寺的明惠上人，明惠将其播种在寺内，由于这里的自然条件非常适合茶的生长，所产的茶味道纯正，于是人们便把拇尾茶称作“本茶”，而将这之外的茶称为“非茶”，后来茶便在日本逐渐传播开来[1]，开始了镰仓寺院茶的时代。1211年荣西在《吃茶养生记》的初稿中以《茶经》为文献资料并引用了诗文、医书等关于茶的学说，记载了许多有关茶的知识，如茶的名字、树形、茶的效能、采茶的时节、采茶的体验、茶和诸病的关系即它的药理效果、吃茶的方法等，是一本很好的茶的启蒙书。

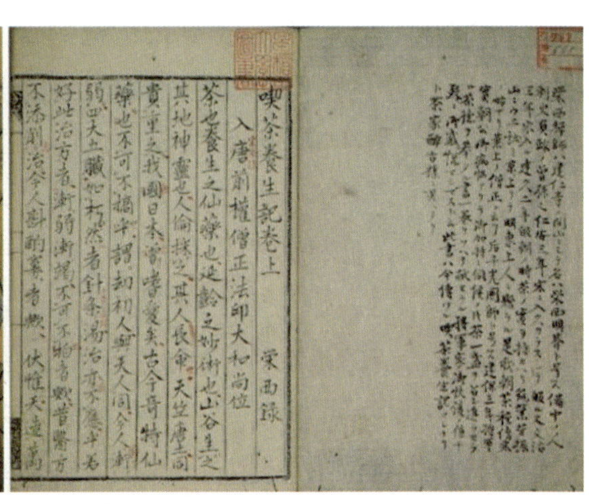

喫茶養生記卷上　榮西録
入唐前權僧正法印大和尚位
茶也養生之仙藥也延齡之妙術也山谷生之
其地神靈也人倫採之其人長命也天竺唐國
貴重之我朝日本曾嗜愛矣古今奇特仙
藥也不可不摘乎謂劫初人與天人同今人漸
弱四大五臟如朽然者針灸並傷湯治亦不應乎若
好此治方者漸弱漸竭不可不怕者歟昔醫方
不添削而治今人斟酌寡者歟伏惟天造萬

日本茶祖荣西《吃茶养生记》

日本神户大学教授仓沢行洋曾经说过：“茶道是发源于中国、开花结果于日本的高层次的生活

1　仲尾宏：《京都的渡来文化》第97页，淡交社，1990年版。

文化。‘茶道’一词初见于唐代。在唐代，茶道已脱离日常啜饮范围而成为一种优雅的精神文化。陆羽的《茶经》就是其光辉的足迹。其后不久，茶道传到了日本，与日本的传统文化相结合，获得了新的发展，成为具有深远哲理和丰富艺术表现的综合文化体系……可以说，日本茶道是出生于中国的，她的母亲就是中国茶道，目前，孩子已长大成人了。”[1] 右面的两幅图形象地反映了中日文化的这种传承关系。

辽宁博物院藏宋佚名《白莲社图卷》局部、日本的煎茶画

茶自从唐代传入日本，至宋代首先在日本的皇族公卿大臣、高级武士中风行，并进而发展到民间，品茶清谈雅俗成趣，已成为一种风气，随着饮茶风气的盛行，对茶具的需求量激增，对饮茶器具的要求也就越来越讲究。贮茶坛是专门用来储茶的。由于茶不易保存，容易发潮、发霉，容易沾染异味，所以，茶人对于茶坛的要求极其讲究。当时的茶坛靠进口，茶人们在当时非常推崇南洋吕宋岛生产的吕宋贮茶坛，其实这是中国所产，只不过是绕道南洋传入日本而已。1978年，广东省佛山市石湾北宋时代的窑址中出土了大量在日本被称为吕宋壶的瓷器和残片，证实了所谓的吕宋壶即是在中国南方石湾窑生产的。在千利休以前的时代，储茶坛作为一种炫耀富有的标志一年四季置放在茶室之中。除此之外，日本从室町时代开始，多使用中国制造的褐釉、黑釉、黄釉的四耳大壶作为茶道中的茶壶。

我国瓷器在日本备受青睐。在日本，茶碗一词专指宋瓷饮茶用具。茶碗作为饮茶的用具在日本的茶道用具中占有重要的位置，有时甚至被当作整个茶道的代名词。在茶道兴起的初期，中国生产的茶碗特别受到珍重，其中久负盛名的是茶碗“天目”。所谓“天目”指的就是一种黑釉的茶碗。“天目”一词来自中国浙江的天目山，日本的留学僧人多在天目山学习参拜，并在此接触到供茶、吃茶的茶碗，所以称其为“天目茶碗”。这些僧人留学归国时，将其作为纪念品大量带回。初期的天目茶碗，大部分是建窑的产品，福建水吉县建窑生产的油滴、兔毫等为其代表。江西省吉安市永和镇吉州窑生产的玳瑁、贴花等也是非常有名的产品。日本静嘉堂文库收藏的南宋建窑曜变天目碗、南宋建窑油滴天目茶碗[2]都是非常珍贵的文物。下面三图就是分别被收藏于日本静嘉堂文库美术馆、大德寺龙光院和藤田美术馆的，在茶道史上具有极高地位的三件宋代曜变天目，如今在日本被奉为国宝。

1 日本神户大学教授、仓沢行洋：《日本茶道文化概论》序三，东方出版社。

2 静嘉堂文库美术馆：《中国陶瓷展》图27，静嘉堂文库创设100周年、新美术馆开馆纪念。

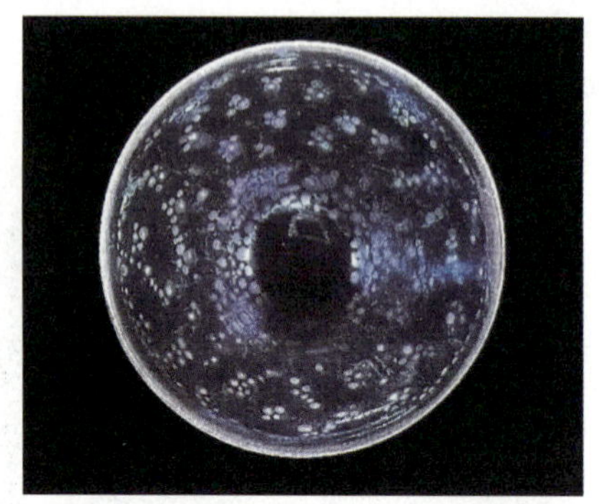

静嘉堂文库美术馆、大德寺龙光院、藤田美术馆曜变天目

除了上述的曜变天目外，日本各地博物馆中均收藏有数量不等的建盏（见下图）。从此不难看出，随着中国茶文化的输出与传入日本，中国生产的茶具也备受当地的青睐，客观上对日本的陶瓷生产起到了极大的促进作用。日本濑户窑、美浓窑从镰仓时代开始模仿中国的天目茶碗进行生产，由于这些仿制的茶碗与天目茶碗造型相同，但外面施有白釉，因此，被称为白天目。

东京国立博物馆

九州国立博物馆

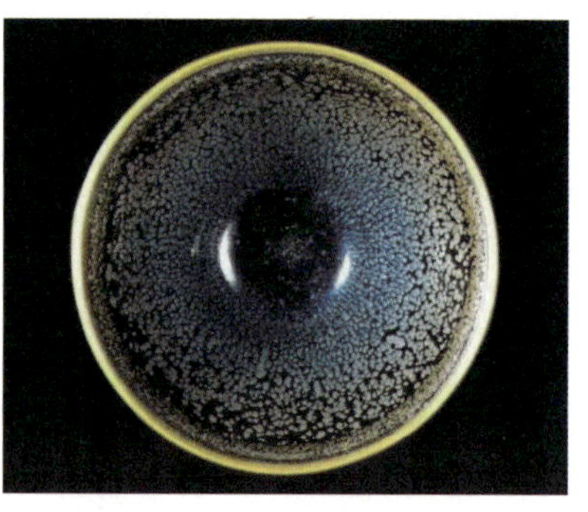

大阪市立东洋陶瓷美术馆

右图左是现藏于日本博物馆的中国宋代《五百罗汉》图，作者在画中如实地描绘了当时人们喝茶的真实场景。右图右则是如今寺庙中被日本奉为神圣之物、在茶道史上具有极高地位、家喻户晓的建盏被僧人使用的状况。

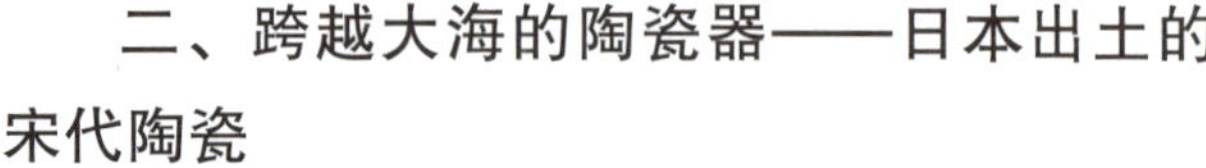

二、跨越大海的陶瓷器——日本出土的宋代陶瓷

日本出土的宋代陶瓷较之唐代相比，数量众多，窑口丰富，品种复杂。从日本目前出土的考古资料看，主要有龙泉青瓷、景德镇青白瓷、磁州窑、定窑、福建窑；建阳窑、同安窑的珠光青瓷、汝窑、官窑、哥窑、钧窑、越窑的青瓷及河南各窑的瓷器等，可说是遍及中国的大江南北和黄河两岸。考古发掘资料表明中国陶瓷在中世纪的日本社会生活中占有相当重要位置，日本学者曾经做过统计，日本中世纪出土中国陶瓷器的遗迹超过800个。如著名的都市福冈博多的冷泉7号遗迹出土的从11世纪后半到13世纪的中国陶瓷器中的白瓷16907件、青瓷6049件、青白瓷284件、陶器10949件，

占全部出土器物的24%。日本陶瓷器中土器、须惠器、瓦器、瓦质土器、陶器等一共出土了109365点，占全部出土物的76%，朝鲜的陶瓷器20件，占0.01%。中世的日本通过海路从中国输入进来的陶瓷数量极多，特别是镰仓时代（1192—1323）的博多出土的数量和其他都市相比占有压倒多数的优势。从福井市的朝仓氏遗迹的义景馆出土的中国陶瓷占23%，而赖户、美浓的施釉陶器占4%，炻器中越前的制品占35%，土器占38%。在新马场前遗迹中国陶瓷占19%，施釉陶器占7%，炻器占70%，土器占12%[1]。这些高比例的数字无疑是当时大量中国外销陶瓷器的物证。和唐代初期的贸易陶瓷相比，宋代销往日本陶瓷器的窑口复杂，种类繁多。福冈县福冈市博多区博多遗迹出土的庞大数量的中国陶瓷器中有越州窑、耀州窑、龙泉窑、同安窑、长沙窑系的青瓷，邢州窑、潮州窑系的白瓷和景德镇窑、定窑、建窑、磁州窑、泉州窑系的青瓷以及明代的青花、彩绘等。作为平安时代都城的平安京遗迹的京都出土的中国古代陶瓷器有唐三彩、长沙窑、越州窑、耀州窑、磁州窑、龙泉窑、同安窑、定窑、白瓷及元末明初的瓷器。山口县下关市秋根町出土有越州窑、龙泉窑系的青瓷和白瓷、天目、黄釉、青花等，山口县防府市国衙出土有越州窑、龙泉窑、同安窑系的青瓷及其白瓷碗、盘，褐釉瓷器等[2]。

我们还可以从一份长崎出土器物表看到中国陶瓷器在日本中世所占的比重。

表10　长崎县内各地出土的中世土器、陶瓷器组成表[3]

区分	遗迹	全体破片数量	输出 / 全体	国产 / 全体	中国 / 输入	朝鲜 / 输入	土师 / 全体
松浦地域	楼楷田	12000	54.0%	46.0%	99.1%	0.9%	26.0%
	宫ノ下り	1561	53.6%	46.4%			36.6%
	直谷城迹	1826	45.3%	54.7%	93.6%	6.4%	53.1%
大村湾沿岸地域	岗 白井川 川井川内 坂口馆迹 宫田A	2705 962 330 810	36.6% 61.0% 51.8% 72.3%	71.9% 39.0% 48.2% 27.7%	99.9% 98.2% 98.6% 92.0%	0.1% 1.8% 1.4% 1.9%	53.9% 12.0% 32.4% 19.8%
岛原半岛地域	今福	5206	18.9%	81.1%	96.4%	3.6%	73.8%
	大屋敷	168	28.6%	71.4%	100%	0%	48.8%

据大塚初重、白石太一郎等编集《考古学によゐ日本历史·10对外交涉》的统计，在全国有2607个遗迹出土有12世纪龙泉窑系、同安窑的青瓷，13世纪达到了顶峰，出土了3337个龙泉窑系的青瓷莲瓣碗。在从博多站到博多港的南北1.7公里、东西0.8公里的范围内，出土了大量的中国陶瓷器，以平均1000平方米50箱以上的数量出土，从博多遗迹群的冷泉7—1遗迹捡出了34302片的贸易陶瓷器，以至造成报告者在当时甚至以为是在整理仓库遗迹的错觉。在地下铁祇园町站出口的建设中从水井发现龙泉窑青瓷204、同安窑系青瓷95、青白瓷9、白瓷3、天目3、褐釉陶器壶37，共计351个以上。博多遗址群出土的大量陶瓷器的年代为11世纪后半到12世纪末，以12世纪的产品最多，其窑

1　佐佐木达夫：《陶瓷》第130—131页，近藤出版社。

2　广岛县立历史博物馆，平成三年度春的企画展：《濑户内海的中国陶瓷》1991年。

3　大塚初重、白石太一郎等编集：《考古学によゐ日本历史·10对外交涉》第67页，雄山阁，1997年7月20日发行。

口有浙江、福建、广东、江西等江南及其东南沿海一带。由于博多住有大量的宋代商人，许多商人在当地娶妻生子，这种交易形式在日本被称为“住蕃交易”，1119年成书的《萍洲可谈》和12世纪后半成书的《桂海虞衡志》对此均有类似的记载。在11、12世纪博多形成了一个以中国为核心的陶瓷交易圈，也成了中国陶瓷器外销日本的集散地，故此，才有如此大量的中国陶瓷出土。

12世纪后半期，宋代商人在博多、平户、敦贺等主要的贸易港口居住[1]，博多遗址群出土的庞大数量的中国陶瓷中有一部分器物的底部写有人名和数字，其中墨书人名的有“陈”“丁綱”“张綱”“李綱”“王綱”“周綱”“冯綱”“周太”“朱”“一綱”“金”“王二”“王七”等，写有“丁綱”的瓷器出土最多，有41件以上。陶瓷器上墨书的“綱”字主要有以下几种解释：（1）所有者的表示（“张綱”即张綱首的省略，意味着中国商人张某的所有物）。（2）以商品所有者的形式表示区别（“丁綱四十口内”，以丁氏具有销售权的商品=陶瓷器40个一组）。（3）不作为綱首个人的用品，而作为某綱首率领的某綱（某船公司、某商会组织）的日用杂器。12世纪前半的博多居住有叫“丁某”的中国人（宋人），是所谓博多大唐街（中国人居留地）存在的物证。据日本学者森克己《新订日宋贸易的研究》和《続続日宋贸易的研究》中所讲，綱首即船主兼船长。在当时这些宋代商人被称为“大宋商客”“船头”或“綱首”。对此，我们从崇宁四年（1105年、日本的长治二年）泉州商人李充的商船所持通行证中似乎可以更具体地了解到綱首的具体内容及其当时日宋贸易详细情况的一斑，全文如下：

“公凭

提举两浙路市舶司

拒泉州客人李充状，今将自己船一只，请集水手，欲往日本国，转买回赁，经赴明州市舶务抽解，乞出给公验前去者：

一人船货物

自己船一只

綱首李充、梢公林养、杂事荘权

部领兵

第一甲：梁留、蔡依、唐佑、陈富、林和、郡滕、阮佑、扬元、陈从、住珠、顾冉、王近、郭宜、阮昌、林旺、黄生、强宰、关从、陈裕、潘祚、毛京、阮聪。

第二甲：左直、吴凑、陈贵、李成、翁生、陈珠、陈德、陈新、蔡原、陈志、顾章、张太、吴太、何来、朱有、陈光、林弟、彭事、陈钦、张五、小陈珠、陈海、小林弟。

第三甲：唐才、林太、阳光、陈养、林太、陈荣、林足、林近、张泰、萨有、张武、林泰、小陈贵、王有、林念、生荣、王德、唐兴、王春。

货物

象眼四十疋、生绢十疋、白绫二十疋、瓷碗二百床、瓷碟一百床。

1　东京堂出版，佐藤和彦等编：《地图でたどる日本史》第18页，1995年8月。

一防船家事，锣一面、鼓一面、五口

一石刻本州物力户　郑裕、郑敦仁、郑佑、三人委保

一本州令　给杖一条、印一颗

一今捻坐　敕条下项

诸商贾于海道兴贩，经州投状，州为验实条送愿发舶州，置簿抄上，仍给公据，方听行，回日公据纳任舶州市舶司，即不请公据而擅行或乘船自海道入界河及往登莱州界者徒二年（不请公据而未行者减贡算），往大辽国者徒三年，仍奏裁，立立许人告捕，给船物半价充赏（内不请公据未行者、减擅行之半。其已行者，给赏外船物仍没官）其余在船人，虽非船物主，各杖八十已上，保人立立减犯人参等。

勘会，旧市舶法，商客前虽许至三佛齐等处，至于高丽、日本、大食诸蕃，皆有法禁不许，缘诸蕃国远隔大海，其能窥伺中国，虽有法禁，亦不能断绝，不免冒法私去，今欲除此界交趾外，其余诸蕃国未尝为中国害者，立立许前去，虽不许兴贩兵甲器仗，及将带女口奸细并逃亡军人，如违应一行所有之物，立立没官，仍捡所出引，内外明声说。

勘会，诸蕃舶州商客，愿往诸国者，官为捡技所去之物，及一行人口之数，所请诸国，给予引牒，付次捺印，其随船防盗之具，兵器之数，立立量历抄上，俟回日照点，不得少欠，如有损坏散失，亦需具有照验一船人保明文状，方得免罪。勘会，商贩人，前去诸国，立立不得妄构作奉使名目，及妄作表章，妄有构呼，立立共以商贩为名，如合行移文字，只依陈诉州县体例，具状陈述，如蕃商有原随船来宋国者，听从便，诸商贾贩诸蕃间（贩海南州贩及海南州贩人、贩到同），应抽买，辄隐避者（谓曲避作匿，讬故日右，前期传送、私自赁易之类），網首、杂事、部领、梢公、各徒二年，配本城，既雇募人管押，而所雇募徒人倩人避免，及所倩人，准比邻州编管，若引领停藏，负载交易，立立贩客减一等，余人又减二等，蕃国人不坐，即在船人，私自犯、准網法坐之，網首、部领、梢公、同保人不觉者，杖一百以上，船物（不分網首余人及蕃国人，一人有犯，同住人虽不知情，及余人知情立立准此）给赏外，立立没官（不知情者，以己物参分没官），诸海商舶货，避抽买，舶物应没官，而已货易转买者，计直，于犯人者，各下近理不足同保人备赏，既应以船物给赏，而同于令转买者，转买如法，诸商贾由海道，贩诸蕃者，海南州县曲，于非元发舶州舶者，抽买讫，报元发州，验实锁籍，诸海商冒越至所禁国者，徒三年，配千里，即冒至所禁州者，徒二年，配五百里，不请公验物籍者，行者徒一年，邻州编管，即买易物货，而辄不注籍者，杖一百，同保人减一等，钱帛案手分供，在判、注、在判、押案宣、在判、历、在判、勾抽所供、在判、孔目所捡、在判、权都勾十、在判、都孔目所、在判。

右出给公憑、付網首李充，收执禀前，须敕牒指挥，前去日本国，经他回，赴本州市舶务抽解，不得隐匿透越，如违即当依法根治、施行。

崇宁4年6月……

朝奉郎通判明州军州管勾学事兼市舶谢　　在判

宣德郎权发遣明州军州管勾学事提举市舶彭　　在判

宣德郎权发遣提举市易等事兼提举市舶徐

承议郎权提举市舶郎”

这是长治二年八月二十日（1105）日本大宰府当局的官吏在检查宋代泉州商人李充的商船在日本筑前博多津入港时的史料记载，从这份文献中可以看出当时国家对海外贸易的政策、规定及其在对日贸易中所需要履行的手续、船上乘员的数量、人员的编组情况、所载货物的种类、所经过的路线及其所需要的时间等。此份文献见于森克己先生所著《新订日宋贸易的研究》一书的38—40页。李充的商船一行67人在1105年6月领取通行证之后于当年8月便到达了日本的博多港，时间不能说不快。而根据同书的记载李充在这之前的1104年6月刚刚从日本起程返回中国。从《新订日宋贸易的研究》一书后的附表康和四年（1102）“是岁，宋泉州客商李充来航”，康和六年（1104）“6月……是岁，宋泉州客商李充归国”的记载判断，李充在1102—1105年8月的3年期间来日本经商2次，来往次数不可谓不频繁。特别值得指出的是，在李充的商船中装载着“瓷碗200床、瓷碟100床”，如按当时一床200个单位计算[1]，那么就有瓷碗4万个和磁盘2万个，其贸易数量不可谓不大。而且李充不只来一次，中国也不只李充一人一船，日宋贸易数额的巨大从此不难进行推测。

从古代到中世，博多作为日本海对外交涉的重要门户和国际都市，是东亚经济、文化圈中的一部分，因此，人们把博多称为“历史的城”“中国贸易商们居住的城、古代与中世遗物的睡眠地”，中国的瓷器则被称为“跨越大海的陶瓷器”[2]。博多考古发掘出土了庞大数量的中国陶瓷器，这些瓷器是当时作为贸易陶瓷而被输送到这里来的。12世纪后半期到13世纪是青瓷的时代，这个时期首先是北宋的龙泉窑和浙江的诸窑，其次是福建的同安窑青瓷，相继成为外销陶瓷中新的时代霸主，仅在博多地下铁祇园站（祇園駅）的修建过程中，从水井中发掘出土了成千上万的龙泉窑和同安窑系的青瓷片，整理的结果，有280件青瓷的盘、碗被复原，其中有200个龙泉窑系的青瓷和80个同安窑系的青瓷，除此之外还有白瓷的壶、青白瓷的碗、盘、小壶和天目茶碗合计20个，还有陶壶、瓮、捏钵等，这些都是12世纪后半期的遗物，大概是因为火事的缘故而被丢弃在水井中的，这些复原后的瓷器现收藏在福冈市埋藏文化财中心[3]。

表11　日本出土的宋代陶瓷[4]

器物名称	时代	尺寸 /cm	出土地点	收藏单位	备注
白瓷水注	北宋	高 22.4	滋贺县大津市滋贺里町字劝学堂	近江神宫	重文
白瓷水注	北宋	高 24	岩手县西磐井郡平泉町志罗山遗迹	平泉町教育委员会	
白瓷水注	南宋	高 17.3	福冈县大宰府市观世音寺字露切	东京国立博物馆	

1　柳田纯孝：《贸易船の大きさと积荷》，平凡社：《复活的中世》1，第122页。

2　平凡社：《复活的中世1东亚的国际都市博多》。

3　池崎让二、森本朝子：《跨越大海的陶瓷器》，平凡社：《复活的中世》1，第135页图。

4　资料来源于平凡社版：《中国的陶瓷》（12）《日本出土的中国陶瓷》。

续表

器物名称	时代	尺寸 /cm	出土地点	收藏单位	备注
白瓷四耳壶	宋	高 24	爱媛县松山市石手町经冢	奈良国立博物馆	
白瓷四耳壶	宋	高 22.3	福冈市博多区博多遗迹	福冈市埋藏文化财中心	器底墨书“丁綱”
白瓷四耳壶	南宋—元	高 38.4	神奈川县镰仓市新善光寺	镰仓市教育委员会	
白瓷经筒	宋	高 33.8	传福冈县粕屋郡宇美町四王寺山经冢	京都国立博物馆	
白瓷印花花纹盒子	宋	径 5.3—7.1	京都市右京区太秦蜂岗町天岛经冢	京都市埋藏文化财研究所	
白瓷碗	宋	径 16.5	京都市伏见区竹田内火田町鸟羽离宫遗迹	京都市埋藏文化财研究所	
白瓷碗	宋	径 16.6	京都市中京区壬生朱雀町	京都市埋藏文化财研究所	
白瓷碗	宋	径 17.5	京都市中京区壬生朱雀町	京都市埋藏文化财研究所	
白瓷碗	宋	径 15.8	京都市右京区宇多野御屋敷町仁和寺南院遗迹	京都市埋藏文化财研究所	
黄釉褐彩四耳壶	宋	高 42.1	传福冈县粕屋郡久山町白山神社经冢	九州历史资料馆	
褐釉四耳壶	宋	高 20.8	京都市下京区东盐小路町	京都市埋藏文化财研究所	
黄釉铁绘龙纹盘	宋	径 42.8	福冈市博多区博多遗迹	福冈市埋藏文化财中心	
黄釉铁绘花纹盘	宋	径 36.5	福冈市城南区田岛京的隈经冢	福冈市教育委员会	
绿釉黑花唐草纹瓶	宋	高 48.4	福冈市博多区博多遗迹	福冈市埋藏文化财中心	
三彩盘破片	宋	复原径 48.9	神奈川县镰仓市今小路西遗迹	镰仓市教育委员会	
定窑白瓷破片	宋		神奈川县镰仓市北条邸遗迹	镰仓市教育委员会	
耀州窑青瓷破片	宋		京都市中京区西横町	京都市埋藏文化财研究所	日本遗迹中出土较少
磁州窑白釉黑花瓷片	北宋		京都市伏见区竹田田中宫町鸟羽离宫遗迹	京都市埋藏文化财研究所	
磁州窑绿釉白地刻花瓷片	北宋		滋贺县大津市上仰木遗迹	大津市教育委员会	
青瓷划花纹碗（5 个）	南宋		福冈市博多区博多遗迹	福冈市埋藏文化财中心	
青瓷划花莲花纹碗	南宋	径 16.4	京都市下京区东盐小路町	京都市埋藏文化财研究所	
青瓷划花纹碗（4 个）	南宋		福冈市博多区博多遗迹	福冈市埋藏文化财中心	

续表

器物名称	时代	尺寸 /cm	出土地点	收藏单位	备注
青瓷划花纹碗（同安窑）	南宋	径 15.2	京都市下京区常叶町	京都市埋藏文化财调查中心	珠光青瓷
青瓷划花鱼纹盘	南宋	径 10	神奈川县镰仓市传藤内定员邸遗迹	镰仓市教育委员会	
青瓷划花纹盘（4 个）	南宋	径 9.5—11	京都市下京区东盐小路町	京都市埋藏文化财研究所	
龙泉窑青瓷莲瓣纹碗	南宋—元	径 12.4	京都市中京区七观音町	文化厅	
龙泉窑青瓷碗	南宋—元	径 13.3	京都市中京区七观音町	文化厅	
龙泉窑青瓷杯（2 个）	南宋—元	径 8.4、8.5	京都市中京区七观音町	文化厅	
龙泉窑青瓷双鱼纹盘	南宋—元	径 22.5	京都市下京区常叶町	京都市埋藏文化财调查中心	
龙泉窑青瓷莲瓣纹碗（2 个）	南宋—元	径 22、22.3	神奈川县镰仓市大町衣张山古墓	东京国立博物馆	重要文物
青白瓷唐草婴戏纹瓶	南宋—元	高 29.2	传京都市东山区岗崎动物园法胜寺遗迹	东京国立博物馆	
青白瓷涡纹瓶	南宋—元	高 26	广岛县福山市草户千轩遗迹	广岛县立博物馆	此器型古濑户窑仿制最多
黑釉盏	南宋—元	径 12.4	神奈川县镰仓市笹目遗迹	镰仓市教育委员会	
白瓷水注	南宋—元		神奈川县镰仓市笹目遗迹	镰仓市教育委员会	
白瓷盘	南宋—元		神奈川县镰仓市笹目遗迹	镰仓市教育委员会	
褐釉双耳瓶	南宋—元	高 23.7	神奈川县镰仓市由比ケ浜集团墓地	镰仓市教育委员会	
天目茶碗（5 个）	宋		博多市博多区博多遗迹	福冈市	福冈市埋藏文化财研究中心
吉州窑铁绘陶片	南宋		京都市下京区欢喜寺町	京都市埋藏文化财研究所	

日本兵库县立考古博物馆陈列的中国陶瓷

三、宋代瓷器与日本的陶瓷生产

日本当时有所谓的六古窑，这就是濑户的美浓、常滑、信乐、越前、丹波、备前。如果按东西日本划分的话，那么在东日本有濑户（爱知县的濑户）、常滑，西日本有备前、丹波，这些都是当时日本比较有名的陶瓷窑址。

濑户窑（镰仓时代中期到室町时代后期）。在濑户有一种关于陶祖加藤四郎的传说。1223年2月加藤四郎（加藤景正）随道元入宋，学习茶具的制造方法，学得了中国先进的制陶技术并于1227年5月回国[1]，并在在各地进行试烧，结果于1242年在濑户发现了优良的胎土并开始兴窑烧造。但是，这种传说目前还没有足够的史料加以证实。从目前考古材料判断，濑户窑成立于镰仓中期，11世纪初左右，作为猿投窑的外延濑户市山口的广久手窑开始生产他们自己称为白瓷的灰釉陶器，实质上这是一种模仿中国白瓷而没有烧制成功的瓷器。进入12世纪，这种被称为白瓷的灰釉陶器的生产开始衰退，因为从11世纪后半到12世纪前半（北宋中晚期）以景德镇窑为首的江南诸窑生产的青瓷、青白瓷像洪水一样涌入日本，这些优质的中国瓷器比起猿投窑自己费力生产的“高级灰釉陶器”不但物美而且价廉，无论从哪个方面都是当地产品所无法比拟的。在这种强大的市场竞争中，猿投窑的产品不得不向无釉的白瓷系陶器窑（山茶碗窑）转化，这种面向社会下层的大众饭碗的烧制在12、13世纪的猿投窑达到了顶峰，产量成倍增加。

中国陶瓷器输入日本已经很早，在奈良时代首先通过以大宰府为代表的官贸机构进入日本的宫廷、社寺等，遣唐使废止以后大批陶瓷器通过民间贸易的渠道被源源不断地运来，特别是平安时代末期民间贸易的盛行，在巨大利益的驱动下，真正的日宋贸易开始，大量的货币和织物、药物和青瓷、白瓷等被输入进来。在中国陶瓷输入量不断增大的情况下，猿投窑和美浓须卫窑等开始模仿中国陶瓷器进行生产，白瓷四耳壶为其典型的象征性器物。不久，以镰仓幕府的成立为契机，在武士阶层的引导下，开始模仿新的南宋陶瓷器，于是濑户窑急速进入了它的繁荣时代[2]。从奈良时代末期到平安时代，首先在尾张的猿投窑模仿中国唐宋时代的陶瓷器进行生产，从平安末期到镰仓时代，南宋龙泉窑和景德镇窑的新的制瓷技术被引进，濑户窑由此兴盛。濑户窑是当时日本唯一生产施釉瓷器的陶窑，它的任务就是生产那些二流的模仿品，作为中国陶瓷的代用品。濑户窑窑址范围从尾张旭市的东端差不多扩展到濑户市的全境，东西约11公里，南北约10公里，到现在为止已经知道了有超过500座的古代陶瓷窑址，这些古代窑址囊括了从平安后期的白瓷窑到全部中世时期的器物。《濑户市史·陶瓷篇一》载：猿投窑的外延是平安后期的白瓷窑，从南部的矢田川的支流到到山口川的南集中，生产中世的白瓷系的陶器（山茶碗窑）的窑口遍布全境，它的分布密度在西部比较密集，古式的物品较多，还有，中世施釉的陶器分布从市街的东部到北边的品野地区。还有猿投山西北麓的赤津地区，昭和二十九年开始进行大规模的学术调查，发现了数以千计的窑址，现在年代已经明确的古窑一共450个，其中平安时代的白瓷窑9座，中世的施釉陶窑203座，白瓷系的陶基窑238

1 森克己：《新订日宋贸易的研究》第561页，日、宋、丽交通贸易年表。

2 小学馆：《世界陶瓷全集》3，日本中世，第156—157页，楢崎彰一“中世的社会和陶器生产”。

基。古濑户窑是中世日本唯一生产施釉陶器的窑，它的施釉陶器主要供社寺、贵族、武士、富裕农民阶层使用，全部器种都是模仿中国陶瓷。古濑户窑的器型有作为饮食器的碗、盘、钵、水瓶、水注，作为调理用具的盘、擂钵、埚、釜，作为贮藏容器的壶、瓶、瓮，作为日常用具的药壶、水滴、盒子、烛台、洗（“折缘深盘”），作为佛具的瓶子、花瓶、佛供、灯盘、香炉、佛塔等，作为茶陶用具的天目茶碗、茶入（水丞）、茶台（茶托）、茶壶及其一些玩具等。这些器型镰仓、室町两代并不是通通一样，时代的组合也有差异。特别是从平安末到镰仓初期、从镰仓初期到南北朝时代、室町时代的各个期间，风格上没有大的差异。即从平安末到镰仓初期只限于四耳壶及其若干佛具类，还有，从镰仓前期到南北朝开始烧造高级食器类、四耳壶、瓶子、花瓶、香炉等，以社寺为使用对象的藏骨器（骨灰坛）、祭祀用具明显。室町时代，天目茶碗茶入、灰釉平碗、小器皿等以都市消费为对象的日常生活用具类，特别是茶陶类的存在引人注目。12世纪初，仿照中国宋代的白瓷四耳壶出现，它的本来用途是作为贮藏容器，古濑户的四耳壶却作为祭祀用具和火葬藏骨器用。大部分器型也仿照中国陶瓷器制作而成，如濑户市出土的灰釉天目茶碗、濑户灰釉水注、灰釉四耳壶等等。9世纪以后，濑户窑成了日本最大的窑业生产基地，模仿中国南北方的青瓷和白瓷，器物造型与外观与中国的龙泉窑、景德镇白瓷有很多共同之处，在尾长濑户盛产一种被称为“鬼板”或“鬼石”的含铁量高达40%的褐铁矿，具有烧制天目茶碗得天独厚的条件，13世纪开始烧制褐釉、黑釉瓷器，特别是13世纪后半期生产的天目茶碗（日本最早烧造天目茶碗的窑址是佛供田窑，出现于1275年），在日本的茶道文化中占有重要的地位。濑户窑器物表面的装饰也模仿中国陶瓷器，其装饰方法有印花、划花、贴花、櫛描纹（篦划纹）四种，花纹的题材以植物为主，有牡丹、莲花、菊花、梅花、樱花、松、椿、柳、唐草、葵、蕨、竹、藤、葡萄、芭蕉、百合以及动物题材中的鱼、鸟、猿和几何纹饰中的菱形、十字、联珠、圆圈等，一些灰釉瓶子上的花纹可以说就是宋代瓷器的翻版[1]。

不管日本陶瓷的这些生产技术如何，不管是否直接受到中国陶瓷生产技术的影响，也不管它的窑炉结构与中国有无关系，总之，它的瓷器外观及其釉色装饰模仿中国陶瓷而成确是一个有目共睹的事实。首先是模仿中国唐三彩而成的奈良三彩，模仿青瓷而成的绿釉陶器，然后是模仿景德镇青白瓷、建窑黑釉而成的灰釉陶器、天目茶碗等，不胜枚举。我们说中国陶瓷生产技术给日本陶瓷生产以影响，并不意味着日本陶瓷生产对中国陶瓷生产的全盘照搬。日本是一个善于学习与吸收外来文化的民族，正是这真种锲而不舍的顽强进取精神，才使得它从历史上尾随于中国、朝鲜之后的被动生产局面中解放了出来，在落后于其他民族陶瓷生产的情况下后来者居上，这也正是值得我们学习的地方之所在。

1　小学馆：《世界陶瓷全集》3，日本中世，第158页—162页，楢崎彰一“濑户”。

表12 日本收藏的宋代瓷器

器物名称	时代	窑口	尺寸 /cm	收藏单位	资料来源
青瓷飞凤唐草纹枕	北宋后期	耀州窑	23.4	静嘉堂文库美术馆	平凡社版《中国的陶瓷 4 青瓷》
青瓷牡丹唐草纹瓶	北宋后期	耀州窑	高 16.7	大阪市立东洋陶瓷美术馆	同上
青瓷牡丹唐草纹瓶	北宋后期	耀州窑	径 18.4	东京富士美术馆	同上
青瓷水盘	北宋后期	汝窑	长径 13.5	大阪市立东洋陶瓷美术馆	同上
青瓷盘	北宋后期	汝窑	径 17.1		同上
青釉花口碗	北宋—金	钧窑	口径 17.3	东京国立博物馆	同上
青釉牡丹纹花口碗	北宋中期		径 17.1		同上
青瓷花草纹花口盘	北宋后期		径 19.5	大阪市立东洋陶瓷美术馆	同上
青瓷牡丹纹多嘴长颈瓶	北宋中期		高 30.5	浜松市美术馆	同上
青瓷花草纹多嘴壶	北宋中期		总高 33.5	出光美术馆	同上
青瓷花草纹瓶	北宋中期		高 30.5	东京国立博物馆	同上
青瓷莲瓣碗多嘴壶	北宋中期		高 33.4	东京富士美术馆	同上
青瓷唐草纹多嘴壶	北宋后期		高 31	东京国立博物馆	同上
青瓷鱼纹碗	南宋前期	龙泉窑	径 27	松冈美术馆	同上
青瓷香炉	南宋	官窑	高 13.4	静嘉堂文库美术馆	同上
青瓷花口碗	南宋	官窑	径 26.1	东京国立博物馆	同上
青瓷贯耳瓶	南宋	官窑	高 25.8		同上
青瓷宗形瓶	南宋	官窑	高 19.7	东京国立博物馆	同上
青瓷瓶	南宋	官窑	高 22.1		同上
青瓷瓶	南宋	官窑	高 25.4	梅泽纪念馆	同上
青瓷旋纹瓶	南宋	官窑	高 23.1	出光美术馆	同上
青瓷凤凰耳瓶	南宋	龙泉窑	高 30.8	和泉市久保（物心）纪念美术馆	同上
青瓷瓶	南宋	龙泉窑	高 29.7	根津美术馆	同上

续表

器物名称	时代	窑口	尺寸 /cm	收藏单位	资料来源
青瓷筒形瓶	南宋	龙泉窑（铭："大内筒"）	高 18.1	根津美术馆	同上
青瓷觚式瓶	南宋	龙泉窑	高 27	颍川美术馆	同上
青瓷鬲式香炉	南宋	龙泉窑	高 13.6	丹党寺	同上
青瓷花口碗	南宋	龙泉窑（铭："马蝗绊"）	高 15.4	东京国立博物馆	同上
青瓷蟠龙壶	南宋—元	龙泉窑	高 24.3	松冈美术馆	同上
青瓷牡丹唐草纹盖缸	南宋—元	龙泉窑	总高 19.5	静嘉堂文库美术馆	同上
白瓷鬼面纹八角盘	10 世纪中期		径 25	出光美术馆	平凡社版《白瓷》中国的陶瓷 5
白瓷刻花莲瓣纹罐	10 世纪后期	定窑	径 93	东京国立博物馆	同上
白瓷刻花牡丹纹瓶	11 世纪前期	定窑	高 32	大阪市立东洋陶瓷美术馆	同上
白瓷刻花莲花纹钵	11 世纪后半期—12 世纪初期	定窑	径 24.5	大阪市立东洋陶瓷美术馆	同上
白瓷刻花莲花纹花口钵	11 世纪后半期—12 世纪初期	定窑	径 26.5	静嘉堂文库美术馆	同上
白瓷刻花牡丹纹钵	11 世纪后半期—12 世纪初期	定窑	径 22.6	大阪市立美术馆	同上
白瓷金彩水禽纹碗	11 世纪后半期—12 世纪初期	定窑	径 17.6	东京国立博物馆	同上
白瓷印花方盘	10 世纪末期—11 世纪	北京辽代龙泉务窑	左右 11.5		同上
白瓷印花花鸟纹菱花盘	12 世纪前半期	定窑	径 21.7	大阪市立东洋陶瓷美术馆	同上
白瓷刻花莲瓣纹壶	11 世纪前半期		高 27	出光美术馆	同上
白瓷刻花龙纹盘	11 世纪前半期		径 31.3	富山佐藤美术馆	同上
白瓷刻花牡丹纹盘	11 世纪后半期		径 32	出光美术馆	同上
白瓷刻花波涛鱿纹碗	11 世纪前半期		径 14	出光美术馆	同上
青白瓷狮子钮盖水注	11 世纪中期	景德镇窑	总高 19.7	出光美术馆	同上
青白瓷瓜形水注	11 世纪后半期—12 世纪初期	景德镇窑	总高 25.8	大阪市立东洋陶瓷美术馆	同上

续表

器物名称	时代	窑口	尺寸 /cm	收藏单位	资料来源
青白瓷刻花牡丹唐草纹瓶	11 世纪后半期—12 世纪初期	景德镇窑	高 22.5		同上
青白瓷刻花唐子唐草纹碗	11 世纪后半期—12 世纪初期	景德镇窑	径 20.8		同上
青白瓷刻花纹瓜形水注	11 世纪后半期—12 世纪初期	景德镇窑	高 16.5		同上
青白瓷刻花唐子唐草纹瓶	11 世纪后半期—12 世纪初期	景德镇窑	高 31.4	浜松美术馆	同上
青白瓷刻花花口碗	11 世纪末期—12 世纪初期	景德镇窑	径 19.6	福冈市美术馆	同上
青白瓷水注	11 世纪后半期—12 时纪前半期		高 20.1	富山佐藤美术馆	同上
白地绿褐斑长颈瓶	10—11 世纪	磁州窑	高 30.5	浜松市美术馆	平凡社版《磁州窑》中国的陶瓷 7
白搔落唐草纹水注	10 世纪后半期	磁州窑	高 17.8	白鹤美术馆	同上
白搔落牡丹唐草纹水注	10 世纪后半期—11 世纪初期	磁州窑	高 15.5	大和文化馆	同上
白搔落花卉纹水注	10 世纪后半期—11 世纪初期	磁州窑	高 17.9	东京国立博物馆	同上
白搔落唐草纹水注	11 世纪初期	磁州窑	总高 20.4	东京国立博物馆	同上
白地划花唐草纹瓶	11 世纪前半期	磁州窑	高 22.1	静嘉堂文库美术馆	同上
珍珠地划花鹦鹉纹枕	10 世纪后半期	磁州窑	长径 22.4	林原美术馆	同上
珍珠地划花花鸟纹枕	11 世纪前半期	磁州窑	长径 19.9	佐野美术馆	同上
珍珠地牡丹唐草纹瓶	11 世纪中期	磁州窑	高 27.1	多摩中央信用金库	同上
珍珠地牡丹唐草纹盘	11 世纪中期	磁州窑	径 26.7		同上
白搔落唐草纹长颈瓶	11 世纪前半期	磁州窑	高 41	出光美术馆	同上
白搔落牡丹唐草纹瓶	11 世纪末期—12 世纪初期	磁州窑	高 38	浜松美术馆	同上
白瓷瓶	11 世纪后半期	磁州窑	高 31.1	东京国立博物馆	同上
白瓷水注	11 世纪末期—12 世纪初期	磁州窑	高 29.4	东京国立博物馆	同上
白瓷花口瓶	11 世纪末期—12 世纪初期	磁州窑	高 22.5	松冈美术馆	同上

续表

器物名称	时代	窑口	尺寸 /cm	收藏单位	资料来源
白瓷狮子枕	11 世纪末期—12 世纪初期	磁州窑	长径 37.7	东京国立博物馆	同上
白地篦划牡丹纹盘	11 世纪末期—12 世纪初期	磁州窑	径 46.4	出光美术馆	同上
珍珠地牡丹纹枕	12 世纪前半期	磁州窑	长径 26.9	静嘉堂文库美术馆	同上
珍珠地唐草纹枕	12 世纪中期	磁州窑	长径 31.8	静嘉堂文库美术馆	同上
白地剔花唐草纹深钵	11 世纪后半期	磁州窑	高 13.8	根津美术馆	同上
白地剔花牡丹纹瓶	12 世纪前半期	磁州窑	高 32		同上
白地剔花牡丹纹瓶	12 世纪前半期	磁州窑	高 19.2		同上
白地剔花牡丹纹长颈瓶	12 世纪前半期	磁州窑	高 18.5	东京国立博物馆	同上
白地剔花婴戏纹枕	12 世纪前半期	磁州窑	长径 47.6	白鹤美术馆	同上
白地剔花牡丹纹枕	12 世纪前半期	磁州窑	长径 33.6	出光美术馆	同上
绿釉剔花飞鸟纹枕	12 世纪前半期	磁州窑	长径 38.2	松冈美术馆	同上
绿釉白地黑搔落牡丹纹瓶	12 世纪前半期	磁州窑	高 35	大阪市立东洋陶瓷美术馆	同上
白地黑搔落牡丹纹瓶	12 世纪前半期	磁州窑	高 33	五岛美术馆	同上
白地黑搔落牡丹纹瓶	12 世纪前半期	磁州窑	高 40.2	永青文库	同上
白地黑搔落龙纹瓶	12 世纪前半期	磁州窑	高 40.5	白鹤美术馆	同上
白地黑搔落牡丹纹枕	12 世纪前半期	磁州窑	长径 30	静嘉堂文库美术馆	同上
白地黑搔落鹊纹枕	12 世纪前半期	磁州窑	长径 33.3	出光美术馆	同上
白地黑搔落宿禽纹枕	12 世纪前半期	磁州窑	长径 30	多摩中央信用金库	同上
白地黑搔落牡丹纹枕	12 世纪前半期	磁州窑	长径 29.5	东京国立博物馆	同上
白地黑搔落牡丹纹瓶	12 世纪前半期	磁州窑	高 19	逸翁美术馆	同上
白地黑搔落牡丹纹瓶	12 世纪前半期	磁州窑	高 20.5		同上
白地黑搔落花草纹瓶	12 世纪前半期	磁州窑	高 23.8		同上
白地黑搔落牡丹唐草纹罐	12 世纪前半期	磁州窑	高 21.8		同上
白地黑搔落牡丹纹罐	12 世纪前半期	磁州窑	高 26	户栗美术馆	同上
白地黑搔落牡丹纹碗	12 世纪	磁州窑	径 13.5	东京国立博物馆	同上

续表

器物名称	时代	窑口	尺寸 /cm	收藏单位	资料来源
白地黑搔落飞白纹碗	12 世纪	磁州窑	径 11.5	出光美术馆	同上
白地黑搔落牡丹纹枕	12 世纪	磁州窑	长径 24	静嘉堂文库美术馆	同上
褐釉白地划花七宝纹瓶	12 世纪	磁州窑	高 47.9	出光美术馆	同上
白地铁绘鲶鱼纹枕	12 世纪	磁州窑	长径 29	大和文华馆	同上
白地铁绘鱼藻纹深钵	12 世纪	磁州窑	高 16.2	出光美术馆	同上
白地铁绘双鱼纹枕	12 世纪	磁州窑	长径 30.5		同上
白地铁绘鱼藻纹瓶	12 世纪	磁州窑	高 24.5		同上
白地铁绘群蝶纹深钵	12 世纪	磁州窑	高 13.8	梅泽纪念馆	同上
白地铁绘束莲纹瓶	12 世纪	磁州窑	高 20	东京国立博物馆	同上
白地铁绘牡丹纹瓶	12 世纪后半期—13 世纪初期	磁州窑	高 39.4	东京富士美术馆	同上
白地铁绘牡丹纹瓶	12 世纪后半期—13 世纪初期	磁州窑	高 3.9	东京国立博物馆	同上
白地铁绘草叶纹瓶	13 世纪	磁州窑	高 49.4	富岗美术馆	同上
白地铁绘牡丹纹瓶	13 世纪	磁州窑	高 24.7	出光美术馆	同上
白地铁绘水禽纹枕	12 世纪后半期—13 世纪初期	磁州窑	长径 30.5	静嘉堂文库美术馆	同上
三彩花草纹枕	12 世纪后半期—13 世纪前半期	磁州窑	长径 33.5	东京国立博物馆	同上
三彩花瓣纹长颈瓶	12 世纪后半期—13 世纪前半期	磁州窑	高 25.2	出光美术馆	同上

东京国立博物馆的中国宋代龙泉、定窑、耀州窑、磁州窑瓷器

大阪东洋陶瓷美术馆的中国宋代汝窑、磁州窑、耀州窑瓷器

四、海帆留踪

中国通过陶瓷与世界开展的文化交流源远流长，千百年来未曾中断。日本著名学者三上次男先生在他的著作中曾经说过：“在中世纪时代，东西方两个世界之间，联结着一根坚强有力的纽带，它同时又是东西方文化交流的桥梁。对于这条联结东西方的海上航路，我就姑且称它为陶瓷之路”。“陶瓷是跨越中世纪东西方世界的一条友谊纽带，同时也是一座东西方文化交流的桥梁。”长期以来，满载我国优质瓷器的船只穿梭般往返于陶瓷之路，把中国瓷器大量行销到日本各地，对改善世界人们生活、对中日文化交流作出了重大的贡献。与此同时我国先进的制瓷技术与原料漂洋过海传播到日本各地，对推动日本陶瓷手工业生产的发展起到了积极的促进作用，在中日文化交流中作出了不可磨灭的贡献。这一贡献正如日本著名学者长谷布乐尔先生在《通过陶瓷了解东西文化的交流》中所说：“像这样通过陶瓷考察文化交流情况，最好的线索是中国的陶瓷器。没有任何国家的陶瓷像中国陶瓷那样历史悠久，风格多样，而且珍品众多，给予世界各地的陶瓷以那么大的影响。”

陶瓷之路与丝绸之路一样，在传播中华文明，实现中日文化交流方面，建立了不朽的功勋。至今，日本各地的博物馆里到处可见的中国古代陶瓷就是这一海帆留踪、货通万国的最好见证。

陶瓷之路昔日的辉煌并未随岁月远去，当今海洋已成为国际交往的重要渠道。陶瓷，无论是作为展览品陈列在博物馆，还是作为收藏品保存于民间，无论是作为商品进行贸易还是作为文化进行交流，都成了社会生活重要的组成部分。古代陶瓷作为一种载体承载了社会政治、经济、文化、科技等的信息，陶瓷之路作为一种海外贸易或文化交流的标志，实则是国家综合实力的体现。这种贸易交流的延续是社会发展的需要，是人民生活的需要，是历史发展的必然，也是中华民族和平崛起的标志。

第五章

古代陶瓷与建筑文化

陶瓷是土与火的艺术，是科学与技术的结晶。陶瓷具有耐酸、耐碱、耐高温、不怕腐蚀、不怕水淹与千年不腐等特点，是人类社会生产生活中接触最多最广泛的产品，是迄今为止物质文化遗产遗留下来最多的品类，也是考古工作中出土数量最多、分布最广的文化遗存。

正是由于陶瓷自身所具有的特点与优势，才使它得以大量地保留下来。正是因为有了它的遗存，才使我们得以认知古代社会建筑的方方面面。也正是它的大量存在与出土，才使我们得以窥见早已遗失的古代建筑的一斑。由于木材易腐烂易着火，所以至今遗留下来的古代建筑基本以明清以后的居多，而大量建筑模型明器的出土，使我们得以窥见远古的建筑，在传承中华文明与建筑文化的同时，为研究古代建筑发生发展的历史提供了大量无可替代的实物资料。

陶瓷是土与火的艺术，古建是土与木的工程，某种意义上讲，它们同是科学与技术的产儿。陶瓷是重要的建筑元素，也是古代建筑不可缺少的重要组成部分，一部古代陶瓷的历史，折射着古代建筑的不断发展与演变，而一部古代建筑的历史，同样折射出中国古代陶瓷的不断发展与创新。正是这种发展与创新，为我国古代建筑源源不断地提供着新的材料与技术，大量砖瓦与陶瓷构件在建筑上的运用，促进了建筑不断向更高更好的方向发展，为人类居住质量的提高与居住环境的美化作出了杰出的贡献。因此，陶瓷与建筑尽管不属于同一学科范畴，却有着密不可分的内在关联。

第一节　史前建筑

从考古学角度纵观人类的居住历史，大体经过了三个发展阶段，即洞居、穴居、屋居。刚刚诞生之际的远古人类，没有房屋，也不会自己建造住处，任凭大自然的安排，选择洞穴以避风雨。随着历史的不断发展，随着生产力水平的不断提高，人类逐渐学会了为自己建造房屋，并一步步从洞穴与地穴中走了出来，由地下来到了地上，由没有房屋到有了房屋。居住形式由简单到复杂，房屋也由开始只具有实用功能发展到既有使用功能又有装饰功能的古代建筑，一路走来，构成了一部完整的建筑发展史。

一、洞居——周口店、万年仙人洞为代表的旧石器时代

以北京周口店、江西万年仙人洞等遗址为代表的中国旧石器时代，人类普遍以洞居为主。考古工作者经过半个多世纪的工作，发现了许多旧石器时代的文化遗址，那时的远古人类以天然洞穴为

周口店猿人遗址及其洞穴

栖身之所。这种天然洞穴在北京周口店、江西万年仙人洞等处的旧石器时代遗址中均有发现。原始人类在这些洞穴里居住生活，夏天可避免日晒雨淋，冬天可抵挡风雪严寒。这些洞穴的地势均较高，洞口大多朝南，除了可以照射阳光，还可以阻挡雨水侵袭，起到防潮作用。

位于江西省上饶市万年县大源乡境内的万年仙人洞遗址，距今两万年，洞穴长60米，宽25米，高3米，最高处近6米，可容纳千余人。是从旧石器时代向新石器时代过渡的人类活动的文化遗迹。仙人洞遗址除了发现原始的洞穴外，还发现了距今两万年以前现今世界上年代最早的栽培稻遗存和原始陶器。据北京大学考古文博学院吴小红教授和同事张弛教授等在美国《科学》（*Science*）杂志上发表的关于《中国仙人洞遗址两万年陶器》文章证实，万年仙人洞陶器出现的时间为2万年，这是目前世界已发现陶器的最早年代。

江西万年仙人洞遗址的外景与洞穴内景

广东英德青塘遗址位于广东省北部清远市英德市青塘镇，是华南地区新旧石器时代过渡阶段的典型洞穴遗址。荣获2018年度全国十大考古新发现的广东英德青塘遗址，共出土古人类化石、石器、陶器、蚌器、角骨器、动物骨骼化石及植物遗存等各类遗物1万余件，建立起了距今约2.5万至1万年完整的地层与文化年代序列。广东省文物考古研究所青塘遗址考古发掘项目负责人刘锁强说："原来广东考古发现最早的陶器距今不过一万年，现在时间已经提前到一万七千年了，把广东史前人类制造使用陶器的历史往前推了七千年。""青塘遗址作为洞穴群，展现了2.5万至1万年前华南地区的聚落形态，全面反映出社会复杂程度，系统再现了中国南方从狩猎采集社会向早期农业社会过渡的历史进程。"

广东英德青塘遗址外景以及原始人类居住的洞穴

陕西南郑疥疙洞旧石器时代洞穴遗址，荣获2019年十大考古考古发现之一。遗址位于汉中盆地南郑区梁山镇南寨村附近，共出土石制品1500余件，动物化石及烧骨8000余件，“是中国旧石器时代遗址中罕见的、保留了距今10万—1.5万年间人类化石和丰富文化遗存的洞穴遗址，……填补了汉中盆地旧石器时代晚期人类洞穴类型居址的空白，对研究早期人类洞穴和旷野阶地两种类型的居址形态和生计方式提供了重要的资料。”大量考古资料表明，中国旧石器时代的文化遗址分布广泛，材料丰富，至今已在全国26个省区内发现了百多处旧石器时代的遗址。

疥疙洞旧石器时代洞穴遗址

二、穴居——半坡遗址为代表的新石器时代半地穴式建筑

据有关数字统计，全国发现的新石器时代文化遗存共有7000余处。其中以老官台大地湾、马家窑、齐家文化为代表的黄河上游，以裴李岗、仰韶文化为代表的黄河中游，以青莲岗、大汶口、龙山文化为代表的黄河下游，以河姆渡、马家浜松泽、良渚文化为代表的长江下游，以大溪文化、屈家岭文化等为代表的长江中游以及燕辽地区的红山、牛河梁等新石器时代文化遗址，犹如灿烂的群星，遍布中华大地，成为中华文明的重要组成部分。

半坡遗址位于陕西省西安市东郊浐河东岸，距今6000—6700年之间。先后进行了五次较大规模的发掘，揭露出房屋46座、窖穴200多个、陶窑遗址6座、墓葬250座，出土生产工具和生活用品约1万件，还出土有粟、菜籽等遗存。

半坡居民居住的房屋大多是半地穴式的，“半坡类型的房子发现46座，有圆形、方形和长方形，有的是半地穴式建筑，有的是地面建筑。每座房子在门道和居室之间都有泥土堆砌的门槛，房子中心有圆形或瓢形灶坑，周围有1—6个不等的柱洞。居住面和墙壁都用草拌泥涂抹，并经火烤以

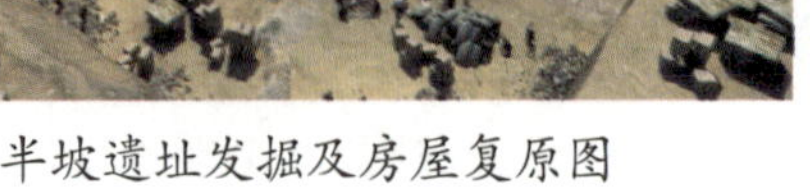

半坡遗址发掘及房屋复原图

使坚固和防潮。圆形房子直径一般在4—6米，墙壁是用密集的小柱上编篱笆并涂以草拌泥作成。方形或长方形房子面积小的12—20平方米，中型的30—40平方米，最大的复原面积达160平方米。储藏东西的窑穴分布于各房子之间，形状多为口小底大圆袋状”。

半坡人的房子的建造方法是：先在地面挖一个土坑，沿着坑边埋上一些木棍，用泥巴抹成泥巴墙，再搭个像伞一样的房顶。这种“半地穴式”房屋在新石器时代文化中比较流行，为探索史前北方的居住形式、建筑结构提供了大量的实物资料。

三、屋居——河姆渡遗址为代表的干栏式建筑

河姆渡遗址位于宁波区余姚市河姆渡镇，距今7000年。遗址中发现了一大批建筑水平很高的干栏式木构建筑遗迹，河姆渡遗址经过前后两次发掘，出土数千件以上的长圆木、桩木和木板以及数十种带榫卯的建筑构件，是中国采用榫卯技术构筑木结构房屋的实例。从遗址中一行行排列有序的桩木，考古学家推测当时的建筑形式为干栏式长屋。长屋可达百米面宽，若以2米为间隔，这座长屋至少拥有50间房屋。据打入地下高出地面80—100厘米成排桩木分析，居住面是悬空的。出土的厚木板为地板，地板与桩木之间有木梁为支架。遗址中发现的苇席残片，应是用于屋顶或是铺在地板上的垫席。

河姆渡遗址出土的建筑构件、苇席

河姆渡遗址出土的木桩及干栏式木构建筑复原图

河姆渡遗址以竹木为主要建筑材料的干栏式两层建筑，下层放养动物和堆放杂物，上层住人。干栏式建筑适合那些居住于雨水多、比较潮湿地方的人，现在广西中西部、云南东南部、贵州西南部和越南北部仍在流行这种建筑形式。河姆渡遗址博物馆的前言中写道：干栏式木构建筑是中国传统木构建筑技术的源头。它的发现与出土为研究中国古代建筑的起源与发展提供了难得的实物资料与科学数据，对提高中华民族的文化自信，对传承与发展悠久的古代文化具有重要的历史意义与现实意义。除此之外，良渚文化也发掘出土了5000年前的木建筑构件。

良渚文化遗址出土的木建筑构件

被称为“中国原始第一村”的安徽蒙城尉迟寺遗址，位于安徽省亳州市蒙城县许疃镇毕集村东，距今约4500年至5000年，是皖北地区大汶口时期的一处大型聚落遗址，总面积约10万平方米。遗址地上曾建有一寺，相传是为纪念唐代大将军尉迟敬德在此屯兵而建，故称“尉迟寺”。2001年至2003年间，中国社会科学院考古研究所的考古工作者对遗址进行了4次大规模的发掘，在揭露面积3375平方米的范围内，出土史前红烧土排房18排，73间，总建筑面积达1170平方米。尉迟寺村落遗址中央同时发现一个圆形的用红烧土颗粒人工铺设而成的中心广场，总面积达1300平方米，红烧土厚10厘米，表面光滑，完整地再现了尉迟寺聚落遗址的整体建筑格局。遗址中出土的红烧土排房是迄今为止中国发现的保存最完整、遗物最丰富、规模最大的史前建筑遗存，在中国史前建筑中堪称绝无仅有。这些红烧土排房是中国原始建筑史上的瑰宝，为我们研究古代建筑的起源与发展提供了珍贵的历史资料。2001年7月17日，尉迟寺遗址被国家文物局列为第五批国家级重点文物保护单位。

尉迟寺遗址出土的房屋遗迹

大量考古资料表明，人类从旧石器时代的洞穴居住到新石器时代的半地穴进而到屋居，居住环境不断得到改善。人类利用自身的聪明才智，发明了房屋以及房屋的建造技术，人类已经完全有能力为自己营造全新的生存空间。在开创中国古代建筑先河的同时，居住内涵与形式发生了质的改变与飞跃，并在此后的生产生活中不断地改写建筑历史，形成了具有中国特色的建筑文化。

第二节　建筑明器——古建因陶瓷而传承

进入阶级社会以后，随着生产力水平的不断发展，都市功能的日趋强大，建筑规模与形式也不断地发展与变换，直至今天。都市建筑构成了建筑历史的重要组成部分，也形成了宫廷建筑与民用建筑完全不同的两种模式，这一点在出土的模型明器中表现得尤为充分。

所谓模型明器，是指墓葬中出土的随葬器物，这些模型明器内涵广泛，品类繁杂，体现着古代社会视死如视生的丧葬习俗与理念。秦始皇陵出土大小如真人真马的兵马俑，折射着秦王朝统一六国后的无比强盛。汉墓中随处可见反映豪华威仪的各种楼阁庭院、农庄、陶楼、水榭、院落、猪舍、马厩、羊圈等明器，再现了汉代人的日常生活；也是汉代经济文化高度发展的反映，同时也从另一个侧面再现了古代的建筑形式。

汉代建筑明器是墓葬中缩微的建筑模型，是古代建筑业繁荣发达的再现。其中建筑物十分常见，这与汉代发达的房屋建筑业有关。建筑明器的质地有陶有瓷，种类包罗万象，庭院、仓楼、水榭、亭台楼阁以及碓房、圈舍、茅厕等不一而足，为我们研究古代建筑提供了形象而丰富的实物资料。建筑明器是古代建筑以及当时的社会习俗、生产力水平的再现，是研究古代建筑史的重要实物资料。

一、庭院

庭院，是古代随葬明器中的一种建筑模型，是模仿阳宅为亡者所烧制的明器。汉代厚葬盛行，从诸侯王陵到中小型平民墓葬，普遍有建筑明器随葬。房屋建筑模型虽然是明器，但它无疑是墓主起居活动场所的象征，也是当时建筑的缩影，真实形象地反映了当时的房屋建筑风格和特点。庭院是生活必不可缺的场所，庭院明器以长方形或方形的四合院布局为基础，组合复杂，功能分区，内容丰富。汉代建筑模型明器出土范围很广，由于气候和风俗的不同，南北方出土的器物风格存在不同的地域差异，岭南地区出土的建筑模型多为干栏式建筑，而北方多是楼阁建筑。建筑模型的出土，是研究汉代建筑艺术的珍贵实物依据，对于研究汉代的政治、经济、思想、文化都具有重要的意义。

焦作市博物馆藏东汉彩绘陶仓楼、庭院

二、亭、驿

1.亭

《释名》：“亭者，停也。人所停集也。”亭是一种有顶无墙的开敞性建筑物，古代多建于路旁，供行人休息。亭的历史十分悠久，如周代的亭，是设在边防要塞的小堡垒，有军事邮传职能，设有亭史。到了秦汉，亭的建筑扩大到各地，成为地方维护治安的基层组织所使用。正如《汉书》记载："亭有两卒，一为亭父，掌开闭扫除；一为求盗，掌逐捕盗贼。"右图中的西汉"彩绘陶旗亭"是1973年7月在江苏徐州铜山出土的。旗亭为古代市场管理机构，这件旗亭模型是我国发现的首个相关实物资料，证明徐州地区在西汉时商业发达，同时弥补了文献对旗亭形制的记载。《汉书·公卿百官志》："凡县、道、国、邑千五百八十七，乡六千六百二十二，亭二万九千六百三十五"，西汉时期境内"亭"多达29635个。三国时期延续汉制，《三国志·倭人传》注引《魏略》："其制度，公私宫室为重屋，旌旗击鼓，白盖小车，邮驿亭置如中国。"《三国志·张嶷传》："嶷遣左右赍货币赐路，重令路姑喻意，路乃率兄弟妻子悉诣嶷，嶷与盟誓，开通旧道，千里肃清，复古亭驿"，也是十里一亭，三十里一置。

西汉"彩绘陶旗亭"（徐州铜山出土）

2.驿

乘马传递曰驿。《说文》曰："驿，置骑也，从马，睪声。"驿传是古代早期有组织的通信方式，一般多设在交通便利的大道要冲，或傍依江河。驿站是旧时供传递公文的人途中休息食宿与换马的场所。驿馆的功能是接待往来传递公文的大小官员，他们可以在这里歇歇脚换换马，有点类似现在的招待所或宾馆。供传递公文用的马为驿马，通过的线路为驿道，掌管驿站的官员为驿吏或驿丞。驿站是古代非常重要的政府机构，也是国家重要的施政设施之一。信息的传递在古代有着非常重要的作用，在那个没有现代化设施的年代，军事战报，紧急公文，都是由这样的方式传递；驿站不但承担着传递信息与官员巡查、调离、赴任等途中休息、补给的任务，还兼具居住、防御等功能。

考古资料证实，中国是世界上建立传递信息系统最早的国家之一。殷墟出土甲骨上与传递讯息有关的文字表明，驿站的出现在我国至少已有3000多年的历史。邮驿至少在先秦时期就已经出现了，周朝有用以传递军事情报的烽火台。《周礼》中有"掌邦国传遽之小事媺恶而无礼者"的记载。《周礼》郑玄注云："传遽若今时乘传骑驿而使也。"到了汉朝，更加规定"三十里一驿"，并将"驿"由传送公文改成为兼有迎送过往官员等职能的机构。1987年，甘肃酒泉地区在文物普查过程中发现了的古代"悬泉置"驿站遗址。随着社会的不断发展，国家对这种驿传更加重视。赋予驿的职能也更加多样，南北朝时期驿除了负责国家公文书信、紧急军事情报的传递外，还兼管接送官员、押送犯人、管理运输等各种事务，可谓包罗万象。到了开放的唐代，驿馆系统已经非常发达，数量众多，遍布天下，全国有馆驿1643个，从事驿站工作的人员有2万多人，中央设有专门的管理机构，各县由县令兼理驿事。高效的驿馆运作，能够确保信息及时准确地传达，是战争胜利的重要保证。

唐代诗文中多出现驿站的描写。如岑参《初过陇山途中呈宇文判官》："一驿过一驿，驿骑如星流。平明发咸阳，暮及陇山头。"柳宗元《馆驿使壁记》记载得更为详细："自万年至于渭南，其驿六，其蔽曰华州，其关曰潼关；自华而北界于栎阳，其驿六，其蔽曰同州，其关曰蒲津；自灞而南至于蓝田，其驿六，其蔽曰商州，其关曰武关；自长安至于盩厔，其驿十有一，其蔽曰洋州，其关曰华阳；自武功而西至于好畤，其驿三，其蔽曰凤翔府，其关曰陇关；自渭而北至于华原，其驿九，其蔽曰坊州；自咸阳而西至于奉天，其驿六，其蔽曰邠州。由四海之内，总而合之，以至于关；由关之内，束而会之，以至于王都。"韩愈《酬裴十六功曹巡府西驿途中见寄》中"府西三百里，侯馆同鱼鳞"，更是记载了唐代驿馆密集如鱼鳞的程度，也从另一个角度反映了唐代政治经济文化的繁荣发展。作为国之动脉的唐代邮驿系统，高效率地运转，对社会昌盛、经济繁荣发挥着积极的作用。

宋朝规模不如唐朝，驿卒多由兵卒担任。沈括《梦溪笔谈》说："驿传旧有步、马、急递三等，急递最遽，日行四百里，唯军兴用之。熙宁中又有金字牌，急脚递如古羽檄也，以朱漆木牌镶金字，日行五百里。"，岳飞一日之内在前线接到的十二道金牌即是朱漆金字牌。

元朝疆域空前辽阔，为维持庞大的帝国，于是强化了驿站制度，时称站赤。《经世大典》记载中国境内有站赤1496处。《马可·波罗游记》记载："所有通至各省之要道上，每隔二十五迈耳，或三十迈耳，必有一驿。无人居之地，全无道路可通，此类驿站，亦必设立。……合全国驿站计之，备马有三十万匹，专门钦使之用。驿站大房有一万余所，皆设备妍丽，其华靡情形，使人难以笔述也。"书中的迈耳即英里，一英里等于一点六零九三四四公里。

明代，全国共有驿站1936个，杰出的剧作家、文学家汤显祖，在被贬回老家的途中曾留宿莲塘驿，作《南恩道中》诗："……入门问小吏，知是莲塘驿……"清朝京师设皇华驿，全国驿站约为1785处。

驿站是古代建筑文化的重要组成部分，承担着国家政治、经济、文化、军事等各方面的信息传递任务，各朝代驿站虽形式有别，名称有异，但是组织严密，等级分明、任务明确。封建王朝就是依靠这些驿站维持着指令发布与信息传递，以达到封建统治的目的。

（1）驿站遗址遗存

驿站遗址是古代供传递官府文书和军事情报的人或来往官员途中食宿、换马的场所遗留下来的遗迹。我国邮驿历史长达3000多年，随着考古学的不断发展，部分留存至今的遗址被陆续发现发掘。已经淡出了人们视线已经久远了的驿站、驿使究竟是什么样子的？古代的公文又是如何传递的？嘉峪关新城魏晋5号壁画墓曾经出土的《驿使图》壁画砖，还有散落在大地上的遗址与遗迹能够回答诸如此类

《驿使图》壁画砖、1982年发行《驿使图》小型张纪念邮票

的问题。《驿使图》壁画砖是中国发现的最早的古代邮驿的形象资料。砖画上绘画了一位办差途中的驿使，他手举文书策马驰奔，四足腾空的驿骑如流星般飞跑。1982年，为纪念中华全国集邮联合会第一次代表大会的召开，发行了《驿使图》小型张纪念邮票。

随着现代化交通、通信的发展，驿站完成了历史使命，消失在茫茫的历史中，淡出了人们的视线。然而，随着一些驿站遗址的考古发现，把我们又带到了久远的历史长河之中。

①悬泉置——驿站中的大汉帝国

悬泉置遗址位于敦煌市东61公里瓜敦公路南侧1.5公里处，1990年秋到1992年冬，甘肃省文物考古研究所对这处遗址进行了全面的清理发掘。

汉代“悬泉置”遗址

“置”是汉代邮驿系统的一个行政单位，根据汉简的记载，悬泉置的全称应是“敦煌郡效谷县悬泉置”，其行政隶属关系是效谷县下属的一处邮驿机构。遗址发掘资料表明，悬泉置遗址始于西汉武帝太始三年即公元前94年，历经西汉、东汉，废弃于魏晋，前后延续近400年之久。“悬泉置”是汉代设立在中原与西域诸国之间众多驿站中的一个，是汉唐年间瓜州与敦煌人员往来和邮件发送的接待、中转驿站。唐代诗人贾岛《宿悬泉驿》：“晓行沥水楼，暮到悬泉驿。林月值云遮，山灯照愁寂”，描写的正是当时留宿悬泉驿时的心情。到了宋代，悬泉置遭废弃。2014年6月，“悬泉置”遗址作为中国、哈萨克斯坦和吉尔吉斯斯坦三国联合申遗的“丝绸之路：长安—天山廊道的路网”中的一处遗址点列入《世界遗产名录》。悬泉置遗址共出土文物7万件，其中有一枚封检上面墨书“悬泉置”三字。封检是邮件封匣，属于简牍的一种。自此，悬泉置遗址因出土的汉简墨书“悬泉置”而为世人所知。

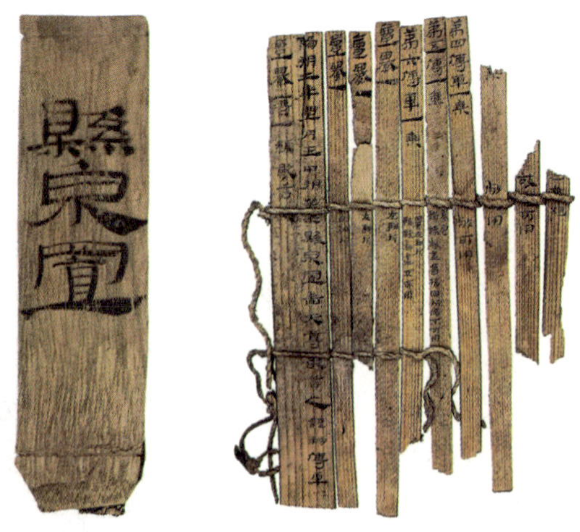

遗址中出土的“悬泉置”竹简

悬泉置遗址出土简牍3.5万余枚，有文字的汉简2.3万枚，涉及内容广泛，包罗万象，从皇帝的诏书律令、沿途驿置、城镇村落、民族风情等，使节往来、丝路的盛况、周边关系，驿站的工作档案、道路交通的路线走向、人畜食材消耗情况，到西域30多个国家同中原王朝的来往，西汉王朝与中亚、西亚经济文化交流，档案文书中都有翔实的记载。这些简牍涵盖了社会政治、经济、军事、法律、文化、外交、交通等诸多方面，堪称一部大汉帝国缩编版的史册。悬泉置是朝廷设在河西走廊的官方驿站，除了传递公文还曾接待过诸多西域使团，是丝绸之路河西要道上一处集邮驿接待为一体的综合机构，也是迄今为止发现的时代最早、保存最为完整的驿置机构。其建筑规模和设施物资，是大汉帝国综合国力与实力的缩影。

悬泉置遗址现发掘出土文物7万多件，铜、铁、漆、木、陶、麻、皮毛、丝绸、纸张、粮食、兽骨等质地门类不等，货币、兵器、家具、工具、农具、猎具、文具、服饰、竹席、梳篦、皮鞋、麻鞋、玩具以及日用杂品等器用应有尽有。大麦、小麦、青稞、谷子、糜子、豌豆、扁豆、黑豆、大蒜、苜蓿、桃核、杏核等一应俱全。

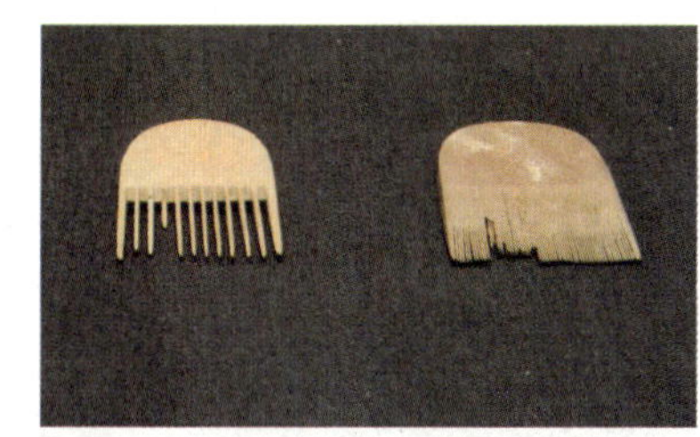

悬泉置遗址出土的皮鞋、木盘、木铲、木筷、木梳

悬泉置遗址结构完整，遗存保存完好，出土遗物丰富，文化内涵广泛，是我国考古学界的重大收获之一。该遗址的科学发掘，对研究汉晋驿站的结构、形制和布局提供了极为重要的实物资料。与之相联系的大量简牍及其他各类遗物为我们了解汉代邮驿制度及西北边郡地区的政治、经济、军事及文化生活等方面提供了新的实物资料，具有极高的历史、科学和文化价值（甘肃省文物局 2014-02-20，悬泉置遗址）。

悬泉置遗址出土的7万多件文物让我们认识到，无论是两千多年前频繁来往于中西交通的朝廷官员、中外使者，还是往返于西域都护府的出征将士、驿使戍卒，都曾得到过悬泉置的认真接待。正是由于他们的忠于职守，认真负责，才保证了过往人员的通行安全，保证了朝廷和西域间的信息畅达，保证了丝绸之路的通畅繁荣，这一切都被记录保存在悬泉汉简中。跃然竹简上的文字历历在目，仿佛让我们穿越时空隧道，置身于古丝绸之路喧嚣的车马和鼎沸的人声中！古代的大汉帝国，是何等的辉煌。

（2）盂城驿

盂城驿位于江苏省高邮市南门大街东，始建于明朝洪武八年，是全国规模最大、保存最为完整的古驿站之一。高邮盂城驿2014年被列入世界文化遗产名录，是我国第46个世界遗产京杭大运河的重要组成部分。

盂城驿及邮电部以“古盂城驿”鼓楼为画面发行的纪念邮票

盂城驿规模宏大，牌楼、照壁、鼓楼、厅房、库房、廊房、马房等一应俱全。驿站在朝西的运河堤上，有迎宾的皇华厅，驿站的东面有驿马饮水塘遗址。驿北有驿丞宅及监房等建筑。驿内有秦邮公馆。据记载，驿站鼎盛时期厅房100多间，前鼓楼3间，照壁楼1座，驿丞宅1所；库房3间，驿马65匹，驿船18条；马夫、水夫200多人。不论烈日、寒风，还是大雨、冰雪的天气，传送重要急件的驿使都身背公文袋，不分昼夜，快马加鞭，飞奔在尘土飞扬的驿道上。

盂城驿马神庙、石马、马槽

盂城驿毁于嘉靖三十六年，现在的盂城驿是明代遗存，绝大部分为清代重建。而今马神庙前的大石马和马槽，还在见证着昔日邮路的繁忙与繁华。正如明知州赵来亨《公馆记》所述：“皇华有堂，堂构峨峨，后寝渠渠，缭以周垣，启以高门，赭垩黝碧。”由于盂城驿濒临京杭大运河的特殊位置，所以除了具有其他驿站传统的邮传功能、接待功能外，还具有历史所赋予的与众不同的漕运功能，作为南北交通的大动脉旁的古代的盂城驿，担负着运送粮食、食盐的漕运任务，于国计民生有着不可替代的作用，对研究我国古代邮政史、交通史、水利史具有重要的历史价值。

（3）鸡鸣驿

鸡鸣驿位于河北省怀来县鸡鸣驿乡鸡鸣驿村，是一处建于明代的驿站遗存，占地220000平方米。鸡鸣驿因鸡鸣山而得名，因驿而设城，以驿名定城名。金兴定三年（1219）成吉思汗在此设置“站赤”驿站。

1995年8月，国家邮电部发行《古代驿站》鸡鸣驿邮票

这条千年古道，见证了汉武帝北击匈奴的滚滚战车，见过李自成大顺军攻取京城遮天蔽日的军旗，听过康熙帝剿灭噶尔丹的战马嘶鸣。至今贺家大院二进院的山墙上还留有刻砖“鸿禧接福”四个楷书大字，为慈禧太后的书法，记载着1900年八国联军打进北京时，慈禧太后和光绪皇帝仓皇逃难留宿的历史。

（4）云南驿——古代西南丝绸之路上的重要驿站

云南驿，位于大理州祥云县城东19公里，作为古代西南丝绸之路上的重要驿站，至今已有2100多年的历史。云南驿从西汉至明初近1500年间作为行政管理机构所在地，已成为滇西南地区政治、经济、文化中心，是茶马古道上最重要、最繁华的驿站。

云南驿

云南驿建筑

云南驿街道

1944年，云南驿飞机场作为抗日战争时期“飞虎队的驿站”“驼峰航线”的中转站，在中国人民反法西斯的抗日斗争中作出了卓越贡献。2003年云南驿古镇被云南省政府颁布为省级历史文化名村。

（2）古代驿站的建筑模式

驿馆作为官方建筑，其建筑性质与民用住宅完全不同。由于具有官方招待所的功能，驿馆的布局与官署的布局也有所不同。杜甫《唐兴县客馆记》：“廊南注，又为复廊，以容介行人，亦如正馆，制度小劣。直左阶而东，封殖修竹茂树。挟右阶而南，环廊又注，亦可以行步风雨。”可见廊子环绕了整个客馆，行走蔽风雨。刘禹锡在《管城新驿记》中有这样一段描述夸赞管城驿的：“门衔周道，墙荫竹栗，境胜于外也。远购名材，旁延世工，既涂宣皙，瓴甓刚滑，求精于内也……主吏有第，役夫有区，师行者有飨亭，拿行者有别邸，周以高墉，乃楼其门。”从中可知，驿馆院落是廊院式布局，前院办理接待、通信、运输等事务，后院为宾客下榻之处。驿丞与驿夫们的住处是分开的。马厩安排在大门之旁，仓库安排在马厩旁边，厨房位于后院，即《管城新驿记》中所说的“内庖外厩，高仓邃库”。

根据考古发掘资料得知，驿馆的建筑大致有门楼、驿楼、厅堂、回廊、轩、围墙、马号、驿仓等。刘禹锡在《管城新驿记》中提道：“主吏有第，役夫有区。”可见，此时的驿馆傍依大道，围以高墙，有房舍、厨房、马厩及仓库。如悬泉置遗址是一座方形小城堡，门朝东，四周为高大的院墙，边长50米，西南角设突出坞体的角楼。墙用土坯垒砌而成。坞内依西壁、北壁建有不同时期的土坯墙体平房3组12间，为住宿区；东、北侧为办公区房舍；西南角、北部有马厩3间；坞外西南部建有一组长约50米，呈南北向的马厩3间。坞外西部为废物堆积区。再如鸡鸣驿驿城占地22万平方米，平面近方形，城墙表层是砖砌的。城墙四周均匀分布着4个角台。东西各开一城门，建有城楼，城外有烟墩。城内五条道路纵横交错，将城区分成大小不等的十二个区域。城内建筑分布有序，驿署区在城中心，西北区有马号，东北区为驿仓，城南的傍城有驿道东西向通过。城内还有古代遗留的商店和民居。驿城还分布有泰山行宫、文昌宫、龙神庙、财神庙、普度寺、城隍庙等佛、道、儒教寺庙建筑。多所庙宇内遗留下的明清壁画，至今色彩依旧，人物栩栩如生。

三、水榭

榭，建在高台或水面上的木结构建筑物，一般有屋顶、楹柱，没有墙壁。水榭楼台是指供人休息、观赏风景的临水园林建筑。临水而建称为水榭，是古人避暑休憩的场所。《吴越春秋》中记载：“吴王阖闾，治宫室，立台榭于安华池。”说明早在春秋战国时期，贵族统治阶层已经开始兴建苑囿池榭。考古资料表明，到了汉代，随着厚葬之风的盛行，建筑明器蔚然成风。随着贵族阶级奢靡生活的需要，建筑技法高超，装饰华丽，整体通透敞亮，建造在水中的水榭普遍盛行，逐渐摆脱了初期对“台”的依赖，整体造型凌空欲飞，富于动感的水榭，既可供水榭中的人观花赏景，又保证了水榭内通风透光，为贵族的娱乐消遣提供了绝佳的环境与氛围。

汉代水榭的造型基本是平面为正方形的单体楼阁式建筑，二至四层不等，各层间距较大，四周有平座栏杆，底部多有方形或圆形水池围绕。由于年代久远，水榭建筑本体至今早已毁灭殆尽，世人无从看到水榭的真实建筑原貌。考古发掘出土的模型明器，不但为我们复原再现了精美的水榭，也为我们研究水榭的造型及其演变提供了丰富的实物资料。作为宅院建筑明器组成部分之一的水榭，已经成为当时豪强地主生活的真实写照。水榭是汉代庄园生产和生活内容的重要构成部分，也是汉代庄园经济发展迅速的具体呈现，为我们研究古人视生如视死的丧葬习俗与古代社会经济的发展提供了实物依据。后来，随着社会的不断发展，园林水榭的建筑越发丰富多彩，式样翻新，时代的发展、社会的变迁也丰富了水榭的内容。

汉代方、圆形底座的水榭

四、仓楼、仓囤

出土的仓楼、仓囤为数众多，反映着民以食为天的观念。仓楼是为储存粮食而建造的，为了防潮，仓楼底部多设有基座和矮足，仓身严实，顶部和仓身上部设有气窗或通气孔。也有一些下部为粮仓，上部作居室的综合性高层建筑，具有储存粮食和登高望远的双重功用。

彩绘陶仓楼

仓囤、粮囤用以储存粮食，多为圆形和方形，有的设足，开窗或有门以通风防潮。粮食存储是生产活动的重要组成部分。汉代文景之治后，社会生产力水平极大提高，百姓生活富足，国家仓廪充实，与之相关的明器模型大量出土，折射着汉代农业经济的发展。六朝时期仓廪逐渐演变成为谷仓罐普遍流行，形成了新的时代特征。

造型各异、质地不一的汉代仓囤

六朝时期的谷仓罐

元青花釉里红瓷仓

元青花釉里红瓷仓1974出土于江西省景德镇凌氏墓，现收藏于江西省博物院。通高29厘米、长20厘米、宽10.3厘米，为重檐庑殿楼阁式仿木结构建筑，楼阁分为上下二层。底层四周围以栏杆，每面中间均留通道开门，两侧布局对称。前后每侧为二栏相连，立柱和栏杆串珠连成，具有元代普遍流行连珠纹的典型特征。楼下“五谷仓所”围廊6人，正中大门青花书写对联一副，上联“禾黍丰而仓廪实”，下联“子孙盛而福禄崇”，横批“南山宝象庄五谷之仓”。两面侧壁右侧“凌氏墓用”，左侧“五谷仓所”。背板上青花书写159字墓志铭：“夫人，故景德镇长芗书院山长凌颖之孙女也，生而爨明，长而周淑，适同镇扬州路召伯大使刘文史男炳文。居仁都胡同，知女孙女壁。夫人生于前至元癸巳年二月初九日成时，殁于后至元戊寅五月二十三日申时，享寿四十六岁。以戊寅六月壬寅之吉，安于南山，坐巳向，大江阳朝。中峙莽麓，形扣抚将。龙盘虎踞，山青水秀。火星宗庙，梅花单于。六秀八算，件件帽合。后曰，田连阡陌，朱紫盈门。谨记。”根据墓志铭记载死者为“故景德镇长芗书院山长凌颖之孙女”，死于后至元戊寅（后至元四年，1338年）。

此器上的文字标明为谷仓。谷仓是自古以来随葬明器最为常见的器型之一，其造型因地因时而异（汉代中原圆形陶仓、六朝时期浙江的青瓷堆塑谷仓罐以及宋元时期流行于南方地区的龙虎瓶、多角陶瓷罐等）。此件谷仓采用了高规格的重檐庑殿顶楼阁建筑样式，四面方正，楼阁高低相错，主次有序，仓门可以开启，层板铺设逼真，独具匠心的设计，充分表现了元代江南建筑的时代特色。谷仓上供主人传唤役使的18位人物雕塑，按身份的不同，分区清晰，安排有序。位居于中心位置的墓主，立于前方的戏者及背后与两侧的乐人，尽管体量微小，却姿态生动，栩栩如生。戏者演之，乐者奏之，一颦一笑之中，一举一动之间，人物神态表现得淋满尽致，虽历经600余年，似乎这场大戏还远未谢幕，舞乐声声仍在这座元代戏台的上空盘旋回荡。精雕的人物，多重的釉彩，丰富的文字，彰显着元代精湛的制瓷技艺与独特的地域风情，再现了景德镇地区真实的生活场景与习俗。元青花釉里红瓷仓，作为有绝对纪年款识的随葬明器，为研究元代制瓷工艺和社会民俗提供了极其重要的史料，也是研究景德镇地区古代戏台建筑不可或缺的宝贵资料，是世之珍品，国之瑰宝。2002年1月18日，国家文物局印发的《首批禁止出国（境）展览文物目录》中，此件元青花釉里红瓷仓即为其中之一。

五、圈舍

家畜饲养是社会生产活动的重要内容，随着粮食的丰收，生活的富足，各类圈舍模型和家畜俑在汉墓中大量流行，马厩、猪圈、羊圈、鸡窝、狗舍等屡见不鲜，成为民居、宅第建筑不可缺少的组成部分。一部分猪圈往往与厕所相连，为我们研究古代民居提供了丰富的资料。

陶猪圈

羊圈

六朝时期随着瓷器的普遍使用，瓷质的模型明器开始出现。马厩、鸡舍、羊圈继续流行，反映了社会家禽家畜饲养的风俗。

六朝时期的猪圈、马厩、羊圈

第三节　屋檐上的艺术——瓦、当

考古资料证明，早在3000多年前的西周时期，建筑用瓦就开始出现了。20世纪50年代中期，陕西岐山县凤雏村和扶风县召陈村，连续出土了多座西周大型建筑基址，并出土了大量的板瓦、筒瓦，还有半瓦当。在河南洛阳王湾、北京琉璃河董家林等遗址也发现了西周晚期的瓦，到春秋时代几乎列国城市遗址的考古中都普遍出土，瓦的使用逐渐普及。

一、瓦当的造型与制作

瓦当，是古代建筑中筒瓦顶端下垂部分。瓦当是用黏土经过八九百摄氏度的温度烧制的陶制品，“瓦”是指圆弧形泥土烧制的陶片。“瓦”覆盖屋顶，论形状有板状、筒状之分。“当，底也”。瓦当由瓦和当两部分组成，位于筒瓦之端，是重要的建筑元素，也是自古以来普遍使用的建筑材料。瓦当的图案因地区与时代而不同，如战国时期秦国流行奔鹿、立马、四兽、三鹤等动物图案的瓦当，赵国流行三鹿纹与变形云纹圆瓦当，燕国多饕餮、双龙、双鸟和山云纹等瓦当，反映出各国独特的文化艺术风格。建造业的发达，推动了砖瓦、制陶工艺的发展。

瓦当的造型有半圆形、圆形和大半圆形三种。西周的瓦当都是半圆形的，春秋战国时期的瓦当以半圆形为主，大半圆形的瓦当出现于秦代。秦汉时期，圆形瓦当占据主流。瓦当的质地主要有灰陶、红陶、夹砂灰陶和夹砂红陶、琉璃等。灰陶瓦当最普通。

半圆、大半圆、圆形瓦当

瓦当制作工序与陶瓷的制作工艺相同，要经过选泥、炼泥、制坯、阴干、烧制等工艺流程。周代的瓦采用原始的泥条盘筑法制作而成，先用泥条盘筑成圆形的陶坯，然后将坯筒剖开，四剖或六剖为板瓦，对剖为筒瓦，然后入窑烧制。瓦的厚薄不均，反面有手摸痕，由于在制作过程中使用了陶拍进行拍打，表面多留有拍打的花纹痕迹。战国时期把瓦钉和瓦身分离，瓦坯的制作简化。

秦代多采用先制好当心，再以泥条盘筑法在当心周围筑起圆筒瓦，在瓦当背用手覆泥压抹，使其紧密结合，然后在泥坯未干时，用竹刀或绳子切去一半筒瓦而成瓦当；西汉中期，泥条盘筑法逐渐被淘汰，轮制技术普遍应用，瓦当多采用模制成型，无须切割，瓦当背平整，边轮规整，瓦的质量与工艺水平有了很大的提高。

二、瓦当的装饰

瓦当上的装饰图案极富变化，题材极为丰富，大多由植物、动物、几何图形、文字等优美的图案所构成，在瓦当这一小小的空间内，集绘画、工艺和雕刻于一身，创造了丰富多彩的艺术天地，使这一重要的建筑元素既有实用性又有艺术性，起到了锦上添花的作用。这些美丽的图案花纹装扮着古代建筑的灿烂辉煌，也体现出古代文化的博大精深，是研究我国古代政治、经济、文化等不可多得的实物资料，具有很高的艺术价值和学术价值。

瓦当的装饰手法以印花为主，它的工艺流程与陶瓷器印花一样，需要事先翻制好模具，然后在坯体上进行印制。

瓦当装饰题材相当丰富，几乎囊括了天上、地下、传说、神话与人类生活有关的方方面面。从飞禽走兽，树木花草，亭台楼阁到各种文字图案，描绘了一个龙飞凤舞，鹿驰虎啸，鸟栖鱼跃，祥云缭绕的活灵活现的古代社会。

1.动物题材

动物纹瓦当普遍应用，这些动物题材大多源于现实生活，如大自然中的飞禽走兽，在瓦当中占据一定比重。还有神话传说中的四神图案——所谓“四神”，在古代主要用于表示方位。图案包括青龙、白虎、朱雀、玄武。青龙位于左面，代表东方，为“四神”之首；白虎象征西方，位于右面；玄武象征北方，位于上面，是龟与蛇结合的图案；朱雀象征南方，位于下面。曹操之子曹植的《神龟赋》记曰：“嘉四灵之建德，各潜位乎一方。苍龙虬于东岳，白虎啸于西冈。玄武集于寒门，朱雀栖于南乡。”这是曹植对“四神”形象的描写，也反映了古人对“四神”的崇拜。汉代尊崇这四种动物和当时避邪求福有关。

“四神”纹瓦当——青龙、白虎、朱雀、玄武

2.几何形图案

云纹瓦当是西汉瓦当中数量最大的一类。其花纹特征是：当面中心多为圆钮，或饰以三角、菱形、分格形网纹、乳钉纹、叶纹、花瓣纹等。云纹占据当面中央大面积的主要部位，花纹变化十分复杂多样。据主纹云纹的主要变化，大致分为卷云纹瓦当、羊角形云纹瓦当等。

几何图形瓦当

3.文字

人们用“文字是瓦当的灵魂”进行评价，可见其重要程度。瓦当不仅有丰富的动物纹，还有变化万千的文字。文字内容广泛，有纪年，有吉祥语句，有建筑物专用，如“长乐未央”“富昌未

央”“延年益寿”“长生无极”“千秋万岁”“汉并天下”“亿年无疆”等，文字最多的可达12个字，如“天地相方与民世世永安中正”。西安汉长安城遗址“万岁”瓦当表现了汉代人们对长寿永生的追求和愿望。

秦代“维天降灵，延元万年，天下康宁”瓦当，1953年出土于陕西省西安市，表达了秦始皇天命神授及千秋万岁永恒不变的思想。瓦当的图案、文字匀称，布局合理，把祈福语言钳在瓦当上，使建筑美和艺术美有机结合在一起，形成了一种完美的建筑艺术品。

标明自身用处的建筑物瓦当，许多瓦当以宫殿、官署的名称作为装饰，如“上林”“左弋”，汉武帝兰田行宫的“鼎湖延寿宫”等，还有“京师庾当”“都司空瓦”“长水屯瓦”“长陵东裳”“庶氏冢甬”“冢舍”等。

文字纹瓦当

4.书法

瓦当文字以小篆为主，兼顾古隶并他体。据有学者不完全统计，篆书在瓦当的变化达120种之多，蔚为壮观。严谨的章法、规范的书写、自如的结构 、恰当的布局，在瓦当有限的空间里淋漓尽致地体现了自然美和人文美，达到了与印章异曲同工的效果。汉代是我国封建社会的鼎盛时期，经济文化的发展，建筑规模的壮丽宏大，使足以显示皇家气派与威严的瓦当大放异彩。1986年，辽宁省绥中县墙子里村发现的大型秦汉宫殿遗址，出土的瓦当直径52厘米，如此大的瓦当，可以想象当时建筑的宏伟。

瓦当上的书法变化多端，对研究我国古代历史、古代建筑史、陶瓷手工业生产史、美术史、书法史、文字演变史以及古代科技的历史是非常重要的实物资料，有着极重要的学术价值。瓦当集绘画、工艺、美术及书法于一身，以其独特的艺术形式和装饰手法成为中国古代艺术宝库中极具特色的品类，传承并记载着中国社会政治、经济、文化的发展历史。

第四节　砖

一、画像砖

画像砖是一种表面有彩绘或刻画图像的建筑材料，多用以营造祠堂、墓室、石阙等建筑。砖有大、小之分，形状有方形、长条形、梯形、三角形不等，形制多样，花纹多采用模印、绘画或雕刻手法制作而成。图案丰富，题材广泛，车骑出行、舞乐百戏、弋射渔猎、农耕庖厨、酒肆市井、尊贤养老、阙楼桥梁、神话典故等包罗万象，有如古代版的百科全书，是研究我国古代特别是汉代时期政治、经济、文化的宝贵文物。画像砖艺术是融合了绘画技艺和雕刻技法的珍品，深刻反映了汉代的社会风情和审美风格，是中华民族几千年文化精髓的积淀，也是中国陶瓷史、古代建筑与美术史上的一座丰碑。

画像砖作为一种具有装饰意义的建筑构件，一般认为始于战国晚期，盛兴于汉代，创新于魏晋南北朝，三国两晋南北朝时期取得极高的艺术成就，隋唐之后逐渐衰落。最早的画像砖大多都是战国宫殿上的建筑用砖，汉代流行使用画像砖修建与装饰墓室。画像砖有空心砖和实心砖之分。画像砖的形制因产地不同而有所变化。

（一）制作工艺

作为古代建筑构件的画像砖，其制作工艺包括砖的成型、图像的制作、入窑烧制与彩绘等工序。首先将加工好的泥坯放入木质模具中制作成型，待半干后去掉木模用刻有图案的印模母范印出各种所需花纹图案，再将印制好图案的泥风干后入窑烧制。如果是彩色画像砖则还要进行色彩的绘制，如《竹林七贤与荣启期》画像砖中带彩的“千秋万岁”画像砖。

画像砖的装饰工艺多为印模压印法，具有较强的浮雕般的装饰效果。如河南、江苏等地出土的大部分画像砖，上面的图案纹饰就是采用多次印模依次排列压印完成的。也有一种将多种不同图像内容的印模，按一定的构图方式压印在砖面上的。如河南郑州出土的一块装饰有斗鸡、羽人乘龙等内容的画像砖，就是采用此种手法。而大量的中小型画像砖则是一模一图压印而成的。直接在砖面上进行彩绘，是除了模印之外运用较多的装饰手法。特别是在漠北地区，彩绘画像砖更为常见。

（二）装饰题材

画像砖题材内容广泛，表现形式多样，具有很高的史学价值和艺术价值。作为文物的画像砖是文化的载体，其丰富的装饰题材囊括了生产生活、农业、手工业、商业等经济生活和生产劳动的方方面面，直接承载与再现着当时社会生活、政治经济、文化民俗与民生等多方面的内涵。画像砖上面的装饰，绝不仅仅是对现实生活的简单临摹，每个不同时代不同地区的纹饰都是历史发展进程的一面镜子，体现了文化艺术的发展与人们的精神取向，有如一部华夏五千年的历史长卷，是今天我们研究中国古代社会不可或缺的珍贵历史资料。

画像砖的装饰题材可分为人物、动物、几何图形、文字等多种。人物中的内容丰富多彩，有生产劳动中的耕地、播种、收获场面，有娱乐中的音乐舞蹈、吹拉弹唱、击鼓杂耍，有历史人物中的竹林七贤、二十四孝等。文字中的吉语、署名、纪年、纪事，几何图形中的波浪纹、云雷纹、乳丁纹、旋涡纹等不一而足。

1.几何图形

几何图形的画像砖内容丰富，波浪纹、云勾纹、云雷纹、百乳纹、钱币纹、柿蒂纹、米字纹、四叶纹等，在画像砖的装

几何图形画像砖

饰中比比皆是。线条流畅，图案清晰，具有整齐划一的装饰效果。

2.动植物

动物中的猛虎、奔鹿、骏马、飞鹰、鸣鹤及牛、猪、鱼、龟、凤凰，植物中的梅、莲花、忍冬等，都是极为常见的花纹图案。秦汉时期一些具有美好寓意的植物图案继续流传并不断演变，如“蟾宫折桂”“凤栖梧桐”“失之东隅，收之桑榆”摇钱树、长生树等，形成多种具有独特内涵的植物纹饰，表现出祈福的美好愿望，美观大方，独树一帜。这些秦汉时期植物纹砖瓦对后世的建筑材料生产产生了深刻影响，进入南北朝以后逐渐与西域传入的忍冬纹、莲花纹结合成为隋唐时期盛行的建材装饰图案之一。

3.文字

画像砖中的文字题材广泛，其中的吉语、署名、纪年等内涵丰富。

国家博物馆2017年《陶文、砖文、瓦文》展览中的西汉海内皆臣砖，砖面内有4行12等分长方格，格内篆书“海内皆臣，岁登成孰，道毋饥人”，颂扬了时政与民生。展览说明牌上写道：“据考证应为西汉时皇家行宫安邑宫遗物，属宫殿建筑内墙面用砖。砖文笔道粗细均匀，用笔圆转灵活，刚柔并济，为典型的小篆风格。”东汉元和二年《公羊传》砖，“砖面锥书草隶五行，为《公羊传》隐公元年起首文字，共计54字，内容与今本《公羊传》小异。书法带有隶意，是当时民间普遍流行之书体。”晋代“独良良”砖，“砖面锥书阴文草隶‘独良良’3字，独良良应是当时砖场制坯工匠姓名。有人认为第一字‘独’是‘独孤’二字的合体，‘良良’作重文符号。砖文笔势转折，连绵流畅，已具今草之意。”这为我们研究封建社会陶瓷手工业的生产以及“物勒工名”制度提供了实物依据。

西汉“海内皆臣”砖、东汉元和二年《公羊传》砖、晋代“独良良”砖

吉语砖，以吉祥的语言进行装饰，其题材内容丰富多彩，表达了人们对美好生活的向往与祈盼。

署名砖，砖上或刻或印有制作者的姓名，说明古代对制陶手工业有着严格的管理制度，生产者的大名刻在制品上面，就等于钉在了历史中，不可磨灭，无法更改，或者声名远扬或者遗臭万年。

吉语砖、署名砖

刑徒砖，又称“刑徒墓砖”，是古代犯人死亡后用以记录其姓名、籍贯以及生卒年月、生前判罚的刑名、来自郡县狱所、死亡年份日期等内容的砖铭，砖与死者共埋，相当于墓志铭。据资料显示，考古工作者曾经在洛阳发掘的500多座东汉刑徒墓，只有极少数墓置有一二件殉葬品。几乎每墓都有一块用残砖刻成的墓志，上面简单地记述刑徒姓名及其刑名，以及来自何地、死亡年月。墓中所出遗骸，经过鉴定，所有的脊椎骨部分都留下明显的劳损痕迹。这些刑徒来自各地，他们在服役未满期前就因劳累或得病而死去。在咸阳汉景帝阳陵附近发现的刑徒墓，遗骨上还保留着铁钳，不少的骨骼是被斩断的，应当是参加筑陵的刑徒被虐杀后埋葬入土的。位于河南洛阳市与偃师市相接壤的汉魏雒阳故城南郊的刑徒墓地，面积大约有5万平方米，1964年进行了大规模的发掘，清理墓葬522座，出土刑徒砖823块。刑徒砖因用于犯人，故制作草率，刻画随意，大多利用残缺废弃砖块制作而成，形制规格不一。刑徒砖铭的末尾常有“死在此下”之语，古代“死”与“尸”二字通用，指的是死尸埋于此地之下。

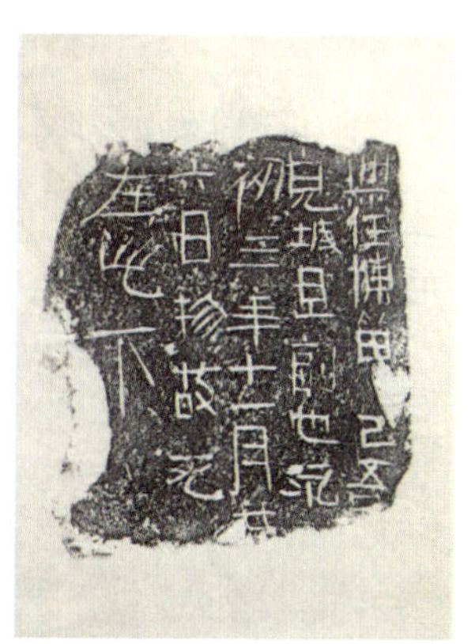

东汉刑徒砖

砖铭中的“左部”或“右部”，是专门管理服劳役的刑徒的机构。刑徒死亡后，立有专门登记的簿册，砖铭很可能是根据簿册上所记的内容而书写的。《汉书·刑法志》记载：“今郡国被刑而死者，岁以万数，天下狱二千狱所，其冤死者多。”刑徒砖真实记载了当时社会的一个侧面，它是古代司法与刑罚制度以刻画形式书写在砖上的历史。刑徒砖的发现，对研究东汉时期的刑律与刑徒问题具有重要意义。刑徒砖铭，是除碑刻、简牍之外数量最大的一批汉代书法资料，对研究我国书法的演变与发展具有重要的学术意义。

纪年砖，顾名思义，就是在砖上留下生产的时间，因此为我们判断年代提供了非常准确的依据。我国许多博物馆收藏有纪年砖。青岛画像砖博物馆收藏纪年砖的数量众多，在民营博物馆中首屈一指。国家博物馆展览中的“大工 嘉靖十年秋季窑户高□□□州府造”“寿工 临清窑户吴邦吉匠人刘良造”“内工 二十五年窑户陈礼作头高臣造”，这些文字不但为我们提供了准确的纪年，还为我们如实记录了窑户、匠人、作头的姓名，为我们研究古代封建社会陶瓷手工业的管理制度提供了珍贵资料。

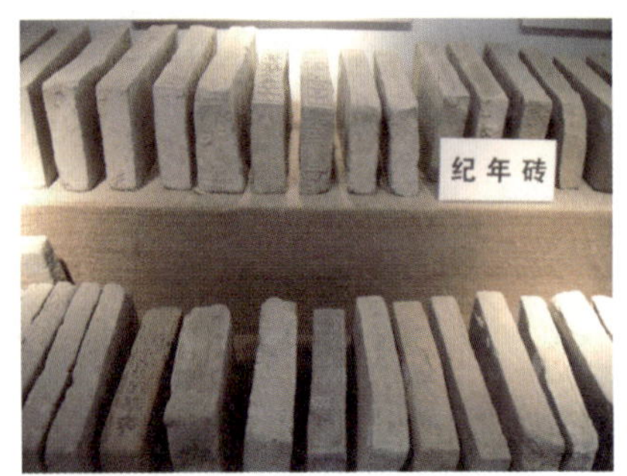

纪年砖

4.人物

画像砖中人物题材内容丰富，包罗万象，涉猎广泛。农业、手工业、商业等，生产、生活、市井、出行、娱乐一样不少。如耕种、收割、弋射、渔猎、采莲、舂米、桑园以及井盐生产、集市交易及酿造、出行、狩猎、伎乐、庭院、庖厨、歌舞、宴饮、吃喝玩乐等，均可以在画像砖中找到，更有历史故事、神话故事、传说故事等。如泗水取鼎、荆轲刺秦、二桃杀三士、狗咬赵盾等不一而足。画像砖以泥为纸，将亭台楼阁、舞乐百戏、奇珍异兽、神话典故等生产生活等画面生动勾勒，让我们得窥汉代精神世界与社会生活的方方面面，成为图画版的汉代“百科全书”，成为研究汉代尤其是东汉时期政治、经济、文化和民俗的珍贵文物与实物资料。

汉代车马过阙、“亭长”、演武画像砖

（1）农事

我国是一个农业大国，农事活动是国民生活的重要组成部分，也是艺术家创作的重要题材与源泉。古代的农业与农事活动在人们生活中更是占据着重要的地位。民以食为天，因此，画像砖中表现农事的题材普遍流行。耕种、收获、渔猎、采莲、桑园、舂米、插秧、耙地等内容应有尽有，生动地把古代农作物从种到收的全过程尽显在我们面前，是我们研究古代农业及其生产方式与劳动工具的绝好材料。

现有考古资料表明，作为汉代最富庶区域之一的四川，出土了大量的画像砖，亭台楼阁、舞乐百戏、奇珍异兽、神话典故等图案。四川出土农事题材的汉画像不仅数量多，而且内容丰富，如捕捞养殖、采集莲藕以及井盐的制作等都在汉画像砖当中体现，佐证了号称“天府之国”的四川物产之丰富、农业之发达。除此之外，山东、江苏、河南南阳地区也出土有大量的农事题材画像砖，表现了旱作农业与稻作农业不同自然环境中的不同场景与差异。地处边塞的西北地区发现的农事题材汉画像砖，多以彩绘的形式出现，嘉峪关魏晋墓群出土了760多幅壁画，画像均为一砖一画，上下分层排列，内容丰富，具有典型的魏晋特色。以庖厨、宴饮、出行、狩猎、农耕、采桑、畜牧、打场等为主的生活场面，用形象生动、鲜明质朴的绘画手法真实地描绘了墓主人的现实生活，真实地再现了当地百姓半耕半牧的经济生产和日常生活的情景，勾画出了一幅幅古代的民间风俗画，从而成为魏晋时期民俗生活的真实写照。构图活泼鲜明，色调明快，生活气息和民族风格浓郁，为研究河西地区的政治、经济、军事、文化、民族融合、生活方式、气候等提供了不可多得的实物依据。

耕地、收获、捕捞画像砖

（2）手工业

画像砖中表现手工业生产的题材非常流行，酿酒、制盐、采桑等内容为多。1954年出土于四川彭县的东汉酿酒画像砖，画面中呈现了酒的制作工序以及卖酒时的场景。1955年出土于四川彭县东汉舂米画像砖，反映了稻米加工的场面。画面右上部的粮仓，左下部的踏碓舂米，右下部的扇子除糠以及存放米的木桶，形象地描绘了运用足碓舂米进行粮食加工的全过程。而1954年出土于四川成都扬子山的东汉制盐画像砖，细致刻画了汉代蜀地井盐生产的情况，一方面表现了古代的工匠利用滑轮装置，上下拉动绳索取卤制盐的画面；另一方面从画面中的树木丛生，可以看到当时井盐开采条件的恶劣，成为研究古代盐业不可多得的实物资料。

酿

伎乐、庭院对饮画像砖

（3）伎乐宴饮

民以食为天。古代人们吃什么？怎么吃？用什么器具与餐具？除了文字记载的资料之外，我们很难进行了解，而画像砖的遗存为我们活灵活现地还原了古代人类的饮食生活。伎乐宴饮画像砖，形象生动地再现了古代贵族的日常生活，除了吃喝玩乐的一面外，也为我们研究封建社会的礼仪习俗与器具提供了丰富的资料。

1954年土出于四川成都扬子山的东汉庭院画像砖，长廊将院子分隔为左右两部分，宅院一进为过厅，里面仙鹤在起舞。二进为堂屋，二人正在对饮。清扫卫生的仆人，门口的斗鸡，高高的望楼，如实展现了汉代贵族住宅的全貌以及真实的生活场景。四川广汉出土的东汉市楼画像砖，生动地反映了东汉时期市井商肆的情景以及市场管理制度。安仁镇出土的伎乐画像砖，头梳双髻的舞女，在击鼓男子的伴奏下，表演着汉代盛行的“巾舞”。状如波浪的舞巾上下飘飞，形象生动，恰如张衡《观舞赋》所描写的“香散飞巾，光流转玉”一般，折射出中国舞乐艺术悠久的历史传统。

（4）车马出行

车马出行画像砖

拼镶砖画的流行，是六朝时期画像砖的创新，体现了高超的艺术水平。砖的制作工艺更为细腻工整，历史人物、神话人物、现实人物题材流行。南京博物院收藏的《竹林七贤与荣启期》画像砖，可视为代表。

《竹林七贤与荣启期》画像砖——1500年前的聚会

《竹林七贤与荣启期》画像砖，是我国目前发现最早、保存最好的一幅砖画，出土于南京西善桥宫山北麓南朝帝王陵墓。竹林七贤砖画，长2.4米，高0.88米。砖画采用横幅壁画形式，由300多块青砖拼嵌而成，记录了1500年前魏末嘉平年间，于竹林之中七位清谈名士聚会的场景。砖画横向自左至右依次为：手执如意的王戎、饮酒的山涛、啸歌的阮籍、弹琴的嵇康、静思的向秀、恋杯的刘伶、拨阮的阮咸、鼓琴而歌的荣启期。人物间以垂柳、梧桐、银杏等树木相隔，为了画面构图均衡，最后添加了一位春秋时代高士荣启期。规整准确的造型、简约灵动的线条，栩栩如生的神韵，清晰精美的构图，无一不体现着画像砖制作烧造工艺的精湛与完美。

竹林七贤画像砖是南朝砖刻艺术的珍品，具有很高的艺术和历史价值。砖画上八位席地而坐的人物清瘦飘逸、放荡不羁的神态，得到了充分的表现，反映了士族知识分子崇尚清谈玄学的风尚，同时也反映出魏晋南北朝时期因社会动荡、政治黑暗而带来的思想解放与文化多元。

《竹林七贤与荣启期》画像砖

当我们驻足于砖画之前，犹如在进行一场时空的穿越，又有如在与古人进行对话。陶瓷制品以其自身的优势和独特的生命力，在古代纸质画品荡然无存的情况下，作为艺术瑰宝被完整地保存了下来，陈列在南京博物院陶艺馆，被人们参观临摹与研究欣赏。它弥补了美术史的空白，为研究魏晋南北朝时期的绘画提供了可靠而翔实的资料，使古代恢宏的制陶绘画技艺得以传承，让古代的美术得以弘扬，使土与火的技术不断发扬光大，让人们研究古代美术发展的历史成为可能！

邓县南朝画像砖墓位于河南省邓县学庄村西南，1958年由河南考古工作队发掘。古墓虽然多次被盗，但满墓室的画像砖却保留了下来。这些画像砖数量巨大，且保存都比较完好，据专家估算大约有9万块之多。画像砖花纹题材多样，图案内容丰富，植物、动物、人物俱全，仅花卉纹饰就有莲花纹、忍冬纹、菊花纹等12种之多。人物图案中有表现车骑出行的行列，有汉代流行的的孝子故事，如榜题“郭巨”“老莱子”孝子画面，还有与宗教有关的内容，如表示祥瑞的麒麟，与佛教有关的飞天图像等，反映出当时佛教的盛行。画像砖图案色彩艳丽，千姿百态。甬道与墓室由一砖一图镶砌的34种模印彩色画像砖组成，画面图案以红、黄、绿、蓝、棕、紫、黑彩等进行描绘，缤纷灿烂，金碧辉煌，由于所用均为矿物质原料，所以历经千年仍然色泽如新，制作精工，线条精细，宛如一座地下的艺术宫殿。邓县画像砖作为一种墓葬装饰，一块块刻有花纹图像的建筑材料，每块都经过精心设计，精工制作，造型规整，严丝合缝。画面构图严谨，线条流畅娴熟。图案采用高浮雕手法模印而成，具有强烈的立体装饰感。人物造型清秀，姿态生动，具有典型“秀骨清象”的南朝特征。这些由无名画师、工匠共同创作完成的画像砖，反映了当时社会的政治经济以及由此形成的丧葬制度与习俗，是我们研究南朝时期陶瓷手工业与绘画美术不可多得的珍贵实物资料。

现藏于中国国家博物馆的“千秋万岁”彩色画像砖，可谓是所有画像砖中的代表性作品。砖长38厘米、宽19厘米、厚6厘米，砖体边框外饰莲花、忍冬纹样图案。画面左为“人头鸟身”像，中饰忍冬花叶纹，右为“兽头鸟身”像。人面鸟身神兽旁写“千秋”二字，兽面鸟身神兽旁写着“万岁”二字。左边的“千秋”，人首，鸟身，衣着开襟衫，两翼张开，长尾后扬，欲振翅高飞。右边的“万岁”兽首，鸟身，身上鸟羽，两翼张开，长尾上扬，欲振翅腾飞。这是截止到目前仅见的一件带有题榜的“千秋万岁”画像砖。方寸之地，一对翩翩起舞的神鸟，相向而对，展翅欲飞，绚丽的彩绘，灵动的姿态，栩栩如生。无论其图案题材还是其吉祥的寓意，均绝无仅有，美轮美奂。至于其在制作烧造工艺及美术方面所取得的艺术成就，更不待言。

“千秋”“万岁”是祝福长寿的吉语，形容千年万年，岁月长久。文献中最早关于“千秋”“万岁”形象的记载，见于西晋葛洪《抱朴子·对俗篇》：“千岁之鸟，万岁之禽，皆人面而鸟身，寿亦如其名。”由此可知，“千秋万岁”就是人面鸟身的神兽。画像砖图案中人面鸟身的形象与文献记载相符。从考古发掘资料可知，“千秋万岁”是秦汉时期常用的吉祥语句，书写有这样文字的瓦当在汉代也非常流行。“千秋万岁”一词代表着吉祥的意义，在中国流传了两千多年，历朝历代的诗词歌赋中大量出现。唐朝诗人卢纶《王评事驸马花烛诗》云：“人主人臣是亲家，千秋万岁保荣华。”

邓县“千秋”“万岁”，王子乔与浮丘公画像砖

王子乔与浮丘公画像砖，画面左边吹笙的人是王子乔，右边是浮丘公。王子乔是中国古代传说中的仙人。汉刘向《列仙传·王子乔》：“王子乔者，周灵王太子晋也。好吹笙作凤凰鸣。游伊洛间，道士浮丘公接上嵩高山。三十余年后，求之于山上，见柏良曰：‘告我家：七月七日待我于缑氏山巅。’至时，果乘鹤驻山头，望之不可到。举手谢时人，数日而去。”砖画描写的就是“吹笙作凤凰鸣”的场景。李善注引《列仙传》：“浮丘公接王子乔以上嵩高山。”唐李白《凤笙篇》：“莫学吹笙王子晋，一遇浮丘断不还。”唐刘禹锡《酬令狐相公见寄》诗：“何时得把浮丘袖？白日将昇第九天。”砖画描写的就是这一历史故事场景。

二、砖——建筑的魂

砖是我国传统建筑材料，历经数千年而不衰。人们往往以“秦砖汉瓦”来形容它的悠久历史。一万年前旧石器时代的泥河湾、二万年前仙人洞遗址中出土的陶片表明，古代的先民早已学会了制作陶器。新石器时代尉迟寺遗址、西安半坡居住遗址出土的红烧土块，说明这种土与火的技术，这种非天然建筑材料，已经开始被人类不自觉地运用到当时的房屋建筑中。随着人类社会的进步，随着制陶技术的不断发展，人们学会了制砖造瓦，于是便出现了更优质的建筑材料。砖是人类文明的结晶，也是文明发展的重要标志。砖给人类的居住带来了巨大的变革，砖为建筑带来了丰富的文化内涵。

考古资料表明，作为一种历史悠久的建筑材料，砖在西周时期开始在建筑物上使用。陕西岐山县赵家台发现的一批西周时期的空心砖和条砖，是迄今为止我国发现的时代最早的砖。秦始皇统一中国后，兴都城、建宫殿、修驰道、筑陵墓，建筑中大量用砖，客观上促进了砖瓦手工业的烧制与发展。西汉时期，制砖业日趋繁荣，辽阳三道壕西汉村落遗址发现的7座砖窑表明，除官营手工业外，民间也有大量生产。从每窑18000块左右的容量可以看出其生产量之大。南北朝开始，地上建筑砖结构逐渐增多，唐、宋以后砖结构建筑物使用更为普遍，不仅宫殿府第用砖砌筑，民间宅院也用砖建造，砖成了建筑的重要元素。

1.墙砖：万里长城。公元前214年， 秦始皇为防御北方的匈奴贵族南侵，动用大量劳动力，建造了举世闻名的万里长城，气魄雄伟，工程艰巨，用砖量巨大。万里长城历经千年的风雨，至今仍基本完好。

2.城砖：历代都城，历史上著名的秦朝都城阿房宫已经使用青砖铺地。砖上装饰着各种图案，至今仍有珍贵的艺术和历史价值。至于汉代的未央宫、唐代的大明宫、宋元时期的宫殿，更是在砖的应用上标新立异。至于明清故宫，在砖的运用上更是到了极致，那些金碧辉煌的宫廷建筑，别致的亭台楼阁、威严的庙宇寺院，无不书写着古代建筑历史的恢宏与技艺的高超，彰显着皇权至上封建等级制度的森严。

3.塔砖。佛教的兴盛给中国的砖建筑带来了一个划时代的转变。在佛教流行期间，用砖砌塔在中国各地出现，从而成为一个新的建筑类型。塔作为中国古代建筑之精品，体现了中国古代劳动人民的聪明智慧和能工巧匠的精巧的设计和技能。下面列举的图片足以代表砖塔建造的水平。

仙游寺法王塔位于陕西省周至县黑水峪口，是中国现存唯一的隋代砖塔。建于隋仁寿元年（601），塔高35米。塔身7层，逐层收分减高，各层南面有券门，属密檐式塔。白居易曾在这里写下了名篇《长恨歌》。1996年被列为第四批全国重点文物保护单位。

最为著名的大雁塔建于唐代永徽三年，塔身7层，通高64.5米，为保存玄奘法师由天竺带回长安的经卷佛像而建。唐代诗人岑参曾在诗中写道：“塔势如涌出，孤高耸天宫。登临出世界，磴道盘虚空。突兀压神州，峥嵘如鬼工。四角碍白日，七层摩苍穹。”大雁塔的恢宏气势由此可见。大雁塔作为唐代四方楼阁式砖砌佛塔，是中外文化交流对中国建筑产生影响的产物，也是这一来自印度的建筑形式随着佛教东传进入我国的典型例证。

白马寺齐云塔在洛阳白马寺山门外东南约200米处。据白马寺现存碑刻和某些佛籍载，东汉永平己巳年（69），汉明帝敕建佛塔，“珠宫幽邃，遥瞻丈六之光，悉堵凌云，依稀尺五之上”，“茇若岳峙，号曰齐云”。据金大定十五年立的《重修释迦舍利塔记》碑记载：今现存之齐云砖塔，为金大定十五年所重修：“彦公大士，自浊河之北抵此，睹是名刹，荒榛丘墟，彷徨不忍去。一夕遽发踊跃，持达心，乃鸠工造甓。缘行如流，四方云会，不劳余刃而所费瓣集。因塔之旧基，剪除荒埋，重建砖浮图一十三层，高一百六十尺，徘徊界宇，洞并龟头一十五所，护塔墙垣三重，甘露井，又立古碑五通，左右焚经台两所，杈子并塔门九座。”是中原地区保存至今为数不多的金代建筑之一。1961年，国务院公布白马寺为“第一批全国重点文物保护单位”。

仙游寺法王塔、大雁塔、虎丘塔

随着佛法兴盛而来的必然是寺庙的增多，随着帝王提倡佛教而来的是造寺建塔之风的风靡。唐朝著名诗人杜牧在《江南春》中写道：“南朝四百八十寺，多少楼台烟雨中。”诗人说南朝有“四百八十寺”，其实又何止四百八十！清朝刘世琦在所作《南朝寺考·序》中曾经进行过考证：“梁世合寺二千八百四十六，而都下（南京）乃有七百余寺，可见当时寺院数量之多。

4.边关

古代边关是防御外敌、保护国家安全与人民安危必不可少的建筑。上面的一砖一瓦，都记载着当年军事战争的烽火狼烟。巍峨耸立的山海关、嘉峪关、雁门关、边靖楼，经历了无数的战争烽火的洗礼至今仍耸立在现代化的都市之中，彰显着古代战争的惨烈与悲壮，展示着祖国山河大一统的来之不易。

（1）雁门关——万里长城第一关

雁门关位于山西省代县县城以北的雁门山中，又名西陉关，是万里长城上的重要关隘，以险著称，有“天下九塞，雁门为首”之说。《唐书·地理志》描述这里“东西山岩峭拔，中有路，盘旋崎岖，绝顶置关，谓立西陉关，亦曰雁门关”。

雄伟的雁门关古建筑

雄关雁门，南控中原，北扼漠原，是中国古代关隘规模宏伟的军事防御工程。因为它是古时塞北民族入侵内地的必经之地，所以，自古为边防戍守要地，战略地位十分重要。唐初，为了防御北方突厥的内犯，唐驻军于雁门山设关城，戍卒防守。北宋初期，雁门关一带是宋辽激烈争夺的战场。名垂青史的将领杨继业及其杨家将士都曾在这里为国立功。后经五代十国、宋、辽、金、元400余载，关城被毁。明清以后，雁门雄关随之荒废。

雁门关是全国重点文物保护单位，世界文化遗产万里长城的重要组成部分，是历史最为悠久，经历战事最为频繁的古关隘，被誉为“中华第一关”。雁门关遗址包括关城、长城、隘城、兵堡、烽火台等历史建筑遗存，是苍凉凝重雄浑大气的边关。唐代诗人李贺《雁门太守行》写出了雄关的豪迈气势：“黑云压城城欲摧，甲光向日金鳞开。角声满天秋色里，塞上胭脂凝夜紫。半卷红旗临易水，霜重鼓寒声不起。报君黄金台上意，提携玉龙为君死。”宋代，杨家镇守雁门关，多次以少胜多，大败辽兵，当时人们誉杨继业为“杨无敌”，杨家将的丰功伟绩至今还在中华民族大地上广泛流传。

雁门关除了作为古代军事防御工程外，还是当时接待帝王、公主和官员过往休息住宿的地方。据记载，历史上经雁门关路宿的名人有：帝王22位，将相22位，与此同时，国家还不惜采用和亲的办法，以换取人民生活的和平安定。汉代到唐代，雁门关公主洞曾经接待过5位从这里出塞的公主。汉元帝时的王昭君就是从雁门关出塞和亲的（另外四位：东魏兰陵公主、隋代义成公主、唐代咸安公主、太和公主）。从此以后，这一带出现了“遥城晏闭，牛马布野，三世无犬吠之警，黎庶无干戈之役”的安定局面。

（2）山海关

山海关，位于秦皇岛市东北部山海关区，始建于明洪武十四年，距今已经有600多年的历史，是万里长城的第一个关口，素有“天下第一关”之称。与万里之外的“天下第一雄关”——嘉峪关遥

山海关

相呼应，山海关是明长城东部重要的关隘之一，关城与长城相连，周长约4公里，古城内明代城墙保存完好，主要街巷大都保留原样，关城东门的镇远楼，也就是“天下第一关城楼”耸立于长城之上。山海关北依燕山，东临渤海，是一座防御体系完整的关城，也是古代重要的军事要塞。

（3）嘉峪关

嘉峪关，位于甘肃省嘉峪关市西部，号称“天下第一雄关”，是明长城最西端的关口。北连黑山悬壁长城，南接天下第一墩，是明长城最西端的关口，地势险要，建筑雄伟，被称为河西咽喉。嘉峪关地势天成，攻防兼备，与附近的长城、城台、城壕、烽燧等设施构成了严密的军事防御体系，又被誉为“天下第一雄关”，也是古代“丝绸之路”的交通要塞。

嘉峪关

嘉峪关始建于明洪武五年，城台、墩台、堡城星罗棋布，烽燧、墩台纵横交错，形成五里一燧、十里一墩、三十里一堡、百里一城的防御体系，组成重叠并守之势，素有连陲锁钥之称。嘉峪关防线自建成嘉峪关后历时200多年，至明代万历时期有长城和边墙60里，墩台近70座以及多座军事营堡，为西部国防重地，对保障河西地区的安全起着重要作用。明人戴弁在《北陌平沙》中写道：“北上高楼接大荒，塞原如掌思茫茫。朔风怒卷黄如雾，夜月轻笼淡似霜。弱水西流青海远，将台南去黑山长。远人遥指斜阳外，蔓草含烟古战场。”目前，嘉峪关是世界文化遗产，国家AAAAA级旅游景区，全国重点文物保护单位。

（4）边靖楼

边靖楼，位于山西代县县城内，楼高约25米，宽7间，深4间。楼基高13米，长43米，宽33米，南北向有10米高的楼洞。边靖楼是古代守望敌人，击鼓联络，指挥作战的军事设施，也是重要的军事建筑。始建于明洪武七年，后经明成化，清康熙、雍正、嘉庆、道光年间多次修葺，历经500余年经风雨侵蚀和多次地震冲击，屹立至今完好无损。楼宏伟壮丽，气象非凡，结构坚实，2001年6月25日，边靖楼作为古代建筑，被国务院批准为第五批全国重点文物保护单位。

边靖楼

边靖楼城楼维修过的地砖上面，至今清晰地保留有“官”字，这些带“官”字的砖，显然属于当年官府手工业所生产的产品。

边靖楼城楼上的“官”字砖

（5）函谷关

函谷关是天下名关，位于三门峡灵宝市区北。《辞海》释为：“因关在谷，深险如函而得名。

东自崤山，西至潼津，通名函谷，号称天险。”函谷关东起崤山，西到潼津，南依秦岭，北靠黄河，是连接西安和洛阳的咽喉要道，地理位置极为重要。《灵宝县志》记载，函谷关“西据高原，东临绝涧，南接秦岭，北塞黄河。一人守关，可以当百，由是函谷之名，遂雄天下”。河南灵宝的函谷关，俗称秦函谷关。

河南洛阳新安县境内的函谷关，史称“汉函谷关”，又称为汉关。《汉书·武帝纪》记载了函谷关东移之事：西汉元鼎三年（前114）冬，“徙函谷关于新安”。北魏郦道元在《水经注》中如此形容函谷关：“邃岸天高，空谷幽深，涧道之峡，车不方轨，号曰天险。”东汉兰台令史李尤在《函谷关赋》中云：“上罗三关，下列九门。会万国之玉帛，徕百蛮之贡琛。”表明当时的函谷关不仅是一个重要的关隘，更是古丝绸之路上东西方使者和客商络绎不绝的一座商贸之城。2013年5月，函谷关被国务院公布为第七批全国重点文物保护单位。

1998年3—9月，洛阳市第二文物工作队对位于黄河南岸的汉函谷关遗址进行了考古发掘。遗址由主体建筑、窑区、墓葬区、附属建筑基址及其他生活设施区域构成，共发现5座窑、10座墓葬，出土了大量灰陶板瓦、筒瓦和瓦当，并出土了一定数量的“关”字瓦当，证明这些建筑与汉代函谷关有关，应是一处与函谷关防御体系为一体的建筑遗址。2017年8月，中央电视台10频道《鉴赏》栏目播出了新安窑发掘出土的“关”字瓦当，同时揭示了函谷关建筑材料的来源与产地。

汉函谷关遗址与西汉时函谷关门楼所用之瓦

5.古城

平遥古城，拥有2700多年的历史，是国家历史文化名城。1997年12月3日，平遥古城被联合国教科文组织列为世界文化遗产，平遥古城与云南丽江古城、四川阆中古城、安徽歙县古城并称为中国现存最为完好的“四大古城”。2000年底，平遥古城基本恢复明清原貌。

平遥古城

6.县衙

浚县，古称黎阳。西汉初设治，历经两千余年，治所多徙，至今已有600余年。如今为国家历史文化名城。

山西霍州县衙

河南濬县县衙

7.清真寺

全国重点文物保护单位洪水泉清真寺，是一处全新的具有青海本土特色的伊斯兰艺术的代表性建筑，也是目前青海省著名的三大清真寺遗存之一。全寺建筑面积约4200平方米，由照壁、山门、砖牌坊、礼拜殿及学房楼等构成，洪水泉清真寺古典建筑群落融汉、回、藏多元民族文化于一体，精美砖雕与木雕使其成为具有独特民族风格与地方特色的建筑。作为伊斯兰教信众进行宗教活动的清真寺，砖雕中大量使用了象征祥瑞的龙凤呈祥、二龙戏珠、麒麟望凤、老鼠偷葡萄、猫跃蝶舞、兔守白菜、梅兰菊竹等寓意多子多孙、长寿安康的吉祥图案。笔者有幸于2016年前往青海平安县洪水泉清真寺参观考察之际，深深地为此处宏伟的建筑与精美的艺术而感到震撼与骄傲。遗憾的是，参观之际恰逢正在进行古建的保护维修。

青海平安县洪水泉清真寺，砖雕影壁、砖画

8.民居

乔家大院是山西最具典型代表的建筑，一砖一瓦体现了北方民居的独特地方风格。乔家大院位于祁县城东北12公里处的乔家堡村，始建于清乾隆年间，后又在清同治、光绪年间及民国初年多次增修。乔家大院占地8724平方米，由6个大院19个小院共313间房屋组成。从高空俯视院落布局，为双“喜”字形城堡式建筑，四周有高达10余米的封闭式砖墙。一条80米长的笔直石铺甬道，把六个大院分为南北两排，院中有院，院内有园。院与院相衔，屋与屋相接，四合院、穿心院、偏心院、角道院、套院，鳞次栉比。悬山顶、歇山顶、硬山顶、卷棚顶及平面顶随处可见，“其门窗、椽檐、阶石、栏杆等，无不造型精巧，匠心独具。院内砖雕，俯仰可观，脊雕、壁雕、屏雕、栏雕……以人物典故、花卉鸟兽、琴棋书画为题材，各具风采。亭台楼阁，雕梁画栋，堆金立粉，不愧是“北方民居建筑的一颗明珠”，显示着我国古代高超的建筑水平，正像人们所说：“皇家有故宫，民宅看乔家。”总之，乔家大院既是建筑艺术的宝库，也是民宅的殿堂。步入其间，无论从艺术、科学、文化哪个方面，都会领略到古代建筑之美。

乔家大院

除了乔家大院外，阳城的“皇城相府”、介休的张壁古堡、山东滨州的魏氏庄园、安徽的西递宏村等，其建筑都充分彰显着高超的时代水平与南北各异的地域风格。

三、“金砖”

“金砖”指的是明清时期故宫所用的铺地方砖，这种砖质地坚硬，敲打时有金之声，故称“金砖”。据说这种比石头和金属更坚实的材料，要用柴火连续烧130天，出窑后再用桐油浸透49天方可成功。除此之外还有一种说法，即金砖是由苏州所造送往京城的，所以是“京砖”，后来演变成了金砖。另一种说法是在明朝的时候，一块金砖价值一两黄金，所以叫作金砖。至于哪种说法更为准确，这里已经无关紧要了。

明代朱棣皇帝执政期间，建成了规模宏大的宫殿群——故宫，占地面积约为72万平方米，建筑面积约为15万平方米。从永乐四年开始建设，到永乐十八年建成，前后用了14年。北京故宫，是中国明、清两代的皇宫，先后有24位皇帝在此进行统治与居住，距今已有600年的历史，是世界上现存规模最大、保存最为完整的木质结构的古建筑群，被誉为世界五大宫之首。太和殿、中和殿、保和殿，是故宫著名的三大殿，其地面均使用“金砖”铺设而成。至今这些大方砖上尚保留有明永乐、正德，清乾隆等不同朝代的年号和“苏州府督造”款识。历经600年的踩踏，这些砖至今依然完好如初，可见其坚硬度与耐磨性之强，足以显示陶瓷烧造的时代水平。

近些年来，随着我国文化事业的不断发展，一些以“金砖”为题材的专题博物馆在全国各地成立。

1.苏州御窑金砖博物馆

苏州御窑金砖遗址与博物馆位于苏州市相城区陆慕镇御窑村。明代永乐年间，大兴土木建造紫禁城，陆慕砖窑被工部看中，决定“始砖于苏州，责其役于长洲窑户六十三家”。由于质量优良，永乐年间赐名窑场为“御窑”。明朝王鏊《正德姑苏志》云：“窑砖出齐门外六里陆墓镇，坚细异他处。工部兴作，多于此烧造。”同治《苏州府志》载：“在齐门外六里，因陆宣公墓为名，居民多造窑。”《吴门补乘》说：“陆墓窑户如鳞，凿土烧砖，终岁不绝。”金砖成为明清以来皇宫建筑的专用产品，备受历代帝王的青睐。明清两代，这里烧造的砖一直是皇家专用，故宫用的每一块地砖基本都出自这里。兴盛时，主要烧金砖的陆慕御窑村和南窑村6000多村民全部参与金砖的烧造。御窑金砖烧制要经过掘、运、晒、推、舂、磨、筛七道工序，与陶瓷器物的烧造基本相同。首先要把优选的陶土炼泥，再将和好的泥由人或牛进行踩踏，然后将踩踏好的泥制成所需要规格的坯体，砖坯需放在室内通风处阴干。再将阴干好的坯体装窑，装窑后进行烧制，窨水后经过三天自然冷却才可出窑。

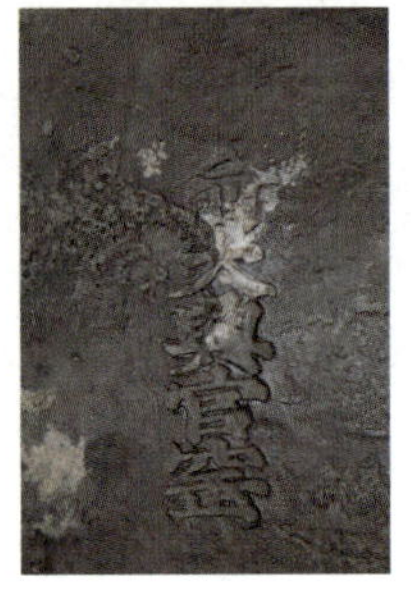

苏州御窑金砖博物馆与印铭文的金砖

御用金砖的烧制有着严格的管理制度。金砖不可私自烧造，私造金砖是要杀头的。自明永乐至清光绪年间，御窑金砖生产都是由工部下达烧制任务，由具体负责营造的官员监造，通过乡村地保，一层层监督下来，再逐个落实到窑户。烧好的成品是不是合格，要经过一系列的检测，清乾隆四年江苏巡抚张渠在奏折中说：“钦工物料，必须颜色纯青，声音响亮，端正完全，毫无斑驳者方可起解。”初验合格后方可装船运输，到了京城还要做最后的验收。所以窑户必须随行，负责到底。装船运输也有着严格规定，船只先要编队，前面有押运的官船和官员，由兵卒守护，沿运河北上。金砖运到京城后，验收合格，官员领赏，窑户免罚，这才算尘埃落定。金砖生产、烧制、运输过程中的规章制度，为我们研究封建社会手工业生产的管理制度提供了很好的依据。

苏州御窑金砖博物馆集中展示了御窑金砖的烧制、加工、生产（工具）、检验等制作与漕运过程，还展示了有记录的文献资料以及金砖的保护现状。

2.锦溪古砖瓦博物馆

锦溪隶属于江苏省昆山市，东临淀山湖，西依澄湖，北与苏州市吴中区和昆山市张浦镇相毗邻，属于江苏省的“南大门”，素有“中国民间博物馆之乡”的美誉。“中国古砖瓦博物馆”位于昆山市锦溪古镇上塘街深处的丁家大院内，是我国为数不多的一座以砖瓦为题材的博物馆。“锦溪古砖瓦博物馆二千三百件展品，300余平方米展厅分设‘一砖一瓦·万千气象’‘锦溪古窑·砖瓦之乡’‘砖瓦大观·纹饰博览’‘锦溪金砖’四个展厅，展示了中国建筑形成，历代风格，以及古砖瓦起源和辉煌的历史。”锦溪古砖瓦博物馆的展品，从类型划分有建筑砖、城墙砖、铭文砖、祭祀砖、门楼雕刻砖、唐宋凿榫井砖，薄薄地铺垫在瓦下的甍砖，手掌大小的花窗砖，经烧百天、桐油浸透的金砖，汇集了中国砖瓦之大全，应有尽有。从时代划分有新石器时期“半穴式”房屋墙上的“红烧土”、秦始皇行宫“望夷宫”的砖饰物、汉代城砖、六朝板瓦、西晋纪年砖、宋代凿榫井砖，到明清、太平天国、民国时期的青砖，乃至以五星为标志的红砖，应有尽有。装饰图形，如双龙抢珠、凤穿牡丹、鲤鱼跳龙门等。有的刻有各种人物故事，有的刻有“福禄寿”等吉祥如意文字，瓦馆中陈列的700余件瓦当和滴水，仅龙的图案就达400余件，单龙、双龙、草龙、夔龙、五爪金龙无一雷同，每一件展品都闪烁着智慧和艺术的光彩。展厅中展出的历代窑工精心制作的金砖，生动形象地复原了古代窑工掘土、椎踏泥坯、烧窑窨水等一系列造砖制瓦的场景。

锦溪古砖瓦博物馆的展厅及其金砖展品

砖瓦作为中国古代建筑的重要组成部分和古代建筑的重要材料，始终伴随着中国古代建筑的发展而变化。这些黛青光滑、平整如镜、细若端砚的金砖以及印制在金砖上的文字铭文，深深地印刻在中国陶瓷历史的长卷之中，为我们研究砖瓦手工业的生产提供了翔实的资料。在某种意义上讲，一座博物馆犹如一部上下五千年的华夏历史长卷。

第五节 琉璃

一、琉璃的发生、发展与传播

1.琉璃的名称

琉璃在梵文中的本义是指带彩的陶器。琉璃制品在我国曾有很多名称，比如琉璃、烧料、料器等。从南北朝开始，还有“颇黎” 之称。根据《广雅》等文献的记载，“琉璃”指用火烧的玻璃质珠子以及其他一些透明物质的统称。琉璃的色彩多为乳白、浅绿、深绿、蓝色等。《汉书》卷九十六上《西域列传》“罽宾”国产“璧流离”注引：“孟康曰‘流离青色如玉’，颜师古曰：《魏略》云大秦国出赤、白、黑、黄、青、绿、缥、绀、红、紫十种流离。”

2.古代琉璃的成分

经中外专家用现代化光谱鉴定，得出的结论是：中国古代琉璃主要成分是铅钡，烧成温度较低，虽然绚丽多彩、晶莹璀璨，但易碎、透明度差，不适应骤冷骤热，只适合加工成各种装饰品、礼器和随葬品，因而用途狭小，发展缓慢。古埃及和地中海沿岸地区出土的琉璃器物的化学成分，主要以钠钙为主，克服了铅钡成分琉璃的弱点，耐温性能较好，对骤冷骤热的适应性较强。因此，这种古琉璃的用途和生产量都远大于中国古琉璃。

成分的不同，表明中国与西方的琉璃分居两个不同的系统。而这一事实也表明，中国古代的琉璃是利用一种特有的原料独立制造出来的。

3.琉璃来源的两种观点

（1）琉璃来源于国外

在琉璃的来源问题上，一种观点认为来源于国外，其远祖可追溯到古埃及。由于胡人的传播，琉璃技术在中国得到发展，叶喆民先生《中国古陶瓷科学浅说》一书认为："这种碱金属硅酸釉埃及早已发明，但长时期没有传到埃及国外。自从混入含铅物质变成容易熔化的釉后，再逐渐扩散到美索不达米亚、波斯和西亚一带。"2018年湖南省博物馆、河南省博物院等博物馆联合举办的古埃及文物珍品巡回展览，展示了埃及釉陶几千年前的真实面目。

埃及生产釉陶的历史可以追溯到公元前3000年，到了公元2世纪，铜绿、铅褐、锰紫色釉的铅釉陶器在地中海沿岸国家盛行。现存资料表明，两河流域早在公元前6世纪已经在建筑中使用了琉璃，如以其豪华壮丽而著称的巴比伦城伊什塔尔门，就是新巴比伦王国使用琉璃的代表。这座新巴比伦城北城墙与塔楼的墙面用藏青色琉璃砖砌筑而成，各种金色的琉璃砖制成的575个野牛以及龙兽造型的浮雕镶嵌在藏青色的琉璃砖上，在阳光的照耀下闪闪发光，光彩夺目，彰显着新型建筑材料所特有的艺术效果和全新的装饰风格，令人感到新巴比伦时期建筑的宏伟与壮观。这种新巴比伦的装饰风格深深地影响了西亚伊斯兰的建筑艺术。

巴比伦城伊什塔尔门的狮子、阿契美尼德时代弓箭手砖、古埃及绿蓝彩琉璃砖

日本著名学者三上次男先生认为："后汉时期，出现了和前期毫无关系的以铜和铁作为呈色料的铅绿釉、褐色釉陶器，这是与前面叙述过的产生于罗马领地东地中海沿岸的绿色、褐色罗马系陶器一样，当考虑到在中国制造出这一类的陶器时，那时以印度洋作为中继站的西方罗马领地和东方中国之间已经有了通商关系，中国绿褐釉的技术可能是由罗马领地传入的结果。"随着中外文化交流的发展，琉璃烧造技术传入中国。《魏书》卷一百二《西域传》"大月氏"条载："大月氏国，……去代一万四千五百里。……世祖时（拓跋焘，424—452），其国人商贩京师，自云能铸石为五色琉璃，于是采矿山中，于京师铸之。既成，光泽美于西方来者。乃诏为行殿，容百余人，光色映彻，观者见之，莫不惊骇，以为神明所作。自此中国琉璃遂贱，人不复珍之。"

（2）琉璃生产技术有着自己的渊源

考古资料表明，我国应用琉璃的历史很早，甘肃省沙井文化遗址中就有琉璃珠、琉璃耳珰的出土。中国制造琉璃的历史可以追溯到西周时期。河南洛阳淳沟、陕西宝鸡茹家庄等地西周早期墓葬的考古发掘中，均出土了大量的琉璃管、琉璃珠等器物。由于琉璃的颜色多种多样，古人也叫它“五色石”。最初的琉璃制品大都是一些琉璃珠、耳珰等小装饰品，到了汉代，开始有琉璃的文献记载，由于民间很难得到，所以当时人们把琉璃甚至看的比玉器还要珍贵。

4.考古发掘出土的琉璃

（1）春秋战国时期的蜻蜓眼

考古发掘出土琉璃常见的器形有珠、环、钟、碗、印章、剑首、璧等。琉璃珠是我国古代琉璃器物中最常见的一类器型，从西周开始即已存在，至战国时期墓葬随葬品中广为流行。

上图左：长沙浏城桥二号墓出土战国三十眼琉璃珠（长沙市博物馆），上图中：无锡鸿山越国墓出土琉璃盘蛇玲珑球形器（战国），上图右：河南固始侯古堆一号墓出土玻璃蜻蜓眼（春秋末年）

琉璃珠，又称蜻蜓眼。1990年长沙市浏城桥二号墓出土的琉璃珠呈扁圆形体，琉璃珠表面共有30处白色圆圈，圆内有蓝色圆球凸出，整个形成蜻蜓眼状的纹饰。中间为圆孔可以贯穿佩戴。高2厘米，径1.2厘米，孔径0.7厘米。蜻蜓眼式琉璃珠色彩如蓝天白云般亮丽，造型别致，多用作护身符以防灾避邪。除此之外，长沙市博物馆还藏有九眼、四眼琉璃珠，湖北省博物馆藏江陵九店出土战国蜻蜓眼、无锡鸿山越国墓出土琉璃盘蛇玲珑球形器、太原市金胜村赵卿墓出土春秋琉璃珠串、新疆轮台群巴克墓群出土蜻蜓眼等。日本美秀博物馆的同类藏品，制作精工，色泽纯正，体现了这个时期琉璃制作的工艺水平。

上左：江陵九店出土战国蜻蜓眼（湖北省博物馆）

上右：太原市金胜村赵卿墓出土春秋琉璃珠串

（2）汉魏时期釉陶

东汉时期，受琉璃烧制技术影响而产生的低温铅釉陶器在我国烧制成功，以铜和铁作为呈色剂的铅绿釉、褐色釉陶器扩大了琉璃制品的范畴。北朝时期，琉璃烧造技术进一步发展，造型更加丰富，与社会生活的接触日趋广泛，为陶瓷手工业的不断发展作出了重要贡献。

汉代釉陶壶、北齐武平六年范粹墓出土黄釉扁壶、绿彩瓶、北齐莲花灯

（3）隋代以后

《隋书》卷六十八《何稠传》：“稠性绝巧，有智思，用意精微。……稠博览古图，多识旧物。……时中国久绝琉璃之作，匠人无敢厝意，稠以绿瓷为之，与真不异。”何稠是西域胡人，其祖父始入中国。《隋书》卷七五《何妥传》：“何妥字栖凤，西域人也。父细胡，通商入蜀，遂家郫县……除伊州刺史，不行，寻为国子祭酒。”（《北史》八十二《何妥传》略同）卷六八《何稠传》：“何稠字桂林，国子祭酒妥之兄子也。父通，善斲玉。”从此中国烧造琉璃的技术得以传承不绝。

5.琉璃制品在建筑中的应用

考古资料表明，到了唐代，琉璃已经作为建筑构件进行生产与使用，下图为陕西铜川黄堡窑址出土的唐代琉璃鸱吻，其个体之大，显然是为当时宫廷所生产。随后琉璃成为皇宫和道观庙宇使用的建材，五台山唐代佛光寺中使用琉璃覆顶，唐朝的宫殿遗址中出土了琉璃构件。除此之外，唐代的敦煌壁画的建筑中出现了琉璃剪边屋顶，从唐代开始，琉璃逐渐成为皇宫和道观庙宇使用的建材，覆盖着黄色的琉璃瓦的建筑成了皇权与神权的象征，北宋宫廷建筑开始满布琉璃瓦。

铜川黄堡窑址出土唐代建筑构件、院落模型

西夏时期塔寺林立。20世纪90年代维修宁夏贺兰县的佛塔时，从塔身周围和塔基下堆积的琉璃瓦残件里清理出绿、黄琉璃龙头、龙爪等兽吻构件以及完整的兽头、滴水、瓦当等残碎建筑构件，色彩绚丽光洁，龙睛用绿松石珠镶嵌。工艺制作精细考究，极为罕见。

银川西夏（1038—1227）王陵出土的琉璃建筑构件

金代确立了红墙和琉璃瓦组合而成的官式建筑形式后，元明清一直延续至今，构成中国古代建筑的独有特征。而明清两代，红墙上面覆盖着黄色琉璃瓦的建筑更是成了皇权与神权的标配。

二、现存的地面建筑

1.故宫

北京故宫是明清两代的皇家宫殿，旧称紫禁城，建筑面积约15万平方米，有大小宫殿70多座，房屋9000余间。其建筑材料中大量使用了琉璃，红墙碧瓦历经600余年雨雪风霜的洗礼，至今仍金碧辉煌、光芒四射，彰显着中国古代建筑的雄伟辉宏与工艺的精美绝伦。

北京故宫

除了故宫之外，北京现存的古代建筑众多。景山、天坛、颐和园、圆明园、北海等，这些北京地面上现存的古代建筑，演绎了中国封建社会发展变化的历史，记录了古代陶瓷制作与古代建筑变迁的历程，是中华灿烂文化的瑰宝。

2.承德避暑山庄

承德避暑山庄又名“承德离宫”或“热河行宫”，位于河北省承德市中心北部，是清代皇帝夏天避暑和处理政务的场所。

避暑山庄始建于1703年，康熙四十二年动工兴建，至乾隆五十七年最后一项工程竣工，经历了康熙、雍正、乾隆三代帝王，历时89年建成。避暑山庄以庄严古朴的格调，成为中国古典园林的艺术杰作，是中国园林史上又一个辉煌的里程碑。

避暑山庄与其他许多皇家园林建筑一样，大量使用了琉璃作为建筑材料，大量建筑屋顶墙体上

承德避暑山庄

的琉璃瓦，色泽艳丽，金碧辉煌，彰显着古代建筑之美。

3.后土庙

如果说故宫与避暑山庄代表了封建社会皇家建筑的话，介休后土庙则是民间建筑与风格的体现。介休后土庙位于中国山西省介休市，占地面积10000余平方米。2001年被列为第五批全国重点文物保护单位。后土庙始建时间不详，据庙碑记载，宋孝武帝大明元年、梁武帝大同二年皆重修，明正德年间扩建后形成现有规模，现存建筑中三清楼为元至大二年增建，其他建筑为明清建筑。介休后土庙古建筑群规模庞大，气势恢宏，是我国目前后土庙中规模较大、保存最好的庙宇。

后土庙的琉璃

介休琉璃由来已久，据唐贞元十一年（795）“法兴寺碑”碑文载，唐代时即有“琉璃寺”，辽景宗耶律贤保宁二年《洪山寺重修佛殿记》中则明确表明公元970年时介休已有敷设琉璃瓦的建筑。明清时期，介休琉璃处于发展的黄金时代。介休洪山庙内的《神源碑记》“……阳城黑货琉璃货等……”表明，介休建筑琉璃工艺技术基础非常雄厚。琉璃的广泛应用为建筑平添了色彩，不管庙宇或是塔寺均更加丰富多彩。

介休洪山庙内的神源碑与洪山窑遗址

琉璃应用的范围的日趋广泛在元代至清代建筑中体现得尤为明显，无论是富贵人家的宅院、官府、城镇、会馆，还是伊期兰教的礼拜寺、规模宏大的陵墓等，都能见到琉璃装饰。其中维吾尔族的建筑装饰，手法细腻，内容丰富，反映出浓郁的民族特点和地域风情。如喀什市艾提尕大清真寺、吐鲁番苏公塔寺，吐鲁番的伊敏王墓，喀什的香妃墓、玉素甫哈夫姆墓和阿巴伙加玛扎墓、哈密的哈密王墓等。琉璃普遍用在宗教建筑和陵墓大门、墙面、穹隆顶等处。拉萨的布达拉宫与大昭寺之间的琉璃桥的歇山顶桥廊，覆绿色琉璃瓦顶，又以琉璃筒瓦盖缝，檐口施有琉璃滴水。

三、考古发掘出土的遗址与琉璃构件

1.元上都

元上都遗址位于内蒙古自治区锡林郭勒盟正蓝旗草原，公元1260年，忽必烈建都于此。中统四年（1263）定名上都。1264年燕京建立元大都后，元上都和元大都成为元王朝交替使用的两个首都。据记载，元上都城垣周长8公里多，城墙用砖包镶。城内有官署约60所，各种寺庙道观160余处，人口11万，驿道四通八达，为漠北与中原的交通枢纽。全城由宫城、皇城、外城三重城墙组成。宫城在皇城的中部偏北，是全城的核心，有东华、西华、御天三门，宫城内泉池穿涌其间，城区方圆数十公里。马可·波罗在中国居住生活了17年，亲眼见证了世界史上最庞大的帝国之都的无比繁盛。他撰写的《马可·波罗游记》，详细记述了上都的宫殿、寺院、宫廷礼仪、民情风俗，第一次向世界介绍了上都，让世界了解中国。1358年红巾军攻克上都，宫阙被焚，变成了现在的断壁残垣。如今的元上都遗址，那些一个个竖立在路边的指示牌以及保存良好的建筑遗迹，好像穿越时光隧道看到草原都城曾经的辉煌，又好像再现了当年这处曾经的经济政治中心高度繁荣的宏大气派。元上都建筑既有典型的中原建筑风格，又有游牧民族传统的蒙古包式建筑，是农耕文明与游牧文明融合的产物，是草原文化与农耕文化融合的典范。2012年6月29日，第36届世界遗产大会将中国元上都遗址列入了《世界遗产名录》。

元上都遗址及其出土的琉璃构件

元上都宫殿屋顶上铺设的砖瓦琉璃雕工精美，颜色艳丽，足以想象当年宫殿庙宇建筑的恢宏气势和精美程度。

2.南京明故宫遗址

南京明故宫，是洪武、建文、永乐三朝的皇宫。楼阁殿宇重重，雕梁画栋，金碧辉煌，气势恢宏。永乐十九年明成祖朱棣迁都北京，改北平为北京，南京明故宫正式结束王朝皇宫的使命，此后南京宫殿不再使用，但仍委派皇族和重臣驻守。清灭南明后，将明皇城改为八旗驻防城，太平天国攻陷南京后，明故宫的宫殿和宫墙基本无存。

南京明故宫遗址

西方传教士利玛窦于万历年间参观明故宫后曾赞叹："我还没有见过世界上哪个国家的皇宫像南京的明故宫这样雄伟！""确实或许很少有其他城市可以与它匹敌或胜过它。""论秀丽和雄壮，这座城市超过世上所有其他的城市……"他在《利玛窦中国札记》中这样写道："它为三重城墙所环绕。其中第一层和最里面的一重，也是最华丽的，包括皇宫。宫殿依次又由三层拱门墙所围绕，四周是壕堑，其中灌满流水。这座宫墙长约四五意大利里。至于整个建筑，且不说它的个别特征，或许世上还没有一个国王能有超过它的宫殿。第二重墙包围着包括皇宫在内的内墙，囊括了该城的大部分重要区域。它有十二座门，门包以铁皮，门内有大炮守卫。这重高墙四围差不多有十八意大利里。第三重和最外层的墙是不连续的。有些被认为是危险的地点。他们很科学地利用了天然

南京明故宫的琉璃瓦当、滴水

防御。很难确定这重墙四围的全长。当地人讲了一个故事：两个人从城的相反两方骑马相对而行，花了一整天时间才遇到一起。"可见200多年前的南京都城是多么的雄伟壮丽！如今，浙江普陀山法雨寺建筑上使用的明故宫散落琉璃瓦，还完好地保留在庙宇之上。

3.大报恩寺

大报恩寺琉璃宝塔是明成祖朱棣为纪念其生母贡妃而建，位于南京中华门外，建造于永乐十年，宣德三年竣工，高80米，九层八面。这项工程耗时近20年，使用的匠人和军工达10万人，耗资248.5万两白银。塔身白瓷贴面，拱门琉璃门券。底层建有回廊，拱门用五色琉璃构件拼接而成，塔室为方形，塔檐、斗拱、平座、栏杆饰有狮子、白象、飞羊等佛教题材的五色琉璃砖。塔顶用2000两黄金制成的宝顶，刹顶镶嵌金银珠宝。角梁下悬挂风铃152个，日夜作响，声闻数里。塔内壁布满佛龛。该塔是金陵四十八景之一。下有九层相轮，相轮下为承盘，俗称"金球"。塔内自建成之日起置长明塔灯116盏，

每盏芯粗1寸左右，由百名少年日夜看管，每天耗油64斤，昼夜通明，极尽奢华与巧夺天工之能事。

这座琉璃塔以“高耸云日”“通体琉璃”和“佛灯永明”三绝将中国古代宝塔艺术推向了最高峰。这座塔充分反映当时的建筑成就，也代表了琉璃制作技术的无比高超。1856年大报恩寺琉璃塔被毁。

1958年南京中华门外明代琉璃窑出土了大报恩寺琉璃塔构件，精湛的工艺，精美绝伦的画面以及艳丽的色彩，为我们再现了这座塔的美轮美奂。现在收藏在南京博物院的这些琉璃构件，无不彰显着中华建筑的博大精深与琉璃烧造技术的精美绝伦。

南京博物院大报恩寺琉璃塔的琉璃饰件

有关大报恩寺的绘画和记载多见于西方艺术家的作品。1655年随荷兰东印度公司使团来到南京的画师约翰·尼霍夫绘制了多幅大报恩寺琉璃塔的写生作品，后来以铜版画的形式在欧洲出版，迅速掀起了“南京瓷塔热”并在欧洲家喻户晓，就连没来过中国的安徒生也将其写进了童话《天国花园》之中：“……自从我上次去过以后，明天恰恰是100年。我现在是从中国来的……我在瓷塔周围跳了一阵舞，把所有的钟都弄得叮当叮当地响起来! 官员们在街上……于是我摇着铃，唱：‘丁，当，锵！’”2018年11月16日，笔者参观了北京大学塞克勒博物馆的“印迹——馆藏版画十二年回顾展”。此次展览集中展出了北京大学外国语学院专业教授、塞克勒博物馆名誉顾问唐纳德·斯通教授捐赠的版画精品。展览汇聚了100多幅珍贵的西方版画，其中就有难得一见的温思劳斯·霍拉与托马斯·阿罗姆的《大报恩寺琉璃塔》蚀刻版画的珍贵资料。

温思劳斯·霍拉与托马斯·阿罗姆的《大报恩寺琉璃塔》的蚀刻版画

1842年，奥特隆尼对大报恩寺琉璃塔做了详细的描述：“眼前精美绝伦的景象远远超出了我最生动、最精妙的想象。瓷塔共有九层，每层比例分布都十分精巧得当，主要的建筑材料是白瓷，尽管只有外壳和墙的衬里是瓷的，但宝塔的主要结构还是瓷……宝塔每层都开有四扇门，相隔分布在八面形的塔身上……门框是琉璃砖结构的，琉璃砖根据其呈现的图案不同……”

2010年3月，首都博物馆举办的“中国清代外销瓷展”中曾经展出了一幅当时由外国人拍照的南京大报恩寺琉璃塔的黑白照片（见上图右），照片中着清朝官服的官员、抬轿的与肩挑箩筐的人员排着整齐的队伍正在前行。精美的高塔与典雅秀丽的古代园林建筑为我们保留了完整的资料，为我们研究大报恩寺塔以及清代的服饰以及风俗提供了非常珍贵的资料。

大报恩寺塔的美丽与精湛的工艺震撼了世人，也折服了世界，令众多外国来华的西人赞叹不绝。如谢务禄（Alvaro Semedo，葡萄牙人，1613年到南京）称它可与古罗马所有伟大建筑相媲美。李明（Le Comte，法国人，1687年来华）称它是“东方最伟大的建筑”。明清时期，一些欧州商人、游客和传教士来到南京，称之为“南京瓷塔”，将它与罗马斗兽场、亚历山大地下陵墓、比萨斜塔相媲美。

除了这些赞美之外，许多西方贵族在建园中纷纷仿效中国的园林建筑。公元18世纪左右，英国著名的园林设计师威廉·钱伯斯爵士（William Chambers，1723—1796）在名叫“丘园”的英国皇家植物园中设计建造了一座具有浓厚中国风格的琉璃宝塔。这座琉璃宝塔高约50米、直径约15米，主体全部由砖砌而成，塔内设置楼梯，共253级台阶。每层塔檐上都覆盖有中国特色的琉璃，其八个外角处，挂有独具东方特色的小金龙，共有80个之多，充分反映出当时英国的王公贵族对中国园林文化的浓厚兴趣。

上图左：首都博物馆“中国清代外销瓷展”中的大报恩寺塔的图片

上图右：苏格兰人钱伯斯在丘园中建造的中国式八角塔

2015年12月16日，位于南京市秦淮区中华门外、占地面积约140000平方米的大报恩寺遗址公园正式开放，遗址公园中保护性展示了大报恩寺遗址中的千年地宫和珍贵画廊，以及从地宫中出土的

2015年大报恩寺遗址公园玻璃钢的新塔与中央电视台的报道

石函、铁函、七宝阿育王塔、金棺银椁等世界级国宝。备受瞩目的琉璃宝塔以轻质钢架玻璃保护塔的形式重现，新塔高93.157米，平面轮廓与古塔八边形平面吻合，内核由两个正方形旋转交错构成莲花瓣状，寓含花漫菩提，通过层层收分、塔顶重构等加强对古塔形式呼应，以当代技术再造新塔古韵。

4.普德寺的“金光大道”

2016年南京普德寺遗址开始考古发掘，在一处长方形的大型探方中，出现了一条不寻常的道路。这条道路上铺的琉璃瓦金碧辉煌，道路长超过30米，宽度约有3至4米。出于排水的考虑，路面呈现出中间高、两边低的坡度。道路两侧则用青砖“镶边”，路面上数不清的瓦片半嵌入土里。瓦片中绝大多数是破碎的黄色琉璃瓦，虽然是破碎的瓦片铺成的，但每几十块瓦组成一组“扇形”，每个扇形大小相等，摆出“鱼鳞纹”，在路面上按照鱼鳞的纹路依次排开、层层相依。远远看去，这条路通体呈现金黄色，非常醒目。琉璃瓦与南京明故宫遗址出土的瓦当等建筑构件的釉色相似。这条路直接指向普德寺遗址中现存的清代寺院建筑遗迹，而且处于正中间的位置，位于寺庙中轴线，据发掘者研究推测很可能是当年普德寺的中轴道路的一段。

普德寺遗址出土的琉璃瓦道路——“金光大道”

至于古人为什么会用琉璃瓦铺路，据南京市雨花台区文化局局长朱向东向记者介绍，很可能为了节约经费、就近取材，或回收利用前代被毁建筑的残件或利用窑厂的残次品（见江苏公共·新闻频道《新闻360》）。

5.安徽凤阳明中都遗址

安徽凤阳明中都皇故城，为开国皇帝朱元璋在自己的家乡凤阳所营建的第一座都城。明中都始建于洪武二年，占地面积50多平方公里，有内、中、外三道城，营建工程由明朝开国第一文臣李善长主持，在中国古代都城发展史上占有重要的地位。据《明会要》卷七一记载：“（洪武）二年，帝召诸老臣问建都事。或言：‘关中险固。’或言：‘洛阳天下中，汴梁为宋旧京。’或又言：‘北平故元宫室，就之可省民力。’帝曰：‘所言皆善，惟时有不同耳！长安、洛阳、汴梁实周、汉、唐宋故都。但平定之初，民未甦息；若建都于此，供给力役，悉资江南，重劳其民；若就北平，宫室亦不无更作。建业，长江天堑，龙盘虎踞，足以建国。临濠，前江后淮，有险可恃，有水可漕，朕欲建为中都，如何？’皆曰：‘善。’”遗址出土的琉璃构件证实了文献的记载。

凤阳明中都午门、神道、碑亭

6.景德镇御窑厂

景德镇御窑厂除了烧造宫廷所需要的瓷器之外，还担负着皇家宫殿庙宇建筑所需材料的烧制，并且有着一整套严格的管理制度。1994年，珠山洪武御窑厂遗址发掘出土了一批装饰有龙有凤为皇家宫殿所烧制的建筑构件。这些构件上所书写的文字有的标明了器物的使用位置，如“西房二佰十六”“大殿中层西壹拾伍”“两廊六十九”，有的记录了生产者与管理者的姓名。不难看出，景德镇御窑厂在对工匠进行严格管理的同时，对所生产的产品是一丝不苟的。

1990年9月，景德镇陶瓷研究所在珠山东麓修建台阶时，出土写有“官匣”二字的匣钵片、琉璃瓦以及铁书“浮梁县丞赵万初监造”等铭文大瓷瓦等遗物，瓦的上半截用含铁原料书写“寿字三号，人匠王士名，浇釉樊道名，风火方南，作头潘成，甲首吴昌秀，监工浮梁县丞赵万初，监造提举周成、下连都”。另一块上面写着“造坯李引、浩汉郡，浇油方道名，尾火方南，作头潘成，甲首吴昌秀，监工浮梁县丞赵万方，监造提辛周成”。这些带字板瓦再现了御窑厂对陶瓷手工业生产的严格管理。在这些制度管理下的每道工序以及制作人、作头、监工乃至监造人员的名字，都被详细地记录下来。其中写有“赵万初”铭文的板瓦，与明中都出土的同样文字内容的板瓦相一致。“赵万初”何许人也？据康熙《浮梁县志》记载：“赵万初，洪武二年始任浮梁县丞。”赵万初是陕西咸阳人，出任县丞的时间，当在洪武早期。以上匣钵与带文字的瓷片可证明官窑创烧于洪武早期。由此可知，这些由景德镇官府监造供给明中都的建筑材料，在洪武初年即已开始。这些写有文字及纪年的制品，为我们研究御窑厂的生产与管理制度以及御窑厂的生产性质、使用对象乃至琉璃的烧造提供了极为宝贵的实物资料。

写有“赵万初”铭文的板瓦

四、封建社会中琉璃的使用规定与生产制度

1.琉璃的使用

琉璃作为中国古代陶瓷手工业的一个重要品类，是继秦砖汉瓦之后在建筑领域广泛应用的建筑材料，是我国古代建筑元素的重要构成部分。建筑琉璃虽然不起源于中国，但是中国古代建筑琉璃却伴随着皇家建筑而生，又随着皇家建筑的发展而发展。明清时期是我国建筑琉璃制作的成熟期，这一时期，建筑琉璃不仅是作为一种建筑材料，还是封建社会统治思想与等级制度在建筑上的体现，也是古代建筑礼制的重要组成部分。作为明清两代皇宫的故宫，拥有15万平方米的宫

廷建筑，这些建筑以黄色、绿色、黑色等不同颜色的琉璃瓦铺盖屋顶，为皇家园林的景致增添了一抹重彩，彰显着中国古代建筑金碧辉煌的皇家气势，紫禁城内的琉璃建筑集中体现了建筑琉璃的巅峰技艺。

在封建社会中，礼制文化自始至终规范着人们的行为与生活，琉璃使用中的等级制度实际上即是封建礼制在建筑上的反映。明清两代对琉璃的使用管制尤为严厉，在琉璃瓦色彩上也有着严格的等级限制，象征着皇权与神权，什么地方用什么颜色、款型、图案，都有严格规定。不同的配色体现了建筑级别的差异。黄琉璃为最高等级，黄色琉璃瓦是皇帝的专属。在古代五行学说中，黄为中央正色，被视为最尊贵之色，皇帝将其作为自己的标志颜色，象征皇权的至高无上。使用在皇帝的行宫、住所等。清朝雍正时，皇帝特准孔庙可以使用黄琉璃瓦，以表示对儒学的独尊。绿色，仅次于黄色，用于王公大臣、宗教寺院等建筑，如紫禁城内皇子居住的南三所用的即是绿琉璃瓦。除黄绿外，蓝色只在祭天的地方使用，如北京天坛。黑色大多用于品级低的官员以及富贵人家，特殊的地方也会使用，如皇家藏书之处用黑色琉璃，代表以水克火的心理企盼。皇家园林则可用杂色。至于官民房屋墙垣，根本不许擅用琉璃瓦。《大清会典》卷一百九十九载："康熙三十三年覆准……凡禁令：康熙二十七年议准，嗣后凡官民不许将琉璃瓦料、城砖擅用，如违禁用者，严行治罪，将该管官员一并议处。"琉璃色彩的运用蕴含了丰富的建筑文化等。

2.琉璃的烧造

琉璃窑是专门负责烧制琉璃瓦的生产机构。设官直接管理琉璃建材之烧造事务始于北宋，设置琉璃窑场并委官督造肇自元代，元大都设四窑场营造素白琉璃砖瓦，明代有南京聚宝山琉璃窑和北京琉璃窑。清代北京琉璃窑，初在正阳门西，后移至门头沟琉璃渠。它们除烧造宫殿建筑所需琉璃建材与饰件外，也烧制内廷需要的琉璃质日常用品。《大清会典》卷一百九十九载："凡烧造砖瓦，康熙二十年题准：各工所需琉璃砖瓦，令管工官员先将应用实数核算具呈，照数给发钱粮，监督预行备办。除冬三月及正月严寒停止烧造外，余月以文到之日为始，定限三个月烧造送往工所。管工官员亲身验看，随到随收，给发实收。完日，将实用过数目及余剩数目并实收，缴查核销。""（康熙三十三年）又覆准：嗣后监督新旧交代，将库银、烧造物料查明注册，不许外卖。"

位于京西门头沟的琉璃渠，以烧造琉璃瓦而闻名，素有"中国皇家琉璃之乡"之称。元代起，朝廷在此设琉璃局，专为皇家烧造琉璃。清朝乾隆年间，皇家园林包括圆明园、万寿山、玉泉山、承德避暑山庄以及故宫三大殿的琉璃制品均由琉璃渠窑厂烧制。数百年来，琉璃渠的绵绵窑火一直延续，直到今天也不曾停息。目前琉璃渠还保留着很多的窑厂，其传统技艺亦被国家列为非物质文化遗产。

3.管理制度

为规范琉璃生产，各朝代都制定了严格的管理条例。宋代，李诫奉旨编修的《营造法式》卷十五《窑作制度》中有"琉璃瓦等"条、卷二十五《诸作功限》中有"窑造"条、卷二十七《诸作料例》中有"窑作"条（国学基本丛书本，商务印书馆民国二十二年版）。元代，《国朝文类》卷四十二《杂著·经世大典·工典总叙》“僧寺”条：“自佛法入中国为世所重，而梵宇遍天下，至我朝尤加崇敬，室宫制度咸如帝王居，而侈丽过之。或赐以内帑，或给之官币，虽所费不赀而莫与之较，故其甍栋连接，檐宇翚飞，金碧炫耀，亘古莫及。”（四部丛刊本）

明清两代关于琉璃的管理和生产均有严格的规定。万历朝重修本《明会典》（中华书局1989年影印本）卷一百九十《工部（十）》“物料·琉璃窑”条：“每一窑装二样板瓦坯（今按：素烧瓦坯）二百八十个，计匠七工，用五尺围芦柴四十束。”“每一窑装色（今按：色烧，也曰色窑）二百八十个，计匠六工，用五尺围芦柴三十束四分，用色三十二斤八两九钱三分四厘。”《明会典》卷一百九十“工部（十）·物料·砖瓦”云：“洪武二十五年定，凡在京营造合用砖瓦，每岁于聚宝山置窑烧造，所用芦柴；官为支给，其大小厚薄样制，及人工、芦柴数目，俱有定例……如烧造琉璃砖瓦所用白土，例于太平府采取。”严格的管控制度为生产优质产品提供了保证，也使得琉璃成为皇家的专属产品。

第六节　考古发掘出土的古代建筑遗址

随着我国大规模建设的开展，考古工作也进入了空前发展的历史阶段，大量具有重要史料价值的遗址与文物不断被发掘出土，为研究我国古代历史提供了崭新的重要依据。其中大量古代建筑遗址的发现与发掘，为我们研究中国古代城市的发展、建筑形式的演变以及建筑材料的变化，提供了翔实可靠的资料。

一、广州南越国宫署遗址

南越国宫署遗址位于广州老城区中心中山四路。南越国是公元前203年秦将赵陀割据岭南所建立的地方性政权，赵佗自称“南越武帝”，都城设在番禺即现在的广州。其后臣属西汉，汉文帝继位后，汉越和解，接受汉朝封王。赵佗在都城番禺大规模兴建王宫御苑，公元前111年，汉兵攻南越，纵火烧城，使近百年的王宫变为废墟。

在岭南历史上，曾先后建立过两个割据的地方政权：一个是秦汉之际的南越国，历四代五主，共93年；另一个是唐宋之际由刘隐奠基，其弟刘岩建国的南汉国，历三代四主，共54年。

1995年、1997年广东省文物部门在广州发掘了两千年前赵佗建立的南越王宫署遗址，遗址面积15万平方米，文化层厚达5—6米。考古工作者在发掘南越王宫遗迹的时候，发现了叠压着的南汉王宫遗迹。考古发掘资料表明：“南越国宫署遗址内不仅有南越宫苑，还有从秦、汉、晋、南朝、隋、唐、南汉、宋、元、明、清到民国共12朝的遗迹遗物。这些遗迹层层相叠，构成了一部记载广州两千多年发展的无字史书。”南越王宫署遗址1995年和1997年先后两次被评为全国十大考古发现，1996年11月被国务院公布为全国重点文物保护单位。

南越王宫署遗址中的大型石构水池和曲流石渠设计独特、构筑精巧、规模宏大。大型石构水池距地表约4.5米，池底用碎石和卵石平铺，池中散落有八棱石柱、石栏杆、石门楣、大型铁石柱、铁门枢轴、“万岁”瓦当、绳纹板瓦、筒瓦和铺地印花大砖，还有一段木船桨。据分析，水池可荡舟。1997年，在南越国大型石构水池南面发掘出一条长约150米的曲流石渠遗迹，两者同属南越国宫苑的园林水景遗迹，是“目前我国发现年代最早的宫苑实例”。

南越国宫署遗址石构龟鳖池、排水渠、陶箅

遗址出土的2000多年前的陶箅与我们现在城市建设当中使用的完全没有两样，它的出土说明当时的城市下水设施已经相当完备。

南越国宫署遗址中出土南汉国宫殿使用的黄釉陶鸱吻残件全身刻鱼鳞纹，背部刻羽翼，龙爪凤尾，身下刻云气纹，头部残缺，线条流畅。高约1米，宽80厘米左右，重量逾70斤。釉色均匀带有光泽。这是目前广东考古发现年代最早的釉陶雕塑鸱吻。南越王宫遗址出土的屋顶建筑构件表面大都施有一层绿色琉璃釉，不但可防止雨水渗透、提高建筑质量，还使建筑表面色彩更加华丽。

瓦、当

南越国宫署御花苑遗址中出土了大量绳纹板瓦、筒瓦、“万岁”瓦当、印花铺地砖、云纹瓦当、带钉瓦、大型花纹砖、凹面砖等各类陶质建筑构件，大量带“官”“公”“宫”“居室”等内容的戳印瓦片，少量带釉的绳纹瓦片，还有陶罐、盘、瓮等生活用品。瓦当有带釉与不带釉两种，花纹题材多样，动物、植物、文字以及图案等比较普遍。

南越王宫遗址出土的万岁、动物纹与历代瓦当

南越国宫署御花苑遗址出土的95厘米×95厘米的铺地大方砖，长方带孔砖、印花包柱转角砖堪称全国之最。这样大型、平整古老的方砖，烧制时没有变型，确实令人叹为观止，说明当时的烧砖技术已经很高。

南越王宫遗址出土的铺地砖

水井与井圈

南越国宫署遗址内，发现有3个水砖井，这些水井最深的达14米，最浅的8米，用专门烧制的弧扇形砖叠而成，井底用砖石铺砌，结砌非常精细。御花苑遗址发现83口南越国至民国时期的水井，有土井、砖井、瓦井、木井、篾圈井和陶圈井，反映了不同时期建筑文化的特色。南越国宫署遗址出土的东汉时期水井，井口圆形，井圈用弧扇形砖叠砌，发掘时在井内清理出各式汲水陶罐等达100多件。

南越王宫遗址出土的西汉、东汉水井，东汉井圈

秦代地层出土了戳印“女市”铭款的泥质灰陶盆残片。篆书“女市”铭款戳印在口沿内侧。根据秦汉器物上常见“某市”戳印之例，“某市”即为某地市府作坊的标记，前一字为地名的惯例。“女”是古代的通假字，通“汝”，为“汝阴”的省称。由此可知此器是由汝阴市府烧造的。“这件戳印‘女市’的陶盆应为当时秦南征将士所用的炊器，随军来到番禺（今广州），是秦统一岭南的重要历史物证。”（广州日报）。

“华音宫”款陶器盖残片发现于二号宫殿东南角，南越国地层中还发现了戳印“未央”二字的陶片，推测“未央宫”“华音宫”是南越国诸多宫殿中的两宫。

“女市”陶盆残片、“华音宫”陶器残器盖、“少府”铭款陶片

二、阿房宫

阿房宫始建于秦始皇三十五年（公元前212年），是中国历史上第一个统一的多民族中央集权制国家——秦帝国修建的巨大宫殿。遗址位于今西安西郊15公里的阿房村一带，遗址总面积15平方公里。

阿房宫遗址

汉代著名史学家司马迁在《史记·秦始皇本纪》中记载："前殿阿房东西五百步，南北五十丈，上可以坐万人，下可以建五丈旗，周驰为阁道，自殿下直抵南山，表南山之巅以为阙，为复道，自阿房渡渭，属之咸阳。"其规模之大，可以想见。

唐代著名诗人杜牧在《阿房宫赋》写道："覆压三百余里，隔离天日。骊山北构而西折，直走咸阳。二川溶溶，流入宫墙。五步一楼，十步一阁；廊腰缦回，檐牙高啄；各抱地势，钩心斗角。"这是古代诗词中对阿房宫宏伟场面的描写，勾起了人们对那座华丽宫阙的无尽遐想。古代画家也曾对阿房宫进行过描绘，更使阿房宫披上了一层神秘面纱。

真实的阿房宫到底是什么样子，阿房宫遗址到底有多大，建筑规模、结构又如何，项羽是否火烧阿房宫，这些今人没有见识过的"历史悬案"，随着考古学与考古事业的不断发展，正在一步步地被揭开。2002 年以来，为寻找和确定阿房宫遗址的范围，阿房宫考古工作队耗费了10多年的时间，在勘察了遗址周边135平方公里面积的基础上，考古工作者对遗址进行了田野考古发掘，经过多年的论证，众多保存完整的建筑遗迹以及丰富的地下文物不断出土，逐渐为我们揭开这个千古之谜。

2003年12月5日《西安晚报》记者杨小明这样报道："昨天下午4时许，……记者在西安西郊的全国重点文物保护单位秦阿房宫前殿遗址看到一个出土的完整的屋顶，15片完整的巨型大瓦整齐有序地排列在坑的南侧，形成一个形同屋顶的整体，整个屋顶的面积约有4平方米，显得非常平整，镶在屋顶上的每片瓦的长度有40多厘米，宽度有30多厘米，除了个别瓦片有些破损外，大多数都保存得相当完整。"

距秦阿房宫前殿遗址东北方向200多米左右，在一个约5米深的施工工地下面，一个规模庞大的秦时期排水管道经考古发掘展现在世人面前。这组陶制排水管道一节58厘米，外表绳纹，里面麻点纹，一头粗一头细，大头套着小头，3组并列呈品字形绵延东西南北，东西长达到78米，南北长10

米。另外在西边还有一处18米长呈南北走向的排水管道。右图为阿房宫遗址出土的秦代建筑排水管，2006年1月5日，中国网转载了西安晚报对当时所出土排水设施的报道及其照片。大量文物与遗迹的出土，对我们研究历史、古为今用，宣扬传统的民族文化，让文物活起来与增加文化自信起到了非常好的促进作用。

阿房宫上林苑遗址出土地下排水管道与建筑构件

三、未央宫

未央宫位于今西安市西北约3公里，北距渭河南岸约两公里处。“未央”寓意即没有祸殃，没有灾难，象征着平安、长寿、长生等意义。未央宫是中国古代规模最大的宫殿建筑群之一，汉代长安城里有未央宫、长乐宫、明光宫、桂宫等多座宫殿，每座宫殿的功能各不相同，其中未央宫是皇帝朝会诸侯群臣的场所。未央宫的设计与规划奠定了中国两千多年宫廷建筑的基本格局，对后代都城的建设产生了深远影响。

四、唐代大明宫

唐代大明宫遗址

大明宫初建于唐太宗贞观八年，是唐太宗李世民为太上皇李渊避暑而建的夏宫。唐高宗继位后，于龙朔二年对大明宫进行了大规模扩建，为唐帝国200余年间的统治中心。

唐代是中国封建社会经济文化发展的高潮时期，建筑技术和艺术得以高度发展。唐都长安和东都洛阳修建了规模巨大、布局规范合理的宫殿、苑囿、官署，建筑。长安是当时世界上最宏伟的城市，著名的宫殿遗址大明宫，其范围相当于故宫紫禁城总面积的三倍多，极为雄伟。

五、三亚大云寺

1200多年前的天宝八年（749），唐僧鉴真和尚第五次东渡日本时，遭遇台风，漂流至海南岛，住进大云寺内。当时的大云寺佛殿已废坏不堪，鉴真及其随从弟子便着手修建，历时一年修缮竣工。从现存的柱础、铺地方砖、瓦当、滴水与建筑构件的形制可以看出，当时大云寺的规模是比较宏大的。

三亚大云寺出土的筒瓦、滴水、莲花纹砖

民以居为安，安居才能乐业。由于居住的需要，人们发明了房屋，同样是由于居住的需要，人们学会了美化自己的住所。人类从洞居到穴居进而到屋居的发展历史再次证实“房子是用来住的，不是用来炒的”。在人类需求不断演变的过程中，中国的古代建筑得以完善与发展。陶瓷手工业的不断发展与创新为建筑提供了全新的高质量建筑材料和装饰。反之，古代建筑的不断发展又促进了陶瓷手工业的发展与创新。古代陶瓷与古代建筑就是在这样的相依相存中共同发展与繁荣，一起见证了中国古代建筑文化的灿烂辉煌。亭台楼阁、青砖碧瓦的古代建筑因陶瓷而美丽而传承，陶瓷与建筑有如日月同辉。

第六章

古代陶瓷与丧葬文化

死亡与生命一样，是人类永恒的话题。恩格斯在《反杜林论》中指出：“生命是蛋白体的存在方式，这个存在方式的基本因素在于和它周围的外部自然界的不断新陈代谢，而且这种新陈代谢一停止，生命就随之停止，结果便是蛋白质的分解。”恩格斯还认为：“生命总是和它的必然结果，即始终作为种子存在于生命中的死亡联系起来考虑的。辩证的生命观无非就是这样……生就意味着死。”生老病死，是人类社会每个人都必须经历的。

丧葬文化，集中反映了人们对死亡的认识。《论语·为政》云：“生事之以礼，死葬之以礼，祭之以礼。”据可查的考古资料表明，中国丧葬文化的起源可以追溯到数万年前的旧石器时代。北京周口店遗址山顶洞人的遗骸周围，撒有含赤铁矿的红色粉末，并埋葬有钻孔的兽齿、石珠、骨坠等随葬装饰品。这是考古工作者发现的最早、最原始的土葬。科学家最新的测定结果表明，山顶洞文化年代介于距今2.7万年至3.4万年之间，这说明早在3万多年前，我们的祖先已开始实行埋葬死者的葬俗，并通过撒赤铁矿粉的手段举行原始的宗教仪式。

丧葬活动及丧葬文化起源于人类早期灵魂不灭的宗教思想，在通过祭祀活动表达对亲人去世的悲哀之情的同时，也表达了人们重视生命及追求永恒的人生观及远古人类“事死如事生”的原始认知。

古今中外，人们对于丧葬一向都是重视的，并且形成了特有的文化。随着历史的发展变迁，丧葬文化也在不断地发生变化，这主要体现在墓地、葬具和随葬品等诸多方面。从殷商时代的人殉到秦始皇大修陵墓，再到慈禧太后……历代统治者不断将厚葬的规模及豪华程度推向登峰造极，将“事死如事生”的丧葬文化发挥到了极致。

丧葬文化是人类在发展过程中逐步建立并不断完善起来的，是整个人类文化不可缺少的一部分，也是研究人类社会发展不可或缺的内容。陶瓷随葬品是丧葬文化的重要组成部分。

第一节　陶器与原始社会的葬俗习俗

陶器的发明是人类社会发展到一定历史阶段的必然产物，是社会文明发展的结果。陶器不仅是构成新石器时代文化的标志，也是原始丧葬制度的重要组成部分。用陶器随葬和用陶制器皿作为葬具进行埋葬是原始社会新石器时代丧葬文化的两个基本特征，也是这个时期流行的埋葬习俗。

新石器时代，陶器已成为人类社会生产生活不可缺少的部分，人们生前用它汲水、炊饮、储藏、吃饭……死后则把它作为随葬品同死者一起埋入坟墓。他们希望死后能像生前一样，继续使用这些器物从事生产与生活。正如莫尔根在《古代社会》一书中说：“生前视为最贵重的物品，都随着死者而殉葬，以供他在冥中继续使用。”在这种原始的丧葬观念的驱使下，陶器普遍被用来随葬。考古发掘结果表明，这种埋葬习俗已遍及我国新石器时代的各类型文化。

一、瓮棺葬——原始的葬具

瓮棺葬是古代的墓葬形式之一，一般是用日常使用的陶瓮、陶罐或陶釜与陶钵、陶盆相扣组合而成。瓮棺葬通常用来埋葬儿童，一般埋在居住区内房屋附近或室内地面下。瓮棺葬在原始社会的墓葬中具有分布地区广、出土数量多、流行时间长、所占比重大的特点，在新石器时代墓葬中占有重要的位置。

1.流行区域广

从黄河流域的陕西半坡文化、河南淅川黄楝树、豫西地区的秦王寨及王湾二期文化、豫北冀南地区的后岗二期文化、陕晋豫地区的老官台文化到湖北石河遗址群的邓家湾遗址、谭家山遗址和肖家屋脊遗址的屈家岭文化、石河文化的墓地及汉水上游的湖北青龙泉、均县乱石滩等地的新石器文化的墓地都出土有不同数量的瓮棺葬，流行区域如此之广，说明它曾经是远古时代的一种普遍习俗。

半坡遗址出土的瓮棺葬

半坡遗址考古发掘出土的瓮棺葬73座，以钵、盆与瓮或两瓮相对扣为葬具，往往在葬具器盖的底部有意识凿一小孔，似为灵魂出入口。

2.出土数量大

瓮棺葬在各地新石器时代的墓葬中出土数量很大，半坡遗址的250座墓葬中有瓮棺葬73座，占全部墓葬数量的29%左右；姜寨一期文化的380座墓葬中瓮棺葬占墓葬总数的54%；二期文化的294座墓葬中有瓮棺葬103座，占35%，四期的四座墓中有三座，五期的七座中有一座，分别占75%和14.5%；在北首岭占14.6%……这些高比例的数字反映出新石器时代瓮棺葬数量之大，同时也从侧面反映出新石器时代儿童死亡率高的现实，说明原始社会生产力水平的低下及原始人类生活的艰辛。在新石器时代人们主要以渔猎与采集经济为生，食物的来源得不到保障，食物的匮乏，恶劣的自然环境及天灾人祸对人类的侵袭威胁等，造成儿童的大量死亡。据有关专家鉴定，陕西华阴横阵仰韶文化时期人骨死于壮年和中年的个体占总数的至少59.8%，死于几岁的幼年个体占总数的11.8%，而死于老年的个体只占总数的1%弱[1]。儿童死亡率极高。新石器时代人的寿命很短，横阴仰韶文化的居民平均年龄只有21.8岁，婴儿的死亡率占40%上下[2]。可以说，瓮棺葬数量的多少反映的是生产力水平的高低和人类改造自然能力的大小。

1　《陕西华阴横阵的仰韶文化人骨》，《考古》1977年第4期，第24页。

2　严文明：《横阵墓地试析》，《仰韶文化研究》第258页。

3.组合形式多

瓮棺葬具以瓮钵或罐盆的组合最为常见，少数葬具由三种器物构成。但因地区的不同和文化早晚的区别，具体的组合形式很多。以姜寨遗址第一期文化遗存为例，瓮棺葬具的组合有瓮上扣钵、罐上扣钵、瓮上扣盆、瓮与半截尖底瓶、瓮与两个相叠的钵、瓮与一钵一盆、罐与盆及两瓮相扣 8 种。以前三种占绝大多数，前三种中又以第一种居多。三种的数字比为109：32：25。在第二期文化遗存中瓮棺葬的组合有13种之多，较第一期增加了两罐对扣、两缸对扣、缸与盆、缸与钵等，第一期中的瓮与两钵、瓮盆钵与罐盆的形式已不见。半坡文化的瓮棺葬以瓮钵、瓮盆为主，三种器物构成的仅见于三座墓葬。

瓮棺葬中作为盖子用的盆、钵的底部正中大多凿有一个小孔，直径在1.5—2厘米之间，小孔的形状有规则与不规则两种，有的小孔上面盖有一小块陶片，作为灵魂自由出入的通道，反映出原始人类灵魂不灭的宗教信仰。

大多数瓮棺葬中没有随葬品，半坡遗址的73座瓮棺葬中只有M32一座有随葬品，但也只是有一件小的粗陶罐而已。姜寨第一期文化遗存的206座瓮棺葬中12座有随葬品，这些随葬品大多为一件陶锉或一件陶罐、一个细颈瓶。第二期文化遗存的103座瓮棺葬中也只有 4 座带随葬品，反映出当时社会物质文化的生产还很不丰富，这从一个侧面说明了埋葬习俗受制于社会生产力水平的发展。

大多数瓮棺葬埋葬于居住遗址的旁边，只有少数埋葬于公共墓地，反映出人们关心幼小死者在另一个世界的生活，并希望继续给他们以抚爱关心与照顾。

瓮棺葬的墓坑以长方形或方形竖穴坑和圆形竖穴坑及倾斜状的凹坑为主，以西向为主，东向次之。以姜寨2期遗存为例，西向者占75%，东向者占11%，其他文化遗址也大同小异。

瓮棺葬葬具中许多有着精美的花纹，如半坡遗址出土的各类陶器中，保存最好而纹饰最美的都是从瓮棺葬中出土的，姜寨文化遗址也是如此。

个别地区或个别文化的瓮棺葬用于埋葬成年人，仰韶文化中的伊川缸最具代表性。这种缸是一种直口直腹平底、造型近似直筒形的加砂红陶缸，外部口沿下分别有4—6个不等的向下弯曲的锥体状泥突，有的有盖，有的无盖，盖呈馒头形，盖的口沿外也有着和缸体外口形状相同的但弯曲方向相反的泥突。这种缸1959年首先在伊川出土[1]，所以被称为伊川缸。后来又先后在河南的偃师苗湾、巩县的赵城、禹县谷水河、鲁山邱公城、南召二郎岗、密县马鞍河及临汝阎村等地陆续发现。这些缸具有两个共同的特点，首先是缸底部都有一个不到一厘米的圆形孔，其次是出土时缸里面都装有成年人的骨架。骨架的位置大多错乱，显然是二次葬的结果。根据这两个特点不难判断，这是一种专门烧制用于成年人二次葬的葬具。

1994年12月11日的《中国文物报》发表的河南汝州洪山庙遗址的大型瓮棺墓葬，在东西长6.3米、南北宽3.5米的墓内放置有136件瓮棺，均为大口直壁、平底的陶缸，缸上有半球形的器盖相扣，缸和盖的口沿下，有对称的鸟喙状的凸勾，供上下捆绑之用。从缸内的骨架可以看出是专门为死者

1 《考古》1961年第1期。

进行二次埋葬所烧制的葬具。缸外绘有黑、白、棕、红四种颜色的彩绘图案。湖北宜昌杨家湾遗址、枣阳雕龙碑遗址也都发现有瓮棺葬[1]。

4.延续时间长

考古发掘资料表明，瓮棺葬作为一种特殊的葬具，它的出现与使用从新石器时代早期，一直延续到汉代。2016年10月11日，新华网报道了河北省黄骅市在郛堤城遗址附近共发掘战汉时期瓮棺葬113座。其中107座为儿童葬。瓮棺葬形制达20多种。瓮棺葬的出现与后期的棺椁埋葬一样具有共同的信仰和观念，即灵魂不灭。

河北省黄骅市郛堤城遗址战、汉时期瓮棺葬

二、土坑墓中的陶器

土坑墓是新石器时代墓葬的重要组成部分，无论是出土数量还是出土范围均大于瓮棺葬。这些墓大部分用陶器进行随葬，考古统计的结果表明，在元君庙墓地用陶器殉葬的墓占86.8%，在半坡占66%，在陕西横阵占70.8%、南郑龙缸寺半坡类型的墓地中占55%，在青海柳湾齐家文化墓地占90%，在江苏刘林占88%……这些数字说明，用陶器随葬已成为新石器时代普遍流行的做法，而这些比例数字的不同又反映着生产力发展水平的差别。以半坡与齐家文化为例，显然后者要高于前者，这表明随着社会的不断发展，生产力水平在不断提高。

1.随葬品的类型与组合

日用陶器

新石器时代的随葬品以生活用品为主，生产工具只占很小的比例。随葬的生活用品主要以日用陶器为主，它们的组合有着一定的规律，其配制多按食器、水器、储存器这三大类的组合进行。但由于我国地域广大，文化类型繁多，故具体情况又因地而异。

黄河中下游一带的老官台，随葬陶器以碗、罐、鼎为主；公元前五千年的仰韶文化半坡类型包括陕西的北首岭、华阴元君庙、横阵、临潼姜寨等，多以蒜头瓶、尖底瓶、夹砂罐、大口瓮及钵等随葬。如横阵墓地中的随葬品大多为钵、尖底瓶、夹砂罐的组合，前者为食器，中者为饮食器，后者为炊器或储藏器。这三大类器物是人类生产生活中必备的，死后把这些具有实际生活意义的器物进行随葬，反映出原始的人们希望死者在进入另一个世界后也能像生前一样生活的心态。类似的组合在元君庙墓地中亦有，并且还有少量的泥质陶罐、盆或细颈瓶。史家墓地则多以钵、侈口罐、带盖罐和葫芦瓶进行组合。这些陶器的质地多以细泥红陶和夹砂红陶为主，陶器的制作工艺较为原始

1 《中国文物报》1994年10月23日，1994年11月20日。

落后。到了公元前4000年左右的庙底沟时期，包括山西夏县的西阴村、陕西西安的马王村、邠县下孟、华县泉护、河南陕县庙底沟及甘肃的大地湾等，随葬陶器流行釜、灶、罐、尖底瓶、盆、钵、碗、杯；到了公元前3000年的庙底沟二期的仰韶村、不召寨，山西万荣荆村、华县泉护、横阵等，普遍流行用泥质灰陶、夹砂灰陶的鼎、罐、盆、钵、杯随葬，这个时代，红陶已基本消失。在万荣荆村还发现了陶祖，说明原始社会的生殖崇拜已经产生。到了三里桥龙山文化时期，又流行以鬲、罐、盆、甑、豆组合的泥质灰陶或夹砂灰陶随葬。客省庄二期则以鬲、罐、碗、豆等随葬，陶器种类以灰陶为主兼有少量红陶。

黄河上游的甘肃、青海地区的马家窑文化流行用彩陶随葬，如马家窑期的瓮、罐、钵；半坡期的瓮、罐等彩陶随葬品与中原地区流行的红陶或灰陶有所不同，存在着明显的地域特征。彩陶是表面有彩绘装饰的陶器是我国新石器时代晚期文化的一朵奇葩。其烧制方法是未烧以前，先在胚上绘画，以900—1000℃烧成。黄河下游的青莲岗文化包括江苏淮安青莲岗、连云岗二涧村、邳县刘林及大墩子等，鼎、钵、罐、盆、豆、杯、釜等陶器最为常见。大汶口文化包括山东宁阳堡头村、泰安大汶口、兖州王因、滕县岗上村、曲阜夏侯、安邱景芝镇、临沂大范庄等文化的墓葬中，鬶、鼎、豆、背壶、高足杯等最为流行，且陶器的质地色泽多样化，器型也别具一格，特别是蛋壳黑陶更是以其薄如蛋壳的器壁独树一帜，体现着陶器制作的不断发展及高超的技艺。到了新石器时代晚期，山东与苏北一带的龙山文化又以鬶、盉、甑、罐、鼎、碗、杯、豆、尊、盆、缸等器物随葬，蛋壳黑陶已成为这个时期最具代表性的作品。

长江流域的湖南、湖北、江西等地区又与黄河流域不同，如湖北秭归朝天嘴、宜昌杨家湾、宜都红花套、枝江关庙山、江陵朱家台、毛家山等地的大溪文化随葬的釜、鼎、罐、豆、钵、簋、尊，湖北京山屈家岭、天门石家河、均县观音坪等处的屈家岭文化出土的鼎、甑、盆、钵、碗、豆、杯、罐、缸等及其陶纺轮、陶球、陶环等生产工具和装饰品等都具有本地区的地域特征。

石家河文化的陶器、屈家岭文化彩陶点纹杯、大溪文化彩陶弦纹碗

不管组合如何变化，其所具有的三种实用功能不变。这是它们所具有的共性。故此，具有同一类使用功能的器物大多单独而不重复使用。以半坡墓地为例，有尖底瓶的墓绝不使用长颈瓶或葫芦瓶，而有葫芦瓶的墓又绝不出尖底瓶和长颈瓶，随葬长颈瓶的墓又没有尖底瓶和葫芦瓶。因为这三种器物同属水器，只要有一件就可以代表一个品种。还有些墓有粗陶罐的一定有圆底钵作为盖，而

有带盖陶罐的就不再用钵进行随葬。这些固定的搭配一方面形成了原始的埋葬习俗和器物组合，另一方面也反映出在原始社会因生产力水平的低下，产品还不够丰富，在这种状况下人们只有科学合理地选择与搭配器物进行殉葬，才能最大限度地达到既祭奠亡灵又不致影响生者现实生活的目的。

共性之外，不同地区不同文化的墓葬在随葬品的组合方面也存在着具体的差异，这个差异不仅体现在造型中也体现在数量和质量上，陶质、纹饰及制作工艺方面不同。一般来讲，黄河中游以红陶及夹砂红陶为主，兼有少量的灰陶。制作中已使用慢轮。黄河上游的甘肃青海一带，彩陶相对发达，器物造型中瓮、罐、盆最为流行，花纹中以旋涡、锯齿等多变的几何纹最为流行。黄河下游的大汶口、龙山文化的蛋壳黑陶和白陶最具代表性，与其他地区的同时期文化不同。器物造型中的鬶、背水壶、高足镂空黑陶杯等也具有典型的地域性风格，是新石器时代陶器制作水平的代表。至于那些黑如漆、光如镜、薄如纸的蛋壳黑陶，堪称时代一绝。它的大量生产显示了成型与烧制工艺的炉火纯青。独具特色的白陶及彩陶中的五角星纹在同时期文化中标新立异。长江中游的大溪、屈家岭文化中的手制红陶或灰陶，虽然在制法上存在着更多的原始性，但其有代表性的以簋、鼎为主的器物造型为后来阶级社会随葬品中的礼器造型奠定了原始的基础。至于长江上游和下游的多种不同文化中的各种不同组合，显示着同时期不同类型文化的多样性及新石器时代陶器的不同品种和多种不同的随葬形式。

生产工具

新石器时代晚期，部分墓葬中使用生产工具进行随葬，这些生产工具中的陶纺轮多出土于女性墓葬之中或出土时放于女性的旁边。其他的生产工具如陶拍、陶锉、刮削器、刀、模等则多出土于男性墓葬之中。在青海柳湾212座半山型的墓中出土有69件陶纺轮，在齐家类型的324座有随葬品的墓中出土了53件陶纺轮，这些多出土于女性尸体旁或女性墓之中。这一现象说明，男耕女织的社会分工在原始社会中已开始出现，由于体力及生理的原因，男子更适于田间种植，女子则适合在家从事纺织及养殖。这种男女分工的日趋明显说明原始的经济有了一定的发展，当食物的来源有了一定的保障之后，女子可以不用像男子那样长年在野外奔波从事采集、渔猎，而是越来越多地在家从事劳作。因此，这种社会分工是社会进步的标志，是生产力发展的必然结果。

屈家岭文化（左）、半坡文化（中）、青海柳湾（右）陶纺轮

2.随葬品的数量

随葬品的数量及其变化在新石器时代早期墓葬中悬殊不大，反映出氏族成员间平等的分配关系

及社会地位。如江苏邳县刘林新石器遗址第二次发掘的145座墓葬，除18座无随葬品外，其余100座随葬品的陶器都在1—8件之间，19座随葬9—15件，8座随葬19—32件[1]。在这些墓葬中，早晚两期随葬品的数量虽有所不同，但是悬殊不大，说明当时虽有程度不同的贫富分化现象，但还不十分显著。湖南澧县彭头山新石器早期遗址的18座墓中，随葬陶器1—4件不等[2]，说明当时还未出现贫富分化的现象。湖北石河遗址群邓家湾发掘的60座土坑墓随葬品的数量一般在10件左右，少数墓葬没有随葬器物，只有M40随葬了21件[3]。青海柳湾半山类型墓葬中以陶器作为随葬品仍然最为普遍，在212座有随葬品的墓中以陶器随葬的有137座，其中绝大多数为1、2件器物，除了生活用品外，在女性墓中还使用生产工具中的陶纺轮进行随葬。这一切都说明，新石器时代早中期社会上虽然已开始出现贫富分化，但悬殊不是很大，氏族成员的社会地位基本平等，因此，墓葬中出土陶器的数量及品种大体相当。

新石器时代晚期，随葬器物多寡不同，相差悬殊，贫富分化明显。这一点在不同地区的文化中都有体现。江苏花厅遗址的墓葬中随葬品多者上百件，如M4、M16、M18、M20，少者8件，如M120。姜寨二期文化遗址中，随葬一件器物的墓占15.5%，2—5件的占60%，6件以上的占20%，其中M84随葬32件，M254随葬18件。与此同时42座墓没有任何随葬品[4]。湖南安乡划城岗一期遗址的91座墓中大多数只随葬数件陶器，只有M63的随葬品达77件之多[5]。安徽潜山薛家岗遗址三期遗存的80座墓，多数都随葬2—4件器物，只有M44高达46件[6]。地处黄河上游的甘肃永昌鸳鸯池墓地，57座墓中只有M51的随葬品在20件以上[7]。青海柳湾齐家文化类型的366座墓只有295件随葬陶器，51座墓只有一件随葬，120座墓随葬2—4件器物，78座墓随葬5—9件，41座墓10—14件，只有4座墓有20件以上的随葬品。如M972除了有生活用陶器27件外，还出土有陶纺轮等生产工具。少数人拥有社会上较多的物质财富，除了生前享用外，死后作为物质财富随葬，而大多数只有一二件随葬品的墓占全部有随葬品墓数的58%，从此不难看出两极分化这一明显的现实。在从半山类型到齐家类型600余年的发展中，随葬品从一二件没有太大的数量差异到差异很大，反映出这个时期贫富分化的不断加快与明显。大汶口文化墓葬中大墓和小墓在随葬品数量上也有着明显的差异，贫富分化已经表现得非常明显。大溪文化74座墓的随葬品在种类与数量上亦有很大的差别，龙山文化这一现象表现得则更为明显。

长江流域的南京北阴阳营遗址也有相同的情况，在第一、二次发掘清理的225具人骨中，有206具各有一套随葬品，少者两件，多者40件，相差20倍之多。随葬器物以陶器为主，占全部出土物的

1 《考古学报》1965年第2期。
2 《文物》1990年第8期。
3 《文物》1990年第8期。
4 《姜寨》。
5 《考古学报》1983年第4期。
6 《考古学报》1982年第3期。
7 《考古》1974年第5期。

45%[1]。广东曲江石峡遗址第三期新石器时代晚期墓葬中，小型墓的随葬品为4件到12件不等，大型墓的随葬品则多达60—110件，财富占有的不平等反映出社会关系的新变化。马克思曾经说过："劳动资料不仅是人类劳动力发展的测量器，而且是劳动借以进行的社会关系的指示器。"[2]

在贫富分化现象出现的同时，男女之间的社会地位也开始发生变化。福建溪头下层发现的50余座墓中，早期随葬品较少或没有，晚期则明显增多，并出现男女合葬墓中女子屈肢面向男子的状况，M18男性墓是这个墓地随葬品最丰富的一座。这两个现象表明，男子拥有比妇女更高的社会地位，长期以来的母权制正在向父权制转移与过渡。

三、随葬陶器与社会变革

陶器普遍出现于新石器时代的墓葬之中，这一事实说明了如下几个问题。

1.同一时期不同文化的墓葬随葬器物组合和数量的不同，反映了各氏族间经济发展程度的不同和社会习俗的差异，实属同一时期不同文化间的地域性差异。而同一文化不同时期墓葬随葬器物组合与数量的不同反映出同一个文化早晚不同的差异，属于同一文化早晚不同时期的差异。新石器时代墓葬中随葬陶器的变化则是我们研究这两个差异最直接、最科学的依据，是区分不同时期不同文化的第一手资料。通过它可以对古代的社会形态、生产力发展水平、丧葬制度及不同地区不同文化及同一地区同一文化不同时期的发展与演变等规律性的问题作出科学准确的判断。因而在新石器时代考古学中占有重要的位置。这正如夏鼐等在《考古学》一书中所说："注意同一时期人类社会之间的相互影响和传播关系，也要注意人类社会文化在不同时期的继承、演变和发展的过程。这些横的联系和纵的过程正反映在大量的遗迹群和遗物之中，有待考古学家去分析和究明。"[3]

2.随葬品以生活用品为主，从这些器物的实用功能中不难看出，陶器首先是为了适应人们实际生活的需要而产生的，不管是其原始的形体还是不同的种类组合，均强烈地反映出器物的实用功能。通过对这些功能的研究，我们可以看到这样一条规律：社会越是发展，器物所具有的艺术功能就越大于实用功能。从原始社会的陶器所具有的实用功能大于艺术功能这一点可以看出，原始社会生产力水平的发展还处于非常落后与原始的阶段。在这种状况下，人们所生产的器物首先是以满足人们生存所必需的最原始需要——吃、喝为目的，其次才是生产人类生产所需要的东西。这正如马克思所说："人类为了能够'创造历史'，必须能够生活，但是为了生活，首先需要衣食住以及其他东西，因此第一个历史活动就是生产满足这些需要的资料，即生产物质生活本身。"[4]由于生产力发展水平所限，人们不可能在死后随葬更多的物品给死者，因此，随葬陶器的类别与数量除了是研究葬俗的必不可少的依据外，也是研究原始社会生产力发展水平的重要标志，在我国新石器时代考古学中占有重要的位置。

3.随葬品中生产工具的出现，说明原始社会的后期生产力水平有了一定程度的发展，也反映出

1 《考古学报》1958年第1期。

2 《马克思恩格思全集》第23卷，第204页，人民出版社，1972年。

3 《中国大百科全书·考古卷》。

4 《马克思、恩格斯全集》第三卷，第31页。

原始的氏族经济除了狩猎外，也开始了农作物的种植和纺织。许多新石器时代的遗址与墓葬中出土的数量可观的陶纺轮、陶拍、陶挫……说明陶器已成为原始人类的生产工具并大量用于社会生产之中。同时期陶器底部出现的布纹等纺织品的痕迹及大量出土的陶纺轮，说明原始的纺织业在新石器时代已经出现。

4.陶制装饰品、乐器、玩具的出现反映出原始人类生活内容的多样性。新石器时代的随葬品中除了随葬大量的生活用品、生产工具外，同时也出土了一些陶制的装饰品和一些原始的乐器、玩具，如陶环、陶笄、陶埙、陶响器、陶鸟、陶螺形器……有些器物上饰有精美的花纹，说明原始的人类在极端艰苦的环境内，也在力所能及的范围里尽量把生活装扮得更美好的审美意识。他们利用大地赐予的用之不尽、取之不竭的泥土，烧制出了大量用于别发的发笄和戴于腕上用于装饰的陶环来打扮着自己，有些器物上的纹饰即使用现代的审美观点来审视，也还是具有相当美感的。试想当原始的人类在劳作之余，梳着当时流行的发式，戴着具有漂亮色彩与精美纹饰的陶环，在原始彩陶鼓、陶埙、陶响器的伴奏下翩翩起舞之时，该是多么欢快与多么富于诗意。1973年青海大通县上孙寨发现的马家窑舞蹈人物彩陶盆，生动与形象地为我们描绘了这一最早的原始舞乐画面。无独有偶，1995年在青海西宁市西340公里的宗日遗址第157号墓，又发现了一件马家窑文化的舞蹈人物纹彩陶盆（见下图），精心绘制的两组舞蹈人物一组13个，一组11个，手拉手跳舞，比上孙寨所出更加美观大方[1]。同遗址发现的一件陶埙，至今仍然能吹奏出悠扬婉转的音调。这一新的发现说明，原始的舞乐最晚在马家窑文化时期已相当发展。它表明人类在创造物质文明的同时，也创造了精神文明。英国史前考古学家V.G.柴尔德在其著作《欧洲的史前移民》一书的首章曾经说过：“文化是可以看得见的事实……一组反复地出现在同样的居处及其相同葬俗的遗址中的遗存组合，比如工具、武器、装饰品、住宅、葬仪和祭品等都是显示着维系一个群体的一般社会传统的具体表述。”

青海宗日遗址、青海省上孙家寨遗址出土的舞蹈人物彩陶盆

总之，用陶器作为葬具和用陶器进行随葬是原始社会主要的埋葬习俗，研究这些葬具和随葬陶器是我们了解原始社会生产力发展水平、手工业生产状况、人们审美情趣的变化及社会如何由平等到出现贫富分化乃至最后出现阶级的重要途径。原始社会由于生产力水平的低下，人们过着平等的生活，因为只有这样才能战胜恶劣的自然和社会环境，保持人类最起码的生存与繁衍。当时的葬俗与随葬品清楚地反映了这一点。随着生产力水平的不断提高和物质生活的逐步丰富，原始社会晚期人们的社会关系开始发生变化，千百年来用以维系人与人之间关系的平等开始被冲破，少部分人占有较多的物质财富，分配中出现了贫富分化，随葬品中的数量与质量的差别就是这一变化的体现。

1　《中国文物报》1995年9月24日。

马克思曾经说过："要认识已经灭亡的动物的身体组织，必须研究遗骨的构造；要判别已经灭亡的社会经济形态，研究劳动手段的遗物，有相同的重要性。"[1]现代考古学就是通过发掘手段，利用古代遗留下来的文物去研究当时的社会经济形态等各个方面及其演变过程，特别是对没有文字记载的史前文化的研究，这一点尤其重要。考古学正是通过这一手段，以古代大量的物质遗存为依据，研究出古代社会经济文化的面貌及发展情况，而墓葬在这些遗存中又占有极大的比重，陶器又是墓葬中随葬的最主要物件，故此通过对古代陶器的研究可直接明了原始人类的埋葬制度和习俗。

第二节　仿铜陶礼器与商周的礼乐制度

商周时期，社会制度发生了重要变革，中国古代社会进入了奴隶制时代，社会的贫富分化更加明显，奴隶主与奴隶之间的阶级对立更为尖锐与激化，奴隶主贵族无偿地占有财富，并无偿地占有奴隶，奴隶制就是建立在奴隶主对奴隶的残酷剥削与压迫的基础之上的，原始社会即已出现的阶级萌芽至此已变为两个完全对立的阶级。这正如列宁所说："在这些国家中，奴隶主享有一切权利，而奴隶按法律规定却是一种物品，对他不仅可以随便使用暴力，就是把他杀死，也不算犯罪。"抛去这个实质从整个人类社会发展史角度看，奴隶制度代替原始的公社制本身又是一场深刻的社会革命，对人类的文明乃至社会生产力的发展都曾起过积极的推动作用。这一积极作用如恩格斯在《反杜林论》中所说："只有奴隶制才使农业和工业之间的更大规模的分工成为可能，从而为古代文化的繁荣，即为希腊文化创造了条件。没有奴隶制，就没有希腊国家，就没有希腊的艺术和科学；没有奴隶制，就没有罗马帝国。没有希腊文化和罗马帝国所奠定的基础，也就没有现代的欧洲。"

奴隶社会的极其残酷与黑暗直接反映到墓葬和埋葬制度之中，考古发掘的大型奴隶主贵族墓葬中都殉有大量丰富的随葬品，具有时代水平及精美花纹的青铜器和刻纹白陶大多出于这类墓葬中，而一般平民之墓则以殉葬陶器为主，至于奴隶，由于他们根本没有社会地位，在奴隶主眼里，他们就如同可以被任意宰杀的羔羊，多被奴隶主杀殉后用来殉葬和祭祀，因此他们没有自己的墓葬，更谈不上随葬物品。从出土物数量的多寡及质量的好坏可以明显地看出，原始社会的埋葬习俗至此已发生了很大的改变。

商周时期在历史上被称为青铜时代，有着高度发达的青铜工艺，并形成了一套以鼎簋的组合为标志的严密的礼乐制度，其等级森严，任何阶层均不得僭越，这一点在墓葬材料中有着明显的体现。与此同时，陶器仍是大量应用与随葬的器物，并在一定程度上反映着丧葬制度的变革及区域文化间的地域特征。

春秋战国之际，我国奴隶制度开始向封建制转化，随着这种转化而来的是代表贵族文化的礼制文化即青铜文化和代表大众文化的日用陶器文化的并存与交替。这是两种截然不同的文化，代表着社会上两个不同的阶层，而这两种文化的交替及演变一方面反映着丧葬制度的变化，另一方面反映

1　《资本论》第一卷，第194—195页。

出长期以来奴隶社会形成的至尊的礼制文化开始出现的松动。随葬品中仿铜陶礼器的普遍使用及平民墓中随葬品由日用陶器文化向礼制文化的发展与演变说明贵族文化已由至尊地位逐渐走向了至卑的结局。这种礼乐文化中出现的僭越现象反映出这个时期的“礼崩乐坏”业已成为现实，腐朽的奴隶制已成为生产力发展的桎梏，它正在被一种新的生产关系——封建制所代替。

一、商周丧葬文化的多样性、发展性及森严的等级性

1.陶器组合的墓葬性差异——丧葬文化的等级性

多年来大量商周考古的发现证明，奴隶社会所特有的阶级对立已明显地反映到埋葬制度与随葬品之中，通过对这些不同类别的墓葬及其随葬器物的研究可以进一步了解不同等级的埋葬习俗和随葬品的使用情况。商代的墓葬总体上可以分为三大类别：

第一类：王陵及奴隶主贵族墓葬。

这类墓葬有三个明显特征：第一，墓葬规模大，离宫殿区不远。商代早期的二里头遗址发现的3座一类墓从分布范围看均居于宫殿遗址的附近，墓室为长方形竖穴，深度1.26—1.44米不等，有大量的铜器、玉器、陶器、兵器等随葬品；河南安阳殷墟侯家庄和武官村商代前期的两座大墓HPKM1500、HPKM1217，其面积在商代墓葬中屈指可数。第二，这些墓都有大量的随葬品，不但数量多而且质量精，多为时代先进水平的代表。其中的刻纹白陶，具有典型的时代特征。上面提到过的有些墓，虽然屡遭盗掘，随葬品几乎被盗空，但从遗留下来的白陶豆、白陶大口尊及石、铜、蚌等物品仍旧可以窥见当时礼乐制度的一斑。尤其是其中的白陶，足以代表当时陶器制作的时代水平，是一般墓中无法见到的。商代所固有的具有时代水平的刻纹白陶制品，绝大部分出土于这类大型的奴隶主贵族墓葬之中。说明这种精美的制品，从其诞生的那天便被统治者据为己有，成为显示他们身份地位与财产的一种标志。安阳侯家庄大墓出土的刻纹白陶觯、安阳殷墟出土的刻纹白陶卣、盘、尊等的残片，其花纹的精美、线条的清晰、工艺的娴熟，均代表着商代白陶制作的时代水平。这些白陶胎质坚硬洁白，系用高岭土为胎经1000℃的高温烧成，上面刻有与铜器相同的饕餮纹、云雷纹、夔纹、兽面等精美的花纹，器型以鼎、豆、爵、尊、觯、罍、卣等礼器为主，其精美的花纹、古朴的造型及极高的制作水平远非一般陶器所能比，是我国陶瓷史中的重要品种，也是商代特有的制品和人类文化史中的罕见作品。从其多出土于王室和大型奴隶主墓葬可以看出，刻纹白陶在当时是极其珍贵的，生产数量也是不多的。刻纹白陶多用于随葬，与商代葬俗中的崇尚有关，《史记·殷本纪》论赞记载：“殷路车为善，而色尚白。”《礼记·明堂位》中亦云：“夏后氏牲尚黑，殷白牡”，“殷人白马黑首”，“旗……殷之大白”。第三，这些墓葬中都随葬有数量不等的被杀殉的奴隶，说明这些墓的主人不仅生前居于统治地位，占有大量的财富，而且还掌握着对另一部分人的生杀大权。侯家庄HPKM1001殉葬48人，武官村大墓WKGM1殉葬79人，后岗大墓的填土中出土28个人头骨，这一切与《墨子·节葬篇》中“天子杀殉，众者数百，寡者数十。将军大夫杀殉，众者数十，寡者数人”的记载完全相符。这正如列宁在《论国家》中所说：“奴隶主和奴隶……是第一次大规模的阶级划分。前一集团不仅占有一切生产资料（即土地和工具，尽管当时工具还十分简陋），并且还占有人。这个集团就叫作奴隶主。”

第二类：平民墓葬。

此类墓具有4个特点：第一，陶器是平民墓的主要随葬品。鼎、豆、盉、鬶爵、盆、簋、罐、瓮是最常见的物品。这类墓较第一类墓完全不同的是它们没有成套的铜礼器与乐器，在郑州、辉县、陕县发现的34座商代早期墓中，都没有随葬青铜礼器。据已公布的237座商代晚期墓中，绝大多数均以陶器作为主要随葬品。江苏句容浮山果园8座西周墓出土的66件随葬品中除了一件青铜戈外，其余的65件全部为陶器，占全部随葬品总数的98%多[1]。江西清江吴城商代遗址的13座墓中，陶器的数量占总量的94%；甘肃临夏莲花台辛店的18座商代墓中出土的陶器占全部随葬品的39%；湖南郴州的7座东周墓出土的陶器占全部随葬品的67%[2]。这说明尽管在极为发达的青铜时代，青铜器的使用与占有也仅是奴隶主贵族的事，一般的平民仍然以陶器为日常生活用器，生前用以维持日常饮食，死后用以随葬。这类墓葬较第一类墓葬为小，随葬品的数量与质量及其品种也远较第一类差。第二，这类墓基本都有自己的墓圹和属于自己的随葬物品。他们生前虽然没有更多的占有社会财富，但也有一部分属于自己的财产。这些墓葬的随葬品多少不一，表明他们中间存在着贫富不均。如二里头的20余座此类墓中，最少的只有一件随葬品，最多的有21件，随葬品的差别表明他们生前的经济状况。其中的富有者有可能发展成为奴隶主，而贫困者则可能因破落降为奴隶。总之，这类墓属于自由民阶层。第三，陶器的组合以鬲、簋、盆（或钵）、豆为主，有的墓随葬陶酒器（约占18%），还有极个别的随葬陶罐和大口尊等器物。第四，仿铜陶礼器开始萌芽。在商周奴隶制时期，礼器是用来明贵贱辨等级的标志，这一点在大型的贵族墓葬中表现得极为明显，早商时期多以觚、爵进行配套，周代则流行鼎、簋的组合，这一点在当时的文献中有着明确的记载。商代晚期，第二类墓使用陶觚、陶爵进行随葬的比例数字增加，据已公布的237座商代晚期墓中，随葬陶觚、陶爵的几乎有一半之多，其中以大司空村最有代表性，在墓葬面积只有1平方米以上的172座墓中，随葬陶觚、陶爵的占全部墓葬总数的37%[3]。陕西宝鸡福临堡西周墓出现了仿铜陶礼器的三鼎墓[4]，这些都说明商代晚期，陶礼器已经在此类墓中开始萌芽。

第三类：奴隶墓。

这是一种一无所有的墓，创造财富者完全不占有财富。这些墓没有一定的墓圹，骨架散乱于灰坑和灰层之中。有的骨架身首异处，有的被砍掉双足，有的被捆绑双手，有的和兽骨混埋在一起，有的被零乱地堆放于祭祀坑中，有的殉葬于奴隶主贵族墓葬之中。其葬式或蹲或坐或屈或侧，其状惨不忍睹。这种埋葬形式是奴隶社会的特有现象，这些人生前没有自己的社会地位、权力和财产，不能掌握自己的命运，没有任何的人身自由，生前被奴隶主无偿占有和随意奴役，并被当作牲畜任意进行屠杀和处死，这正如郭沫若在《奴隶制时代》一书中所说："生产未发达，人的使用价值未被重视之前，人是多当成牺牲使用的，牺牲就是死的牛马，生产逐渐发达，人的使用价值被重视

1　《考古》1977年第5期。

2　《文物》1990年第10期。

3　《商周考古》。

4　《考古》1963年第10期。

了，人是要多当成奴隶使用的，奴隶就是活的牛马。”商代及其周代早期，人殉的现象极为普遍，在中上及下等的贵族墓中广为流行，一些大墓的殉人数量则更为惊人，侯家庄H P K M1001殉人164个，武官村大墓W K G M1殉人79个，益都苏埠屯M1殉人48个……中型墓半数以上有殉人，小屯M5殉人15个，琉璃阁M147殉7个，大司空M53殉2个，北京黄土坡55座西周墓中6座有殉人，陕西沣西张家坡的183座墓中10座有殉人……类似的现象各地均有大量发现。

由此可见，随葬陶器的有与无，多与少是区分不同等级、不同埋葬形式的重要依据之一。它虽说不像铜礼器那样明显的带有森严的等级象征，但它的有无多寡也是判断墓主身份与地位的一种标志。而它的多少则又是判断墓葬类别的重要依据。至于它的组合不但可以使我们从横向看到各地区间的不同埋葬习俗，而且还可以使我们从纵向了解丧葬文化的不断演变与发展。

2.陶器组合的地域性差异——丧葬文化的多样性

由于陶器作为主要随葬品大多数集中出现于第二类墓葬之中，因此，随葬陶器组合的地域性差异也就体现于其中。第二类墓葬的陶器组合因地而异，如甘肃一带流行以双耳陶器随葬，常见的有双耳大陶罐、陶壶、绳纹双耳罐等[1]。长江以南及东南沿海一带则出现了用几何印纹硬陶和原始瓷器进行随葬的情况：江苏丹徒大墩子西周墓中出土两件几何印纹硬陶坛和1件罐、3件原始瓷罐、6件原始瓷豆[2]；江苏吴县何山东周墓出土原始瓷碗和硬陶罐。陕西宝鸡斗鸡台西周墓随葬的陶器中以鬲、簋、罐或鬲、簋、豆、罐的组合最为常见，晚期则以鬲、盆、豆、罐的组合最为流行。这些因地区而异的随葬品及其不同的组合形式，一方面反映出我国丧葬文化的复杂性与多样性，另一方面也反映出丧葬制度的不断变化。如曾一度在商周时期墓葬中出现的陶礼器至春秋以后则普遍流行，这种受礼乐制度严格制约的有着明显等级标志本不该此类墓主人使用的礼器的大量出现与流行，反映出当时礼乐制度的松动及社会所有制发生的变革给丧葬制度带来的重大变化。

3.瓮棺葬具的使用——丧葬文化的连续性

这一以陶罐或陶瓮为葬具的原始的埋葬习俗与方式在商周墓葬中仍旧使用，甚至在某些地区还较为流行。河南殷墟商代墓葬中出土的瓦棺葬[3]、山西娄烦、离石、柳林等地的商代遗址第四段遗存中发现的以陶棺为葬具的竖穴土坑墓，葬具由几个去掉口或底的瓮、罐扣合而成，人骨在陶棺内仰身直肢[4]。西周时期长安沣西张家坡第一地点发掘出土的17个儿童瓮棺葬，占全部墓葬总数的24%。第四地点亦出土有瓮棺葬。《礼记·檀弓》记载：“有虞氏瓦棺……殷人棺椁……周人以殷人棺椁葬长殇……以有虞氏瓦棺葬无服之殇。”

二、仿铜陶礼器的流行与“礼崩乐坏”

1.随葬品所体现的两种丧葬文化

商周时期的大量墓葬材料表明，在当时存在着两种完全不同的丧葬文化，一种是以铜器为代表

1 《文物》1988年第3期。

2 《文物》1984年第5期。

3 《考古学报》1951年第5期。

4 《文物》1989年第4期。

的礼制文化或贵族文化，一种则是以陶器为代表的大众文化。这是两种截然不同的丧葬文化，体现着当时两个不同的阶级及其所拥有的不同的经济基础。

礼器是奴隶社会统治阶级进行祭祀和其他仪式时专门使用的一套用具，它具有标明身份与等级的特殊意义。商周时期的礼器，大部分用贵重的青铜制造而成，其组合多以鼎、簋、爵、盘等为主，多成套出现与使用。西周时期开始流行列鼎，这是一种形式相同而大小不等的器物，一套中3、5、7、9个不等，用以标志使用者的不同身份。

礼制文化是统治者用以维护自己统治的一种手段，奴隶主利用它来作为辨等级、明贵贱的标志，并用一些人为的规定作为准则去约束人们的行为规范，以达到维护其统治的目的。这一点在丧葬文化中主要体现在两个方面：一是棺椁制度，一是随葬品。在棺椁制度方面，不同等级身份的贵族所用的棺椁重数不同，这一点在当时有着明确的规定。《荀子·礼论》："天子棺椁十重，诸侯五重，士再重。"《庄子·杂篇·天下》："天子棺椁七重，诸侯五重，大夫三重，士再重。"《礼记·檀弓》上："天子之棺四重，水兕棺被之，其厚三寸，椁一，梓棺二，四者皆周。"郑玄《注》："诸公三重，诸侯再重，大夫一重，士不重。"以上所记，已被大量考古发掘所证实。在礼器的使用方面也和棺椁制度一样，尤其是在用鼎制度上存在着一整套严格的等级制度。《孟子·梁惠王》下："前以士，后以大夫；前以三鼎，而后以五鼎。"《周礼·宰夫中制》："王日一举，鼎十有二。"郑玄注曰：十二鼎为牢鼎九，陪鼎三，九鼎是天子用的。大量墓葬资料表明，西周到东周初期，不同类别的墓葬均是按照这一礼乐制度的规定而进行器物随葬的，在西周早期相当于中等贵族身份的中型墓中普遍随葬铜礼器，有的也使用仿铜陶礼器。在相当于没落贵族或较富裕的平民一级的中小型墓中多数随葬铜礼器，在属于自由民一级的小型墓中则一般都不随葬铜礼器。陶器的组合多数地区以鬲、簋、罐为主。西周中期到东周初期的各类墓葬仍然按照礼制规定的制度进行随葬。河南三门峡上村岭虢太子墓随葬了一套七鼎六簋和一套大小相次的九件钮钟，与其身份相符。宝鸡茹家庄西周中期墓M1甲为五鼎四簋，河南郏县城西太仆乡及陕西户县宋村东周初的两座五鼎墓也与墓主的身份相符[1]，陕西长安斗门镇长信墓中除随葬三鼎外，还有三件一套的编钟[2]。宝鸡福临堡东周初的三座三鼎墓，M1随葬了三鼎，M3随葬了仿铜三鼎陶器[3]，这说明仿铜陶礼器已开始使用，但仍按照礼制所规定的数目使用，未出现僭越现象。在一鼎墓中有些除随葬鼎外，也有随葬盘匜的。如虢国墓地的19座一鼎墓中有五座有盘匜。盘匜也是身份的一种标志。《礼记·内则》记载："进盥，少者奉盘，长者奉水，请沃盥，授巾。"平民多是无鼎的小墓，长安沣西张家坡、客省庄等西周中晚期的小墓墓室面积5平方米左右，有棺无椁。这些墓主要随葬陶器，陶器的组合中期为鬲、簋、豆，晚期为鬲、盆、豆、罐。虢国墓地的小墓在棺椁制度上与陕西不同，但在随葬品方面亦使用陶器随葬，而没有随葬青铜礼器。总之，这个时期各类墓葬严格地受到礼乐制度的制约，丧葬制度中还不曾出现僭越现象。

1 《文物参考资料》1954年第3期、《文物》1975年第10期。

2 《考古学报》1957年第1期。

3 《考古》1963年第10期。

2.仿铜陶礼器的普遍使用

春秋中晚期随葬品使用中的一个明显变化就是仿铜陶礼器的普遍流行与使用，这些仿铜陶礼器不仅出土范围广，而且出土数量多，构成这个时期丧葬文化的一个明显特征。据统计，江陵雨台山558座墓中随葬陶瓷器的墓一共有460座，占全部有随葬品墓的80%，而在460座有随葬品的墓中随葬日用陶器的墓有184座，占64%，随葬仿铜陶礼器的共有232座，占50%强[1]。武汉汉阳熊家岭楚墓中，M1、M2、M5、M6等士一级的下层贵族墓中多用四鼎或二鼎的仿铜陶礼器，M3、M4的平民墓中则使用鼎、敦、壶等陶器[2]。湖北当阳赵家湖楚墓于春秋晚期开始出现成套的陶礼器，战国时期普遍流行[3]。多种研究成果表明，在楚墓中，单棺单椁的小型墓于春秋中晚期，一部分开始随葬仿铜陶礼器，其组合多为鼎、鬲、豆、簋、罐。春秋晚期，多数墓则以随葬仿铜陶礼器为主，组合为鼎、簋、缶或鼎、敦、缶等。到战国时期则普遍流行仿铜陶礼器，其组合以鼎、敦、壶，鼎、簋、壶，鼎、敦、壶、钫、盘、匜等为主，而在一些多重棺椁的中型墓中，也于战国时期开始使用成套的仿铜陶礼器进行随葬。在一类及二类大型墓中，则继续使用成组的铜礼器，如曾侯乙墓[4]。湖北地区的小型墓多于春秋晚期出现以鼎、豆、壶或加盘、匜为主的仿铜陶礼器，而在第三类相当于下大夫级的墓中则于战国时期才出现成组的仿铜陶礼器。在第四类相当于士一级的墓中，春秋早期还使用成组或不成组的铜礼器，陶器仅限于生活用具，到春秋中、晚期，部分墓葬随葬陶鼎和一鬲为首的仿铜陶礼器，组合多为鬲、豆、簋、罐等。春秋晚期则不少墓中随葬以鼎为主的仿铜陶礼器，组合有鼎、簋、缶或鼎、敦、缶两种形式。战国早、中期普遍随葬以鼎为首的仿铜陶礼器，其典型组合主要有鼎、敦、壶，鼎、簠、壶，鼎、敦、壶、钫、盘、匜等三种。在第五类庶民墓中，西周后期至春秋晚期只随葬陶制的生活用具，春秋中期以后，少数墓葬随葬一二件铜兵器，而在一些单棺或无棺的墓中则于战国早期开始随葬仿铜陶礼器，战国中、晚期则更为普遍。长沙浏城桥一号楚墓也以仿铜陶礼器随葬为主[5]。安徽舒城河口墓葬中，小墓M2于战国晚期使用仿铜陶礼器，其组合为鼎、豆、壶，两两成对[6]。

中原地区的情况也大致如此。河北易县燕下都战国墓中出土的可以复原的135件陶器，其形制全部仿照铜器制作而成，其中簋、方壶、尊、鉴等陶器与安徽寿县春秋时期蔡侯墓及山西长治分水岭战国早期墓所出的铜器相同[7]；山西侯马上马墓地的发掘中也于第七段春秋晚期开始使用陶礼器随葬[8]；河北平山战国时期中山国墓葬中也随葬了大量的仿铜陶礼器[9]。除此之外，在周、晋、郑、齐、鲁、等国的墓中也于春秋中、晚期出现了随葬陶鼎的小墓。

总之，大量墓葬材料表明，春秋中晚期随葬品中开始出现的仿铜陶礼器到战国时期已广泛而普

1 《江陵雨台山楚墓》。
2 《考古》1998年第2期。
3 《当阳赵家湖楚墓》。
4 陈振裕《湖北楚墓综述》，《湖北省考古学会论文集》（一）。
5 《考古学报》1972年第1期。
6 《文物》1990年第6期。
7 《考古学报》1965年第2期。
8 《文物》1989年第6期。
9 《文物》1979年第1期。

遍地在各地各类文化及各种不同类型的墓葬中普遍使用与流行，它的广为使用已构成这个时期丧葬文化的一个明显的时代特征。它的出现与流行，一方面说明传统的礼制文化的根深蒂固及其深刻的影响，另一方面又表明以青铜文化为代表的固有的礼制文化已逐步被陶质仿制品所替代，客观上反映出至尊文化的松动及丧葬文化所发生的变化。

河北易县燕下都战国墓出土的陶鼎、簋

河北易县燕下都战国墓出土的陶豆、壶

河北易县燕下都战国墓出土的陶乐器（编钟、编磬）

3.礼器使用中的僭越及“礼崩乐坏”

春秋战国之际，是我国封建制取代奴隶制的时代，这种社会大变革也反映在丧葬之中。礼器使用中的僭越现象的出现是继仿铜陶礼器的普遍盛行之后出现的又一时代特征。这种以鼎为代表的礼器使用中的僭越不仅表现在统治者的墓葬中，还体现在被统治者的墓葬之中。在奴隶社会中，鼎是表现身份高低的指示物，统治者人为地把这一器物打上了深刻的阶级烙印，并以严格的制度加以限制。在用鼎的数量方面，周礼中曾有过明确的规定，天子用九鼎，卿用七鼎，大夫用五鼎，士用一到三鼎，任何人不得滥用。大量的墓葬资料表明，春秋中期以前墓葬中的随葬礼器一直严格地按此规定进行，春秋中晚期以后，这种现象发生了变化，辉县的一个不是天子的墓竟然使用了九鼎，明显属于僭越。还有些大型的墓葬所使用的随葬礼器也显然超过了墓主身份所规定的使用数量。贵族阶层中身份最低者也开始使用了不该使用的礼器，这显然是不符合规定的。因为按《礼记》的规定，只有有田禄的大夫及士才能制造与使用祭器。到战国时期，这类墓继而一律使用陶礼器进行随葬，在单棺无椁的庶民墓中，春秋时则多使用日用陶器进行随葬，战国时发生变化，除一部分延用日用陶器随葬外，一部分开始使用一或二鼎及二或三鼎一套的陶礼器，在一些一棺一椁的甲类墓中，春秋时除葬一鼎或二鼎一套的铜礼器外，同时也随葬有簋等陶礼器，到战国时期则用四鼎或五鼎一套的仿铜陶礼器。这些有田禄可自造祭器的上士的墓，显然也超过了应使用的数量。在一棺一椁的乙类墓中，春秋早期到春秋中期前段只随葬日用陶器，以磨光黑陶鬲、盂、罐或日用的红褐色陶器为主，春秋中期的晚段则出现一鼎一套的铜礼器墓，这些“无田禄者不设祭器”的下等贵族使用礼器随葬，说明当时社会已经“礼崩乐坏”。

这个时期埋葬制度所发生的变革，反映出作为贵族至尊文化为代表的礼制文化所出现的松动。以仿铜陶礼器为代表的礼制文化与日用陶器为代表的大众文化的并存，为春秋战国之际反映在随葬品上的两种主要特征的文化，这两种不同文化代表了两种不同的社会阶层，而这两种文化的交替与演变则反映出丧葬制度的变化。这种变化明显地体现在两个方面：首先是一些平民墓的随葬品由日用陶器文化向礼制文化演变，前面说过的一些无田禄而设祭器的小型墓，其本质则反映着社会制度的变化及新的生产关系的萌芽。其次是一些贵族墓葬中的铜礼器与仿铜陶礼器的并存，如湖北当阳赵家湖前期甲类墓中出土的有以鼎、簋组合为代表的成套的铜礼器，尚随葬有成套的陶礼器，这种一墓中同时使用陶、铜两套随葬品的做法在春秋早、中期的墓中实属罕见。它一方面反映出礼制文化的根深蒂固，另一方面也反映出以贵族文化为代表的至尊文化所出现的松动。仿铜陶礼器本身即为松动的明显标志。春秋晚期，这种松动则成为社会普遍现象，仿铜陶礼器的普遍流行与使用，其本身就标志着奴隶社会传统的贵族文化开始由至尊地位逐渐走向了至卑的道路，反映出伴随着“礼崩乐坏”而来的社会大变革的到来。而这个变革的本质即生产关系的变更。至于随葬物品中出现的僭越现象，说明在春秋战国之际社会等级的重新划分及社会制度发生的急剧变化。

总之，春秋战国之际，礼乐制度反映在丧葬文化中的僭越现象说明，“礼崩乐坏”的社会局面业已形成，礼制文化在传统的丧葬制度中已日趋松动，这一变化的结果使传统的至尊文化向至卑转化，而以日用陶器为代表的大众文化则不断地向礼制文化演变。

4.随葬陶器的组合

随葬陶器的组合因时代因地区而异，这种不同的组合形式反映了文化的地域性差异。

中原地区春秋战国时期随葬陶器的组合多以鼎、豆、觚的组合形式为主，河北易县燕下都第16号墓、河北平山战国晚期的中山王墓M1、M6，张家口下花园战国早期墓、山东临淄郎家庄战国早期大墓等均采用了这种组合形式。安徽舒城县河口M2则采用了鼎、豆、壶另加盆、罐、盘、匜的组合形式。其中鼎、豆、壶的组合两两成对[1]。西安半坡战国墓除出有鬲、甑的组合外，茧形壶具有鲜明的地区特征。甘肃平凉庙庄战国墓出土有瓮、罐、壶的组合，这些都体现着不同地区文化的地域性差异。

长江流域与中原一带随葬品的组合有所不同。以湖北为例，春秋晚期小型墓中的仿铜陶礼器多采用鼎、豆、壶的组合形式，有的另加盘、匜。春秋中晚期士一级的墓中多随葬鬲、豆、簋、罐等

1 《文物》1990年第6期。

仿铜陶礼器。有些墓在不同的时期又有着不同的器物组合形式。湖北武昌、江陵等地的楚墓则多以鼎、簠、缶或鼎、敦、缶的组合为主，由以鬲为首的器物组合发展演变为以鼎为首的陶器组合。战国早、中期，以鼎为首的陶器组合又由鼎、簋、缶，鼎、敦、缶进而发展为鼎、敦、壶，鼎、簠、壶，鼎、敦、壶、钫、盘、匜等多种组合形式。其中，缶代替壶为主要的组合改变。以武昌起义地楚墓为例，在发掘11座一棺一椁的墓中，器物的组合齐全，陶器的组合可分为两大类：第一类是以鬲为主，有鬲、盂、罐、豆，多流行于春秋中晚期。第二类是以鼎为首的器物组合，由鼎、簠、壶，鼎、敦、壶，鼎、簠、缶或另加盘、匜、豆、盂、杯、钫等构成[1]。此外，在江陵雨台山的558座楚墓中有460座随葬陶器，其中416座墓的陶器形制较清楚，这些陶器的组合也可以分为两大类：第一类是以鬲、盂、罐、长颈壶等日用陶器为主的器物组合，此类墓一共有184座，占44%强。第二类是以鼎、盆、壶等仿铜陶礼器为主的器物组合，此类墓共有232座，占56%[2]。这些同一文化不同时期陶器的不同组合形式说明同一文化不同时期的发展与演变。这一演变除了器物本身由早到晚的发展系列外，还间接地反映出社会制度的变革给丧葬文化带来的影响。

5.随葬陶器的花纹

随葬陶器的装饰各个地区也不相同。河北燕下都16号墓的随葬器物中朱绘、印、划纹饰并存，其中朱绘陶器占半数以上，朱绘纹饰中以三角云纹、卷云纹、锐角云纹、雷纹、鳞纹等几何纹饰为主。划纹中多为山形纹、飞兽纹、绦索纹、垂叶纹、交叉S纹。拍印纹多以仿铜器花纹为题材，饕餮、雷纹、蟠螭、双凤垂叶纹等。这些器物的把手、耳部变化多样，有方冠兽耳、长耳兽首、卧兽、羊首、象首、鸟形、兽面衔环、莲瓣等多种造型。江陵雨台山462座墓出土的2455件陶器除553件形制不明外，其余的1902件中以素面为最多，彩绘纹次之，多于黑地上彩绘红、黄、深黑等色彩，还有划纹、拍纹、暗纹等。信阳楚墓中的陶器多为素面，烧造火候低，制作粗糙，少数器物彩绘花纹或贴以银色金属物。彩绘以朱、黄两色为主，花纹以雷纹、三角纹、菱纹、云纹、弦纹等几何图案花纹最为常见[3]。曾侯乙墓出土的陶器流行在泥质黑陶上压印几何形暗纹。

总之，这个时期用于随葬的陶器质地有灰、红、黑皮陶等多种，中原一带流行彩绘陶，彩绘纹饰以抽象的云气和几何图案为主，亦有一定数量的磨光黑陶，上面的暗纹具有独特的装饰风格，多见于中山国墓葬之中。楚文化中的黑皮陶较多，亦有彩绘陶器，色彩以朱、黑、黄三色为主，纹饰有卷云、菱形、蟠螭、绳索等，图案性强。南方则多以釉陶和印纹硬陶最为常见，一些大中型墓葬中开始使用原始瓷随葬，说明战国先进的陶瓷制作技术率先在南方诞生。

大量墓葬材料表明，春秋中晚期随葬品中开始出现的仿铜陶礼器，至战国时期已广泛而普遍的在全国各地区各类墓葬中流行。它的出现与盛行，一方面说明以青铜器为代表的礼制文化已逐步被陶质的仿制品所取代，客观上反映出至尊文化的松动及由此而来的丧葬文化所发生的变化。另一方面，仿铜陶礼器多在中小型墓中率先出现，而大型墓中则出现较晚，这说明传统的礼制文化的根深

1　《文物》1989年第3期。

2　《江陵雨台山楚墓》文物出版社。

3　《信阳楚墓》。

蒂固及对丧葬文化所产生的深刻影响。

春秋战国之际，是我国封建制度逐步确立并取代奴隶制的时代，这种大变革的现实明显地反映到丧葬文化之中，其明显的标志是继仿铜陶礼器普遍盛行之后出现的礼器使用中的僭越，如果说前者还只是礼崩乐坏的前奏的话，那么后者则是礼崩乐坏的如实写照。以鼎为代表的礼器殉葬中所出现的僭越不仅表现在中下层统治者的墓葬中，还表现在为数众多的被统治者的墓葬之中，说明当时阶级的重新划分普遍在社会各阶层中进行。在奴隶社会中，鼎这个用以表示身份的指示物，统治者人为地把它打上了深刻的阶级烙印，并赋予其一整套的严格的使用制度，其目的就是为了便于统治者进行统治，并作为一种严禁下层百姓犯上作乱的手段。周礼中对用鼎制度的明文规定及墓葬材料的确凿事实不但证明了这一点，还表明这种制度在春秋中期以前一直严格地按规定进行。春秋中晚期则发生了根本的变化，这种变化首先体现在礼器质地的变化，其次是使用数量的改变。如果说仿铜陶礼器的出现与使用导致了礼制文化的松动，那么礼器使用中的僭越则说明礼崩乐坏已成为不可否认的社会现实。它是社会大变革中至尊文化向至卑文化发展的必然结果，也是社会阶级重新划分的标志。而丧葬文化中所发生的变化只不过是当时社会大变革的一种具体体现而已。

春秋时期，一些大型墓葬随葬的礼器数目普遍超出了墓主身份所应该使用的数目，辉县一个不是天子的墓使用了只有天子才能使用的九鼎，一些贵族中身份最低无权使用礼器的也开始使用礼器，一些无田禄不设祭器的墓于战国时期普遍使用仿铜陶礼器进行随葬，这一切显然是不符合礼制规定的。在一些春秋时多用红褐日用陶器随葬的单棺无椁的庶民墓中，到战国时期除少部分沿用日用陶器随葬外，一部分墓开始使用一鼎或二鼎一套的陶礼器。总的来讲，贵族墓的分化开始较晚，多于战国中晚期出现，说明传统文化的积淀及其顽固性。战国早期，各类贵族墓中基本不用陶礼器随葬，到战国中期，乙类墓全部使用陶礼器，这个变化说明，士和庶人首先冲破了原有的礼乐制度的束缚，反映出社会制度的变革及新的生产关系的萌芽，说明伴随着“礼崩乐坏”而来的丧葬制度的变化及社会阶级的重新划分。

第三节　秦汉丧葬文化的新风尚

秦汉时期，墓葬的随葬器物发生了四个明显的变化。第一，画像砖的广为流行及其陶器上面花纹的特点，反映出汉代的厚葬之风及上层建筑领域所盛行的神仙方术思想。第二，以表现生产生活题材为主的模型铭器的大量出现，宣告了商周奴隶社会一度盛行的礼器殉葬制度的终结，同时反映出新的生产关系的确立和地主庄园经济的进一步发展。第三，陶俑的大量出现与普遍流行宣告了奴隶社会杀殉制度的结束。俑作为人殉的代用品，是封建制取代奴隶制的标志，这是丧葬文化进步的象征，也是社会进步的具体体现。第四，钱范的大量出土及买地券的流行，说明汉代商品经济的进一步发展和土地私有制的进一步加剧。总之，秦汉时期随葬陶器所发生的变化除了反映出丧葬文化本身的发展与进步外，还为我们进一步了解这一变化所产生的社会原因及全面了解秦汉社会的政治、经济、文化等诸方面提供了科学的依据。

一、画像砖

（一）画像砖的流行与厚葬之风

用画像砖对墓葬进行装饰是汉代墓葬的一个突出的特点，也是汉代埋葬习俗中最为流行的墓室建筑和时代风格。这些砖大多于死者生前订制，上面模印的花纹与死者生前的社会地位、日常生活及庄园经济有着密切的关系，一定程度上可视为死者地上生活的缩影。这些画像砖墓的主人多为当时的地主豪强或高官显贵，画像砖既是对墓室的装饰又是墓主人生前生活的写照。这些墓的主人生前过着奢侈腐朽的生活，死后则千方百计地采用尽可能全面与真实的艺术形式表现出来并搬到墓中，企图再现生前的奢靡。一些中小地主乃至平民，出于对豪强地主奢靡生活的向往与追求，把生前不能实现的愿望寄托于死后，作为目标去加以追求，反映出汉代人视死如视生的灵魂不灭的观念。这些画像砖装饰精美，内涵丰富，是陶瓷发展史及墓葬文化的重要组成部分。

1.画像砖产生的社会条件

画像砖产生的社会原因有三。首先，汉代流行厚葬的社会习俗是画像砖产生的重要的社会原因之一。汉代实行厚葬，这一点在文献中多有记载。王符《潜夫论·浮侈篇》云："今京师贵戚，郡县豪家，生不极养，死乃崇丧。或至刻金镂玉，檽梓楩柟，良田造茔，黄壤致藏，多埋珍宝、偶人、车马；造起大冢，广植松柏、庐舍、祠堂、崇侈上僭。""京师贵戚，必欲江南檽梓，豫章楩柟。边远下士，亦意相仿效……工匠雕治，积累日月，计一棺之成，将千万夫。即其中用，重且万斤。非大众不能举，非大车不能挽。东至乐浪，西至敦煌，万里之中，競相用之。此之费工丧长，可为伤心。"《盐铁论·国疾篇》亦云："生不养，死后送。葬死殚家，遣女满车。富者欲过，贫者欲及。"《盐铁论·散不足篇》也说："今生不能致其受敬，死以奢侈相高。虽无哀戚之心，而厚葬重币者则称以为孝，显明气于世，光荣著于俗。故黎民相募效，至于发屋卖业。"《华阳国志·蜀志》："家有盐铁之利，户专山川之材，居给人足，以富相尚。故工商致结驷连骑，豪族服王侯美衣，娶嫁设太牢之厨膳，归女有百辆之从车，送葬必高坟瓦椁，祭奠而羊豕夕牲，赠遂兼加，赗赙过礼，此其所失。原其由来，染秦化故也。若卓王孙家童千数，程郑亦八百人；而公从禽，巷无行人。箫鼓歌吹，击镜肆悬，富侔公室，豪过田文，汉家食货，以为称首。盖亦地沃土丰，奢侈不期而至也。"由此不难看出当时厚葬的一斑。针对这一情况，汉朝廷曾多次作出规定，限制这种奢侈的厚葬之风的蔓延。汉文帝下诏曰："当今之世，咸嘉生而恶死，厚葬以破业，重服以伤生，吾甚不取[1]。"刘秀曾于东汉建武七年下诏曰："世以厚葬为德，义薄终为鄙，至于富者奢僭，贫者单财，法令不能禁，礼仪不能止。仓卒乃知其咎，其布告天下：令知忠臣、孝子、慈兄、悌弟薄葬送终之义。"[2]尽管皇帝多次下诏，但却屡禁不止，越演越烈。造成这种状况的原因主要有两个方面：一方面，汉代的经济发展及社会安定为厚葬之风的盛行提供了物质基础。另一方面，统治者以孝治天下的统治思想是厚葬流行的直接思想根源。在如此经济基础及上层建筑的统治下，厚

1　《汉书·文帝记》卷4，第132页。

2　《后汉书·光武帝记》。

葬之风的产生不足为奇。

其次，阳宅墙壁装饰的发展是画像砖产生的另一原因。自秦汉以来，封建城市如雨后春笋般的兴起，千丈之城、万丈之邑到处可见。城市建设的发展促进了制陶业的发展，而制陶业的发展又为城市建设提供了大量质精物美的建筑材料。汉代的城市建筑十分发达，《阿房宫赋》记载："……五步一楼，十步一阁"，阿房宫"东西五百步，南北五十丈，上可坐万人，下可建五丈旗"[1]。如实地反映出当时的建筑水平。城市建筑的发展让制陶业无比繁荣。《后汉书》记载："武帝十居杜陵南山下，有成瓦窑数千处。"《续汉书》亦载："杜陵南山下，有孝武故陶处，作砖瓦一朝可办。"大量考古材料证实，秦汉时期的建筑用陶在当时的陶器生产中占有很大的比重。1975年陕西咸阳秦都遗址出土的太阳纹铺地砖、龙纹台阶空心砖[2]，临潼凤翔等地发现的龙虎纹空心砖[3]，山东文管会收藏的菱形纹铺地砖，1978年山东曲阜出土的四叶纹方砖，辽宁姜女石遗址出土的秦汉时期的大型花面空心砖、方格纹砖、云纹瓦当、长筒瓦、"千秋万岁"铭文瓦当等，表明城市建设在某种程度上已达到高潮。汉代，城建在历代建设的基础上进一步发展，宫室内部已普遍采用砖铺地，到东汉时进一步发展到民间。从茂陵及其陪葬冢附近发现的印有各种花纹的空心砖等说明，砖已成为当时建筑中不可缺少的材料。室内墙壁的装饰也随着城建的发展而发展，据《后汉书·南蛮西南夷列传》记载，汉章帝时"郡尉府舍皆有雕饰，画山神海灵奇禽异兽，以眩耀之，夷人亦畏惮焉"。这说明，壁雕作为一种艺术在当时的宫殿乃至官吏府舍及厅堂中已开始流行，在事死如事生的古代，阳宅墙壁艺术的发展从客观上导致了阴宅墓壁装饰的流行。阳宅墙壁艺术的发展促进了墓葬画像砖的产生与出现，而画像砖的流行又是对阳宅墙壁的模仿。这个时期，墓葬装饰主要采取了两种不同的形式，一种是先用泥涂平后绘画而成的壁画墓，一种则是直接对泥坯进行印制加工而成的画像砖墓。这两种墓在汉代的墓葬中占有很大的比重。两汉时期，以嵌入墓壁的画像砖为装饰的墓葬，人们习惯上把它称为画像砖墓。

再次，画像砖产生的地理因素。我国画像砖最早起源于战国时期的中原地区，从地理环境上讲，中原属于平原地带，山少林少，木材缺乏，在这种客观条件下，要达到仿木椁墓般的厚葬效果，只有另辟蹊径，去寻求一条新的道路。在缺林少山的平原地带，有着遍地取之不尽用之不竭的优质黏土，再加上长期以来人们对黏土可塑性的认识与掌握，在长时间制作陶器的基础之上，又成功的把黏土加工成新形的建筑材料——砖。在各种技术条件皆备的基础上，古代的制陶艺人进一步发明与创造出了印有各种精美花纹的空心砖，既节约了原料，又减少了自身的重量，同时还具有隔音保暖的功效，这不能不说是陶瓷制造业的一大进步。用它代替木材作为墓室的装饰，既节约了有限的山林资源，又起到了很好的美化作用。

2.画像砖产生的技术条件

砖是以黏土为材料烧制而成的一种建筑材料，其成型、拉坯、烧制等原理基本与陶器的烧造相

1 《史记》。

2 《考古》1975年第6期。

3 《文物》1976年第7期。

同。我国有着悠久的陶器制作的历史，早在新石器时代，大量造型秀丽、装饰精美闪烁着古代物质文明与精神文明灿烂之光的陶器即已出现。商代的刻纹白陶，江南的印纹硬陶，战国时期大批仿铜的陶礼器等均代表着陶器制作的时代水平。无论是成型工艺、装饰工艺还是窑炉烧造技术都说明用黏土塑造各种各样器皿的技术早已成熟。战国时期，砖的发明与使用为以黏土为原料塑造物品开辟了又一条新的途径。在这个过程中，富于聪明智慧的古代制陶艺人又把陶器制作中的印花手法用于砖坯之上，于是，一种具有精美花纹及其装饰图案的新型建筑材料开始问世并流行。它的出现是我国制陶业中以黏土为原料的烧制品随着城市建设的发展与需要而产生的又一次飞跃，也是制陶技术发展的历史必然。

据已发表的考古材料表明，我国画像砖最早开始于战国，到了汉代生产数量扩大，出土范围以西安、洛阳、郑州一带较为集中。到了东汉，又从中原发展到西南、江南一带，随着出土范围的扩大、出土数量的增多，装饰内容也日趋多样。

（二）画像砖的装饰内容

汉代画像砖的装饰内容繁复多样，既有采桑浴蚕，又有收网捕鱼；既有井盐庖厨，又有市井交通；既有历史神话故事，又有现实市俗生活；既有山林狩猎车骑出行，又有角抵格斗舞乐百戏；既有宴饮庆典的舞乐升平，又有神怪妖魔的凶悍可畏；既有几何图形的整齐划一，又有伎乐舞蹈的欢快活泼……总之，题材众多，内容繁复，体现了画像砖艺术高度发展的时代水平。尽管这些画像砖的内容千差万别，但它们所表达的中心是一成不变的就是为墓主人描绘一幅理想的天国生活的画面。这个天国生活的画面大体上由三部分构成，首先是墓主人死后由天马车骑护送步入天门，并受到天门守护神的热情欢迎；然后是在天国接受盛大的庆典；最后是在天国久居的生活画面。这三部分内容也可以用墓主人天国生活的三部曲加以概括。

1.第一部曲

第一部曲，祈求墓主人死后灵魂得以安息和升天，表现了人的意念，是墓主人升天的第一道程序，主要由两部分题材构成。首先是车骑人马护送墓主人奔赴天门；其次是天堂的厅堂楼阁。这两部分的内容有机地组织在一个画面之中，集中表现墓主升天的主题。采用神话故事为题材是第一部曲的典型特征。其中阙是首先出现的画面。

阙，在汉代建筑中应用很普遍，在画像砖中亦随处可见。郑州、洛阳以及四川等地汉代墓葬中均有不同程度的出土。四川成都地区出土的“阙前迎谒”画像砖[1]，采用平面浮雕的方法，表现门阙层次的高低与重叠，图案清晰，立体感很强。南阳唐河新店、谢庄，淅川夏湾、申明铺出土的汉代画像砖[2]中，分别有高大的门阙楼阁，阙外有召车导骑，阙间有守护的门吏，正堂中坐有庭院的主人。有的院子内有马垂首欲食，厅堂上有三只鸟，一只站立，两只飞翔，两侧有两龙穿壁，有的厅堂外有猪、龟、常青树，有的阙上饰凤，为汉代流行的凤阙。在郑州、四川出土的汉代画像砖中，

1　《考古与文物》1986年第5期图版叁、4。

2　《南阳汉代画像砖》。

有的凤落阙楼，有的一凤立于双阙之上，有的双凤分立于两侧。乐府诗《相逢行》中有这样的描述："黄金为君门，白玉为君堂；堂上置樽酒，作使邯郸倡；中庭生桂树，华灯何煌煌……音声何雍雍，鹤鸣东西厢。"南阳唐河出土的画像砖，在楼阁的空隙处有凤、鹤两只，游鱼四尾，柏树五株，表现的正是这一场景。

由于阙所设置的位置不同又可分为城阙、宫阙、第宅阙、庙阙、墓阙等多种。汉代画像砖中的建筑具有一个共同的特征，门前有双阙，阙旁有执盾守护的门吏，阙后有高大的楼阁和宽阔的庭院，主人大多坐于深宅大院的正堂之中，或对饮或对坐。这些建筑多为四阿庑殿式顶，具有中国古代建筑的传统特征，客观上反映出当时的居住水平。

1）阙

（1）入口的标志——人间生活的功能

阙是古代设置在城门、宫殿、祠庙与陵墓前的建筑物，它除了是建筑物入口的标志外，还有登高望远的功能，这就是《古今注》所云"其上可居，登之可远观"。后来，阙又被赋予新的内容，成为明贵贱的一种标志。《白虎通义》云："门必有阙者何？阙者，所以释门，别尊卑也。"汉代以后，阙的建造有着严格的规定。《春秋公羊传》记载："天子诸侯台门，天子外阙两观，诸侯内阙一观。"

（2）天门的标志（通向天国的入口）——天国的功能

阙是汉代画像砖中经常出现的内容，它在人间的实用功能即表现为入口的标志，而在墓中所具有的功能与人间基本相同，是作为建筑群入口即天国入口的标志而出现与使用的。其在天国所具有的功能是基于人间功能的基础之上而建立起来的。出土于四川巫县东汉墓中的两件带有"天门"铭文的铜版和出土于简阳县鬼头山东汉墓中的刻有"天门"铭文的画像石棺[1]，为阙的这一种含义提供了实物依据，也为画像砖中大量出现的阙的画面提供了最为科学合理的解释。所谓天门即通往上天的大门，屈原《楚辞·九歌·大司命》中云："广开兮天门。"洪兴祖补注中对此进一步加以解释云："天门，上帝所居紫微宫门也。"《河图括地象》中也有"……西北为天门"的记载。《淮南子·天文》云："天阿者，群神之阙也。"注曰："阙，犹门也。"可见，阙作为建筑物入口的标志这一点，无论在人间和在天国其作用都是一样的。《神异经·西北经》中对天门这样描述："西北荒中有两金阙，高百丈……两阙相去百丈，上有明月珠，经三丈，光照千里。中有金阶，西北入两阙中，名曰天门。"由于它是墓主死后升天奔赴天国的第一道入口的必经之路，因此才在画像砖中大量出现，并居于领先的位置。阙多出现于墓门的门柱或门楣之上，在每幅画面中则居于右面画面的开始处。墓主人死后即要升天，首先要步入天门，并在这里接受天国使节的迎接。四川成都地区出土的"凤阙"画像砖，阙画得耸天立地，无比高大，几乎占据了整个画面，意在表现天国大门的威严与高大。同地出土的"阙前迎接"画像砖，则进一步对局部进行了刻画，两个天国的守护神在天门前作出一副恭敬与欢迎的姿态，就连阙顶上的猴子也在欢迎墓主的到来[2]。

1 《四川文物》1990年第6期；1988年第6期。

2 《考古与文物》1986年第5期，图版肆、2，图版叁、4。

汉代画像砖中的阙（青岛汉画像砖博物馆）

画像砖中阙的应用极为普遍，不仅在西南地区的四川广为流行，就是在广阔的中原地区也很盛行，这一点在郑州、南阳地区出土的汉代画像砖中体现得尤为明显。南阳樊集吊窑M28墓门东柱画像上为凤阙，阙的两侧有两个持盾的守护神分立于两旁。M39、M40墓门的门柱上的内容也基本相同[1]。

2）车骑

车骑人马是画像砖中重要的画面内容，这些题材多与阙同时出现与使用，《郑州汉代画像砖》一书中的召车画像砖上面有三层纹饰分别用相同的模具印出召车的画面12幅[2]，同书第25页图中也有召车的画面，表现出车骑人马送墓主步入天国的经过。南阳出土的画像砖中类似的画面也有很多，大多采用一模一题的印制方法制作而成——不像郑州画像砖中采用小模重复按印的印制方法构成两方连续或四方连续的图案，具有布局集中主题突出的特点，图案的整体性强。唐河新店、淅川申明铺、新野樊集所出都是以此为主题进行装饰的。车马前进的方向多自左向右行驶，在我国古代，四神分别代表四向，上朱雀表示南，下玄武表示北，左青龙表示东，右白虎表示西。因此，西方是极乐世界的代表，在我国传统的说法中，称死为归西大概即源于此。车的种类大致有三种，以一马一车的召车为主，高车驷马者亦有，但为数不多。除此而外，亦有两马驾车者。这些车骑的作用与上面所讲的阙的作用基本相同，在这里并不表示身份地位与尊卑，因为如果是按人间作为区分尊卑的标志而使用的话，那么有许多则与生前所处的地位不符。这里的马应是太一所派迎接墓主升天进入天国的天马，这一点在《汉书·礼乐志》中有着明确的记载：“太一况，天马下……”“天马徕，从西极……天马徕，开远门，竦予身，逝昆仑。天马徕，龙之媒，游阊阖，观玉台。”颜师古在注中云：“天马乃神龙之类，阊阖即天门，为上帝所居。”由此可见，只有乘天马才能到达天门。因此，马在这里是作为天国的神灵而出现的，其作用是接已故的墓主进入天门而后步入天国。由于传说中的天马究竟是什么样子谁也说不清楚，因此天马在这里同阙一样也采用了人间的形式。

2. 第二部曲

第二部曲，墓主人的天国生活，即得以升天的灵魂久居天国的生活情况，表现了魂的活动。这是墓主人升天后的第二道程序，在车骑人马护送墓主人进入天门之后，紧接着的画面就是墓主仙居

1 《南阳画像砖》。

2 《郑州汉代画像砖》第41页。

天国的生活画面。

这部分内容相当广泛，而且在画像砖中占有很大的比重。既然墓主的亲属或其本人于死前为死后设想了一个天国的理想境界，那么这个天国的生活至少应该像这些豪强大族生前所过的生活一样豪华奢侈，从衣食住行各个方面均给予周密的安排。出则高车肆马，住则厅堂楼阁，食则美味佳肴。在这里，有成群的牛羊供宰杀，有大量的艺人供消遣，有成群的奴卑供驱使。庄园中有粮食加工、酿造、井盐开采、陶器加工，门丁部曲守护着深宅大院，市井交通样样俱全，真可谓一派养尊处优、歌舞升平的天国仙境。南阳唐河新店出土的一组画像砖，画面分为左、中、右三部分，左面为车骑人马，中部为双阙，右面的图案为重檐庑殿式的庭堂一组，亭内两人对坐，一人持鸠杖，一人持笏，两人间的空地上置有酒樽，楼两侧上中下分别刻有鱼纹、仙鹤、树木各一组。此画像砖上的图案把墓主死后的两部曲描绘得活龙活现：首先是车骑人马护送死后的墓主人步入天国的大门，然后就是墓主在天国所过的养尊处优的仙境生活[1]。当然，这种天国仙境多采用了人间的表现形式。因此，第二部曲与第一部曲中多数取材于神话神仙的画面不同，大部分以描写人的活动为中心，即人在天国的活动，多数取材于现实的生产生活，主要表现衣食住行乐等几个方面，既有优越的物质生活，又有充实的精神生活，真可谓善者至善、美者至美的理想天国的完美的画面。

1）生产——农业

农业在封建国家的经济中占有重要的位置，并直接关系到国计民生，与百姓的生活也紧密相关，故此，表现这部分题材内容的画面也占有较大的比重。这部分内容包括播种、薅秧、收割、舂米、采莲、植桑、牧鹅等。四川成都小羊子山第一号墓出土的收获纹砖，通过两农民持镰收稻，一人送饭至田间及饭罢担禾回家的片断，体现了收割的喜悦及百忙的农事场面。四川德阳出土的采莲画像砖，在莲塘的采莲船上一人于船尾正忙着采莲，空中的飞鸟、水中的游鸭、莲塘前方的远山构成了一幅优美恬静的田园风光，表现了“莲叶何田田”的诗情画意。部分画像砖中一砖两用，同时表现两个甚至更多的题材。四川成都凤凰山出土的弋射收获图砖，上三分之二为弋射图，下三分之一则以农事活动为题材，画面中五人在田间忙于收割，一人担篮送饭，表现出在农忙的季节农民抓紧时间抢收的主题。新都出土的薅秧画像砖[2]，砖面纵向一分为二为左右两部分，左边画面中两农夫手持农具曲背弯腰在水田中薅秧，小小的秧苗提示着农民还将付出更多的劳动才能换取丰收的硕果。右半边为饲养图，两农夫赶着鸭、羊等家畜或放牧归来或正在途中。一块砖同时表现了农事与饲养两个主题，反映出农事活动的丰富多彩。以这类题材为主的画像砖很多，为我们研究汉代的农业耕作方式及农具的使用提供了科学的实物资料。

成都出土的舂米画像砖[3]再现了当时谷物加工的场面，砖面的四个椎髻男子，两个在用脚不停地踩动锥杆，两个在忙着扬谷，相互间配合默契，有条不紊。这些劳作的农夫就是《史记·货殖列传》中所记载的“贾椎髻之民”。除此之外，还有一些采桑图、织布图、采芋图的画像砖等，客观

1 《南阳汉代画像砖》。

2 《文物》1980年第2期。

3 《文物》1975年第4期。

上反映出豪强地主经济的发展及自给自足的庄园经济的特征，同时也是墓主人显示自己财富占有的一种手段。

渔猎、收割画像砖

与农业生产紧密相关的收租图、告贷图画像砖则从不同的角度描绘了汉代的租税制度。新野樊集出土的画像砖中的借贷图，画中人物手持一袋，双臂前伸，一副无可奈何的样子[1]。

2）手工业——井盐

汉代，自给自足的庄园经济占有很大的比重，其中的井盐和酿酒又是庄园经济中的重要组成部分，以这一内容为题材的画像砖在四川出土很多。德阳出土的盐井画像砖，详细而形象地描绘了井盐的开采与制作过程。砖的左面有一口辘轳井架，顶部装有滑轮，四个盐井工人正于井上操作，他们把从井中吸取的盐水通过枧筒引入盐缸。右面有一个装有五口大锅的灶台，一人在烧火熬盐，两人在背柴。成都羊子山一号墓出土的盐井画像砖，盐井高架上安装着辘轳、吊筒，用吊筒从井下吸取盐水，然后就地置锅进行熬制提炼[2]。扬雄《蜀都赋》载："西有盐泉、冶铁……"左思《蜀都赋》中亦云："家盐泉之井……"《后汉书·公孙述列传》中记载蜀地"有鱼盐铜银之利"。李贤在注中云："蜀有盐井。"王充《论衡·利通篇》云："东海水咸，流广大也；西州盐井，泉源深也。"井盐与海盐相提并论，可见其生产规模之大。《华阳国志·蜀志》记载："临邛县，……有火井，夜时光影上照……取井火煮之，一斛水得五斗盐。"四川的盐井有着悠久的开采历史，是当地的一种特产，关于它的开采工序文献中缺乏记载，这些画像砖的出土，为我们形象而生动地展示出井盐生产的全过程及每道工序的详尽情况，弥补了文献记载的不足，为研究汉代手工业的发展提供了第一

东汉制盐画像砖

1　《南阳汉代画像砖》图90。

2　《文物参考资料》1955年第9期。

手珍贵的材料。

我国是酒的发祥地，是酒文化的故乡，酒的酿造在我国有着久远的历史。1978年四川新都县出土的酿酒画像砖[1]，以酿酒为中心详细地刻画了从加工到成品到商卖的一系列过程。

3）生活

以生活为题材的画像砖中，既有反映墓主人宴饮宾客的物质生活画面，又有舞乐百戏等文化生活的享乐，还有墓主人的车马出行、游猎画面，是当时官僚贵族奢侈生活的如实再现。

左：东汉贵族生活画像砖（四川成都扬子山出土，中国国家博物馆藏）

右：1956年人民邮政根据东汉贵族生活画像砖出版的邮票

（1）舞乐百戏

舞乐是汉代贵族生活的重要组成部分，画像砖中以舞乐为题材进行刻画的比比皆是。这些舞乐百戏有的伴随着墓主的宴饮同时出现，有的构成单独的画面而使用。成都扬子山出土的玩剑舞乐画像砖，在一块不大的砖面上表现了贵族男女饮宴欢歌的情景，砖的上部右面有两个杂技人物在做着弄丸、玩瓶的表演，前者之灵巧，后者之矫健，表现得恰到好处。左侧有男女两人坐于席上，俨然墓主人的化身，他们正在专心地欣赏着表演。砖的下部为舞乐，左侧有两人在奏乐，一人手摇鼗鼓，一人翩翩起舞，其飘拂的长袖、优美的舞姿，至今还有着强大的艺术魅力。河南新野县出土的杂技画像砖，砖面的中心有两辆马车，前面一车一驭手驾车，一人于车上向后牵绳，车上立有长竿，竿顶倒挂一人，两臂平伸，两手上各托一人在作杂技表演。后面一车，驭手之外，一人手持一立竿，竿顶站立一人，左手持前车牵绳之人手中长绳的另一端，绳上有人在作走绳表演。飞速奔驰的马车，细而长的绳索，惊险而高难的动作进一步烘托出杂技场面的惊心动魄，显示出舞艺人物的勇敢智慧和高超的表演才能。戏车、履索是汉代社会非常流行的一种娱乐活动，李尤《平乐观赋》中的“戏车高橦，驰骋百马；连翩九仞，离合上下。或以驰骋，复车颠倒”指的正是如此。张衡在《西京赋》中亦有描述：“……尔乃建戏车，树修旃，伥僮程材，上下翩翻，实倒投而跟絓，譬陨绝而复联。百马同辔，骋足并驰，撞末之技，态不可弥。”晋陆《邺中记》亦云：“设马车，立木橦其车上，长两丈，橦头安横木，两伎儿各坐一头，或鸟飞，或倒挂。”形象而生动地描写了这一杂技艺术的惊险与杂技艺人技艺的精湛。关于履索，李尤的《平乐观赋》中也做过描写：“陵高索车，踊跌旋舞。”《晋书·乐志》也说：“以两大丝绳系两柱头，相去数丈，两倡女对舞，行于绳上，相逢切肩而不倾。”这是关于平地履索的记载。而在风驰电掣般飞车的绳索上进行表演，足以显示表演者超人的胆量与高超的技艺。这些画像砖的出土为我们如实地再现了汉代杂技艺术发展的高度水平。

1 《全国出土文物珍品选》图350。

汉代舞乐百戏画像砖

舞乐题材的画像砖颇生动传神，反映出汉代舞乐发展的盛况及流行的形式。河南新野樊集出土的舞乐拜谒、后岗出土的盘舞画像砖，舞女身着长袖束腰服装，腰间有柳叶状的垂饰下垂至下肢处，一臂前伸，一臂上曲，足下有六盘，舞者的两足分别蹈于盘鼓之上飘然而舞。右下方一男优单腿跪地，一臂前伸，仰面与舞女对望。此舞应为盘舞，张衡在《七盘舞赋》中云："七盘陈于广庭，畴人俨其齐俟。"鲍照《数诗》："七盘起长袖，庭下列歌钟。"长袖舞也是汉代流行的一种舞蹈。这些舞女在服装发式方面有三个特征：长袖为着装的第一个特征；其次是细腰，长袖与细腰并重；再次是高髻。画面中舞女长袖翻飞，翩翩起舞的优美舞姿和轻盈的腾跳动作，正如诗中所形容的"振朱屣于盘樽，奋长袖之飒俪"。新野樊集M6、M30、M40、M42，唐河等地出土的长袖舞画像砖，对此有着详细的描绘。郑州出土的画像砖也不乏此类之作。长袖舞大致可以分为两种类型：第一类是艺人舞的画面，通体只有一人在舞。新通桥汉代画像砖墓出土的空心画像砖[1]，上面的长袖舞图中一舞妓挥袖独舞，宽大的长袖后甩，纤细的腰肢如束颈，一足蹬地，一足抬起，整个人体前倾，舞女的前方置有壶、樽，长袖的上方有一只展翅疾飞的飞燕，与袖呈平行的方向前飞，快捷的动作、轻巧的舞姿可与飞燕比美。第二类，既有舞又有乐，人物多为三个，中间舞女翘袖折腰，翩跹起舞。舞女的两侧各有一乐伎，手持乐器进行伴奏[2]。四川出土的盘鼓舞画像砖[3]，画面中三个人物，左边的一位于12层叠起的桌上双手着地作杂技的侧立表演，双足并拢向上向前弯曲，中间一位的双足各踏一鼓，两鼓的左右及中间各有连盘，舞者的双足腾踏于双鼓之上，长袖舒展，舞步轻盈，右下方有一人面向舞者抛扔弹丸，双手弯曲上举，全神贯注地注视着头顶上此起彼落的圆球，充分表现出舞艺技术的娴熟与精湛（上图右）。

鼓舞，也是常见的一种舞蹈形式，多由男子表演。舞姿刚健有力，与长袖舞的柔美舞姿形成鲜明对比。这些刚柔兼有的汉代舞蹈可为宴饮生活增添不少的欣赏趣味，也可满足不同人们的兴趣与爱好。鼓舞大多于画面的正中竖起一面大的建鼓，下有底座，上有飘带流苏，两名鼓手分立于鼓的

1　《文物》1972年第10期。

2　《郑州画像砖》第134、135页。

3　《考古与文物》1986年第5期。

两旁，两手各执鼓搥，边鼓边舞。郑州新通桥出土的建鼓舞画像砖，着意刻画了鼓手边击边舞的姿态，那干脆利落的动作，配合默契的举动，把建鼓舞的阳刚之美表现得淋漓尽致。

舞之外还有乐。乐除了伴随舞同时出现于一组画面之外，还单独作为一种题材加以运用。郑州出土的吹篪及吹排箫等画像砖，就是以乐器表演为题材而进行刻画的。画像砖中的这些乐器都是当时流行的。《汉书·礼乐志》颜师古作注云："篪，以竹为之，七空，亦笛之类也，音池。"图中的人物双膝跪地，双手持篪，吹得专心致志。另一块吹篪腰鼓吹排箫的画像砖中，左侧一人左手持箫吹之，右手执鼓而摇之，右面的一人则持篪吹奏，两人对面而跪。

（2）庖厨

与宴饮及生活紧密相关的庖厨题材在画像砖中占有一定的比重。新野樊集M11出土的庖厨画像砖共有两组画面，上面一组中两个奴婢分别持棒、勺在大瓮前劳作，右有一个持鸠杖的长者，大瓮的旁边有一个横架，上面挂着火腿、鹅鸭之类的肉食，一人跪跽伸手取肉，架的右面有两个奴役在端盘。庖厨图的下面有一牛，牛的下面右有伏羲，左为女娲，各持曲柄华盖，中间为守卫[1]。很明显，此图表现的是一派天国的宴饮画面。《汉代图案选》图399中的庖厨图，有三个人物在厨房忙碌，其中两个人坐于案前切肉备馔，一人于灶台锅中烹炸煎炒，墙壁的吊竿上挂着肥鹅火腿等美味佳肴，宴席中团团围坐的人们正在频频举杯，一派宴饮的欢快场面。

（3）车马出行

出游、田猎、骑射是统治者赖以消遣的方式之一，也是奢侈生活的重要组成部分。汉代贵族出行骑猎相习成风。桓宽在《盐铁论·刺权篇》中形容权贵出行时曾说："子孙连车列骑，田猎出入，毕弋捷捷。"《汉书·仲长统传》中亦云："入则枕于妇人，出则驰于田猎。"车马出行图在汉代画像砖中应用得极为普遍，是死者亲属或本人生前以人间的生活为蓝本为墓主精心安排的天国出游图。《汉书·食货志》载："世家子弟富人或斗鸡走狗马，弋猎博戏。"不难看出，这些已成为当时权贵阶层消闲的一项重要的娱乐内容，故而画像砖中表现甚多。河南郑州出土的山林狩猎、飞骑射兔、骑射鹿弧、猎犬围鹿、虎逐鹿、犬逐鹿、徒手斗野猪[2]；南阳出土的猎犬逐鹿、猎犬逐鹿兔、虎逐鹿等对此都有着极为精彩的刻画。成都北郊小羊子山一号墓出土的车马出行图砖，图中有一辆三马驾驶的车，前有骑吹为导，后有骑吏尾随，出行的声势浩大，威风显赫。郑州出土的汉代射鹿纹画像砖，作者用极为简练的手法着力刻画了疾驰飞奔的快马、穷追不舍的猎犬和濒于灭顶之灾而风驰电掣般奔跑的小鹿，那生与死搏斗的瞬间简直

男耕女织与车马出行画像砖
（青岛画像砖博物馆）

1　《南阳汉代画像砖》图版19—21。

2　《郑州汉代画像砖》。

使人紧张得透不过气来。

弋射，古代一种以射雁为主的射猎活动，是用一种带绳的箭射击猎物，故又有缴射之称。四川成都凤凰山出土的弋射收获图画像砖，砖面的上三分之二处生动形象地刻画了一组弋射的场面。画面中两人分别向上和向右上方空中的飞鸟进行射击，一群即将大祸临头的小鸟惊慌地逃窜。下面水中的鱼鸭则嬉戏游荡于荷花丛中，与上面的紧张气氛构成了鲜明的对比。市井图画像砖则通过不同摊点的经商活动描写了汉代“东门市”市场的贸易往来及商品的流通情况。

（4）几何形花纹

部分画像砖以几何图形的纹饰进行装饰，这些图案具有严谨规范、整齐划一的特点，其花纹多用于砖的侧面或作为每幅画面的边饰所用。1978年四川新都县发现的汉代“永元元年三月二日”铭文的画像砖，砖的侧面印有卷云、柿蒂、凤鸟、联璧、五铢等纹饰，线条清晰，图案效果明显[1]。辽宁省姜女石遗址出土的大型花面空心砖及方格纹砖，纹饰繁而不乱，具有较高的艺术水平。山东省文管会藏品中的菱形米字纹铺地砖，里心横七排竖四排顶角相连的菱形方格，每个菱形内印有米字形花纹。1978年山东曲阜出土的四叶纹方砖，砖面通体印有花纹，中心的圆圈内有一组十字形花纹，圆圈的周围有四组相互对称的如意头形图案。郑州画像砖中的云勾羊首三角纹、云气纹、云勾纹、Z形连续纹、菱形云勾纹、水波纹、S纹、束丝纹、盘常纹、网纹、竖条纹等也是非常流行与普遍使用的花纹。南阳地区的新野、淅川等地画像砖墓出土的画像砖中流行米字形方格纹、云雷纹、回字纹、变形柿蒂纹、连环十字纹、连环纹、重环回字方格纹、圆圈纹、卷云方格纹、乳丁方格纹、璧纹、四叶纹、月形纹、点纹、六边形纹、三角纹、十字穿环纹、双弧三角纹、回字菱形纹、田字菱形纹、束腰网坠纹、井字纹、车轮纹、V字形纹、叶脉纹、水波纹、连续S纹、百结纹、双目纹、变形鱼纹、凤尾纹、圆涡纹、浪花纹等。除此而外，太阳月亮纹、索纹、圆圈网格纹、百钱百乳纹、卷云纹等，都是汉代画像砖上常见的花纹。

4.神话题材

画像砖中的神话题材多取自民间传说，它的流行与使用，一方面反映出汉代神仙方术思想的风行及影响，另一方面也可以看出，它在当时确实有着广泛的社会基础。画像砖中神话题材的图案较常见的有伏羲女娲、四神升天、东王公、西王母等。四神图案是画像砖中使用极为普遍的题材之一，无论地上建筑还是地下墓室建筑中都曾大量出现。四神是古代传说中的四方之神，并见于文献记载。《礼记·曲礼上》云：“前朱雀而后玄武，左青龙而右白虎。”孔颖达在注中则进一步解释道：“朱雀、玄武、青龙、白虎，四方宿神也。”古代人多用这四种动物表示四个方向。汉代茂陵及其陪葬冢的附近发现的四神纹画像砖具有典型的时代风格。这种砖有的在侧面刻虎纹和玄武纹，有的在正面模印凸起的朱雀纹，周边饰青龙纹。西王母这一传说中的神话人物，在历代民间可谓家喻户晓。有关她的形象，我国古代书籍中多有记载，《山海经》把她描写成一个豹尾虎齿的怪兽，《穆天子传》又说她是一个善于歌唱的年轻女子。《汉武内传》中，她的形象摇身一变而成为年轻

1 《四川文物》1988年第4期。

貌美的绝代佳人。到《神异记》问世后，她又多了一个配偶——东王公。大部分画像砖中西王母的题材即据此而来。伏羲是我国神话传说中人类的始祖，据说他与其妹女娲氏相婚而繁衍了人类。他的形象被描绘成蛇尾人身的样子，画像砖中以此为题材的画面很多。除此之外，玉兔捣药、乘龙升仙的画面也不少，表现出死者企图升仙的心态。这些代表着祥瑞意念的画面是陶瓷装饰及墓葬文化中出现的新题材，具有明显的时代风格。

总之，砖画从战国时期开始，分大型画像空心砖与花纹砖两种，秦代画像砖多系阴线模印，颇具有线描花纹的效果。西汉时期砖画仍以大型空心砖为主，题材较秦代增多，四神图案开始流行，人物、舞乐、车骑、神仙瑞兽及几何图案盛行。分布范围以中原地区的陕西、河南为主，模印方法以整体模印及组合模印为主。东汉时期，大型空心砖逐渐被小型的方砖或矩形的实心砖所代替，阳纹模印占据主导地位，砖面大多一砖一模印制而成，有如一幅幅小巧的装饰画。画像题材中增加了以表现现实生产生活为主的画面，百戏、宴饮、舞乐、车骑、仪卫、酿酒、煮盐、市井、弋射、采桑、采莲、采芋、牧鸭、放鹅等图案流行，反映出地主庄园经济的兴起及豪强势力的膨胀。分布地区进一步扩大，中原、西南、江南一带墓葬中普遍出土。画像砖的地域风格明显，中原地区画像砖的风格粗犷，以邓县出土为代表。以四川为首的西南地区的画像砖构图灵活，生动形象。江南一带的砖画则多模印于一般的砖上，具有独特的地方风格。

画像砖的画面内容可以归纳为两大类：一类是以表现墓主升天过程为主的题材，这部分内容多以神话故事为主；另一类是墓主久居天国生活的缩写，这部分内容题材多而广泛。从衣食住行到歌舞百戏，从市井交通到士农工商，无所不包。其图案多基于现实的生产生活，生产活动主要描绘以劳动者为主的劳动情况，包括劳动内容、劳动对象及劳动过程。而生活部分则着意刻画统治者的日常生活。这些表现墓主升天后生活的画面大多从现实的生产生活发展而来，其原因有二：一是幻想中的天堂多是以现实生活为基础再加上一些神奇的想象而构成，二是这些豪强大族生前大多过着安逸舒适养尊处优的生活，死后既不想抛弃则只有带到墓中，因而人为地创造出这样一种理想的境界。这些画面尽管其目的不是现实生活的完全再现，但是在客观上却为我们描绘出了当时庄园经济发展的实况，为我们了解汉代社会的历史提供了形象的资料。

二、模型明器

汉代墓葬的又一个明显的特征即模型明器的大量流行与使用。这些模型明器出土的范围广泛，河北、河南、湖北、湖南、四川、江苏、广东、山东、辽宁、甘肃、陕西、安徽、山西、内蒙古等地的墓葬中均大量出土。模型的种类齐全，内涵丰富，井、灶、屋、仓、磨、碓、陶楼院落、鸡笼、狗圈、猪窝、牛牢、羊栏、水田……一应俱全。模型明器于东汉时期处于极盛阶段，无论出土范围还是出土数量乃至种类均较西汉有较大的发展。大量墓葬材料表明，西汉时期礼器殉葬还占有一定的位置，特别是西汉的早、中期则更为明显。以西安北郊区龙首村军干所的16座三期汉墓为例，第一期墓葬中的随葬品主要以鼎、盒、壶、钫等仿铜陶礼器为主，第二期的器物组合亦以鼎、盒、壶、钫仿铜陶礼器为主，到了第三期（汉元帝至汉平帝）的器材组合则除以鼎、盒、壶、钫仿铜陶礼器外，亦有壶、罐、仓、灶、奁等实用器物的组合[1]，说明固有的礼器殉葬一定程度上发生了变化。这一现象除了体现出丧葬文化的继承性之外，还与汉代所推行的礼仪制度有关。《史记·贾生列传》载：文帝时，“改正朔，易服色，法制度，定官名，兴礼乐”。这是礼制文化不可动摇的根基。西汉时期，一部分墓葬中开始随葬一些以现实生产生活为主的陶器与模型明器。大部分为数不多，种类单一，还未形成时代潮流，到东汉时期，随葬品一改常态，以现实生产生活的务实经济为主的模型明器广为流行，宣告了礼器殉葬的终结。湖南资兴107座东汉墓，除了一类墓于东汉早期仍继续礼器随葬的风气外，到东汉中期，二类墓中的模型明器开始兴盛。炊具中的锅、灶、甑、釜，储粮的仓、囤，家禽中的鸡、鸭、猪、羊，食具中的杯、盘、碗、勺及水井、碾、磨等一应俱全，构成东汉墓葬的典型时代特征。三类墓于东汉晚期礼器则已基本绝迹[2]，标志着一千多年以来的礼器殉葬制度的最终结束。河北、广东、四川、河南、甘肃等地东汉时期的墓葬亦如此，说明此时一种新的丧葬风俗已在全国范围内诞生，这就是在随葬品中以反映现实生活为代表的模型明器取代了长期以来流行的礼器殉葬，反映出新生产关系的建立对社会生产及其文化所带来的影响。同时也说明，经济基础的改变是丧葬制度发生变革的基础，一种全新的社会制度的确立必然会冲击与改变一切旧的固有的东西，汉代丧葬制度的变化正体现了这一点。

模型明器的种类包括

1.农业生产

两汉墓葬中模型明器的种类繁多，其内容主要可以分为生产、生活两大部分，生产部分以表现农业生产、家禽与家畜等题材内容为主。广东佛山澜石冲东汉墓出土的陶水田模型，在一块被分割为六块的田中有六人在劳动，有的点种，有的灌溉，有的持铲，有的施肥，有的执镰收割，有的打谷脱粒，分工明确，有条不紊[3]。水田旁置一小船模型，反映出水源充足的南方农业的特点。四川出土的六件水塘模型[4]，近似圆形的模型中插着秧苗。绵阳出土的水田模型中，有两种人物，一种为赤脚短衣的农夫，或肩担或手提正在从事紧张的田间劳动，而立于田间的剥削者则长袍拱袖在对农夫进行着监督与指教[5]。

2.粮食加工

四川双流牧马山东汉墓出土的执扬扇俑，手执大型扬扇正在扬谷。四川绵阳何家山1号东汉墓出土的持箕俑、持锄俑，内江市中区东汉崖墓出土的持袋俑，夹江千佛岩东汉崖墓出土的持箕俑，湖南资兴东汉墓出土的持杵俑等都从不同的侧面反映出汉代谷物加工的不同方式，为我们全面了解秦汉社会的生产、经济等方面提供了科学的依据。

风车和磨坊是粮食加工必不可少的工具。风车是用于筛选和清理谷物的农具，将脱粒好的谷

1 《考古与文物》1992年第6期。

2 《考古与文物》1984年第1期。

3 《文物参考资料》1955年第9期。

4 《文物》1985年第7期。

5 《全国基本建设工程中出土文物展览图录》四川部分。

物与糠粃分开；磨坊造型设计通透，以一面敞开的小屋形和凉棚式为主，内置碓。风车和磨坊皆内置劳作俑，生动写实，是汉代粮食加工情景的真实再现。下图为发掘出土的多种多样的磨坊模型。

磨

磨坊

3.建筑模型

汉代模型明器中，建筑模型比比皆是，大致有两个类型：一类是普通民居的院落模型，这种模型结构简单，以平房为主，与《汉书·晁错传》所描写“营邑立城，制里割宅……先为筑室，家有一堂二内，门户之闭”的民居基本形式一样。另一类则是反映中小地主居住的陶楼，这些模型多为高大雄伟的多层建筑，严谨的院落，高大的院墙及便于防范的角楼给人以壁垒森严之感。院内居住区、饲养区、种植区、庖厨区各不相扰，布局合理，便于实用。《后汉书·梁冀传》记载：“台阁周通，更相临望。飞梁石蹬，陵跨水道”，与简陋的民居形成鲜明的对比。

陶院落模型

东汉时期，陶楼增高，层次增多，形制也各种各样。四川新津出土的陶楼四阿式顶，两层。河南灵宝汉墓出土的陶楼带有院落。河南洛宁故县4号东汉墓出土的陶楼，高五层，平面成方形。

甘肃武威雷台东汉墓出土的陶碉楼，门院俱全，院墙的四角各有一个两层角楼，主楼五层，结构严谨。广州象岗4016号东汉墓出土的陶楼主楼分两层，另有舂米房、厕所、畜栏等。湖北云梦出土的陶楼，主楼两层，上四室下三室，厕所、厨房、猪圈、望楼俱全。这些陶院落大致可以分为两种类型：一种是带有院落，院墙的四角有的有角楼，有的无角楼；另一种是没有院落。从层次上分有两层、三层、五层不等。陕西勉县老道寺1号东汉墓出土的陶院落，坐北朝南的主楼为两层，顶部为四阿式庑殿顶，东面有高两层的仓楼，西面有三层楼阁，畜圈、鸡埘、厨房等都设在东跨院。河南淮阳于庄东汉墓出土的陶院落，有三进房屋。陕县刘家渠8号东汉墓出土的陶院落，前后两进平房，后面为正房，东向为厨房。在所有的陶院落模型中，几乎所有的厨房均位于东部，这与当地的风俗有关。曹植在《当来日大难》中记载："乃置玉樽办东厨。"《仪礼·公食大夫礼》中亦有"东房"中具馔的记载。

广州东汉墓出土的陶院落，四周有高大的墙垣，四角有角楼，前后有大门，门亭旁有守卫，反映出东汉豪强地主势力的膨胀。《后汉书·李章传》中说："时赵魏豪右往往屯聚。清河大姓赵纲遂于县界起坞壁、缮甲兵，为所在害。"同书中也记载了董卓的眉屋"高厚七丈，号曰万岁坞，积谷为三十年储"[1]。河北阜城桑庄东汉墓出土的陶楼，完全仿木结构制作而成，整座楼屋宇重叠，既有严密的报警系统，又有防御设施完备的楼阁，是目前出土的汉代陶楼中最具时代水平的一件[2]。

4.仓廪

仓廪是用来储存粮食的用具，关于它的定名，古人主要有两个标准：形状与用处。按文献记载，圆形的叫囷，方形的为仓或廪。《荀子·荣辱篇》高注："圆曰囷，方曰廪。"也有根据其储藏物的不同而划分的，藏米的曰廪，藏谷的曰仓。《周礼·廪人》郑注："藏米曰廪。"《汉书·五行志》："刘向以为：御廪，夫人八妾所舂米之藏，以奉宗庙者也。"《释名·释宫室》："仓，藏也，藏谷物也。"《文选·籍田赋》李注引《月令章句》云："谷藏曰仓，米藏曰廪。"《说文·口部》云："囷，廪之圜者，从禾在口中。"

（1）圆形陶仓——囷

部分粮仓的仓体上书写有文字。西安东郊汉墓出土的圆形陶囤，顶部书写有"白米囷""小麦囷"；洛阳老城汉墓出土的多件小口圆肩直腹的陶仓盖上分别写有"麦""黍""粟""豆"[3]；西安市郊汉墓出土的三件陶囤上分别墨书"白米囷""小麦囷""黍粟囷"[4]，其中的"白米囷"内还残存有白米；临潼上焦村7号秦墓出土的圆形陶囷，在门的上部刻"囷"字[5]。陕西咸阳茂陵1号墓出土的陶囷，顶部墨书"小麦一京""大豆一京"[6]，所藏内容与文献记载相同（京即大囷）。

1　《后汉书·董卓传》。

2　《文物》1992年第9期。

3　《考古》1964年第8期。

4　《考古》1963年第4期。

5　《考古与文物》1980年第2期。

6　《文物资料丛刊》6，1982。

圆形陶仓

南方出土的陶仓大多作成栏杆式或地基处留有排水沟，以利于防潮防湿，避免粮食的霉烂。广州汉墓出土的陶篅，通体成圆形，下有四立柱，上有伞形顶盖。《说文·竹部》云："篅，以判竹，圜以盛谷者。"显然，此陶篅为仿竹木制品制作而成。河南偃师姚孝经墓出土的10件陶仓，造型大同小异，直壁深腹，敛口圆唇，器底有三兽足，筒高在28.5—35.6厘米之间。洛阳北郊东汉壁画墓出土的5件陶仓与偃师所出相同，直壁深腹筒形，底有三熊足[1]。湖南资兴东汉墓出土的10件陶仓，造型均为筒形平底，圆弧形的顶盖上或塑有三鸟，或加压十字形的草束，地台上有的塑有俑、鸡。其中有两件为干栏式，栏上为囤，栏下为羊圈，圈内有阶梯上通粮囤[2]。江陵凤凰山西汉墓出土的陶仓[3]，圆形的仓体上开有方窗便于通风，仓的下部有排水沟，以利于防潮。仓盖的尖顶上立有展翅欲飞的"观风鸟"，可消灭害虫。

（2）方形陶仓——廪

方形的陶仓根据文献的记载叫作廪，是汉代模型明器中的重要组成部分，出土的数量多，范围广，造型多种多样。河北阳原西城南关东汉墓出土的陶仓为长方形，顶部为两面坡式的悬山顶，檐部瓦笼密集，仓楼分两层，上下各开一门。河北阜城桑庄东汉墓出土的2件绿釉陶仓，正面两侧有竖形栏杆，正面上部平底卧棱，栏杆底部伸出座外与底座相连形成台阶，台阶上为长方形的仓口，仓口上为一面坡式的长方形仓檐[4]。另一件泥质灰陶陶仓为长方体，四阿顶，正前面的底部为曲尺形，上部开一方形孔，仓内横置两块隔板，将仓分为上、中、下三层。广东顺德汉墓出土的长方形陶仓，顶部为两面坡式，顶部起瓦垅，正中有一长方形的门洞，门的两侧各有两孔，仓底的四角各有一圆孔以安装木柱。陕西杨家湾汉墓出土的35个大型陶方仓中盛满谷物，分别装有谷子、黄米、小麦、荞麦、豆子、油菜子等[5]。1975年咸阳马泉西汉晚期墓出土的11件陶瓮内装有谷子、糜子、荞

1 《考古》1991年第8期。
2 《考古学报》1984年第1期。
3 《文物》1976年第10期。
4 《文物》1990年第1期。
5 《文物》1977年第10期。

麦、高粱、青稞等[1]。

2019年首都博物馆《山宗水源路之冲》展览的灰陶仓出土于青海省大通县孙家寨遗址。

到了宋代，谷仓仍然在使用。2019年北京大学塞克勒博物馆《将乐窑瓷器展览》中展出的将乐窑水波宝珠顶谷仓南宋谷仓、悬山顶谷仓等让我们看到了这一文化的传承与变化。

青海省大通县孙家寨遗址出土方形陶仓（首都博物馆《山宗水源路之冲》展）

福建将乐窑谷仓

5.家禽家畜的饲养

厕所与猪圈连为一体是汉代普遍流行的形式，也是模型明器中出土数量较多的一种。河南汲县出土的陶厕所设于猪圈旁的高台之上，圈中一只母猪正在给小猪哺乳。偃师姚孝经墓出土的陶猪圈，造型亦大同小异[2]，用四块泥板粘成方形的围栏，一侧置有长方形的高台，台的一端置屋，悬山式顶，屋底有圆孔，向平台的一面留有一个长方形的门，门下有三层台阶，圈的内侧一只母猪在给小猪喂奶。河北沙河兴固汉墓所出也大同小异。这种猪圈与厕所的组合形式具有中原地区的地方风格，至今还可以在某些农村中见到。

汉代绿釉厕所模型（青州博物馆）

与此同时，马厩、羊圈、鸡埘等也普遍出土。陕县刘

1　《考古》1979年第2期。

2　《考古》1992年第3期。

家渠东汉墓出土羊圈为半圆形，正面有一长方形的门洞，房檐下卧有羊六只[1]。长沙东汉墓[2]牛牢出土的、广州沙河顶东汉墓[3]出土的鸡埘，都具有典型的时代风格。《尔雅·释宫》："鸡棲于弋为榤，凿垣而棲为埘。"广州东山象岗东汉墓出土的陶楼后院左侧有鸡埘。

6.灶

灶作为人们烹煮食物必不可少的器具，早在新石器时代早期就已经出现。无论社会多么发展或多么落后，一日三餐都是不可缺少的，自从人类发明用火开始了熟食后，用以加工食物的灶就成了人类社会生活的重要组成部分，也是模型明器中出土数量最多的。人类摆脱茹毛饮血的野蛮时代后，灶更成了人类文明和进步的不可或缺的部分。考古学资料表明最早的灶其实就是在地下挖一个坑，前边有一个添加柴火的口子，把食物直接放在坑上面烧烤。初期的烹饪尚无器具，多采用篝火烧烤的方式得到熟食。在我国旧石器时代众多的遗址中，都曾经发现过人类用火痕迹其中夹杂着兽骨与植物种子的灰烬。新石器时期随着陶器的发明，"灶"应运而生。考古资料表明，远在新石器时代灶即以出现。1977年河姆渡遗址T243出土的夹砂灰陶灶，通长55厘米、通高25厘米，椭圆形圈足。火门上翘，内壁横安三个粗壮支丁，距今已有5500—6000年的历史。进入农耕文明后，人类学会了建造简陋的房屋，开始了相对稳固的定居生活，许多炊煮与饮食所用的器物也在此期间发明出来。

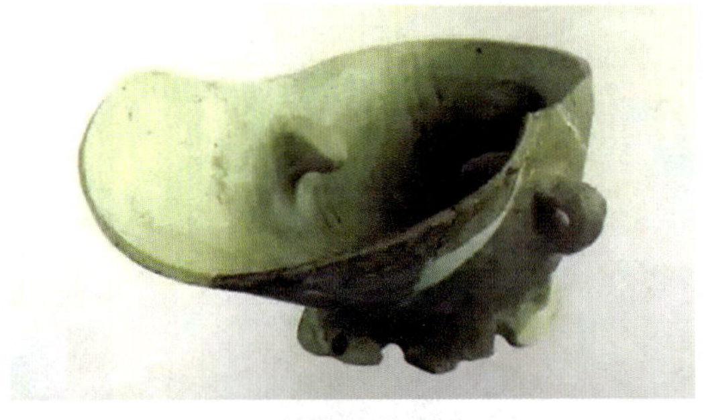

河姆渡遗址出土陶灶

湖北枝江县关庙山房基遗址出土的三联排灶，距今已有6000年左右的历史。三组灶排列整齐，每组灶底有火道相通，前部有共用的灶门。灶上的火眼上可以放置陶釜等用于蒸煮的器具。

民以食为天，吃饭是人生的第一需要，要吃饭就要有烧饭的工具。《释名·释宫室》云："灶，造也。"《汉书·五行志》："灶者，养生之本。"灶是烹调食物必不可少的器具，正是因为灶与人们的生活关系密切，所以被作为随葬品，以便死者在另一个世界中不致没有饭吃。至汉代，灶在模型明器中占有很大的比重，已成为普遍流行的随葬品。王充《论衡·讥日篇》云："推生事死，推人事鬼。见生人有饮食，死为鬼当能复饮食，感悟思亲，故祭祀也。"作为随葬明器模型的陶灶，最早出现在关中地区的战国晚期秦墓中。汉代，陶灶进一步被明器化，成为汉代墓葬出土数量最多的器物。作为随葬品的陶灶造型多样，圆形、方形、长方形、曲尺形、船型和马蹄形最为普遍。材质有红陶、灰陶、釉陶不等。釜眼一到三个不等（釜眼的增多有助于节省燃料，缩短烹饪时间，提高食物加工效率）。有的灶面上放置甑、釜、勺、灌之类的炊具，有的模印或刻画各种不同的图案花纹，图案题材多样，鸡、鸭、鱼、鳖等食材与碗、盘、刀、钩、铲等炊具，应有尽有，栩栩如生，吉庆祥和，生活气息浓郁。

1 《考古学报》1965年第1期。

2 《文物》1960年第3期。

3 《农业考古》1985年第2期。

汉代陶灶

西汉时期灶的出土数量没有东汉多，出土范围也没有东汉时期广泛，灶本身的造型与种类也没有东汉时期复杂。西汉时期灶的造型主要有圆形、椭圆形、长方形及三角形等多种。山东沂水西水旺庄汉墓、内蒙古凉城县北营子汉墓、安徽霍山县西汉木椁墓、山西平鲁西汉木椁墓中均出有圆形灶。河北阳原三岔沟、湖北随州、内蒙古凉城等地的西汉墓中也分别出土有三角形的灶。除此之外，内蒙古的凉城还出土有船头形和马蹄形的灶[1]。

西汉时期，灶面上的火眼有一个、两个、三个、四个不等，以三个最为流行，三眼中一大两小，呈前两后一的三角形排列。火眼上多置放有甑、釜、罐等炊具，火门多为单门，有落地与不落地之分，以落地者最为多见。烟囱位于灶的后端，多为圆形的出烟道，有的烟囱顶部有盖，内蒙古杭锦旗汉墓出土的长方形三眼灶的烟囱顶部为双重四阿式顶，盖上面瓦垄密布。个别没有烟囱。西汉时期还出土一种都灶，这种灶的火眼、火门均多于普通的灶。江西南昌东郊13号汉墓出土的大灶，长方形的灶体上有四个火眼、四个火门，灶面的两侧树有挡风的墙，火眼上放着甑、釜，这应是《汉书·五行志》颜注中所讲“都灶，蒸炊之灶也”。

两眼灶在西汉时期也比较流行，造型多为长方体，有圆头与方头两种，以圆头灶最为流行。汉景帝阳陵从葬坑、安徽霍山县等地汉墓中所出多为圆头灶。在三眼灶中圆头灶也很流行，火门有落地与不落地两种。灶上所置放甑的底部有六孔、多孔及米字型等多种。西汉时期釉陶灶已有发现，如山东济宁师专所出。或有一高出灶的矮墙，火门有拱形、长方形两种，有落地与不落地之分。带足的灶较为罕见，四川绵阳市出土的蹄足灶是目前所见为数不多的一件，此灶的平面呈D字形，前方后圆，灶面上有三个火眼两大一小呈品字形排列，烟囱火口与其他灶无异，底部有四个小的蹄足[2]。总之，西汉墓中出土的灶，火眼1—4均有，以前三种最为流行，灶多素面没有装饰，挡火墙的使用不普遍，圆头灶方头灶并存，釉陶灶开始出现，都灶及带足的灶是西汉时期造型较为特殊的形体。

东汉时期，长方形的灶最为流行，同时亦有一种梯形的灶面，灶面及其周边模印出刀、叉、钩、铲等灶具及鸡、鸭、鱼等图案或几何形的花纹，形成与西汉时期不同的时代特征。河南陕县刘家渠汉墓出土的灶面模印有丰富的纹饰，其中案、耳杯、瓢、勺、刀、悬钩甑、筛、鸡、鸭、鱼、蝎、蜥蜴、老鼠等及灶具一应俱全。西北地区的宁夏盐池县张家场汉墓M6出土的一件灶前模印一妇

1　《内蒙古文物考古》1991年第1期。

2　《四川文物》1992年第1期。

人，人物两臂前伸，手持柴火做烧火姿势[1]，灶面上模印有鱼、钩、铲、乳丁、网络等纹饰。甘肃天水贾家寺东汉墓、湖南资兴东汉墓、湖北宜昌前坪东汉墓、陕西东汉司徒刘崎及其家族墓地、河南偃师东汉姚孝经墓、河北沙河兴固汉墓等都出土过此种类型的灶。

湖南、广东等南方地区出土的灶前门均有前台，台面上有正在操作的俑或坐或立。广东顺德县汉墓、深圳市红花园汉墓、湖南资兴东汉墓出土的灶，灶台前的俑有的在添柴烧火，有的在灶上操作。河南刘家渠汉墓出土的灶，火门的左侧跪有一个烧火的俑，右面置放一瓶，这是西汉时期所不曾有过的。与此同时，挡火墙普遍出现，有的上面还有着精美的装饰。北京平谷东汉墓出土的陶灶，挡火墙的设置相当严谨，装饰亦很精美[2]。火门的形式较西汉时期多样，有圆形、长方形、拱形、马蹄形及近似三角形等多种。火门有落地与不落地两种，火眼1—3个不等，以三眼灶最为流行，河南、湖南、湖北、江苏、四川、陕西等地都有出土。一眼灶较为少见，辽宁大连沙岗子东汉墓、陕西华阴岳庙东汉司徒刘崎及其家族墓中曾出土过，这种灶大多比较简单，保留有西汉时期的遗风。

东汉时期灶的出土数量最多，湖南资兴东汉墓出土的两式灶有25件，河南陕县刘家渠出土31件。釉陶灶的出现是东汉时期的又一特征，釉色以黄、绿最为常见。东汉时期陶灶普遍带有挡火墙，并成为一种新的时代风尚。灶面及灶墙部位多模印花纹，花纹题材以食物原料及灶具为主，边沿处多为几何形图案式的花纹。

北宋将乐窑白釉酱釉双色灶

瓷质的明器灶也应用于丧葬文化之中，如北宋将乐窑白釉酱釉双色灶。

7.水井模型

水是生命之源，不仅用于人畜饮用，还用于农作物的灌溉，在社会生产生活中占有重要的位置。在原始社会，人类大多逐水草而生，其遗址基本都位于有水源的地方。到了汉代，随着人类文明的不断发展，人们除了学会充分利用江河湖海等地上的水利资源为生产服务外，还学会了凿井取水，并一直沿用至今。井在人类的生产生活中占有重要的位置，也是汉墓中普遍出土的明器。井的开凿与使用，为人类的生产生活带来了更为便利的条件，是生产力进步与发展的标志。水井的模型在汉代模型明器中的大量出现说明汉代对水利资源的开发与利用已经到了比较发达的程度。

锦溪古砖瓦博物馆 西汉井圈

1 《文物》1988年第9期。

2 《考古》1962年第5期。

水井是古代人类饮水的主要形式之一，汉代水井的模型种类多样，结构繁简不一，大致以亭式、筒式最为常见。井口的形式有方、圆、井字形几种，有的带有井盖，有的上面有井亭，还有的井架上带有滑轮和吊桶。东汉时期井的种类增多，结构日趋复杂，井栏、井架、井盖、井亭、辘辘、滑轮等配套齐全，地台出现，有圆形、八角形多种，部分井模的外表装饰有精美的花纹，一部分井的模型无底。带有井亭的井有两种类型：一种是连体形，井与亭联体烧制而成，多见于甘肃、河南、河北、陕西等北方地区，河南偃师东汉姚孝经墓、陕西刘崎及其家族墓、河北定县北庄、甘肃天水贾家寺、河南济源承留等地的汉墓中均有出土。此种井由井亭、井架、井身三部分组合而成，井架有的为拱形，有的为井字形。井亭的盖多为长方形四阿式顶，盖顶有瓦垄密布。亭下多有模制的滑轮，滑轮上挂有提水用的桶。河南济源汉墓出土的井模，井架上置有铁桶，分明是为提水所用[1]。河北定县北庄出土的辘轳井，结构大同小异。这种井有四面坡式的屋顶，井架上没有滑轮，具有北方水井的地区式风格。这些带有滑轮的井模是人们在长期的劳动实践中为了减轻体力劳动的强度利用机械原理而制成的，也是当时生产力发展水平的标志。另一种是分体形，井与井亭分开烧制，由井和亭两部分组合而成。这些带有井亭的井模多流行于广东、湖南一带的南方地区，与这一地区多雨的天气有关。井亭的盖有方、圆两种，顶部堆有十字形的脊，湖南、广东的深圳、东莞、顺德等地多有出土。井身多为侈口，直颈、斜肩、直腹、平底，地台的四角分别有四个圆孔用以穿插井亭的四柱，井的外壁有数组作为装饰的弦纹、三角纹或水纹，质地有灰陶和施青黄釉的釉陶两种。

西汉陶井模型

一般来讲，北方地区的井模多带有井亭和滑轮，有的井架和井亭上印有美丽的花纹。河北沙河兴固汉墓出土的井模，井身束腰，井沿的上面立有卷云纹的井架，井架顶部的中间设置滑轮，两面布满了鸟和叶形装饰[2]。相比之下，南方的井模大多比较简单，多为筒形直壁或平沿高领直腹形，分有底与无底两种，有的井内有提水的陶罐。江苏、浙江一带多出一种由井栏与井身构成的井的模

1 《考古》1991年12月。

2 《文物》1992年第9期，图四、8。

板，井身是外壁多划有水波纹和菱形乳丁纹，江苏邗江县老虎墩汉墓和重庆奉节“熹平四年”墓中均有出土。总之，东汉时期水井的模型类型众多，带有滑轮、井亭、吊桶，北方地域性特征明显，井壁的外边饰有几何状的花纹为西汉时期所没有。东汉时期井模的出土数量较西汉时期大增，说明人们对水的应用能力在不断的提高。

8.船模

1955年广州市先烈路出土的东汉陶船，长56厘米，船体结构复杂，设备齐全，船头系锚，船上设置桨架，上有陶俑6个，船的中部设两舱，尾部有望楼，后舱右面设有厕所，船尾有舵。1980年广东德庆县高良官村出土的东汉陶船，船头为前舱，中部设两舱，船尾为舵室[1]。这些陶船模型明器的出土，反映了广东一带造船业的发展及海上运输业的发达。

汉代陶船模型

9.陶俑

陶俑的大量使用与流行是汉代随葬品的又一明显的时代特征，也是汉代墓葬的特有标志。它的使用与流行宣告了商周奴隶社会以活人殉葬制度的终结。随着生产力水平的提高与发展，作为生产力重要因素的人也受到了应有的重视，他们不再像奴隶社会那样被肆无忌惮地杀害，而是用俑作为活人的代用品。俑作为人殉制度的代用品而大量地用于随葬是封建社会取代奴隶社会的标志，也是社会及丧葬文化发展的必然结果。因此，它的出现有着进步意义。

模型名器中的陶俑题材广泛，从各个不同层面表现着当时社会生活、生产、娱乐场景，为我们认识与研究古代社会及其文化提供了重要的形象资料，有着极高的学术与艺术价值。

陶俑包括万象，伎乐舞蹈、百戏杂耍、文官武将、播种插秧、收割制盐、庖厨宴饮、酒肆茶馆等应有尽有，可以说是汉代社会的缩写。这些俑造型古朴浑厚、栩栩如生，具有传神的艺术效果。

百戏、杂耍、说唱。百戏是古代乐舞、杂技表演的总称。考古发掘出土的百戏、杂耍说唱俑将丰富的说唱内容和醉人的表演形式，刻画得惟妙惟肖。王公贵胄们生前醉生梦死，死后不惜倾尽家资修建陵寝。王符《潜夫论·浮侈篇》载：“或作泥车、瓦狗、马骑、倡优诸戏，弄小儿之具，以巧诈。”1999年5月，考古工作者在秦始皇陵园的东南角发现了十余件如真人般大小的百戏陶俑。两

1 《南海丝绸之路文物图集》。

汉时期“百戏”技艺得到进一步发展，倒立、柔术、跳丸剑、耍坛、击鼓、扛鼎等杂技，七盘舞、鼓舞、剑舞、巾舞等俳优歌舞，以及幻术、斗兽、假面戏等都极为兴盛。这一奢靡之风的普遍流行促进了陶瓷手工业的大发展，多姿多彩的陶俑真实地再现了汉代社会政治、经济、文化、科学技术等的发展。

汉代说唱、舞蹈陶俑

庖厨中有的杀猪，有的宰牛，有的杀鸡，有的宰鱼，有的烹调，有的烧火，再现了贵族生活的奢侈与排场。

大量考古材料表明，汉代陶俑的出土范围极为广泛，遍及黄河两岸、大江南北，出土数量之多，出土品种之丰富可谓盛极一时。山东徐州北洞山西汉墓出土200余件彩绘陶俑，陕西阳陵汉景帝墓出土大批陶俑，山东临沂金雀山，四川夹江、乐山，河北阳原等也都出有大量的陶俑。从墓葬类别上讲，上至天子的陵墓，下至平民百姓的土坑墓，都普遍用陶俑进行随葬。在秦始皇兵马俑的基础之上，汉代阳陵及杨家湾的彩绘兵马俑的大量出土，不但大大丰富了汉代陶俑的种类，还弥补了我国雕塑史上的空白，在秦汉考古中占有重要的位置。

庖厨俑

阳陵出土陶俑

与此同时，还发现了部分烧制陶俑的陶窑，陕西长安2—8号窑址出土的陶俑[1]及其陶范，为当时杜陵出土的裸体陶俑找到了制作的地点，也为我们研究汉代陶器的生产方式和规模找到了依据。汉代俑的种类繁多，宏观上可以分为生产与生活两大部分。生产类包括农作物的种植与收获，粮食的加工及储藏，家禽家畜的饲养，手工业生产中的酿造等，以表现劳动者为主。生活类的陶俑既有文官武士，歌舞杂技，又有庖厨奴仆，反映出汉代现实生活的丰富多彩及饮食文化的发达多样。

秦俑坑的秦俑

总之，东汉以后，墓葬随葬品多以反映现实生产生活的器物为主，模型明器广为流行并盛极一时，取代了西汉时期仿铜陶礼器为主的随葬品形式。模型种类繁多，有反映农业生产的水田水塘模型，有家禽家畜，有烹调食物所用的各种类型的灶，也有反映歌舞杂耍出游狩猎及从事庄园经济生产的各种人物，体现着处于上升阶段的汉代社会经济的繁荣与发展，也体现着汉代丧葬习俗所发生的变化。

受汉代社会求富逐利、崇奢享乐的世俗思想影响，模型明器在器类组合和制作装饰上刻意模仿现实或理想中的权贵生活，以满足死者魂魄享用，并希冀以明器为媒介祈愿祖先福泽子孙。

魏晋南北朝时期，北方流行武士俑、胡人俑、伎乐俑、陶牛车，南方流行青瓷明器，其中以莲花尊、魂瓶、虎子等最具特色。宋代以后，纸质名器流行逐步取代了陶瓷制品。

这些分明不能动弹的汉代乐舞百戏陶俑，它们的生命瞬间被定格在漫长的历史长河中，当它们历经两千多年的岁月，再次栩栩如生地展现在我们面前的时候，我们不能不为古代工匠们的高超技艺所折服。汉代工匠采用特有的艺术手法，将乐舞百戏俑静止的躯干与生动的神情完美地结合在一起，将乐舞百戏俑在精致外表下所彰显的生活气息，淋漓尽致地表现出来，其蓬勃旺盛的生命活力及其艺术特有的浪漫风格，具有鲜明的时代特征，为我们研究中国古代的社会制度、经济生活、文化交流等，提供了不可或缺的实物资料，具有极高的历史价值与艺术价值。

1 《考古》1992年第2期。

第四节　六朝丧葬文化的新内容

六朝，是我国历史上战乱频繁的年代，也是我国陶瓷生产迅速发展及新的时代风格形成的年代。频繁的战争一方面给人民的生活带来了极大的痛苦，另一方面又促使人群不断地迁徙与转移，为多民族文化的交流与融合创造了客观条件。佛教的广泛传播与封建统治者宗教信仰的改变为丧葬习俗的演变及陶器造型与装饰的变革起到了积极的促进作用。在中外文化、民族文化相互撞击的洪流中，传统的丧葬习俗开始改变，一种新的独具风格的丧葬文化逐步形成，主要体现在以下几个方面。

一、动物形体的兴盛

六朝时期墓葬随葬陶器的一个重要而明显的变化即大量动物形体的出现与流行，这已成为这个时期墓葬特征的显著标志。在战乱四起的年代，南方经济因未受到太大的冲击，仍呈现着六畜兴旺的繁荣景象，大量动物造型的陶瓷制品的出土一定程度上反映出南方经济相对稳定的社会现状。在北方，一些少数民族长期以来一直有殉牲的习俗，后来，随着丧葬习俗的不断变化，逐渐由殉牲演变为局部的殉牲，即由牲畜的某个部位来代替。后来受南北文化交流的影响，逐渐发展到由陶瓷制品所替代。这一过程客观上反映出丧葬观念所发生的变化，也体现着丧葬文化的进步性。

六朝青瓷中的一部分器物以动物的造型进行塑造，如这个时期流行的羊形烛台、避邪式烛台、蛙式水盂、熊式灯等。一部分器物则以动物的某一部位如鸡头、羊头、鹰头、小鸟等作为装饰贴塑在器物的相应部位。

鸡头壶是当时最为流行及最具代表性的器物，也是六朝墓葬中出土数量最多、出土范围最为广泛的一种具有典型时代特征的器物。根据已发表的材料统计，湖北、湖南、江苏、浙江、广东、广西、贵州、河南、山东、山西、四川等地的两晋南北朝时期的墓葬中均有出土，其中以江苏南京出土的数量最多。一座墓中少者一二件，多则四五件。早期的鸡头壶，鸡头鸡尾是用事先做好的泥片贴塑而成的。南京栖霞山甘家巷六朝墓出土的双鸡首双系盘口壶[1]，1955年南京五台山出土的西晋青瓷鸡头双耳盘口壶[2]，1966年江苏六合县草塘乡罗冲村西晋墓出土的青釉鸡头壶，1955年南京梅家山西晋墓出土的鸡头壶[3]以及1980年河南洛阳涧西西晋墓出土的鸡头壶[4]，壶肩的一侧贴塑鸡头，与鸡头相对的一侧贴有鸡尾。西晋时期鸡头壶的鸡头很矮，尚未出现鸡颈。鸡头与鸡尾只是作为一种贴塑装饰，没有实际的应用功能。东晋时期，鸡头变长，鸡颈出现，随后鸡头部分变得越来越高，鸡头开始与壶身相通并演变为流，原来的鸡尾也变高变长演变为把手，这些原来仅仅作为装饰的部分已演变为具有实用功能的部位。壶肩部的双系也由环形变为桥形，温州市雨伞寺东晋永和七年墓、温州太平岭宁康三年墓、1956年南京中华门外东晋墓、1955年南京幕府山东晋墓等出土的鸡头壶即具有这个时期的典型特征。

1　《考古》1975年第6期，第320页，图八。

2　《江苏六朝青瓷》图48。

3　《江苏六朝青瓷》图47、42。

4　《中原文物》1983年第3期。

有的鸡头壶带盖，杭州东晋兴宁二年墓出土的黑釉鸡头壶[1]，除了具有长颈把手及桥形系的特征外，还带有一个半球形的盖，为了使盖与壶身能够严丝合缝，还特意在盖的口沿处作出一个圆形的凹口，以适应把手上端凸起的特点。这既增加了壶的实用性，又合乎卫生的要求。还有的在把手的上端进行装饰，南京甘家巷六朝墓出土的鸡头壶，把手上端印有龙首纹，对形体起到了进一步美化的作用。到了南北朝时期，把手进一步变高变长，把手的上端高于壶口是这个时期的普遍做法。有的把手的上端塑有龙头，壶身也同时变高，由两晋时期的球形腹变成筒形腹，壶的颈部加长。太原南郊北齐壁画墓、河南南乐村北朝墓、南京甘家巷和童家山南朝墓、江苏句容县春城乡南朝墓、南京光华门外赵士岗南朝墓及贵州平坝马场南朝墓出土的鸡头壶均具有如此的特征，为我们研究鸡头壶的演变规律提供了大量的实物依据。右图右是韩国百济王陵出土的我国东晋德清窑黑釉鸡头壶，它的出土说明早在东晋时期韩国皇室就已经把我国瓷器视为珍宝，不但生前使用，死后还作为随葬品葬入坟墓。

鸡头壶

鸡头壶之外，亦有用羊头、虎头、鹰头进行装饰的壶和罐。杭州市文物商店收藏的东晋青釉羊头双系盘口壶，1961年江苏丹徒前进大队出土的同类器物肩部堆塑羊头为饰。1955年南京梅家山出土的西晋青瓷虎头双耳罐，肩的一侧贴有一虎头为流，另一侧堆塑虎尾[2]。1964年南京中华门外板桥镇石闸湖西晋墓出土的青瓷鹰形双耳盘口壶，肩部堆塑鹰头，下腹部贴塑鹰爪两只，腹部划刻羽纹[3]，融动物形体于造型艺术之中，别有新意。

上虞市上浦镇尼姑婆山窑址出土的鸡首、羊首、熊首等瓷器残片

除了壶罐的肩部进行动物形体的堆塑外，三国两晋时期一些小型器物中也流行用某种动物的形象作为装饰，水注、水盂上面最为常见。江苏金坛方麓东吴墓出土的蛙式水盂[4]、四川忠县涂井蜀

1 《考古》1961年第7期。
2 《江苏六朝青瓷》图43。
3 《江苏六朝青瓷》图49。
4 《文物》1989年第8期。

汉墓出土的蛙式水注[1]、河南温县东晋墓出土的蛙式水注、江苏南京御道街西晋墓出土的蛙式水注（1955年）、江苏南京赵士岗吴凤凰二年墓出土的蛙式水注（1955年）、江西九江出土的蛙式水注等[2]，都是当时极为流行的器物。

各种动物造型的青瓷

这些器物具有共同的造型特征，直管状的短口，扁圆形的器身，肩至腹部的一侧塑出蛙的头部及前肢，与其相对应的另一侧塑造出后肢，从平面俯视有如一只伏蛙，极为形象生动。与此同时，一些水注的上面也喜欢用熊、兔进行装饰。1976年江西吴县枫桥乡狮子山西晋元康五年墓出土的青瓷伏兔水注，造型同蛙式水注近似，腹部的一面塑出兔头和前肢，另一侧塑出兔的尾巴和后肢。江苏苏州博物馆收藏的伏熊式水注、浙江瑞安桐溪东晋墓出土的龟形水注[3]、绍兴文管会收藏的青瓷褐彩兔形尊、浙江文管会收藏的兔形水注[4]，都是具有代表性的作品。作者准确而娴熟地掌握了动物的形体结构并抓住了瞬间动作的特征，成功地塑造出了栩栩如生的作品，反映出这个时期造型艺术的日趋精进。除了见于局部装饰外，六朝时期还流行把瓷器通体塑造成动物的形象，如这个时期大量流行的羊形烛台、虎形烛台、狮形烛台、蹲熊式烛台等，都是新的仿生动物形体。

大量动物形体的出现与流行已构成六朝丧葬文化的一个明显的特征，这种风气的出现除了反映出陶瓷成型工艺的不断发展及工艺的日趋成熟外，还从一个侧面反映出江南地区经济的相对稳定及南北方文化交流中北方一些少数民族殉牲习俗的不断简化与发展。

六朝时期动物造型瓷器的流行主要有两方面的原因。首先是南方六畜兴旺的社会经济的一种反映。广西梧州市富民坊一号墓出土的印有“永嘉中天下灾但江南尚康平”字样的墓砖[5]，有力地证实了晋代江南地区的社会相对稳定及战乱较少的客观现实。除此而外，南方墓葬中青瓷出土比重的大量增加及造型的日趋丰富也反映出生产力水平的不断发展与提高。墓葬中瓷器出土数量的多少是衡量社会生产力发展水平的标志。六朝时期，南方墓葬中用青瓷随葬已极为普遍，据统计，南京甘家巷的六朝墓，除7座没有遗物外，31座墓葬共出土遗物278件，其中青瓷107件，占38.5%，陶器38件，占14%，陶瓷共占出土物总数的52%[6]。长沙的两晋南朝墓中，27座晋墓出土的399件器物中，陶

1 《考古》1973年第6期。

2 《江西文物》1991年第4期，第15页。

3 《江西文物》1991年第4期。

4 《江西文物》1991年第4期。

5 《文物资料丛刊》第八辑，第40页。

6 《考古》1976年第5期。

瓷330件，占83%；13座南朝墓出土的139件器物中，陶瓷90件，占65%[1]。山西北齐娄睿墓出土的107件陶瓷器占总数的12%[2]。瓷器出土量的增加及品种的多样和制作的精良都说明这个时期瓷器的生产和使用已相当普遍，烧制技术也已进入成熟的阶段。而这些又都是以社会生产力水平的发展为前提的，而社会生产力水平的发展又是以社会经济的稳定为保证的。

明器中动物形体的流行还反映出当时人们希望六畜兴旺、天下祥和的一种社会心态。这有如汉代模型明器的流行是为了祈求人死之后在冥界还能过祥和太平的生活一样，是一种心灵的寄托。用这些具有吉祥象征的物品随葬，也是世人表示良好祝愿的一种表现形式。这些仿生的动物形体大多具有吉祥的含义，自古以来被人们作为吉祥象征的羊、作为祥瑞象征的玉兔、作为力量象征的熊、虎及富于田园生活情趣的蛙等形象的大量出现与流行，明确地表现出人们颂扬吉祥、祈祷太平的美好愿望。

其次是动物形体的流行与北方少数民族殉牲习俗的演变有关。北方是少数民族聚居的地方，他们“是一些各有各的生活方式，各有各的语言的部落和部族的集合体……不曾有自己的经济基础，而是暂时的不巩固的军事行政的联合”[3]。《魏书·序纪》载：“……国有大鲜卑山，因以为号，其后世为君长，统幽都之北，广漠之野，畜牧迁徙，射猎为业，淳朴为俗，简易为化，不为文字，刻木纪契而已，世事远近，人相传授，如史官之纪录焉。”《唐会要·吐蕃传》中记载：“取乳酪供食，取毛为褐而衣。”《晋书·吐谷浑传》中也有“有城郭而不居，随逐水草，庐帐为屋”的记载。这些民族长期以来处于一种半畜牧半农业的游牧经济的状态，社会经济结构及生活习俗的不同决定了丧葬习俗的差异。这些民族在埋葬中多使用整匹的牲畜进行殉葬。《后汉书·乌桓鲜卑传》中记载了乌桓葬俗：“俗贵兵死，敛尸以棺，有哭泣之哀，至丧则歌舞相送。肥羊一犬，以红绳缨牵，并取死者所乘马衣物，皆烧而送之。言已属累犬，使死者灵魂归赤山。”考古材料也证明鲜卑族确有殉牲的习俗，以牛、马、羊、狗等最为常见。在完工的墓群中出土有整匹的马。后来，这种用整匹的牲畜殉葬的做法发生了变化，不断向简化的方向发展，在扎赉诺尔、伊敏河孟北、乌兰察布盟二兰虎沟等地的墓地中已不见整匹的殉牲，只是用牲畜的某一部分如头部或蹄部置于棺侧或棺上[4]。拓跋鲜卑进入中原及迁都洛阳以后仍保留有原来的丧葬遗风。

三国两晋南北朝时期，由于北方连年的战争动乱，致使大部分人群南移，客观上促进了南北文化的融合与交流，而北方的一些少数民族固有的丧葬文化习俗亦在这一文化的融合过程中不断地得以汉化并发生演变，正如同传统的汉文化在南北文化的交流中胡化一样。魏晋南北朝时期的民族杂居极为普遍，西晋时期“关中之人，百余万口，率其少多，戎狄居半”[5]。西晋灭亡以后，中原开始了各族争战的混乱局面，“羌虏戎羯盗居内地，建国僭号凡十有六国”[6]。北魏太平真君五年（444）

---

1 《考古学报》1959年第3期。

2 《文物》1983年第10期。

3 斯大林：《马克思主义与语言学问题》。

4 《北朝研究》1992年第1期，米文平：《拓跋鲜卑文化发展述要》。

5 《晋书》卷56江统传。

6 《册府元龟》卷956《外臣部·总序》。

吐谷浑内乱，魏真武帝派兵“杀其王，死者数万人”[1]。在这一人群因战争而大量流动的社会背景下，各民族文化的交流及贸易往来亦日趋频繁，“野蛮的征服者总是被那些他们所征服的民族的较高文明所征服”[2]。

据《隋书》记载，吐蕃的丧葬习俗中以动物殉葬的做法也很盛行，“其葬必集亲宾，杀马动至数十匹”。在青海都关的一些大型墓葬中，殉牲多达200多头，在一些中、小型墓中，用割成块的畜肉或畜头进行殉葬的现象亦很普遍，据有关材料统计约占墓葬总数的84%[3]。《宋书·索虏传》记载：“死则潜埋，无坟垅处所，至于葬送，皆虚设棺柩，生时车马器用皆烧之，以送亡者。”这一殉牲习俗的不断演变及简化，说明这些少数民族入主中原后，为了把更多的畜力用于农业生产，而逐渐用仿生的明器加以替代，这正如汉代以陶俑替代人殉一样具有进步的意义。

二、模型明器的变化与丧葬习俗的改变

三国两晋南北朝时期，继续用模型明器进行殉葬，但与汉代以来传统的模型明器相比，其内容则发生了一定的变化。多子盒、镇墓兽、帐座的出现为这个时期随葬品中具有时代特征的器物。

镇墓兽是三国两晋南北朝时期墓葬中极为常见的随葬品。墓葬发掘资料表明，西晋时期，镇墓兽的外观形似犀牛，头部有独角，背部有鬃毛，两肋处划刻有羽翼纹，体态肥胖。洛阳北郊西晋墓及江苏江宁六郎乡林场西晋元康二年墓（292）出土的镇墓兽明显地具有以上的特征[4]。还有一种，长尾上卷，短躯长蹄，背有凸起的四峰，洛阳孟津三十里铺西晋墓出土的陶镇墓兽[5]为其代表。北朝时期，镇墓兽的外形进一步发生变化，主要以兽首人身和兽形两种最为常见。背的脊部多竖有三撮鬃毛，头顶有冲天戟，镇墓兽多为蹲坐状。山东济南八里洼北朝壁画墓出土的两件镇墓兽，一件为人首兽身，一件为兽首兽身，面部狰狞可怕，蹲坐于底座之上。器身用红、黑、赭等色彩进行彩绘，背脊竖有三根粗大的鬃毛，最上一根呈戟形，兽的长尾上卷[6]。太原南郊北齐壁画墓出土的两件一为狮首兽身，马蹄状足，利齿外露，口部大张似正在怒吼。一为人首兽身，深目高鼻，络腮胡须卷曲，头戴尖顶兜鍪顿项下披于肩，肩后有卷曲状翼毛，马蹄状的足。兽的背部生有鳞甲三片、鬃马一撮，长尾上卷于背处[7]。太原武平三年（570）北齐娄睿墓出土的两件镇墓兽均为人首兽身，头戴黑盔，盔顶竖戟，高鼻深目，背部有九撮鬃马呈剑式竖起，马蹄形的四足蹲坐于底座之上[8]。洛阳孟津北魏墓出土的两件镇墓兽，一件人面兽身，一件兽面兽身，均仰首吐舌，长发披肩，胸前有马，背上有鬃马三撮。河北磁县茹茹公主墓出土的四件除两件人面两件狮面的区别外，其余的特征基本相同。镇墓兽出土的数量以两件最为常见，也有一件或三件者。山东孝光北魏贾思后墓出土一

1　《魏书》卷101《吐谷浑传》。

2　《马恩全集》第九卷，第247页。

3　《青海文物》1991年第6期。

4　《江苏六朝青瓷》图60，《文物》1992年第3期。

5　《华夏考古》1993年第1期。

6　《文物》1989年第4期。

7　《文物》1990年第12期。

8　《文物》1983年第10期。

件，河北磁县东陈村北齐尧峻墓出土三件，东魏茹茹公主墓则出土四件，高度在18—50.2厘米之间。

从这些墓葬材料可以看出，西晋时期镇墓兽背部的四个凸起至东晋时期则演变为三根竖起的鬃毛，至北齐，最上面的一根又演变为戟状，有的立于盔顶之上，有的位于鬃毛的最上边。太原北齐娄睿墓出土的镇墓兽，背部的鬃毛则多至九撮。镇墓兽的外观也由西晋时期的犀牛状演变为人面兽身及狮面兽身两种，由没有底座的行走状而演变为带有底座的蹲坐状。

龙门博物馆藏北魏镇墓兽

牛车也是模型明器中广为流行的器物。下图为山西大同北魏宋绍祖墓出土与龙门博物馆所藏北魏牛车。

北魏牛车

1.多子盒

多子盒是六朝时期墓葬中出土数量最多、流行区域最广的一种随葬用品。河南、湖南、湖北、福建、江苏、江西等一些南北方地区的墓葬中均有出土，出土的数量1、2、3、5、6件不等。三国两晋时期，多子盒的形制多以长方形为主，子母口，阶梯状的圈足，有的有盖，有的无盖。器底部分有隔梁把里面的空间分为不同等分的方格或长方格。方格的数目7、9、16、17、18个不等。南朝时期，多子盒由长方形逐渐演变为圆型，器内的格数较西晋时期减少。器底部分内分为内外两圈，内圈三格，外圈六格。福建政和松源新口南朝墓出土的两件分格盒，厚平底，矮壁斜直，盒内外两层共有九格。因江西南昌晋墓出土的同类漆器上书有“吴氏槅”三字可知，多子盒在当时被称为“槅”。

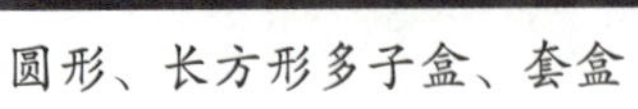
圆形、长方形多子盒、套盒

2.灶

灶也是六朝时期模型明器的重要组成部分，质地有陶、瓷两种。三国两晋时期，灶的形体有长方形、三角形等，南方三角形的船形两眼灶、三眼灶最为流行。这些灶的火眼上各置釜、甑等器物，方型和长方形的火门，没有挡火墙，灶体呈三角形，台面稍斜，尖端上翘，质地多以青瓷为主，灶面上基本没有花纹装饰。江苏金坛方麓，浙江嵊县（现浙江绍兴嵊州）大塘岭东吴墓、西岗木场西晋墓，浙江绍兴西晋墓、凤凰山西晋墓、永嘉七年墓等均出土有具有典型时代风格的两眼灶。武汉黄陂滠口吴末晋初墓葬出土的一件褐釉三眼灶，方形的火门，灶面上模印有刀、瓢、砧板及面团等花纹[1]。南京江宁晋墓出土的一件青瓷船形灶亦有三个火眼，这种三眼灶在利用余热、节省能源方面较两眼灶更胜一筹。

北方长方形的灶体最为流行，方形的火门和普遍带有阶梯状的挡火墙具有典型的地区特征，适应了北方干燥多风的气候特征。洛阳邙山、孟津等地出土的最具有代表性。灶面上普遍模印有刀、勺、勾、案等各种花纹，与南方灶体灶面形成不同的地方风格。甘肃一带还出土有一种马蹄形的灶，灶面上开两个火眼，方形或长方形的火门，灶面上刻有鱼、肉、刀、面等图案[2]。

南朝时期，传统的船形灶发生了变化，首先是灶前方出现了挡火墙，福州洪塘金鸡山、福建政和松源等地的墓葬出土的船形灶具有以上的特征。其次是灶体的前方部位出现了地台，地台的一侧多置有一女俑，或坐着烧火或正在忙于炊事的操作。另一侧则置有一兽或一缸。这些是魏晋时期所不曾见到的，福建政和松源南朝墓以及广东等地的同时期墓葬中均有出土。

北朝时期，灶多呈长方体，灶门前多有阶梯形的挡火墙，灶门有长方形、拱形、圭形等多种，有落地与不落地之分。有的灶面及挡火墙上模印花纹。河北磁县茹茹公主墓、山西太原北齐尧峻墓、河南偃师杏圆村北魏墓、河南洛阳孟津北魏墓及山东济南八里洼北朝墓、陕西咸阳市胡家沟西魏侯义墓出土的陶灶均具有长方形的灶体和不同形状的灶门，灶眼1、2、3个不等。与南方灶多以青或褐黄色的瓷质灶为主不同，北方多流行陶质灶。

模型明器中猪圈的流行，表明家畜的饲养仍然在社会生活中占有重要的地位。

猪圈、马厩、羊圈

1　《文物》1991年第6期。

2　《文物》1987年第9期。

筛子、笤帚、磨

帐座由底座、帐杆等部分构成，有陶瓷两种，底座的形式有长方体、龙形、虎形、兽形、委角方形、卧狮形、圆角四方形等多种。出土个数2、4、6不等，以4个最为常见。以南京、洛阳两地的晋墓出土最为普遍，是这个时期的新造型。

三、砖画艺术的进一步发展

继两汉画像砖盛行之后，魏晋南北朝时期，丧葬文化中的砖画艺术又有了进一步的发展。南方拼镶砖画的兴起与北方彩绘砖画的盛行把我国砖画艺术的发展推向了一个崭新的阶段。

东晋时期，江南一带的墓葬中小型拼镶砖画开始出现，这些砖画的画面多由两块或三块砖组成。南京万寿村永明四年墓出土的龙虎纹画像砖[1]，龙纹分别被模印在两块砖的侧面，虎纹则印在三块砖的端面。东晋末年，拼镶砖画进一步发展，到了南朝时期，拼镶砖画开始向大型化与复杂化发展。这些大型的拼镶砖画多以线条表现图案，每幅画多由数十块乃至数百块砖拼结而成。画面最大可达2.4米×0.94米，画面内容也更为繁复，线条更为纤细。拼镶画像砖的出现与流行，打破了传统的一砖一画的表现技法，使砖画的传统工艺在继承中不断得以创新。由增加砖的数目而扩大画面幅度的做法，显示出拼镶技艺及印制技术的不断提高。1960年南京西善桥出土的巨幅“竹林七贤”砖画，画面240厘米×80厘米。1965年江苏丹阳建山金家村南朝墓出土的竹林七贤及龙虎纹砖画、丹阳胡桥吴家村南朝大墓出土的竹林七贤砖画等都是以巨幅画面而著称的艺术杰作。画面大，增加了烧制和烧成后拼接的难度，为了解决这一难题，在烧制前工匠们先在砖的侧面都刻上数字编号，这样在烧好以后会很容易拼镶。如出土物上的“向上行第三十一”“大虎上行第二”“右狮子下行第十六”等，就是当时为了便于排列与镶嵌而作的记号，体现出当时设计的科学与合理。

东晋时砖画的题材更多地继承了汉代画像砖或画像石的传统内容，四神及兽首鸟身、兽首人身、人首蛇身的怪兽盛行，东晋隆安二年画像砖墓为其典型。此墓1972年发现于镇江市郊农场，墓葬内镶嵌一砖一幅的砖画共54幅，画像内容除四神象外，各种形象的怪兽共有10幅，画像砖全部用阴纹模印而成。南朝时期，砖画题材有了很大的改变，狮子、武士、羽人戏龙、羽人戏虎、天人、竹林七贤与荣启期的题材盛行，画面精美，线条有如屈铁盘丝，纤细而刚劲，艺术造诣很高，画面具有同时期人物画的技法与风格。

1 《考古》1959年第5期。

魏晋时期东王公、西王母画像砖

“竹林七贤与荣启期”画像砖，1960年江苏南京西善桥南朝墓出土。砖画由300多块墓砖构成，总长244厘米、宽88厘米，无论画面之大、人物之多、拼镶水平之高，均集砖画艺术之大成，形象生动地表达了嵇康、阮籍、山涛、王戎、阮咸、刘伶、向秀、荣启期八位清谈家的不同个性与气质。砖画上的八位人物造型飘逸俊秀，嵇康的旁若无人，阮籍的长啸忘形，王戎的悠然自得，向秀的黯然伤神，刘伶的唯酒是务，在这里均得到了应有的体现，而这种风格也正是那个时代特有的产物，反映出玄学在社会上的流行及对陶瓷装饰所产生的影响。类似的题材在丹阳胡桥山、建山金王陈等墓中分别有所发现。

“竹林七贤与荣启期”砖画

“竹林七贤与荣启期”砖画

从丹阳胡桥齐景帝萧道生墓、宝山南朝砖画墓及金王陈墓出土的羽人戏虎砖可以看出这是一种当时极为流行的题材。这三幅砖画的内容及画法基本相同，羽人在左，大虎在右，虎的上方有三个天人，羽人及虎的下方均有飘浮的朵朵祥云。砖的画面大，图案结构复杂，拼镶图案完整，线条纤细清晰，自然流畅。宝山南朝墓出图的羽人戏龙砖具有同样的装饰风格，反映出砖画艺术的高超技艺。与此同时，狮子、武士、天人、侍从、骑马鼓吹等都是比较流行的题材，在江南六朝墓中出土颇多。一些与宗教有关的莲花、莲花朱雀的题材也大量出现，反映出六朝时期宗教的盛行及佛道二教的不断融合。这些砖画一改两汉以来的传统风格，除装饰内容拓新外，装饰手法上多采用阴线刻画的表现形式，线刻艺术的流畅自如与生动活泼均达到了较高的水平，与当时社会上所流行的绘画技法有着千丝万缕的联系。

在南方拼镶砖画盛行与创新的同时，北方画像砖则更多地采用了彩绘的技法，在继承汉代以来一砖一画传统风格的同时，打破了传统的模印技法，使砖画与绘画更紧密地结合了起来。嘉峪关酒泉、敦煌等地的魏晋砖画墓出土的大批砖画集中代表了北方砖画艺术发展的时代水平及艺术风格。这些彩绘的砖画在工艺上更多地继承了汉代彩绘陶的绘制方法，采用含胶的白垩土刷于砖面上作底，用土红色起稿后再用墨线勾勒定稿，随后用石黄、白、朱、粉黄、赭石、浅赭、灰等色彩进行渲染及彩绘，砖画多一砖一画，少数画面采用多砖连续作画的方法，但不普遍。色调以黑、赭、红三色为主。大部分画面先用橙红色勾出边框，然后再于边框中作画。绘画题材多以现实生活为主，畜牧、农事、桑蚕占有绝对的优势，庖厨、宴饮、射猎、出行等画面也广为流行。畜牧题材的画面有马、牛、羊、骆驼……六畜俱全，再现出河西地区自古以来适宜畜牧养殖的独特自然条件。史书中曾记载："自武威以西……地广民稀，水草宜畜牧，故凉州之畜为天下饶。"[1]大量赶马、牧羊、放牛的画面反映出六畜兴旺的景象。畜牧之外，河西地区还有着农作物生长与种植的自然环境，《通典·食货·田制》记载："凉州内附近郡，皆土旷人稀，厥田宜稼。"大量农事题材砖画的出土反映出当时农业生产的发展。2019年6月，国家博物馆亚洲文明展览中展出的"畜牧""耕种"画像砖形象地再现了当时农业与畜牧业的场景，是我们研究农业发展与社会经济不可多得的实物资料。

高台县出土、国家博物馆2019年亚洲文明展览中的画像砖

桑蚕是仅次于农牧业之外的又一类较常见的题材，嘉峪关壁画墓M5、M7出土的10幅以桑蚕为题材的砖画，采桑图多以一人在树下采摘桑叶为主要表现形式，丝束、蚕茧图反映了丝织品进一步加

1 《汉书·地理志》。

工的情况。

除此而外，还有一部分屯营、屯垦内容的砖画，三号墓出土的屯垦画像砖中，人物分为上下两层，共有22位，其中19人肩扛长矛，左手持盾列队前行，一人骑马巡视，正在操练。二人右手扶犁，左手扬鞭正在从事牛耕，生动地描绘出戍边战士耕战结合的生活场面。同墓出土的营垒砖画，中设一大帐，内坐一人，应为主帅，门的左右各有一卫兵站岗，三排小帐紧紧地围绕于大帐的四周，安营扎寨后的军营旌旗飘扬，卫兵肃立，详尽地表现出军营的威严与肃穆。以反映地主宴饮、庖厨、狩猎、出行等日常生活为题材的画面也很常见。阵容庞大的鼓吹队伍，前呼后拥的车马出行，肥鸡鲜鹅、杀猪宰羊的热闹场面都是死者生前地上生活的生动写照。而一些六博、舞乐等题材如实地再现出统治阶级生活的奢侈与腐朽。

高台县出土宰羊、嘉峪关出土庖厨画像砖

尤为难得的是在嘉峪关一号墓中出土的制陶纹画像砖，是截至目前极为罕见的题材。它的出土证明当时西域地区有陶器的制作与生产，为研究河西一带的制陶业提供了线索。总之，河西地区的画像砖更多地表现了社会的现实生产生活，人物题材丰富，有农夫、武士，也有贵族与家务奴隶，他们有的从事农业耕种、桑蚕丝帛，有的戍边保国，有的出游行乐，反映出不同阶层人们的生活所存在的悬殊差别及社会的不同侧面，呈现出与南方完全不同的艺术风格。

四、六朝陶瓷与佛教

六朝是我国陶瓷生产迅速发展和新的时代风格形成与确立的年代。中外文化及国内多民族文化大融合的历史背景为陶瓷生产的革新起到了积极的促进作用，佛教文化的广泛传播与封建统治者宗教信仰的变化为陶瓷造型与装饰的变革提供了有利的条件。在中外文化及民族文化相互撞击的洪流中，一种新的独具时代风格的文化逐步形成。这种集佛教文化与民族文化于一身的六朝丧葬文化，一方面显示着传统文化的博大精深，另一方面也显示着陶瓷生产的勃勃生机。

（一）佛教文化的兴盛与丧葬文化的变革

魏晋南北朝之际，战乱四起，政权动荡。长期的战争一方面给人民的生活带来了极大的痛苦，另一方面随着战争而来的人群的迁移又使南北之间的文化得以广泛地接触与交流。源于西域的佛教文化也乘虚而入，用其所宣扬的轮回因果之说迎合了千百万苦难者的心灵，使佛教有了得以广泛传播的群众基础。南北朝时期的中国，佛教文化一度达到了极盛。汤用彤先生在《汉魏两晋南北朝佛教史》一书中曾说道："……至梁武帝可谓至极。盖以外像言之，其时京师寺刹多至七百。而同泰寺之壮丽，爱敬寺之庄严，剡溪石像之伟大，前所未有。以僧众言之，则名僧众多，缙豪归附。讲筵如市，听者如林。宫内华林园为讲经之所。宫外同泰寺为帝王舍身之区。大通元年，设四部无庶大会，道俗会者五万余人。京外西极岷蜀，东至会稽，南至广州，同弘佛法。”唐代著名诗人杜牧在《江南春》一诗中亦曾有过“南朝四百八十寺，多少楼台烟雨中”的真实记述与描写。梁武帝萧衍四次舍身同泰寺出家信佛。这一切说明，佛教的传播已达到了无孔不入的程度，一种全民崇佛信佛的社会时尚已成为这个时期的文化特征。在这股大潮的波及下，我国的文化艺术广受其影响，出现了一大批以从事佛教艺术而著称的画家、雕塑家、文学家及诗人。这种影响也同样波及于陶瓷生产领域，与佛教艺术紧密相关的佛像、莲花、天人等题材大量出现并流行于陶瓷制品之中，反映出佛教文化对长期以来汉文化传统内容与风格所产生的冲击及所输入的新鲜的血液与营养。

莲瓣纹是这个时期丧葬文化中带有普遍性的时代风格，大量考古与研究的成果表明，南北朝时期，莲瓣纹已成为瓷器装饰中的主流及最具时代特征的重要标志。它不仅出土数量多，而且出土范围广，在江西、江苏、浙江、湖南、湖北、贵州、河南、河北、山东、山西等地的墓葬中均有大量的发现。其中一部分墓葬有确切的纪年，如江西南宋泰始六年墓出土的青瓷莲花盘[1]，浙江新昌齐永明元年墓出土的青瓷钵[2]、温州梁天监元年墓出土的青瓷碟[3]，山西太原北齐武平六年娄睿墓出土的陶灯[4]，河南安阳北齐武平六年范粹墓出土的白釉四系莲瓣缸[5]，山西寿阳北齐河清元年库狄回洛墓出土的釉陶莲瓣缸[6]以及山西祁县北齐天统三年韩裔墓[7]、河北磁县武平七年北齐高润墓[8]、河北濮阳武平七年李云墓[9]等出土的以莲瓣作为装饰的瓷器或釉陶制品，为我们的研究及断代提供了科学的依据。除此之外，山东的寨里窑、浙江的越窑、江西的丰城窑等一些南北方的瓷窑遗址中也出土大量以莲瓣为饰的器物。以江西丰城龙雾州东晋至南朝窑址出土的瓷片为例，其中的莲瓣纹占有绝对的优势。莲瓣的层次不一，片数不等，花瓣的肥瘦有别，长短不同，显示着莲花装饰的繁复多样。

南北朝时期固有的莲花纹尊是时代水平的代表，也是这一时期莲花纹装饰的集中体现。截止到目前，国内外共发现莲花尊12件，它们分别是1948年出土于河北景县封氏墓群的4件，湖北武昌孟孟山六朝墓出土的2件、武昌周家湾南齐永明三年刘凯墓出土的2件，江苏南京林山梁代大墓出土的2件，美国收藏的一件及英国收藏的一件。这些莲花尊多具有相同的形体和共同的装饰内容以及装饰方法。以河北景县封氏墓出土的莲花尊为例，全器采用了堆塑、印贴、刻画等不同的艺术手法塑造了11层莲花纹，除颈部的飞天、宝相花、蟠龙3层纹饰外，器盖、器腹、器足等部位全部以莲花为饰。腹部的莲花纹共有5层，上3层为覆式莲花，莲瓣下垂并依次递长，瓣尖微卷。第三层莲瓣即

1 《江西文物》1991年第4期。
2 《文物》1983年第10期。
3 《江西文物》1991年第4期。
4 《文物》1983年第10期。
5 《文物》1972年第1期。
6 《考古学报》1979年第3期。
7 《文物》1975年第4期。
8 《考古》1979年第3期。
9 《考古》1964年第9期。

腹中部的莲瓣最长，每两瓣莲瓣间夹饰一片菩提叶片，下两层为仰莲，与腹上部的两层覆莲上下对称，遥相呼应。足部的两层莲花瓣外倾，瓣尖微卷。作者于相同的题材中采用了不同的手法及合理的布局、恰到好处的层次安排，使纹饰错落有致，花瓣长短不一，立体感分明，写实感逼真。此件莲花尊形体高大，器型完美，花纹层次多，结构复杂，纹饰与器型浑为一体，既加强了整体造型之美，又发挥了贴塑装饰的效果和特长，把这一题材的运用提高到了无比娴熟与炉火纯青的境地，实为六朝青瓷的杰出作品。

除以上典型的作品外，北方部分墓葬也出土了一些用莲花瓣为饰的釉陶制品，河南濮阳北齐李云墓出土的两件釉陶四系莲瓣缸[1]，腹部由八瓣覆莲构成，瓣尖外卷，花瓣肥硕丰满。范粹墓出土的三系绿釉莲瓣缸，也具有相同的装饰方法。山西库狄回洛墓出土的黄釉莲瓣纹缸，缸身堆贴三层莲瓣为饰，黄釉龙柄鸡头壶的肩至腹部装饰有凸起的覆莲6瓣。寿阳北齐墓出土的莲花尊，腹部的两层莲瓣呈单个交错式排列，其间有6瓣团花状的小朵莲花，更是别出心裁，立意新颖。山东寨里窑、山西汾阳梅渊墓、大同太和八年司马金龙墓等也出土了部分青瓷及釉陶器物。这些器物上的莲花虽没有莲花尊那么多的层次与结构，但是也非常精美，具有典型的时代风格。

北齐娄睿墓出土瓷器

南方青瓷中莲纹流行，这些莲花纹饰较北方的细腻，花瓣多由两重以上的复线刻画而成。浙江上虞上浦出土的南朝青釉碗，里心一朵八瓣莲花，花瓣清瘦尖长，每片花瓣由三重线构造。上虞百官出土的南朝青瓷碗，外壁有莲瓣2层，花瓣亦由3重线刻画而成。江西省博物馆藏品中的南朝宋泰始六年墓出土的青瓷莲花纹盘，里心通体刻画6瓣的莲花一朵，花瓣由4重线构成。江西丰城龙雾州窑址出土的莲花纹碗的残片中，外壁多刻画仰莲，每两片大莲瓣间有一个只露出瓣尖的小莲瓣，盘、盏、盏托的里面亦多刻画莲花纹，莲瓣的数目5—7个不等，花瓣肥硕，分别由1—5重线构成。花瓣的中间有一根花筋把花瓣分为左右两个部分。莲花中有的带有莲实，3—5颗不等，莲实由2重环线构成莲房，这种花纹在当时甚为流行。有的花纹为了增加立体感，往往采用斜刀片刻的方式，使纹饰具有浅浮雕般的装饰效果。有的花纹采用刻印及刻印划相结合的方法，寓变于不变之中，使装饰更为丰富，形式更为多样。

莲花的表现形式繁复多样，花瓣6—11瓣不等，花瓣的外轮廓线1—5重不一，花瓣间有带花筋与不带花筋之分，瓣尖有尖有圆有的外卷，莲花的层次有一层两层的不同，琢器最多可达11层，花心

1　《考古》1964年第9期。

有莲实与无莲实之分，莲实的数目3—13颗不等，莲实的外围多有双重线的莲房环绕。浙江温州梁天监九年墓出土的器物中，有复线8瓣中心有莲实6颗的莲花，也有复线8瓣2层瓣尖凸起的莲花，还有10瓣4重线瓣尖尖细的莲花[1]。江西吉安南朝齐永明十一年墓出土的器物中有双层10瓣中心带3重环线的莲实13颗的莲花，每片花瓣中有2根用直线刻画而成的花筋。浙江新昌19号南齐墓出土的莲花装饰中，有4重线10瓣、3重线6瓣与7瓣4种[2]。绍兴上将乡皇村出土的盘、碗上面的莲花以3重线为主，花瓣6—8片不等。

莲花的大量使用与流行与佛教的兴盛有着明显的渊源关系。首先是它的时间性，尽管莲花在我国古代装饰中出现得很早，但是如此大量地使用与流行在六朝，这不能说与六朝时期佛教的普及与兴盛毫无关系。其次还可以从同时期的陶瓷和佛教艺术中相同的装饰中找寻到答案。1979年山西太原市南郊北齐娄睿墓出土的4件莲花灯，长达28厘米的莲花形灯柄，其造型与龙门药方洞的束莲柱的外型基本相同。此洞开凿于北魏永安三年以前，据考证其北侧束莲柱的年代早于北齐武平年间。这种形状的装饰于响堂山、天龙山的北齐石窟中亦较为流行[3]，明显地反映出佛教艺术对陶瓷装饰所产生的影响。此灯底座上的莲瓣装饰还与河北、河南、山西、江苏以及湖北武昌等地墓葬中出土的莲瓣尊、缸上的装饰非常近似，说明这是一种因受佛教艺术影响而在全国范围内广为流行的装饰。如果说这一切还不足以说明问题的话，那么现藏于中国国家博物馆的青瓷莲花尊则更加明显地反映出这一直接的关系。这件器物形体高大，装饰瑰丽，全器8层纹饰中有6层是莲花，颈上部的两侧为2个对称的飞天，左右伴有云纹和莲花。腹部凸雕莲纹5层，上3层为覆莲每层15瓣，下2层莲花由复式花瓣构成，花瓣的瓣尖圆滑并向上翘起，2层莲瓣的中间夹有下垂的菩提叶片。第三层莲花最大最长，瓣尖凸出，每2个莲瓣间夹有一个小莲瓣。第四层莲花在腹与足的交界处，由13个仰式的莲瓣构成。足部有莲花2层，每层11个花瓣。此器集天人、莲花、佛像及菩提叶片于一身，无论题材还是形式均与同时期石窟艺术具有相同的内容与风格。与北齐南响堂山第七窟本尊的莲花宝座同源同宗。这种同时期不同文化的相同风格反映出陶瓷文化与佛教文化的相互影响与交融，是我国陶瓷生产大量吸取与移植外来宗教文化的大胆与成功的尝试，也是陶瓷与宗教两种文化融汇贯通的结果。

青瓷莲花尊

天人、僧人与佛像集中出现于西晋时期的青瓷之中，多见于谷仓、三足樽及双系罐等器物之上。此种装饰东晋时期罕见，南北朝时期复又出现，以莲花尊上最为常见。佛像多为模印贴塑而成，外观形态大同小异。天人多出现于南北朝之际，其中尤以莲花尊最为常见，其次亦使用于画像砖之中。前者多为模印贴塑，体态轻盈，造型亦基本相同，后者多为刻画或印制。僧人形象出现较

1 《东南文化》1991年第4期。

2 《文物》1983年第10期。

3 《敦煌研究》1989年第1期。

早，最早可见于东吴时期，延续的时间也比较长。这种宗教人物的出现是六朝陶瓷的又一新的时代特征，是当时佛教“大修庙宇，广积功德”直接影响的结果。《三国志》卷49中记载东汉晚期笮融就曾在广陵一带建造佛像传播佛经，与此同时“大起浮图祠，以铜为人，黄金涂身，衣以锦彩，垂铜盘九重，下为重楼阁道，可容三千余人。悉深读佛经，令界内以旁郡人有好佛者听受道，复其他以招致之，由此远近前后至者五千余人户。诲浴佛，多设酒饭，布席于路，经数十里，民人来观就食者万人，费以巨亿计”。随着佛教的兴盛，塑佛像、建寺庙、传佛经已成为一种风尚，信佛民众的日益增多，至孙吴时已达到一定的程度，文学艺术中也出现了一些专以绘制佛画，雕塑佛像，写作佛诗而饮誉的文人和艺术家。在佛教造像和佛教艺术品的影响下，一些陶瓷艺人也开始把它们应用于自己的作品之中，并以此来满足人们崇佛与信佛的需求。

用佛像模片贴塑于瓷器之上始见于东吴，盛行于西晋。这种佛像的个体较小，事先用模具印制好贴片，按所需部位进行贴塑，尤以魂瓶中最为流行，樽、罐、壶的上面也很常见。大量考古发掘材料证明，这是六朝时期墓葬中最为盛行的随葬品。它的出土范围广，出土数量多，集中出现于我国江南地区的浙江、福建、江苏、安徽、湖北等地。浙江嵊县（现绍兴嵊州）大塘岭吴永安六年墓出土的青瓷3足樽是目前所见贴塑佛像较早的作品。此樽的腹部贴有3尊坐佛，佛像的头顶有肉髻，背部有顶光，两手前置相合[1]。西晋时期，出土数量猛增，有纪年的墓葬也开始增多。1971年湖州市升代乡晋太康九年墓出土的魂瓶上塑有佛像9尊，佛结跏趺坐，头顶有螺状肉髻，带头光，身披袈裟，双手拱腹作法界定印，双腿盘坐于狮座之上。9尊佛像的造型相同，为同一模具制作而成。1974年湖州市郊埭溪官泽村元康六年墓出土的青瓷双系罐，肩部贴塑佛像2尊盘坐于兽形座之上，螺状肉髻，有头光，身披袈裟，双手拱腹作禅定印[2]，与上述魂瓶的形态基本相同。江苏吴县桐桥公社狮子山元康五年墓出土的西晋青瓷魂瓶贴塑佛像8尊，佛像身着袈裟有头光，双手置于胸前趺坐[3]。浙江博物馆收藏的西晋元康元年青瓷魂瓶、南京甘家巷和童家山、江浦县林山六朝墓出土的魂瓶、浙江慈溪鸣鹤乡瓦窑头西晋墓出土的魂瓶、绍兴王家山、湖北鄂城、江苏金坛等地墓葬出土的魂瓶、双耳罐中分别贴塑佛像2、4、6、8尊不等。而江苏吴县晋墓出土的魂瓶贴塑坐佛15尊。这些佛像多具有相同的外观特征，头部有螺状的肉髻，身披通肩袈裟，结跏趺坐于莲花座或狮座之上。手的姿势较多，有的双手拱腹，有的交叉于胸前，有的合掌，有的持有串珠。头部有的带有头光，有的不带头光。佛像的尊数多少不等，少者2、4尊，多者6、8、9乃至十几尊，多贴塑于瓶、罐、尊的肩部或腹的偏上部位。东晋时期，佛像的贴塑较少，南北朝时期复又流行，其外部形象与西晋时期没有太大的变化。

飞天这一佛教特有的题材也是六朝瓷器中独具特色的装饰。一些青釉莲花尊的颈部多贴有个数不等、翱翔于虚无空幻的天际、来往穿梭于佛国天堂的飞天，其轻盈的体态与勃勃的生机显示着六朝瓷器装饰的更新。一些砖室墓中也出土有飞天图像的画像砖，江苏丹阳胡桥南齐墓的砖画中有乘

1 《东南文化》1992年第2期。

2 《东南文化》1991年第5期。

3 《江苏六朝青瓷》图16。

云南飞的天人图像与天莲花[1]，河南邓县出土的画像砖中逆风暴飞的天人及天莲花[2]，常州戚家村南朝末年墓出土的飞天图[3]等都说明这一题材的广泛使用与流行。这些飞天无论在瓷器上还是在砖画上面，都有着共同的时代特征，他们或乘云翻飞或逆风向上或无云而飘，并多伴随着莲花同时出现，与同时期石窟或壁画的时代风格相同，是陶瓷产品移植佛教艺术进行装饰的标新立异之作。

佛教艺术中广为流行的卷草、宝相、菩提等植物性花纹构成了六朝陶瓷的又一特征。卷草纹又称忍冬纹，其主体呈两方连续的横向S形，在S形的不同区域内可以随意添加刻画任何花纹，形成变化多端延续不断的绳枝形图案，用以象征着植物息息相生永无止境的强盛生命力。故宫博物院藏品中的南朝青釉单柄壶、武汉何家大湾齐永明三年墓出土的莲花尊、南京宋家埂出土的南朝青瓷莲花尊的上面均刻有这种卷草纹饰。这些在S形的波谷中自由伸展的花纹与同时期石窟拱门、拱额、背光中的同类花纹有着相同的时代风格与特征。后来，随着陶瓷装饰艺术的不断发展，在S形的波谷中又不断地添加进人物、动物等新内容，元、明、清三代尤其是清代，卷草纹得以长足发展，内容之繁复、式样之丰富均达到了空前发展的阶段。

大量的事实说明，六朝时期我国陶瓷生产发生了明显的变化，佛教题材的引进与移植是这一变化的主要标志。首先是始于东吴盛于西晋的贴塑佛像，其次是南北朝之际莲花的风行及伴随莲花出现的天人、卷草及宝相花、菩提叶片等具有佛教内容的新题材，在改变陶瓷装饰的传统内容方面作出了杰出的贡献。

右图是南京市博物馆收藏的青瓷壶，上面绘画了佛像、羽人、仙草、云气、比翼鸟等图案，既有佛教色彩，又有道教羽化升仙的内容，是六朝时佛道并兴的实物资料。

青瓷釉下彩羽人纹盘口壶
（南京市博物馆藏）

六朝陶瓷中大量佛教内容的出现是中外文化交流的必然结果，也是两种文化交融的必然产物，既具有传统文化的固有特征，又具有外来文化的鲜明色彩，显示着文化交流的双重性。六朝时期独特的社会背景为文化的传播与交流提供了有利的条件，首先是佛教的兴盛为陶瓷的变革提供了新的丰富营养，其次是频繁的战争所造成的人口的迁移，客观上为文化的传播提供了重要的途径。大量的人群从一个地区流动到另一个地区，由一种文化进入到另一种文化，在这个过程中，两种文化相互吸收对方的长处，融合为一种新的文化，这种新的文化在六朝时期的陶瓷制品中体现得淋漓尽致。文化传播所具有的无孔不入的特征是六朝陶瓷发生变革的又一个重要因素。六朝时期，随着佛教的广为传播，不断影响到传统文化的各个领域，如以绘制佛画而著称的曹不兴、卫协、顾恺之、陆探微和以雕塑佛像而闻名的戴逵，在佛教艺术领域作出了重要的贡献。六朝青瓷中大量佛教内容的出现也是佛教兴盛的必然产物。“每一种发明都是为了满足社会的需要而产生的，因为有需要才能产生动力。”然而这种必然是需要有一定的时空为前提条件的，六

1 《文物》1972年第2期、1971年第1期。

2 《考古》1980年第1期。

3 《文物》1979年第3期。

朝瓷器上佛教内容的大量出现只有在六朝佛教极为兴盛的时空下才能形成并使之发生变革，它既不可能在佛教传入中国之前出现，也不可能在其初期的传播过程中达到高峰。

（二）传统文化与外来文化的融合

这一点在六朝陶瓷中有着明显的体现，魂瓶就是佛教文化与传统文化相结合的产物，也是一种六朝时期墓葬中出土数量最多的随葬品，它原本反映的是一种源于本土的神仙思想，器型直接源于汉代的五连罐。这种椭圆形的罐腹上部塑有五个小罐，中间的一个比较高大，外围的四个小而矮，紧紧地环绕着中间的一罐。浙江绍兴上虞的一些瓷窑在东汉时期即已生产，三国时期这种丧葬所用的明器出现了形体的变化，中间的一罐逐渐变大，四周的小罐缩小。与此同时，人物、动物、楼阁等新的内容开始出现，浙江嵊州大塘岭东吴永安三年墓出土的魂瓶[1]可明显地看出这一变化的趋势。江西瑞昌马头三国至西晋初期墓葬出土的魂瓶也具有相同的特征[2]。西晋时期，魂瓶的形体及装饰内容进一步改变与繁复，五连罐逐渐消失并被楼阁所替代，浙江绍兴西晋永嘉十年墓出土的魂瓶[3]上面的五连罐已不复存在，代之而起的是各式楼阁人物堆塑的日益增多，佛像也于此时打入这一源于本土反映神仙思想的魂瓶之中。

魂瓶，又名谷仓，丧葬仪式中专用瓷制明器，民间俗称为“罐儿”。这类器物造型为一大托四小的罐形，罐子上塑造的楼阁和人畜，根据生前社会地位的高低，楼阁和侍从牲畜的数目也有所差别。当时人们认为，这样一个罐子，象征五谷丰登，在古人“事死如事生”的观念里，这样一个专为丧葬仪式特制的明器瓷罐，专供灵魂栖居，能让去世的人衣食无忧。魂瓶源自汉代随葬风俗中的谷仓，象征五谷丰登，反映的是古代人们对谷魂的一种崇拜，在古代，人们普遍认为禾谷也有灵魂，在一年一度的收获季节都要举行一定的祭祀仪式，诸如占卜、宰牛、杀猪等。至今我国的一些少数民族地区还保留有此种习俗，云南布郎族和瑶族每当播种与收割之际，都要举行祭谷魂的仪式，以祈求谷神的保佑。收割庄稼时先从他们认为谷魂所在的中央地带开始，将收割下来的谷物放在谷仓的最上面，认为谷物有了灵魂才耐吃。打完谷以后还要举行叫谷魂仪式。受其原始习俗的影响，为了死后的人在冥冥世界中能丰衣足食不至于遭受饥饿与贫困的侵扰，一种寄托人们美好愿望与幻想的谷仓便应运而生。谷仓上面堆塑的猪、羊、鸡、鱼、鹅、鸭等芸芸众生，除了表示对神灵的崇拜外，还构成了死后世界食物的来源。而那些载歌载舞的人群和翩翩起舞的百鸟除反映现实生活中人们喜庆丰收的欢快场面外，也反映出人们对死后舞乐生平生活的想往与追求。这些都具有传统丧葬文化的色彩。六朝时期墓葬中出土的大量堆塑有佛像、僧人的魂瓶，使这一传统文化又融入了新的内容，成为外来宗教文化与传统的民族文化融会贯通的标志。源于本土的具有神仙思想的魂瓶随着佛教艺术的兴盛所增添的新鲜内容说明，在传统的文化中佛是作为死后另一世界的神仙被接受的，而佛所宣扬的轮回报应之说又迎合了传统文化的需要，于是乎二者便紧密地结合与相互利用，并成为各自文化的一种宣传工具。

1　《考古》1991年第3期。

2　《考古》1974年第6期。

3　《文物》1991年第6期。

佛道并存的装饰题材是六朝陶瓷中的又一具有时代特征的标志。福建闽侯画像砖墓出土的画像砖上面既有典型佛教内容的天莲花、乘云而飞的天人及手持香炉咏经的僧人，又有青龙、白虎道教所代表的图案[1]。浙江余杭南朝砖画墓的砖画中既有僧人莲花的题材，又夹杂有朱雀等道教内容的图案[2]。南京林山梁代大墓出土的莲花尊的上面，既有莲瓣、菩提、飞天等佛教所流行的装饰，又有我国传统的双龙戏珠图案。这些现象的出现反映出多种文化的广泛交融，也是当时佛、道、儒三教同源的社会风气及统治者精神状态的真实再现。在多种不同文化的碰撞、冲击及融合的过程中，佛教借助于道教的神仙方术得以传播与发展，道教也从佛教中找到了借助偶像表现教义的方法与手段，而古代的统治者又分别利用不同文化中对自己有利的部分作为对劳动人民进行统治的工具。古代的陶瓷艺人将佛教造像与我国传统的四神、仙人及舞乐百戏等图案巧妙地组织在一起，集外来文化与民族文化于一身，集传统内容与创新题材于一器，创造出了具有时代气息与生机的作品，这不能不说是一种大胆的成功的尝试，这种变革是进步的标志，是推动我国陶瓷生产不断前进的动力，也是六朝时期丧葬文化出现的新的时代特征。

五、从墓葬出土的陶瓷看两汉南北朝时期的照明用具

模型明器的大量使用与流行是两汉至南北朝时期丧葬文化的显著特点之一，灯是古代人们用来照明的工具，也是模型明器中的重要组成部分。从墓葬出土陶瓷灯具的数量之多及范围之广，不难看出它在当时社会中的重要位置。

（一）两汉时期

大量墓葬材料表明，灯起源于春秋战国之际，两汉时期有了进一步的发展，灯的形体和质地也有了一定程度的变化。瓷质灯具的出现改变了传统陶灯的质地，使照明用具向着更坚固实用及更美观大方的方向发展。两汉的灯具主要有以下几大类。

豆形灯，这是一种最原始的灯的造型，它源于豆，由灯盘、灯柱及灯座三部分构成，《尔雅·释器》云："瓦豆谓之灯。"汉代豆形灯大量流行，墓葬出土的文物中不乏此类作品。豆形灯的灯盘有深、浅两种，西汉陈清士墓出土的豆形灯竹节状的灯柄上有一个浅盘[3]，内蒙古杭锦旗乌兰陶勒盖汉墓出土的豆形灯具有同样的浅盘[4]。东汉时期，豆形灯向着细高的方向发展，灯盘加深，灯柄变长，个别的出现了双浅盘，如湖南资兴东汉墓出土的陶灯。有的灯盏和灯座可以分开，辽宁辽阳东门里东汉壁画墓出土的灯即分体烧制而成，同时又接在一起。灯座有半球形、覆盘形、罩形、喇叭形多种。除灰陶灯外，在长江、黄河流域还出现了釉陶灯，湖北宜昌前坪包金头东汉墓出土的绿釉陶灯、河北内丘南三岐东汉墓出土的绿釉俑灯等，都是灯的新品种。有关豆形灯的使用在汉代画像砖、画像石中多有描绘，《南阳汉代画像石》图240、图243中端灯侍女手中所持之灯，图171、图241—245中端灯仆人所持之灯与同时期墓葬所出完全相同，说明这是一种在当时颇为流行的灯

1 《考古》1980年第1期。
2 《东南文化》1992年第3—4期。
3 《考古与文物》1992年第6期。
4 《内蒙古文物与考古》1991年第1期。

体。

三足灯，这种灯的底部带有三足，足的形状或乳状或蹄形，高矮不等，灯盘的深浅不一，有的于灯盘口沿的一侧塑一把手供端时所用。

吊灯，这种灯与一般的灯不同，它是一种悬挂使用的灯，上面有一便于悬挂的环形系，故此名曰吊灯。山西襄汾汉墓及晋南曲沃苏村汉墓中都曾出土。

俑灯，西汉晚期新出现的一种灯的造型，东汉时期广为流行，从目前材料所看，多出土于南方的广东、广西、湖南等地，北方亦有少量的出土。西汉晚期至东汉，俑灯率先在广东一带出现，这种灯的底座多塑造成人的外形，灯盏顶在头顶之上，人物的形象以正面者居多，侧面者较少。从墓葬出土物看，俑有的为赤身裸体的单独个体，有的怀抱一童，有的怀抱一鼠。1955年广州市大元岗出土的西汉晚期的陶灯，高25.7厘米，俑右腿跪地，左腿曲膝而蹲，右手支于右膝之上，左手托举一灯盘，神情专注[1]。这是目前所见俑灯中时代较早的一件。东汉时期，俑灯的出土数量大增。1985年广东顺德陈村东汉晚期墓出土的陶俑灯，人物裸体跣足席地端坐，双膝上曲，两手分别置于双膝之上，头部直立，双目专注，目不斜视，头顶缠巾，上顶一灯[2]。1956年广州东山三育炉东汉墓出土的陶俑灯，双足上曲作蹲坐状，双手置于腹前，头顶缠巾顶有一灯。1988年广东三水金本竹丝岗东汉墓出土的陶俑灯，俑右腿跪地，左膝上曲，左手置于右胸前，头顶一灯。这几件俑均具有高鼻深目的面部特征，人物为裸体的男性。此外，湖南常德南坪东汉“酉阳长”墓出土的裸体奴婢俑灯[3]，广西贵县东汉墓出土的承灯俑[4]，1974年浙江上虞出土的青釉俑灯等，也都是以外域人形象为题材而进行塑造的，一方面反映出东汉灯体的创新，另一方面也可以看出自西汉张骞通西域以来中国境内多民族文化及中外文化交流的活跃与发展。在单体俑灯流行的同时，以母子形象为题材的俑灯亦多有出土。河北内丘南三岐东汉墓出土的绿釉灯[5]，俑席地而坐，怀中抱有一子，右手置于右膝之上，左手持一豆形灯，灯盏位于头的左侧，高度与头顶持平。安徽省蚌埠市博物馆藏品中的绿釉俑灯，除头顶所顶的筒状灯盏较上述深之外，其他均相同，较深的灯盏可以容纳充足的油量，延长照明的时间并减少添油的次数。1974年浙江上虞百官镇出土的俑灯[6]，怀抱有老鼠头部顶灯，双膝曲于腹部席地而坐，器物的背面刻有“大吉祥”三字。

多枝灯，一种多头的照明用具，东汉中、晚期在北方墓葬中广为流行，尤其是在河南、山东等地更为盛行。多枝灯的灯体大多较高大，高度在1米以上。河南密县后士郭汉画像石墓出土的连枝灯高1.17米，河南济源汉墓所出高1.4米，是目前所见最高大者。随着灯体的增高，灯盏的数目及分布的层次也大为增多，由原来的一灯一盏发展到一灯多盏，除增加了照明的亮度，也扩大了照明的范围。多枝灯的出现与流行把陶质灯具的制作推向了新的高峰。这些大型多枝灯都雕塑有精美的动

1　《南海丝绸之路文物图集》35页。

2　《文物》1991年第12期。

3　《考古》1980年第4期。

4　《考古学报》1957年第1期。

5　《河北省出土文物选集》图272。

6　《中华文物鉴赏》第107页。

物、人物塑像，20世纪60年代河南陕县汉墓出土的朱雀9枝灯，雕塑的朱雀栩栩如生。河南密县后士郭汉墓出土的多枝灯[1]，通体由6层21支灯盏构成，喇叭形的底座上凸雕着起伏的山峦和活跃于山林的各种动物。灯柱上置灯盘5层，每层灯盘上插有灯盏4个，加上灯柱顶端所置的一盏共为21盏。灯体结构复杂，造型秀美，集雕塑与装饰于一身，显示出汉代多枝灯的雍荣与华美。如果说这已经是一件了不起的作品的话，那么济源东汉墓所出的大型连枝灯与其相比则无论是形体的高大还是灯盏数目之多乃至装饰之华美均较之更胜一筹[2]。这是一件通体施白衣并用朱彩绘制的灯，通高1.42米，是目前墓葬出土中最高大的一件。此灯由灯座、灯盘、灯柱及29个带有曲枝的灯盏组成，灯体自上而下分为8层，喇叭形的底座上浮雕着百戏图案，2—4层灯盘的宽平沿上均匀地分布着8个用于插灯盏的小孔，第七层的灯柱上也有用于插灯盏的小孔4个。这29支灯盏分别插在自上而下的5层灯盘内，错落有致，点燃后灯火交相辉映，一派火树银花的华贵景象，其豪华的程度足以代表东汉灯具的时代水平。

多枝灯在各地墓葬中均有不同程度的出土，支数3、5支至十几支不等。洛阳涧西七里河东汉墓出土的陶灯13支[3]，喇叭形的底座上堆塑着百戏舞乐人物及各种瑞兽，灯柱及其承盘上插有带曲枝的灯盏，曲枝上坐有羽人、飞龙，结构复杂，制作新颖。山东宁津旁家寺东汉墓出土的12连枝灯，河北迁安东汉墓、江苏邗江甘泉东汉墓、四川内江中区红缨东汉墓等出土的陶灯，都是当时流行的器物。这些灯的制作除自身有着优美的造型外，器表还施有彩绘或釉面。为了适应灯体增高所带来的不稳，大多具有宽大的底座，有些底座上雕塑着各种各样的动物与人物形象，具有很强的立体效果及时代特征。

汉代是我国封建经济发展的时期，从墓葬出土的大量舞乐百戏俑及文献记载可知，两汉时期，百戏风靡各地，不但在统治阶层广为流行，在民间亦得以普及。河南洛阳七里河、济源等地汉墓出土的多枝灯上面的百戏人物，汇集在羽人朱雀飞龙及曲柄灯之下，说明当时的百戏在夜间也照常演出，在华美的灯光照耀下更有一番诗情画意。北京顺义东汉墓出土的彩绘陶灯，喇叭形的底座上贴塑着以百戏为题材的纹饰3层，上层为吹乐、倒立、跳丸及长袖舞表演，中层为乐俑，下层为骑马人物一组，是墓主人生前享乐生活的再现。

在油灯盛行的同时，随着蜡烛的发明与使用，一种以蜡为燃料的烛灯应运而生。这种灯在灯碗中置有插蜡的圆环，广东细岗东汉墓出土的烛灯是目前所见较早的一件。除此而外，陕西潼关东汉杨氏墓出土国一件剪烛花所用的烛剪，说明烛灯在南北方都有使用，但此时尚为数不多。西晋时期，烛灯则广为流行。

总之，东汉时期的灯具较西汉时期有了飞跃发展。首先在形体上打破了西汉以来豆形灯的传统模式，造型日新月异，不断向复杂化、多样化、高大化及装饰化发展。俑灯、多枝灯为其显著的标志。其次，灯盏的数目增加，由一灯一盏发展到一灯多盏，灯盏的深度由浅而深，储油的容量增

1 《华夏考古》1987年第2期。

2 《考古》1991年第12期。

3 《洛阳出土文物集粹》图44。

多，灯盏的层次由少而多，增加了照明面积。再次，在灯体上塑造出各种舞乐百戏及具有祥瑞寓意的图案，集实用性与艺术性于一器，集照明与装饰于一身，构成东汉照明用具的又一独特的时代特征。最后，由一灯一体向一灯多体发展，多枝灯的曲枝形灯柄大多不与灯柱连体一次烧成，而是分体烧制，既减少了烧制过程中的难度，又提高了产品的成功率，表明灯具制作工艺的提高。

（二）三国两晋时期

三国两晋南北朝时期，照明用具再次发生明显的变化，其标志有三：第一，烛灯的出土数量大增，在全部出土灯具中占有越来越大的比重；第二，瓷质灯具增多；第三，仿生动物形体的灯及莲花灯具盛行，打破了传统造型的束缚，使灯具再次翻新。东汉时期广为流行的多枝灯至此已由盛而衰，照明用具由追求豪华的一灯多盏逐渐趋于更加注重自身形体的塑造。

油灯与烛灯仍然是照明用具的两个重要组成部分，油灯中的豆形灯继续生产与使用，形体较汉代高大，尤其是北魏时期，这种灯的制作越发精致秀美，其整体造型向高大细长发展。河北偃师北魏墓出土的2件灯，细长的灯身，竹节状的灯柄，显示出造型的均衡与和谐之美。晋代以后，豆形灯的灯盏普遍加深，南京皋桥小营村东晋墓、江宁晋墓所出均具有这一特点。在北方盘托则较浅，如河南孟津墓所出。

三国两晋时期，油灯中流行以动物为饰，或整体塑造成动物形态，或局部以动物为饰。东吴时期，鸟及熊形灯最为流行，江苏金坛方麓东吴“永安三年”墓出土的青瓷灯，敛口平底，灯盏外壁的一侧堆塑一只回首展翅欲飞的小鸟，另一侧塑一鸟尾作为把手，灯的里心堆塑一只仰首伫立的鸟为灯柱[1]。安徽马鞍山东吴朱然墓出土的灯，外壁的一侧贴塑小鸟（墓主生于兴和五年，卒于赤乌十二年）。南京清凉山吴墓出土的“甘露元年五月造”款青瓷熊灯，盘形的托盘中央塑有一只蹲立的小熊为灯柱，熊的两前爪抱头，头顶一灯盏。日本大阪美术馆藏品中的青瓷熊灯，除底盘下带有3个蹄足与上述不同外，其余全部相同。墓葬出土物说明，这个时期熊灯极为流行。除用熊进行整体塑造外，还用它作成器足进行装饰，东晋时期还出现了一种牛头灯，浙江温州瑞安桐溪东晋墓出土的青瓷灯，侈口直壁平底的灯盘边沿上连着一个弧形柄，灯盘中央镎于形的灯柱上面塑造出牛头与四肢，并用酱褐色的彩点出牛的眼、嘴、蹄。1975年江苏邗江东汉墓出土的釉陶灯，灯柱上面交错地伸出两对相互对称的牛头，牛头上承一灯盏，灯柱的顶端蹲一熊[2]。

三国两晋时期的烛灯中多流行仿生的动物形体，这种动物造型的灯多出土于江苏、浙江等南方地区的墓葬之中，常见的烛台有羊形与狮形两种。这些动物形烛台的顶部都开有一个直径1.5厘米左右的供插蜡用的小圆孔。1958年南京清凉山吴“甘露元年”墓、晋太康五年墓、1974年南京市西岗果木场西晋墓、1976年江苏镇江象山、1970年南京象山10号墓等出土的羊烛台[3]、江西瑞安陶山东晋

1 《文物》1989年第8期。

2 《文物资料丛刊》第4期。

3 《南京六朝青瓷》。

墓出土的羊形烛台[1]，南京博物院收藏的东晋羊形烛台[2]等，出土量之多说明它在当时的普遍流行。从墓葬材料看羊形烛台最早见于东吴，但为数不多，至两晋则盛极一时。三国两晋时期，羊形烛台的羊体较肥胖，额下不见胡须，羊角小而短弯曲至耳下，眼睑刻画而成，眼球不太凸出，立体感不甚明显。东晋时期，额下带有一撮胡须，双角变大变长弯曲到眼下，双目圆瞪，眼球大而凸出，立体感增强，尾巴凸出体外的高度增加，形体较清瘦，器身多点有褐色的斑点。其相同处为外表都为四肢曲屈的跪伏状，双肋刻画羽翼状纹。

羊形烛台源于汉代的羊形铜灯，广西玉林、山东曲阜、河北满城汉墓都曾出土过。羊是吉祥的象征，安徽寿县东方刘君墓出土的石羊器身刻有“大吉羊”三字，也有的器身刻“传世老寿”“宜子孙”等吉祥语。《春秋繁露》中云：“凡贽，用羔，羔有角而不用，如好仁者。执之不鸣，杀之不谤，类死意者。羔饮其母，必跪，类知礼者。故羊之为言尤祥，故以为贽。”明白地告诉我们羊已被作为仁、义、礼、智、信的化身。在羊形铜灯基础上产生的羊形烛台，同样反映出人们追求美好祥和的心理需求，它的流行一方面是蜡烛使用后所导致灯具变化的必然结果，另一方面也是为了适应人们驱邪消灾传世老寿长宜子孙等传统文化习俗的需要。

狮形烛台，也叫避邪，是三国两晋墓葬中出土较多的一种照明用具，它的大小及四肢的外部形态与羊形烛台相差不多，蜡烛的插孔位于头顶或背部。1955年南京梅家山西晋墓所出烛台，高7厘米，全器模印而成，头部、背部、尾部有鬃毛，肋下有羽翼，四足蹲伏，背部有一插孔。1952年扬州北郊黄金坝西晋墓所出烛台，高8.8厘米、长13.1厘米，蜡烛插管在背部，直径2.6厘米。四肢蹲伏，器身印有鬃毛、胡须、羽翼。1964年仪征龙河公社三茅大队西晋墓出土的烛台高7.7厘米、长12.2厘米、蜡管直径2.7厘米，较扬州所出略瘦。相同的形体在温州太平岭西晋墓也有出土[3]。1972年洛阳涧西墓葬及浙江上虞县文管所等地均有出土和收藏。山东邹城郭里乡独山村永康二年西晋墓出土的青瓷狮形烛台[4]，长13.5厘米、高9.8厘米，蜡管直径2.6厘米，昂首张口，颌下有须，短足前曲，足部压印斜方格纹，背部鬃毛向两侧分披，尾呈蕉叶状。1992年福建霞浦西晋元康九年墓和东晋永和二年墓也曾出土过2件狮形烛台[5]，安徽广德县双河西晋墓也有出土[6]。河南洛阳、涧西、宜阳等地的同时期的墓葬中也有出土，这些烛台的外观造型基本相同。

有的狮形烛台的上边骑有一人，1966年江苏句容县石狮公社孙西生产队西晋元康四年墓出土的青瓷狮形烛台，外部造型与上面所说的基本一样，不同的是背部骑有一人，可惜的是人物已残，只留下右腿和右脚部分。蜡管位于头部的右侧，高度与狮的头顶持平，蜡管的直径1.2厘米[7]。

单狮之外，3狮烛台亦有发现。1958年南京汉中门内龙蟠里出土的西晋狮形烛台，高8厘米，由形

1 《江西文物》1991年第4期。
2 《江西文物》1991年第4期。
3 《江西文物》1991年第4期。
4 《中国文物报》1994年7月10日。
5 《福建文博》1995、1、64、图五、7、8。
6 《文物研究》第2期，图版肆、3。
7 《江苏六朝青瓷》。

状大小完全相同的3只狮子组成，3狮的中间置有一蜡管[1]。洛阳平乐出土的3狮烛台，残高11.5厘米，由3狮形的底座及位于中心的蜡管组成，蜡管的外表有竹节状的凸起[2]。在这些单体、3体及骑人的狮形烛台中以前者最为常见。蜡管的直径在1.2—2.7厘米之间。昂首、圆目、翘嘴、龇牙、颌下有须、脊背的长毛披向两边、四肢曲蹲为其共同的外观特征。狮形烛台与羊形烛台一样亦取其吉祥的含义。

六朝时期流行的兽形灯源于战国时期的铜兽形灯。青州市博物馆收藏的铜兽形灯，由储油的容器和灯盘两部分组成。容器部分塑成一兽形，双耳双角，嘴角及腹下部饰流云状卷毛，尾较长呈弯曲状，每足四指，四足着地作爬行状。背中部有一直径1厘米小筒为加油之用，一耳处为放灯芯所用，口含的耳杯为灯盘，嘴部有一直径0.2厘米的下孔与腹部及耳杯相通，器身的油加到嘴部小孔时便会向耳杯流出。此器造型新颖，既实用又富于装饰。汉代，金属质地的动物形灯流行，河南焦作嘉禾屯东汉铜器窖藏出土的兽形铜灯[3]，青海互助县高寨出土的魏晋时期的铜龟形灯[4]，还有南京市文物商店收藏的汉代铜兽形灯[5]等，采用的都是这一原理。

虎形烛台也有个别的出土，温州雨伞寺东晋墓M8出土的虎形烛台，虎怒目圆瞪，虎口大张，四肢卧地，尾巴蜷曲，背部的蜡管比一般的都要高[6]。

各种动物形烛台

总之，三国两晋时期流行的动物形烛台，已具有明显的时代风格。结合墓葬材料又可以看出，东吴时期的动物形灯具以羊、熊的造型最为多见。西晋时期以羊、狮最为常见，熊灯不见。到东晋时期则以羊、虎、牛形灯具为主，西晋时流行的狮形烛灯不见。羊形烛灯是贯穿三国两晋时期的灯具，出土数量多，出土范围广泛，延续时间较长，直到唐代长沙窑仍然继续生产（上图右）。

（三）南北朝时期

南北朝时期，随着佛教艺术的兴盛与发展，三国两晋时盛及一时的动物形灯具大为减少，代之而起的是以莲花为饰灯具的广为流行。无论在南方还是在北方的墓葬中均普遍出土，造型精美，标新立异，显示着传统灯具的再次翻新。

1 《江苏六朝青瓷》。

2 余扶危、叶万松：《洛阳出土隋唐以前的瓷器综述》、张剑：《试论洛阳出土的西晋青瓷》打印稿。

3 《华夏考古》1995年第2期。

4 《青海文物》。

5 《集古珍藏》。

6 《江西文物》1991年第4期。

莲花灯的装饰形式、部位及装饰手法多样，有的采用模印贴片贴制而成，有的利用刻画或堆塑而成，有的莲花装饰于灯座上，有的则贴塑在灯柱或底盘之上，更有的在多个部位重复使用，体现着它的灵活多样性。福州洪塘金鸡山南朝墓出土的7件莲花灯[1]，有三种款式，这三种样式的灯具从外观看大同小异，都由灯柱、底盘及灯柱上供插蜡的圆环构成。不同之处在于灯柱的形状及圆环的个数和莲花的贴塑部位。这个时期还流行一种四连或五连的灯，上海博物馆藏品中的南朝青瓷五连灯，喇叭形的底座上刻画着覆式的莲瓣，花瓣肥厚，瓣尖上卷，尤如一朵正在含苞欲开的莲花。1962年江西永丰南朝墓出土的青瓷四连烛台，覆莲形的底座，竹节状的灯柱上有一横板，板上有4个直口深腹用于燃蜡或盛油的竹节状小杯[2]，与上海博物馆所藏大同小异。这种烛台可以同时插入数根蜡烛。如果说东汉时期流行的多枝灯是以增加灯盏的数目而提高照明的亮度和范围的话，那么这种四、五连的烛灯则以增加蜡烛的数目而达到同一目的。因此，在增加照明范围和亮度方面，它与东汉时期的多枝灯具有同样的功能。湖南博物馆收藏的南朝青瓷莲花灯，采用多层莲瓣进行装饰，立体感分明，底部的三层复式莲瓣，花瓣肥厚，尖端外卷，与石窟造像中的莲花座如出一辙，如果说前面所述还不足以表明莲花与佛教的直接关系的话，那么此件莲花灯则可以明显地反映出其中的渊源关系。

北朝莲花灯也极为流行。太原北齐娄睿墓出土青釉莲花灯采用莲花装饰而成，高50.2厘米，由灯盏、灯柱、灯座三部分组成。灯盏的下部与器座插合而成，灯座用莲瓣装饰成覆莲形，花瓣肥厚，瓣尖上卷。灯柱中部有一环状的凸起，把灯柱分为上下两个部分，下半部贴塑花叶，上半部贴塑仰莲，灯盏的底部有上仰的莲瓣一周。腹部为宝珠、月牙及忍冬叶片构成的4组图案。全器纹饰细腻，精雕细琢，富丽典雅，气魄不凡，俯视时有如一朵莲花，是灯具中具有较高工艺水平的作品，代表着北朝灯具制作的时代水平。

南北朝时期的墓葬材料表明，由于南北两地的地理环境不同，照明用具存在着一定的地区性差异，南朝灯具小巧玲珑，变化多样。北朝灯具个体高大，粗犷纯朴，与江南的秀丽形成了明显的差别。

三国两晋南北朝时期的照明用具中烛台明显增多，说明蜡烛已普遍得以运用。除上面所说的仿生的动物形体的烛灯外，还有一种简便而实用的烛灯。1975年江西吉安县南朝齐永明十一年墓出土的青瓷烛灯，1974年江西永修县南朝墓出土的青瓷烛灯，这些灯的质地都以瓷为主，无论成型还是烧制较两汉时期有明显的提高。有关蜡烛的使用，在三国两晋南北朝时期的文献中多有记载。《世说新语·汰侈》中记载石崇“用蜡烛作饮”，庾信《对灯赋》中也说：“列华盘，铄凝蜡。浮炷其始燃，秘闱于是乃阖。”[3]同书中的“香添燃密，气杂烧兰”，其中的燃密即燃蜡。六朝吴均《西京杂记》亦记载“南越王献高帝石密五斛，密烛二百枚”。大量墓葬材料证实了文献记载的可靠性。烛灯出土数量的增多正是为了适应这一燃料变化的需要而产生的。从大量烛灯的出土可以看出，这个时期的蜡烛有粗细两种，粗者直径在2.5—2.8厘米之间，细者在1.2—1.5厘米之间。安徽广德出土的狮形烛灯背部的烛管直径2.8厘米，在当时同类产品中要算大者。

1 《考古》1992年第10期。

2 《江西文物》1991年第4期。

3 《艺文类聚》。

总之，灯这个陪伴古人渡过漫漫长夜的照明用具，在汉代至六朝时期不断发展与演变，从开始只具有使用功能的实用品逐渐发展为兼有艺术功能的既实用又富于装饰的器物。东汉时期，随着瓷器的产生，瓷质的灯具出现，随着蜡烛的发明与使用，烛灯也于东汉时期应运而生。自此，灯分为油灯与烛灯两个系列，从质地上分为陶质与瓷质两大类型。故此，东汉是照明用具发生变革的时期，为以后的灯体创新奠定了基础。三国两晋南北朝时期，青瓷灯具盛行，随着蜡烛的普及与推广，江南一带于东吴时期率先烧制出了适用于燃蜡用的赋有新意的动物形烛灯，较汉代陶质的灯具大大前进了一步。随后这种源于汉代羊形铜灯制作而成的羊形青瓷烛台在两晋风靡一时，反映出灯具在借鉴姐妹艺术中的再造与创新。南北朝时期，一种富于新的时代风格的莲花灯盛行，取代了三国两晋时期盛极一时的动物形灯具，这些源于佛教石窟艺术的新的灯体有的酷似莲花宝座，有的犹如经柱，反映出佛教艺术的无孔不入和陶瓷照明用具的兼容并畜。总之，两汉三国魏晋南北朝时期，陶瓷照明用具发生了三个明显的变化，首先是东汉时期大型彩绘多枝陶灯及俑灯的出现，其次是三国两晋南北朝时期动物形青瓷灯具的风靡，再次是南北朝时期莲花灯具的兴起。这三个变化既代表着三个不同时期灯具的不同时代风格，又反映出灯具质地由陶到釉陶再到瓷的不断发展与提高。从以燃油为主的汉代陶灯到以油、蜡并重的六朝灯具，说明照明用具是随着燃料的变化而不断改变的。

娄睿墓出土青瓷莲花灯

第五节　“死亡艺术”——唐三彩

唐代是我国封建社会的繁荣时代，也是古代文化的昌盛时期。唐代墓葬出土的三彩制品为数众多，种类齐全，是中华民族传统文化的重要组成部分。这些三彩器物斑驳璀璨，折射着大唐文化的灿烂辉煌。

一、唐三彩

唐三彩是一种低温彩釉陶器，它以铜、铁、钴、锰等金属氧化物为着色剂制作而成，釉彩有黄、绿、白、褐、蓝、黑等色彩，以黄、绿、白三色为主，人们习惯称之为“唐三彩”。考古资料表明，唐三彩的坯体先经素烧，然后挂釉再经900℃左右的温度烧制而成。烧制过程中在助熔剂的作用下，釉面自然流动，形成变幻莫测的绚丽色彩，灿若云锦，富丽堂皇。这些色彩斑斓、淋漓变化的三彩陶器是唐代陶瓷生产中一朵独放异彩的奇葩，是我国古代文化艺术宝库中的珍品，也是我国陶瓷手工业发展的具体体现。

唐三彩的产生是我国低温釉陶不断发展的结果。早在西汉时期，我国便成功地烧制出了釉面光润、色彩艳丽的低温铅釉陶器。南北朝时期，北方铅釉陶器的制作又有了新的发展与提高，在汉代单色釉面的基础上成功地烧造出了白地绿彩、黄地绿彩及黄、褐、绿三色并用的新品种，较汉代的单色釉陶又前进了一步。大同北魏司马金龙墓、北齐娄睿墓，河南范粹墓、北齐李云墓及厍狄回洛墓出土的釉陶制品足已反映出这一时期釉陶烧造的时代水平。特别是范粹墓和李云墓所出淡黄釉上加深绿釉和绿彩的装饰可视为唐三彩的前驱，为唐三彩的产生奠定了技术条件，也可以说是汉魏釉陶发展的必然。

唐三彩是唐代经济高度发达的产物。如果说汉魏釉陶为唐三彩的产生提供了技术条件，那么，高度发达的唐代经济则为唐三彩的产生奠定了经济基础。唐代经济繁荣，民族富强。唐代的首都长安人文荟萃，不仅是世界上最大的都市，也是世界经济文化的中心。长安作为丝绸之路的起点，荟萃了亚、非、欧等世界各国的文化艺术，并渗透到民族文化之中。这种高度发达的物质文明为高度发达的精神文明奠定了基础，同时也使我国的陶瓷艺术展现了新的时代风姿。唐三彩的产生与盛行就是这一新的时代风尚的标志。

厚葬之风的盛行是唐三彩产生的社会条件。有关唐代的厚葬，文献中不乏记载，考古材料也多次加以证实。《唐会要》记载，太极元年六月，右司郎中唐绍上疏睿宗云："王公百官竞为厚葬，偶人、象马雕饰如生，徒以炫耀路人，本不因心治礼，更相扇动，破产倾资，风俗流行，下兼士庶。若无禁制，奢侈日增，望请王公已下送葬明器皆依令式，并陈于墓所，不得衢路舁行。"[1]《旧唐书·李义府传》："义府寻请改葬其祖父，营坟永康陵侧，三原令李孝节私课丁夫车牛为其载土筑坟，昼夜不息，于是高陵、栎阳、富平、云阳、华原、同官、泾阳等七县以孝节之故，惧不得已悉课丁车赴役。高陵张敬业恭勤怯懦，不堪其劳，死于作所。王公以下，争致赠遗，其羽仪导从輴輴器服，并穷极奢侈；又会葬车马，祖奠供帐，自灞桥属于三原，七十里间相继不绝。武德已来王公葬送之盛，未始有也。"这种厚葬之风的盛行浪费了国家大量的财力与物力，针对此情此景，一些有识之士纷纷上书朝廷，请求代之以陶质的明器随葬，以减少对国家财力的浪费。对此《唐六典》中有这样的记述："甄官令掌供琢石陶土之事，……凡砖瓦之作，甄缶之器，大小高下，各有程准。凡丧葬，则供其明器之属。别敕葬者供，余并私备。三品以上九十事，五品以上六十事，九品以上四十事。当圹当野，祖明地轴，诞马偶人其高各1尺，其余音声队与僮仆之属，威仪服玩，各视生之所有，以瓦木为之，其长率七寸。"

三彩陶器以华丽取胜，随着厚葬之风的盛行，明器随葬也达到了顶点。唐三彩正是以其绚丽的色彩及新颖的造型适应了当时厚葬风气的需要。唐三彩大多出土于陕西、河南一带上层统治者的墓中，陕西昭陵陪葬墓、乾陵章怀太子墓、懿德太子墓、永泰公主墓、越王李珍墓、富平李凤墓、西安西郊、南郊的唐墓中出土有大量精美的三彩器物。河南洛阳、关林、新安、温县等地的唐墓及其遗址也出土有为数众多的三彩制品。由于这些三彩绝大多数作为殉葬的明器出土于墓葬之中，故而有人形象地把它称之为"死亡艺术"。这一极为生动的形容体现了唐代丧葬文化的新内涵及其所特有的时代风格。

以上三点是唐三彩产生的至关重要的条件，缺一不可。正是因为如此，唐三彩在经过了长时期的孕育之后终于在适当的社会条件下开出了绚丽的花朵。唐三彩是在特定的环境中形成和出现的，其斑驳璀璨的釉面，既满足了厚葬之风对奢华追求的需要，又迎得了宫廷限制厚葬、提倡节俭之需

1　《唐会要》卷38。

的原则，所以很快便迅猛地发展了起来。唐三彩是作为明器用于殉葬的器物，是古代活人专门为死人制作的神明之器，它的内涵丰富，多为仿生之作。因此，它的出土是死者生前真实生活的如实写照，也是唐代大千世界的一个缩影，更是我们了解与认识唐代社会的一把钥匙。

从新中国成立以来河南发表过的100多座唐墓资料可以看出，唐三彩流行于盛唐时期的墓葬之中。从11座带有纪年的墓可知其兴盛期大约在公元684—735年，即武则天到唐玄宗时期。陕西纪年墓出土唐三彩的时间亦大体相同，如献陵陪葬墓中的李凤墓出土的一件三彩双连盘和2件三彩榻[1]，是目前已知最早的三彩制品。李凤，唐高祖李渊的第15子，封为虢王，薨于上元元年，上元二年陪葬于献陵之北原。咸阳北郊契必明墓、西安东郊红庆村独狐君妻元氏墓、乾陵陪葬墓中的永泰公主墓、懿德太子墓、昭陵陪葬墓中的李贞墓、西安西郊鲜于庭诲等墓的出土器物都为我们判断唐三彩产生的时间提供了依据。考古材料表明，唐三彩始于唐高宗时期，到了唐玄宗开元年间达到了高潮，天宝以后则逐渐减少。

唐代墓葬出土的三彩制品已构成唐代丧葬文化的一个固有特点。唐三彩在唐代两京所在地的西安与洛阳地区的唐墓最为集中，无论是出土数量之多，还是器物造型之丰富、装饰之华丽，足以显示出三彩制作的时代水平。1981年洛阳龙门安菩夫妇墓出土三彩50件，单彩61件，三彩器中背负囊橐、肉食和丝绸的骆驼以及各种形象的胡俑，反映出洛阳在丝绸之路上的重要地位。据墓志可知，安菩为“昭武九姓”国之一的安国大首领，唐代贞观初年，唐太宗击破东突厥，安菩率“衙帐百姓归中国”。

洛阳关林59号唐墓随葬的38件器物中有三彩12件，文吏、天王、女俑、镇墓兽、马、驼、鸡、狗、猪、鸭、羊、灶、井、磨、碓、砚等一应俱全[2]。懿德太子墓出土的1000余件文物中，唐三彩陶器种类繁多，制作精美，章怀太子墓出土的600多件随葬品中有许多精美的三彩制品，西安西郊中堡村唐墓出土的三彩塔式罐、假山、四角攒尖亭、八角亭、房子等是最具水平的典型代表性作品[3]。

作为随葬品的唐三彩，如实再现了大唐帝国的繁荣昌盛。大量舞乐俑反映出唐代舞乐的高度发展及多民族文化的兼容并蓄；比比皆是的满载着丝绸及其他物品的驼俑，反映出丝绸之路的畅通及商贸与文化交流的活跃；为数众多的胡俑再现出西域各族使者经过大漠的跋涉不辞辛苦千里迢迢地来到大唐，他们带来了自己民族的文化，并与唐代文化有机地交融在一起，构成了大唐艺术的繁荣。而唐三彩那斑驳璀璨的色彩及其所显示出的富丽堂皇的背后则正是唐代封建帝国欣欣向荣、繁荣昌盛的真实写照。

二、唐三彩所反映的社会时尚

唐三彩可以归纳为两大部分：一部分是雕塑品，包括各种人物动物；另一部分则是生活用品，如饮食起居所用的盘、碗、瓶、罐、灯、砚、壶、尊等。雕塑品中的陶俑在唐三彩中占有相当大的比重，陕西礼泉郑仁泰墓出土的532件随葬品中，彩绘釉陶俑466件，占全部随葬品总数的近88%[4]。

1 《陕西省志・文物志》第108页。

2 《考古》1972年第3期。

3 《考古》1960年第3期。

4 《文物》1972年第7期。

懿德太子墓出土的1075件文物中，陶俑1005件，占近94%[1]。西安羊头镇李爽墓出土的399件文物中，陶俑占全部出土文物总数的近90%[2]，长安县南里王村唐韦洞墓出土的173件文物中，陶俑157，占90%强[3]。据墓志可知，这是唐中宗韦后之弟的墓，卒于武后如意元年，年仅16岁。西安东郊唐苏思勖墓出土的199件文物中，陶俑完整者88件，占近45%[4]。西安西郊中堡村唐墓出土陶俑51件，占72%强[5]。山西太原南郊金胜村三号唐墓出土的91件随葬器物中，陶俑29件，占32%强[6]。这些物品从不同的侧面与角度记载与反映了唐代社会生活的方方面面。

1.多姿多彩的女性世界

唐代仕女俑大部分出土于高官显贵之墓，一部分则是作为墓主人的象征，这些俑是唐代贵族妇女形象的代表。这些贵妇俑的衣着都很华丽，头梳高大蓬松入时式样的发髻，或单或双或螺或刀耸立于头顶或下垂于两鬓；身着圆领袒胸窄袖襦衫，肩披下垂至膝的长巾，下穿托地长裙，足蹬尖靴，高度在24—48厘米。仕女俑在三彩制品中占有一定的比重，这些人物面部丰满，体态丰腴，表情娴雅；身着华丽的衣衫，梳装打扮入时，一个个或坐或立或舞或乐或骑或射，栩栩如生，呼之欲出，再现了唐代妇女生活的丰富多彩。

（1）时装

爱美之心，人皆有之。唐代妇女爱美，首先注重服饰的更新与入时。唐代妇女的时装追求时尚，式样翻新，品种多样。衣饰质地精良，缝制技艺高超。《新唐书》卷34记载："安乐公主使尚方合百鸟毛织二裙，正视为一色，傍视为一色，日中为一色，影中为一色，而百鸟之状皆可见，以其一献韦后。公主又以百兽毛为面，韦后则集鸟毛为之，皆具其鸟兽状，工费巨万。公主初出降，益州献单丝碧罗笼裙，镂金为花鸟，细如丝发，大如黍米，眼鼻嘴甲皆备，视者方见之。……自作毛裙，贵臣富家多效之，江岭奇禽异兽毛羽采之殆尽。"唐代妇女的服装色彩艳丽，讲究搭配，陕西、河南等地区唐墓出土的三彩陶俑及彩绘陶俑的着装令人称道，是当时妇女服饰的真实再现。

①民族服装

唐代女俑的着装极为丰富，传统的宽松博大的传统民族服装是这个时期普遍流行的款式，这些占据主导地位的服饰色彩艳丽，造型漂亮，一定程度上反映出大唐服装设计的精美及社会风气的开放，是封建社会鼎盛时期的唐王朝封建礼教对妇女较少束缚的结果。1959年西安西郊中堡村唐墓出土10件三彩女俑[7]，分别身着浅黄加绿色衫，浅黄色裙；蓝衫衣，黄色长裙；白蓝花衣，草绿色长裙；白色衣，蓝色长裙等，肩披长巾下垂至膝。其中的一件高44.5厘米，头梳发髻垂于额前，面部饱满，体态丰腴，上着黑色中带酱色斑纹的无领长袖衫，右肩披一条浅酱色的披巾，下着酱黄色的长

1 《文物》1972年第7期。
2 《文物》1959年第3期。
3 《文物》1959年第8期。
4 《考古》1960年第1期。
5 《考古》1960年第3期。
6 《考古》1960年第1期。
7 《考古》1960年第3期。

裙，裙腰高束于胸上部，左臂上曲，手藏于袖中，右臂斜向下伸，右手手心朝上平伸，足蹬尖靴，头微向右侧，典雅的服装，娴静的神态，把唐代妇女雍荣华贵的气质表现得一览无余。另一件高44.5厘米，造型服装款式大体相同，所不同的是头梳双髻垂于额上，服装黑中有黄，左肩披一条黑色披肩，面带微笑。这10件女俑的高度在24.3—44.5厘米之间[1]，具有典型的盛唐时期妇女服饰宽松博大的特点，可视为唐代妇女服装的代表。类似的款式在许多同时期的墓葬中均可看到。1991年陕西省西安市东郊西北国棉4厂住宅小区6号墓出土的盛唐时期的高髻女侍俑，身着高领曳地长裙，肩披披肩，双手置于腹部[2]。1959年西安中堡村出土的唐三彩女立俑[3]，通高42厘米，通体黄、白、绿三种釉色，宽松的衣裙与丰腴的体态体现出人体的丰满。1981年洛阳涧西矿山厂出土的三彩女立俑[4]，头戴鹦鹉冠，肩披蓝色长巾，下着曳地黄裙，足穿黑色尖头靴。1973年陕西礼泉唐光宅元年安元寿墓出土的蓝衫女立俑，身着蓝地白花的宽大长衫，与丰满的身体形成一种和谐之美[5]。鲜于庭诲墓出土的女立俑，体态丰满，身着窄袖绿色襦衫，圆领坦胸，下着黄裙，长垂至地。身披一件敞领蓝色外套，两臂下垂，双手藏于袖内拱举于胸前，一派达官贵妇的形象。1964年洛阳市北窑唐墓出土的三彩女坐俑，高26厘米，女俑面施白粉，两颊涂胭红，垂发单髻，身穿绿色短袖连衣长裙，内衬黄长袖襦衣，胸前系绿色绶带，肩披白巾，双脚相交，两手置于右膝，坐于黄色束腰圆墩上，体态丰满，神态安祥，雍容华贵，塑造得极为传神[6]，是唐代妇女的代表作。

黄裙在唐代贵族女性中颇为流行，《新唐书》中有这样的记载："天宝初，杨贵妃常以假发为首饰，好服黄裙，时人为之语曰：'叉髻抛河里，黄裙逐水流'。"

在宽松博大服饰流行的同时，一种窄袖紧身上衣配以喇叭状长裙的服装亦悄然兴起。西安王家坟唐墓所出女俑可视为代表。此件俑头部发髻高耸，左手似持镜，右手伸着食指似正在准备理装。身穿一件葱绿色上面有黄色梅花的窄袖坦胸襦衫，外罩白色锦褂，衣领镶酱色锦边，衣服上绣有绿色8瓣菱形宝相花，袖边绣绿色双圈纹一周，下着绿色喇叭形长裙，裙腰高束胸前，裙裾宽舒，长垂曳地，裙的放射状褶皱上绣有柿蒂纹，足穿云头靴，端坐于束腰状的仿藤条编制的座墩上，座墩上镶嵌有双圈、宝相花及石榴形花纹[7]。同墓出土的一个蓝色的三彩柜放在在女俑的

西安市郊区出土三彩男装女俑（陕西省博物馆）

1　《考古》1960年第3期。

2　《陕西新出土文物集萃》图122。

3　《陕西文物精华》第107页。

4　《洛阳出土文物集粹》图85。

5　《陕西文物精华》第108页。

6　《洛阳文物志》第14卷，第351页。

7　《文物》1955年第9期。

面前，柜子上有一个盖子可以揭开，盖子边上有一个铜钱大的缝。柜子的正面有二个小圆孔，似为穿锁所用。在俑的两边有两个浓绿色的狮子正在扭着头啃瓜，神态极为生动。一些三彩釉陶碗、盘，绞胎碗、彩绘带座陶罐、陶牛车等器物都分布在两旁。从墓中所出物品及别无其他的陶俑分析，这个陶俑不像侍女，也不像一般的陶俑，应是墓主人的塑像。1964年洛阳北窑庞家沟出土的唐三彩女坐俑，高26厘米，头梳倭坠髻，外着宽领短袖绿色长衫，内着长袖襦衣，双手垂膝端坐于莲花座上，体态丰满，面施白粉，两颊处施胭红[1]。

②女着男装

女着男装是唐代女性服饰的一个重要特点，并成为当时的一种流行风尚。《旧唐书·舆服志》记载："或有着丈夫衣服、靴、衫，而尊卑内外斯一贯矣。"三彩男装女俑的流行表明，唐代妇女着男装已经蔚然成风，形成了一种社会时尚。三彩男装女俑正是当时女着男装这一社会风尚的真实反映，对此文献中不乏记载。《新唐书·五行一》中有"高宗尝内宴，太平公主紫衫、玉带、皂罗折上巾，具纷砺七事，歌舞于帝前"的记载。《大唐新语》载："士流之妻或衣丈夫服，靴衫鞭帽，内外一贯矣。"说明唐代妇女着男装的风俗很流行。郑仁泰墓出土的4件男装女立俑[2]，3件头戴幞头，身着圆领窄袖偏襟淡黄色长袍，红色条纹裤，足穿绿尖靴。一件头戴幞头，着赭色窄袖。1972年礼泉郑仁泰墓出土的彩绘男装女俑，头戴黑色幞头，身着圆领黑色长衫，前襟偏右处有一条自上而下的彩绘装饰带，腰系黑带，下穿白裤，足穿孔雀蓝色的靴，双手相拥立于方形底板之上[3]。同墓出土的另一件彩绘女俑，头戴绘有花纹的毡帽，身着圆领长衫及红白相间的条纹裤，足蹬白色尖靴，双手右压左置于胸前。这些女着男装的陶俑在唐代的墓葬尤其是在贵族墓中普遍出土，证实了文献记载的可靠性，也让我们看到了唐代文化的灿烂辉煌。

三彩胡装女俑（洛阳博物馆）

③胡服

胡服盛行与女着胡装是唐代妇女服饰的一大特色，这一点在唐代文献中多有记载。元稹诗《法曲》："女为胡妇学胡妆，伎进胡音务胡乐"、"胡音胡骑与胡妆，五十年来竞纷泊"。考古发掘中大量衣着胡服的女俑的出土以及墓葬壁画中大量身着胡服的侍女，形象地再现了这一风尚的盛行。1981年洛阳龙门安普夫妇墓出土的女扮男装俑，头戴黑色高冠，身着大翻领窄袖胡服，足着高筒尖靴。日本东京国立博物馆收藏的唐代女子立像高49.4厘米，身着胡服，足蹬尖靴[4]。1952年陕西咸阳边防村杨谏臣墓出土的彩绘胡服女俑，头戴红色翻缘式绣花浑脱帽，身着翻领窄袖胡服，领角及襟边用赭、绿、黑三色绘牡丹花纹，腰系黑色蹀躞带，带跨突起，绿色紧腿裤，赭色

1 《洛阳出土文物集粹》图83。

2 《文物》1972年第7期。

3 《陕西文物精华》第88页。

4 讲谈社：《东洋陶瓷大观》1东京国立博物馆，图5。

低腰靴，胸前朱书“阿谏”二字[1]。同墓出土的另一件胡服女俑[2]，头戴绣花冠，身着淡黄色大翻领窄袖胡服，下着绿色紧腿裤，足蹬尖靴，站立于长方形的底板上。此墓为唐开元二年即714年，为我们考证胡服的流行提供了依据，反映了南北朝以来胡汉民族文化交融对女性服饰所带来的影响。

从中外文化交流而来的胡人服饰的传播，到胡风元素在唐代女性服饰中的盛行，体现了胡汉文化的交流与融合，反映着唐代女性审美情趣的变化以及民族关系对潮流风尚的影响，也彰显着大唐文化的开放与包容。

（2）骑马

唐代经济发达文化繁荣，随之而来的是妇女生活的解放。唐代墓葬出土的大量资料表明，唐代的妇女除了可随心所欲地按着自己的兴趣进行穿着打扮外，还可以像男性一样骑马郊游或狩猎击球参与体育活动。女子狩猎骑马在唐代习以为常，对此，唐诗中亦多有描写。王建《宫词》云：“射生宫女宿红妆，把得新弓各自张。临上马时齐赐酒，男儿跪拜谢君王。”张籍《宫词》：“新鹰初放兔犹肥，白日君王在内稀。薄暮千门临欲锁，红妆飞骑向前归。”杜甫《哀江头》：“辇前才人带弓箭，白马嚼啮黄金勒。翻身向天仰射云，一箭正坠双飞翼。”李白《陌上美人》：“骏马骄行踏落花，垂鞭直指五云车。美人一笑褰珠箔，遥指红楼是妾家。”卢纶《美人骑马》：“帽束云鬟乱，鞭笼翠袖明。不知从此去，何处更倾城。”《开元天宝遗事》：“杜人仕女，正月半乘车跨马，于郊外之中开探春之宴。”说明女子骑马在唐代比较普遍。

唐代墓葬中骑马女俑大量出土，如郑仁泰墓出土女骑俑36件[3]。这些骑马女俑分为五式，其中的一式一件，头戴两层风帽，身着窄袖白衫，外套红碎花白襦，腰束淡黄色条纹白花裙，足蹬尖头黑靴，骑红斑黄马，高37厘米。二式最多，共22件，头戴风帽，着红、黄、绿色的短襦及红、绿或红绿相间的条纹裙，骑红斑马。三式头梳刀式半翻髻，穿窄袖红衫披黄巾，束白条纹绿裙，袖头和裙襟饰红花，骑红斑黄马，马鞍及鞯等彩绘贴金。四式2件，头梳长条形髻，着窄袖翻领交襟红长袍，坦胸束带，左挂绿色小包，骑红斑黄马，马左臀墨书。五式10件，头发从中间分开，后梳圆形髻，穿窄袖反领大衣，腰束带，有的头梳长条髻。这是一处唐代比较早期的墓葬，墓主郑仁泰是李世民的亲兵头目，早在李渊起兵之初已效力于李世民的秦王府内，死于龙朔三年（663），葬于麟德元年（664）。郑仁泰曾为“凉、甘、肃、伊、瓜、沙六州诸军事，凉州刺史……”，如此众多的骑马女俑的出土说明早在唐代初期唐代女子骑马已比较普遍。稍后的长安县南里王村唐韦洞墓出土的19件女骑马俑，高髻乌靴，有的身着翻领外衣，有的着交襟外衣，马有红、黄、白等色，障泥上绘有各式各样的图案花纹[4]。死者韦洞系唐中宗韦后之弟，卒于唐武后如意元年（692）。1954年陕西西安出土现藏于中国国家博物馆的唐三彩女子骑俑[5]，头顶结有唐代流行的单发髻，额部贴花，窄袖襦衣

1 《陕西省志·文物志》第334页。

2 《陕西文物精华》第89页。

3 《文物》1972年第7期。

4 《文物》1959年第8期。

5 《中华人民共和国出土文物选》图73。

的外边穿着短褂，长裙拖地，胸前束带，云头形的鞋尖露于裙外，神态安祥自若，仪表端庄大度。1972年陕西礼泉兴隆村唐李贞墓（李贞为李世民的第八子，昭陵陪葬墓之一）出土的女子骑马俑，一个头戴高冠、身着黄色窄袖圆领衣绿裤的女子骑坐在一匹黄色的马上[1]。出土的三彩骑马女俑，高33.2厘米、长28.5厘米，马的四蹄踏一长方形底板之上，通体施黄褐釉，黄绿色的鞍，马上坐一少女，头戴彩绘的帽子，身着黄色的上衣，筒袖的襦衫，绿色的长裙，足蹬绿色的长靴，右手上举于胸前，左手下垂，头微仰，目视前方。同墓还出土了另一件骑马女俑和骑马乐人俑[2]。1966年西安市西郊出土的三彩奔马俑[3]，高38厘米、长52厘米，马四蹄腾空急奔如飞，两前肢及两后肢各向前后伸张，几乎成一直线，马背上一女子面带微笑，长发中分，发辫自两侧盘于脑后，身着圆领长袍，衣袖卷于肘部，双手紧缚马缰，身体微向右侧，端坐于鞍上，英姿飒爽，栩栩如生。作者运用娴熟的技法，把飞奔之马的腾飞瞬间刻画得活灵活现，马背上驾驭之人泰然自若的神态，显示着高超的骑术。这是截止到目前唐三彩中的罕见制品。1981年洛阳龙门东山安菩夫妇墓出土的三彩骑马俑长38厘米、高42厘米，身着翻领窄袖长衫[4]。1972年陕西礼泉出土的戴帽女骑俑、1972年新疆吐鲁番出土的戴纱骑马女俑[5]、河南洛阳白居易邸宅出土的白釉骑马女子像[6]等说明妇女骑马在当时是一种很普通与流行的活动。

马球

女子马球俑的发现是唐代妇女参与体育活动的见证。随着物质文明的发展，唐代对妇女的束缚也相对较少，她们除可以同男性一样着装外，还可以同男性一样参加体育活动。现藏于美国堪萨斯市纳尔逊·雅坚斯美术博物馆的一组唐代彩绘仕女骑马击球俑证实了这一点。这组雕塑由4个骑马女俑组成，俑的造型极为生动，马的飞跃跳动之势，仕女弯腰俯首击球的专注态表现得惟妙惟肖，活灵活现[7]。这组仕女马球俑的出现，是唐代妇女解放的实物见证。马球运动起源于西域，随着中外文化交流的开展，这一源于西域的体育运动也在唐代传入我国，并成为贵族阶层中风靡一时的体育项目。唐代宫廷马球极盛，宫苑中设置有马球场，1956年西安唐大明宫含光殿遗址出土的刻有“含光殿及球场等，大唐大和辛亥岁乙未月建”石碑，就是这一活动兴盛的产物，球场与含光殿同建，可见其规模之大。唐代的一些墓葬壁画中也出现了表现这一题材的作品。章怀太子墓墓道东壁的马球图壁画，把这一活动描写得既具体又详尽。陕西长安南里王朝村韦洞（唐景龙二年，708年）出土的一组彩绘骑马击球俑等都是这一活动上行下效的历史见证。唐代的一些文献中也多有记载：“景云中，吐蕃遣使迎金城公主。中宗于梨园亭子赐观打球。吐蕃赞咄奏言：‘臣部曲有善球者，请与汉敌。’上令仗内试之，决数都，吐蕃皆胜。时玄宗为临淄王，中宗又令与嗣虢王邕，驸马杨慎交、

1 《文物》1977年第10期。
2 《中华人民共和国汉唐文物展》图52—54。
3 《长安古桥交流文物展》图41。
4 《洛阳出土文物集粹》第90页。
5 《简明中国历史图册》第六，3第5页。
6 《遣唐使见中国文化》图65。
7 《中国文物世界》第69期，第62页。

武秀等四人敌吐蕃十人。玄宗东西驱突，风回电激，所向无前。吐蕃功不获施。其都满。……中宗甚悦，赐强明绢数百段。学士沈佺期、武平一等皆献诗。开元、天宝中，玄宗数御楼观打球为事。能者左萦右拂，盘旋宛转，殊可观。然马或奔逸，时致伤毙，……打球一则损人，二则损马，……然打球乃军州常戏，时复为耳。”全唐诗中《幸梨园亭观打球应制》曰：“今春游上苑，接武上琼楼。宛转萦香骑，飘飖拂画球。附身迎未落，回辔逐傍流。只为看花草，时时误失筹。”（沈佺期）“令节重遨游，分镳戏彩球。骖驔回上苑，蹀躞绕通沟。影就红尘没，光随赭汗流。”[1]

马球在中国古代又称击鞠或波罗球，据说是从伊朗经西域传入唐朝。这种在马背上用长柄球棍拍击木球的运动，是唐代宫廷与贵族中非常盛行的一种体育活动。大量考古发掘及其出土的文物，为我们展现了马球赛事的真实场景，以及马球在中国唐代贵族阶层中的风靡。2019年国家博物馆亚洲文明展览中的打马球俑（2012年出土于河南省洛阳华山北路，现收藏于洛阳市考古研究院），其专注的神态、优美的姿势以及与坐骑配合的默契，无不让我们感到唐代陶瓷工匠瓷塑技艺的高超（下图左）。下图右是收藏于法国集美博物馆的一组女子马球俑之一，那疾驰的骏马以及俯身于马背上面挥杆的人物，仿佛使我们看到了马球场激烈的争夺瞬间。

笔者2005年参观法国集美博物馆时，看到了陈列中的这组唐代击马球仕女俑，这组陶俑至今仍深深地刻在我的记忆中。那些身着不同服装伏于马上的女子神情专注的击球动作，以及马的奔腾与嘶鸣，尤其是那穿黑靴着红衣腰际缠绕绿带的女子，左手牵制马缰，右手击球的形象，活灵活现栩栩如生地呈现在人们面前，犹如置身于真实的竞技场，仿佛听到了球场上两队激烈竞争的搏击声，也仿佛看到了场外鼓劲加油人群的欢呼声。尽管隔着展柜的玻璃，仍然罩不住一千多年前马球赛事的生动气韵。感谢大唐陶瓷工匠那高超的出神入化的雕塑技艺，让世人时隔千年仍然能够欣赏到这不可多得的美丽瞬间！感谢古代的陶瓷工匠为我们留下了大唐体育竞技的宝贵一刻，它为我们研究中国体育的发展史提供了珍贵的第一手资料。

国家博物馆亚洲文明展览2012洛阳华山北路出土洛阳市考古研究院藏品

法国集美博物馆

1 引自陈书侗《福州中唐文献孑遗》——《元和8年球场山亭记》残碑考辨，《福建历史文化与博物馆学研究》第195页。

陕西历史博物馆展出的打马球俑，1981年出土于西安市关山村唐墓。球员头戴幞头，身体前倾伏身在马背上，神情专注，做着各种不同的击球姿势。陶马四蹄腾空，风驰闪电般如跃如飞。其精巧的造型，优美的姿态，栩栩如生，为我们形象地再现了马球运动激动人心的赛事。

马球在唐代甚为流行，不光男人打，女人也打，唐代女子不仅骑马，而且参与马上竞技。对此，文献不乏记载。花蕊夫人"自教宫娥学打球，玉鞍初跨柳腰柔"，生动地描写了女子打球的别具一格的美丽姿态。

（3）新颖多样的发型

唐代妇女的发式新颖多样。1981年龙门安菩夫妇墓出土的三彩骑马女俑，梳半翻髻[1]；郑仁泰墓出土的女俑，发式有刀式半翻髻、长条形髻、单螺髻、双螺髻、圆形单髻[2]。湖南湘阴唐墓出土的5件女侍俑分别梳有望仙髻、单螺髻、高髻等多种[3]。

望仙髻。1983年西安市西郊出土的唐代望仙髻女俑[4]，高58.2厘米，头顶两侧分别梳有一个大而下垂的发髻——望仙髻，与身上穿的肥大宽松的服装形成一种和谐之美。

双环髻。1986年陕西长武县枣圆乡郭村唐墓出土的两件陶双环髻女舞俑，俑的头部梳有两个环状的发髻，舞俑的身材颀长，上穿窄袖襦衫，腰着曳地羽衣，足登云首履[5]。河南孟津西山头唐墓M64出土的彩绘女舞俑[6]，头梳双环髻，正在翩翩起舞。这些头梳双环髻的女俑出土数量较少，是唐代舞乐表演人物中使用的一种发型。

高髻，在唐代颇为流行，根据其梳理的款式不同，又可分为多种，如刀形单高髻、双翻高髻、半翻高髻等。台湾鸿禧美术馆收藏的唐三彩仕女骑马俑，头顶梳一高髻[7]。1957年西安南何村鲜于庭诲墓出土的两件三彩女子俑，头梳垂鬟高髻，身着绿衣黄裙，外披蓝色的白翻领外衣，足穿长筒靴，双手拱于胸前，站立在长方形的底板上。洛阳安菩墓出土的一件高39厘米的女立俑头梳刀形单高髻，与身穿坦胸的黄襦裙，足蹬高高的云头履上下呼应，气度不凡。同墓出土的25件女侍俑，23件头梳半翻高髻，2件头梳双翻高髻。《中国名流丛书·洛阳卷》第42页刊登的唐三彩女立俑，头梳刀式高髻。《中国陶瓷》图43的唐三彩乐人，头梳刀式半翻高髻，手持篪（横笛的一种）跪于一方形底板上。1952年咸阳边防村杨谏臣墓出土的彩绘女俑，身着宽大的曳地长裙，头顶梳有刀式半翻高髻[8]，此墓年代为唐开元二年即714年，可见，这种刀式半翻的高髻是开元时期所流行的。1976年洛阳北邙山唐墓出土的2件彩绘女舞俑，头梳高髻，同墓出土的5件女乐俑头梳双高髻。洛阳西山头唐墓出土的另外的2件女舞俑头绾双高髻，插6瓣梅花形发饰，眉间饰紫红色菱花形花钿。1991年河南

1 《洛阳出土文物集粹》。
2 《文物》1972年第7期。
3 《文物》1972年第11期。
4 《陕西文物精华》第91页。
5 《陕西省志·文物志》第333页。
6 《河南考古40年》第373页。
7 《鸿禧美术馆开馆纪念选集》第16页。
8 《陕西文物精华》第87页。

孟津县送庄乡西山头村唐墓出土的2件彩绘女俑，头挽双高髻，朱唇粉面，眉饰紫红色菱形花钿，上身穿圆领窄袖衫和宽袖长衫，外套暗红色的大翻领半臂，下着黑色与银灰色相间的竖条纹长裙，作舞蹈表演状[1]。

螺髻，分单螺髻与双螺髻两种，高度也有高与半高两式。1954年西安出土的三彩女坐俑[2]，头顶梳有单螺髻，着装的款式与西安王家坟唐墓所出基本相同。1991年洛阳孟津县送庄乡西山头村唐墓出土的6件彩绘女舞乐俑[3]，头绾双螺半高髻，眉间饰紫色花钿。身着紫色窄袖内衫与暗红半臂，肩披绿色或大红色帛，腰束红色或绿色带，下着红黑相间的竖条纹长裙，跪坐于长方形板上，双手捧握于胸前，为吹奏和弹奏乐器的表演者和舞蹈者。1965年洛阳第59号唐墓出土的女立俑，有梳螺旋形独髻[4]。1977年陕西礼泉昭陵杨温墓出土的彩绘女俑[5]，头部梳螺髻，髻的顶部宽大而平，一定程度上保留有隋代的遗风。此墓为唐贞观十四年（640），是唐代早期所流行的一种发型。

双髻，唐代较为流行的发式，1976年陕西礼泉牛进达墓出土的击鼓女乐俑[6]，头梳双髻，跪坐于方形底板上，腰鼓置于腹前双膝之上，双手击鼓。1972年洛阳谷水M6出土的女侍俑头梳鬟发双髻，两鬓的头发作弧形膨胀。1965年洛阳59号唐墓出土的女立俑，头梳并蒂双髻[7]。1991年西安东郊西北国棉4场出土的红陶双髻女俑，头发中分披向两侧梳成双髻，身着大翻领的及膝长裙[8]。

单髻，单髻在唐代很是流行，式样多变，1972年洛阳谷水M6出土的女侍俑，额前偏上梳单髻，左右又梳2髻垂于耳际。1964年洛阳北窑M26出土的唐代女坐俑，额前梳一前垂单髻，余发作弧形披于头上掩盖着两耳[9]。1964年洛阳市北窑唐墓出土的三彩女坐俑，垂发单髻，身穿绿色的短袖连衣长裙，内衬黄色的长袖襦衣，胸前系绿色的绶带，肩披白披巾，坐于黄色的束腰圆墩上。1991年西安西北国棉4厂唐墓出土的一件单髻女侍俑，头顶梳一高髻，身着宽松博大的曳地长裙，具有典型的盛唐风格[10]。1959年西安中堡村唐墓出土的三彩女立俑，额前梳有一个下垂的单髻，两侧的头发呈弧形披于耳边[11]。1973年礼泉县唐光宅元年（684）安元寿墓出土的三彩蓝衫女立俑[12]，头顶梳一较大的单发髻，余发呈弧形披于耳际。

1　《洛阳市志》第14卷，第350页。
2　《中华人民共和国出土文物选》图73。
3　《洛阳市志·文物志》第350页。
4　《洛阳唐三彩》图版1。
5　《陕西文物精华》第87页。
6　《陕西文物精华》第94页。
7　《洛阳唐三彩》图版4、2。
8　《陕西新出土文物集萃》图123。
9　《洛阳唐三彩》图版5、7。
10　《陕西新出土文物集萃》图122。
11　《陕西文物精华》第107页。
12　《陕西文物精华》第108页。

唐三彩俑的发髻

2.狩猎——上流社会的流行时尚

狩猎俑及马俑的大量出土是唐代丧葬文化的又一个显著特点。它体现出唐人爱马及狩猎活动在上流社会的风靡。唐朝三百年间，狩猎风行，这一点在唐代文人的作品中留下了大量的记载，王维《观猎》：“风劲角弓鸣，将军猎渭城。草枯鹰眼疾，雪尽马蹄轻。忽过新丰市，还归细柳营。回看射雕处，千里暮云平。”张祜《观徐州李司空猎》：“晓出郡城东，分围浅草中。红旗开向日，白马骤迎风。背于抽金镞，翻身控角弓。万人齐指处，一雁落寒空。”《唐会要·搜狩》：“贞观五年正月十三日，大狩于昆明池，夷落君长咸从，上谓高昌王麴文泰曰：‘大丈夫在世生，乐事有三：天下太平，家给人足，一乐也；草浅兽肥，以礼畋狩，弓不虚发，箭不妄中，二乐也；六和大同，万方咸庆，张乐高宴，上下欢合，三乐也。”《册府元龟》卷44记载了唐太宗李世民于贞观十九年二月巡幸武德时：“将飞骑历北山，行遇猛虎。引弓射之，应弦而殂。又在洛阳苑射猛虎。民部尚书唐俭见群豖突出林中，帝引弓四发，殪四豖。有一雄彘，突及马镫，俭投马搏之，帝拔箭断豖，顾笑曰：‘天策长史，不见上将击贼耶？何惧之甚’对曰：‘汉高以马上得之，不见以马上治之。陛下以神武定四方，岂复逞雄心于一兽。’帝纳之，因为罢猎。”考古材料中有关的实物也随处可见。1981年陕西乾县唐懿德太子墓出土的骑马狩猎俑[1]，高36.5厘米、长29.3厘米，马立于一块长方形底板上，两耳上耸，双目圆瞪，从大张的嘴部可以看到，这是一匹刚刚奔跑过后的马。马的背部置鞍，马鞍上骑有一武士，头扎幞头，身着圆领长衫，下着长裤，足穿尖头靴。腰间挂有长箭与箭囊，两手张弓搭箭侧身仰望注视着天空的猎物。另一件三彩骑马狩猎俑，腰的右侧挎箭囊，双手举一鹰；李白的《行游且猎篇》中“呼鹰出远郊，弓弯满目不虚发”的诗句大概指的正是如此。还有一件三彩骑马狩猎俑，弯腰伏身于马背上，面向天空，双手作拉弓欲射之式[2]。故宫博物院藏品中的唐代狩猎俑[3]，马通体施白釉，马上骑坐的狩猎者高鼻深目，身着窄袖翻领紧身衣，下着紧身裤，足蹬黑色靴，怀中抱有一只猎犬，从猎犬在主人怀中温顺懒散的样子可以看出主人对它的偏爱。西安中堡村唐墓出土的骆驼俑，背

1 《陕西文物精华》第103页。

2 《中华人民共和国出土文物展》图197、196。

3 《紫禁城》1993年第3期。

上搭着的兽面驮囊中装有野鸡、兔子、山羊等物品，显然是刚刚猎取的战利品[1]。除此之外，郑仁泰墓及其他的一些唐代墓葬中也出土大量的狩猎俑，构成唐代丧葬文化的一个明显的时代特征。

3.唐人爱马

马在唐代出土文物中占有极大的比重，尤其是三彩马的出土在唐代丧葬文化中更富于时代特色。唐三彩马有着很强的时代风格，头小、颈长、身肥，个体有大小两种，大者在69－81厘米、小者在30厘米左右。色彩有蓝、黑、白、黄、绿等多种，马鬃梳剪整齐，马背上多置鞍，马鞍上有绿色的障泥，鞍面雕成毵毵披离状，有的加饰绿色的流苏。有一部分马身及马头上有配饰，马头的笼套上饰有杏叶形的缨饰，革带上有的饰有杏叶形缨饰，有的饰有朵花，从李白《白鼻䯄》中的"绿地障泥锦"和王勃《春思赋》中的"杏叶装金辔"句可以看出，这种鞍辔在当时是很盛行的。唐代马的造型丰富多彩，形态各异，有的静立，有的急奔，有的负重，有的腾空，有的觅食饮水，有的仰天长啸。富于创造的陶工把马的神态及唐人爱马的时代特点表现得淋漓尽致，无以复加。《洛阳出土文物集粹》图71、图72、图73、图74的蓝釉三彩马、黄釉三彩马、白釉三彩马、黑釉三彩马分别出土于洛阳南郊关林唐墓及龙门安菩夫妇墓，这些马鞍辔俱全，色彩斑斓，具有很高的制作水平。

（1）三花饰马

将马鬃剪瓣是唐朝流行的一种饰马方式，考古资料表明，唐墓出土的马俑有一花、二花和三花马。其中饰有三花的马多出于宫廷贵族的墓葬之中。如唐懿德太子墓出土的一对三彩釉陶马，一匹头部有精美的马饰，鬃毛剪作三花[2]。懿德太子李重润是唐中宗李显的长子，卒于大足元年（701），神龙二年（706）迁葬于乾陵陪葬。再如章怀太子墓出土的三彩马，马身施赭色釉，棕色鞯，黄色鞍，马鬃修剪整齐，上有三花[3]。章怀太子是唐高宗李治与武则天之子，706年卒，711年迁于乾陵陪葬。时人白乐天在诗中写道："风笺书五色，马鬃剪三花。"[4]可见，这些三花饰马不仅是装饰，还是良马的最高标志，也是权力与身份的象征。

唐三彩三花马，1957年鲜于庭诲墓出土

鲜于庭诲墓出土的三彩三花马高54.6厘米，长54.5厘米，马鬃梳剪整齐，留有三花，头部有精美的辔饰，鬃上剪三花，马身白色，鞍上披着绿色绒毯，马身披挂绿色饰黄色花朵的革带，革带交结尻上，交结处饰有杏叶形垂饰。宋代楼钥在《再题韩干所绘十四马题名》中云："国人贵解多雍荣，三花剪马自官样。"除了马俑外，唐太宗的昭陵六骏也都剪作三花，张萱《虢国夫人出行图》

1 《考古》1960年第3期。

2 《文物》1972年第7期。

3 《文物》1972年第7期。

4 《中国陶瓷史》第226页注【43】。

的马队中也有三花马。从此不难看出，三花饰马是当时宫廷和贵族间流行的风尚。

（2）舞马、牵马俑、驯马

舞马、牵马俑、驯马俑也屡见不鲜。从面部特征看，这些牵马俑有胡、汉两类人种。1981年洛阳龙门安菩夫妇墓出土的4件三彩牵马牵驼俑，高59—67厘米，黄、绿、白三色，人物身着翻领长衫，腰部系带，足踏长靴。1972年陕西礼泉张士贵墓出土的舞马高49厘米，马的右前足抬起，蹄子向后弯曲，另3足立于长方形的底板之上，低头曲颈张口[1]。1978年洛阳老城东北拦驾沟唐墓出土的彩绘训马俑，高40厘米，马身鞍鞯及佩带俱全，两后腿曲站，前右腿直立，左腿弯曲前抬。驯马者头戴幞头，身穿圆领窄袖衫，外套翻领短袖褂，下着脚口带袢的长裤，脚穿尖靴，两脚分开与马平站，左手开掌伸向外侧，右手握拳伸于马头前在示范着某种动作[2]。

象俑出土数量很少。唐三彩象俑，一头温顺的大象立足于一长方形的底板之上，象背上置放有圆形的毡毯，四周有流苏，上坐2个胡俑，头戴尖顶毡帽，足穿高筒毡靴。此件文物收录于上田恭辅的《中国古董和美术图说》一书[3]，另2件藏于瑞士苏黎世一家博物馆。

牛车与轿车是唐代模型明器中出现的新形体。陕西博物馆藏品中的绿釉陶牛拉车，高15厘米，在长方形的底板上塑出一牛拉一车的形象，长方形的车箱前有帘，上扣有拱形的车篷，顶部有覆瓦状的半圆形篷盖，牛肥壮，足短而粗，角直立，神态极为生动，颈上套有车辕，宽大的车轮上有辐条8根。1984年陕西铜川黄堡耀州窑亦址出土的唐三彩牛车，高18厘米，由车厢、车辕、车衡和车轮4部分组成，方形的车厢后端右侧开门，车厢上有前后两端上翘卷棚形的篷盖，车轮有幅条6根[4]。河南偃师山化乡关瑶村出土的三彩牛车，高28厘米，车衡已残失，车门在车厢后边，前面全部封闭[5]。这些牛车在国外也有收藏，美国波士顿美术馆藏品中的褐釉牛车制作精致，釉色润泽，高45.8厘米、长57厘米，车的两侧分别有一汉人和一胡人，人物的服装及面部刻画得栩栩如生，不愧为车中之精品[6]。大英博物馆藏品中的黑褐釉牛车高42厘米、长54.5厘米，车的两侧各有一胡人，车和人的造型均塑造得很生动[7]。这些牛拉车的模型是唐代交通工具的真实再现。

1 《陕西文物精华》第102页。

2 《洛阳市志》第14卷，第351页。

3 《文物》1982年第9期，贾峨：《说汉唐间百戏中的“象舞”》。

4 《陕西省志·文物志》第432页。

5 《洛阳市志》第14卷，第356页。

6 讲谈社：《东洋陶瓷大观》11ボストン美术馆，图14。

7 讲谈社：《东洋陶瓷大观》5大英博物馆，图8。

陕西省博物馆、巩县博物馆收藏的唐代牛车、轿车

4.权力、威严与武力的象征

文官、武吏、天王、镇墓兽是唐代贵族墓中普遍出现的随葬品，在唐代的丧葬文化中占有重要的位置。

（1）文官俑

文官俑具有和善的表情，整齐的衣冠，规范的姿势，一派温良恭俭让的贤者风范。1981年洛阳龙门安菩夫妇墓所出，高112厘米，头戴梁冠，脚着云头靴，身着长衫，双手拱持白色笏板，面部表情和善安祥[1]。1984年西安西郊出土现藏于陕西历史博物馆的三彩文官俑，高88.4厘米，通体施黄、绿、白三彩，高冠拱手[2]。1972年礼泉李贞墓出土现藏于昭陵博物馆的彩绘文官俑高112厘米，黑冠红衣黄裙，云头状靴，拱手持笏，站立于黑色的底板上[3]。章怀太子墓出土的2件文臣俑[4]，头戴帽，帽上有一展翅欲飞的小鸟，身着长袍，束带，通体施绿色釉，高120厘米。1984年河南偃师杏圆村唐墓（709）出土的2件文官俑，头戴梁冠，身穿圆领衫，外着宽袖长袍，足蹬如意高靴，双手持物拱于胸前，站立于半圆形台座之上[5]。跪拜文吏俑较为少见，1954年咸阳市张湾唐末五代时期墓出土的文吏俑[6]，高29厘米、长72厘米、宽46厘米，文吏跪于长方形底板上，头戴高冠，冠侧有孔为贯簪所用，身穿圆领宽袖长袍——一种隋唐至宋时期流行的官服。朱熹曾论及："今之上领公服，乃夷狄之戎服，自五胡以来，流行中国。至隋炀帝巡游无度，乃令百官戎服，亦非当时朝祭之正服，今杂用之，亦以其便于事而不能改也。"

（1）武吏俑

武吏俑，与一派贤者风范的文官俑相反，无论面部表情还是身着的服装，都令人一见生畏，他们是武力与威严的象征，是妖魔鬼怪的克星，是冥冥世界中的守护神。1965年秦安杨家沟出土现藏

1　《洛阳出土文物集粹》图82。

2　《陕西文物精华》第97页。

3　《陕西文物精华》第95页。

4　《文物》1972年第7期。

5　《洛阳市志》第14卷，第356页。

6　《中国文物报》1995年12月10日。

于甘肃省博物馆的三彩武官俑，头戴黑冠，身着右襟长衫，足蹬尖靴，双手握拳，手持物遗失，双目圆瞪，俯视前方[1]，威严凛然的形象令人肃然起敬。1972年陕西礼泉李贞墓出土的彩绘武吏俑高113厘米，黑冠，紫衣黄裙，云头状靴，站立于黑色底板之上[2]。章怀太子墓出土的2件武士俑[3]，绿色彩釉，面部涂白。其一戴帽，着盔甲，左脚踩一鬼怪，鬼怪作卧伏状，通高130厘米。1984年河南偃师城西杏圆村唐墓（709）出土的2件彩绘贴金武士俑，头戴宽沿朱雀兜鍪，上着明光甲，肩披龙首状披膊，下穿长垂至靴的内裙，右手放于腰际，左手张开五指前伸。另一件披膊为雁尾状。神态严肃威武[4]。

（3）天王俑

天王是佛教传说中的守护神，既能护法降魔护持佛坛，又能镇墓避邪。随着佛教的传播与兴盛，天王俑在唐代的制作也极为普遍，并在大中型唐墓中甚为流行。它的外形大多以佛教传说及武士形象为依据进行塑造。其面相凶猛，造型雄伟，充满着宗教的神秘色彩，体现出驱邪降魔的凛然正气。天王俑一方面是地下执行驱邪的凶神，另一方面也是人间专制权力的象征，所以，一般大中型墓中多成对随葬。1972年礼泉李贞墓出土的2件天王俑高121厘米，天王身着铠甲，一足蹬地，一足踏于一小鬼肩上，双目圆瞪，怒气充天，一副凶神恶煞的面孔[5]。1956年洛阳南郊关林唐墓出土的2件天王俑[6]，高61—62厘米，头戴凤冠、人身鸟冠盔，面部表情狰狞。身着铠甲，护膝一为兽头状，一为云头状。一手叉腰，一手握拳高举，一足踏一恶鬼，鬼作挣扎欲起状。通体施白、绿、黄、蓝4种颜色。美国堪萨斯市纳尔逊·雅坚斯艺术博物馆收藏的唐三彩天王俑，通高90.2厘米，较同类作品相比个体庞大，天王粗眉立竖，二目圆瞪，阔鼻大嘴，蓄有胡须，面部胡人特征明显。右手叉腰，左手握拳高举，双脚踏一小鬼，立于岩石基座之上。身着铠甲，下着裙裾及缚肚高靴，通体施黄、绿、白三色，眉须发眼施黑釉[7]。甘肃秦安杨家沟唐墓所出的2件三彩天王俑高1.6米，头戴鹖冠，身着铠甲战袍，双足踏鬼怪，威武强悍[8]，高大的形体实属罕见。1981年龙门东山安菩夫妇墓出土的三彩天王俑，身着铠甲，足踏一兽，左手叉腰，右手握拳上举，头微垂，怒目以待，通体施黄、绿、蓝三色[9]。西安西郊中堡村唐墓出土的2件天王俑身着铠甲，一件的头顶立有孔雀一个，足下踏一怪兽，怪兽左手握一蛇；另一件头戴孔雀盔，足踏怪兽，怪兽右手握一蛇，2件均高65厘米[10]。

（4）镇墓兽

多作蹲坐状，人面或兽面，头上长有高大曲角大耳，肩背有翅膀和火焰，形象凶猛，时刻为墓

1 《中华人民共和国文物展》图82。
2 《陕西文物精华》第95页。
3 《文物》1972年第7期。
4 《洛阳市志》第14卷，第356页。
5 《陕西文物精华》第98、99页。
6 《洛阳出土文物集粹》图79。
7 《中国文物世界》第69期，第64页。
8 《文物考古工作三十年》第150页。
9 《洛阳出土文物集粹》图80。
10 《考古》1960年第3期。

主惊疫驱疠，保护主人灵魂的安宁。1981年洛阳龙门安菩夫妇墓出土的三彩镇墓兽，高103.5厘米，人面兽身，头顶生有高大的曲角，大耳如扇，肩有双翅，蹲坐于束腰座上[1]。中国国家博物馆藏品中的2尊三彩镇墓兽，头有钩状双角，肩生双翅，怒目圆瞪，伶牙利齿，面部狰狞。另一尊则人面兽身，大耳阔鼻，头顶独角，背有双翼，长腿蹄足，蹲坐于镂空的底座上[2]。1972年陕西礼泉唐临川公主墓出土的唐永淳元年（682）的2件红陶镇墓兽，高55.5厘米[3]。章怀太子墓出土的镇墓兽2件，一件黄绿赭色釉，肩有翼，鬣毛耸立，色彩协调，高100厘米，另一件人首兽身马蹄，头有角，臂有翼，高90厘米[4]。1984年河南偃师杏圆村唐墓（709）出土的2件彩绘贴金镇墓兽，一件高75.4厘米，兽面，额上两竖角向上卷曲，头侧的鬃毛向上伸展，张口怒目，獠牙外露，肩部两翅的羽毛向上卷曲，尾巴上贴于背部，牛蹄状足。另一件高75厘米，人面兽身，头顶一独角，大兽耳，颈部有鬃毛直伸，两翅有卷曲的羽毛，尾部贴于背上，牛蹄状足[5]。

5.丝路的繁忙

骆驼，在唐代墓葬及三彩制品中占有相当大的比重，并不乏有大量成功的作品。唐人爱马也爱骆驼，骆驼是沙漠运输的工具，也是古丝绸之路上往来跋涉最为频繁的交通工具，历来有沙漠之舟的美誉。它的大量出土反映出唐代丝路运输的繁忙及中外文化交流的活跃。

三彩骆驼

这些骆驼分为载物与载乐两大类，前者大多都呈行走状，背部搭有驼囊，驼囊上置有火腿及绢丝制品。载乐骆驼俑的背部驮有个数不等的舞乐人物，他们载歌载舞行进于千里迢迢的丝路上。1973年洛阳南郊关林唐墓出土的三彩骆驼，高81厘米，通体施白釉，背部铺有黄绿两色相间的圆毯，驼峰间负有兽面驼囊及绢丝食品等物，骆驼引颈长鸣呈行走状。1981年洛阳龙门安菩夫妇墓出土的三彩骆驼高88厘米，通体黄釉，背部置一黄、绿、白三色花毯，双峰间搭有兽面驼囊，囊的前

1　《洛阳出土文物集粹》图91。

2　《窑火凝珍——中国历史博物馆赠瓷》图33。

3　《陕西文物精华》第100、101页。

4　《文物》1972年第7期。

5　《洛阳市志》第14卷，第356页。

后有绿色丝卷和绢卷，呈饮颈长鸣的行走状。美国堪萨斯市纳尔逊·雅斯坚美术博物馆收藏的三彩骆驼高91.8厘米，骆驼昂首饮颈长鸣，背部铺有带流苏的毡毯，上面有兽面驼囊及丝束[1]。西安西郊中堡村唐墓出土的4件骆驼有载物、载乐及不负重三种，后者多呈非行走的站立状[2]。1977年5月，扬州郊区城东乡林庄唐墓出土的灰陶骆驼俑，通高52厘米，身长72厘米，四蹄跪卧于地，引颈昂首，双峰间驼有手面皮囊，所驼物品有肉食、泉水、丝帛、瓷器及壶罐等器皿[3]。郑仁泰墓出土的4件载重骆驼[4]中有2件分别在鞍架上驮有4卷丝绸。1965年洛阳市关林59号唐墓出土的唐三彩乘人骆驼，高38厘米、长31厘米，背白色，头顶、两峰、前颈及四肢有棕黄色的长毛，背上置有蓝、绿色的毯子，两峰间有一大型驼囊，下垫夹板。夹板外露处系有猪、鱼、圆口小瓶和凤头壶，驼囊的前后置有绿色的丝卷和白色的绢卷，绢上坐有商人模样的小人，应为唐代奔波往返于丝绸之路中商人的形象[5]。1950年宝鸡市出土的彩绘骑驼陶俑，骑驼者骑于卧驼背上，骆驼四足卧地，即将起行[6]，描绘了丝路之上的经商者即将起程或途中小憩的场景。

1959年出土于陕西省西安市中堡村唐墓的唐三彩骆驼载乐俑，通高58厘米，长41厘米，现收藏于陕西历史博物馆。三彩骆驼载乐俑，釉色鲜明亮丽，造型新颖浪漫。骆驼引颈长嘶，驼背的平台上铺有色彩斑斓的长毯，上有着汉族衣冠的八名乐手，七男一女，七个乐手手持具有西域风格的笛、箜篌、琵琶、笙、箫、拍板、排箫乐器，盘腿坐着演奏。一舞女长袖轻拂，边歌边舞，婷婷玉立于中间。唐代陶瓷工匠采用浪漫的手法将一个流动的舞台设置在驼背上，可谓匠心独具。骆驼载乐俑，再现了1300多年前的丝路，以驼代步、歌舞而来的流动乐团，是如何演绎着人们对太平盛世的赞美和对美好生活的追求，至今唐代那震撼人心的乐舞之声，穿越时空，仍在历史中久久回荡。载乐骆驼俑生动地再现了唐代胡汉文化融合的舞乐新篇章，堪称唐三彩中的极品。驼背上的乐队，阵容庞大，乐器齐全，为我们研究大唐时期的音乐、歌舞以及西域舞乐对内地的影响，提供了重要的实物依据。1957年陕西省西安市鲜于庭诲墓出土，现藏国家博物馆的三彩骆驼载乐俑，骆驼昂首挺立，驮背上五个汉、胡男子，中间一个胡人在跳舞，其余四人围坐演奏，造型优美生动，人物刻画生动，釉色鲜明润泽，为我们研究唐三彩的制作技艺以及舞乐发展史提供了不可多得的实物资料。

三、器皿

除了大量的人物动物雕塑外，另一类造型多以日常生活中的器皿最为常见，如章怀太子墓出土的三彩碗、杯、细颈瓶、砚台，赭釉碗、钵、豆、盘、熏炉、三足炉等，都是死者在冥冥世界中所使用的器皿。这部分制品也和前面的调塑品一样具有制作工艺精湛、时代特征明显的特点。其中的凤头壶、双龙尊、塔式罐、鸭形杯、龙首杯、象首杯、鸳鸯杯、双鱼壶等都是富于新意的创新造

1 《中国文物世界》第69期，第63页图。
2 《考古》1960年第3期。
3 《中国文物报》1995年12月10日。
4 《文物》1972年第7期。
5 《洛阳市志》第14卷，第355页。
6 《陕西省志·文物志》第338页。

型，体现着唐人富于创新的意识及博大精深的时代气息。

随着佛教的流行，唐三彩中出现了一种造型新颖的具有佛教文化特征的塔式罐，因其多极宝塔形的罐盖而得名。这种罐的形体硕大，全器由上、中、下三部分组合而成，上部是一个很像佛塔的高耸的圆锥形盖子，中部为浑圆饱满的罐身，罐的下部是一个高大的莲花底座承托着罐身，与上部高耸的塔形盖上下呼应，极为华美绚丽。1959年陕西西安中堡村唐墓出土了2件三彩塔式罐，形体高达69.5厘米，盖的顶部很高，一件如螺旋，一件如塔形。罐肩部贴塑有两两相对的象头及龙头各3个，白色的象头上套有蓝黄色的笼套，长长的鼻子外伸。蓝色的龙头上加少许赭黄色，额上生有白色的双角。高高的莲座上有相互交错的莲瓣3层，莲花瓣的颜色黄绿相间，宽大的喇叭形底部给高大的器身增添了一种稳定感，通体黄绿白三色相间，色彩艳丽，富丽堂皇[1]。章怀太子墓出土的彩绘塔式罐[2]，上小下大，束腰，白地，以紫红、朱红、黄、蓝色绘卷草纹一组。1972年铜川市黄堡耀州窑遗址出土的黑釉瓷塔形罐高51.5厘米[3]。河南巩义也曾出土过与此造型完全一样的塔式罐2个，只是器物的胎体属于只经过素烧尚未施彩挂釉的半成品。结合巩义曾发现过的三彩窑址估计当年曾有此类产品的烧造。彩绘象座塔式罐，以大象作底座，象与罐身之间有三层上下翻卷的莲瓣，造型新颖，构思巧妙，是唐代佛教文化影响的产物。

双龙尊也是唐代极为流行的器物，在一个盘口细颈圆腹的器物上安有2条对称的双龙，融实用与装饰于一体。它吸取了波斯人形双柄铜尊的造型式样并加以改造使之成为一种富于时代风格的新的形体。

整体塑造成动物形象或在把手处塑出动物形象的杯在唐代较为流行，1959年陕西西安南郊唐墓出土的象首三彩杯，在高6.9厘米的器物上用反卷的长筒形象鼻作成环形的把手，杯身塑出象的眼、耳，外饰浮雕花卉，象头上饰有象征绳索挽成的笼套，造型别致新颖，既美观又富于实用[4]。1982年陕西省博物馆征集的三彩牛首杯，造型为一横置的牛角状，杯口椭圆，柄塑造成曲颈回首的龙头形，形成巧妙而自然的环形把手，龙口中喷射水花[5]。1955年西安东郊韩森寨唐墓出土的三彩鸡鹏酒卮为一浮游的鸡鹏鸟的形象[6]。河南巩义出土的鸭衔梅花三彩杯，高8厘米，整体造型为一鸭回首，口衔梅花，除此之外还有虎首杯、鸟形杯以及贝形杯、舟形杯等。这些杯大小适中，高度在5—8厘米之间，既是富于装饰性的实用品，又是唐代雕塑艺术极为成功的作品。

三彩鹰首壶、凤首壶、兽首壶极为流行，1981年洛阳北郊邙山葛家岭唐墓出土的三彩兽首壶，高28厘米，小口长颈，斜肩，鼓腹，圆底，壶的顶部塑成兽首形状，一侧有一花状环柄，通体以翠绿釉色为主，兼施棕褐、白两色，造型仿波斯铜壶的器型制作而成[7]。1965年洛阳东郊塔湾

1　《考古》1960年第3期。

2　《文物》1972年第7期。

3　《陕西文物精华》第8页。

4　《陕西省博物馆》。

5　《陕西省志·文物志》第426页。

6　《陕西省志·文物志》第425页。

7　《洛阳市志》第14卷，第347页。

村唐墓出土的唐三彩鹰首壶[1]，高32厘米，小口细颈，口颈相交处塑成鹰头状，椭圆形的扁腹两侧分别印有骑马射箭及金鸡独立的图案，与西安三桥蔺家村所出完全一样[2]。大英博物馆藏品中的白瓷兽首杯，高8.5厘米、最大幅12.3厘米，杯身呈八面体，中间用串珠纹分割与装饰，具有萨珊王朝时期金属器皿的典型特征[3]。ストックホルム东アジア博物馆收藏的绿釉家鸭形杯，高8厘米、宽13厘米，同是唐代的创新器型[4]。现藏于陕西历史博物馆的唐三彩凤首壶，壶身修长，口部为一凤冠高耸的凤首，凤口张开，口衔宝珠，珠上有孔为壶流[5]。这些壶都具有扁圆形的壶体和宽而高的足部，形体源于西域的金属制品，是中外文化交流结出的硕果，也是唐人不断吸取外域文化精华为己所用的创新。

三彩凤首壶、印花盘、盖罐

洛阳白居易墓出土的三彩棋盘模型[6]，长4.8厘米、宽4厘米。住房、假山、仓库、厕所等建筑模型及碓、砚等也常见，是唐代墓葬中的重要组成部分。1985年陕西临潼县庆山寺遗址出土的唐三彩南瓜，高8厘米，瓜棱形状如橘瓣，放置于三彩盘内[7]。这些都是唐代丧葬文化的重要组成部分，从不同的角度反映出当时社会生活的丰富多彩。

四、唐三彩的产地

唐三彩的产地目前经过考古发掘的有两处，一处在河南巩义，一处在陕西铜川。1957年至今，考古工作者在河南巩义的大、小黄冶村发现了唐三彩的窑址，试掘结果表明，大、小黄冶村附近为巩义唐三彩的主要烧造地点，两村相距5华里，中间有黄冶河流过，窑址散布于黄冶河两岸的台地上。三彩的品种有黄、绿、蓝单彩及白地蓝彩、绞胎装饰等，器物造型有生活用器及玩具两大类，前者以碗、洗、罐、枕最为常见。

1 《洛阳市志》第14卷，第347页。
2 《长安古桥交流文物展》。
3 讲谈社：《东洋陶瓷大观》5大英博物馆，图六。
4 讲谈社：《东洋陶瓷大观》9ストックホルム东アジア博物馆，图27。
5 《陕西省志·文物志》第425页。
6 《遣唐使》，见《中国文化》第76页。
7 《陕西省志·文物志》第430页。

巩义窑窑炉与出土器物

巩义窑出土器物

陕西铜川黄堡窑发掘出土的占地636平方米由7座窑洞组成的三座三彩窑及出土的4226件（片）三彩制品，揭示出三彩生产规模之大、数量之多。黄堡窑址出土的数以千计的三彩制品，器型极为丰富，除日用品中的碗、钵、盏、盒、瓶、罐、壶、枕、炉、釜、注、盂样样俱全外，雕塑品中的马、驼、狮、虎、狗、猴、鸡、牛车、镇墓兽、骑马俑等也应有尽有。建筑模型中的瓦当、龙头、瓦等构件达数十种之多，可谓品种齐全。但唐代墓葬中所流行的大量具有代表性的三彩制品在两地窑址的产品中有些还未曾见到，这说明唐三彩的窑址还有待于我们今后进一步去发现。

耀州窑三彩作坊

总之，唐三彩体现的是唐代熔铸南北、糅合中外的创新精神，它那华丽的外表及富于情趣的釉面变化，在我国陶瓷生产及丧葬文化中占有独特的历史地位。

第七章

古代陶瓷窑址的三大类别

古代陶瓷窑址是古代人类生产活动的遗存，是古代陶瓷生产的载体。陶瓷考古中的古代陶瓷窑址发掘及其所出土的陶瓷器物，是中国考古学的重要组成部分，也是考古学研究的重要对象。中华人民共和国成立以来，我国考古学家在这一方面倾注了巨大的努力，取得了极其重要的研究成果，填补了古代陶瓷史研究中的诸多空白。

纵观我国陶瓷考古与研究的历程，大致经历了窑址调查与窑址发掘两个阶段。1959年耀州窑正式发掘之前，我国古代陶瓷研究主要停留在窑址调查阶段。1959年耀州窑进行发掘后，我国陶瓷考古逐渐步入一个以窑址发掘为标志的新的历史阶段。陶瓷考古从窑址调查到窑址发掘，为全面了解不同时期陶瓷手工业的生产提供了极为科学准确的地层依据与有价值的实物资料，为研究中国古代陶瓷手工业的历史奠定了坚实的基础，也为研究古代陶瓷窑址的性质以及封建社会对陶瓷手工业的管理制度提供了大量的实物依据。

陶瓷的烧造是在窑炉中进行的，瓷窑的出现是社会发展到一定历史阶段的产物。中国是瓷器的诞生地，瓷器烧造的历史有多久，瓷窑的历史就有多久。在漫长的古代陶瓷烧制过程中，随着社会生产力发展水平的不断提高，随着科学技术的不断发展，瓷窑经历了一个从无到有的发展过程。因此，古代窑炉与瓷器在某种程度上是科学技术与社会生产力发展的标志，同时也是研究我国历史与科学技术史不可缺少的重要组成部分。辛格在《技术史》第一卷前言中指出：“技术是历史的一个方面，特别是社会史的一个组成部分。”中国古代陶瓷从没有窑炉的裸烧发展到利用窑炉进行烧造，经历了一个漫长的发展过程，这个过程记载了中国古代陶瓷发展的历史，记录了古代手工业与科学技术发展进步的历程，也彰显着中华民族辉煌灿烂文化的悠久历史。

窑址冠以地名始见于六朝。1984年镇江市东晋晋陵罗城的调查和试掘中出土的标有“南郭门窑”“花山窑”窑名的六朝城砖，是我国砖瓦窑冠以地名所见较早的实物依据[1]。瓷器窑址冠以地名始于唐代。陆羽《茶经》中曾这样记载：“碗，越州上，鼎州次，婺州次，岳州次，寿州、洪州次……”这是古代文献所见关于瓷窑的记载。从此，人们在提到窑址时总是习惯在它前面冠以地名，并一直延用至今。

器以载道，瓷器是土与火的艺术，是科学与技术的结晶。但是，瓷器的发明不仅是一种物质材料的转化，也不仅只代表着一种科学技术和生产力，它承载的是一种文化价值观的选择，也是一种社会政治经济制度的折射。中国是世界最早发明瓷器的国家，也是绝无仅有的设置御窑的国家。为什么会设置专门生产瓷器的皇帝御窑？瓷器与文化间有何种关联？文化是一种社会现象，是由人类长期创造形成的产物，同时又是一种历史现象，是人类社会与历史的积淀物。陶瓷遗迹和遗物记录着文化认同和国家观念深化的历史脚步。笔者希望透过古代陶瓷窑址的不同类别，来重新认识和理解陶瓷与文化之间的关系。

一、古代陶瓷窑址的三大类别

陶瓷窑址的性质由它自身的生产性质所决定，不同的生产目的，不同的使用对象，决定了窑址

1 《考古》1986年第5期，第422页。

的不同类别。我国众多的古代陶瓷窑址，根据其生产性质、使用对象以及产品流通方式的不同，可以区分为民窑、官窑和御窑三大类别。

（一）民窑

1.民窑的定义

什么叫民窑？顾名思义，民窑即民间自行开办的瓷窑，由私人建立与经营，以商品性生产为目的，生产的产品作为商品进入流通市场进行出售，最终达到营利的目的。民窑的生产资料归个人所有，是古代私营手工业的组成部分之一。民窑的生产历史悠久，考古资料表明，春秋战国时期，随着生产力水平的提高、生产关系的变革，独立小手工业者已作为一个社会阶层而广泛出现，大量私营的制陶手工业作坊勃然兴起，这一点在考古发掘材料中比比皆是，如河北武安午汲赵城制陶作坊遗址出土的“文牛陶”“栗疾己”“孙□”“史□”“韩□”等铭文的陶器与陶片；齐国都城临淄出土的“□南里人奠”“豆里”和秦都咸阳出土的“咸亭阳安”“咸如邑顷”等铭文的陶器，就是当时陶窑作坊所在的地名及业主姓名的如实记载。其中咸阳的咸里是私营陶业作坊最为集中的地方，从战国晚期延续到西汉时期一直都在生产用于出售的日用陶器[1]，产品的使用对象为平民百姓。随着社会生产力水平的不断提高和瓷器使用的逐步普及，日用陶瓷的生产与销售数量与日俱增，为了适应市场对瓷器需求量不断增长的需求，至宋代，民窑如雨后春笋般遍及全国各地，并出现了一大批有代表性的著名的瓷器窑口，如河北磁州窑、定窑，陕西耀州窑，广东西村窑，广西的永福窑、容县窑、滕县窑，河南的临汝窑、登丰窑、鹤壁窑、当阳峪窑、钧窑，福建的建阳窑、迁林亭窑，浙江龙泉窑，山西介修窑、八义窑，湖北湖泗窑，等等，都是当时著名的民间窑口。它们大量生产社会所需要的商品瓷器，源源不断地供应广大百姓日常生活用瓷，同时还参与国外的市场竞争，为国家创造了大量的财税收入。

2.民窑的特点

民窑是民间自行建立、自行管理与经营以营利为生产目的的窑口，生产性质属于商品性生产，产品作为商品进入流通市场，国家按规定对其收取相应的税收。民窑在我国古代陶瓷窑址中占有重要的历史地位，它具有出现时间早，窑口数量多，分布范围广，延续时间长，生产数量大，销售区域广，与人民生活密切相关的特点。

民窑主要以生产民用瓷器为主，生产性质属于商品性生产，使用对象主要为广大的普通百姓，产品远销国内外市场。唐宋以后，有些民窑在从事商品性生产的同时也担负着贡瓷的烧造，这种烧造主要采用供奉与派造两种形式进行，这一点在古代文献中留有大量的资料记载，而且不断被考古发掘材料所证实。

3.具有代表性的民窑遗址

在中国古代窑址中，很多民窑跨越几个时代进行烧造，具有悠久的生产历史，如磁州窑、耀州窑、龙泉窑等延续生产数百年之久，在商品用瓷的生产中占有举足轻重的历史地位。

1　《考古》1974年第1期。

（1）磁州窑

磁州窑是宋代北方著名民窑之一。窑址位于邯郸市磁县磁州观台镇和彭城镇一带，因为这里古代属磁州，所以称为磁州窑。

磁州窑，从古老的磁山文化走来，至今已有7000余年的制陶历史。宋代，磁州窑的制瓷工艺达到了高峰，一跃成为我国宋代北方具有独特地方风格的代表而久负盛名。历史上有“十里彭城，日进斗金”和“南有景德，北有彭城”之美赞。自宋以后，历经元、明、清至今仍然窑火不断。清人许之衡的《饮流斋说瓷》说窑第二中记载：“磁窑，出磁州，宋时所建。器有白釉，有黑釉，有白釉黑花不等，大率仿定居多，但无泪痕，亦有划花凸花者，白釉者俨同牛乳色，黑釉中多有铁绣花，黑花之色与贴残之膏药无异。”中华人民共和国成立后，磁州窑遗址中的观台窑经过三次考古发掘。1987年发掘总面积480平方米，出土9座瓷窑和作坊等重要遗迹，出土瓷片数十万，各种完整或可复原的瓷器9870多件。数量与生产规模可见一斑。

磁州窑瓷器品种多样，不仅烧造白瓷、黑瓷、黄瓷、绿瓷、三彩，在白瓷基础上烧出的白釉黑花更是独树一帜，典雅朴实、苍劲雄厚，成为磁州窑的代表作品。磁州窑瓷器的装饰独具一格，装饰手法极为丰富，线条流利、自由奔放，表现出民间艺术所共有的豪放朴实的风格。装饰题材以民间喜闻乐见的花草鱼虫、飞禽走兽、枝叶并茂的折枝花卉、流畅自如的卷草以及人物故事、民间传说等，创造性地把人物、鸟兽、山水等景致绘在瓷器上，活泼生动，极富生活气息，具有极强的感染力。磁州窑是中国传统制瓷工艺的珍品，磁州窑的匠师吸收了传统的水墨画和书法艺术的技法，创造了具有水墨画风的白地黑绘装饰艺术，开启了中国瓷器彩绘装饰的先河，这些具有鲜明民族风格和地方特色的产品畅销世界。

磁州窑以生产白釉黑彩瓷器著称于世，黑白对比，图案醒目，强烈鲜明，刻、划、剔、填彩兼用，并且创造性地将中国绘画的技法，以图案的构成形式，巧妙而生动地绘制在瓷器上，开创了我国瓷器绘画装饰的新天地，一改宋代以前我国瓷器南青北白的单色装饰方式，开创白地黑花釉下彩绘陶瓷制品的装饰先河，同时也为宋以后景德镇青花及彩绘瓷器的大发展奠定了基础。

宋代磁州窑的瓷器简易质朴，纹饰为民间喜闻乐见，生产民间日常用瓷的同时，还生产文具、玩具、娱乐用品及各种瓷塑等。造型十分丰富，各式盘、碗、碟、盏、盏托、渣斗、玉壶春瓶、梅瓶、花口瓶、卷口瓶、瓜棱瓶、多管瓶、壶、罐、钵、洗、盆、缸、水盂、笔洗、砚滴、镇纸、炉、香熏、唾盂、灯、盖盒，仿古铜器式样的樽、奁等，都是非常流行的造型，其中尤以变化多样的瓷枕最具代表性。瓷枕在磁州窑器物中具有造型多样，装饰题材丰富，装饰技法繁多的艺术特色。瓷枕的形体有椭圆形、八角形、如意形、长方形、元宝形等，多采用白地黑花、珍珠地划花、篦划花、白剔花、黑剔花、模印花等装饰技法制作而成。装饰题材多为山水人物、花鸟草虫、珍禽异兽、诗词曲赋，富有浓郁民俗生活情趣。

婴戏题材的作品在磁州窑器物中普遍流行，骑马、钓鱼、赶鸭、打陀螺、蹴球、放炮竹等都是常见的画面。民窑艺人运用娴熟的绘画技巧，寥寥数笔，把儿童天真烂漫的童趣表现得栩栩如生，活灵活现。简练的画面，生动的场景，流畅的线条，彰显着民窑瓷器的勃勃生机。宋磁州窑白地黑花婴戏纹枕，在高29.9厘米，宽22.5厘米的腰圆形面上，绘画两个玩耍的儿童，其中一个头上有一只小鸟，另一个作惊吓状，欲上前轰赶，神态逼真，却生动传神。虽寥寥数笔，却把儿童纯真可爱的天性表现得淋漓尽致。

诗文装饰是磁州窑的又一个显著特点。磁州窑器物当中，以诗文做器物的装饰普遍流行，“满庭芳”“朝天子”“普天乐”“阮郎归”等都是当时文人笔下所流行的词牌子。与此同时，“天下太平”“国家永安”“镇宅大吉”“利市大吉”“天地大吉”“长命枕”“牛羊千口”等，民间广为流行的吉语也是磁州窑枕头上频繁出现的题材，反映着人们期盼和平安定的心愿。还有一些民间谚语以及接人待物方面的如“天地大吉一日无事深谢”“贫居闹市无相识，富住深山有远亲”“风吹前院竹，雨折后院花”“清风细雨，黄花绿叶”“道德清净”“众中少语，无事早归”“有客问浮世，无言指落花”。具有广告宣传内容的如“风花雪月”“甜香味美最为善”“清吉美酒，醉乡酒海”“红花满院”“孤馆雨留人”等。繁多的题句全部采用民间白话语言，题写在枕头上面，既有浓郁的生活气息，又有吉祥喜庆之意，故深受百姓的喜爱。

磁州窑表现题材多样，花鸟鱼虫、诗歌词赋、童叟景物等源于生活，无所不绘的题材，烧造出了风格古朴，深受人们喜欢的瓷器，如实地展现了宋元时期的市井民风，可谓是一部生动的历史画卷，为我们研究当时的社会制度与政治经济文化提供了丰富的实物资料。

部分磁州窑瓷枕底部刻有制瓷作坊的标记，如“张家造”“赵家造”“王家造”“刘家造”“申家造”“张大家枕”“李家枕”“滏阳陈家造”等。其中以“张家造”应用得最为普遍。这些款识，为我们研究古代私营陶瓷手工业的生产与经营提供了丰富的资料。相对于私家款识，磁州窑题写纪年款的较少，甘肃省博物馆收藏的白地黑花长方虎纹枕，枕面一侧题“明道元年巧月造，青山道人醉笔于沙阳”。另一件是英国收藏的“家国永安”四字，上面写有“熙宁四年”。

元代磁州窑继续发展，近年来考古发现和出土的数以万计的元代瓷器与瓷片，折射着元代民用瓷器数量的庞大以及商品经济的发展，说明元代磁州窑瓷器生产仍旧保持着相当大的产量。

到了明代，随着宫廷用瓷派造数量的增加，也为了完成自上而下的派造任务，官府在彭城设置了官窑，并同时在磁州南关建立了“官坛厂”，作为存放官家酒坛的仓库，以备随时解运进京。《磁州志》记载，“彭城滏源里居民善陶缸之属，舟车络绎，售于他郡”。明代张应登的《游滏水鼓山记》碑曾记载：“岁输御用者若干器，不其甲天下哉？”《大明会典》：“在彭城镇设官窑四十余所，岁造瓷坛，堆积官坛厂，舟运入京，纳于光禄寺。明弘治十一年，进贡于皇家之瓶、坛达一万一千九百三十六筒。”成书于嘉靖元年由著名学者崔铣编纂的《彰德府志》记载，“彭城厂在滏源里官窑四十余所，岁造瓷坛纳于光禄寺”。光禄寺是明代掌管皇家吃喝的机构，磁州四十余所的官窑外加钧州、真定府的产品，每年要给光禄寺烧造几万件的坛坛罐罐，用以应付宫廷用瓷庞大的需要，由此不难窥见宫廷用瓷数量的巨大。《大明会典》里的记载更为详细：“凡河南、及真定府烧造，宣德间题准，光禄寺每年缸坛瓶，共该五万一千八百五十只个。分派河南布政司钧磁二州，酒缸二百三十三只，十瓶坛八千五百二十六个，七瓶坛一万一千六百个，五瓶坛一万一千六百六十个，酒瓶二千六十六个。真定府曲阳县，酒缸一百一十七只，十瓶坛四千二百七十四个，七瓶坛六千一百个，五瓶坛六千二百四十个，酒瓶一千三十四个。每年烧造解寺应用。”可见宫廷用瓷的来源与烧造任务的庞大与繁重。

磁州窑瓷器以质朴的造型，充满生活气息的装饰，低廉的价格，丰富的品种以及鲜明的民族风格和地方特色，赢得了市场的认可，博得了百姓的喜爱，久负盛名的器物成为千家万户餐桌上须臾不可缺少的餐饮用具，生产规模与数量巨大的磁州窑，日用瓷覆盖着民间市场，成为经久不衰的民族品牌。磁州窑是我国古代著名的民间瓷窑，也是古代民间窑场的杰出代表。悠久的烧造历史，巨大的产品数量，广泛的销售范围，众多的使用民众，在社会经济生活中占有重要的位置。磁州窑是中国陶瓷史上的一朵奇葩，为我国陶瓷手工业的历史写下了光辉的篇章。

（2）长沙窑

长沙窑又名铜官窑，是唐代南方著名的青瓷窑场之一。窑址位于湖南长沙铜官镇一带，故名。窑址包括铜官镇和石渚湖两个窑区，遗址面积30万平方米，《长沙铜官窑记》云：“潭州北去五十里，有石渚湖，楷圣欧阳询之故里也。环湖而绕，长沙铜官窑之故址。长沙铜官窑，简称长沙窑，又有称铜官窑、瓦渣坪窑者，唐石渚窑也。”《水经注》载：“铜官山，亦名云母山，土性宜陶，有陶家千余户，沿河而居……”长沙窑烧造瓷器始于初唐，盛于中晚唐，衰落于五代末年，烧造时间长达300多年。

长沙窑瓷器造型别开生面，器型多样，色彩鲜艳，纹饰丰富。器形以日用瓷器为主，碗的生产数量极大，其次是执壶，此外还有盘、碟、碗、杯、洗、盆、瓶、罐、壶、枕、盒、文房用具、人物、动物、玩具、灯、熏炉等，式样繁杂，类别丰富。

碗，是长沙窑生产数量最多的产品之一，也是考古发掘中出土最多的器物。“黑石”号沉船出水的57500件长沙窑瓷器中瓷碗的数量有55000余件，占全部长沙窑瓷器的96%，其生产数量之大，可见一斑。碗有釉下彩绘与单色釉两种，敞口，唇沿，弧腹，圈足，是这些碗的共同形体特征。釉下彩绘碗器内口沿普遍有四个对称的褐色斑块，内壁绘有褐绿相间的釉下彩花纹，或单用褐色彩料书写汉字诗文、题记，外部施釉不到底。除了口径大小不一略有不同以及少量花口之外，基本没有太大的区别。为了扩大产品的销路，聪明的长沙窑工匠投其所好，在碗上绘画了目的地国所喜欢的图案，大量外销到东南亚与西亚地区。如销往印度的器物多绘有佛教象征的莲花图案，而销往西亚国家的则以当地常见的椰枣纹、草叶纹以及阿拉伯文字等进行装饰，很受当地人民的喜爱。

除了碗，长沙窑生产最多的就是执壶。执壶是长沙窑产品中最常见的一种造型，宽口、短颈、腹有瓜棱形和长圆形两种，随着早晚期的不同，底有平底、璧底、圈足之分。早期产品平底，璧底的略厚，晚期出现圈足。短流有六面和八面不等，这种短流壶的造型，在唐代广为流行，无论是南方的越窑、寿州窑还是北方的邢窑、巩义窑、定窑等同时代的产品中都普遍生产，具有典型的的时代特征。流的对称部位一扁状形把手。不同的是长沙窑壶流的下方往往贴塑有各种花纹，执壶造型古拙稳重，美观实用。按釉色分，有单色釉与釉下彩绘两种。单色釉中黄、绿、酱色都是常见的颜色。这些执壶大多使用了模印贴花的工艺，椰枣树、胡旋舞、狮子等是使用最多的图案。椰枣树是伊斯兰国家比较常见的树木，果实可以食用。这些花纹的瓷器主要用于销往西亚地区。作为民窑的长沙窑，其生产目的就是为了适应人们社会生活的需要，从而赚取更大的经济利润，所以，凡是生活中所需要的一切，诸如饮食器具、饮茶饮酒用品、照明器具、文房用具、玩具等，几乎都可以在长沙窑的瓷器中找到。

双鱼榼，造型独特，由两条鲤鱼相对模制而成。鱼嘴为壶口，形象逼真。榼的两侧有直穿式纽，可以系绳，是一种携带方便的酒壶。

作为酒器的榼，出现比较早，《左传》有“使行人执榼承饮”的记载。郑綮《开天传信记》云：“唐代道士叶法善，居玄真观。有朝客十余人来访，解带淹留，满座思酒……密以小剑击之，随手坠于阶下，化为瓶榼，美酒盈瓶。”榼在唐代非常流行，长沙窑之外，在唐三彩、越窑、邢窑等产品中都可以见到。唐代著名诗人白居易在《家园三绝》诗中云：“何如家酝双鱼榼，雪夜花时长在前。”长沙窑榼多施单色釉，如酱釉、绿釉、蓝釉等。除此之外，长沙窑的雕塑作品也非常丰富，有人物中的儿童、贵妇、仕女、骑狮、骑马人等。动物中的各种鸡、鹅、鸭、猪、绵羊、小鸟等流行。手法简练，虽精细不足，却生动可爱。长沙窑瓷器造型独特，釉色丰富多彩。长沙窑烧制工艺较为单一，为了降低成本，盘碗碟类产品采用叠烧，器心与器底均无釉露胎，显得比较粗糙。作为以营利为目而生产的民窑，市场需求就是他们生产的动力，必须不断地降低产品成本，确保用来赚取最大的经济利益，这也是民窑的生产性质与生产目的所决定的。

釉下彩工艺的成熟与普及首推长沙窑，它打破唐代南青北白的一统天下，另辟蹊径，开创了中国彩瓷的时代。长沙窑釉下彩绘瓷器的烧造，为陶瓷手工业拓展了一条全新的发展之路。周世荣先生在《长沙窑彩瓷》中说：“长沙窑瓷器不以胎质取胜，也不以追求如霜似雪的釉质取胜，而是以彩色灿烂，繁花似锦的釉下彩绘装饰取胜。”古代长沙窑的工匠们挥洒多彩的画笔，在制品上描绘着最新最美的花纹，多彩多姿的图案，标新立异的装饰，浓郁的乡土气息，繁花似锦的画面，虽跨越千年，依旧闪耀着陶瓷文化的灿烂光辉，堪称大唐文化一枝独秀的绚丽奇葩。尽管我国釉下彩绘最早见于三国时期，但是普遍应用与大量烧造釉下彩瓷器，并作为商品行销到世界各地，长沙窑当仁不让。

在釉下彩瓷器大放异彩的同时，长沙窑又成功地烧制出了铜红釉，在高温颜色釉瓷器烧造史上独领风骚。那纯正亮眼的釉色，那特有的时代风格，时隔千年，至今仍传承不衰。“铜官镇十里陶城，房屋琉璃瓦盖，烟囱高低错落，生产机器日夜轰鸣，陶瓷产品五颜六色，在漫长的岁月中形成了独特的陶都风情”。

长沙窑瓷器装饰手法多样，丰富的装饰题材与手法，把瓷器艺术推到了一个新的历史高度，在我国乃至世界陶瓷发展史上都具有划时代的意义。装饰题材标新立异，尤其是釉下彩装饰中的花鸟鱼虫、飞禽走兽，植物，景物，诗文警句，一笔一画一花一草，都是当地喜闻乐见的，窑工随手拈来，变为瓷器上的装饰，生动有趣，栩栩如生。长沙窑釉下彩绘装饰具有鲜明的独创性，以四组彩色大圆斑作装饰的器物，以小斑点组成花纹，用点彩成四方形、六方形、菱形、圆形等图案，还把绘画、剪纸，雕塑工艺运用于陶瓷装饰中等，都以一种创新的技法给人一种全新的视觉感受。至于壶罐腹部所采用的贴花人物、鸟兽、具有浓郁的异域风情的金色卷发女郎、异国情侣以及椰枣、对鸟、胡旋舞等极富伊斯兰装饰风格的瓷器，这些产品漂洋过海远销到万里之外，为长沙窑产品开辟了一片广阔的销售天地。

模印贴花是长沙窑瓷器装饰技法的典型代表，形成了特有的时代风格。模印需要事先制好刻有花纹的模子，再把薄泥片上压印出花纹，贴在器物的坯胎上面，然后再施釉而成。模印贴花的花纹以椰枣纹、人物等比较常见。这些图案构图简洁，线条清晰，具有浅浮雕般的立体装饰效果。

长沙窑大量采用文字作装饰，将彩瓷工艺与诗文结合于一体，形成独特的艺术风格，是陶瓷装饰的一大创举。考古人员在长沙窑遗址的发掘中，发现大量题有唐诗的瓷壶，反映经商、边塞征战、离别相思、民间谚语、警句吉言等，字里行间透着浓郁的风土人情与文化内涵，为我们研究唐代社会的生产生活、民俗民风提供了丰硕的实物，也为研究唐代文学在民间的普及提供了依据。

长沙窑出土写有器物名称的器物不在少数，如器心书写“椂子”的碟子，为我们考证瓷器的名称提供了难能可贵的依据。还有“湖南道草市石渚盂子有明樊家记”，告诉我们的是唐代的瓷碗曾经被称为“盂子”。

唐长沙窑瓷器中带有的纪年铭文，为我们准确地判断年代提供了确凿的依据，如“黑石”号沉船出水的“宝历二年七月十六日”瓷碗、窑址发掘出土的“咸通十年”窑具，“大和五年”“大中十年”褐彩花草纹鼓架。“会昌六年”陶范，背部一行刻有“会昌六年”，另一行刻有“赵家”，很明显，这块印模应是唐武宗“会昌六年”由一个姓赵的工匠制作而成。再如青釉褐彩“元和十六载”诗文壶，上写着“後岁迎乃岁，新天接旧天。元和十六载，长庆一千年”。众所周知，元和只有十五年，十六载即长庆第一年，作者不提“长庆”“元年”，却说长庆一千年，说明当时的信息传递还不是很畅通。总之，这些纪年铭文为我们判断窑址的年代以及器物的分期提供了非常科学准确的依据，是不可多得的宝贵资料。

大量具有广告宣传内容的文字充斥在长沙窑的产品之中。例如，长沙窑青釉褐斑“张”字壶、“陈家茶店”、“陈家美酒”、“卞家小口天下第一”、“郑家小口天下有名”、“言满天下无口过”，“黑石”号沉船“湖南道草市石渚盂子有明樊家记”瓷碗等涉及商业广告性质的铭文，标明了“卞家”“郑家”“陈家”“张家”等，分别是当地的私营业主，而写着不同姓氏的瓷器，显然是各家业主的标记，反映了唐代陶瓷生产经营者的宣传意识。而标明了商品价格的“油瓶五文”“张家茶坊三文一瓶”，是我们研究唐代社会经济以及物价难得的宝贵资料，其意义已远远超出了陶瓷自身的价值。

时隔千年的长沙窑当年是如何繁盛，唐代诗人的笔下为我们记下了历史的永恒。唐大历四年春，诗人杜甫在《铜官渚守风》中记载：“不夜楚帆落，避风湘渚间。水耕先浸草，春火更烧山。早泊云物晦，逆行波浪悭。飞来双白鹤，过去杳难攀。”杜甫看到的犹如放火烧山般的火海，就是铜官窑烧窑所致，可见长沙窑生产规模之大，窑炉之多。另一位唐代诗人李群玉在《石渚》诗中也对当时长沙窑瓷器的生产情况做了真实而生动的描述：“古岸陶为器，高林一尽焚。焰红湘浦口，烟浊洞庭云。回野煤飞乱，遥空爆响闻。地形穿凿势，恐到祝融坟。”唐诗中的“石渚窑”指的就是现在的“长沙窑”。两位诗人笔下的“春火更烧山”，“焰红湘浦口，烟浊洞庭云。回野煤飞乱，遥空爆响闻”诗句，再现着长沙窑无比壮观的烧瓷场景。

瓷器外销的海上陶瓷之路，是古代中国与世界各地进行经济文化交流的海上通道。随着造船业的发展、航海技术的提高和海上新航线的开辟，唐代瓷器远销东南亚、西亚、北非、东非等20多个国家与地区。1998年印尼渔民在勿里洞岛西海域发现了一艘沉没的古阿拉伯商船“黑石”号。沉船上的唐代瓷器、金银器、铜镜等各类文物约7万件，其中来自长沙窑、越窑、邢窑、巩义窑、广东水车窑、官冲窑等窑的陶瓷67000余件。其中长沙窑的瓷器约有57500件，约占陶瓷总数的86%。这些长沙窑瓷器中有55000余件碗，还有壶、罐、瓶、熏炉、唾盂、盏托、杯、碟、盒、灯、烛台、水盂、哨、枕、擂钵、瓷塑等2500余件。另有邢窑白瓷300多件、越窑青瓷200余件、白釉绿彩瓷器200多件，更有业界瞩目的三件唐代青花瓷盘。“黑石”号的打捞被考古学家称为20世纪末最重要、年代最久远的深海考古发现之一。2009年，美国《国家地理》杂志第6期给出了这样的描述：“中国2000多年前首次对世界展开贸易以后，就像蚌壳一样，时开时合。在唐代，蚌壳大开，且维持了数个世纪之久。一连串的发明让中国走上了世界经济强国之路。”这艘千年沉船“黑石”号的打捞出水，揭开了唐代海上陶瓷之路经商的历史。“黑石”号是9世纪20年代海上丝绸之路的一个缩影。“这是一次千年前‘中国制造’的集中展示，出自湖南长沙的瓷器更是其经典。”“黑石”号向人们讲述着古陶瓷之路上中国与世界各国贸易交往的悠久历史。

这些数以万计琳琅满目的长沙窑陶瓷，以其绚丽的色彩、精美的图案、各异的器型，在陶瓷手工业的历史长河中闪烁着夺目的光彩。那“人归万里外，意在一杯中。只虑前途远，开帆待好风”的诗文夹杂着海浪声声，彰显着长沙窑瓷器扬帆远航，在帆海留踪的丝绸之路上乘风破浪，去开启彪炳史册的海上陶瓷之路。唐代长沙窑瓷器是跨越中世纪东西方文化交流的桥梁，沉船中数以万计的瓷器，瓷器上的大量诗文，扬帆起航通向大海的陶瓷之路……为我们记录着中国制造走向世界所开辟的广阔天地。

千百年前的长沙窑瓷器以其独特的风格，在“南青北白”的唐代，开辟了自己的崭新的领地，熊熊燃烧的窑火无声传递着中华古老文化的生生不息，薪火相传，对后代陶瓷手工业产生了深远影响。

（3）邛崃窑

邛崃窑是隋唐时期四川的一处重要窑场，也是西南地区烧造民用瓷器的著名窑口，窑址分布于邛崃县的固驿镇和什方堂两地。邛崃窑烧造历史悠久，从南朝至宋朝，前后共经历了800多年，是西南地区连续烧造时间最长、规模最大、产品最丰富的民间瓷窑。在我国陶瓷史上占有重要的位置。邛窑烧造时间长、遗址面积大、出土文物多、销售范围广。2006年，国务院将四川邛崃的十方堂窑址、瓦窑山窑址和大渔村窑址，以“邛窑遗址”的名称公布为第六批国家重点文物保护单位。

十方堂窑址是邛崃窑主要窑场之一，现存14个窑包，面积逾25000平方米，为国家100处大遗址之一。1983年四川省考古队在十方堂邛窑遗址发掘了14座窑包中的2座，出土各种完残器物10000余件。出土器物不仅数量大、种类多，而且从产品到窑炉、窑具一应俱全，对于研究邛崃窑的生产、烧造历史具有重要的学术价值。

邛窑是彩绘瓷的故乡，在中国陶瓷以“南青北白”而一统的隋唐时期，邛窑以色彩丰富而闻名于世。其烧造的邛三彩与北方唐三彩、湖南长沙窑彩瓷共同构成了唐代瓷器的绚丽恢宏。邛崃窑器物胎体较厚，胎色甚多，有灰色、土黄色、酱黄色、黄中带褐等，以紫红色为主。胎与釉之间施有白色化妆土，器物内部施全釉，外部施釉不到底。釉层较厚，多有开片。米黄釉色者居多，绿色次之，还有蓝色、茶褐色、酱色等。邛窑瓷器早期品种较为单一，唐代开始大量生产釉下彩瓷器。青釉褐绿斑与釉下彩绘品种较多，装饰纹样简单。宋代则以乳浊釉瓷器的生产为主。邛崃窑产品大多胎粗体厚，具有淳朴粗犷的地方特色。瓷器造型丰富，瓶、壶、盘、碗、洗等是最常见的日用瓷器，除此之外还包括生活用具、文具、工具、玩具、建筑材料、人物瓷塑、动物瓷塑等，一应俱全，都是老百姓日常生产生活不可缺少的制品。五代至两宋，创烧了有名的“省油灯”，拓宽了瓷业生产与销售范围。

（4）定窑

定窑是北方重要的白瓷产地之一，窑址位于河北省曲阳涧磁村及西燕山村一带，窑址分布范围大，瓷器烧造时间长，生产种类丰富，产品遍及国内外。为了适应商品市场的需要，当时专门有从事贸易的瓷器商人及贩瓷客往来于此。《曲阳县志》天成元年重修五子山院碑中曾这样记载：“愚尝设此山乃境中绝胜之所也，然有记事之碑，经其风雪，字体亏残，愚虽不达，恻然悯之，于是请匠重镌之，庶后观者得以，时宋宣和二年庚子八月十五日，中山府贩瓷器客赵仙重修记。”这是唯一留有瓷器商人真名实姓的记载，结合河北、山东、北京、江苏、内蒙古、安徽、江西、湖北、黑龙江等地遗址与墓葬出土的定窑产品不难看出它的销售范围之广及销售数量之大。

定窑在烧造民用瓷器的同时也兼烧贡瓷，《吴越备史》中有“太平兴国五年，王进朝谢于崇德殿，复上金装定器两千件”的记载[1]。宋邵伯温《闻见录·定州红瓷》条云：“仁宗一日幸张贵妃阁，见定州红瓷……”。1984年河南省巩义市的考古工作者在宋太宗元德李后陵发掘出土了能复原的定窑白瓷37件，胎薄质坚，釉色莹润，制作精巧，这些应是定窑当时向宫廷所进贡的优质瓷器。元德李后，宋太宗赵光义之妻，宋真宗赵恒之母，死于太平兴国二年（997），初葬于普安院，咸平三年（1000）迁葬于宋太宗永熙陵的西北。陵墓中出土的白瓷表明，最迟在太平兴国年间定窑已向宫廷进贡瓷器。这些瓷器的出土使我们有幸目睹了当时进贡定窑瓷器的真实情况。

（5）越窑

越窑是我国南方著名的青瓷窑口，有着悠久的烧造历史，素有“秘色瓷”之称，从唐代开始就不断地向宫廷进贡瓷器。唐末五代诗人徐寅在《贡余姚秘色茶盏》诗中云：“护翠融青瑞色新，陶成先得贡吾君”[2]，明确记载了越窑贡瓷一事。1987年陕西扶风法门寺地宫出土的14件越窑青瓷，质地精良，造型规整，釉色纯正，使我们目睹了越窑贡瓷的真实面貌。这14件越窑青瓷是被唐懿宗作为供养品转送到法门寺供奉佛骨真身舍利随葬所用。法门寺地宫关闭的时间是咸通十五年（874

1　卷6，万历27年刻本。

2　《全唐诗》卷10。

年），因此，这14件越窑青瓷的供奉时间最晚不超过874年。五代时期，越窑瓷器的供奉数量远远超过了唐代。《吴越备史》卷4载："王自国初供奉之数，无复文案，今不得而书，维太祖、太宗两朝入贡记之颇备，谓之贡奉录。今取其大者，如……金银饰陶器一十四万余事。"宋代，越窑仍继续为皇室烧造大量优质青瓷，《宋会要·食货志》41载："开宝元年二月十二日……又进金棱秘色瓷器500事"，"开宝二年秋八月……是时王贡秘色瓷器于宋"，太平兴国"二年……叔进金扣越器200事"，可见供奉数量之大。1986年河南省巩义市宋太宗元德李后陵出土的3件越窑青瓷，纹饰细腻，技艺娴熟，其中的龙纹盘口径35.8厘米，青瓷套盒一套4件，制作亦相当精制[1]，这些瓷器应是当时宫廷的实用品。

越窑在烧造贡瓷的同时大量烧造用于出售的商品瓷器，从唐至宋从未间断。1974年浙江宁波唐代沉船附近发现的几百件越窑青瓷器，显然是准备作为商品运送到海外的。国内墓葬及国外的日本、巴基斯坦、埃及、印度、印度尼西亚、伊拉克等国出土的大量越窑青瓷说明，越窑瓷器已成为重要的商品在国内外市场占有越来越重要的位置。2015年，浙江省文物考古研究所等单位对浙江慈溪上林湖中心区域的后司岙窑址进行了考古发掘，出土了丰富的晚唐五代时期越窑瓷器精品，其中一部分器物与法门寺出土的秘色瓷相同。同时，普通越窑瓷器的同步出土，使我们对越窑瓷器生产有了更加全面的认识。

（6）邢窑

邢窑窑址位于今邢台市所辖的内丘和临城祁村一带，是一处隋至五代时期的瓷窑遗址，在中国的陶瓷史中占有重要地位。邢窑以烧制白瓷而闻名。邢窑遗址发现于1980年，分布在南北长30公里、东西宽10公里的范围内，总面积约300万平方米。其中以内丘城关一代的瓷窑遗迹最为集中，烧制的白瓷质量也最为精致。

邢窑所烧白瓷，胎质细洁，色纯白而极坚硬。釉面素雅，皎洁如玉。隋代烧制出的透影白瓷，其胎质坚细、光润晶莹、气孔率低，透影性强，与现代高级细白瓷的胎质釉色相比绝无逊色，技术水平登峰造极，具有很高的科学研究价值和文化价值。

邢窑瓷器造型多种多样，盘、碗、杯瓶、罐、三足釜、枕、皮囊壶、砵、玩具、砚台、雕塑等最为常见。碗多唇口，早期平底，晚期出现圈足。邢窑除了生产白瓷外，还生产与制作青瓷、黄釉、三彩、白地黑花等器物。

作为北方著名的白瓷窑口，邢窑曾经向唐代朝廷供奉瓷器。《新唐书》第四册志二十九地理三记载："邢州巨鹿郡，上。本襄国郡，天宝元年更名。土贡：丝布、磁器、刀、文石。户……"《大唐六典》卷三：河北道贡"邢州瓷器"，邢窑发掘出土的精细白瓷确已达到了相当高的水平。唐代大明宫遗址发掘出土的邢窑白瓷证实了文献记载的准确性。李肇《唐国史补》："内丘白瓷瓯，端溪紫石砚，天下无贵贱通用之。"文献表明，邢窑白瓷在唐代已经得以普遍使用，成了人们生活中不可缺少的用品。

1　《华夏考古》1996年第3期。

（7）龙泉窑

龙泉窑窑址位于浙江省龙泉县，宋人庄绰《鸡肋编》载："处州龙泉县……又出青瓷器，谓之秘色，钱氏所贡，盖取于此"[1]，表明龙泉窑历史上也曾贡瓷。

综观以上所述不难看出，唐宋以来宫廷用瓷的来源与烧造全部在民窑中进行，明代以后，随着景德镇御窑场的建立，宫廷用瓷有了专门的瓷场进行生产，结束了长期以来宫廷用瓷依赖于民窑的历史。不是所有的民窑都可以从事宫廷用瓷的烧造，民窑必须具备两个条件才能从事贡瓷的生产：首先要具备较强的生产实力和较高的生产水平，其次还要被宫廷选中，二者缺一不可，只有同时具备两个条件的民窑，才能担负起贡瓷的生产任务，否则的话就不会被选中，即使选中了也还会被淘汰出局。如北宋时期曾一度被宫廷看中的定窑，后来便因为产品的芒口问题而被淘汰，宋人叶寘在《坦斋笔衡》中所说"本朝因定州白瓷有芒不堪用，随命汝州造青瓷器"，记载的就是这一历史事实。

综上所述，民窑在社会生产生活中的作用举足轻重、无可替代。清李渔《闲情偶寄·器玩部》开篇首句就写道："人无贵贱，家无贫富，饮食器皿皆所必需。"俗话讲"民以食为天"，人类从最初的"茹毛饮血"到学会用火加工食物，无论怎样生活，无论富贵还是贫穷，饮食器具都是生活的必需品。清代袁枚的《随园食单·器具须知》："古语云：美食不如美器，斯语是也。然宣、成、嘉、万窑器太贵，颇愁损伤，不如竟用御窑，已觉雅丽。惟是宜碗者碗，宜盘者盘，宜大者大，宜小者小，参错其间，方觉生色。若板板于十碗八盘之说，便嫌笨俗。大抵物贵者器宜大，物贱者器宜小。煎炒宜盘，汤羹宜碗，煎炒宜铁锅，煨煮宜砂罐。""干锅蒸肉，用小磁钵，将肉切方块，加甜酒、秋油，装大钵内封口，放锅内，下用文火干蒸之。以两枝香为度，不用水。秋油与酒之多寡，相肉而行，以盖满肉面为度。盖碗装肉，放手炉上，法与前同。磁坛装肉，放砻糠中慢煨。法与前同，总须封口。"饮食器在日用器物中品类最多，数量最大。皇室贵族以及统治阶级对餐饮、陈设器具的爱好，造就了古代陶瓷造型的不断推陈出新。许多民窑在进行商品性生产的同时为皇家制作贡瓷，不断地满足着民间与宫廷日常生活的需求。除此之外，有的民窑还承担着国家生产之需，如清梅曾亮《栗恭勤公传》云："河势变迁不常，冲非所防，遂成决口。辄则沿河民窑终岁烧造，随地取用，不误事机。"在漫长的中国古代陶瓷发展史中，无论在生活与生产领域，民窑始终占据着主导地位。

（二）官窑

1.官窑的定义

什么是官窑？官窑就是官办官烧的窑口，属于官营手工业之一。官营手工业由政府直接经营，官方投资，资金雄厚。原料由官方提供，制作加工官方所需要的产品，可比之于现在的国企。其员工由国家发放工资养活，他们创造的价值由官方支配。官营手工业的生产目的是为了增加政府的收入。它可以凭借国家权力，征调优秀工匠，控制最好的原料，技术和经营规模上占绝对优势。

1　《鸡肋编》第5页（中华书局，1997年。）

官府手工业出现的时间很早。据有文献可查的历史表明，早在商代，负责制造陶制瓦的土工即居于六工之首，西周时期，手工业由官府统一管理，按行业设立陶正、车正等工官，对手工业进行管理。西周官营手工业的手工业者和商贾都是官府管辖下的奴仆，他们必须按照官府的规定和要求从事生产和贸易。官窑，有着悠久的烧造历史，是我国封建社会几千年来固有的经济结构与体制。

考古资料表明，古代官窑有不同的级别，有地方与中央的区别。战国秦汉时期，随着官营手工业的进一步发展，陶瓷生产中出现了中央和地方两级政府控制与管理的陶业作坊，如在秦的都城咸阳、始皇陵及汉代长安等地的考古发掘中出土的带有"宗正""都司空""左司""右司""宫僵""宫水"等官工印记铭文的砖瓦，显然是中央政府经营的陶业作坊所生产，而另一类带有"咸亭""陕亭""河亭""河市"等戳印铭文的陶器，则是由地方政府经营的陶业作坊生产。至于河北武安、河南洛阳、山东邹县等地出土的带有"文牛陶""粟疾已""豆里寻"等铭文的陶器，显然不是官府手工业的标记，应属于私营手工业者的标记。

从理论上讲，作为古代官营手工业之一的官窑，无论它的生产性质、机构级别、经营模式与利润分配等方面均与现在国企的内涵基本大同小异。国家发展官营手工业的根本目的就是为了增加政府的财政收入。企业都是以盈利为目的，这是一个亘古不变的法则。

2.官窑的发现

20世纪80年代镇江市博物馆在对晋陵罗城的调查和试掘中出土了一部分唐、宋时期带有"润州官窑"及"官记"的城砖[1]。1991年安徽省的文物考古工作者在东西宽1.5公里、南北长3公里的窑址中发现了底部带有"宣州官窑"阴文印记的瓷器。1994年6月河南省巩义市的文物考古工作者在宋代皇陵附近的芝田镇发现了一处大型瓷窑遗址，发掘出一批印有"定陵官窑""官窑"字样的陶质大板瓦和透花水纹瓦、筒瓦等建筑构件及三彩、青瓷等文物。这些出土资料让世人目睹了官窑瓷器的真实面目，也为我们研究官窑的生产性质提供了实物依据。

（1）宣州官窑

自身标明是"官窑"的瓷器发现较晚（1991）。宣州官窑的窑址位于安徽省芜湖县花桥乡东门渡村，1991年安徽省的文物考古工作者在东西宽1.5公里、南北长3公里的窑址中发现了底部带有"宣州官窑"阴文印记的酱黑釉四系罐。《中国文物报》1991年4月7日 星期日第一版刊登的《宣州官窑重见天日》文章云："在整个东门渡地区，各种匣钵，窑柱遍地可见。仅粗粗统计，就发现在匣钵、窑柱上刻画有20多种文字印记，如佛家手、费升、高、王等。在康王山的堆积中，乡民过去曾拣选10多件有印记已残破的四系罐，在罐近底处有阴文印记'宣州官窑'四字，字外套长方形框线，长5.8厘米，宽1.5厘米，文字竖排，是用印模在未烧之前的罐坯上打印而成的。""宣州官窑"窑址的发现，具有重大的学术意义。过去人们只要一提到"官窑"，往往就把它与进贡皇家宫廷所使用的瓷器相联系，甚至进而认为"官窑"即"御窑"。现在看来这种认识是大可讨论的。官窑中固然可以有专烧贡器的御窑，也可以是官方组织生产的供政府所垄断的某种商品的窑场。宋代对

1 《考古》1986年第5期。

盐、酒、茶等商品实行专卖，自然需要大量的容器。当时政府完全有可能组织生产这类容器。从文献所载宋代在符里镇设监酒税看，这种钤有“宣州官窑”印记的四系罐，很可能就是盛酒用的。此后不久，又在合肥市阜阳路的施工中发现了十几件带有“宣州官窑”款识的同类产品。这是截止到当时为止陶瓷考古发现的唯一一处自身标明自己的产品是官窑的窑址。至此，官窑瓷器的真实面貌大白于天下。

宣州官窑烧造的瓷器品位较低，用发掘者的话来形容即：“釉色多样，色泽不纯，有蓝、灰釉、黄釉、酱色釉等，胎质分红色硬胎和砂胎，许多器物制作粗糙，形体不规整……从宣州官窑生产的瓷器形制不规整，质地粗糙，品种单调，多为双系、四系罐和砂缸以及釉色不纯等现象看，这种产品不仅难以做贡品，就是作为一般民用也是不合适的。”[1]那种所谓“……官窑是专门为皇室而设”“还有一种皇家直属的非商品生产性质的瓷窑，即专门为宫廷烧造瓷器的瓷窑，简称‘官窑’”“‘官窑’瓷器烧成，须经极严格挑选，精良者送进宫中，对落选者加以处理，以防流散”“‘官窑’瓷器由于不经商业途径而直接送进宫中，故多为传世瓷器”的说法显然是与考古材料不相符合的，也是不攻自破的。宣州官窑所生产的瓷器明显用于销售，官窑生产商品瓷器，说明当时官营手工业产品的商品化确已存在，器物的生产性质实属商品性生产无疑。

宣州窑址分布很广，大部分是围绕阳江、青弋江和两江支流而建的窑场。现今的古窑遗址主要有小河口、湖村、猫子湖以及芜湖湾沚镇的东门渡、宝塔山等，其中小河口、猫子湖等处文化层最深达6米。

宣州东接苏州、杭州，北依长江，交通畅达、商品集散、为江南通都大邑。《太平寰宇记》卷103载：“宣州原领县十，今六：宣城、泾县、南陵、宁国、旌德、太平。”宋《国朝会要》载“乾道三年，今领县六治宣州”。史载宣州州境“宣州州境，东西四百六十里，南北五百二十里”，三国时期属吴国领地。唐贞观元年，唐太宗分天下为十道，宣州同苏州、润州、常州等江南州县属江南道管辖。太宗至道三年，全国划分为十五路，宣州隶属江南路。于天禧四年，再分江南路为江南东路和江南西路时，宣州属江南东路，宣州于南宋乾道二年升为宁国府。

（2）润州官窑

润州官窑的发现再一次证实了这一点。20世纪80年代镇江市博物馆在对晋陵罗城的调查和试掘中在西墙A段出土了一部分唐宋时期带有模印“润州官窑”及“官记”的城砖，在C段的第四层及其D段也出土了唐代印有“润州官窑”的城砖。这些自身印有铭文的城砖显然是由当时的官营陶业作坊所生产，它们的大量出土以无可辩驳的事实说明唐代在润州曾经设有官窑。古代的润州是集军事、政治、商贸于一体的江南重镇，有着举足轻重的历史地位，历代封建政权都曾给予极大的重视，修城造路，开凿河道。据《海禄碎事》记载：“润州铁瓮城，孙权筑。”《元和郡县志》卷25记载：“城东有润浦口，因以为名。”《读史方舆纪要》卷25亦云：“润浦，城东一里，亦曰东浦，北通大江，隋以此名州。”《新唐书·王璠传》：“太和中王璠为浙西观察使凿润州外隍。”《资治通

1 《中国文物报》1991年4月7日。

鉴》记载："乾符中，周宝为镇海节度，筑罗城二十余里。"正是由于历代政府的开发，此地才成为交通发达、商业繁荣、人丁兴旺的江南重镇。与"润州官窑"城砖同时出土的还有模印"府城砖""镇江府城""镇江水军""十里牌""大仁孝""丹""上丹""晋陵罗城孟盛""十里牌窑""丹而窑""旧窑""南郭门窑""嘉兴县窑户""口县户邓儒""官窑巳""官窑""嘉兴县窑户""无锡李钦"等铭文的城砖，从这些带有不同铭文城砖的大量出土可以看出在当时建城之际曾动用了大量的人力物力进行城砖的烧造，而这些窑在经营性质上显然是不一样的，这其中，既有属于官方开办的官窑如"润州官窑"，又有个体经营的民窑。可以想见，面对大规模的城建工程，单独靠官窑的烧造能力是远远不够的。官府为了完成上级下达的任务，不得不动用当地的众多民窑参与其中。

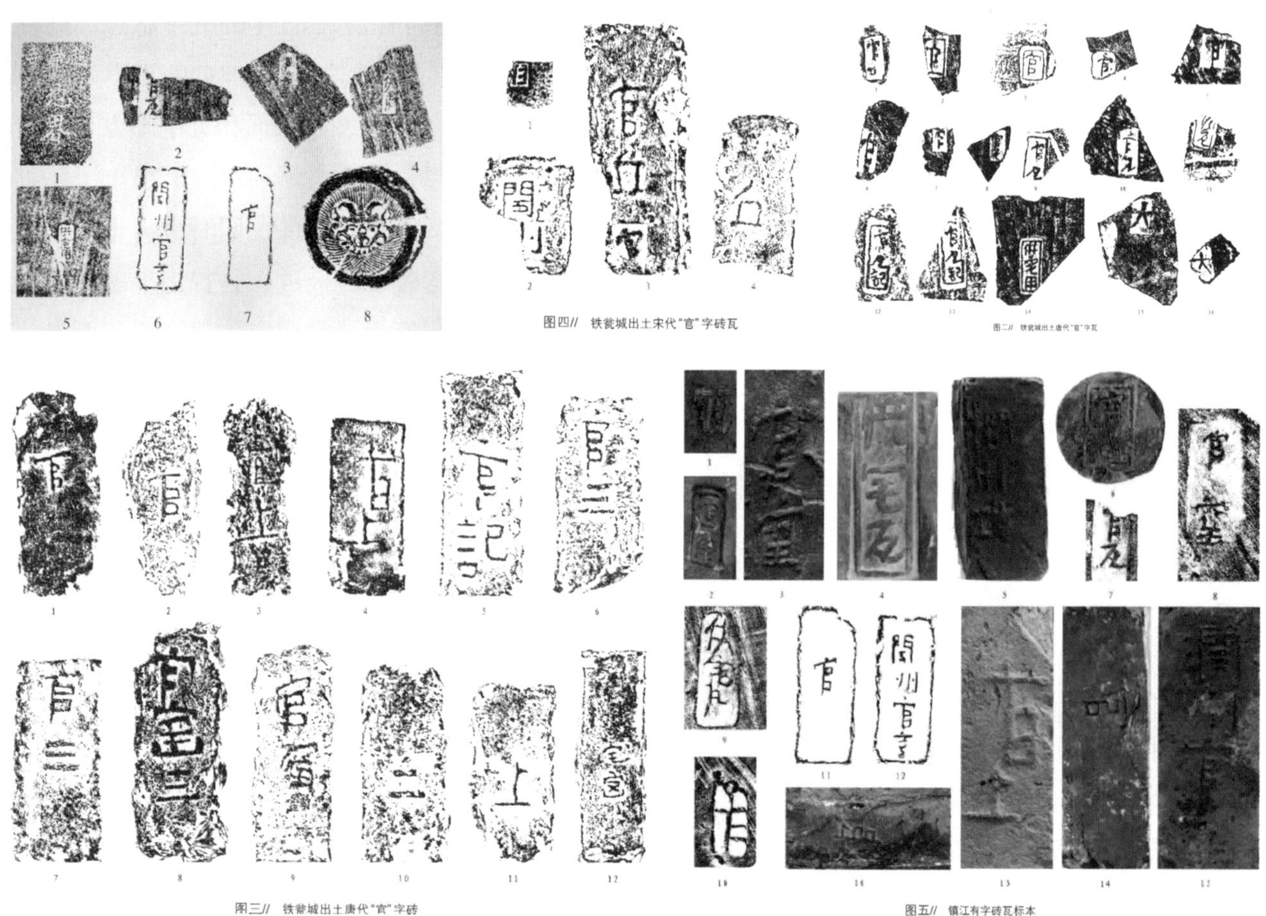

镇江西津渡遗址发掘出土"润州官窑""官窑"等铭文砖拓片

润州是镇江的古称。隋开皇十五年置润州。州也是唐代的行政区划。文献记载：户满三万已上为上州，二万已上为中州。唐朝行政区划为州县两级。贞观十三年（639）统计，全国有358州（府）、1511县。润州，唐代为江南东道。《元和志》卷第二十五润州："江南道……开元户九万一千六百三十五，乡一百。元和户五万五千四百，乡八十。垦田六千七百二十七顷。今为浙西观察使理所。管州六：润州，常州，苏州，杭州，湖州，睦州。县三十七。都管户三十一万三千七百七十二。垦田五万七千九百三十二顷。""隋开皇十五年罢镇，置润州，城东有润浦口，因以为名。州境：东西三百八十里。南北一百九十里。八到：西北至上都三千六百七十里。西北至东都一千八百一十里。东南至常州一百七十里。北渡江至扬州七十里。正南微西至宣州四百里。”西津渡遗址位于镇江城西，形成于三国时代，是我国南北水上交通与漕运的枢纽，承载着自唐朝以来1300多年的历史遗存，是一部“活着的历史”。

（3）定陵官窑

“定陵官窑”是继“宣州官窑”“润州官窑”之后所发现的又一处自身标明自己是官窑的宋代陶瓷遗址，窑址位于河南省巩义市宋代皇陵附近的芝田镇，总面积约2公顷。

永定陵安葬的是宋真宗赵恒（968—1022），宋朝第三位皇帝，宋太宗第三子，母为元德皇后李氏。乾兴元年（1022），赵恒驾崩，年五十五，在位二十五年。谥号为文明章圣元孝皇帝，庙号真宗，葬永定陵。史料记载，宋真宗与辽朝达成“澶渊之盟”，结束了北宋近百年的战争状态，此后百余年宋辽再无大的战事，为中原与北部边疆经济文化的交流创造了条件。

1994年6月，河南省巩义市的文物考古工作者对瓷窑遗址进行了发掘，发掘面积近千平方米，清理宋代官窑13座，并调查窑址30多座，陶窑由工作坑、窑门、火膛、窑道、烟道组成。出土了一批印有“定陵官窑”“官窑”字样的陶质大板瓦和透花水纹瓦、筒瓦等建筑构件，同时也出土有宋三彩窑具、陶俑范、支烧和青瓷碗、刻花双鱼瓶等文物。窑址距永定陵陵区极近，是曾为皇家陵墓烧造陪葬用品的官窑。而如今所发现的窑址，应该是当年所在地的官府为了完成定陵建造任务而专门建立的官窑。

有文字可查的“官窑”文献较少。宋人朱长文《吴郡图经续记》记载，平江盘门外三里有孙策墓[1]，重和元年被盗，宋张邦基《墨庄漫录》卷十裨海本记载：郡守应安道乃遣“郡官数人往闭其穴”。宋范成大撰《吴郡志》卷三十九“塚墓”：“出盘门三里，有高冢，或得其冢砖，有文在侧，曰“万岁永藏”。问其傍老人，曰：孙王墓也。——盗尝发取，藏金玉未竟。败获有碑，已断缺不全，止辨有‘中平年’三字，复掩之。后郡置窑其傍，取土为砖埴，号官窑。后又以授民田，收其租。”宋人楼钥《北行日录》也记载：乾道五年（1169）十一月“……十一日癸亥，晴……午过崇德，苏彭年来迓。水宿舟胶，牵挽寸进，更初遇士颖第于官窑。十二日甲子，晴，饭时过永乐，行二十七里至秀州，仲舅入城回谒，闸头登舟风作，李同年（唐卿）相见……”[2]由于孙策的墓被盗，当地的官员为其修缮陵墓，在墓的旁边取土建砖窑，窑的名字为“官窑”。

这些文献记载，虽然不多，然而结合考古资料，可以明显看到，润州官窑是润州官府为了完成城建而建造，定陵官窑是为了修建宋代皇陵而建造，与文献记载的“郡置窑其傍，取土为砖埴，号官窑”孙策墓的情况完全吻合。这也与宋人李纲《梁溪全集》中“置官窑以烧造砖瓦”完全一样。

（4）钦州官窑

广西壮族自治区博物馆收藏的晚清白陶瓶，器底落印阳纹“钦州官窑”款。1990年台北市广东

1　《吴郡图经续记》卷下《冢墓》，琳琅秘室丛书本。

2　《攻愧集》卷一百十一，聚珍版丛书本。

钦廉同乡会铜鱼文教基金会印行的《钦县志》记载："清光绪二十九年，李象辰任钦州直牧，热心教育文化，配置人才……曾由官家开设坭兴习艺所，该所生产出来的坭兴叫钦州官窑产品。在其产品的底部钤有'钦州官窑'小方印。"《文物天地》2001年4期28—29页发表的张凯《略谈"钦州官窑"款坭兴器》，文中提到的广西壮族自治区博物馆馆藏的2件黎家园创制的"钦州官窑"款白泥陶瓶、白泥窑变天球瓶，为我们研究官窑瓷器提供了实物资料。

钦州，古称安州，先秦时期属百越之地。民国《钦州县志》载：隋"开皇十八年，改安州为钦州，取钦江为名"。唐武德五年改宁越郡为钦州总管府，元改为钦州路，明初改为钦州府。此名一直沿用至今。钦州坭兴陶，历史悠久，驰名中外。1915年美国召开的"巴拿马运河开航太平洋万国博览会"上，钦州坭兴陶荣获金牌奖，与江苏宜兴紫砂陶、云南建水陶、四川容昌陶饮誉中外。

（5）桑园窑址——"唐代最大规模的砖瓦窑场"

唐桑园窑址位于陕西省富平宫里镇桥北村桑园，在唐中宗李显定陵陵山西南侧。《考古与文物》1994年第4期刊登了一篇《富平县宫里发现唐代砖瓦窑遗址》的文章，介绍了窑址发现与发掘的经过以及出土的文物。"在此之前，桑园窑址已发现窑炉495座，加上这次新发现的48座窑炉，目前发现的窑炉总量已超过500座。另外，考古队从日常调查中获知，在村庄民房建设过程中，曾多次发现砖瓦窑，专家推测该窑场拥有的窑炉数量还远不止现在所掌握的数字。"

桑园窑址是迄今已知的唐代规模最大的砖瓦窑场遗址，出土遗物以砖为主，专家根据桑园窑址出土的鸱吻、兽面砖等建筑材料分析，此窑址是为修建定陵供给其砖瓦等建筑材料的窑群。据《陕西省志・公路志》载："时东西驿道畅通，省祭陵时节宫庭车水马龙。"

3.生产目的

（1）为生产服务

烧砖造瓦。官窑的一项重要任务就是烧造砖瓦，如润州官窑、定陵官窑、唐桑园窑址。位于山西省代县的边靖楼地面砖上至今还保留着当时修建时大量印有"官"字款的青砖，它的出现与使用再一次向我们表明官窑所烧造的内涵。

边靖楼地面砖上的"官"字

边靖楼系明朝代州城的鼓楼，又称谅楼。初建于洪武七年（1374），东西长十三丈，南北宽十丈，台高四丈，楼建于台上，高八丈，总高十二丈。明成化七年（1471）火焚，后成化十二年（1476）重建，清康熙、雍正、嘉庆、道光年间均加修葺，历经数百年风雨侵蚀和多次地震冲击，至今完好无损。2001年6月25日，边靖楼作为明代古建筑，被国务院批准列入第五批全国重点文物保护单位名单。除此之外，北京故宫坤宁宫花墙上的"嘉庆三年官窑敬造"、建福宫琉璃瓦上的"嘉庆五年官窑敬造"、"宣统年官琉璃窑造"的黄、绿琉璃砖，江苏镇江出土的"官窑""官窑巳""润州官窑"等唐宋护城砖，河南巩县北宋李后陵出土模印"官"款，云南西部地区出土南诏、大理国时期印"官瓦""官作""官买""官尚方""元年官瓦""十年官作"等板瓦和筒瓦，北京金墓出土长方形印“官”字素面砖，北京元大都遗址出土阴刻“官”字的城基砖等，都是官窑产品的代表。

宋人李纲在《梁溪全集》卷九三“乞用瓦木盖置房札子”条对此也有明确记述：“置官窑以烧造砖瓦，下傍近州县以摘那工匠。”官窑的生产性质和生产内容在此已概括得再清楚不过，并多次被考古发现所证实。文献记载与考古材料的可靠性为我们研究官窑的生产性质及其烧造内容提供了最为科学的理论与实物依据。李纲生于宋神宗元丰六年，薨于绍兴十年正月十五日。李纲雄才大略，出将入相，深得朝廷重用。宋高宗赞李纲“忠贯金石，学究天人”，朱熹称其为“孤忠伟节、一世之伟人”。他对官窑的记载应当是准确无误的。

截止到目前为止的考古材料和文献材料都说明这些在当时归监甄官署管理的官窑主要任务之一即是打石烧瓦，为国家的大型建筑如城墙的修建、陵墓的建造、河道的整治等生产所需的建筑材料。秦汉时期官府控制的制陶作坊，多注重砖瓦等建筑用陶的烧造，秦都咸阳宫殿遗址等地出土的大量空心砖、板瓦及瓦当、福建崇安汉城遗址出土的大型空心砖等考古材料多次证实了这一点。“润州官窑”“定陵官窑”的出土器物再次说明了这一点。

（2）为生活服务

宣州官窑、明代磁州窑所生产的酒坛、酒罐、酒瓶等日常生活所使用的包装用瓷可视为代表。宣州官窑烧造的瓷器“釉色多样，色泽不纯，有青兰釉、灰釉、黄釉、酱色釉等。胎质分铁红色硬胎和砂胎，许多器物制作粗糙，形体不规整”。宣州官窑所生产的如此粗糙、品位低下、品种单一的器物，与长期以来人们对官窑的传统看法大相径庭，铁一样的事实使人们不得不对对官窑的定义、生产性质及其使用对象加以重新认识。“润州官窑”的发现再一次证实了这一点。如果说以上的诸例还不足以说明问题的话，那么“定陵官窑”的发现使我们对这一问题又有了更为明确的认识。“宣州官窑”瓷器的出土及“润州官窑”“定陵官窑”的发现以无可争辩的事实揭示出官窑产品的真实内涵，澄清了长期以来在官窑认识上的模糊概念，为我们分辨官窑与御窑提供了大量有说服力的依据。

《大明会典》记载，明代宫廷在磁州窑生产地彭城设有官窑40余所，专门为宫廷生产盛酒用瓷坛。正史与地方志明明白白的记载，加上宣州官窑所出土的酒瓶、酒坛、酒罐等器物，表明了官窑所承担的为官府烧造包装用瓷的事实，而且从宋代到清代一脉相承。

综上所述可以看出，官窑的生产性质既有商品化生产的一面，也有非商品化生产的一面。前者的产品与民窑产品一样作为商品进入市场，如宣州官窑。后者的产品则专门为满足政府某些部门的特殊需要，如“定陵官窑”“润州官窑”，它们的产品显然是专门为了修建陵墓或城墙而生产的。

名称	经营者	生产目的	生产性质	盈利
御窑厂	皇室	皇家用瓷	非商品性生产	非盈利
官窑	中央或地方政府	生产、生活	商品性生产	盈利
民窑	私人	生活、生产	商品性生产	盈利

4.瓷窑官与官窑

大量考古发掘及文献材料表明，瓷窑官的设立是政府加强对民营陶瓷生产管理的一种手段，也是官府对民窑管理正规化与严格化的一种标志，政府设立瓷窑官的根本目的是为了确保国家的财税收入。因此，它的有无与窑址的性质无关。在我国历史发展的各个阶段，国家都曾设置陶官管理陶瓷生产。陶官，在古代是一个重要的官职，它的设置可上溯到三代。《列仙传》载："宁封子为黄帝陶正，有人过之，为其掌火，能出五色烟，久则以教封子，封子积火自烧，而随烟气上下。"《吕氏春秋》云："黄帝有陶正昆吾作陶。"《史记》中亦有"黄帝命宁封子为陶正"的记载。商代，负责制造陶瓦的土工居于六工之首，说明陶器的生产与民生关系之重要。正因为如此，历代政府对陶瓷手工业生产的控制都很严格，从不放弃对陶务的干预与管理，这种管理主要体现在陶官的设置和对税务的收取两个方面。《左传》载："虞阏父为周初陶政，武王赖其利器，与其神明之后，妻而封之于陈。"一陶之官黄帝以女嫁之并被封为诸侯，可见陶官位置的重要。战国秦汉时期，官营手工业进一步发展，出现了由中央和地方两级政府控制的陶业作坊。唐代以后，我国陶瓷生产进入了更为辉煌的时代，政府对陶瓷生产的控制与管理也更为严格，设官监烧已成为普遍现象。文献记载中越窑、定窑、介休窑等均曾设官监烧。《余姚志》记载："秘色瓷器初出上林湖，唐宋设官监烧，寻废。"《宋会要·食货志》及宋人周密《志雅堂杂记》"诸玩"条也有："太平兴国七年，岁次望日，殿前承旨监越州窑物赵仁济。"《南丰县志》载："白舍，宋时置官监造瓷器。"辽代继续延用这一制度。《宋会要辑稿》"蕃夷一"条曾提到，太平兴国四年，"幽州……山后八军伪瓷窑官三人……"说明北京龙泉务窑也曾设置瓷窑官。

陶官的主要职责是负责管理窑物。宋吕本中《官箴》在谈及为官时云："徐丞相择之尝言：'前辈尽心职事'。仁庙朝，有为京西转运使者，一日见监窑官。问：'日所烧柴凡几灶？'曰：'十八、九灶'。曰：'吾所见者十一灶，何也?'窑官愕然。盖转运使者，晨起望窑中所出烟几道知之。其尽心如此。"这段对话即是：徐择之丞相曾经说：官场前辈担任职务尽心竭力。仁宗皇帝时，有位担任京西转运使的官员，一天接见监窑官，问道："每天有几座窑灶点火烧柴？"监窑官答道："大约十八九个。" 京西转运使说："我所看到的只有十一座，为什么呢？"监窑官惊讶不已，不能回答。原来是转运使者早晨起来从窑灶处升起几道烟了解到的。这从一个侧面反映出当时官员的恪尽职守。

政府在选派陶官督陶的同时还专门设置了瓷务税吏负责瓷税的收取。《曲阳县志》中提到的立于后周显德四年的五子山和院和尚舍利塔记碑记载："使押衙银青光禄大夫检校太子宾客殿中使御史充龙泉镇使钤辖瓷窑商税务使冯翱"，清楚地表明他的职责即钤辖瓷窑商务。《曲阳县志》卷六亦载："龙泉镇，唐宋以来，旧有瓷窑，五代后周尚有瓷务税吏，宋时有瓷器商人……"山西介休洪山镇神源庙碑记上也有介休窑"瓷窑税务任韬""前瓷窑税务武忠"的记载，说明介休洪山窑也曾设有瓷窑税务，而且不止一任。这一切告诉我们，陶瓷生产与社会经济及国家的财政收入紧密相关，故而历代政府对此均曾给予较高的重视。陶官的设置只是一种手段，其根本目的还在于为保证国家的财政来源与收入。从这个角度不难看出，政府设置陶官加强对陶瓷生产的管理很重要的一点就是出于经济的需要，它与封建社会的盐铁专营具有同等重要的意义。大量文献证实，在我国陶瓷发展史上，许多的民窑都曾置官监烧，因此，不能把瓷窑官的有无作为判断官窑的标准与依据。

5.“官”字款瓷器——与官窑无关，与官府有关

数十年以来，在河北、河南、辽宁、陕西、浙江、湖南、北京等地出土的数以万计的瓷器中有一批带有“官”字或“新官”款识的瓷器，其延续的时间从唐光化三年（900）的浙江临安钱宽墓直到最晚的辽代朝阳开泰九年（1020）耿延毅墓，前后大约120年之久。这些瓷器主要以白瓷为主，也有少量青瓷和匣钵，白瓷主要以定窑为主，青瓷有陕西耀州窑窑址出土的五代青瓷碗，湖南岳州窑窑址出土的隋唐时期的陶瓷杯，浙江临安板桥五代墓出土的越窑青瓷双系罐，浙江新昌出土的龙泉窑青瓷碗。除此之外，各地也先后出土过一些与此相关的器物，如云南出土的南诏大理国时期的带有“官瓦”“官作”“十年官作”“元年官瓦”等铭文的瓦[1]，河南洛阳隋唐都城遗址出土的“官工”“官匠”等铭文的板瓦[2]，陕西临潼唐墓出土的“天七官砖”“天七军制官砖”[3]铭文的砖瓦等。

《中国陶瓷史》有关定窑款识的问题如此说：“定窑瓷器带题款的有十五种，大都与宫廷有关。十五种题款中数量最多的是带‘官’字的，据不完全统计，出土及传世近八十件，这带‘官’字铭文的绝大多数是碗、盘，也有少量的瓶、壶和罐。”本人认为：“定窑瓷器带款的十五种都与宫廷有关”，确切的应该说“定窑瓷器带款的十五种除了‘尚食局’‘尚药局’与宫廷有关外，其他的都与朝廷无关，而与官府有关”。

长期以来，在“官”字款瓷器与“官窑”的关系问题上一直存在着两种截然不同的观点，一种观点认为“官”字款瓷器必然出于官窑，另一种观点则认为“官”字款瓷器与官窑无关。笔者认为，从大量考古材料分析，“官”字款瓷器与官窑无关，与官府有关。

6.“物勒工名”与陶瓷器铭文

“物勒工名”就是工匠在所制作的器物上标明自己的名字或制造机构的名称，一方面向使用者告知其生产者，另一方面便于政府对产品质量的监督管理与责任追查。后来，国家为了进一步规范产品的生产与质量，普遍实施在器物上标注制作者名字的勒名制度，于是，“物勒工名，以考其诚”形成古代国家管理手工业生产的一项重要规章制度。

“物勒工名”，最早出现于《吕氏春秋》：“是月也，命工师效功，陈祭器，按度程，毋或作为淫巧以荡上心，必功致为上。物勒工名，以考其诚。功有不当，必行其罪，以穷其情。”《吕氏春秋》是秦国丞相吕不韦主持下编撰的一部名著，成书于秦始皇统一中国前。“物勒工名”制度出现于春秋战国时期，普遍应用于陶器、铁器、量器、漆器等手工业的各个领域。考古学资料表明，秦的都城咸阳、始皇陵及汉代长安等地出土的带有“宗正”“都司空”“左司”“右司”“宫僵”“宫水”等官工印记铭文的砖瓦，以及带有“咸亭”“陕亭”“河亭”“河市”等戳印铭文的

1 《文物》1986年第7期。

2 《考古》1978年第6期。

3 《考古与文物》1983年第6期。

陶器等，都证实了物勒工名的实施。秦始皇亲政之后，物勒工名制度被正式纳入《秦律》之中，并被后代传承沿用一直到清代。如《宋史·职官志》记载："庀其工徒……物勒工名，以法式察其良窳。凡金玉、犀象、羽毛、齿革、胶漆、材竹，辨其名物而考其制度，事当损益，则审其可否，议定以闻。少府所掌，旧有主名，其工作之事，则监自亲之。"文献之外，也多次被考古资料证明。如前面提到的镇江晋陵罗城出土的"润州官窑""官记"铭文砖，"府城砖""镇江府城""镇江水军""晋陵罗城孟盛""十里牌窑""丹而窑""旧窑""南郭门窑""嘉兴县窑户""口县户邓儒""官窑巳""官窑""嘉兴县窑户""无锡李钦"等铭文的城砖，河南省巩义市宋代皇陵附近的芝田窑址出土印有"定陵官窑""官窑"字样的板瓦、筒瓦等建筑构件，都说明了凡是为皇家或者国家制造的器物、工程，都要严格执行"物勒工名"制度。在今天的北京地坛、南京明城墙上，我们还能经常看到砖上所记录的城砖烧制时间、烧砖人姓名以及监造机构名称的铭文。1990年9月，景德镇珠山东麓出土的板瓦，上面用含铁原料书写"寿字三号，人匠王士名，浇釉樊道名，风火方南，作头潘成，甲首吴昌秀，监工浮梁县丞赵万初，监造提举周成、下连都"以及"造坯李引、浩汉郡，浇油方道名，尾火方南，作头潘成、甲首吴昌秀，监工浮梁县丞赵万方，监造提辛周成"铭文。一块瓦上，明确刻着工匠、风火、浇釉、作头、甲首、监工、监造、造坯等众多制作者与监工、监造铭文，说明在陶瓷手工业生产中实施"物勒工名"制度的严格与规范，也说明这些城墙陵墓等建筑工程所用砖瓦，都被记录在案。如果以后出了问题，那么官府就可以根据记录和器物上的铭文，直接找到负责人和制作者，给以相应的处罚。终身可以追究个人责任的"物勒工名"，对保证产品与工程的质量起到了至关重要的作用，造就了一大批享誉全球的高质量工程，在我国是不失为一个渊远流长的优良文化传统和优秀管理制度，是非常值得我们今天加以继承与发扬的。

（三）御窑

什么是"御窑"？"御窑"有哪些特征？它与"官窑"的区别是什么？根据文献记载结合窑址发掘的资料，简述如下。

1.生产性质

所谓"御窑"，顾名思义就是皇家建立专门为皇室生产御用瓷器的瓷窑，是为明清时期烧造宫廷御用瓷器的专职场所，是在皇室直接控制下建立与生产的，生产的目的只为满足皇家需要，生产性质属于非商品性生产。产品只供皇室使用，不投放市场，在技术上凭借皇家至高无上的权力，可以征调全国最优秀工匠，不惜工本地去追求艺术上的至精至美。御窑厂的生产具有极端的垄断性。首先是对制瓷原料的垄断，这一点在元代御土窑中就已经体现得极为清楚。其次是对产品及其技术的垄断。皇家对制瓷原料、制瓷技术及瓷器产品的垄断是构成御窑与民窑及官窑区别的三个最为明显的特征。御窑产品的使用对象仅限于皇室，哪怕是皇亲国戚也不能随便使用，即使是生产过程中的残次产品也有着一整套的管理制度，否则将绳之以法。《明宣宗实录》中记载了这样一件事，宣德二年（1427）"癸亥，内官张善伏诛。善往饶州监造瓷器，贪酷虐下人不堪，所造御用器，多以分馈其同列，事闻，上命斩于都市，枭首以徇"。景德镇龙珠阁明代御窑厂遗址发掘出土的大批有意经人为敲击而被毁坏的残次品瓷器，与宋代"供御拣退方能出售"的供奉制度存在着本质的区别。

2.管理制度

其一，专职的管理机构——造办处

御用瓷器是为皇帝而生产，御窑厂是皇家的瓷窑，其生产必然会受到皇帝的干预。事实证明，御用瓷器在其生产的全部过程中，都贯穿着皇帝的旨意。在生产决策上，御窑厂的瓷器与民窑不同。民窑瓷厂的生产者可以根据市场的需求自行决定自己产品的生产，而御窑厂的生产必须根据皇帝的意图与兴趣进行。为了贯彻皇帝的意图，清代宫廷内设有庞大的管理机构进行管理。清初在紫禁城皇宫内廷养心殿置造办处。清宫内务府造办处就是清宫制造皇家御用品的专门机构。据《钦定大清会典事例》记载："养心殿造办处……掌制造器用，凡治器之作十有四……"康熙年间建于养心殿，"康熙三十年（1691）移至慈宁宫以南，直至1924年末代皇帝溥仪出宫之前，造办处为宫禁服务达二百多年。造办处由皇帝特派的内务府大臣管理，各类专业作坊先后有六十余个"。造办处与皇室起居息息相关，是宫中具有实力的特殊机构，御用品的制造即是其职能之一。瓷器的制作由造办处设计画样，交九江关以及景德镇御窑作坊制作。"造办处内，中西艺人和民间匠师高手云集，极品制作不计工本，耗银无数，是宫廷生活奢靡铺张的缩影"。《清史稿》记载：康熙时期"时江西景德镇开御窑，源呈瓷样数百种，参古今之式，运以新意，备储巧妙，于彩绘人物、山水、花鸟，尤各极其胜，及成，其精美过于明代诸窑"。源指的是刘源，据清宫内务府档案记载，刘源在康熙朝臧应选督窑期间在内廷供职，参与了瓷样的设计。

御窑厂瓷器生产直接受到皇帝的干预。首先，瓷器在制作之前，造办处需要事先制作出纸样或者漆样、木样，承揽皇上批准，然后按样发往景德镇制作。清宫内务府造办处档案对此有着详细的记载。特别是康、雍、乾三朝，皇帝对瓷器生产表示出极大的兴趣并直接干预瓷器的制作，对此清宫内务府造办处档案记载中比比皆是：如《活计档·清档·雍正记事杂录》载："雍正二年二月四日，怡亲王交填白脱胎酒杯五件，内二件有暗龙。奉旨：此杯烧珐琅。钦此。于二月二十三日烧破二件，总管太监启知怡亲王。奉王谕：其余三件尔等小心烧造。遵此。于五月十八日做得白瓷画珐琅酒杯三件，怡亲王呈进。""雍正七年……闰七月……郎中海望持出均窑双管瓜棱瓶一对，奉旨着做鳅耳乳足炉木样……交年希尧照此瓶上釉水烧造些来。"（造字3326号）"雍正十三年七月十九日，……传旨着年希尧照样（霁红高足茶圆）烧造130件送来……"（造字3372号）"雍正七年四月十三日，……交来成窑五彩磁罐一件（无盖），……奉旨，将此罐交年希尧添一盖，照此样烧造几件。原样花纹不甚好，可说与年希尧往精细里改画，……"（造字3323号）。造办处档案记载，"乾隆三年六月二十五日，太监高玉交磁器一百七十四件。传旨：交与烧造瓷器处唐英……再五彩珐琅五寸磁碟一件，五彩珐琅暗八磁碗一件，收小些，亦烧造。钦此"。乾隆十八年十一月造办处珐琅作档案记载："白磁盘一件、白瓷暗龙盘一件传旨着交珐琅处烧珐琅，……填白盘碟大小130件、填白瓷碗大小280件，填白碗大小84件、填白瓷碗大小50件、填白瓷碗大小80件、填白瓷碗大小97件、填白瓷靶碗4件，交珐琅处烧珐琅。"（造字3442号）"雍正十年十月二十八日，司库常保、首领李明久奉旨：珐琅画青山水甚好。钦此。于十二月二十八日，柏唐阿邓八格、宋七格来说，内大臣海望谕：邹文玉所画珐琅，数次皇上夸好，应遵旨用本造办处库银赏给十两。遵此。"

这些记载详细的清宫内务府造办处档案如实记录着皇帝干预御窑瓷器生产的各个环节，反映出御窑生产与官窑、民窑的本质区别，更反映出宫廷对御窑厂生产的高度垄断。笔者20世纪七八十年代在故宫工作期间，曾经无数次地到当时还属于故宫博物院管辖下的“明清档案部（即现在的第一历史档案馆）”去查阅清宫内务府造办处档案。那时的档案收录在135胶卷的反转片之中，由于字迹微小，需要用放大镜放大后才能看清反转胶卷上的文字，查阅时费尽了视力。现在，由香港中文大学、第一历史档案馆编著，人民出版社出版的《清宫内务府造办处档案总汇》（以下简称《总汇》）图书，2007年正式出版。该书主要收录了清宫内务府造办处的档案。“《总汇》按档簿类和折件类两大系列分三期出版。各类之内采用编年体例，全书约200册。第一期雍正、乾隆两朝档簿类档案，辑录造办处档簿约5000余部，影印出版55册，现已公开发行；第二期嘉庆至宣统六朝档簿类档案，影印出版55册，预计2007年出版；第三期康熙至宣统朝折件类档案，辑录造办处折件档案7万余件，约计出版90册，计划2009年出版。《总汇》每册800页，按档案原貌影印。清宫内务府造办处档案的首次系统公布和深入挖掘，必将裨益学界，大大推动清宫文化与文物研究。”

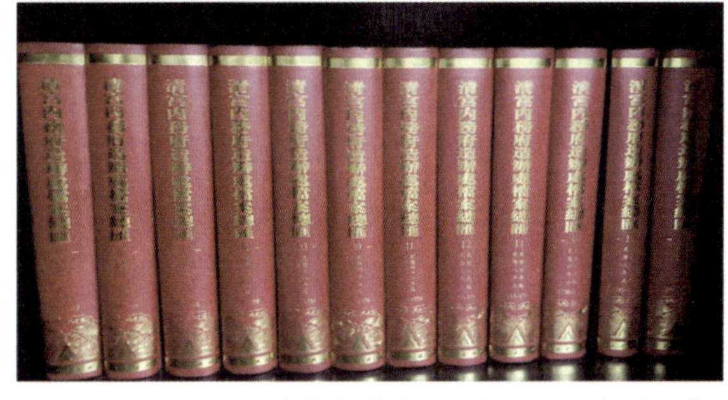

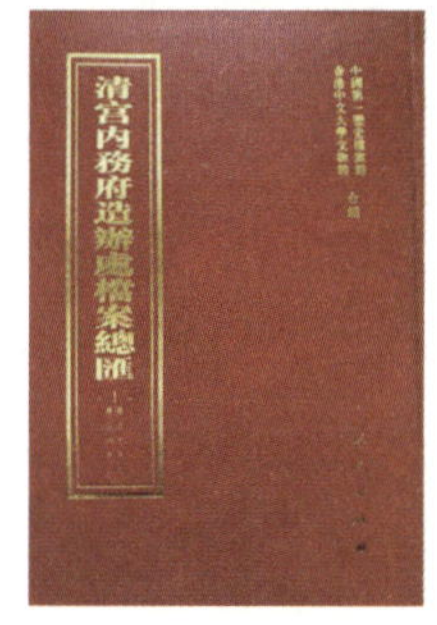

《清宫内务府造办处档案总汇》

如果说以上的文字记载还不足以说明问题的话，那么清宫造办处档案中保存的瓷器设计纸样则以图的形式形象而生动地记录了这一切。这些瓷器纸样都是得到皇帝恩准后定下来的，得到批准的纸样需要发到景德镇御窑厂，御窑厂的工匠必须严格按照纸样设计好的的尺寸纹饰进行烧造。这些纸样除了印证文献档案的真实可靠性之外，也让世人明了御窑厂生产过程的每一道工序是如何运作的。这些繁杂的需要反复报批的程序再现着御窑的生产与民窑、官窑完全不一样的生产性质与严格的管理制度。 2016年10月，故宫博物院与景德镇陶瓷研究所联合举办了“成化御窑瓷器对比展”，展出的瓷器纸样图片，再现了宫廷对御器生产严格的管理制度。

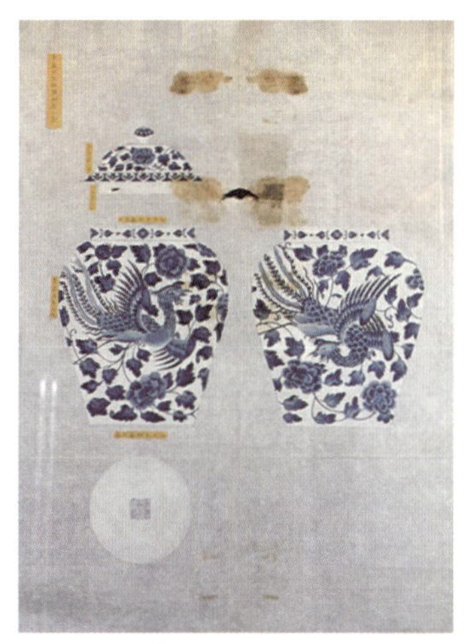

清代仙鹤梅鹿纸样、青花凤穿花盖罐纸样

清代“大雅斋”款粉彩荷莲纹鱼缸纸样与实物、五彩瓷痰盒纸样

御窑厂汇集了全国最优秀的瓷匠，使用最优质的制瓷原料和燃料，以雄厚的资金做保证，一切按照宫廷的发样和要求，不惜工本，烧造出大量至精至美的产品。清代御窑厂是专门烧制皇宫内府使用的御用瓷的窑场。御窑厂烧制的瓷器除了由皇帝赏赐之外，即使是王公重臣也不能直接从御窑厂中得到。

造办处档案是清宫日常活动的原始记录，是皇家私生活的真实写照。造办处档案如实地详细记录了当时宫廷各类制品的制作流程以及皇帝的旨意，为御窑瓷器的制作及其研究提供了最直接可靠的依据，其价值弥足珍贵。

其二，严格的管理制度——中官督陶制度的建立

清代继续在景德镇设置御窑厂，就陶政管理措施而言，有着严格的制度。皇家对御窑厂的管理，清代朝廷一改明代宦官督陶的制度，遣中官督陶。其中一些督陶官对景德镇的制瓷业发展发挥了重要作用，创制出许多新的釉彩和器物样式。以郎廷极、臧应选、年希尧、唐英等为代表的一批精通业务有作为的督陶官，在他们督陶期间，对瓷器品种与造型的不断创新，起到了积极的促进作用。如著名的郎窑红瓷器就是在康熙年间的督窑官郎廷极督窑期间所创烧的名贵品种，许谨斋在《郎窑行戏呈紫衡中丞》诗中云：“宣成陶器夸前朝，……迩来杰出推郎窑。郎窑本以中丞名……中丞嗜古得遗意……地水火风凝四大，敏手居然称国器，比视成宣欲乱真，乾坤万象归陶甄；雨过天晴红琢玉，贡之廊庙光鸿钧……”[1]臧应选也是康熙年间的督陶官，《江西大志·陶政卷九十三》：“十九年九月，奉旨烧造御器，令广储司郎中徐廷弼、主事李延禧、工部虞衡司郎中臧应选、笔帖式车尔德，于二十年二月驻厂督造。”年希尧为雍正年间的督陶官，以单色釉所取得的成就最为显著。《陶录》的作者云：“雍正年年窑，厂器也，督理淮安板闸关年希尧管镇厂窑务，选料奉造，极其精雅。……琢器多卵色，圆类莹素如银，皆兼青、彩，或描锥暗花玲珑诸巧样。仿古创新，实基于此。”乾隆年间《查礼铜鼓书堂遗稿》卷一云：“国朝瓷器美无比，迩来年窑称第”，就是对年窑瓷器的如实评价。

唐英是清代雍正至乾隆时期著名的督陶官，也是所有督陶官中成就最为卓著的一个。雍正六

1　《许谨斋诗稿，癸巳年稿》。

年唐英到景德镇“驻厂协理”窑务，乾隆元年和八年分别编著了《陶成纪事碑》《陶冶图说》，是我国清代制瓷工艺史及中国陶瓷史中两部重要的著作。他之所以取得这么大的成就，是与其刻苦努力分不开的，正如《陶人心语》所云：“予于雍正六年奉差督陶江右，陶固细事，但为有生所未见；而物料、火候与五行丹汞同其功，兼之摹古酌今，侈崇痹之式，茫然不晓，日唯诺于工匠之意旨。……用杜门、谢交游，据精会神，苦心竭力，与工匠同其食息者三年，抵九年辛亥，于物料、火候、生克化之理，虽不敢谓全知，颇有得于抽添变通之道。”至此，唐英终于使自己由一个不懂陶瓷生产的外行一变而为精通业务的内行。《景德镇陶录》在记述唐英的功绩时说：“公深谙土脉、火性，慎选诸料，所造俱精莹纯全，又仿肖古名窑诸器，无不比美；仿各种明釉，无不巧合；萃工呈能，无不盛备；又新制洋紫、法青、摸银、彩水墨、洋乌金、珐琅画法、洋彩乌金、黑地白花、黑地描金、天蓝、窑变等釉色器皿。土则白壤，而坯体厚薄惟腻。厂窑至此，集大成矣！”

清代康雍乾三朝是中国陶瓷史上最为辉煌的黄金时代，中官督陶制度的建立，避免了明代由地方官员或宦官督陶所形成的弊端，从制度与管理层面为御窑厂瓷器的生产与创新提供了条件。

其三，严格的检验制度

《明经世文编》卷三七九，“陈恭介公奏疏为钦奉圣旨疏乞免难陈烧造疏”记载：宫廷对上解瓷器有着极为严格的检验制度，大多“百选一二……识者谓檠台凉墩之类，百不得一。龙缸花瓶之类，百不得五，谓之难成”。实际烧造数量比上解数字超出数倍或数十倍，成本极高，运输徭役繁重，耗费的人力、财力可想而知。检验合格的瓷器，以水运和陆运两种方式送达京师，落选和残次品集中销毁并掩埋。明王宗沐《江西大志》卷七“陶书·解运”记载：“查往陶厂，皆自水运达京，由陆运者中官裁革后始也。”

由于有了专职的管理机构、严格的规章制度、完备的检验手段，清代御窑厂才烧制出了大量具有划时代水平的精品，取得了彪炳史册的空前成功。这些产品以其鬼斧神工般的高超技艺彰显着我国瓷器生产的时代水平。我国陶瓷科技工作者在做了大量科学测试和研究后从理论方面得出了这样的结论：“清初的瓷器，在制瓷工艺上已经达到了高度的技术水平，这些优良的技术，就在今天，我们还是值得学习的，至于它们在美术上的成就，则早为世界上所公认，更不待言。”[1]

其四，次品瓷器的处理制度

（1）就地销毁

御窑厂生产过程中产生的残次品不得流入民间，更不能作为商品出售，只能就地销毁填埋。在考古发掘中出土的一坑坑经过人为敲击毁坏而填埋的瓷器证实了这一点。这些瓷器不是因为画得不好，就是因为釉色成色不好或者釉色不均而有意被毁坏的。它与唐宋时期 “惟供御捡退，方许出售”有着本质的区别。下面的几幅图是2016年10月故宫博物院举办《明代成化御窑瓷器对比展》中的插图，这些经过考古工作者发掘出土的陶瓷残片证实了文献记载的可靠性，也让我们目睹了因种种错误而遭到落选填埋的瓷器的真实面目。

1 《景德镇瓷器的研究》。

御窑厂瓷器落选的原因

因为纹饰错误而落选的瓷器

因为器型不端正、发色不纯正、釉色不均匀而落选的瓷器

此外，清代御窑厂瓷器的生产及运输都被皇家严格控制，而黄釉瓷器连残次品都要运回京城处理，以防流入民间。《清宫档案》中《唐英奏折》载："乾隆二十一年七月七日，唐英将次色黄器一万一千七十九件及次色祭器一百六十四件开选清册呈交广储司按册查收。"乾隆七年，为撙节开支，皇帝谕旨："嗣后，脚货不必来京，即在本处变价。"但唐英以为不妥，次年上奏《请定次色瓷器变价之别以杜民窑冒滥折》："唯是国家分别等威，服务采章，俱有定制……至于黄器及五爪龙等件，尤为无可假借之器，似未便以次色定价，致本处窑户伪造僭越，以紊定制……"（《清代档案史料丛编》，第12辑，中华书局，1987年）。乾隆朱批："黄器如所请行，五爪龙者，外边常有，仍照原议行。"可见黄釉器为皇家垄断，不允许流落民间。内外施黄釉的瓷器在宫中被称为"黄器"或"殿器"，只有皇帝、太后和皇后才能使用。皇家御窑瓷器，尤其是黄釉瓷器，由于其尊贵的身份，属于皇家独享，平民老百姓不能触碰。据《明史·舆服制》记载：洪武二十四年（1391）规定"官吏衣服、帐幔不许用玄、黄、紫三色"，英宗天顺二年（1458）再度重申禁令，将黄色服装的禁止范围扩大到皇族以外所有人。所以即使是黄釉瓷器的残次品都要运回京城处理，不容许流入民间。

（2）馈赠、陈设或茶膳房选用

作为帝王馈赠给王公贵卿或外国使节的礼物。唐英于雍正十三年的《事宜纪略》碑文记载："其落选之次色有六七万件不等，一并装桶解京以备赏用……尚有落选次色二三千件不等，一并装桶解京以备赏用。"《唐英督陶文档》第34页"内务府为唐英送变价脚货瓷器折"中记载："唐英送变价脚货瓷器又内廷收贮瓷器，……奉旨着将康熙年号、雍正年号完全瓷器仍旧加紧收贮。其有墨釉水不全之瓷器交造办处，令内大臣海望将瓶罐等类瓷器，有应在圆明园陈设者选出，奏明陈设在内有位分瓷器，令茶膳房选用。其余交崇文门变价。”

（3）在京变价销售

雍正六年以前，御厂的次色瓷器，都要运达京城。“监造之员以此项瓷器向无解交之例，随散贮厂署，听人匠使用，破损遗失，致烧成之器皿与原造之坯胎所有数目俱无从查核”，造成极大的浪费。雍正六年，唐英协理御厂后，才将次色脚货，“于每年大运之时一并呈进，交贮内府，有可以变价者即在京变价，有可供赏赐者即留备赏赐”。这些需要变价的瓷器与那些砸掉的残次品不同，属于多多少少有些瑕疵，大部分瑕疵不会太过于明显，只是呈色稍次而已。

自乾隆朝起，为了节省御窑的费用开支，御准烧造的官窑瓷器选剩的次品可在民间销售。皇家用器中多少有些瑕疵而又不属于那些砸掉的残次品瓷器，宫廷可以将其进行变价。唐英于乾隆八年二月二十日上奏：“每岁每窑均有选落之件，计次色脚货及破损等数，几与全美之件数相等，此项瓷器必须落选……随呈商总管年希尧，将此次色脚货，按年酌估价值……有可以变价者，即在京变价。”《唐英全集》第四册第1183页“请定次色瓷器变价之例以杜民窑冒滥折”中记载：“……随呈商总管年希尧，将此次色脚货，按件酌估价值，造成黄册，于每年大运之时一并呈进，交贮内府，有可以变价者，即在京变价，有可供赏赐者即留备赏用。自奴才到厂之后，于雍正七年为始迄今，总属如此办理。”唐英奏折中对内务府将次色及脚货瓷器售卖的事有着详细的记载。

由于变价瓷器的数量巨大，内务府需要对变卖这些次色瓷器做大量的前期工作。首先是清点统计上报估价造册，然后是一系列的销售环节，工作量极其繁重。《唐英督陶文档》第34页“内务府为唐英送变价脚货瓷器折”中有详细记载：“查得唐英送到变价脚货瓷器共计三万六千四百十三件，内看得有黄瓷器二千四百十二件，非民间应用之器，交库收贮外，应行变价瓷器三万四千一件……又查得内廷交出变价瓷器三万五千九百八十八件……又查内库康熙年号有墨釉水不全瓷器十九万四千二十五件，雍正年号有墨釉水不全瓷器四万八千八百二十四件。内臣遵旨选出瓶罐等类瓷器二百九十四件，请交圆明园太监总管，等遇有应行陈设之处，应用茶膳房等处选去瓷器六万三千五百二十三件，又看得瓷器内有黄瓷器三万八百五十六件，瓷爵六百四十九件，蓝瓷鼠头瓶四百二十九件，系供内廷及祭祀陈设应用之供，未便估卖。请仍贮库外。应行变价瓷器十四万七千九十八件……以上瓷器通共估得价银二万一千一百八十二两九钱八分一厘六毫……乾隆二年十月十六日具奏，奉旨。知道了，钦此。”

（4）就地变价销售

由于次色瓷器变价数量巨大，加之由景德镇运达北京路途遥远，耗时耗钱，所以，乾隆七年之后，这些次色瓷器和脚货瓷器不用再送到京城，由唐英在景德镇就地处理。次色瓷器就地变价一事，《唐英全集》第四册第1183页记载了唐英于乾隆七年接到皇帝谕旨：“今有乾隆七年十二月十二日接到养心殿造办处来文，内有传奉本年六月二十三日谕旨：嗣后脚货，不必来京，即在本处变价，钦此。”明确记载了乾隆七年，得乾隆帝谕旨，次色瓷器和脚货瓷器不用再送到京城，景德镇御窑厂由唐英在景德镇就地施行次色瓷器变价销售。

3.御窑的产生与发展

御窑的发生与发展经过了一个相当长的历史过程。宋、元时期为萌发期，北宋的官窑，南宋的内窑、新窑，元代的御土窑，从生产性质上已具备了御窑的特定功能。明代随着宫廷用瓷的大量增加，以前所采取的形式已经远远满足不了宫廷用瓷的需要，为了保证皇家用瓷，御窑厂应运而生。到了清代，御窑厂更是得以全面发展，无论生产品种之丰富还是制瓷技术之高超，乃至督陶官管理水平与技艺之全面，均达到了封建社会登峰造极的顶点，近于鬼斧神工般的制瓷技巧在我国乃至世界陶瓷发展史上都首屈一指，占有光辉的篇章。正如宋应星在《天工开物》中所说："合并数郡，不敌江西饶郡产……若夫中华四裔，驰名猎取者，皆饶郡浮梁景德镇之产也。"

（1）萌发期——宋、元

南宋时期，专为皇家烧造瓷器的修内司、郊坛下官窑的出现，可视为萌芽期的御窑。皇家用瓷的来源主要靠收纳地方贡瓷、在民窑定烧两个渠道。窑址的性质是由它的生产性质所决定的，根据生产性质可以看出，宋代的"官窑""内窑""新窑"已属于御窑的萌发阶段。南宋人叶寘《坦斋笔衡》记载："本朝以定州白瓷有芒，不堪用，随命汝州造青窑器，故河北唐、邓、耀州悉有之，汝窑为魁。江南则处州龙泉县窑质颇粗厚。政和间，京师自置窑烧造，名曰官窑。"窑址至今没有找到。"内窑"为南宋高宗南渡后所建，《坦斋笔衡》云："中兴渡江，有邵成章提举后苑，号邵局，袭故京遗制，置窑于修内司，造青器名内窑。"南宋末顾文荐在《负暄杂录》中亦云："中兴渡江，有邵局，袭故京遗制，置窑于修内司造青器，名内窑。澄泥为范，极其精致，油色莹澈，为世所珍。后郊坛下别立新窑，比旧窑大不牟矣。"这里说得很清楚，置窑于修内司烧造的窑名字叫作"内窑"，并非官窑，至于现在所说的"修内司官窑"实际上是后人叫出来的，其实当时并没有这个叫法。而"修内司"只是个官署，"置窑于修内司"，说的只是由修内司管辖窑务而已。这种叫法上人为造成的混乱给我们的科学研究带来了极大的困难。内窑的窑址据记载在杭州凤凰山下，但至今一直没能找到。新窑，即上述文献中提到的后郊坛下别立新窑，窑址在杭州南郊八卦田附近的乌龟山，浙江的考古工作者在20世纪50年代和80年代进行了两次发掘。

尽管北宋时期的"官窑"曾为宫廷生产过瓷器，但是反过来讲为宫廷生产瓷器的窑并非全都叫官窑。北宋汴京的"官窑"、南宋修内司的"内窑"及郊坛下的"新窑"是宋代专为宫廷生产瓷器的窑口，使用对象相同。尽管这三处窑各自的名称不同，但生产性质却完全一样，属于专门为宫廷生产，与明清时期的御窑场生产性质相同，同属于御窑范畴，所不同的只是名称。

元代御土窑，窑址位于江西景德镇。元代孔齐在《至正直记》卷二"饶州御土"中云："饶州御土，其色白如粉垩，每岁差官监造器皿以贡，谓之御土窑，烧罢即封土，不敢私也。或有贡余，土作盘、盂、碗、碟、壶、注、杯、盏之类，白而莹，色可爱，底色未着釉处，犹如白粉，甚雅，薄难爱护，世亦难得佳者。今货者皆别土也，虽白而垩口耳。"同书卷四"窑器不足珍"条亦载："在家时，表兄沈子成自余干州归，携至旧御土窑器径尺肉碟两个，云是三十年前所造者，其质与色绝类定器之中等者。”从以上的记载中我们可以清楚地看到，元代御土窑已专门为宫廷烧造瓷器，它有着固定的窑场，占用最优质的瓷土，烧完即封土，任何人不得私自动用，生产性质及其垄断性已完全具有御窑的特征。元代的御土窑的窑址据学者推测应位于景德镇南河南岸的刘家坞一带，因为在这里曾出土过五爪的龙纹高足杯（按照元朝政府多次下令不准民间制作与使用五爪龙纹的规定，这里应该是生产宫廷用瓷的御土窑所在），其结果是否属实还有待于今后的考古发掘。

（2）发展期——明代

元代以后，全国制瓷中心移至景德镇。代表整个时代水平的是瓷都景德镇，而代表景德镇瓷器制作水平的则是御窑场。明代景德镇御窑场于洪武时期正式建立。詹珊在《重建敕封万硕侯帅主佑陶碑记》中云：“洪武之末，始建御器厂，督以中官。”王宗沐《江西大志・陶书》中也说：“洪武三十五年始开窑烧造……御厂一所。”《明史・成祖一》中有建文四年：“诏：今年以洪武三十五年为纪，明年为永乐元年。”明人王宗沐《江西省大志・陶政志》中谓“洪武三十五年始开窑烧造，解京供用，有御厂一所，官窑二十座”。这些文献记载说明洪武三十五年即永乐元年，明御厂便开始为朱棣烧造宫廷用瓷了。

御窑场建立以后，大批量地烧造御用瓷器，《大明会典》卷194监造宣德八年烧造各样瓷器443500件，《明英宗实录》监造天顺三年“光禄寺奏请于江西饶州府烧造瓷器共133000余件。工部以饶州民艰难，奏减80000件，从之”。《江西大志・陶书》记载嘉靖二十年烧造瓷器27300件、二十一年2830件、二十三年16410件、二十四年1920件、二十五年103200件、二十六年120260件、二十七年9200件、二十九年1000件、三十年10830件、三十一年44780件、三十三年100030件，《大明会典》卷194记载，万历十年（1572），传江西烧造各样瓷器96624个、副、对、只、口、把。《明神宗实录》载，万历三十五年“工部右侍郎刘元震……言……查江西烧造自万历十九年，内承运库派瓷器159000余件，已经运完，所有续派80000余件，分为八运，除完七运外，只10000余件，所当不多，宜行停止，或令有司如数造完……”烧造数量之多，由此可见一斑。在品种方面，明代御窑场可谓五彩斑斓，在元代青花瓷器烧造的基础上，明代的青花得以高度发展，尤其是永乐、宣德时期的青花、青花红彩，成化的斗彩，嘉靖万历时期的五彩、回青，弘治的浇黄更是饮誉海外，其中成化斗彩开创了釉下青花和釉上多种彩色相结合的新工艺，在明代就已成为名贵的瓷器品种。“成窑酒杯，每对至博银百金”[1]是当时价格的如实记载。至于嘉靖万历时期的五彩则是“龙凤花草各肖形容，五彩玲珑务极华丽”[2]。明代的霁蓝、红釉、甜白、孔雀绿、黄釉等单色釉也取得了突出的成就。“永器鲜红最贵”[3]、“宣窑……霁红、霁青、甜白三种，尤为上品”，“法蓝、法翠二色，旧惟成窑有，翡翠最佳”[4]，这些都是对明代瓷器的如实评价。

1　《野获篇》。

2　《明世宗实录》第240卷。

3　《景德镇陶录》。

4　《南窑笔记》。

景德镇窑由进贡瓷器进而发展成为御窑，经历了一个由唐及宋再及元的相当长的发展过程。景德镇宋以前称为新平，《邑志云》："唐武德四年，诏新平民霍仲初等，制器进御。"《江西通志》载："宋景德中，置镇，始遣官之制瓷贡京师，应官府之需，命陶工书建年景德于器。"

（3）繁荣期——清代

明清时期随着御窑厂的建立，御窑瓷器制品成了皇家用瓷的主要来源。和明代一样，到了清代，代表整个时代水平的仍然是瓷都景德镇。中国瓷器生产达到了历史高峰，特别是康熙、雍正、乾隆三朝，更是进入了中国陶瓷史的黄金时代。唐英在《陶冶图说》中记载了当时景德镇繁荣的情况："景德镇袤延仅十余里……以陶来四方商贩，民窑二三百区，工匠人夫不下数十万，借此食者甚众。"清初人士沈怀清也说："昌南镇陶器行于九域，施及外洋，事陶之人动以数万计。"[1]清代景德镇瓷器的烧造与制作进入了高度发展与成熟的时期，"我国的制瓷工艺，从技术的角度来看是以清初康熙（1662—1722）、雍正（1723—1735）、乾隆（1736—1795）三朝为它的成熟期。清初的制瓷技术继承了明代（1368—1644）的制瓷优良传统，加以巩固和改进并接收了一些外来的影响，使那时候烧造的瓷器，就是以现代的标准来衡量，也已达到了高度的技术水平"[2]。而御窑场又是景德镇瓷业高度发展与成熟的代表，尤其是康、雍、乾三朝，御窑厂的生产更是达到了黄金阶段的顶点。"健全的工艺行政组织与制度、技艺超卓的工场与匠人、精良的物料来源与管道、御制工艺器物的设计与开创等，构成了一个环环相扣的生产机制，是这一时期工艺美术繁荣发展的最主要原因。"

康熙豇豆红瓷器

雍正瓷器

1　朱琰《陶说》卷一，美术丛书本。

2　周仁、李家治、敖海宽《景德镇瓷器的研究》。

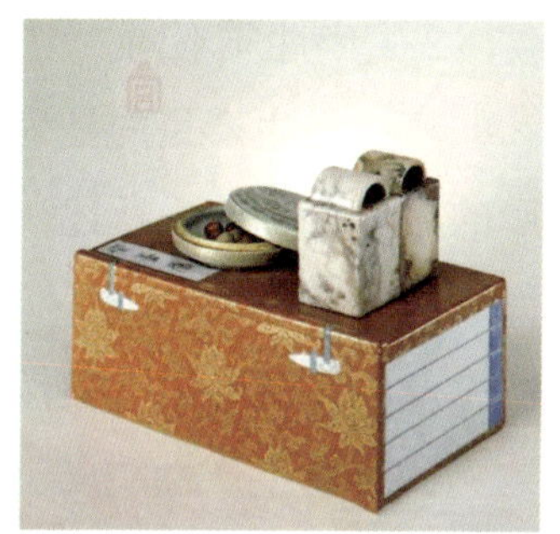

乾隆瓷器

御窑厂以及所生产的瓷器是清代宫廷文化的重要组成部分，也是我们研究中国古代陶瓷史与窑址性质的重要依据。

二、御窑与官窑

从生产性质、使用对象、产品流通、管理制度等诸多方面分析，官窑与御窑是完全不同的两类窑址。在相当长的一段时间内，人们混淆了官窑与御窑的概念，把官窑与御窑等同，甚至现在还有人认为凡是生产过宫廷用瓷的窑都是官窑，把官窑误认为御窑。更有甚者把明清时期的御窑也统称为官窑。《中国陶瓷史》中亦云官窑是“为两宋宫廷所垄断，烧瓷全部供宫廷专用”[1]，进而得出官窑“就是专门生产非商品性官用瓷器的窑场”。窑址考古发掘资料与出土瓷器、古代文献记载与古代手工业发展史表明，官窑不是御窑。用通俗一点的说法形容，官窑相当于现在的国企，民窑属于私企，御窑属于皇室专用。生产性质、生产目的、使用对象与管理制度存在着本质的区别。

1.产生时间不同

产生的时间不同。官窑与国家官营手工业共存，自古有之，是社会经济发展到一定阶段的必然产物。御窑则产生于明代，是宫廷用瓷激增刺激的结果，是封建皇权专制制度的产物。御窑初创之始并不叫御窑，而是被称为“官窑”“内窑”“新窑”，而当时所谓的官窑与后来考古发掘中出现的官窑完全是两种不同的概念，其烧造的内容和生产性质也截然不同。其实，从生产性质讲，宋代的官窑、内窑、新窑已经是初步具有“御窑”生产性质的窑场，只不过当时还不这样称呼罢了。

从产生的时间分析，官窑、民窑伴随着阶级社会的产生而产生，并贯穿古代社会的始终；而御窑的产生时间则很晚，直至宋代才开始萌芽，明、清时期得以迅速发展。宋代以前，官窑、民窑共存，明代开始，官窑、民窑、御窑三者并存，各行其道。

从地域角度看，民窑遍及全国，大江南北，黄河两岸，无处不存，无处不在；而官窑的考古及文献材料极为有限，仅见于安徽、河南、江苏发现的“宣州官窑”“定陵官窑”“润州官窑”；御窑的地域范围则更小，如果把宋代具有御窑性质的“官窑”“内窑”“新窑”及元代的“御土窑”也包括在内的话，也只不过才有五处。而明清时期的御窑场只有一处，位于江西景德镇的龙珠阁。

1 中国硅酸盐学会主编，《中国陶瓷史》，文物出版社1982年版。

2.生产性质不同

官窑的生产目的是为了满足社会生产与生活的需要。官窑产品可分为两部分，一部分是为了生产的需要，如前面所述“定陵官窑”“润州官窑”所生产的砖瓦，是为了完成皇陵与城墙的修建。另一部分产品则是为了满足社会生活的需要，这部分产品可以作为商品进行买卖，如“宣州官窑”所生产的瓶瓶罐罐，显然是作为商品进行出售的，这也是当时官营手工业产品商品化的生产性质所致。御窑的生产性质属于非商品性生产，生产的目的只是为了满足皇家生活之需。御窑产品不属于商品，不进入流通市场，更不进行买卖。它可以不惜工本地单纯追求工艺上的至精至美，产品质地优良，是时代水平的代表。

官窑与御窑是两个不同范畴的概念，无论从生产性质乃至使用对象都存在着本质的区别。就生产性质而论，前者属于商品性生产的经济范畴，后者则属于非商品性生产的文化范畴。“宣州官窑”的发现及出土的瓷器表明，宣州官窑生产的瓷器主要用于销售，使用对象为购买力低下的平民百姓，宣州官窑生产商品瓷器，其生产性质属商品性生产无疑。同时也说明官营手工业产品的商品化在当时确已存在。御窑有着明显的自身特征，就生产性质而论，属于非商品性生产，在技术上可以不惜工本地去追求艺术上的至精至美，为了达到这一目的，御窑厂垄断了最优质的原料和最优秀的工匠为其生产服务。御窑完全是为了适应宫廷的特殊需要而建立和生产的，它以满足皇室用瓷的需求为目的，具有极大的垄断性，是封建皇权专制下的特殊产物，是一种超经济的文化现象。

3.管理制度不同

就使用对象来说，御窑的产品仅限于皇室，非奉旨或赏赐，虽皇亲国戚也不能使用。哪怕是残次品也不准出售，更不准流于民间，而只能是就地销毁。景德镇龙珠阁明代御窑厂故址出土的瓷器为微有缺陷而有意经人为敲击被毁而埋藏于御窑厂内的。它的发掘与出土一方面说明朝廷对瓷器挑选的极为严格，另一方面说明这些次品宁可砸碎埋于地下，也不能在民间流传，更不能被民窑模仿，与宋代“供御拣退方能出售”的贡瓷存在着本质的区别。就陶政管理来说，御窑厂有着一套严格的管理制度。明清时期，宫廷对景德镇御窑厂的管理日趋完善，有着一系列管理措施和一整套的规章制度。御窑厂内二十三作分工明确，各司其职。清代，清宫内务府造办处直接负责瓷器的出样与设计，康、雍、乾时期皇帝直接干预瓷器烧造之事也屡见于清宫内务府造办处的档案记载之中。如雍正四年“八月八日，郎中海望持出宜兴挂釉瓶一件，奉旨旋一木样将两头收细交年希尧烧造。再着年希尧圆珠瓶径八九寸，上开口二三寸，肚内安插花管高二三寸，径三四寸，做一木样，亦交年希尧烧造”（中国第一历史档案馆雍正四年各作承作活计档）。事实证明，景德镇御窑厂不负众望，一直走在陶瓷生产的前列，许多至精至美之瓷莫不出于此。

瓷器是我国劳动人民的重要发明之一，距今已有一千八百余年的历史。瓷器不但与人们日常生活紧密相关，也与国计民生有着密切的联系，陶瓷生产是古代手工业生产的重要组成部分。另外，从封建社会宏观经济角度分析，陶瓷生产与国家的财政收入紧密相关，历代政府都曾给予较高的重视，并都曾设有专门的机构对陶瓷手工业进行管理，这种管理主要体现在行政与税收两个方面，前者以陶官的设置为标志，后者则以瓷务税吏的出现为依据。

（1）陶官的设置

陶官的设置是政府加强陶政管理与控制的具体措施之一。政府设陶官对陶瓷生产进行管理由来已久，可追朔到三代。陶正作为负责陶务管理的官员，文献中多有记载。《列仙传》载："宁封子为陶政……"，《吕氏春秋》云："黄帝有陶政昆吾作陶……"《史记》载："黄帝命宁封子为陶正，武王赖其利器，与其神明之后，妻而封之于陈。"可见，陶正在当时是一种非常重要的官职。商代负责做陶制瓦的土工居于六工之首，商代灭亡时，周俘虏了许多商人手工业者及其奴隶，其中有索氏（绳工）、长勺氏、尾勺氏、陶氏、施氏、繁氏、奇氏等，陶氏就是以烧陶为其专业的，这就是《左传》定公四年所记载的赏赐给康叔的"殷民七族"中的陶氏。考古发掘资料表明，制陶在商代不仅是重要的生产部门，而且在内部已有了明确的分工，20世纪50年代考古工作者在郑州人民公园发现的制陶工厂，在近1400平方米的范围内发现陶窑14座，以及大量的残毁陶器、陶拍子、陶印模等[1]。西周时期，周王朝专门设有司工、陶正、车正、公正等职官，对各种手工业进行管理。《左传》记载："虞父为周初陶正……武王赖其利器，与其神明之后，妻而封之于陈。"一陶之官，皇帝以女嫁之并被封为诸侯，可见政府对陶瓷生产的重视。陕西沣西张家坡遗址发现的西周晚期的7座椭圆形的陶窑及压锤等制陶工具，说明这里在当时曾是制陶作坊。春秋时期手工业分为官手工业和民间手工业，国家设有工正、工师、工尹等官职对官手工业进行管理。《墨子·尚贤篇》中的"工肆之人"及《论语·子张篇》中的"百工居肆，以成其事"中所说即民间手工业者。侯马东周制陶作坊遗址分布在半平方公里的范围内，窑群十分密集，大量制品与居住遗址中发现的陶器相同[2]，这部分产品显然是为居民使用所生产的，而大量的陶范的制作则是为青铜制造业所生产。西汉时期，国家已有较大规模的官营手工业和私营手工业，私营手工业以营利为主。朝廷在手工业特别发达的地区设有工官。官营手工业的产品分为营利和自用两部分，自用部分中又分为皇室和军用。少府专门负责管理皇室私人财产，其属官有考工、尚方、东园匠、东织室、西织室、左司空、右司空，少府所属各官的制成品，如果不是皇帝赏赐给臣下，臣下不得私自使用[3]。唐代，官营手工业由少府监和将作监管理，少府监管理百工技巧，有匠19850人，其下有中尚属、左尚属、右尚属、织染属、掌冶属等五属官，将作监掌管左校属、右校属、中校属、甄官属、军器监，其中的甄官属掌管石工、陶工，其任务为雕刻石人石兽并制造碑柱、碾喂及瓶缶，制造各种明器。官营手工业的部分产品供宫廷或朝廷使用，私营手工业的产品则为商贾贩卖的商品。

唐代开始，我国陶瓷生产进入了更为辉煌的时代，政府对陶瓷生产的控制与管理也更为严格，设官监烧已成为一种普遍的社会现象，越窑、定窑、介休窑、白舍窑、龙泉务窑等在文献上都曾有过设官监烧的记载。北宋大中祥符元年（1008）《源神碑》载：北宋至道三年重建源神庙之前，庙之北就有奉祀陶器之鼻祖太上老君的源神庙。"丹炉炊频，洙风扇烛，高士云集，兴舡频届，陶剪翠殊，名彰万载。"介休洪山《源神碑》是全国现存记载陶瓷生产三通古碑之一[另外两通分别为陕西铜川黄堡镇窑元丰七年（1084）德应碑与河南修武当阳峪窑崇宁四年（1105）德立侯百灵庙碑]。

1　《文物参考资料》1957年第8期。

2　《文物》1962年第4期。

3　范文澜《通史简编》。

从碑阴题刻“瓷窑税务任韬”“前瓷窑税务武忠”可知，当时洪山陶瓷烧造业相当发达，官府曾派两任税务官员在此征收瓷器税。

介休洪山窑、源神庙、源神庙碑

陶正作为负责管理陶务的官员，在当时是非常重要的。《宋会要·食货志》及宋人周密《志雅堂杂记·诸玩条 》均有：“太平兴国七年…… 殿前承旨监越州窑务赵仁济……”；《余姚志·风物计·杂物》条记载：“秘色瓷器初出上林湖，唐宋设官监烧……”；《南丰县志》中也有白舍窑“白舍，宋时置官监造瓷器”的记载。辽代北京龙泉务窑也曾设有瓷窑官，《宋会要辑稿·蕃夷一》条云：太平兴国四年“幽州…… 山后八军伪瓷窑官三人……”大量考古发掘资料及文献材料表明，陶官和瓷窑官是古代社会对陶瓷手工业管控的制度，这种管理制度以及管理机构乃至管理人员的设置，从阶级社会诞生之日起即已开始实施。它是古代封建社会统治制度的重要组成部分，其根本目的是确保国家的财政收入，它与封建社会的盐铁专营具有同等重要的意义。历代封建政府从不放弃对陶务的干预与管理，每个时代都有严格而完善的制度。

（2）瓷务税吏

瓷务税吏的职责主要是负责瓷税的收取，其收取的对象就是广泛分布于全国各地的民窑。《曲阳县志》中提到，立于后周显德四年的五子山和院和尚舍利塔记碑中的“使押衙银青光禄大夫检校太子宾客殿中使御使充龙泉镇使钤辖瓷窑商税务使冯翱”，同书卷六亦载：“龙泉镇，唐宋以来，旧有瓷窑，五代后周尚有税吏，宋时有瓷器商人……”尽管有关记载不是太多，但这一切已再清楚不过地告诉我们，政府设置瓷务税吏对陶瓷生产加强税收管理的很重要一点也是出于经济的需要，其根本目的在于确保国家财政的来源与收入。

综上所述可以看出，我国古代陶瓷窑址的三大类别完全是由其各自不同的生产性质所决定的，是由历代封建政府对陶瓷生产的管理政策所造成的，它们的生产性质与当时社会的政治经济制度紧密相关，是一种非常复杂的社会现象。这其中，民窑是私人建立与经营贯穿古代社会始终的窑口。官窑则是伴随着国家的出现由各级地方政府所建立。而专门为宫廷服务的御窑是社会发展到特定历史阶段的特殊产物，它的建立与发展是封建社会所固有的一种超经济的文化现象，是封建皇权专治下的特殊产物。相对于宫廷或地方各级政府兴办的御窑、官窑而言，民窑体现更多的是社会功能。以官窑为代表的官营企业体现的是国家意志，而御窑则更多体现的是封建皇权的专制与垄断。御窑生产的产品是时代水平的代表，但是，不能用御窑所取得的成绩去否定民窑的价值。实际上，三种不同的窑口反映了封建社会陶瓷手工业的三种不同经营模式，它们之间的关系就是封建社会中央政府、地方政府和私营业主三者之间的关系，是封建社会手工业政策的载体。因此，对它进行研究，具有深远的历史意义与重要的现实意义和学术意义。

中国古代陶瓷窑址是人类生产活动所遗留下来的遗迹和遗物，是承载在实物上的文化，是人类文明薪火相传的血脉。考古发现的陶瓷窑址及其出土的陶瓷器，既是看得到摸得着的物质文化遗产，其制作技术又是看不到摸不着的非物质文化遗产，一部古代陶瓷史就是由这些遗迹和遗物以及所承载的看得到摸得着和看不到摸不着的文化所构成。英国查尔斯·辛格主编《技术史》第一卷中文版25—26页这样写道："技术这一名称指的应该是那些为了满足人类需求而对物质世界产生改变的活动，在本书中，这一术语的含义扩展到包括这些活动的结果的范畴。从这个意义上讲，任何一种技术，就像人的生活本身一样，包含着人的群体甚至社会成员之间常规的、经常的合作。群体的规模，社会公认的需求及群体成员之间的关系（社会组织），都对这种合作性群体的特征有深刻的影响。远离社会的个体并不是真正的人类。……技术是由一群人制造的，是社会合作的活动。……考古学阐明了技术，而由于有了书面历史的补充，它还阐明了政治和经济的相同形态。"

陶器的发明，是人类文明发展的重要标志，是人类第一次按照自己的意愿，利用天然物质而创造出来的一种崭新的东西，它揭开了人类利用自然、改造自然的新篇章，具有划时代的重大意义；陶器的出现，标志着新石器时代的开端，陶瓷的发明，极大地改善了人类的生活条件，在人类发展史上开辟了新纪元，对人类社会的进步与发展作出了许多重大贡献；陶瓷是土与火的艺术，是科学与技术的统一，是科技与人文在器物上的完美体现。古代中国在科学技术上所取得的成果在许多方面都是通过陶瓷及其制作来体现的，陶瓷的发明是人类科学技术发展史上的一个重要的里程碑；陶瓷既是艺术与科学发展史的缩影，也是社会生活、文化交流乃至政治经济的真实反映；陶瓷是古代遗留下来的历史文化，它积淀着深厚的文化底蕴，它与人类文明有着十分密切的关系；陶瓷是由人制作供人使用的，从它诞生的那一天开始即一脉相承，从未间断，至今仍服务于人类的生产生活，中国古代陶瓷发展的历史在某种程度上，足以构成一张中华文明发展的完整历史年谱。研究古代陶瓷，是认识了解中国历史与文化的重要途径。

文物是承载在实物上的文化。有人说，一部中国古代陶瓷史就是一部中国古代文明史，这一文明历史的每一页都与陶瓷的发展息息相关，也就是说，中华文明的每一个进步都能在陶瓷的载体中找到缩影。中国古代陶瓷史从陶器起源一直到封建社会结束，经历了两万年的漫长岁月。在这个历史长河中，人类社会经历了若干不同的发展阶段，科学技术、意识形态发生了天翻地覆的变化，陶瓷手工业的发展与社会政治经济之发展同步。"技术是历史的一个方面，特别是社会史的一个组成部分（辛格《技术史》第一卷前言）。"中国古代陶瓷窑址及其产品是中华民族历史文化的载体，它涉猎古代政治制度、经济体制，工官制度，赋役制度，手工业管理制度，中外文化交流、建筑、音乐、舞蹈等诸多领域，对它进行研究就是要从不同的角度与高度去审视中国古代陶瓷发展的历史，这也是本书写作的意义与目的之所在。

后记

《埏埴灼烁——中国古代陶瓷与文化》书稿终于搁笔，禁不住感慨万千……

半个世纪，伴着陶瓷，上高山、下田野、住窑洞，……远离城市的喧嚣，“走过了烟雨江南、跋涉了烽燧塞外”。叩问脚下的厚土，发掘远古的遗存，“一瓷一片皆是岁月的印记，一钵一碗能见历史的回音。”

“水火既济而土合”，感谢泥火匠心的工匠们，“铸金为锄，埏埴为器。”是他们，让埏埴如玉，是他们，让浮槎万里，让碧海留帆。感谢土与火的艺术，成就了埏埴灼烁；感谢科学与技术，让陶埏再放溢彩；瓷上文化，学海无边，感谢它们的相依相伴，让我行走于陶瓷与考古之间。

疫情期间，难行万里路，可读万卷书。停下脚步静下心来整理搁置久违的书稿，着手完成《埏埴灼烁——中国古代陶瓷与文化》的修改与出版，把自己学术生涯中的点滴汇集成册，既是一种责任、一种奉献，也是一种乐趣，更是一种学习。感谢他们的相依相伴，让我没有虚度疫情中的宝贵时光。

疫情的困扰，人际交往与面对面的交流受到影响，许多有关书稿的修改意见和问题只能通过网络进行，对于古稀之年本就对互联网不擅长的我，存在诸多不便。感谢曲云华、孟江伟先生，为困难多多的我，不厌其烦一次又一次地通过网络进行稿件的发送与图片的传输。感谢你们的相助，让空中传书在宅家抗疫期间成为可能；感谢刘丽丽女士，不辞辛苦，无怨无悔一遍又一遍地进行书稿的排版与编辑；感谢国家博物馆的李艳龙先生，百忙当中为因疫情困扰不便出行的我拍摄急需的照片；感谢中国文史出版社的窦忠如先生在书稿审阅过程中的辛劳与付出，正是由于有了如此认真负责与严格的文字审查，才避免了可能发生的错误百出……所有这一切，我将永远铭记于心，并在此致以诚挚的感谢！感谢你们的热情相助，让《埏埴灼烁——中国古代陶瓷与文化》梦想成真。谢谢你们在此书出版过程中所给予的全部帮助！是你们的辛劳与付出给了我克服困难的决心；是你们的无私奉献，成就了《埏埴灼烁——中国古代陶瓷与文化》的出版。字里行间，都是浓浓的道不尽的情谊，都是满满的说不尽的感激……

古稀之年疫中修书，胸中千年釉彩，眼底万载陶烟。一字一句能见辛勤的耕耘，一章一节皆是对历史的热恋。陶埏自有诗意，人生岁岁相期。《埏埴灼烁——中国古代陶瓷与文化》虽已搁笔，但陶埏仍相伴相随，陶瓷是土与火的艺术，更是毕生的追求与挚爱。

最后还需说明的是，本书内容的绝大部分均为退休前所写，由于当时数码技术尚未得以普及与应用，所以原文大多没能配备相应的图片。此次整理主要进行了一定数量的图片配备，并对个别文字与章节进行了增减。书中的观点由于受原来资料与认识水平所限，不当之处在所难免。随着考古事业的不断发展，随着新资料的不断发现，我对一些问题又有了新的认识。现在将书稿进行整理，权当对自己多年研究历程的记录与回顾。当然，也愿这些文字对今后的研究有所帮助。

此书在出版过程中得到了曲云华先生的鼎力支持与帮助，在此再次表示衷心与诚挚的感谢！

作者

2022年7月16日于北京